国家社科基金后期资助项目16FTQ003

"17年"图书馆事业与学术思想史研究

吴稌年　顾烨青　著

国家图书馆出版社

图书在版编目（CIP）数据

"17年"图书馆事业与学术思想史研究 / 吴稌年，顾烨青著 . — 北京：国家图书馆出版社，2020.4

ISBN 978-7-5013-6864-8

Ⅰ . ① 1… Ⅱ . ①吴… ②顾… Ⅲ . ①图书馆事业史—研究—中国—现代 Ⅳ . ① G259.296

中国版本图书馆 CIP 数据核字（2019）第 230590 号

书　　名	"17年"图书馆事业与学术思想史研究	
著　　者	吴稌年　顾烨青　著	
责任编辑	高　爽　唐　澈	
装帧设计	耕者设计工作室	

出版发行　国家图书馆出版社（北京市西城区文津街 7 号　100034）
　　　　　（原书目文献出版社　北京图书馆出版社）
　　　　　010-66114536　63802249　nlcpress@nlc.cn（邮购）

网　　址	http://www.nlcpress.com	
排　　版	九章文化	
印　　装	北京鲁汇荣彩印刷有限公司	
版次印次	2020 年 4 月第 1 版　2020 年 4 月第 1 次印刷	

开　　本	710×1000（毫米）　1/16	
印　　张	33	
字　　数	570 千字	

书　　号	ISBN 978-7-5013-6864-8	
定　　价	148.00 元	

国家社科基金后期资助项目
出版说明

后期资助项目是国家社科基金设立的一类重要项目,旨在鼓励广大社科研究者潜心治学,支持基础研究多出优秀成果。它是经过严格评审,从接近完成的科研成果中遴选立项的。为扩大后期资助项目的影响,更好地推动学术发展,促进成果转化,全国哲学社会科学工作办公室按照"统一设计、统一标识、统一版式、形成系列"的总体要求,组织出版国家社科基金后期资助项目成果。

全国哲学社会科学工作办公室

目　录

事业篇

思想篇

导论:图书馆界的"17年"之研究

"17年"是特指1949年10月1日中华人民共和国成立到1966年5月"文化大革命"开始前这一特定的历史阶段。

一、图书馆界在"17年"期间的研究

从广义上而言,对"17年"的研究,早在20世纪50年代就已开始,当然,是作为"当代史"加以研究的,主要是一些对专题或工作的综述。1953年,毛春翔的《解放后本馆收藏善本记略》和金天游的《本馆图书分类的历史回顾与前瞻》等是对个体图书馆在解放后的工作总结与理论上的探讨。1957年,廖延唐的《建国以来我国图书馆推荐目录工作的评述》则表明专题工作研究的深入。这方面的研究为以后一些学者所重视,如《从一些统计数字来看八年来的书目索引工作》(李钟履,1958)、《全国图书联合目录编辑组工作进行情况》(李钟履,1959)、《十年来读者工作的回顾》(张树华,1959)、《十年来书目工作的发展》(北大"书目工作"研究小组,1959)、《两年来的中心图书馆工作》(萤泉,1959)、《联合目录工作的成就及其展望》(邓衍林,1959)、《上海图书馆的十年》(上海图书馆,1959)、《黑龙江图书馆事业十年》(黑龙江图书馆研究辅导部,1959)、《我国图书分类法发展的情况》(刘国钧、史永元,1959)、《十年来成都市图书馆》(成都市图书馆,1959)、《北京大学图书馆六十年》(许世华,1962)、《北京图书馆与朝鲜民主主义人民共和国交换图书十周年》(林敏,1963)、《武汉大学图书馆五十年》(黄宗忠、谢灼华,1963)、《十五年来我国图书馆的干部培养工作》(徐家麟、黄宗忠、陈光祚,1964)、《五年来我国图书馆书目工作的回顾》(郑如斯等,1964)、《十五年来我国文献工作的蓬勃发展》(袁翰青,1964)等。这些研究,造就了当时研究内容的积淀,活跃了学术氛围。同时,一些学者十分注重对某一阶段整个图书馆事业的研究,如《十年来的图书馆事业》(北大"图书馆事业史"研究小组,1959)、《五年来我国图书馆事业的发展和成就》(刘国钧、张树华、纪国祥,1964)等。这些成果,说明了对研究新中国成立以来图书馆工作与理论发展的重视。

1957年起,图书馆界开始将中国图书馆学史和中国图书馆事业史列入重点研究范畴。根据《1956—1967哲学社会科学规划草案(初稿)》之要求,1962年以前写出"中国图书馆学史""中国图书馆事业史",1967年以前分别写出上述各种较详细的近代史和现代史[①]。在此东风鼓舞下,1959年10月,《北京大学学报(人文科学)》第4期发表了《我国十年来的图书馆事业》一文,较为全面地总结了新中国成立后10年来中国图书馆事业的发展史,这是一篇质量上乘的图书馆事业"当代史"的研究成果。是年,武大学报上亦有《关于图书馆事业史研究的几个问题》一文。同时,根据课程改革计划,北大和武大分别对中国图书馆事业史原有的教材进行新编,从而诞生了北大的《中国图书馆事业史讲稿(初稿)》,又于1960年完成《中国近代现代图书馆事业史》一书,并铅印出版。武大图书馆学系亦于1959年编写出了《中国图书馆事业史(初稿)》一书,通过修改,又于1962年完成修改稿,并于4月定稿印刷。

为庆祝新中国成立十周年,1959年的《图书馆学通讯》第10期和《图书馆工作》第10期分别都作为"庆祝建国十周年专号"。《图书馆学通讯》于第11、12期又用"庆祝建国十周年征文选辑"(二)和(三)、"跃进的十年、伟大的十年"(二)和(三)、"新中国图书馆巡视"(二)和(三)的形式,刊载20余篇文章。《图书馆工作》亦于第11、12期刊载"庆祝建国十周年征文选辑"(二)和(三),刊载10篇文章。以武大、北大的图书馆学系为主体的学者,在撰著图书馆史过程中产生出的成果,无论是深度还是广度,都已大大地向前跨越了一大步。在这一研究过程中产生出的成果,成为我们当今研究图书馆"17年"的宝贵资料。

二、20世纪70年代起对"17年"的研究

20世纪70年代起,图书馆界和其他学界一起,开始将"17年"作为新中国成立后一个重要的历史阶段加以研究。研究成果的形式包括新中国成立后的图书馆史的研究、各专题的研究、概论性著作中的一些论述、图书馆史类著作中的有关论述、有关研究项目中的论述和学位论文中的论述等,尤其是21世纪开始出现的一些专门论述"17年"的成果等。

1. 较早将"17年"分阶段研究的是黄宗忠等学者

黄宗忠于1979年在《武汉大学学报》(哲学社会科学版)上发表了《新

---

① 哲学社会科学规划办公室. 1956—1967哲学社会科学规划草案(初稿)[Z]. 北京:哲学社会科学规划办公室,1956:48-50.

中国图书馆事业三十年》一文，文章指出，在拨乱反正、正本清源、调整、改革、整顿、提高、向社会主义现代化图书馆迈进的时期，人们要认真总结我国图书馆事业建设的发展过程、主要成就、经验教训，以便加速实现图书馆事业的重点转移。此时，黄先生以新中国成立30周年为契机，撰写发表该文，对30年的图书馆事业从分期的角度将其概括为"两个阶段、两次变革、四个时期"。其中，"17年"则经历了两个时期：分别是1949—1957年的稳健发展时期和1958—1965年的波浪式前进时期[①]。他认为尽管图书馆事业的发展有起有落，呈现波浪式的前进方式，但是，这一阶段取得了巨大的成绩。以后，他又在《新中国图书馆事业50年》《新中国图书馆学研究60年的回顾与展望》等文章中，进一步加强了对"17年"的研究。在对50年的研究中，他将"17年"取得的成绩融入各个专题中加以阐述；在对60年的研究中，他将前30年划分为3个阶段，其中"17年"即划分为两个阶段：1949—1958年的图书馆学研究恢复与初步发展时期；1959—1966年试图建立有中国特色的图书馆学体系时期。从中可以明显看出，我国17年发展过程中，图书馆事业发展阶段的划分和图书馆学理论研究发展阶段的划分，总体上是一致的，但还是有区别的，这体现出了图书馆事业史和图书馆学术思想史的研究是有不同之处的。

研究新中国成立后的整个阶段的成果，还有如《新中国图书馆事业40年》（鲍振西、许婉玉、李哲民，1989）、《新中国图书馆事业发展的历史启示》（于韵、于鸿儒，2000）、《新中国图书馆学研究六十年》（吴慰慈、张久珍，2009）等。对图书馆事业的研究，鲍振西等学人将"17年"分为两个阶段：1949—1953年的改造阶段；1954—1965年的全面建设阶段。他们在划分阶段的时间上，有自己的认识与判断。吴慰慈和张久珍教授，则从图书馆学术史的角度，论述了新中国成立60年的状况，简述了"新中国成立初期的图书馆学理论研究"，突出了若干重点，如1956年南京首次举行图书馆学科学讨论会、刘国钧提出"要素说"，以后又有"矛盾说"，以及全面学习苏联之风的影响、运用阶级分析的方法开展学术批判等[②]。

此时更多的是通过专题对"17年"的研究与评述，如图书馆管理、图书馆史、图书馆学研究对象、图书馆学体系结构、图书馆学基础理论、图书馆学教育、中苏图书馆事业的交流与影响、各类型图书馆事业、图书馆服务

---

① 黄宗忠. 新中国图书馆事业三十年[J]. 武汉大学学报（哲学社会科学版），1979（5）：68-76.

② 吴慰慈，张久珍. 新中国图书馆学研究六十年[J]. 图书馆杂志，2009（5）：3-11，15.

理念、图书馆学方法论、图书馆史的历史观、图书馆学翻译事业、个体图书馆的发展等。较早从图书馆管理方面的研究中涉及"17年"内容的是北京大学图书馆学系的杜毅,他于1987年发表的《新中国图书馆管理的独特道路》一文中,针对"17年"这一历史阶段,将其划分为1949年10月—1955年的起步阶段,以及1955—1966年的发展阶段[①],并对此两个阶段进行简述。

2. 谢灼华、程焕文等是图书馆史研究的主要学者

谢灼华根据对图书馆史研究的情况,认为在"17年"这一历史阶段中,对于图书馆史的研究主要是1956—1966年这一阶段[②]。他主要在图书馆史研究内容、历史分期的讨论、历代私家藏书的研究等专题中论述了"17年"图书馆史的相关主要成绩。程焕文、王蕾所撰的《影响20世纪中国图书馆史学研究的八位史家及其代表著作》的文章主要在"具有深远影响的三位史料整理专家""具有国际影响的三位中国图书史专家""具有学科影响的两位中国图书馆史学专家"等章节中,论述了这些代表人物在"17年"中取得的学术成果[③],该文从"17年"中的人物入手,丰富了当时对"17年"的研究内容。

其他的如彭斐章教授对新中国成立后图书馆学教育的研究、范兴坤对"17年"中20世纪50年代中苏图书馆事业交流及其影响的研究,王世伟对图书馆服务理论的研究等,都在研究中对"17年"的相关内容加以简述。

3. 图书馆学基础理论成果中对"17年"的阐述

以马恒通为代表,他在图书馆学研究对象、图书馆学体系结构、基础理论与研究等领域,尤其是对研究对象问题的研究,独具特色,在这些研究成果中,除《新中国图书馆学研究对象争鸣六十年——一个"知识论"的视角》一文外,其余成果都将50年代由刘国钧进一步提出的"要素说"作为论述的基点加以研究,在对图书馆学体系结构研究中亦是如此。尽管其研究成果并没有专门划分"17年"这一阶段,但文中都涉及了对"17年"研究成果的论述,如《新中国图书馆学的研究对象争鸣综述(1949—1989)》一文中,即从刘先生提出的"要素说"到对其观点的争鸣,再继续阐述"矛

---

① 杜毅. 新中国图书馆管理的独特道路[J]. 图书情报工作,1987(6):1-6.
② 谢灼华. 评建国以来中国图书馆史研究[J]. 图书与情报,1989(3):5-14.
③ 程焕文,王蕾. 影响20世纪中国图书馆史学研究的八位史家及其代表著作——谨以此文恭贺图书馆史学家谢灼华教授70华诞[J]. 图书馆论坛,2005(6):59-63.

盾说"的提出与争鸣①。

4. 概论性著作中的"17年"研究

从大范围上讲，"17年"期间所产生的，如《社会主义图书馆学概论》《图书馆学引论》《普通图书馆学讲稿》《图书馆学基础》等著作，都包括在内。但是，对"17年"整体的研究，则要从改革开放后出版的此类著作算起。较早对这方面有所论述的是80年代初期由四川省图书馆学会主编的《图书馆学概论》（1983）。该书在第三章"图书馆的发生与发展"中，专设第二节"新中国图书馆三十年"，主要论述了"17年"中我国图书馆事业的发展简况。以后，在阐述"17年"的发展研究中，学者多采用分期分阶段的研究方法，从而将其融入图书馆史的研究中。其中多数是将"17年"划分为两个阶段：1949—1956（或1957）年和1957（或1958）年—1965（或1966）年，如桑健编著的《图书馆学概论》（1985），吴慰慈、邵巍编著的《图书馆学概论》（1985），杨筱玉编著的《图书馆学基础》（1989）等。其中，有的又将两个阶段进一步细分。如杨筱玉将1949—1952年划分为国民经济恢复阶段，1953—1957年稳步向前阶段；吴慰慈、邵巍和杨筱玉将1957（或1958）—1961年划分为波浪式发展前进阶段，1962—1966年是调整、巩固、充实、提高阶段。

另有将30年直接划分为一个发展阶段，如由南开大学图书馆学系等编的《理论图书馆学教程》便是如此。该书将这一时期确定为中国图书馆学初步发展起飞阶段，尽管书中有"反映了建国后十七年的图书馆学研究的丰硕成果"②的描述，但并没有对"17年"专门论述，而是在各个专题中一带而过。

学者对"17年"的分期中，产生了图书馆事业与学术思想划分不同的情况，如黄宗忠编著的《图书馆学导论》，1986年由湖北省高等学校图书馆工作委员会和武汉大学图书情报学院内部出版，该著作一出版即大获好评。经过修改，于1988年由武汉大学出版社正式出版。该书在"图书馆学思想发展"一章中的第五节"新中国图书馆学研究概况"中，将新中国图书馆学研究分为三个阶段：1949—1956年、1957—1976年和1976年以后，其中第二阶段简述了"17年"中国图书馆学的研究状况。又在"中国图书馆事业的建设与发展"一章中，专设"新中国图书馆事业的发展过

---

① 马恒通.新中国图书馆学的研究对象争鸣综述（1949—1989）[J].中国图书馆学报，1991（4）：31-36.

② 倪波，荀昌荣.理论图书馆学教程[M].天津：南开大学出版社，1986：121.

程"一节,其中,将"17 年"划分为两个阶段:1949—1957 年稳健发展时期;1958—1965 年波浪式前进时期。从图书馆事业史和图书馆学术思想史出发,对于"17 年"研究的分期,确有不同分期方式存在,这也成为研究"17年"的一个重要问题。

大致在 20 世纪末,又产生了从图书馆学发展高潮的角度来研究包括"17 年"在内的发展。徐引篪、霍国庆合著的《现代图书馆学理论》一书,从图书馆学术史的角度,将中国近现代图书馆学理论研究概括为三次高潮,"17 年"便是其中描述的"过渡的第二次高潮",书中主要从学术成果、学术代表人物等方面加以研究,并分析了这一次高潮的主要特征,作者认为:"也许,第二次高潮最主要的成就依然是培养了一代学者,积蓄了第三次高潮勃兴所必需的中坚力量。"①随后,王子舟的《图书馆学基础教程》一书中,亦有图书馆学发展的三次高潮、图书馆学代表人物、图书馆学的研究对象等章节,有对"17 年"的研究简述。

5. 图书馆学史专著中的"17 年"研究

1991 年由吴仲强等人所著的《中国图书馆学史》一书的出版,标志着我国第一部以"中国图书馆学史"命名的著作产生。书中设有"中国当代图书馆学史"一节,该节主要从图书馆学、藏书学、图书分类学、目录学、版本学、文献学、图书馆学教育等 8 个方面,简述 20 世纪 40 年代末至 80 年代我国图书馆学的发展概况。该书为专题布局,因而对"17 年"的论述比较分散,内容也侧重于学科史,不够全面。20 余年后,中国科学技术协会主编、中国图书馆学会编著(索传军教授主持)的《中国图书馆学学科史》一书出版,在第三编"中国图书馆学在当代的发展"中,主要有两章内容阐述了"17 年"的发展:第六章"图书馆学理论的繁荣与发展"和第七章"中国图书馆学教育的发展历程"。第六章主要论述了"17 年"的发展,包括理论研究的一次热潮、为科学研究服务思想的确定、图书馆实际工作的需要、学习苏联之风的兴起、阶级斗争思想的全面渗透等。第七章阐述了图书馆学教育调整与合并及发展阶段。这是一部通论性的图书馆学学科史,因此,不可能对"17 年"进行深入细致的专门研究,但已开始涉及较多的内容。

6. 图书馆史专著中对"17 年"的研究

有两部著作是值得关注的:其一,张树华、张久珍合著的《20 世纪以

---

① 徐引篪,霍国庆.现代图书馆学理论[M].北京:北京图书馆出版社,1999:114-118.

来中国的图书馆事业》,2008年由北京大学出版社出版。无论是从篇幅还是内容来看,该书都采取了相对"厚今薄古"的方法,将主要着力点放在当代,其中对于新中国成立后30年的研究最为薄弱,这也真实地反映出当时图书馆界对"17年"研究的薄弱状况。但是,从已有的成书中可看到,该部著作已是对"17年"论述得较多的一部著作,其中,对"17年"划分4个阶段加以论述:① 1949—1956年,对旧有图书馆进行接收、整顿,大力加强图书馆的服务活动,工会图书馆大发展,1955年文化部发布《关于加强与改进公共图书馆工作的指示》等加以概述。② 1956—1958年,进一步明确各类型图书馆为科学研究服务的方针和服务对象,制订《全国图书协调方案》,各类型图书馆加强为科学研究服务工作等。③ 1958—1960年,50年代末的一次挫折。④ 1960—1966年,调整图书馆事业的发展速度与规模,进一步明确图书馆的任务与服务对象,着重抓紧内部工作整顿,国家科委和文化部关注为科学研究服务的文献保障问题,加强图书馆员基本功的训练等,同时对图书馆读者的服务等工作单独进行论述。

迄今为止,由国家图书馆牵头组织、国内一批学术大家领头撰著的《中国图书馆史》是笔者见到的论述"17年"最为详尽的著作。这是一部试图全面阐述中国图书馆史的宏著,其中第3卷"现当代图书馆"卷用了两章阐述"17年图书馆史"。第1章:新中国成立初期的图书馆(1949—1956年),包括新中国对旧有图书馆的接收和改造、各类型图书馆、图书馆制度建设与业务建设、图书馆学研究与教育、苏联图书馆对中国的影响等方面论述。第2章:新中国建设时期图书馆(1957—1965年),包括《全国图书协调方案》的制定、政治运动对图书馆的影响、各类型图书馆、图书馆业务基础工作、图书馆读者服务工作的开展、图书馆学术活动与图书馆学教育。

7. 相关科研项目大大促进了对"17年"的研究

由范并思主持的教育部人文社会科学研究"十五"规划课题"20世纪的图书馆学"的成果于2004年出版,书名为《20世纪西方与中国的图书馆学——基于德尔斐法测评的理论史纲》,该书由北京图书馆出版社出版。该书将"17年"作为论述内容范围,但并未对"17年"做整体的研究,而是突出若干重要事件,如"全国图书协调方案""什么是图书馆"的讨论、图书分类的理论与实践等,概括了当时取得的重要成果。

周文骏、王红元的《中国图书馆学研究史稿(1949年10月至1979年12月)》一书,是全国社会科学基金通过"当代中国图书馆学史"立项并资助研究经费、北京市社会科学理论著作出版基金资助出版经费的一部著作。该项目"从立项到出版,整整花了8个年头,还不算立项之前的准备例如文献调研等时间在内"①。可见,这是一部耗费作者巨大精力之力作。该成果根据图书馆学学科史的特征,没有专门论述"17年"的章节,其"17年"的内容都分散在各个章节中。

2013年,龚蛟腾发表的《新中国三十年图书馆事业的变革与迷茫》一文,是国家社科基金青年项目"公共文化服务体系中社区图书馆发展战略研究"、湖南省社科基金项目"基层公共图书馆文化服务创新研究"和湖南省图书馆学会重点项目"中国图书馆学思想史研究"的阶段性成果。该文主要论述了"17年"图书馆事业的转折,包括确定社会主义图书馆学理论、建立图书馆管理的计划模式、形成图书馆事业的官办体制、树立为无产阶级服务的理念等。该文总结"17年"取得的成就,主要是图书馆类型自成体系、图书馆数量急剧变化、图书馆事业建设的协调与合作、图书馆业务工作的全面发展等。同时阐述了不足,主要是图书馆办馆运动的急躁、图书馆学理论研究的转向、图书馆学专业教育的萎缩。应吸取的教训是尊重图书馆事业发展规律、健全图书馆事业行业制度、加强图书馆事业交流合作、促进图书馆学科自主发展。

8. "17年"研究的三个阶段

至今图书馆界对"17年"的研究大致经过了3个阶段:20世纪70年代末至21世纪初的第一阶段、21世纪初至10年代中期的第二阶段,以及2015年以来的第三阶段。

在第一阶段中,主要的研究成果包括3种形式和内容:

其一,图书馆史的研究。这一研究由黄宗忠于1979年拉开帷幕。通过中华人民共和国成立逢10周年大庆之惯例,对新中国成立30周年的图书馆发展史进行了研究,这是一种对传统的承继与对未来的展望。在新中国成立第一个10周年之际,图书馆界就涌现出了一批这样的佳作,由此而为界内称道,并在随后而被继承下来。由于新中国成立20周年之时,"文革"中没有公开进行深入学术研究的条件,因此在30周年时,黄宗忠承历史之任,撰写了具有代表意义的佳文,总结了新中国成立以来图书馆事业学术的发展史。以后,在新中国成立逢10周年大庆之日,亦多有类似重量级研究论文出现,可见,这一做法已逐步形成"传统""惯例"。这一类文章

① 周文骏,王红元. 中国图书馆学研究史稿(1949年10月至1979年12月)[M]. 北京:北京大学出版社,2011:后记.

的研究内容不断丰富,研究视点不断扩大,尤其是专题的研究文章不断增多。在研究中,通常将“17 年”划分为两个阶段加以研究,有的还在每个阶段中再细分。这些成果形成了这一时期研究的主体。

其二,概论性的著作。由于这类著作的特征,不可能详细研究“17 年”发展阶段的事业与学术,因此,都对这一历史阶段的发展进行了简述,其中有两部著作在这方面的论述较有特色:一部是由黄宗忠编著的《图书馆学导论》,该书将“17 年”中的图书馆事业发展史与图书馆学术发展史进行了不同的划分,从而表明了图书馆事业史与图书馆学术史既有相同之处又有不同之处,应当分别加以研究。另一部是徐引篪、霍国庆合著的《现代图书馆学理论》一书。该书并没有追求完整的发展史,而是采取对核心部分加以集中研究的方式,即专门论述图书馆学发展高潮,通过研究产生在“17 年”中的“过渡的第二次高潮”,让人们深入了解当时的事件、人物等的历史发展内涵,从较高的层次概括出这一时期发展的主要特征与成就。

其三,开始对学科史的探索。吴仲强将“17 年”的学科发展纳入整体的学科发展史中加以研究,分别在各个不同的专题中论述、研究了“17 年”这一阶段的发展概况。

这一阶段的总体研究十分薄弱,在图书馆界,这一阶段对“17 年”的研究还没有提上议事日程,对我国现代图书馆史的研究还远不及对近代图书馆史的研究热度,成果也远没有对近代图书馆史研究得多,这一现象似乎不符合在史学界已形成的“厚今薄古”之原则,其中原因是值得深思的。

在第二阶段中,随着课题研究的加入,对“17 年”研究步伐的加快,也加快了这类成果的产生。范并思等人的专著成果的产生,可谓开始了这一新的研究历史阶段。周文骏等的专著,则具有这一时期的标志性意义。主要由索传军组织编著的《中国图书馆学学科史》,使我国图书馆学学科史研究方面获得了一次质的飞跃。这些著作,已开始将“17 年”作为中国图书馆学史发展的一个重要阶段加以论述与研究。

在第二阶段图书馆史研究方面出现的多部著作,都将“17 年”列为重要的研究范畴加以阐述,从而推进了对“17 年”的研究。但是,这一阶段最大的不足是:还没有产生专门研究“17 年”的力作,只是将“17 年”纳入图书馆史发展的一个阶段中加以研究,而且研究的篇幅、内容严重与“17 年”的历史地位、发展不符。在这一阶段的图书馆史研究中,对近代图书馆史的研究成果远远超过了对“17 年”图书馆史的研究成果,其原因大致有:①经历过反右运动和“文革”的前辈,不太愿意多加论述这段历史。②对学术研究与政治运动两者间的关系的掌控、把握难度较大,这一情况在研究"17 年"的第一阶段时尤为突出。③"60 后"没有经历或当时还小，对这一段历史没有多少记忆，缺乏经历而要其研究，就必然要依靠阅读大量史料而为之，这一时期又恰恰还没有重视搜集、整理出版"17 年"史料，而对近代图书馆事业的史料出版工作却大见成效，这成为 20 世纪 90 年代以来重研究近代图书馆史、轻现代图书馆史研究的主因之一。可见，要加快对"17 年"的研究，搜集、整理、出版相关史料的工作是十分紧迫而重要的，尤其对当时出版的一些内部刊物、资料的搜集、整理、出版就更显重要。

第三阶段，从 2015 年起，"17 年"研究终于在前期的积累中跨进深入研究阶段。进入这一阶段，在理论研究方面主要有 2015 年的 3 个事件作为标志。

第一，王子舟发表了《1957 年图书馆界右派的言论及遭遇》一文，该文属于思想史、运动史范畴。这一沉重的、敏感的话题，多少年来都没有在图书馆界内展开过专题研究，因此，发表这类文章是需要勇气的。他通过大量资料的梳理和一些见证者的求证，发表了该文。

第二是谢欢的《存史观变：图书馆史领域的"十七年史"研究》一文。该文是图书馆界首篇在篇名中出现"17 年"一词的论文，是一篇研究"17 年"图书馆史的专文。该文从对近代图书馆的研究，延伸到现代图书馆史研究，利用与史学界研究的对比，发现了现代图书馆史研究中的重大不足，"史学界对 1949—1966 年这一时间段的研究有一个特定的称谓——十七年史学，十七年史学已成为史学史重要研究领域，然而图书馆学界对于这十七年的历史尚缺乏足够的重视"①，由此呼吁图书馆史研究者加强对"17 年"的关注与研究。作者通过梳理图书馆界对"17 年"的研究情况，指出了目前图书馆界研究"17 年"史的零散的、不够深入的现状，认为保存史料、了解历史真实面貌，是研究"17 年"的基础，只有基础牢固，才能避免认识偏差，才能避免造成观点之误。该文的核心则明确表示了研究"17 年"的紧迫性和必要性："我们是时候重新审视、研究这十七年的历史了！"②

第三，2015 年《高校图书馆工作》连续全年 6 期、2016 年连续 5 期，连载了"17 年"图书馆事业史系列论文，开始了全方位地对"17 年"图书馆史的研究。这些论文简要论述了"17 年"图书馆史的发展分期及各阶段的发展，大致以时间为序，按主题区分，突出重点，阐述了包括业务、制度

---

①② 谢欢.存史观变：图书馆史领域的"十七年史"研究[J].图书馆建设,2015(3):4-7,12.

建设、人才培养、读者工作、分类编目、苏联专家指导、具有里程碑意义的1956年、图书馆出版物等内容，对一些重要的历史事件加以论述，如1957年的《全国图书协调方案》等。对于一些图书馆参加的运动也加以研究，如反右运动、"插红旗、拔白旗"的影响，1957年下半年开始的"上山下乡"运动以及随后开展的"跃进"运动、迎接国庆十周年、学习毛泽东著作运动、技术革新与技术革命运动、基本功大讨论、图书馆学理论研究、"四清"运动等，这些研究以图书馆事业史为主，以学术思想史为辅，较为全面地、初步地研究了"17年"图书馆事业史，标志着图书馆界对"17年"史的研究正式拉开帷幕。

三、对"17年"4个阶段的划分

研究中国图书馆"17年"史，必须掌握最基本的原则。2013年1月，习近平同志明确提出：不能用改革开放后的历史时期否定改革开放前的历史时期，也不能用改革开放前的历史时期否定改革开放后的历史时期。"两个不能否定"的原则，就是研究"17年"的根本原则。

图书馆史的任务是把过去主要的图书馆事业、活动、学术研究有限度地再现出来，使之成为一种有价值、有意义的东西。本书采用历史唯物主义和唯物辩证法的方法，以真实为原则，以事实为基础，以材料为根据，实事求是地分析研究"17年"图书馆事业的发展。在学术思想研究中，本书以社会发展为大背景，研究社会主义初期构筑具有中国特色的学术思想的发展概况。在图书馆史的概念中，真实是图书馆史的最高原则，也是图书馆史价值最本质的表达。

图书馆史的真实原则必须落实于对具体事实的讨论之中，如果事实不清，"真实"也就难以达到。历史事实主要是以材料为依据，研究"17年"的图书馆史，必须进入"17年"的氛围中，而决不能用今天的思想与观点去理解"17年"，人们只能站在审视的角度，进入当时的"语境"去理解、分析这一段历史的发展。正因如此，在选择采用大量原始资料、大量史实做一部"信史"，还是采用"以论带史"的两种不同的表述方式中，笔者选择了前者。尽管这样会对可读性有所影响，但是，可以牢固地建立在史实的基础上，去还原、进入当时的历史语境，从而更好地贯彻"真实性原则"。

在图书馆史的研究中，"17年"还没有开始被大量地研究。为读者或研究者提供大量的、真实的资料，是这部著作的宗旨，也是笔者的心愿。书中全部参考文献达1000部（篇）以上，引用的文献次数达2000部（篇）次以上，有效地保证了以事实为准绳的客观原则。期望本书能够为有兴趣的研究者提供有用的信息,对其进一步深入研究有所帮助。

新中国的成立,标志着我国新民主主义社会向社会主义社会过渡时期的开始,这一过渡时期用了7年(1949年10月—1956年)。在这一历史时期,党领导人民"迅速恢复了国民经济并开展了有计划的经济建设,在全国绝大部分地区基本上完成了对生产资料所有制的社会主义改造"①。这是我国社会主义革命和建设发展史的第一阶段。社会主义改造基本完成后,党领导人民开始转入全面的大规模的社会主义建设时期,"直到'文化大革命'前夕的这十年中,我们虽然遭到过严重挫折,仍然取得了很大的成就"②。将"17年"的社会主义革命和建设史划分为两个阶段,已成共识,无论是《关于建国以来党的若干历史问题的决议》、薄一波同志的《若干重大决策与事件的回顾》等,还是一些诸如《中国社会主义革命和建设史》等著作,都是如此划分。图书馆事业是文化事业的重要组成部分,在社会主义革命和建设初期,图书馆事业的发展分期和其他事业一样都高度吻合,因此,在"17年"中,我国图书馆事业亦存在这两个发展阶段。但是,这一划分,对于"17年"的图书馆史而言,仍较粗糙,因为,在这两个发展时期中,又都有两个十分明显的不同特征的发展时期。由此,4个发展阶段组成了图书馆"17年"的发展史。

1. 图书馆事业的恢复发展阶段(1949年10月—1952年)

中华人民共和国的成立,标志着中国半殖民地半封建社会的历史一去不复返了。中国共产党依靠全国人民高涨的革命积极性和巨大的创造力,迅速医治了战争的创伤,恢复了国民经济和教育、科学、文化等各个领域的工作。这一时期,"即恢复时期的三年"③。这一阶段,图书馆界的工作重点是:①接管和维护原有的图书馆,保证了全部图书财产完整地归还人民政府,通过人员稳定的措施,为进一步的整理、改造打下了坚实的基础;②加强思想改造,转变工作人员的思想观念,通过普遍的学习方式,提高工作人员政治思想觉悟,转变立场,以积极的姿态和行动投入到为人民服务的工作中;③通过加强调研工作,初步摸清家底,为大力开展面向工农大众服务提供依据;④践行为工农兵服务,通过大力创办农村图书馆、工会图书馆和

---

① 中共中央文献研究室. 关于建国以来党的若干历史问题的决议注释本(修订)[M]. 北京:人民出版社,1985:15.

② 中共中央文献研究室. 关于建国以来党的若干历史问题的决议注释本(修订)[M]. 北京:人民出版社,1985:20.

③ 毛泽东.《中国农村的社会主义高潮》的序言(1955年9月、12月)[M]//毛泽东. 毛泽东选集(第5卷). 北京:人民出版社,1977:218-224.

部队图书馆,大力开展馆内服务和包括流动服务在内的馆外服务,将为工农大众服务的思想落实在行动上。⑤大力开展图书分类的研究,夯实图书馆业务转型的基础;⑥通过各种条例规则的制定,通过隶属关系的调整,适应新时期的管理要求,从制度层面上保证为工农大众服务宗旨的实施;⑦开始通过正规学校培养、培训班等形式,培养适应新时期要求的图书馆事业建设人才。这一阶段,图书馆学理论研究也开始起步。

2. 图书馆事业的巩固提高阶段(1953—1956年)

1953年,党中央确定了"一化三改"的过渡时期的总路线和总任务,即要在一个相当长的时期内,逐步实现国家的社会主义工业化,并逐步实现国家对农业、对手工业和对资本主义工商业的社会主义改造。这一工作到1956年底基本完成。1953年,我国开始实行"一五"计划,这一计划的实施,为我国实现社会主义工业化奠定了初步的基础。在这一大局下,"我们的方针必须是'整顿巩固、重点发展、提高质量、稳步前进'"①。这一政策,在整个这一时期得到了充分的贯彻。图书馆界主要开展的工作有:①确立这一时期的工作方针,即要迅速地满足读者对文献的需求,加强图书的流通性和阅读的广泛性建设,大力做好宣传教育、辅导工作,做好主动服务、吸引读者的工作,以便使读者更有效地利用文献。②宣传图书、调剂图书,方便读者,提高借阅率。图书馆界开始思考并践行"为书找人、为人找书"的具有新时代特征的观念,继续开展图书调节工作,使有限的文献分布更加合理,大力开展图书宣传工作,大力开展讲座、报告会、书展等活动,引导读者的阅读需求,大力开展竞赛活动,更好地激发馆员的工作热情。这一阶段,重点需要解决的仍然是"为谁服务"的问题,并进入了"如何服务"的阶段。③加强目录索引编制工作。大力探索、开展文献分类、编目和各种目录的编制工作,以便更好地揭示馆藏,方便读者查阅和利用图书。同时,图书馆界提出了统一编目的问题,专题目录的编制工作也开展起来。索引工作也开始受到重视。④1955年,苏联图书馆学专家雷达娅来华指导工作,在苏联专家的指导下,我国的图书馆工作更好地开展了起来。⑤图书馆界的公共图书馆系统、工会图书馆系统、农村图书馆系统加快培养人才,各图书馆大力开展业务学习活动,通过实习培训、学历教育、业余进修、培训班、带徒弟等形式,加快培养新时期的图书馆事业建设

---

① 习仲勋. 1953年文化教育工作的方针和任务:政务院文化教育委员会习仲勋副主任在大区文委主任会议上的总结报告(1953年1月24日)[M]//何东昌. 中华人民共和国重要教育文献:1949—1975. 海口:海南出版社,1997:189-191.

人才。⑥知识分子政策和"双百"方针的制定,极大地调动了馆员的积极性,图书馆界大力加工整理积压图书,为科学研究服务,大力开展文献分类工作,高校大力开展为科研服务活动,图书馆学的研究开始进入高潮期。1956年,分别召开全国图书馆工作会议和全国高等学校图书馆工作会议,颁发《中华人民共和国高等学校图书馆试行条例(草案)》,制订《1956—1967哲学社会科学规划草案(初稿)》,明确图书馆学要研究的重要问题和要出版的重要著作,初步建立起图书馆事业和图书馆学的新构架。

3. 图书馆事业的曲折"跃进"阶段(1957—1959年)

1956年,"我们党领导中国人民,已经完成了资产阶级民主革命,并且基本上取得了社会主义革命的胜利"①,从国家层面上,无产阶级同资产阶级之间的矛盾已基本解决,社会主义制度已经建立,此时的主要矛盾转化为先进的社会主义制度同落后的社会生产力之间的矛盾。1956年社会主义改造基本完成以后,党领导人民开始转入大规模的社会主义建设,确立了社会主义总路线:鼓足干劲、力争上游、多快好省地建设社会主义,开始大力探索适合中国国情的社会主义建设道路,并经历了一个艰难曲折的过程。邓小平指出:"'文化大革命'前十年,应当肯定,总的是好的,基本上是在健康的道路上发展的。这中间有过曲折,犯过错误,但成绩是主要的。"②1957年是开始大力落实"向科学进军"之年。图书馆事业进入大规模的社会主义图书馆事业建设阶段。文教事业发展的根本方针,是要为广大劳动人民服务,为社会主义建设服务,为科学研究服务。图书馆界大力开展"为科学服务"的工作,大力创办"民办图书馆",更加重视和积极培养新时期的图书馆事业建设人才,分类法迈出"统一"的关键步伐,大力开展适合中国国情的图书馆事业和图书馆学的研究,大力开展迎接国庆十周年的活动。图书馆界也经历了"上山下乡"等运动。这一时期,我国的图书馆事业空前发展,这是主流,但也有曲折,尤其是反右运动,以及随后的对"资产阶级学术权威"的批判,即"插红旗、拔白旗",严重地挫伤了许多知识分子,尤其是老专家、老教授、老知识分子的积极性,以及受到所谓"大干快上"的"浮夸风"的影响,不切实际的工作指标和要求,破坏

---

① 中国共产党第八次全国代表大会. 中国共产党第八次全国代表大会关于政治报告的决议(1956年9月27日中国共产党第八次全国代表大会通过)[M]//国务院法制局,中华人民共和国法规汇编编辑委员会. 中华人民共和国法规汇编:1956年7月—12月. 北京:法律出版社,1957:5-18.

② 邓小平. 1981年3月18日同《历史决议》起草小组负责同志的谈话[M]//中共中央文献研究室. 关于建国以来的若干问题的决议注释本(修订). 北京:人民出版社,1985:86-88.

了图书馆事业发展的规律，对我国图书馆事业的发展造成了较大损失，这些教训是十分深刻的。

4. 图书馆事业的调整充实阶段（1960年—1966年5月）

1960年，党中央和毛泽东同志开始纠正农村工作中的"左"倾错误，决定对国民经济实行"调整、巩固、充实、提高"的方针，这是这个历史阶段中的重要转变[①]。对这一方针的贯彻执行，社会主义中国又逐步重新出现了欣欣向荣的景象。在这一阶段中，图书馆界经历了一个从稳步发展业务到政治统帅业务的过程。在大力开展的学习运动中，图书馆界采取各种措施，更加积极主动地为以工农为主体的读者服务，大力开展技术革新、技术革命的"双革"运动，深入、扎实地开展劳动竞赛，进一步推进规章制度建设，大力开展"基本功"的讨论，大力增强培养人才的力度，继续开展图书馆学理论研究。在党的领导下，通过图书馆界的努力，图书馆事业在这一阶段取得了较大的发展。

四、对"17年"理论研究的脉络

图书馆事业的发展，离不开图书馆学教育与人才的培养，我国"17年"中人才的快速养成，是这一阶段图书馆事业快速发展的主要的要素之一。本书通过事业篇第五章"图书馆学教育和人才培养"，说明了我国"17年"中图书馆事业发展的艰难、对专业人才的急需的现状，以及通过图书馆界的齐心努力而大力培养出了大批专业人才，基本满足了我国图书馆事业迅速发展的需要。同时，这些培养出来的专业人才，与老学者、老专家及大量图书馆界的实际工作者一起，大力开展新时期图书馆学理论与实践的研究，他们共同取得了这一历史时期的图书馆界的理论和实践成果。因此，这一章具有承上启下之意义。

在本书思想篇对"17年"图书馆学术思想史的研究中，第六章"思想迅速转变的1950年"既是该篇的思想基础，也是全书研究"17年"图书馆事业史和学术史的思想基础。是章主要解决的问题是：①对我国制度的认识问题。通常20世纪50年代及以后的出生者，会认为中华人民共和国一经成立，就标志着社会主义制度在中国已经确立，这一对当时国情、制度认识上的模糊性，必然会造成对这一阶段理论与实践研究的偏差。②对"人民"范畴的认识。只有十分清楚地认识当时的"人民"构成，才会在思想上、行动上体

---

① 中共中央文献研究室. 关于建国以来党的若干历史问题的决议注释本（修订）[M]. 北京：人民出版社，1985:24.

现"为人民服务"的宗旨。③如何解决立场问题和为谁服务的问题,即图书馆工作如何完全转移到"为人民服务"的实践中,这也是一个转变思想观念、树立正确的世界观的过程。只有真正解决了这些问题,才能在思想上、行动上真正跨入伟大的新时代。第七章通过统计分析,提炼出在"17年"中,图书馆学的学术思想的发展经历了3个阶段:1950—1956年的酝酿期、1957—1959年的高潮期、1960—1966年的衰落期,并分析了这一历史时期的主要特征是:①三代同堂,此消彼长;②以老带新,学术传承;③凝练方向,规划指导;④政治运动左右学术研究;⑤研究人员组成多种途径;⑥学术阵地不多,研究成果较少。这两章统领着思想篇各章的展开。第八至十五章为分论,第十六章突出了时代的学术批判问题,为人们留下了足够的关注与反思的空间。

事业篇

第一章 图书馆事业的恢复发展阶段
（1949 年 10 月—1952 年）

中华人民共和国的诞生,开创了中国图书馆事业发展的新纪元,宣告了帝国主义、封建主义和官僚资本主义在中国的统治时代的结束,"中国人民由被压迫地位变成为新社会新国家的主人,而以人民民主专政的共和国代替那封建买办法西斯专政的国民党反动统治"[①]。人民翻身当家做主,人民的范畴是什么?"在中国,在现阶段,是工人阶级,农民阶级,城市小资产阶级和民族资产阶级。"[②] 在《中国人民政治协商会议共同纲领》(以下简称《共同纲领》)对中国人民民主专政的论述中,又增加了"及其他爱国民主分子"一项,由他们组成人民民主统一战线的政权,这一政权是以工农联盟为基础,以工人阶级为领导的。这一根本纲领,决定了社会主义中国图书馆事业的发展方向。

第一节 图书馆的接管、维持与改造

新中国成立初期,人民政府通过有计划、有步骤地对图书馆进行接管与维持工作,进而对图书馆进行了清点与改造,这些举措,为创建人民的图书馆奠定了坚实的基础。

一、接管与维持

新生的人民政权,全面接管了旧时的图书馆,标志着图书馆真正回到了人民手中。当时主要有两种接管形式:其一,由军管会派出接管小组,这是接管过程中的主要形式。例如,北平和平解放,于 1949 年 2 月 3 日举行

---

① 中国人民政治协商会议. 中国人民政治协商会议共同纲领[M]. 北京:人民出版社,1952:1.
② 毛泽东. 论人民民主专政[M]//毛泽东. 毛泽东选集(第四卷). 北京:人民出版社,1991:1475.

入城式,9 日即由北平联合办事处的钱俊瑞、陈微明到北平图书馆联络并商讨接交事宜。是月 13 日,中国人民解放军北平军事管制委员会即派尹达、王冶秋、马彦祥到北平图书馆,召开全馆大会,宣布正式接管①。北平市立图书馆的接管则要晚些,至是年 8 月,市人民政府教育局派魏元启接管北平市立图书馆的分馆、儿童图书馆②。1949 年 5 月 7 日,南京市军管会文教委员会接管南京江苏省立国学图书馆③,可见,当时接管图书馆是有步骤、有计划、分层次的接管。在刚解放的城市,则由军管会派出人员接管,军管结束后,则由市政府派员接管。其二,由原任馆长继续执掌馆务。通常,这是在斗争中赢得了政府和工作人员信任的人士。例如,北平解放之际,为了使图书资料完整地回到人民的怀抱,当时清华大学图书馆馆长潘光旦召开会议,组织起一支图书馆纠察队,在师生的全力保护下,图书馆和学院迎来了新中国,随后,潘光旦继续担任图书馆馆长④。解放前夕,广西省立桂林图书馆全体馆员不顾国民党政府要求迁馆的再三迫令,在唐现之馆长和馆内共产党员的带领下,坚守岗位,至 1949 年 11 月 22 日桂林解放,保证了全部图书财产完整地归还人民政府。1950 年 1 月 8 日,人民政府完成了图书馆的接收工作,唐现之继续担任馆长⑤。

在接管过程中,留用原有工作人员,以便他们继续工作,这也是军管会的要求。在北平图书馆的接收过程中,作为军事代表的王冶秋就严肃、认真地宣布了北京市军事管制委员会的决定,要求全体工作人员安于职守,努力工作,为新中国的图书馆事业做出贡献。在北京市立图书馆接管前,市军管会和市人民政府派出的代表均嘱照常开馆。南京江苏省立国学图书馆的工作人员,在解放前夕,一直坚守原岗位,工作未停一日。人员的稳定和保证,为进一步的整理、改造工作打下了坚实的基础。

二、清点与改造

1. 清点

在彻底变革的年代,要用新的理念、有序的藏书为读者服务,其中清理

---

① 李致忠. 中国国家图书馆史:1909—2009[M]. 北京:国家图书馆出版社,2009:156.
② 金沛霖. 北京文化史资料选集:首都图书馆史[M]. 北京:北京市文化局,首都图书馆,1995:14.
③ 南京江苏省立国学图书馆概况[J]. 文物参考资料,1951(7):48-67.
④ 《百年清华图书馆》编写委员会. 百年清华图书馆[M]. 北京:清华大学出版社,2012:88.
⑤ 陈源蒸,张树华,毕世栋. 中国图书馆百年纪事:1840—2000[M]. 北京:北京图书馆出版社,2004:108.

工作是基础。"清理旧家当，也是今年的工作之一。"① 这是在图书、博物的宏观层面上的计划，对于旧有藏书的清点工作，由于各馆情况不同，因而在时间上有所不同，通常是在解放后开馆之初就完成了清点工作。南京图书馆在解放后，首先动员全馆同志，大力开展清点工作，彻底清点了112万册书刊和各项财产及单据②。中山大学图书馆，从1949年11月开始，集中力量利用3个月的时间，发动师生对馆藏308,032册图书进行清点、编号、造册工作③，随着清点工作的完成，整理、加工就成为十分艰巨而紧迫的任务。"过去积压了无数的未编目的书籍，单是国立北京图书馆就有一百多万册书未编目，国立南京图书馆也堆着80多万册书未整理、编目。"④ 1950年的重点工作之一便是在全国范围内要将已经彻底清点过的藏书，尽快地加以编目，进而入库流通。

2. 思想改造、观念转变

新中国成立后，为使图书馆界每个工作人员都能具有一定的政治思想觉悟，转变或坚定立场，从思想上、行动上能够自觉地投入到为社会主义建设和为人民服务之中，图书馆界通常都有一个阶段的专门学习政治理论、时事政治的时间段。1949年9月至1950年春，河南大学图书馆李燕亭主任和全体职工分别参加了校党委举办的政治研究班和政治理论学习班，主要任务是学习马列主义⑤，从而接受了一次深刻的思想教育，图书馆界初步解决了为什么人服务的问题。首都图书馆在被接管初期，首先是加强职工的政治时事学习，提高全体职工的思想觉悟，树立为人民服务的观念⑥，从而全面地促进了工作的开展。

普遍的学习方式是保证一段时间的政治学习活动。江苏省国学图书馆从1949年5月开始进行长时期的政治学习。根据不同阶段采取不同组织形式的学习。最初是近4个月时间的全馆集体学习，从而统一了学习内容、进度、要求，自9月后根据情况分为2组，于1951年1月起又分为3组，根据指定的文件进行学习。学习内容主要的必修书籍是新民主主义论著和马列主义专著等，根据情况随时补充时事文件和有关业务方面的资料。再根据提纲要求分组讨论直至全馆讨论，进而统一在正确的思想基础上。

①④ 郑振铎. 一年来的文物工作[J]. 浙江省立图书馆通讯，1950（5）:1-4.

② 南京图书馆解放后的工作情况与总结[J]. 文物参考资料. 1951（7）:42-47.

③ 中山大学图书馆概况[J]. 文物参考资料，1951（12）:52-56.

⑤ 李景文. 河南大学图书馆史[M]. 开封:河南大学出版社，2008:23.

⑥ 金沛霖. 北京文化史资料选集:首都图书馆史[M]. 北京:北京市文化局，首都图书馆，1995:14.

他们每天利用 1.5 小时学习,以后,又根据统一要求,平时以自学为主,每天应保证 1 小时的自学时间,每周星期日和星期四集体讨论 2 次[①]。

全国开展大规模的政治、时事学习活动,是在 1951 年下半年至 1952 年秋,高校则重点形成了一次知识分子的思想改造运动,这一运动发端于北大。1951 年暑期,时任北大校长的马寅初联合教授中有思想者,响应党的号召,在北大教师中发起了政治学习运动[②],其目的就是要提高教授的思想觉悟,进一步理解党的方针政策,从而在思想上获得较大的改造,进而推进学校的改革,这一学习运动在实践中获得了很好的效果。于是,是年 9 月 7 日马寅初写信给周恩来总理,欲请党和国家的主要领导人到北大为老师做报告。毛泽东在这封信上批示:"这种学习很好,可请几个同志去讲演。"[③] 这一运动从而逐步地开展起来,对高校图书馆界树立正确的思想观念、服务理念起到了十分重要的作用。

经过全体人员的努力,图书馆界完成了接管、清点工作,在思想上基本上转换了观念。时任中央文化部文物局局长的郑振铎有过这样的整体评价:"经过了一年的工作,我们已有了初步的成功。所有图书馆、博物馆的工作人员们,都彻底的认识了自己的任务的重大,彻底的消除了过去的不正确的观点和消极的、被动的态度,从而树立起了全心全意、为人民大众服务的观念。"[④]

第二节　开展图书馆的调研工作

为掌握图书馆事业的发展现状,中央人民政府文化部文物局图书馆处曾于 1950 年春举行了一次全国图书馆事业调查工作,调查的情况经整理归纳后,以"全国图书馆事业的一般情况"为题将文章发表于《文物参考资料》第 2 卷第 9 期上。由于篇幅过长,《浙江省立图书馆通讯》节录了原文"引言"中概括叙述情况的相关内容,加以转载。这一调查,较为全面地反映出了当时全国图书馆事业的相关情况。

---

① 南京江苏省立国学图书馆概况[J]. 文物参考资料,1951(7):48-67.

② 石云霞. 新中国成立以来中国共产党思想理论教育历史研究:(上)[M]北京:中国社会科学出版社,2007:111.

③ 毛泽东. 在马寅初关于北京大学教员政治学习问题给周恩来的信上的批语[M]//毛泽东. 建国以来毛泽东文稿(第2册). 北京:中央文献出版社,1988:448.

④ 郑振铎. 一年来的文物工作[J]. 浙江省立图书馆通讯,1950(5):1-4.

根据调查,当时的公共图书馆、大学图书馆、机关图书馆和工会图书馆有391所,另外没有被列入调查表中的中学图书馆有600所以上,文化馆约1400所[①],东北省农村图书室5000个左右,被列入调查表的图书馆的全国藏书量为2689万册。以图书馆分布而言,华东、华北地区的大中型图书馆较多,图书馆基础较好,但分布不平衡。华东主要集中在沪宁、沪杭铁路沿线城市,华北主要集中在京津两市。东北地区通过建立大量的小型图书馆(室),图书馆事业的普及工作做得较好。中南地区分布相对较为平均,以中型图书馆为多,但缺少一个大型图书馆,这些图书馆中都没有能起到领导全区的中心图书馆作用的图书馆。西南和西北图书馆事业相对落后些,西北更甚。这次全国范围的调查为以后图书馆事业发展的宏观决策提供了依据。

"图书馆工作,就其社会的意义来说,乃是文化领域内的群众工作。"[②]图书馆界的有识志士,自觉地将图书馆活动纳入社会文化领域中加以考察,以此为指导思想,提出了4项当时主要而迫切的任务:"如何从百分之八十的人口中彻底扫除文盲? 如何推广普及文化和提高人民文化的水平? 如何肃清封建的买办的法西斯主义的遗毒? 如何批判地吸收外国文化和接受中国文化遗产? "[③]为此,一些机构单位开展了文盲调查工作,以便在辖区范围内更好地开展文化工作提供决策依据。如金华文化馆曾于1950年6月调查金华城区居民文化程度,他们与县政府文教科、民政科、公安局等机关团体共同开展了有关的宣传工作,于是年7月14日至8月21日完成了全部调查工作,获得了居民中各层面的文化程度资料,其中文盲数占47.77%,在文盲中男性占35.1%,女性占64.9%,从而为开展扫盲工作,以及如何利用图书、连环画等配合扫盲工作,并吸引读者利用文化馆的图书和如何开展符合居民需要的文化活动等方面提供了决策依据。

在农村,1950年入冬学的农民达2500万人[④],仅浙江省"全省去年(1950年)共开办冬学20,580所,有150万农民参加学习,经过3个月的学习,一般学员均能识二、三百字,最多有识字一千二百多字的"[⑤]。经过学习的农民,多数已能开条子、记日记、看农民大众报。为进一步巩固和提高

---

① 文物局图书馆处. 全国图书馆事业的问题与展望[J]. 浙江省立图书馆通讯,1951,2(9):1-4.
② 金天游. 必须做好图书馆基本工作——"图书馆基本工作简本"前言[J]. 浙江省立图书馆通讯,1951,2(11):1-2.
③ 首届国庆纪念献辞[J]. 浙江省立图书馆通讯,1950(4):1.
④ 伟大的祖国在飞跃进步中[J]. 浙江省立图书馆通讯,1951,2(10):4-8.
⑤ 文教厅召开首届冬学模范代表会议[J]. 浙江省立图书馆通讯,1951,2(5):15-16.

识字程度,在冬学的基础上,农村又开办了民校或民办小学。

在工人和儿童教育方面,据1951年4月的不完全统计,工人入职工业余学校的已有120余万人。除了扫盲外,学龄儿童中的入学率也有很大提高,"在学校教育方面,去年全国小学生三千万人,今年增加到三千七百万人"[①],这些充分说明了随着新中国经济建设高潮的到来,工农群众文盲率迅速降低,人民文化程度不断提高,不可避免地将出现文化建设的高潮。

面向工农的图书馆(室)迅速发展,文化如何面向工农大众,这是一个根本性的、方向性的问题。根据《共同纲领》中的文化教育政策:"人民政府的文化教育工作,应以提高人民文化水平、培养国家建设人才、肃清封建的、买办的、法西斯主义的思想,发展为人民服务的思想为主要任务"[②],利用图书馆资源,大力做好提高人民文化水平,更好地树立起为人民服务的思想,成为当时图书馆界最紧迫而重要的工作。文物局图书馆处在1951年明确:"图书馆事业在现阶段的基本任务,是向工农普及文化。"[③]图书馆界通过大力创办文化馆、农村图书室和工厂工会图书馆,迅速践行向工农普及文化的工作。

第三节　全心全意为工农兵服务

图书馆界在转变服务理念的过程中,大力开展为工农兵服务的图书馆建设,主要是通过农村图书馆、工会图书馆和部队图书馆的建设而全心全意地为工农兵服务。

一、大力创办农村图书馆

翻身后的农民迫切需要文化生活。就全国而言,东北大片的农村较早获得解放,因此,在广大的农村地区建立图书室活动,东北地区走在前列。为保证图书的来源,1948年冬,新华书店在农民的热烈欢迎下开始深入农村,帮助农民建立图书室。他们大力开展宣传活动,充分发挥农民当家作

① 伟大的祖国在飞跃进步中[J].浙江省立图书馆通讯,1951,2(10):4-8.
② 中国人民政治协商会议.中国人民政治协商会议共同纲领[M].北京:人民出版社,1952:14-15.
③ 文物局图书馆处.全国图书馆事业的问题与展望[J].浙江省立图书馆通讯,1951,2(9):1-4.

主的作用,调动各方面的积极性,"提出了'大家拿钱,大家买书,大家看'的口号,把分散的农村读者通过一个自觉力量组织起来,共同买书,互相借阅,对整个农村文化的推进起了极大的作用"①。根据经费情况,条件较好的地区,就设有专门的图书室,条件较差的地区,将书放在村政府或农会,"管理人员由当地农会妇会中推选"②。新华书店东北总分店大力发展农村图书的发行工作,推广图书室的建设,在1948年取得初步成绩后,于1949年在"继续深入农村"的方针指引下,更加积极、广泛地工作,至"1949年冬下乡工作结束后,全东北共成立4937个农村小型图书室,454个农村代销处"③,取得了创建农村图书室的经验和教训,如需要"有重点"地建设农村图书室。东北文化部根据东北地区农村图书室的建立与部分图书室难以坚持而消散的情况做了总结,"经验证明搞了农村图书室,一年搞了五千个,但是垮了四千,现在又搞起了五千,这样搞法好呢? 还是有重点的搞法好呢? 我看后一种搞法好"④,指出了由于高涨的积极性而引起的急躁情绪,反而会影响工作的广泛、深入、持久开展,必须要适合当地的实际情况,因地制宜、稳妥开展、持续发展。这一经验对以后其他广大地区建设农村图书室很有帮助。

至1950年,浙江省各地已建立了农村小型图书室40余个,读者1.6万余人⑤。根据全国出版工作会议的精神,新华书店浙江分店自1951年1月起,开始进入农村地区,帮助农村较为广泛地建立图书室。土地改革后的农民,政治觉悟提高,各方面的积极性高涨,对文化活动十分渴求,在新华书店帮助下,他们踊跃集资,农民们"有的以砍柴所得认捐,有的将平日节省下来的认捐。所以很多图书室的经费往往超过原来的预定金额"⑥。为管理好图书室的工作,他们都郑重地组织管理委员会。农民们的学习积极性高涨,"如杭县三墩镇,平均每天阅览者达500余人,借阅者有四、五十人"⑦。新华书店下乡的同志又积极引导,通过民校、冬学,帮助他们组织了读书会,保证图书室的持久发展。

通过对半年工作的总结和未来任务的要求,新华书店浙江省分店又于

① 东北农村五千个小型图书室[J].浙江省立图书馆通讯,1950(4):18.

② 高汾.出版事业面向工农兵——介绍新华书店典型工作[J].浙江省立图书馆通讯,1950(4):17-18.

③ 东北农村图书馆[J].文物参考资料,1950(9):64-65.

④ 刘芝明.东北文化部刘芝明总长在东北区公共图书馆工作会议上的讲话[J].文物参考资料,1951(9):5-11.

⑤⑥⑦ 新华书店建立农村图书室[J].浙江省立图书馆通讯,1951,2(5):17.

1951年6月1日成立了"读书服务科",下设流动、推广、邮购、流通图书馆等四个工作组①,从组织结构上保证了图书室活动的持续开展。此时期"统计全省已建立起110个小型农村图书室,读者4万余人"②。积极稳妥、有重点地发展,注重持久的发展战略得到充分体现。

1951年10月30日,山西省人民政府发出关于《建立农村流动图书馆,大力开展农村文化工作》的指示,推进了山西省农村图书室的建设。新华书店大力开展"文化上山"和"文化下乡"活动,山西省人民政府号召"各级文教部门应配合书店开展大规模的通俗书画下乡运动,发动群众建立小型图书馆"③。通过努力,"截止现在,据稷山等六十三县不完全统计,已建立图书馆528处"④。省政府进一步要求在1952年冬"每一行政区至少建立和巩固3处,新区2处,这样,估计今冬全省农村图书馆,将可增加到2千座左右"⑤。他们将图书馆活动分为3种形式:第一,具有固定地点、馆舍的小型图书馆。这种图书馆通常由群众自愿集资而成,订有制度、公约,定期开馆借阅。这种形式最受欢迎。第二,流动图书馆。由于经费来源的局限,这种流动图书馆采用不定期活动的形式,到本村或附近村庄流动,有的参加庙会展览等,活动受到条件的限制,这种流动图书馆还只是"苗子",为数很少,但是它体现出了图书馆服务中的一个重要方向。第三,交换图书馆。两个村或多个村订立合约,定期交换图书或互相借阅,从而扩大图书利用范围,这些活动为以后大力发展流动图书馆积累了经验。

省立图书馆开始建立农村图书流动站。1951年7月起,广西图书馆开始在桂林市郊试办农村图书流动站,先以同莲村为重点,不到3个月,全区10个行政村都相继成立了图书流动站。由于人员、场所等条件的保障,这一活动迅速取得了明显的效果,至年底,读者已达61,915人⑥。1952年,浙江省文教厅要求本省"在农村普遍建立乡图书流通站5414所"⑦。这项任务由图书馆协同文化馆进行,自此,农村图书馆的建设逐步由新华书店

---

① 新华成立读者服务科[J].浙江省立图书馆通讯,1951,2(8):17.

② 农村图书室建立工作已在各地展开[J].浙江省立图书馆通讯,1951,2(8):15.

③ 陈源蒸,张树华,毕世栋.中国图书馆百年纪事:1840—2000[M].北京:北京图书馆出版社,2004:123.

④⑤ 山西省人民政府文教厅.山西省一九五一年农村图书馆(室)工作总结[J].文物参考资料,1952(1):78-82.

⑥ 广西图书馆开办农村图书流通站的初步经验[J].文物参考资料,1952(1):83-86.

⑦ 省文教厅发布批示开展建立工厂农村图书流通站工作[J].浙江省立图书馆通讯,1951,2(12):4-5.

大力开展,转化为由图书馆、文化馆协同创建,实现了农村图书馆建设的战略转移。

二、工会图书馆建设

工会图书馆的起步要比农村图书室建设晚一些,它是在经济建设的过程中逐步发展起来的。1950 年 1 月 12 日,全国总工会党委扩大会议第二次例会通过了《关于一九五〇年加强工人政治文化技术教育工作的指示》,要求是年内在 2000 人以上的工厂、企业,应创设一个俱乐部、图书馆及业余剧团,凡有 50,000 人以上的城市应创设一个全市性的工人俱乐部、工人图书馆。到 1951 年时,全国农村图书室的建立轰轰烈烈,而"工厂工会图书馆,现在的数量虽少,将来一定会在短期内得到大量的发展"[①]。

建立工会图书室与直接建立农村图书室不同,刚开始是通过建立面向城市居民服务的"读书小组"、流动图书站等开展对工人借阅图书服务,通常是以图书馆为服务平台展开的。1949 年 7 月,山东省立图书馆根据当时服务对象、服务要求的特征,开始大力发动、组织"读书小组",其对象为全体居民,不论学生、工人、干部,在自愿的基础上,组织成 3 至 10 人的读书小组,自推组长,获得机关团体单位、学校、厂矿企业、街道派出所或可靠商号的保证后,便可借阅图书,每人每周限借图书 1 册,其服务的重点是青年学生和工人群体,这一服务形式取得了很好的效果。1949 年下半年有 478 个小组,2655 人,借书 18,721 册。1950 年上半年,则发展为 643 个小组,3085 人,借书 20,808 册[②]。

辽宁省图书馆在为读者服务的过程中,学到了主动走出去为读者服务的方法,于 1950 年 2 月开始在工厂、部队建立流动图书馆,成为该馆面向工农兵服务的重要转折点,到 1953 年,共建立流动图书站 171 处。是年,读者人数达 76,131 人,图书流通量达 1,545,855 册次,为 1950 年的 13 倍。工人读者比重迅速增加,1950 年工人读者仅占 9%,到 1953 年时则增加到 75%[③]。

内蒙古图书馆在呼和浩特市建立流通站 34 处,有 234 个图书借阅组,

①　文物局图书馆处. 全国图书馆事业的问题与展望[J]. 浙江省立图书馆通讯,1951,2(9):1-4.

②　山东省立图书馆一年来读书小组发展概况[J]. 浙江省立图书馆通讯,1951,2(10):29-31.

③　成仁中. 认真学习苏联图书馆的先进经验[J]. 图书馆工作,1957(11):5-8.

参加人员达 10,581 人。广州中山图书馆在公、私营工厂设立 7 个图书流动站,到 1953 年先后在全市设立 108 个图书流通站,流通图书 210,558 册,工农兵读者人次达 1,782,594 人①。

在市区设立图书流通站,成为当时一段时期为工农兵服务的重要具体措施。浙江省文教厅在 1951 年时就针对图书馆事业发展做出指示,要求各地图书馆除彻底转变方针,向工农兵开门外,还必须主动地深入其中,送书上门,大力开展建立图书流通站的工作,为此,"1952 年要求在工人区域普遍建立起图书流通站"②。

哈尔滨图书馆从 1951 年 2 月着手建设图书流动站,至 1952 年底,共建 256 个图书流动站,其中包括国、公营工厂 36 个,工地 30 个,公营企业 49 个等,巡回图书 569,096 册,读者 65,501 人,阅读图书 1,102,969 次③。

1951 年 5 月,东北图书馆在沈阳市铁西区的流动图书总站的基础上,在铁西区兴顺街道建立附属"工人图书馆"④,从而将流动图书站的工作和固定图书室服务相结合,通过流动借阅和馆内借阅的结合,为读者服务,尤其是为工人读者服务的功能更加强大。

为加快工人图书馆的建设,一些省市总工会根据全国总工会的精神,提出了建立工人图书馆的计划。1951 年 4 月,天津市总工会制定《建立与整顿基层工会图书馆办法》,限 4 月底前 150 人以上的基层工会都要建立图书馆,图书馆工作由俱乐部管理委员会领导,购书经费在职工文娱费中开支,未建俱乐部的单位由工会文教委员会领导⑤。图书馆为人民大众服务,尤其是为工农兵服务,图书的选择要适合他们阅读的需要,图书馆除了要吸引他们来馆阅读外,"我们还要把各式各样的适合于他们阅读的书,根据他们自己的需要,送到工厂、农村和部队的大门上去,送到每一个城乡的角隅"⑥。

除了书源外,经费是办好图书馆的要素之一,对于初创之时的基层图

① 广州中山图书馆一年来图书下厂下乡下部队工作总结[J].图书馆通讯,1953(5):39-43.
② 省文教厅发布批示开展建立工厂农村图书流通站工作[J].浙江省立图书馆通讯,1951,2(12):4-5.
③ 哈尔滨市图书馆.流动站工作方法介绍[J].图书馆通讯,1953(6):17-26.
④ 陈源蒸,张树华,毕世栋.中国图书馆百年纪事:1840—2000[M].北京:北京图书馆出版社,2004:121.
⑤ 陈源蒸,张树华,毕世栋.中国图书馆百年纪事:1840—2000[M].北京:北京图书馆出版社,2004:120.
⑥ 郑振铎.一年来的文物工作[J].浙江省立图书馆通讯,1950(5):1-4.

书馆更是如此。为此，中央人民政府出版总署审定并责成新华书店发行《读书运动丛书》2 万套，每套包括工农通俗读物 300 种，凡愿建立图书室的工厂和农村，可以得到半价购书的优惠。当时分配给西南地区 2800 套，大部分都用以建立工厂、矿山、农村的图书室[①]。西南地区军政委员会文教部还专门发出通知，其中即有"工厂图书室应在适中地点拨给专门房屋"[②]的指示。

三、部队图书馆建设

东北军区较早开始了在师、团以上单位建立图书馆的工作。1949 年11 月，东北军区召开了各野战军参加的宣教工作会议，根据会议精神迅速形成了热爱科学和学习文化的热潮，"三野各级图书馆迅速建立，师团以上已建馆 62 个"[③]。根据部队干部战士学习科学文化知识的需求，1950 年 5月，根据解放军总政治部文化部的要求，全军各部队师、团以上单位要普遍建立图书馆。新华书店为部队发起了捐书运动，促进了部队图书馆的建设。

华东军区在 1951 年召开了全军随军书店图书馆工作会议，总结了1950 年在各部开展的政治文化教育工作，该项工作的出色成绩之一体现在图书的购置上，随军书店在"一年中共销书 921,771 册，比前年增加了 3倍，并翻印了连队读物 32 万册"[④]。图书馆建设迅速发展，华东军区全军普遍建立了师、团图书室，营连和机关图书室也有 300 余个，干部战士的阅读需求得到了很大程度上的满足，经常有三分之一至一半以上的图书流通在外。

将图书送到"最可爱的人"手中，也是抗美援朝的一项重要工作。"战地文化服务队"将大量书籍送到前线，1950 年 11 月到 1952 年，服务队已"把祖国人民支援志愿军的 690 多万图书送到了指战员手里，'阵地图书馆'、'战壕图书馆'、'连队图书馆'、'机关图书馆'、'医院图书馆'……普遍地在志愿军各部队建立起来了"[⑤]。地区中心馆中离朝鲜战场最近的东北图书馆，在 1951 年 4 月前，就已在朝鲜战场上建立了 7 个流动图书馆，

---

①②　西南军政委员会文教新闻出版局. 西南军政委员会文教新闻出版局为各省区所属单位应注意建立图书室工作通知[J].文物参考资料,1951(11):9-11.

③　陈源蒸,张树华,毕世栋. 中国图书馆百年纪事:1840—2000[M]. 北京:北京图书馆出版社,2004:107.

④　华东军区各部将普建图书馆[J]. 浙江省立图书馆通讯,1951,2(4):18.

⑤　明武,方艾. 图书供应在朝鲜前线[J]. 图书馆通讯,1953(1):30-31.

他们根据前线的实际情况,精心挑选图书,仔细地装好流动图书箱,以便志愿军随时换取。

第四节 新型图书分类业务的探索

新中国成立初,通过维持、清点、整理等各个阶段工作,图书馆界做到了边整理边推广,尤其是为人民大众服务的工作,取得了很好的成绩,包括举办展览会、实行馆际互借等,"至研究工作之专门任务,以限于人力财力,未克即时实现"①。1951年初起,随着图书馆事业进一步的发展,图书馆中研究工作的功能和需求显现了出来。从国家层面上讲,1951年3月27日,中央人民政府文化部批准的《改造北京图书馆方案》成为标志,该方案明确了北京图书馆的任务有7项,其中有"编辑整理参考资料,解答机关、学校团体以及一般读者的咨询""加强图书馆业务工作科学方法之研究,以便改进本馆的工作,并提供全国图书馆参考"②。

1951年1月19日,苏南图书馆工作者协会苏州图书馆业务小组正式成立③。是年5月,扬州市图书馆成立了图书馆业务研究组,参加的单位有6个④。当时这种业务研究工作的重点,即是图书分类工作。因为这既是一项急需开展研究的工作,同时也是一个急迫的现实任务。在经过清点阶段后,大中型图书馆,尤其是大型图书馆中,普遍存在着大量图书没有分类编目的现象,越是规模大的图书馆,这一情况越是严重。清点工作结束后,"接着,便是赶快的编目,赶快的放上书库的架上去"⑤。

解决好转型时期图书分类,是图书馆界的关键问题之一。这一问题的复杂性已为界内有识之士所深刻认识,苏大悔在1950年就发表译文,译述了苏联图书馆学专家的观点:"图书馆的分类课程,是在各图书馆学院里研

---

① 南京江苏省立国学图书馆概况[J]. 文物参考资料,1951(7):48-67.

② 李致忠. 中国国家图书馆馆史:1909—2009[M]. 北京:国家图书馆出版社,2009:157-158.

③ 苏州图书馆馆史编委会. 苏州图书馆编年纪事:1914—2004[M]. 苏州:苏州大学出版社,2004:51.

④ 陈源蒸,张树华,毕世栋. 中国图书馆百年纪事:1840—2000[M]. 北京:北京图书馆出版社,2004:121.

⑤ 郑振铎.一年来的文物工作[J]. 浙江省立图书馆通讯,1950(5):1-4.

究专门规律中一种最复杂和最重要的规律。"[①] 实际上，这也告诫人们在对图书分类过程中应具有的重要性、科学性和复杂性的认识。

新中国成立后，许多图书馆仍然沿用原来的分类法，他们深感原有的图书分类已不适合新时代、新形势下的要求，因此，如何改用适合新中国的图书分类法，成为当时图书馆业务建设中的战略任务之一。在此过程中，部分图书馆也暂时实行了一些应急办法，如中山大学图书馆，最先采用美国国会图书馆分类法，后改用杜氏世界图书分类法及三民主义中心图书分类法等。新中国成立后三民主义中心图书分类法已不适用，于是对新增的图书暂不分类，仅编简目。由于图书迅速增加，必须迅速解决图书分类问题，在1951年下半年中山大学图书馆决定中文采用北京图书馆使用的中国图书分类法，西文采用杜威分类法[②]。

为统一思想，便于新型分类法的编制，1950年6月2日，中央文化部文物局召开了有关编制图书分类法的座谈会，郑振铎担任会议主席，崔叔青担任会议记录，出席的专家有19人[③]。会议决定并成立了分类法工作小组，会后，草拟了5个分类简表草案。是年7月25日，向达主持召开图书分类法委员会第一次会议，讨论了分类法学科的思想性及分类号码表的排列等问题。

1951年，全国开展了"新的图书分类法"的讨论，当时卢震京看到了《图书分类法问题研究资料》一书后，对其中需要"新的图书分类法"的提法引起共鸣，"这使我们图书工作者多年愿望而待解决的问题，到今天总算有了一个新的启示"[④]。界内对于产生新的分类法期望很高，认为新的分类法不仅要容纳过去，适应现在，更需要包括未来，制订新型的分类法，是图书馆界的一个基本工作，"应该作长久打算，不是为短时期的，也不能仅顾及目前日渐增多的中小型图书馆"[⑤]，他提出了新的分类法应该包括"资料分类"在内的设想，从而将新的分类法的适用范畴囊括了全部类型的图书馆。这一设想，在以后《中国图书馆分类法》的实践中完全实现了。这一讨论，提供了许多制定分类法的好的思想与方法，加深了人们对分类法的宏观思考和微观认识。

---

① 克连诺夫.站在更高的思想水平上——教授图书馆的分类[J]. 苏大梅，译. 文物参考资料，1950（8）:9-17.

② 中山大学图书馆概况[J]. 文物参考资料，1951（12）:52-56.

③ 图书分类法座谈会记录摘要[J]. 文物参考资料，1950（8）:107-110.

④⑤ 卢震京.讨论分类法问题：卢震京先生来函[J]. 文物参考资料，1951（2）:60-63.

在实践过程中,通常各地区的中小型图书馆都十分希望本地区具有中心地位的图书馆提供这方面的帮助,当时的浙江省立图书馆就具有典型的代表意义,"本馆两年来常接本省各县(市)图书馆,文化馆,中等学校及机关图书馆的来信,要求提供一个合适的分类法"①。在此要求下,浙江省立图书馆指定专人试拟了《中、小型图书馆图书分类简表》,并于1951年10月发表在《浙江省立图书馆通讯》第2卷第10期上。该分类简表将自然应用科学类设于总类之后,认为"自然比社会先存在,所以把'自然应用科学'类放在前面"②,并将自然科学和应用归为一类,主要是考虑到实用性,更适合中、小型图书馆。"说明"明确了灵活处理"十进法"问题,各馆可根据本馆的实际情况,"在类目上酌予增减,不必拘泥于每类均以十分"③。

此时"应注意新分类法之研究与试验"④问题被提到了议事日程,其紧迫感已愈加深刻。当时已有多种新分类法。新中国成立后最早编制出版的是由东北图书馆编的《东北图书馆图书分类法》(即《东北法》),"东北图书馆于一九四七年在哈尔滨创建"⑤,在筹备创建过程中,遂正式着手图书的分类编目工作。当时该馆接收了伪哈尔滨市立图书馆、长春伪满皇宫博物院的藏书,以及各单位在土地改革、解放战争中送来的大批图书。对于这些图书和新出版的图书,在分类中感到旧有的图书分类法已不再适用,"遂于一九四八年六、七两个月间,以现存的材料为基础,自己编制一个暂时的图书分类法"⑥。该分类法于1948年8月正式出版,1951年又出版了修订本。在工作中,分类法取自新法,其余工序照旧,"除按自编的新的图书分类法编目外,差不多都根据敌伪'沈阳图书馆'的办法来做的"⑦。《东北法》仍用杜威的十大类,但次序排列不同,以唯物主义的思想体系为主,增加了许多新类目,尤其是社会科学类目中增加得更多。该法的类目参考了王云五、杜定友编的分类法,以及"日本十进图书分类法"等。它是新中国成立后最早在分类体系中突出马列主义毛泽东思想的分类法,在"各类中,凡属马列主义,毛泽东思想及一般新文化书籍的标题项目,都有系统的排列

①②③ 刘子亚,黄金印.中、小型图书馆图书分类简表[J].浙江省立图书馆通讯,1951,2(10):13-17.

④ 苏南图书馆座谈会概述[J].文物参考资料,1951(1):29-30.

⑤ 东北图书馆工作概况[J].文物参考资料,1954(12):136-145.

⑥ 东北图书馆图书分类法说明及分类大纲[J].文物参考资料,1950(8):18-23.

⑦ 赵成山.东北图书馆的图书整理工作[J].文物参考资料,1951(9):23-29.

在前,表示新旧区别"①,同时,设有"001 泽东文库"和"002 鲁迅文库"两个类目,这两个类目的位置设在整个分类系统的最前列。这一体现新时代思想性的原则,被以后的分类法广泛采用。这是一个过渡时期的分类法,该法诞生之初也引起了人们的广泛注意,"自一九四八年至现在,为应各图书馆的要求,曾经先后付印三次,共印刷七百册,分赠各处"②。这一分类法在当时的东北地区得到较为广泛的应用。

山东省图书馆在分类的实践中,鉴于中国旧有图书分类法已不适用于进入新民主主义社会的中国,该馆"根据一年来的摸索结果,另编了一个新分类法"③。1950 年 1 月,山东省图书馆编的《图书馆分类新法》(草稿,即《山东法》)油印本出版,1951 年 1 月该法经修改后铅印出版。该法打破了旧有分类法的十进制,明确强调图书分类法的阶级性,"将资本主义、新民主主义,与社会主义的学术知识,明确的加以区分,提高了马列主义及进步书籍在图书分类中的位置"④。

这一阶段在分类法的编制上更具重大影响的是《中国人民大学图书馆图书分类法》。该法于 1952 年 10 月编成初稿,1954 年出第 1 版,以后又不断增订补充。该法揭开了我国分类法史上新的一页,开创了以马列主义、毛泽东思想为指导的编制思想和原则,运用的理论和立类原则为后来编制分类法的专家学者所重视并应用。

除了分类问题外,著录规则亦是图书编目中的关键问题。1950 年夏,东北图书馆制定《中文新书著录规则(草稿)》试行,并建立书名目录。统一编目既是发展方向,又是当时一些图书馆所渴望的,"国立北京图书馆为解决新书编目写片困难,联合北京市内有同样业务需要的几个图书馆,共同试办小规模的'铅印卡片'"⑤。这一工作在 1950 年晚些时候正式启动,"十月七日特举行了一个座谈会,出席有政务院图书室,出版总署等六个单位及该馆各有关部门工作人员,决定自本月起开始制印"⑥。

①②　东北图书馆图书分类法说明及分类大纲[J]. 文物参考资料,1950(8):18-23.

③④　在进步中的山东省立图书馆[J]. 文物参考资料,1950(Z1):46-47.

⑤　联合铅印新书卡片办法说明[J]. 文物参考资料,1950(10):139.

⑥　图书馆博物馆报道[J]. 文物参考资料,1950(10):94.

第五节　图书馆制度建设

这一时期的制度建设主要以条例的形式固化。1949 年 5 月 5 日,国立北平图书馆致函各有关单位,送交《国立北平图书馆馆际图书互借暂行规则》共 6 条。是月,国立北平图书馆研究室制定规则共 7 条[1]。在管理机制上,一些图书馆成立馆务委员会管理图书馆工作。1950 年 8 月,川西文教厅通知川西图书馆成立馆务委员会主持全馆工作,委员由群众民主选举,每届任期 3 个月[2]。

根据图书馆的特征,一些地区开始组织图书馆协会,以在业务上协调本地区图书馆事业的整体发展。1950 年 12 月,苏南文管会召集省市县立图书馆馆长及有关部门人员召开座谈会,拟定 1951 年的工作纲要,主要是制度建设:建立图书馆组织系统、调整图书馆经费标准、统一编目规则等。"与会同志一致主张组织苏南图书馆协会"[3],拟通过图书馆协会,加强地区间的业务指导和地区间的制度建设,会议"决议组织苏南图书馆协会筹备会,推定汪长炳、陈毅岑、岳良木、黄元福、何人俊、杨木轩、诸祖荫、秦镕、江源岷九人负责进行"[4]。

在条例的制定方面,1950 年 6 月 20 日,全国总工会第 43 次常委会议通过了《基层文教委员会任务和组织条例》,规定了工作任务等内容。在省级图书馆中,浙江省立图书馆较早开展了全面制定相关规则的活动。1950 年,该馆成立了工作研究检查委员会,大力开展宏观工作的指导、研究工作。是年"八月份,工作研究检查委员会开过四次会议,议决有设立经济稽核委员会、分类编目委员会,拟订九月份预算等"[5]。图书采集审查委员会"决定九月份购书比率"[6],制定了《浙江省立图书馆儿童阅览室阅

---

[1] 李致忠. 中国国家图书馆馆史资料长编:1909—2008(上)[M]. 北京:国家图书馆出版社,2009:400-401.

[2] 陈源蒸,张树华,毕世栋. 中国图书馆百年纪事:1840—2000[M]. 北京:北京图书馆出版社,2004:113.

[3] 陈源蒸,张树华,毕世栋. 中国图书馆百年纪事:1840—2000[M]. 北京:北京图书馆出版社,2004:115.

[4] 苏南图书馆概况[J]. 文物参考资料,1951(8):37-41.

[5][6] 馆闻[J]. 浙江省立图书馆通讯,1950,1(3):12.

览规则》12 条、《浙江省立图书馆分类编目委员会简章》5 条等。1951 年
制定的《中南区图书馆委员会暂行条例（草案）》中规定了图书馆的基本
任务，机构设置则分图书征集、编目、旧籍整理、流通辅导、图书管理、阅览
参考咨询、方法研究等组和行政管理科。至 1951 年底，全馆制定有现行章
则 12 种。

高校图书馆、科学院图书馆等系统的图书馆，都在这一时期纷纷制定
出适合本馆的各种条例、规则。如 1950 年 5 月 10 日，清华大学校务委员
会指导调整常设委员会小组建议成立图书委员会，主要任务有 5 条，其中
第 1 条是"全面筹划、撰写本校总图书馆及各院系图书室组织制度、管理
政策与业务方针"，第 4 条为"订立图书馆各项主要章则"①。1950 年 6 月，
李石涵拟定了《东北师范大学图书馆组织规程》②，以后又拟定了多个规
程、细则。1952 年 1 月 17 日，郭沫若院长批准试行《中国科学院图书馆组
织规程》草案③。

这一时期，一些重要的图书馆业务规则也开始制定起来，如 1950 年
夏，东北图书馆制定《中文新书著录规则（初稿）》试行，并建立起了书名
目录。各地区各馆纷纷制定规章制度，使图书馆的工作有计划、有步骤地
开展起来。

第六节　图书馆隶属关系

新中国成立之初，在隶属关系上已大致确定了以公共图书馆、高校图
书馆和科学院图书馆等三大系统为主的中国图书馆事业隶属关系。在这
一过程中，高校图书馆和科学院图书馆两大系统的隶属关系一开始就比较
清楚。

高校图书馆是高校中的一个重要组成部分，在每个个体高校层面上，
高校中的图书馆一直属于学校管理。1952 年 5 月，教育部提出了全国高
等学校调整设置方案，大力发展专业学院，整顿和加强综合性大学。是年

底,我国高校已从解放初的 132 所增加到 201 所。尽管大量的文献资料随着院系的调整而调整,但是,图书馆的隶属关系不变,高校隶属于高等教育部,1956 年颁布的《中华人民共和国高等学校图书馆试行条例(草案)》,以法规的形式固化了这一隶属关系,对于高校图书馆正、副馆长的任免权限在高等教育部:"正、副馆长由高等教育部根据校(院)长之提名任免之。"①

科学院图书馆系统的隶属关系亦较清楚。1949 年 11 月,中国科学院伴随新中国诞生而成立。1950 年中国科学院组建首批 15 个研究所的同时,于 4 月 28 日在院办公厅下设图书管理处,负责管理全院图书工作,著名数学家关肇直任处长。图书管理处当时的主要工作是接管、接收和整理原中央研究院历史语言研究所等单位的书库和图书,以及为 15 个研究所订购国外书刊。1951 年 2 月 3 日,院务会议决定将图书管理处改名为中国科学院图书馆。其时,作为全院管理供应和对外交换书刊的机构,中国科学院图书馆直属中国科学院院长领导,第一任馆长由著名社会学家、副院长陶孟和兼任②。

隶属关系较为复杂的是公共图书馆系统。刚解放时,图书馆由军管会文教委员会接管,如刚解放不久的南京江苏省立国学图书馆,由南京市军管会文教委员会管辖,其"工薪及公务费等,自一九四九年五月至八月由南市军管会文教委员会大专部核发"③。

随着人民政府的建立和完善,公共图书馆的隶属关系移交至高等教育委员会或高教处。1949 年 6 月 6 日,华北高等教育委员会成立,6 月 8 日,在华北高等教育委员会公布的组织章程中,北平图书馆划归华北高等教育委员会领导④。南京江苏省立国学图书馆的经费亦于"一九四九年九月至一九五〇六月由南京市军管会文教委员会高教处核发"⑤。

1949 年 10 月,中华人民共和国中央人民政府文化部成立,下设文物局,郑振铎任局长,负责管理全国文物、博物馆、图书馆事业,原华北高等教育委员会奉命撤销,所管理的故宫、北平图书馆等移交文化部领导。其他地方也先后理顺了公共图书馆的隶属关系。南京江苏省立国学图书馆的

① 中华人民共和国高等学校图书馆试行条例(草案)[M]//王振鸣.图书馆法规文件汇编.保定:河北大学图书馆学系,1985:113-117.

② 徐引篪,龚惠玲.中国科学院国家科学图书馆简史[R/OL][2014-09-15].http://www.las. cas.cn/qtgn/zt//gsyj/200909/P020090921546662592619.doc.

③⑤ 南京江苏省立国学图书馆概况[J].文物参考资料,1951(7):48-67.

④ 李致忠.中国国家图书馆馆史[M].北京:国家图书馆出版社,2009:156.

经费"一九五〇年七月份起至今由华东军政委员会文化部核发"①。广东省人民图书馆"由广东省人民政府文教厅领导"②。

在这一隶属关系变化中,北京图书馆以事实上的"国家图书馆"身份,直属于文化部领导,其余省市图书馆,则由地方文化部（厅、局）领导,从而开始了文物、博物馆、图书馆同时隶属一个上级行政机构管理的时期。文物局局长郑振铎十分明确地指出:"所谓'文物工作',包括的范围相当的广。从图书馆、博物馆到调查、发掘,以及古代建筑的修理工程、重要的图书、文物的收集等等工作,都可以包罗在内。"③

这一时期出版的刊物亦充分体现了这一特征。《文物参考资料》就代表了当时文物工作所指范畴的学术研究,直到1955年图书馆研究部分才独立出来,成为独立的《图书馆工作》刊物。在县、区图书馆建设方面,由于当时还没有更多的力量来单独创建该类图书馆,因此,除已建有县区图书馆的地区外,其余地区图书馆的功能通常由文化馆承担。当时如浙江省就有计划,拟用5年时间变更全省各文化馆的组织形式,"把全省各文化馆的图书部份逐渐改组为图书馆;科普部份改组为博物馆"④。

在广大农村,解放初期的主要任务是创建大量的小型图书室,这一任务最初主要由新华书店负责。最早大范围地开展这项工作是在东北刚解放的大片农村土地上,从1948年冬开始,新华书店深入东北农村,为农村建立小型图书室,并开展一条龙服务。至1950年,"今冬农村图书室的开展将成为东北新华书店主要任务"⑤。根据1950年全国出版工作会议精神,各省区新华书店都开始广泛地建立农村图书室。这时期的农村图书室,一般由农民自己管理或由农会、妇会推选人员,逐步由各级文教部门配合,还没有形成规范的隶属关系。

除了农村外,新华书店还帮助工会、部队建立图书室。1950年11月,新华书店西南支店拟订的工作计划中就提出:"在1951年春季内,在西南有重点、有步骤地为协助工会、农民协会、部队宣教单位,建立2800个图书

---

① 南京江苏省立国学图书馆概况[J]. 文物参考资料,1951（7）:48-67.
② 广东省人民图书馆一九五〇年工作概况[J]. 文物参考资料,1951（12）:25-27.
③ 郑振铎. 一年来的文物工作[J]. 浙江省立图书馆通讯,1950（5）:1-4.
④ 镜明. 文教厅代表王主任秘书镜明在图书、科普工作干部训练班开学礼上的讲话[J]. 许振东,记录. 浙江省立图书馆通讯,1952,2（10）:11-12.
⑤ 高汾. 出版事业面向工农兵——介绍新华书店典型工作[J]. 浙江省立图书馆通讯,1950（4）:17-18.

室及阅览室。"①主体上的行政隶属,工会图书室则由工矿企业负责,部队图书馆则隶属于部队。大致于 1951 年,新华书店开始逐步脱开直接参与创建图书室任务。如华东军区政治部于 1951 年上半年召开随军书店、图书馆工作会议,会议根据部队中图书馆已逐渐普及、新华书店在华东地区已有了较为普遍的发行网的情况,"故会议决定将随军书店结束,今后以普及图书馆工作为主"②。

1949 至 1952 年,中央人民政府按照《共同纲领》的规定,完成了统一事业,完成土地制度改革,大力开展"抗美援朝"、镇压反革命、"三反"、"五反"运动,同时大力恢复经济建设,这一系列的运动,"恢复了遭受长期战争破坏的国民经济,着重地发展了社会主义的国营经济和各种类型的合作社经济,初步地调整了公私营工商业之间的关系,这一切都为有计划地进行经济建设和逐步过渡到社会主义社会准备了必要的条件"③。在这三年中,"我们胜利地完成了国民经济的恢复工作"④。

图书馆界在这一时期取得的根本性成绩,主要表现在:①基本树立起了为人民大众服务,尤其是为工农兵服务的方向性问题,迅速形成了快速发展的三支新生力量:文化馆、农村图书室和工厂工会图书馆、部队图书馆(室)。在当时,他们主要承担着为工农兵读者服务的工作。②在思想上逐步解决了"为谁服务"的问题。图书馆界和广大知识界等各界人士一样,进行着自觉的思想改造,通过参加社会实践、积极参加各项政治活动,自觉学习党的方针政策,积极参加各项社会运动,不断提高思想觉悟。当时最能反映出的是普及农村、工矿企业、机关、部队等的图书室,通过创建图书室,大力开展流动图书馆巡回服务等活动,自觉地为工农兵服务,为广大读者服务。③根据经费实际情况,确立了一个阶段发展的重点。例如,1951 年文物局图书馆处就决定,在经费投入方面,重点培植省立图书馆,

---

① 陈源蒸,张树华,毕世栋. 中国图书馆百年纪事:1840—2000[M]. 北京:北京图书馆出版社,2004:114.

② 华东军区各部将普建图书馆[J]. 浙江省立图书馆通讯,1951,2(4):18.

③ 周恩来. 政府工作报告:1954年9月23日在中华人民共和国第一届全国人民代表大会第一次会议上的报告[M]//国务院法制局,中华人民共和国法规汇编辑委员会. 中华人民共和国法规汇编:1954年9月—1955年6月. 北京:法律出版社,1956:76-109.

④ 李富春. 关于发展国民经济的第一个五年计划的报告:1955年7月5日至6日的第一届全国人民代表大会第二次会议上[M]//国务院法制局,中华人民共和国法规汇编辑委员会. 中华人民共和国法规汇编:1955年7月—12月. 北京:法律出版社,1956:276-358.

"对于已经存在的各级图书馆,应给予一定的合理的经费,加以整顿和充实。同时应重点地大力培植省立图书馆,作为目前发展图书馆事业的主要骨干"①。由于当时经费有限、条件还不够成熟,对于十分需要大量创建的县立图书馆,图书馆界暂时还无力大量创建,而以先发展文化馆为中心,开展图书的借阅工作,从而改善图书馆事业集中于大城市的现象。同时加快步伐,逐步消灭边远地区文化上的沙漠现象。如1951年北京市67所学校学生所捐赠的47,799余册图书与北京市"学联"赠送的6500余册图书被运到西安,并由西北"学联"整理后,向各边疆地区的学校分发②。④大力改进工作方法,工作积极性极大地发挥出来。一些图书馆通过劳动竞赛极大地提高了工作效率,山东省图书馆在"五二年冬一个多月的试验竞赛期间,不但提高了工作质量和效率,而且改进大小不同的工作方法四十多种"③。

这一时期的图书馆界,暴露出的问题亦很多,主要有:①组织不健全,职责不明确,有各自为政,互不相谋的现象,大图书馆对小图书馆业务上的辅导作用还没有充分体现出来。②图书经费严重不足,制约了图书馆工作的开展。③人员不足,缺少人员名额的标准。④图书馆专家分布不平衡,公共图书馆,尤其是中小型馆缺乏精通业务的干部,工作人员中不通业务者较多,大学图书馆中精通业务的干部相对较集中。⑤图书馆藏书分布不均衡。在图书馆类型上,尤其缺乏县、区级图书馆,边远地区仍然十分缺乏图书馆,一些私立图书馆藏书十分丰富,但并不公开。⑥旧有的分类法已不适用,亟待编制新的分类法。⑦阅读推广工作需加强,尤其是普遍地开展图书宣传、推广方面任重道远。⑧亟须普遍提高工作人员的业务水平,业务学习、培训等活动已成为深入推进图书馆服务的迫切需求。

由于这一阶段抓住了方向性问题大力开展图书馆工作,图书馆界取得了可观的成绩。面向工农兵服务、面向基层服务的图书馆建设,认真贯彻、执行了文物局图书馆处的精神,使图书馆真正成为人民事业的一部分,坚决贯彻执行了图书馆向工农兵开门,向工农兵服务的方针与任务,进而实现了在新的历史时代背景下中国图书馆事业的转型,从而为进入"巩固提高、稳步前进"阶段奠定了坚实的基础。

---

① 文物局图书馆处. 全国图书馆事业的问题与展望[J]. 浙江省立图书馆通讯,1951,2(9):1-4.

② 陈源蒸,张树华,毕世栋. 中国图书馆百年纪事:1840—2000[M]. 北京:北京图书馆出版社,2004:118.

③ 林凤五. 我们是怎样学习苏联的[J]. 图书馆工作,1957(11):8-12.

第二章　图书馆事业的巩固提高阶段
（1953—1956 年）

图书馆是文化教育战线的重要组成部分，新中国成立以后不到三个月，教育部即召开了新中国第一次全国性的教育工作会议，"它标志着我们新的工作开始，因此它是具有极重大意义的"①。会议讨论如何正确执行"维持原校逐步改善"的方针，与"争取、团结、改造知识分子"的政策②。这些方针，同样在图书馆界得到了较好的执行。1951 年，国家大力开展抗美援朝爱国主义教育，继续贯彻图书馆为国家建设服务的方针，初步树立了为广大人民群众服务，尤其是为工农兵服务的思想，并在实践工作中取得了较大的成绩。农村图书室的广泛建立以及工会图书室和部队图书室的快速建设，极大地冲击了以往"藏书楼"思想，图书馆服务实现了重大转型，确立了新中国图书馆事业的发展方向。

第一节　新时期的工作方针

新中国成立以后，文教工作经过恢复、改革和调整，取得了很大成果。1953 年开始，国家从宏观层面上，开始将力量逐步过渡到社会主义建设上来。是年初，政务院文化教育委员会召开大区文委主任会议，会上提出了文教工作的方针大略。根据当时情况，一方面抗美援朝仍在继续进行（于1953 年 7 月 27 日签署《朝鲜停战协定》），另一方面，中央已开始实行五年计划，1953 年成为全国计划建设的第一年。在这种大局下，"我们的方

---

① 马叙伦部长在第一次全国教育工作会议上的开幕词（1949.12.23）[M]//何东昌. 中华人民共和国重要教育文献：1949—1975. 海口：海南出版社，1997：6-7.
② 教育部关于第一次全国教育工作会议的报告[M]//何东昌. 中华人民共和国重要教育文献：1949—1975. 海口：海南出版社，1997：10-11.

针必须是'整顿巩固、重点发展、提高质量、稳步前进"①。这一方针的宗旨，即要使原有的工作进一步提高，对不合理的现象及存在的问题加以整顿，集中一些力量办好重点工作，发挥各方面的积极性，为文教事业的建设打下稳固的基础。全国各地图书馆迅速行动起来，贯彻落实这一工作方针。如，是年4月29日至5月2日，四川省文化局为贯彻中央"巩固提高"的文化工作方针，召开了全省第一次图书馆工作会议，内容主要是总结1952年工作，检查各馆1953年第一季度工作②。广东人民图书馆为了坚决贯彻中央指示，做好图书的收集保藏工作，决定把"收集整顿全省文物图书"作为1953年下半年的中心工作，并派人到各地收集有价值的革命文献、史料、珍本及各种图书③。1954年12月10日，河南省文化事业管理局召开全省、市图书馆负责人座谈会，会期5天，主要讨论、研究了有关贯彻执行"整顿巩固，重点发展，提高质量，稳步前进"的工作方针④。

　　在新的历史条件下，图书馆的工作目标要在延续性的基础上有进一步的转变，要迅速地满足读者对文献的需求，因此图书馆必须保证图书的流通性与阅读的广泛性，并使其顺畅地流通阅览，要大力做好宣传教育、辅导工作，吸引读者并使读者更有效地利用文献。图书馆要结合中心任务，以自身为阵地推动中心工作，由此决定了图书馆工作的调整、发展方向。许多图书馆更加自觉地将图书送到读者的手中。1953年3月下旬，北京图书馆主动到官厅水库了解职工的文化程度和阅读需求，并商议建立图书流动站。5月初，将7500多册通俗读物、连环画及一些相关专业的书籍运送到工地，分9个单位流动借阅，并在工地的工人新村轮流举办图片展览，每天都有上千的工人民工挤着去观看⑤。1953年上半年，东北图书馆有流动图书站161个，其中工厂69个、部队50个、机关23个、学校16个、列车流动图书站3个，除列车流动图书站外，拥有基本读者44,031人⑥。

① 习仲勋.1953年文化教育工作的方针和任务:政务院文化教育委员会习仲勋副主任在大区文委主任会议上的总结报告(1953年1月24日)[M]//何东昌.中华人民共和国重要教育文献:1949—1975.海口:海南出版社,1997:189-191.

② 陈源蒸,张树华,毕世栋.中国图书馆百年纪事:1840—2000[M].北京:北京图书馆出版社,2004:129.

③ 广东人民图书馆贯彻面向全省的方针[J].图书馆通讯,1953(8):60.

④ 陈源蒸,张树华,毕世栋.中国图书馆百年纪事:1840—2000[M].北京:北京图书馆出版社,2004:134.

⑤ 李致忠.中国国家图书馆馆史:1909—2009[M].北京:北京图书馆出版社,2009:172.

⑥ 东北图书馆.我们怎样开展了流动图书站工作[J].图书馆工作,1953(8):34-38.

据不完全统计,泸州市图书馆在 1953 年第一季度流通和集体借书的读者人数有 29,553 人,占全馆读者人数的 34%,这部分人员中,主要是工农读者,4 月则达 22,789 人,其中工农读者 16,354 人,占 75%[①]。山东省图书馆在文化总方针的指引下,自 1953 年春季起,对原有的阅览站进行了重点扶持,在吸收经验的基础上大力推广。是年底,阅览站共发展至 130 处,读者15,800 余人,借书 102,729 册次[②]。

要真正做到不断满足读者的阅读需求,就必须要了解读者的阅读需求,许多图书馆开展了很有成效的了解读者阅读需求的工作。温州图书馆用多种方式,深入了解、联系读者,吸收读者意见,辅导读者阅读,其中较有影响的是采用"读者意见袋"的方法帮助读者阅读。这种服务方法给参观访问者以深刻的印象[③]。该馆利用原来贴在书上的书袋并在其上盖一图章,上面印着"你看了这本书后,有些什么体会和不了解的问题,请写好插入袋内",从而收集到了读者的意见反馈,该馆将有些意见登在"读者园地"上,有些通过不同方式直接给予解答。浙江省图书馆在 1952 年 12月寄发了一千多份"读者意见征询表",很快回收到 300 多份征询表,并于1953 年 2 月 22 日邀请提供意见的读者举行读者座谈会,当日到会的读者有 80 余人[④]。通过调查和召开座谈会,浙江省图书馆确定了 1953 年的工作重点是:组织读者、办理读者咨询、开辟读者园地三项。根据读者晚间较为集中且有阅读需求的特点,于是年 1 月起在解放路分馆(市中心区)增加晚间 6 至 9 时的开放时间[⑤]。广州中山图书馆在坚决落实文教总方针的基础上,大力开展图书的宣传活动,使读者数量迅速增加。解放初期平均到馆读者每月 7170 人,借出图书 53 册,到 1953 年,"来馆读者,平均每月有七四五八〇人,借出图书一七七四二册,而借阅文艺书籍者最多,经常占总数的 70%"[⑥]。

在整顿巩固、重点发展的过程中,一些地区开始关注起图书馆网的建设。杭州市皋塘文化馆于 1953 年 1 月上旬,以艮山区六甲乡为重点,进行

① 原文数据为75%,实际计算应为72%。泸州市图书馆图书推广工作情况[J]. 图书馆工作,1953(8):21-27.

② 五年来的山东图书馆[J]. 图书馆工作,1955(1):78-85.

③ 刘子亚.介绍温州市立图书馆的"读者意见袋"[J]. 图书馆通讯,1953(6):29-30.

④ 一九五三年本馆举行第一次基本读者座谈会报导[J]. 图书馆通讯,1953(2):50-57.

⑤ 馆闻[J]. 图书馆通讯,1953(4):58.

⑥ 广州中山图书馆. 一九五三年上半年文艺作品座谈会总结[J]. 图书馆通讯,1953(10):36-41.

图书馆网建设的试点。决定以"一团三站"法建立农民剧团、图书流通站、幻灯放映点、图片展览站，进而稳步发展读报组、黑板报、科普讨论等活动[①]。

第二节　提高图书借阅率

一些大中型图书馆积极探索方便读者的工作方法。北京市图书馆最先是废除借书证贴相片的办法，以后又取消了以现金作为外借图书的保证条件，随后又探索了"无保外"借书，读者持本市"户口簿"到馆填写"外借申请书"，经认可后即可借书。机关团体干部可不用"户口簿"，写明可供联系的机关团体名称和相关信息即可[②]，这一方法在许多馆中得到运用。高校图书馆，如清华的学生和教职员工可到图书馆领取一定数量的借书卡，凭卡借书，方便了读者，"借书量增加了一倍，而负责借书的工作人员则减少三分之一"[③]。

为方便读者，开架借阅的方式也得到尝试。重庆大学在院系调整后，即采用书库的"开架式"，新文化阅览室实行"无人管理制"[④]。镇江图书馆从1953年4月10日起实行开架制，"一般反映都很满意，接着就有不少图书馆和学校仿照办理"[⑤]。

图书馆界开始思考"为书找人，为人找书"的具有新时代特征的观念。起先，"对于'以书就人'即'要什么给什么'的原则掌握不紧"[⑥]，一方面，说明了图书馆界已经充分认识到图书馆的工作必须要"以书就人"，这是他们在进行图书馆服务工作中总结出来的经验，另一方面，由于这是一项新的、需要积累经验的工作，一下子还不能如意，因此有该项工作"原则掌握不紧"之感。这一认识为提高图书馆工作的服务质量打下了坚实的思想基础。馆员通过许多方法，进一步宣传图书馆，为读者提供各种借阅途

---

① 管军. 杭州市皋塘文化馆在文化纲里的图书流通站工作[J]. 图书馆通讯，1953（4）:36-39.

② 薛汕. 为什么要展开无保外借阅图书工作？[J]. 图书馆通讯，1953（1）:9-17.

③ 《百年清华图书馆》编写委员会. 百年清华图书馆[M]. 北京:清华大学出版社，2012:100.

④ 邓光禄. 重庆大学图书馆改进工作的初步经验[J]. 图书馆通讯，1953（4）:5-7.

⑤ 镇江图书馆. 开架式借法经验介绍[J]. 图书馆通讯，1953（8）:28-34.

⑥ 广州中山图书馆. 一年来图书下厂下农村下部队工作总结[J]. 图书馆通讯，1953（4）:39-43.

径等。据不完全统计,1953 年下半年度在 87 个公共图书馆中举办了展览会 716 次、参观人数达 1,312,215 人,报告会 166 次、参加人数达 61,049 人,座谈会 308 次、参加座谈人数有 9552 人①。北京图书馆在 1953 年开始了邮寄图书外借服务,该馆主动与各省、市公共图书馆联系,从是年 10 月起,重点与一些省市公共图书馆开展邮递互借工作②。

1954 年,文教工作总方针仍然是"在现有工作的基础上,继续贯彻'整顿巩固、重点发展、提高质量、稳步前进'的工作方针"③,图书馆工作进一步发展,据公共图书馆不完全统计,1954 年,全年共接待馆内阅览读者 680 万人次,比 1953 年增加了 1 倍以上,借出图书 1965 万册次,比 1953 年增加 4 倍以上④。一些大中型图书馆工作开始向提高服务质量转型,关注为科学研究服务的工作,"至于供给本市各机关团体业务工作上需要的参考资料和为科学研究服务的工作,则是从 1954 年 7 月才开始的"⑤。首都图书馆根据本馆所具备的条件,开始设立参考阅览室筹备组,经半年筹备整理出中文古籍和平装书 166,143 册,编制分类和书名两套目录,为读者提供服务⑥。

1954 年 1 月 16 日,社会文化事业管理局二次局务会议决议确定了北京图书馆的方针:"北京图书馆的方针是为人民服务、为经济建设服务、为研究工作服务。逐步地向列宁图书馆的方向发展。"⑦根据馆舍拥挤的现状,北京图书馆于 1952 年报请文化部批准的扩建大书库的报告,于 1954 年 3 月 15 日得以正式落实,从而引领公共图书馆的发展方向。

是年开始,图书馆的"重点发展、提高质量"问题较多地受到关注。一些地方的文教战线开始调查图书馆的实况,以便掌握如何提高图书馆工作质量的主动性和突破口。江苏省文化局于 1954 年 3 月组织南京、苏州、镇江等图书馆负责人组成检查小组,前往徐州、镇江、苏州、常州、扬州等地图书馆调查工作,前后约 1 个月,在此基础上提出了本省图书馆工作的意

---

① 李枫. 对目前我国图书馆群众工作的几点意见[J]. 文物参考资料,1954(8):110-113.

② 陈源蒸,张树华,毕世栋. 中国图书馆百年纪事:1840—2000[M]. 北京:北京图书馆出版社,2004:131.

③ 1954年文化教育工作的方针和任务[M]//何东昌. 中华人民共和国重要教育文献:1949—1975. 海口:海南出版社,1997:292-297.

④ 杜克. 当代中国的图书馆事业[M]. 北京:当代中国出版社,1995:29.

⑤⑥ 刘德元. 首都图书馆为科学研究服务工作的几点体会[J]. 图书馆学通讯,1957(1):34-35.

⑦ 李致忠. 中国国家图书馆史:1909—2009[M]. 北京:北京图书馆出版社,2009:158.

见①。许多省市都召开图书馆工作会议,专门研究图书馆发展问题。3月29日至4月9日,上海文化局召开了首届图书馆工作会议。6月,四川召开全省图书馆馆长汇报工作会议,同月,安徽省亦召开了图书馆工作会议,会议总结交流了工作经验,研究今后图书馆工作的性质、方针、任务等问题,这一时期进入了研究确定图书馆的性质、任务、方针等方向性问题的阶段。

　　这一阶段,重点需要解决的仍然是"为谁服务"问题,并进入"如何服务"阶段,因此,发展的重点在公共图书馆、工会图书馆(室)和农村图书馆(室)。1955年,文化部等发出的相关文件,基本上是针对公共图书馆的,亦有同全国总工会的联合发文,主要包括保护文物古籍、征集样本(呈缴本)、改进公共图书馆工作、发展工会图书馆(室)、工会图书馆工作规定、工会订立报纸杂志参考标准、公共图书馆购书试行办法等十余个文件,其中1955年7月2日公布的《文化部关于加强与改进公共图书馆工作的指示》,总结了新中国成立5年来公共图书馆发展的经验,肯定了成绩,找出了差距,提出了任务,为公共图书馆的发展进一步指明了方向,"向工农兵开门"成为新中国成立后我国公共图书馆、工会图书馆、农村图书馆的重要特点。"我们近年来为工农兵劳动群众服务的基本口号,就是'把书送上门去'"②,这一举措迅速扩大了图书的阅读面并提高了流通率。1954年上半年,全国94个公共图书馆共建立了2807个流通图书站,其中工矿1167个、农村站328个、部队站673个,半年内为这些站送去图书400多万册③。1955年,公共图书馆借出图书1669万册,各公共图书馆建立了22,055个流动图书站和集体外借组④。至1955年底,全国共有县以上公共图书馆96个、藏书2890万册,文化馆图书室2413个、藏书1233万册,另有260多个县和市的公共图书馆正在各地筹建⑤。

　　1954年6月和1955年10月,文化部和中华全国总工会发布了《关于

①　陈源蒸,张树华,毕世栋. 中国图书馆百年纪事:1840—2000[M]. 北京:北京图书馆出版社,2004:133.

②　李枫,张琪玉. 我们对于公共图书馆某些工作的意见[J]. 图书馆工作,1955(1):65-77.

③　社会文化事业管理局第三处. 公共图书馆流动图书站工作的初步总结[J]. 图书馆工作,1955(1):59-64.

④　韩承铎,王宝钧. 谁说"今不如昔"——我国图书馆事业概述[J]. 图书馆学通讯,1957(4/5):9-12.

⑤　文化部社会文化事业管理局. 明确图书馆的方针和任务为大力配合向科学进军而奋斗:文化部社会文化事业管理局向全国图书馆工作会议提出的报告[J]. 图书馆工作,1956(4):3-16.

加强厂矿、工地、企业中文化艺术工作的指示》《关于进一步开展工矿、工地、企业中文化艺术工作的指示》,规定了创建、管理工会图书馆的问题。1955年7月11至18日,中华全国总工会在北京召开了全国第一次工会图书馆工作会议,参加会议的代表有100多人,分别代表了各产业工会、各省市和部分基层工会图书馆工作干部,会议确定了工会图书馆的工作方针任务:"工会图书馆是工会组织向职工群众进行共产主义教育的阵地,它应在国家文化事业的方针下,适应工会工作的要求,贯彻面向基层,为生产服务,为群众服务的方针。"①当前工会图书馆的主要任务是大力整顿,建立必要的制度,扩大图书流通,提高工作效率。《工人日报》还专门发表社论《大力整顿和加强工会图书馆工作》,指出了工会图书馆工作的重要性和整顿的办法。

工会图书馆在工会组织领导下进行工作,确立了隶属关系,"会议明确了单独图书馆的日常工作,由工会宣传部门领导;联合图书馆的日常工作,由上一级工会宣传部门领导;与工会俱乐部(文化宫)在一起的图书馆,其日常工作由俱乐部领导"②。但是,"政府文化部门所属公共图书馆和有条件的文化馆图书室,应当协助工会建立工会系统的图书阅览机构,并在业务上给以辅导"③。会议规定了业务指导由公共图书馆负责,其经费由工会文教事业费开支,图书经费应占其中的5%至10%。至1955年8月,"全国已有一万七千多个工会图书馆,拥有二千万册以上的藏书"④。至1956年,工会系统图书馆(室)有17,486个,农村图书室共有182,960个⑤。

第三节　图书调剂与工作竞赛

这一阶段,加强馆藏建设,搜集、调节文献仍是一个重要的工作。1952年10月17日,出版总署发出了《出版总署关于征集图书期刊样本暂行办法(草案)》,随着图书馆事业的快速发展,这一办法已不再适合发展的需

①②　中华全国总工会召开全国第一次工会图书馆工作会议[J].图书馆工作,1955(4):51.

③　中华人民共和国文化部,中华全国总工会.中华人民共和国文化部、中华全国总工会关于进一步开展工矿、工地、企业中文化艺术工作的指示(摘录)[M]//王振鸣.图书馆法规文件汇编.保定:河北大学图书馆学系,1985:80-82.

④　中华全国总工会.中华全国总工会关于清理工会图书馆藏书的决定[M]//王振鸣.图书馆法规文件汇编.保定:河北大学图书馆学系,1985:70-75.

⑤　韩承铎,王宝钧.谁说"今不如昔"——我国图书馆事业概述[J].图书馆学通讯,1957(4/5):9-12.

要。1955年4月25日，文化部及时颁发了《文化部关于征集图书、杂志样本办法》，规范了出版界向有关大馆缴送出版物样本的规定，从而为建立中心图书馆和图书馆网络建设打下了基础。是年6月28日，文化部又发布了《文化部出版事业管理局关于征集图书、杂志样本办法的补充说明》，解答了有些单位对其中某些条款提出的询问。这一办法的及时出台，推动了图书馆馆藏建设的发展，在此文件精神的指引下，图书馆界进行了进一步的图书调整和搜集工作。

针对各省、市较大公共图书馆中皆存有大量复本旧书的情况，中央政府及时发布了《中华人民共和国文化部关于清理公共图书馆积存旧书成立交换书库问题的通知》，这些积存的图书，"首先是解放前的复本旧书，必须进行大力清理，并在此基础上利用原有条件成立省图书馆的交换书库，以便全面、合理地调剂图书，供给各方面利用"①。在这一通知发布以前，一些基础较好的图书馆已进行了大量的图书调剂工作，较典型的事例如：1955年6月28日，东北图书馆将所藏日文图书资料中的社会科学、文史类的多余复本，拨给北京图书馆、中国科学院图书馆、中国人民大学图书馆、东北人民大学图书馆、东北师范大学图书馆和沈阳师范学院图书馆等单位，以后又赠给吉林省图书馆和黑龙江省图书馆，前后共赠出10余万册②。是年12月，中国科学院图书馆接收财政经济出版社捐赠的藏书2.4万册，接收辽宁省图书馆所存罗振玉刊印的图书及东北地方志等图书4000册③。四川省图书馆接收广汉县图书馆图书7251册，其中线装古籍3557册、平装书2349册、杂志1141册、残书204册④。在这一过程中，全国图书馆界都积极行动起来，图书的调剂工作使图书得到更加合理的分配，从而为更好地开展读者服务工作打下了坚实的物质基础。

为更好地激发工作热情，图书馆界开始进行工作竞赛的活动。河北省各文化馆在1954年11月下旬开展了工作竞赛。唐山市第一文化馆除参加省馆的竞赛外，还参加了唐山市各馆间的竞赛，并提出了挑战的实施计

---

①　中华人民共和国文化部. 中华人民共和国文化部关于清理公共图书馆积存旧书成立交换书库问题的通知(1956年1月16日)[M]//王振鸣. 图书馆法规文件汇编. 保定:河北大学图书馆学系,1985:85-86.

②　陈源蒸,张树华,毕世栋. 中国图书馆百年纪事:1840—2000[M]. 北京:北京图书馆出版社,2004:137.

③④　陈源蒸,张树华,毕世栋. 中国图书馆百年纪事:1840—2000[M]. 北京:北京图书馆出版社,2004:139. 、

划,竞赛于 1955 年 3 月结束①。广西省第二图书馆提议和广西省第一图书馆举行馆际工作竞赛,提出 6 条竞赛条件。广西省第一图书馆接到挑战书后,对竞赛条件进行了热烈的讨论,愉快地接受了挑战,并结合具体情况,提出了 5 条补充条件。两馆还交换了当年的工作计划,并决定在年终进行检查总结②。

第四节　图书宣传活动

如何更好地宣传图书,引导读者的阅读需求,是图书馆工作的重点之一。图书馆界通过大量的讲座、报告会、展览会等形式,积极主动地引导读者的阅读倾向。为配合形势,提高战士们的文艺创作积极性,苏州图书馆于 1953 年举办了针对战士的文艺讲座,聘请江苏师范学院的教授主讲,每月一次,共五讲,内容是:①创作的过程;②工农兵诗歌的欣赏、朗诵与写作;③文学的形象;④小说的思想性与艺术性;⑤小说的三要素。如此贴近战士需求的讲座,深受听众欢迎。接着该馆又面向社会,及时举办"社会科学讲座",共 6 讲,内容是:①社会科学的学习和运用、生产力和生产关系;②阶级和阶级斗争;③国家与革命;④社会思想意识;⑤基础与上层建筑;⑥社会发展基本规律③。

针对当时文艺书籍深受读者喜爱的情况,图书馆界十分重视采购优良文艺书刊、推荐文艺书目、编写文艺书刊简介、编制文艺读物参考资料索引、举行文艺晚会、出版学习文艺作品壁报、黑板报等,一些图书馆还通过辅导研究部门举办文艺作品座谈会。"半年来,先后举行过'可爱的中国'、'小二黑结婚'、'绞刑架下的报告'、'在延安文艺座谈会上的讲话'等座谈会。"④有的馆"为了开展对读者的辅导工作,开始举办文艺学习讲座,先后举办了'怎样阅读文艺作品'、'怎样阅读我国古典文学'及'保卫延安'等三个讲座"⑤。

①　蒋繁棨.唐山市第一文化馆参加图书工作竞赛实施计划[J].图书馆工作,1955(1):96.

②　陈粹章.广西省第一、二图书馆开展馆际工作竞赛[J].图书馆工作,1955(1):88.

③　苏州图书馆.江苏省苏州图书馆五三年上半年讨论工作总结[J].图书馆通讯,1953(7):26-29.

④　广州中山图书馆.一九五三年上半年文艺作品座谈会总结[J].图书馆通讯,1953(10):36-41.

⑤　黄流星.汕头市文化馆图书组举办文艺学习讲座[J].图书馆工作,1955(1):96.

为提高馆员的图书推荐能力，培养和提高图书馆业务能力，满足广大读者对图书馆的要求，一些馆开展了针对图书馆工作人员的"图书宣传知识讲座"，系统地讲述相关知识。上海市文化局邀请专家讲授，通过12场讲座，全面讲述了有关马恩列斯毛的著作、中国近代史图书、科技图书、通俗读物、中国古典文学和现代文学、苏联及各人民民主国家的文学、儿童文学、图书版本知识及有关出版、印刷、发行等各方面的常识[①]。一些图书馆大力开展报告会，吉林市图书馆"把一切献给党"的报告在工厂、工地中做过九次[②]，湖北省图书馆将工厂报告会工作列入年度计划，有计划、有步骤地大力开展这项工作。

结合形势，大力开展展览会活动，成为宣传图书的重要工作。我国第一个五年计划发布后，图书馆界兴起了宣传、举办相关展览会的高潮。北京图书馆举办"发展国民经济和第一个五年计划图片图书展览"，该展览系统生动地介绍了制订我国第一个五年计划的基础并展现了该计划宏伟的规模。福建省图书馆、沈阳市图书馆、抚顺市图书馆、宁波市图书馆等都分别举办了有关宣传展。浙江省图书馆、四川省图书馆为配合宣传，分别展出宣传第一个五年计划的书刊，还分别编印了第一个五年计划的参考资料索引和参考书目，许多馆还开展相关的讲座活动[③]。南京图书馆通过举办9大内容的"五年计划图片图书展览"，配以"第一个五年计划中工业品增长情况""我国发展国民经济的第一个五年计划图解""黄河综合利用规划第一期工程及远景示意图"等巨幅彩色复制统计图表[④]，全面、深入地宣传了这一主题。

第五节　图书征集与目录索引编制

有计划、有重点的文献征集工作也开展了起来。一些图书馆根据自身的特点，编印出具有特色的书目，以供读者更全面地了解特色馆藏。云南省图书馆将所藏的中医中药图书编成《中国医药书目》，他们已突破整册

---

① 应为.上海市文化局举办"图书宣传知识讲座"[J].图书馆工作,1955（2）:91.

② 张羽.吉林市图书馆在工厂、工地流动图书站举办文艺读物报告会[J].图书馆工作,1955（6）:85-86.

③ 综合报道.全国各地图书馆积极开展宣传我国发展国民经济的第一个五年计划工作[J].图书馆工作,1955（6）:77.

④ 钱亚新,纪维周.南京图书馆宣传第一个五年计划[J].图书馆工作,1955（5）:89.

（部）图书的揭示，有些则是深入书中，揭示有关中医中药的专章，还发动一些世医家属捐献医药书或将医药书借出来传阅。同时开展大量的征集工作，如一些医生的临症医案底稿、民间单方、各兄弟民族中有关的医药知识及地方药物著述等。此外，云南省图书馆还广而告之本馆的有关版片，有需要者可联系代为刷印①。对这一新生事物，《图书馆工作》编辑部还专门作了《编者按》，以示提倡和指出需注意之处。

此时图书馆界较为重视图书目录的作用，由此开展了文献的分类、编目和各种目录编制的工作。图书馆界学者运用苏联专家对文献分类重要性的论述，宣传了这方面的工作："图书分类在图书馆中，是一种特别重要的，有组织作用的基础工作，没有细密周详的图书分类法，读者和图书馆员在图书馆藏书中，自觉地运用图书，是不可能的。"②图书目录是读者利用馆藏的指南和图书馆员宣传、推荐图书的工具。图书馆界提出了建立图书统一编目制度的问题③。这一问题的提出，既有理论意义，又有实际需求，的确是这一阶段中的一个十分重要的问题。为此，当时图书馆等领域的学术期刊《文物参考资料》还专门为该篇文章发了《编者按》，认为"为了把图书馆的编目工作进行的好，统一编目是完全必要的……我们希望各地图书馆的工作同志能加以讨论研究，并提出意见"④。

图书馆界也开始讨论专题目录的编制。杜定友根据长期的图书馆工作实践，在新的历史时期及时提出了"图书馆编目工作人员，除了经常编制入藏的图书目录外，还有一件很重要的工作，就是编制专题书目与书目提要"⑤，并指出专题书目要求"全"，书目提要要求"精"。

此时，索引工作的重要性也被提了出来。"索引工作，就图书馆学的范畴说，是属于目录学的一部分，就新闻工作的范畴说，是属于资料工作的一部分。"⑥索引的主要功能是尽量给使用图书、报刊的读者以检索资料的方便。向达专门撰文，认为"不仅重要的书应该逐渐地做到附上索引，连表和地图也应有索引"⑦。这是对具体某一本（部）书而提出的索引要求。

---

① 云南省图书馆进行征集祖国医药文献工作[J]. 图书馆工作, 1955（6）:90-91.

② 袁涌进. 图书的分类编目工作是图书馆里有组织作用的基础工作[J]. 图书馆通讯, 1953（9）:5-12.

③ 程长源. 建立图书统一编目制度的建议[J]. 文物参考资料, 1953（2）:83-86.

④ 程长源. 建立图书统一编目制度的建议[J]. 文物参考资料, 1953（2）:编者按页.

⑤ 杜定友. 书目与提要[J]. 图书馆通讯, 1953（4）:1-3.

⑥ 丁牛. 漫谈"索引"[J]. 图书馆通讯, 1953（1）:32-34.

⑦ 向达. 论"索引"的需要[J]. 图书馆通讯, 1953（2）:9-11.

1953年,图书馆界开始了对自然科学领域期刊的索引编制工作。6月,中国科学院图书馆开始编印《自然科学期刊索引》,共出版12期。

第六节　具有里程碑意义的1956年

1955年农业合作化进入高潮,稍后在城市里进行的对工商业的社会主义改造取得胜利,从而,农业、工商业所有制的社会主义改造已取得了决定性的胜利,由此,党中央做出了大规模的阶级斗争已结束的论断,要求把工作的重心转移到经济建设上来。1956年1月11日,教育部印发的《十二年国民教育事业规划纲要(草案)》指出"我国过渡时期的国民教育工作,必须适应社会主义建设和社会主义革命发展的要求"[①],要使全国各族人民不分男女老幼都受到社会主义教育。是月,中共中央召开了知识分子问题会议,14日,周恩来总理在会议上做《关于知识分子问题的报告》。报告正确地评价了当前的形势,要又多、又快、又好、又省地建设社会主义,"必须依靠体力劳动和脑力劳动的密切合作,依靠工人、农民、知识分子的兄弟联盟"[②]。知识分子的面貌在过去6年已经发生了根本性的变化,他们中的绝大部分人"已经是工人阶级的一部分",这一评价,对于全国知识分子群体,亦包括图书馆界的知识分子,无疑是一个巨大的鼓舞。发挥知识分子作用,向科学进军,"具有首要意义的是要使科学家得到必要的图书、档案资料、技术资料和其他工作条件"[③]。这是党和国家领导人,在新中国成立后最早在全国大会上提出的用文献等各种条件保证科学研究的问题,实质上亦将图书馆事业的建设提升到了一个重要的战略高度。

1956年5月26日,中共中央在中南海怀仁堂召开了由北京知名科学家、文学家、艺术家参加的会议,陆定一做了题为《百花齐放,百家争鸣》的报告。要繁荣文艺工作和科学研究,"如果没有对独立思考的鼓励,没有自由讨论,那么,学术的发展就会停滞"[④],从而在政策层面上倡导、创造了一个较为宽松、自由的学术研究氛围。

---

① 十二年国民教育事业规划纲要(草案)[M]//何东昌. 中华人民共和国重要教育文献:1949—1975. 海口:海南出版社,1997:550-552.

②③ 周恩来. 关于知识分子问题的报告[M]//何东昌. 中华人民共和国重要教育文献:1949—1975. 海口:海南出版社,1997:553-561.

④ 陆定一. 百花齐放,百家争鸣[M]//何东昌. 中华人民共和国重要教育文献:1949—1975. 海口:海南出版社,1997:620-625.

1956年9月,党的八大召开,政治报告明确提出了党在当前的任务,"就是要依靠已经获得解放和已经组织起来的几亿劳动人民,团结国内外一切可能团结的力量,充分利用一切对我们有利的条件,尽可能迅速地把我国建设成为一个伟大的社会主义国家"①,随后开始了大规模的社会主义建设。这些党和国家的方针大略,极大地提高了人民建设社会主义事业的积极性,各领域各单位都闻风而动,图书馆界在是年下半年,开始进入到一个前所未有的转型过程。

一、贯彻全国图书馆工作会议精神

根据周总理指出的图书、资料的重要意义,图书馆界进行了工作、方针上的进一步调整。1956年6月10日,《光明日报》发表的社论《充分利用现有科学图书资料》,率先在报界舆论提出了充分发挥现有图书资料作用的问题,并提出了"组织力量做好科学图书的清理工作,编制本单位与互借单位间的分类联合目录以及专题索引等等,要主动地使科学家知道能够从哪里找到所需要的图书"②。从而将图书馆事业建设的关注点,超越了图书馆界本身而指向整个社会。

7月5至13日,文化部在北京召开全国图书馆工作会议,这是一次具有里程碑意义的会议。为开好这次会议,文化部会前做了大量的调研准备工作,其中一个很重要的工作即是请苏联图书馆学专家雷达娅详细介绍苏联的图书馆事业概况,为此用了3个单元时间,雷达娅分别于5月25、30日和6月1日向文化部社会文化事业管理局工作人员介绍苏联经验,向参会人员介绍图书馆事业的一些基本问题和业务管理方面的问题,最先介绍的就是图书馆服务的对象问题,"这是很重要的一个问题,报告中应提到中国图书馆的对象是谁,并且要求提高为读者服务的质量"③。她花了一个单元时间谈了大型图书馆的工作方针与任务以及管理问题,尤其是大型图书馆为读者服务的问题,又利用一个单元时间主要介绍了苏联图书馆的小型研究室问题,包括图书的补充、整理等,还花了一个单元时间主要介绍了

---

① 刘少奇.中国共产党中央委员会向第八次全国代表大会的政治报告[M]//何东昌.中华人民共和国重要教育文献:1949—1975.海口:海南出版社,1997:683-696.
② 光明日报.充分利用现有科学图书资料[M]//《图书馆学基础理论》教学小组.图书馆学基础理论研究资料选编:上.武汉:武汉大学图书馆学系,1980:144-146.
③ 苏联图书馆如何为科学研究服务:为筹备全国图书馆工作会议对社会文化事业管理局工作人员介绍苏联经验[M]//中央文化部社会文化事业管理局.苏联图书馆学专家雷达娅同志关于图书馆工作报告集.北京:北京图书馆,1958:24-29.

图书馆的目录工作。从而，社会文化事业管理局工作人员通过听取报告并消化吸收，保证了这次重要会议的方向、方针、目标等的重大原则问题的正确性和前瞻性，同时也使讨论的问题可在宏观与微观上较好地结合，使会议更具有针对性和说服力。会议强调了社会主义图书馆事业的两项基本任务："一项是向广大人民群众广泛流通图书，传播马克思列宁主义，进行文化教育工作，以提高人与人之间的思想、政治和文化水平，动员他们的社会主义建设的劳动积极性；一项是向科学研究工作者提供图书资料，促进科学的迅速发展。"[①]会议更加明确地指出了提供科学研究的图书资料，是文化部门和图书馆工作者光荣而艰巨的政治任务。会议上，来华后一直担任文化部专家的雷达娅做了"苏联图书馆如何为科学服务"的报告，苏联科学图书馆和大众图书馆在以科学书籍为读者服务方面积累了丰富的经验，其报告给与会代表很大的启发。

会议最大的特点是实事求是，并没有停留在总结成绩的层面，而是十分尖锐与实事求是地提出了图书馆界的许多不足，例如大量图书资料的积压问题，图书的搜集与购买问题，图书馆界普遍存在的借书手续烦琐、目录体系不够完善等问题，并有针对性地提出了克服这些不足的措施。为更好地具有针对性和示范性，会议还印发了一些参考文件，如《上海市报刊图书馆的报刊资料索引工作》《广东省中山图书馆如何以地方文献为科学研究服务》等，这些参考文件对于当时图书馆界开展配合科学研究工作具有重要的现实意义和示范作用。为将此两个参考文件广而告知，《图书馆工作》编辑部特意将其刊载于1956年第4期上，同时载有《编者按》。

这次会议的中心议题，正如7月14日"新华社讯"中指出的："图书馆工作如何为科学研究服务是文化部5日到13日在北京召开的全国图书馆工作会议的中心议题。"[②]这次会议，成为中国现代图书馆事业建设进程中的灯塔，照亮了中国图书馆事业前进的方向，它对图书馆事业建设的鼓舞是巨大的。会后各地纷纷召开会议，贯彻落实会议精神，明确任务。

---

① 文化部社会文化事业管理局. 明确图书馆的方针和任务为大力配合向科学进军而奋斗：文化部社会文化事业管理局向全国图书馆工作会议提出的报告[J]. 图书馆工作，1956（4）：3-16.

② 新华社. 全国图书馆工作会议确定两项基本任务，图书馆要为科学研究服务，会议批评了一些不合理的现象，并提出改进办法[J]. 图书馆工作，1956（4）：27-28.

吉林省、辽宁省、天津市、江西省、福建省等的文化局纷纷召开会议,传达会议精神,座谈图书馆发展事宜,研究图书馆为科学研究服务工作的步骤、规划,提出改进图书馆的措施,为普及文化教育工作服务的方针,有些文化局还召开全省农村文化工作会议。一些省级图书馆亦纷纷召开会议,进一步明确方针任务。安徽省图书馆、甘肃省图书馆根据全国图书馆工作会议精神,结合本馆情况,制订了为科学研究服务的计划,包括改进采购、增加相关阅览室、建立与专家学者的联系制度等。湖北省图书馆向武汉地区图书馆界传达了相关精神,明确为科学研究服务的重要性,建议尽早实现统一分编和图书协调工作,关注培养专业人才等。湖南省图书馆召开全省图书馆工作会议,确定省馆的方针任务是:以为科学研究服务为主,为一般广大人民群众服务为辅。北京市高等学校图书馆于1956年7月30至31日召开座谈会,包括北京的27所院校和因公来京的8所外地院校及有关部门的代表,共70余人,会议的主要目的是"为了讨论一些目前北京高等学校图书馆的中心问题,以便改进工作,更好地为教学,为科学研究服务"[①],明确了在新的形势下高校图书馆工作的方针任务、组织机构、书刊的整理和补充、设备基建、干部培养等问题。

为更好地贯彻执行全国图书馆工作会议精神,更深层面地厘清一些认识上的问题,1956年8月28日,《人民日报》专门发表社论《向科学进军中的图书馆工作》,该社论除了强调图书馆是向科学进军的必要条件之一外,更明确了图书馆对于一个国家文化科学事业发展的重要性:"图书馆事业的发展,是测量一个国家文化科学水平的一个重要标志。"[②]在图书馆的两项基本任务中,"专门的图书馆应该以为科学研究服务为主;县、市的公共图书馆,应该以为广大人民服务,普及文化科学知识为主"[③],由此,不同图书馆的各自的主要服务方向得以明确。在明确这种方向的过程中,省级图书馆大致都根据自身条件,纷纷将为科学研究服务作为重要的服务方向,甚至是主要方向,同时分出一部分力量做普及文化、指导县市图书馆的工作,一些有条件的市级图书馆也积极为科学研究服务。

二、整理加工积压图书

图书馆如何为科学研究服务?"首先是图书馆应该具备应有的藏书。"[④]

---

① 鲁文.北京市高等学校图书馆工作座谈会纪要[J].图书馆工作,1956(5):26-27.

②③④ 人民日报.向科学进军中的图书馆工作[M]//《图书馆学基础理论》教学小组.图书馆学基础理论研究资料选编:上.武汉:武汉大学图书馆学系,1980:140-143.

在图书馆三大系统的藏书中,公共图书馆藏书有 2890 万册[①],高校图书馆则有 3728 万余册[②],科学院系统图书馆亦达 380 万册[③]。此时的藏书体量已和新中国成立初期不能相比,尽管藏书增量很大,但要能满足为科学研究服务的需求,其矛盾仍很大。如何发挥出现有文献的作用,成为当务之急,图书馆界却在这一问题上遭遇了瓶颈。图书资料大量积压而没有及时整理上架的现象十分严重。公共图书馆近 3000 万册的图书中,“有 1000 万册还没有整理”[④],高校图书馆“没有整理的还有 517 万册”[⑤]。科学院系统中,仅是中国科学院图书馆,由于书库紧缺问题一直没有得到解决,“有近 20 万册的图书被堆积在走廊下和篷帐中”[⑥]。

　　大量书籍没有得到有序整理给科学研究工作带来了较大的影响,许多专家学者急需的图书无法借阅,甚至不知道是否收藏。在制订全国科学发展规划工作中,一位专家急需一本重要的图书,在科学院图书馆查找无果后,急电国外购买,但过了几天又在科学院图书馆找到了,这是一个十分典型的事例,而这种状况在当时的图书馆界不是个案。为此,在向科学研究服务的方针确立前后,各系统图书馆开展了突击图书清查、加工、整理工作。江西省图书馆解放后从各机关、学校等处接收了较多的图书,这些图书来源复杂,而该馆又没有力量集中整理,就显得较乱,更因书库和书架紧张,一搬再搬,使这些图书更显得乱中又乱。在提出“向科学进军”的口号后,该馆遂组织力量突击整理,历时 45 天,经统计后共用时 25,182 小时,整理旧有中文藏书 10 万余册,外文图书 4000 余册,编制卡片 3.2 万余张[⑦]。河南省图书馆至 1956 年 7 月,积压图书 40 万册,其中,线装书约占 90%。7 月下旬起,该馆集中馆内一切可以抽出的力量,并适当利用社会力量,对积存的旧书全面整理,经过半年的努力工作,除破残图书和其他资料外,整理出了 30 余万册线装书,基本完成了整理工作[⑧]。天津图书馆

①④　文化部社会文化事业管理局. 明确图书馆的方针和任务为大力配合向科学进军而奋斗:文化部社会文化事业管理局向全国图书馆工作会议提出的报告[J]. 图书馆工作,1956(4):3-16.

②⑤　刘皑风. 高等教育部副部长刘皑风关于高等学校图书馆更好地为教学和科学研究服务的讲话[M]//《图书馆学基础理论》教学小组. 图书馆学基础理论研究资料选编:上. 武汉:武汉大学图书馆学系,1980:161-174.

③　莹泉. 应该怎样认识我国图书馆事业的发展[J]. 图书馆工作,1957(8-9):4-8.

⑥　光明日报. 充分利用现有科学图书资料[M]//《图书馆学基础理论》教学小组. 图书馆学基础理论研究资料选编:上. 武汉:武汉大学图书馆学系,1980:144-146.

⑦　突击整理积存图书消息:江西省图书馆[J]. 图书馆学通讯,1957(3):41.

⑧　突击整理积存图书消息:河南省图书馆[J]. 图书馆学通讯,1957(3):40-41.

至1955年底的藏书已达83万册,其中即有59万余册的图书待整理加工。该馆在1956年初时制订出了切实可行的整理积存图书计划,在5至12月集中力量实现计划,做到了积存图书全部上架,并做到有目可查,正常流通[1],在整理过程中还发现了康有为著的《大同书》手稿。一些图书馆结合本地区实际情况,在整理古籍的过程中,将分散在各馆各单位的古籍整合保存在一起。1956年10月,湖南省成立了由湖南省中山图书馆、博物馆、考古研究所、文史馆、参事室等单位60余人组成的湖南省整理积压图书资料工作委员会,通过1年多的努力,该委员会清理古籍图书10万余册,统一藏于湖南省中山图书馆[2]。

在"向科学进军、为科学研究服务"的号召下,北京大学、清华大学、南京大学、复旦大学、中山大学、重庆大学等高校的图书馆,开始整理加工积压图书,并开辟研究室、专业参考室、教师阅览室等。南京大学图书馆在短期内整理出中文期刊16万余册,包括线装书在内,共核对整理了近80万册书刊、15万余张补充目录卡片。复旦大学图书馆利用1956年暑假对藏书进行了全面整理,共整理图书30余万册;中山大学图书馆在是年上半年也整理了32.7万册图书,并都编有目录[3]。华东政法学院成立于1952年,经院系调整后,其原有藏书分别由原来的东吴、震旦、复旦、约大、浙大等8所院校中有关法学的书刊资料组成,共有20余万册,其中许多是具有较大价值的书刊,但还没有及时整理,在1956年时,图书馆集中力量整理完毕。图书馆界通过这一突击整理书刊的活动,做到了书刊上架,有目可查、正常借阅。同时,完备的馆藏目录又为深化图书馆的服务工作,调拨复本图书等工作打下了坚实的基础。

三、文献分类工作

如何对文献进行科学分类,涉及能否适应新时代的要求,是否能对文献整理和组织起科学有序的目录体系,是否能方便、协调、统一地组织地区性的,甚至是全国性的各种目录。要较好地达到这些要求,制定科学的、统一的分类法,成为文献整理的关键之一。

---

① 突击整理积存图书消息:天津市人民图书馆[J].图书馆学通讯,1957(3):40.

② 陈源蒸,张树华,毕世栋.中国图书馆百年纪事:1840—2000[M].北京:北京图书馆出版社,2004:146.

③ 刘皑风.高等教育部副部长刘皑风关于高等学校图书馆更好地为教学和科学研究服务的讲话[M]//《图书馆学基础理论》教学小组.图书馆学基础理论研究资料选编:上.武汉:武汉大学图书馆学系,1980:161-174.

东北图书馆编的《东北图书馆图书分类法》，首次将毛泽东著作和鲁迅著作辟为特藏类目，将"泽东文库"列在首位，次列"鲁迅文库"；山东省图书馆于1950年编的《图书分类新法》草稿（油印本），于1951年修改后铅印出版，明确提出"图书分类法是包含有一定的阶级立场和观点的"；《中国人民大学图书馆图书分类法》的出版，首次将我国分类法确立为以马列主义、毛泽东思想为指导的编制思想，对当时的图书文化界产生了很大的影响。由于它们各自的优点和不足都较为明显，在向科学进军、为科学研究服务的要求下，显然制订一部更为科学合理的、能够满足各方面需求的、能够基本达到统一分类目的的分类法的需求，亦就显得更加迫切。早在1950年，在由当时文化部文物局局长郑振铎主持的图书分类法座谈会上，参会者就讨论了编制我国新型图书分类法的问题，1956年4月16至26日，文化部社会文化事业管理局进一步召开了中小型图书馆图书统一分类法座谈会，"开始集体的商讨这个急待进行的工作"①。出席会议的有中国人民大学图书馆、中国科学院图书馆、北京市图书馆、北京大学图书馆学专修科等19个单位的代表，及杜定友、刘国钧、皮高品、钱亚新等共40多人②，会上代表集中讨论了分类法基本类目、大类辅助表和号码等问题。与会代表认真讨论、争辩激烈，收获很大。通过研讨，会议已按照要求产生了意见较为一致的分类简表，尽管代表们对某些问题仍存在着不同意见。

会议结束后，文化部社会文化事业管理局又进一步组织了工作组，并聘请若干顾问，继续做编订工作，并于1956年6月拟出《中小型图书馆图书分类草案初稿》，分寄各图书馆以及相关专家征求意见，在一年内分别于广东、湖北、浙江、陕西、上海、南京、重庆等7个省市图书馆组织当地专家和工作人员座谈，又在湖北、山东、南京等三个省馆通过举办图书馆工作人员训练班进行讲授、实习和试用，以及在一些中学、中等技术学校、工会、县、区等图书馆试用，广泛听取意见。一些专家亦提出意见与建议，皮高品还专门撰写长文发表于《图书馆学通讯》上，提出了一些意见请编辑小组参考。该分类法经修改后，于1957年完成并在全国中小型图书馆中普遍使用。以后，在此基础上又不断修订扩充成《大型图书馆图书分类法草案》《中国图书馆图书分类法》等。这一硕果，在文献组织上提供了科学的方

---

① 皮高品.编制图书分类法的几个基本问题[J].图书馆学通讯,1957(2):1-12.
② 李钟履.中、小型图书馆图书统一分类法座谈会纪要[J].图书馆工作,1956(3):19-20,54.

法,成为图书馆为读者服务和科学研究服务的重要工具。

四、高校图书馆大力开展为科研服务活动

在"向科学进军"的方针指引下,高校图书馆在为科研服务方面走在前列,其原因主要有:①高等教育一直是重点发展的对象,"高等教育是重点,普通教育是基础"[①]。高校图书馆是高校的三大支柱之一,必然亦是高校的重点发展对象之一。②高校是一个集教学与科研为一体的教育部门,科学研究是代表高校的发展水平之一翼,亦是体现一个国家科研水平的标志之一,作为为教学与科研服务的学术部门的图书馆,必然是重点部门之一。③高校是知识分子集中的场所,亦是图书馆界知识分子集中的场所,高校图书馆具有大力开展科学研究与服务的得天独厚的条件。④高校图书馆的基础条件一直走在图书馆界前列。⑤通过院系调整后,高校基本落实了"以培养工业建设人才和师资为重点,发展专门学院,整顿和加强综合性大学"的方针,经过整合、调整后的高校图书馆,更适合发挥为科研服务的功能。1956 年全国共有 212 所校院图书馆,藏书已是 1950 年时的 3.6倍,工作人员达 3568 人[②]。

为更好地统一思想和步骤,更好地发挥高校图书馆的作用,1956 年 12月 5 至 14 日,高教部在北京召开了全国高等学校图书馆工作会议。这是一次经过充分准备与调研后召开的会议。为更好地开好这次会议,高教部于 7 月 30、31 日曾召开北京高校图书馆工作座谈会,座谈会主要讨论了高校图书馆的工作方针任务和在学校中的地位和作用,机构组织、编制和馆员的培养和提高,藏书建设的开展,图书馆建筑、经费、设备等主题。座谈会明确拟通过召开全国高等学校图书馆工作会议,讨论高校图书馆工作中存在的问题。又经过若干个月后高教部召开了全国高等学校图书馆工作会议,参会的代表有 241 人,列席 60 人,包括各类高校图书馆及部分公共图书馆的负责人及省市高教局、文化部、教育部等单位的代表。代表们充分发扬民主,广泛讨论了高校工作的各个方面问题,"特别对于高等学校图书馆的性质和地位、书刊的补充和利用、干部的培养和提高、以及图书馆的合作协调等问

---

① 习仲勋. 1953年文化教育工作的方针和任务:政务院文化教育委员会习仲勋副主任在大区文委会主任会议上的总结报告[M]//何东昌. 中华人民共和国重要教育文献:1949—1975. 海口:海南出版社,1997:189-191.

② 刘皑风. 高等教育部副部长刘皑风关于高等学校图书馆更好地为教学和科学研究服务的讲话[M]//《图书馆学基础理论》教学小组. 图书馆学基础理论研究资料选编:上. 武汉:武汉大学图书馆学系,1980:161-174.

题,提出了很多意见"①。会议上颁发了《中华人民共和国高等学校图书馆试行条例（草案）》《高等学校图书馆馆际互借办法（草案）》《高等学校图书馆书刊调拨暂行办法（草案）》《高等学校图书馆书刊补充的几项规定（草案）》等4个文件,规定了"高等学校图书馆是为教学和科学研究服务的学术性机构",会议达到了预期的目标:"明确方针任务、交流经验、解决一些必要解决而可能解决的问题。"② 这次会议成为高校图书馆工作,甚至是全国图书馆工作具有重大意义的事件,许多代表认为这次会议开得很好,"认为这次会是高等学校图书馆工作的新的里程碑,这种估计是恰当的"③。高校图书馆明确了方针、地位、任务和要求,极大地提高了馆员的积极性,为科学研究服务的重大工作广泛而高效地开展了起来。

五、进入图书馆学研究高潮期

全国图书馆工作会议号召图书馆界为科学研究服务,为广大群众服务。图书馆界纷纷贯彻会议精神,明确图书馆为科研服务的方针,制订图书馆的工作、协调计划,许多省馆明确各馆的分工及与高校图书馆和科研机关图书馆的协作,以便加强为科研服务工作,同时做好为广大群众的服务工作。湖南省图书馆明确了省馆的工作方针任务是:以为科学研究服务为主,为一般人民群众服务为辅,实行了突出重点、照顾一般的方针。辽宁省文化局决定"辽宁省图书馆应侧重为科学研究服务,沈阳市图书馆应侧重为工农兵服务"的分工的基本原则④,形成了省馆以为科研服务为主,市馆及以下所属馆以为广大群众服务为主的分工协作的工作方针。由于图书馆学本身亦是一门科学,亦急需开展研究,并为研究提供服务,广大馆员积极开展对图书馆理论与实践的研究,从而形成了图书馆学研究的较为广泛的群众基础。

新中国成立初期较早对图书馆学理论研究的是北京大学图书馆专修科和武汉大学图书馆学专修科。由于教学的需要,在开设"图书馆学引论"课程的教学过程中,授课老师舒翼翚和陈颂运用辩证唯物主义和历史唯物主义的立场、观点和方法探索新时期的图书馆学基础理论问题,认为

---

① 高尔柏.记高等学校图书馆会议[J].图书馆学通讯,1957(1):46-48.

②③ 高等教育部副部长黄松龄在高等学校图书馆工作会议上的总结发言[M]//《图书馆学基础理论》教学小组.图书馆学基础理论研究资料选编:上.武汉:武汉大学图书馆学系,1980:174-182.

④ 陈源蒸,张树华,毕世栋.中国图书馆百年纪事:1840—2000[M].北京:北京图书馆出版社,2004:145.

图书馆学当前任务是研究新中国图书馆事业建设的基本原理,总结图书馆的工作经验,介绍苏联图书馆学先进理论及经验,批判资产阶级图书馆学的反动本质,发扬我国藏书与目录学方面的优良传统,研讨当前图书馆的方针任务[①],认为图书馆是研究图书馆工作组织、工作内容和工作方法的知识部门。陈颂则明确指出"图书馆学是研究图书馆事业的一门科学"[②]。

《图书馆工作》从1956年4月的第2期开始,开辟了"图书馆员基本业务知识讲话"专栏,拟连载一些关于图书馆基本知识的文章,作为自学者的参考,以满足图书馆界日益增长的学习研究理论知识的需求,分别在第4、5、6期连载8讲,图书馆学专家刘国钧专门为此写了"开场白",这些"文章内容将着重于基本理论和基本方法,说明怎样进行各种主要工作以及为什么要这样进行"[③]。专栏的设立,是为了让更多的有识之士通过学习,进一步总结工作中的经验,进而达到不断深入研究的目的。此时北大图书馆学专修科对图书馆学理论研究的氛围空前活跃,和武大图书馆学专修科一起,引领着中国图书馆学界的研究。

1956年12月27日,在南京图书馆举行的全国性的第一届图书馆学科学讨论会,标志着全国性的图书馆学理论研究、交流活动拉开了帷幕,100多位参会代表来自全国11个省市63个图书馆,代表们在会上交流、讨论了15篇论文。为配合这次讨论会,主办方还举办了"图书馆学著述和图书馆如何为科学研究服务"的展览会。

中国图书馆学会筹备工作的开始,也是图书馆界理论研究高潮开始兴起的重要标志之一。1956年7月15日,北京图书馆举行"中国图书馆学会"发起人座谈会,到会的有中央及地方文化部门的领导、各大型图书馆领导和专家学者20余人,该座谈会通过了发起人名单和筹备会的提议,并提名通过了筹备会委员名单[④]。是年12月,中国图书馆学会筹备委员会正式成立,文化部副部长兼北京图书馆馆长丁西林为筹备委员会主任,王重民、左恭、刘国钧、沈祖荣、杜定友、李小缘、洪有丰、徐家麟、张照、贺昌群、

① 周文骏,王红元. 中国图书馆学研究史稿(1949年10月至1979年12月)[M]. 北京:北京大学出版社,2011:14.

② 周文骏,王红元. 中国图书馆学研究史稿(1949年10月至1979年12月)[M]. 北京:北京大学出版社,2011:15.

③ 刘国钧. 图书馆员基本业务知识讲话:开场白[J]. 图书馆工作,1956(2):85-86.

④ 朱踵武."中国图书馆学会"发起人在北京图书馆举行座谈会[J]. 图书馆工作,1956(4):46.

顾家杰等 11 人为常务委员。在国务院科学规划委员会的领导下，图书馆界制订了《图书馆学、目录学科学研究 12 年远景规划（草案）》，明确了这一时期图书馆学、目录学的任务与目标。

与此同时，一些省级图书馆亦拟成立地方图书馆学会（协会）。1956年 10 月，辽宁省图书馆筹备成立沈阳市图书馆工作者协会，召集沈阳市内各系统较大图书馆的负责人召开筹备座谈会，并由辽宁省图书馆起草了"协会章程"（草案）。1957 年 5 月 18 日，中国图书馆学会筹备委员会召开第一次在京委员座谈会，要求各省市分会于 10 月以前筹备成立。尽管成立图书馆学会事宜因形势的变化而在当时没有最终成立，但这些工作十分清楚地表明了全国、统一、有计划、有步骤地开展图书馆学的理论研究的问题已达成共识，这是图书馆学研究进入高潮的重要标志。

六、图书馆学的出版物加快发展

1950 年 4 月，浙江省立图书馆曾出版过 4 期油印版的《浙江图书馆通讯》，从 1950 年 7 月 1 日更名为《浙江省立图书馆通讯》，从第 1 期开始排序，并用铅印出版，至 1953 年第 1 期开始，又改名为《图书馆通讯》，"而且因为目前国内关于图书馆的期刊少到绝无仅有，而图书馆界对于这类刊物的需要又异常迫切，本刊已逐步发展，渐渐地成为全国图书馆的'通讯'，成为全国图书馆工作者、图书馆学研究者的共同园地了"[①]。1954 年起，《图书馆通讯》停刊（该刊出 1953 年的 12 期后停刊）。1950 至 1954 年，另一全国性的图书馆学博物、文物研究者的共同园地是《文物参考资料》，但这是一份多领域的综合性期刊。1954 年，又有广西第一图书馆编的《广西图书馆简讯》和浙江图书馆编的《浙江图书馆馆刊》出版。

1955 年，全国性正式出版的图书馆学术期刊从以往的《文物参考资料》中独立出来，出版了《图书馆工作》。它以县图书馆、文化馆以及工矿、农村、学校、机关等大众图书馆（室）为主要对象，主要是交流各馆的工作经验和介绍有关图书馆的基本知识及各国同类型的先进经验。该刊原为双月刊，在图书馆事业快速发展的时期，原有版面已不能满足需求，为此，"拟自 1957 年起改为月刊。同时根据各方面提供的意见，除'图书馆工作'月刊以外，还打算出版'图书馆学通讯'和'图书馆学译丛'来分别满足图书馆界不同的读者对象"[②]。

---

① 编后[J]. 图书馆通讯,1953（1）:48.
② 信箱[J]. 图书馆工作,1956（5）:37.

1956 年,由湖南图书馆编的《湖南图书馆通讯》和由中国科学院图书馆编的《中国科学院图书馆通讯》创刊,其中后者除了总结中国科学院图书馆五年来的工作外,还译介了一些苏联图书馆的论文,刊载了中国科学院图书分类法简表,提出了搜购资料的建议,介绍了分馆建设情况等,尤其是刊载的陶孟和著的《图书馆要为科学家服务》等文章对当时向科学进军、图书馆为科研服务提供了方向性的指导作用。

1957 年创刊的《图书馆学通讯》主要以省、市级以上公共图书馆和大、专院校,专业图书馆工作者为对象,内容除交流工作经验外,还讨论研究图书馆学的有关问题,从而开始有了图书馆学的理论刊物。"图书馆学译丛"则重点采用专题方式介绍苏联及各国社会主义国家及资本主义国家图书馆学的先进理论、经验,标志着新中国成立以来第一次理论研究高潮的形成。1960 年第三季度,《图书馆学通讯》和《图书馆工作》先后停刊,自1961 年 1 月起,两刊合并而新出版了《图书馆》双月刊。

经过 3 年的国民经济恢复期,1953 年起,我国开始了第一个五年计划的建设,进入了"整顿巩固、重点发展、提高质量、稳步前进"的新的历史阶段。图书馆事业也进入新中国后第二个发展阶段。在这一发展阶段中,图书馆界进一步巩固和发展了农村、工会、部队图书馆和公共图书馆的建设,除了继续大力开展重点为工农兵读者服务外,还紧紧抓住了为科学研究服务,以提升图书馆界的服务质量的重点发展方向,形成了培训、钻研、交流、学习图书馆学理论和研究、交流、创新的图书馆工作实践的热潮,尤其是具有里程碑意义的 1956 年,在知识分子政策和大力开展"百花齐放、百家争鸣"的双百方针指引下,以及"向科学进军"的号召下,我国分别召开了全国图书馆工作会议和全国高等学校图书馆工作会议,颁发了《中华人民共和国高等学校图书馆试行条例(草案)》等图书馆界的纲领性文件,标志着新中国图书馆事业的理论与实践研究的高潮即将形成。

第三章 图书馆事业的曲折"跃进"阶段（1957—1959年）

这一阶段的开局之初,是在全国进入全面的社会主义建设的历史氛围中开始的,也是开始大力落实"向科学进军"之年,尤其是党的八大正确地指出了中国社会的主要矛盾:中国社会现阶段的主要矛盾已转化为建立先进的工业国的要求与现实中落后的农业国之间的矛盾,是经济文化迅速发展的需要同落后的经济文化间的矛盾。"这一矛盾的实质,在我国社会主义制度已经建立起来的情况下,也就是先进的社会主义制度同落后的社会生产力之间的矛盾。"①

在这一社会发展大背景下,图书馆事业的发展也进入大规模的社会主义图书馆事业建设阶段。在这一阶段中,文教事业发展的根本方针,在于为广大劳动人民服务,为社会主义建设服务,为科学研究服务。新中国成立以后,图书馆事业已得到很大的发展,工农群众自办的图书馆数量也大量快速增加,公共图书馆面向广大群众开放,采取了大量宣传、流通图书的办法,并加强读者工作,尤其是厂矿、农村大量图书馆（室）的建设,以及流动图书馆的设立,图书馆的服务面和服务空间得到极大的扩大。在此基础上,"图书馆为科学研究服务是我国图书馆学上一个新的课题,必须有新的看法和新的作法"②。图书馆的定位,决定着图书馆事业的发展方向,图书馆是一个学术性机构,在《中华人民共和国高等学校图书馆试行条例（草案）》中得到确认:"高等学校图书馆是为教学和科学研究服务的学术性机构。"③这一定位将各类图书馆承担的为科学研究服务和普及文化科

① 中国共产党第八次全国代表大会. 中国共产党第八次全国代表大会关于政治报告的决议（1956年9月27日中国共产党第八次全国代表大会通过）[M]//国务院法制局,中华人民共和国法规汇编编辑委员会. 中华人民共和国法规汇编:1956年7月—12月. 北京:法律出版社,1957:5-18.

② 杜定友. 图书馆怎样更好地为科学研究服务[J]. 图书馆学通讯,1957（2）:49-51.

③ 中华人民共和国高等学校图书馆试行条例（草案）[M]//王振鸣. 图书馆法规文件汇编. 保定:河北大学图书馆学系,1985:113-117.

学知识两项任务的重点区别开来,也进一步确认了图书馆学是一门专门的科学。

第一节　为科学服务

"今后图书馆的工作任务是艰巨的,它要在普及的基础上,加强为科学研究服务的工作。"[①] 图书馆如何为科学研究服务? 图书馆界必须要对图书馆事业的发展有整体的认识,从中找出成绩和不足,以便扎实地、更好地开展服务工作。要开展为科学服务的工作,其基础工作是:①检查馆藏情况:掌握各馆藏书的重点与方针、藏书数量、质量情况。②检查馆藏的整理情况:是否积压,加工是否规范,目录、索引是否能满足读者的需要以及图书宣传的情况。③图书利用情况:馆内外借阅情况、服务范围与方式,是否能满足读者借阅等。这些工作,只有在全国图书馆事业的层面上才能得出较为可信的结果,才能在此基础上使得为科学研究服务工作有计划有步骤地开展。经过调研,宏观上存在的主要问题有:①图书积压情况仍然较为严重;②大量复本书和不适合本馆收藏的图书需要交换和调配;③外文书刊和古旧图书的采购具有较大的盲目性;④联合书目等书目索引编得不多;⑤复制工作做得很少。

一、成立全国图书小组

根据社会主义建设和图书馆事业的需要,为改进图书馆为科学研究服务的环境和条件,经国务院批准,"决定在国务院科学委员会下设图书小组,由文化部、高等教育部、中国科学院、卫生部、地质部、北京图书馆的代表和若干图书馆专家组成,负责全国为科学研究服务的图书工作的全面统筹安排"[②],国务院科学规划委员会图书组于 1957 年 9 月 19 至 21 日召开了第一次扩大会议,有 12 位组员出席,2 位请假,10 人列席。会上推选陶孟和、谢冰岩、左恭、刘国钧及高教部代表为常务组员[③]。这次会议讨论了

① 江苏省关于积极改进工作为科学研究服务的规划[J]. 图书馆学通讯,1957(1):32-34.

② 全国图书协调方案(1957年9月6日国务院全体会议第五十七次会议批准)[M]//国务院法制局,中华人民共和国法规汇编编辑委员会. 中华人民共和国法规汇编:1957年7月—12月.北京:法律出版社,1958:489-496.

③ 图书组. 国务院科学规划委员会图书组第一次(扩大)会议记录[J]. 图书馆学通讯,1957(6):48-49.

图书组工作简则以及是年10至12月的工作计划,明确了图书组的任务仅限于为科学研究服务方面,针对有关全国性的科学图书工作方面的规划包括方针、计划、重大措施等,有关全国图书协调事项,有关各地区中心图书馆的关系问题等方面的问题,向科委提出建议。这次会议所提建议被接受后,成为国务院或科学规划委员会的决定、指示,并由各业务主管部门、各事业机构执行。

二、建立中心图书馆

1957年9月6日,国务院全体会议第五十七次会议批准《全国图书协调方案》,并于11月10日批准公布①。方案提出了首先要做的两大工作是:建立中心图书馆和编制全国图书联合目录。

建立中心图书馆问题的提出,表明了组建一个全国统一的图书馆网络的条件和时机已基本成熟。中心图书馆由两个层面的中心组成:全国性的中心图书馆由北京（第一中心）和上海（第二中心）两地中包括公共图书馆、高校系统图书馆、科学院系统图书馆三大系统及专业图书馆中很有基础的图书馆组成;地区性的中心图书馆由某些基础扎实、管理较为科学、馆藏较有优势的图书馆组成,基础较好的武汉、沈阳、南京、广州、成都、西安、兰州、天津、哈尔滨等地先行一步。中心图书馆中的公共图书馆、科学院图书馆和专业科学图书馆应向全国科学工作者开放,高校图书馆应尽可能根据该馆的专长特点,对有关的读者开放。

全国第一中心图书馆委员会随后提出了"组织简则",其中规定了五大任务:①研究有关中心图书馆的统筹安排和全面规划;②包括采购、调配、交换、互借等的分工合作问题;③编制联合目录、新书通报等并制订计划;④图书馆干部业务培训与提高;⑤加强和其他相关机构的联系和合作②。根据任务,全国第一中心图书馆委员会提出了初步工作计划,包括书刊采购、编制联合目录和发行卡片目录,大力开展图书调配工作等问题③。

根据《全国图书协调方案》的要求,全国各地区迅速成立地区性中心图书馆。1957年10月,天津成立中心图书馆,该中心图书馆主要任务是研究本市为科学研究工作服务的各图书馆的统筹安排和全面规划,解决成

① 陈源蒸,张树华,毕世栋. 中国图书馆百年纪事:1840—2000[M]. 北京:北京图书馆出版社,2004:155-156.

② 全国第一中心图书馆委员会组织简则[J]. 图书馆学通讯,1958（3）:47.

③ 全国第一中心图书馆委员会初步工作计划[J]. 图书馆学通讯,1958（3）:47-48.

员馆的分工合作,包括采购、互借、编制联合书目和新书通报等工作。以后成立的地区性中心图书馆的任务都与此相近。1958 年,武汉市、辽宁省、河南省、四川省、广东省、甘肃省、西安市等,都纷纷成立了中心图书馆。一些地区成立了图书馆专门机构,以便更好地开展、指导本地区工作进程。例如江苏省在 1957 年初时"有公共图书馆二十七所,高等学校图书馆十六所,科学研究机关图书馆九所"①,并有大量的企事业、团体的图书馆(室),藏书有近 800 万册,并具有一定的图书馆专家学者的人才优势,为了更好地协作、协调发展,省文化局领衔成立了"江苏省图书馆委员会",聘请各系统图书馆学专家和其他方面的专家学者。江西省文化局于是年 3 月召开三大系统图书馆负责人的座谈会,主要研究三大系统的图书采购和书目参考方面如何协调合作的问题。"根据各图书馆的要求,成立了'江西省图书馆业务联系委员会'。它的任务在于协助解决各图书馆运用图书资料为科学研究服务的业务问题。"②

三、加快图书整理、征集工作

至 1956 年底,尽管全国图书馆界在整理图书方面取得了很大的成绩,但是,由于未及整理的图书体量太大,加上人力和技术力量不足等问题,至 1958 年时,"全国积存的图书,仅 21 个公共图书馆的统计,就有 700 万册没有登记、分类、编目"③。可见,整理图书仍然是为科学研究服务过程中的一个基本的、重要的、紧迫的任务。为此,图书馆界通过各种方式加快图书整理的步伐。如江西省图书馆在整理过程中,采取了合理化建议、红旗竞赛等办法,加速了工作的进程,原先缮写卡片工作,在第一星期内,每小时只能缮写 26、27 张,开展红旗竞赛后,每小时平均可写 40 余张,最多时达60 张④。北京图书馆在解放后接收了大批书籍,包括从南京、上海、重庆、昆明等地运回的,该馆将整理图书作为馆内重点工作,"到 1957 年底止,已经整理好和初步整理出来的有一百七十三万八千册"⑤。

---

① 江苏省关于积极改进图书馆工作为科学研究服务的规划[J]. 图书馆学通讯,1957(1):32-34.
② 吴之芳. 江西省召开全省图书资料协调工作座谈会[J]. 图书馆工作,1957(7):49.
③ 钱俊瑞. 打破常规、鼓足干劲、实现图书馆事业大跃进! ——文化部钱俊瑞副部长在省、市、自治区图书馆工作跃进大会上报告的摘要[J]. 图书馆工作,1958(6):7-9.
④ 突击整理积压图书消息:江西省图书馆[J]. 图书馆学通讯,1957(3):41.
⑤ 北京图书馆整理积存图书情况简报[J]. 图书馆学通讯,1958(3):50-51.

中国科学院系统图书馆,从 1957 年开始,大力开展图书整理工作,是年 5 月 22 日,铁道部铁道科学研究院将南满洲铁道株式会社调查部所藏的图书及调查部所刊行的调查资料,共 13 万册移交中国科学院图书馆。这批资料已积压近 13 年,当月该馆就派出 6 人组成小组,奔赴大连,专门突击整理,经 4 个多月时间,整理出 4.5 万余册图书,并按分类系统登记上架,期刊 1.5 万余册,于 1958 年 5 月运回北京总馆开始外借流通[①]。1957 年 11 月开始,该馆对期刊进行集中整理,8 人在 96.5 天的实际时间中,完成了 11,020 册西文现刊的整理加工工作,8 人用 574 天的实际工作日,清理了 156,281 册的中、日、西文过刊,整理加工后的 117,399 册上架供借阅,另有 38,882 册经整理造册后供调拨之用[②]。

在这一过程中,图书馆界十分注意对古旧书籍的搜集和整理。中国科学院图书馆加强对金石拓片的整理工作,至 1957 年初,整理出墓志拓片 5900 余种[③],这些拓片具有很高的学术、文物和艺术价值,其中包含了许多自然科学和社会科学等方面的信息。对于整理后的拓片,做出卡片目录,进一步编印出书本目录,并计划将 3 万余张拓片用一年半时间全部整理好。

搜集古旧书籍成为当时抢救古旧书籍、为科学研究服务的重要举措之一。广东省中山图书馆于 1956 年下半年和 1957 年春,两次派员到海南等地进行古旧书籍的搜集工作,共收到 4 万余册,包括大量地方文献、方志、革命文献等[④]。湖北省图书馆派员到各县访书,在孝感县杨店收购的废纸中发现秦应逵的藏书万余册,在浠水县收购的废纸中发现两淮马裕家藏本"金石录",又在其他地方发现罕见明刻本多种,以及有一定名望的乡绅的手稿、抄本等[⑤]。甘肃省图书馆及时与兰州市造纸厂联系,并派人到该厂去挑选准备化浆造纸的旧书,"共计选出有价值的旧书 2269 册,其中有明朝胡赞的'鸟鼠山人集'、'雍音'及光绪二十五年的'申报'等名贵书刊"[⑥],该馆还派专人去临洮、临夏、武都、文县等地开展搜集古旧书籍的工作。

陕西省为更好地保护、抢救文化遗产,特制定了《征集散佚图书资料

① 李光的. 把死书变成活书[J]. 中国科学院图书馆通讯,1958（8）:20-21.

② 方珍. 清理积压期刊工作报导[J]. 中国科学院图书馆通讯,1958（7）:15-17.

③ 简讯[J]. 中国科学院图书馆通讯,1957（2）:21.

④ 李默,方振球. 下乡收集图书资料的几点体会[J]. 图书馆学通讯,1957（4/5）:36-37,71.

⑤ 宪铠. 湖北省图书馆深入农村访书发现许多善本书籍[J]. 图书馆工作,1957（7）:49.

⑥ 甘肃省图书馆搜集古旧书籍[J]. 图书馆工作,1957（3）:49.

办法》,通过捐赠、寄存和价购的方法,广泛地搜集古旧书籍、陕西地方文献、革命文献和碑帖拓片等,并在各县图书馆、文化馆及文化科干部中组成了有 40 余人参加的"陕西省图书馆之友",以反映并协助省馆进行调查、征集和收购工作[①],抢救出了许多有价值的图书资料。

图书馆界搜集革命史料、古旧图书的工作得到了文化部的高度重视,为此文化部曾拨专款支持搜集工作。如 1958 年 11 月,江西文管会获得文化部专款以协助有着丰富古旧图书资料的婺源开展搜集工作。婺源文化馆从 1959 年 2 至 4 月,到十余个村庄、集镇搜集到古旧图书资料 2.5 万余册,并发现了一批珍贵的版本古籍及当地史料[②]。修水县图书馆经过 2 年的努力,搜集到古旧图书 2 万余册,其中报纸、杂志 300 多份,家谱 200 多本,以线装书居多[③]。

许多图书馆还专门开设古书部,让祖国的文化遗产更好地为科学研究服务。如宁波市文化处决定将市古物陈列所保管的部分天一阁藏书和该所解放后搜集的部分图书资料交由市图书馆整理开放,"经几个月来的筹备,宁波市图书馆古书部已于一九五八年元旦开放"[④]。

四、开展图书调配工作

在全国范围内推进图书调配工作,是图书组的重要工作之一。根据现实状况,国务院科学规划委员会要求图书组做到边整理边调配,可根据已整理好的图书,订出一个局部调配计划,"各地图书馆如有可以调拨的书,可与北京中心图书馆委员会或图书组联系"[⑤]。调配图书先在各系统内进行,然后进行各系统间的相互调配。各系统间的调配,可以先在本地区内调配,由本地区中心委员会负责[⑥]。

根据这一精神,各系统、各地区开展了规模较大的调配工作。经统计,江苏省各地方行政部门和文物机构代管的古旧书约有百万册,各馆的复本图书也较多,为此,江苏省"拟成立'江苏省交换书库',负责办理省内、外

---

① 王孔武,李敬泰.古书的收集、保护和整理工作[J].图书馆工作,1957(5):46-47.

② 金邦杰.婺源县搜集到一批革命史料[J].图书馆工作,1959(7):47-48.

③ 饶明敏,陈靖华.修水县图书馆收集到很多古旧图书资料[J].图书馆工作,1959(3):47.

④ 骆兆平.宁波市图书馆成立古书部[J].图书馆工作,1958(3):49.

⑤ 图书组.国务院科学规划委员会图书组第一次(扩大)会议记录[J].图书馆学通讯,1957(6):48-49.

⑥ 全国图书协调方案[M]//国务院法制局,中华人民共和国法规汇编辑委员会.中华人民共和国法规汇编:1957年7月—12月.北京:法律出版社,1958:489-496.

图书交换、调配工作。'江苏省调配小组'设在南京图书馆"①，该调配小组要求各馆在1957年4月内编出"馆藏复本图书、期刊目录"和"本馆不需要保藏的图书、期刊目录"，报送调配小组，由调配小组提出分配、调换意见，并将剩余的书刊上报供他省、市交换、调拨。在高校院系调整过程中，高校中的图书资料也应需要不断调配。清华大学从1952年院系调整开始到1957年1月，先后调出中外文书籍3万余册。"1958年又向内蒙古大学、中国人民大学、延安大学等14个单位调拨中西日文书刊16万册。"②

中国科学院图书馆加快了图书调配的步伐，1957年调配给38个单位10万册，1958年，由于各地分院及地方研究机构相继成立，调配的书刊资料达336,371册③。在调配过程中，建立的储备书库发挥了明显作用。该馆自1953年起就开始书刊储备工作，1956年正式成立储备书库，1959年改为储备调拨组，储备书刊经常保持在50万—80万册。古旧图书的交换也得到重视，与中国科学院图书馆建立古旧书刊交换关系的有浙江省图书馆、福建师范学院图书馆、湖北省图书馆、云南省图书馆、四川大学图书馆、广东省中山图书馆、安徽省图书馆和博物馆、重庆市图书馆等单位，这些通过交换获得的方志和书籍，绝大部分是在书肆中买不到的④。

五、编制联合目录

图书馆利用馆藏为科学研究服务，核心问题是要让读者能通过不同的渠道和途径了解图书馆馆藏及分布，并能通过不同的方式借阅，及时满足不同读者的需求，"所以编制联合目录使书为人知，加上广泛开展馆际互借，使书为人用，就十分必要了"⑤。根据要求，全国中心图书馆委员会成立了全国图书联合目录编辑组，附设于北京图书馆内，专门从事协调、编辑全国联合目录事宜。

在为科学研究服务的号召下，"现在各馆印发目录风起云涌……"⑥。但是，大量以馆为单位的目录编制，重复现象严重，人力物力浪费颇多，其实

---

① 江苏省关于积极改进图书馆工作为科学研究服务的规划[J]. 图书馆学通讯,1957(1):
32-34.

② 《百年清华图书馆》编写委员会. 百年清华图书馆[M]. 北京:清华大学出版社,2012:95.

③ 中国科学院图书馆十年来的工作[J]. 中国科学院图书馆通讯,1959(9):4-13.

④ 许伯渔. 本馆国内古旧书籍交换工作简报[J]. 中国科学院图书馆通讯,1957(3):17-18.

⑤ 全国图书协调方案[M]//国务院法制局,中华人民共和国法规汇编编辑委员会. 中华人民
共和国法规汇编:1957年7月—12月. 北京:法律出版社,1958:489-496.

⑥ 杜定友. 图书馆怎样更好地为科学研究服务[J]. 图书馆学通讯,1957(2):49-51.

用价值也值得考虑。1956年后,一些地区图书馆曾编辑过几种联合目录,但由于缺乏经验而存在一些问题。在此情况下,"今年(1957年)9月间全国图书联合目录编辑组业经成立,并已展开工作,今后这项工作必须加强"①。为了提高编制目录的质量,并对编制联合目录的理论、方法和经验进行研究和交流,《图书馆学通讯》在1957年第6期上重点刊载了联合目录方面的文章,有国内专家的论文,有苏联先进经验介绍,并恳望从事这一工作和感兴趣的读者认真阅读,及时提出个人意见和研究心得,以便进一步讨论、研究。

全国联合目录编辑组有15人,主要由北京图书馆、中国科学院图书馆、清华大学图书馆、中国医学科学院图书馆、北京师范大学图书馆、北京大学图书馆学系等单位组成②,他们形成了全国联合目录工作的核心,主要负责计划、指导、协调、总编等方面的工作。为掌握和了解全国联合目录编辑情况,推动、检查编制工作,"本年曾向全国各省市级以上公共图书馆、高等学校图书馆、科学院所属各研究所图书馆等三百多单位发出了调查表,了解各馆藏书和编目情况"③。至1957年底,有244个单位反馈了调查信息,从中基本了解了全国图书分布情况和联合目录的编制动态,其中已编联合目录的有8个单位,分别是高校、中国科学院和各省市的联合目录,正在编制的有3个单位,计划编制的有14个单位,都拟编制本地区的联合目录。

根据原定任务,从西文期刊联合目录入手,以中国科学院图书馆的自然科学西文期刊为基础,社会科学以北京图书馆为基础,医学以医学科学院等40个单位为基础,地质以地质部全国地质图书馆为基础,综合性的以47个高校图书馆为基础,以各地区性的西文期刊目录为补充④。同时,毛坤发表《试论联合目录》,探讨了联合目录的意义和功用、联合目录的发展、组织与方法、著录与排列等问题⑤。邓衍林亦发表《编制联合目录的几个基本问题》,提出编制联合目录过程中要明确类型、著录范围、断代编制、全面进行、分量选印、整理旧书问题和建议编印外文书联合目录通报等问题⑥。

① 编者的话[J]. 图书馆学通讯,1957(6):封底页.

② 李致忠. 中国国家图书馆史:1909—2009[M]. 北京:国家图书馆出版社,2009:178.

③ 王树伟. 全国各大图书馆调查概况[J]. 图书馆学通讯,1957(6):50-51.

④ 全国图书联合目录编辑组已开始展开工作[J]. 图书馆学通讯,1957(6):49.

⑤ 毛坤. 试论联合目录[J]. 图书馆学通讯,1957(6):1-7.

⑥ 邓衍林. 编制联合目录的几个基本问题[J]. 图书馆学通讯,1957(6):7-13.

全国联合目录编辑组十分重视对质量的把控，该组于 1957 年 11 月 13 日邀请在京的图书馆学家及中心图书馆负责同志开会、讨论，主要是汇报工作和讨论相关问题：专题联合目录的进行、图书馆代号、编例繁简等问题[①]。1958 年至 1960 年上半年，该组编制全国性的联合目录共达 30 个，包括综合性和专科性的，担任主编联合任务的图书馆有 25 个，提供图书资料参加到联合目录中来的图书馆有 200 多个，"除了'全国西文新书联合目录通报'自 1958 年起陆续出版外（已出版 318 册），又出版了一种'西文期刊联合目录'和 9 种专题联合目录，编竣了 6 种专题联合目录"[②]。另有十余种全国目录则大多数在 1960 年上半年编竣。这一编辑组的成立和努力的工作，为全国联合目录工作起到了示范作用，它不断地组织、推动和辅导地区性编制的联合目录，"据不完全统计，1958—1959 年两年中全国共编制了 95 种联合目录"[③]。由于编辑组的出色工作，该组被评为图书馆界的先进集体。

各地区图书馆在这一过程中编制出了许多具有特色的地区性联合目录。1957 年 8 月上旬起，甘肃省图书馆以本馆馆藏为主，联合兰州大学、西北师范学院和民族学院等图书馆，编制了《兰州各图书馆馆藏西北文献联合目录》，共计收入图书 1700 种，内容丰富，包括西北地区的历史、经济、政治、文化和自然特征等各方面的资料[④]。南京地区在南京图书馆成立联合目录室，各馆在编制卡片目录时，同时复制一份送南京图书馆，以组建全省图书馆馆藏联合目录，为全省和全国各地读者服务[⑤]。该地区 3 大系统 25 个图书馆联合编制的《外文科技期刊联合目录》，包括 3000 种俄、英、德、法、日等国文字的期刊，其中有不少是罕见而价值颇高的[⑥]。辽宁地区自 1958 年 4 月在辽宁地区中心图书馆委员会成立大会上就通过编制《辽宁地区外文期刊联合目录》的动议，是年 11 月 27 日正式成立编制小组，经过 5 个月，至 1959 年 4 月底编辑完成，11 月正式出版，目录收集了辽宁

① 全国图书联合目录编辑组已开始展开工作[J].图书馆学通讯,1957(6):49.
②③ 全国图书联合目录编辑组.在大协作中前进的全国图书联合目录工作：先进集体全国图书联合目录编辑组事迹介绍[J].图书馆学通讯,1960(3):28-29.
④ 甘肃省图书馆.甘肃省图书馆编制了"兰州各图书馆馆藏西北文献联合目录"[J].图书馆学通讯,1958(1):54.
⑤ 江苏省关于积极改进图书馆工作为科学研究服务的规划[J].图书馆学通讯,1957(1):32-34.
⑥ 纪维周.省、市公共图书馆积极展开为科学研究服务的工作[J].图书馆工作,1957(1):47.

地区27个主要图书馆的俄文、西文和日文期刊共计8000余种[①]。

中国科学院图书馆系统利用资源优势，编制出了许多中外文的综合性和各科学专题联合目录，并且开展期刊中的论文题名报道工作。如中国科学院石油研究所图书馆，1958年起，"选定了约190种比较重要的有关石油、煤炭、化学、化工的国内外期刊，选出其中需要报导的文献，将题名译成中文，并按文献内容进行分类"[②]，并以《图书馆简报》半月刊的形式出版，每期约印200份，除分发给本所及兰州分所的各研究组外，还将100余份分寄全国相关的研究所、厂矿企业、高校和科技领导干部。是年8月起，该馆还剪贴和制作了约15万张的文献卡片，经分类整理后，有约6万张可供读者查阅。

图书馆学也是一门专门的科学，"向科学进军的号召提出以后，研究图书馆学方面的工作已逐渐开展"[③]，为了更好地开展研究工作，北京图书馆于1957年根据馆藏现有资料编辑了一本《图书馆学图书目录》，并邮寄到各相关馆，以便各馆核对和补充，准备出版联合目录。至6月初，北京图书馆又进一步刊发《启事》，望各馆将补充意见信息及时反馈。可以说，这一时期是图书馆（学）史上编制联合目录的黄金时期。

六、馆际互借、国际交换

联合目录的编制推进了馆际互借的开展。有学者进一步提出从速制定全国统一馆际互借办法的问题，"科学研究工作者所需要参考的书籍往往在本地各个图书馆都借不到，但通过馆际互借可以从各友馆借到"[④]。随着研究的需要以及不断的深入，国际馆际互借的需求也越来越大，"北京图书馆在1957年就有72个国家400多个馆际单位，科学院图书馆52个国家729个馆际单位，北京大学有35个国家156个馆际单位"[⑤]，其他大学图书馆和政府机关图书馆，也有不同程度的国际往来。

国内馆际互借更是大力开展，并且在促进科学研究、生产技术、改进教学等方面已取得了一定的成绩。天津地区在已展开馆际互借的情况下，为

① 辽宁地区中心图书馆委员会外文期刊联合目录编辑小组. 编制辽宁地区外文期刊联合目录工作总结[J]. 图书馆学通讯,1960(1):19-22.

② 中国科学院石油研究所图书馆. 开展文献情报工作,提高专业图书馆服务水平[J]. 图书馆学通讯,1960(1):15-19.

③ 北京图书馆科学方法研究部. 启事[J]. 图书馆工作,1957(6):31.

④ 林金旺. 建议统一全国馆际互借办法[J]. 图书馆学通讯,1958(3):51.

⑤ 于声. 论图书馆事业的共产主义协作[J]. 图书馆学通讯,1958(6):3-9.

更好地开展加强这项工作,天津市人民图书馆提出了全面开展馆际互借的建议:高校图书馆、专业图书馆、市图书馆、机关团体资料室、中等技术学校、普通中学图书馆、工会系统图书馆之间大力开展馆际互借活动,"系统以外,经过接洽协商,也可以建立互借关系"①。

在大力开展国际互借的业务中,国际交换工作又得到加强。1957年,北京图书馆向外交换而获得的书刊达7万多册,中国科学院图书馆33,254册,北京大学图书馆3156册,中国人民大学图书馆也有1000多册②。至1958年,北京图书馆"已与90个国家1908个单位建立了交换和赠送关系,当年全年寄出图书170,488册,收到图书有87,000册"③。1959年北京图书馆又进一步扩大了16个交换地区和国家,343个交换单位,寄出和交换到的书刊增多,其中"交换到的杂志4733种,占馆藏外文杂志总数的33.3%"④。由此可见,国际交换在藏书建设中的重要作用。中国科学院则更加积极地开展国际交换活动,1958年至1959年上半年的一年半时间中,主动发出征求建立交换关系的信件达5489件,新发展的交换单位达644个,"截止1959年7月底,我们已经与世界上56个国家的1290个学术机构建立了书刊交换关系"⑤,通过交换收到的书刊共计261,741册,寄出的书刊共计136,365册⑥。这些活动促进了图书馆界开展为科学研究服务的工作。

七、编制书目索引

书目索引可以帮助科学技术人员获得必需的图书资料,在社会主义建设高潮中,尤显重要,它可以指导读者阅读,"与其它为群众所愿意接受的形式（如广播、幻灯等）相配合,共同担负起广大人民群众中普及自然科学知识的这一政治任务"⑦。书目索引工作已越来越引起图书馆界的重视,"根据北京图书馆的调查,截至1957年底,全国各类型图书馆已编有单行

①　天津市人民图书馆关于本市各系统各方面图书馆分工合作的三项建议[J]. 图书馆学通讯,1957（1）:37-39.

②　于声. 论图书馆事业的共产主义协作[J]. 图书馆学通讯,1958（6）:3-9.

③④　李致忠. 中国国家图书馆史:1909—2009[M]. 北京:国家图书馆出版社,2009:187.

⑤　方蓉华. 十年来的国际书刊交换工作[J]. 中国科学院图书馆通讯,1959（9）:26-30.

⑥　中国科学院图书馆十年来的工作[J]. 中国科学院图书馆通讯,1959（9）:4-13.

⑦　朱天俊. 对于列宁的"马克思主义参考书目"的初步研究[J]. 图书馆学通讯,1957（1）:26-31.

本书目索引2364种"①。在全面建设社会主义的热潮中,李钟履根据当时形势的发展认为:书目索引的需求量越来越大,将是每年要几千、几万种,甚至更多。这种需求更主要地体现在工业、农业及地方文献方面的专题书目索引。"由于它能够提供这一专题范围内有关的主要文献,它就满足了参考工作的要求,达到了参考工作最高的成就。"② 这种书目索引,对于解决国民经济和研究工作中各种实际问题可以给予较大的帮助。

为了推进书目索引编制工作,许多图书馆召开了经验介绍会、座谈会、现场会等,用这些方式进一步推进该项工作的开展。"辽宁地区各图书馆自解放至去年九月(1957年),十年来,据北京图书馆的统计,共编有各种书目214种"③,他们深感在新的历史条件下,该项工作必须进一步广泛深入地开展,为此于1958年8月6至8日,专门召开了辽宁地区"书目工作专业座谈会",会议的目的主要是:交流本地区书目工作的经验,以提高书目工作质量和发挥书目的更大作用。根据当时情况,各图书馆着重研究了推荐书目问题,通过座谈会,进一步促进、协调地区各馆间的书目索引工作。

北京图书馆为促进书目索引工作,于1958年9至10月期间,策划并展示了"书目评比展览室"活动,通过这次活动,达到互相观摩、互提意见、携手并进、共同提高之目的,"又于11月6日举办了一次现场座谈会,邀请北京市20余个大型图书馆的书目工作者参加讨论"④。中国科学院图书馆十分重视书目索引工作,1959年"二月十九日上午,总馆假水利科学研究院图书馆召开了参考书目工作的现场经验交流会,到会的有北京地区38个图书馆的72位同志"⑤,"又于1959年8月25日举行了书目索引编制方法介绍会,到会的有50多单位,100多人"⑥。会上请开展该项工作较有心得的同志介绍了馆藏书目、期刊目录、专题书目索引的编制方法,这一活动成为开展该项工作交流的良好开端。

---

① 李钟履. 从一些统计数字来看八年来的书目索引工作[J]. 图书馆学通讯,1958(3):22-30.

② 赵继生. 对编制专题目录索引的意见[J]. 中国科学院图书馆通讯,1958(1-2):1-5.

③ 辽宁省图书馆. 辽宁省书目工作专业座谈会的收获和体会[J]. 图书馆学通讯,1958(5):23-26.

④ 仲侣. 北京图书馆举办群众书目工作现场座谈会[J]. 图书馆学通讯,1958(6):39.

⑤ 简讯:参考书目工作的现场经验交流会[J]. 中国科学院图书馆通讯,1959(3):21.

⑥ 大圣. 举行书目索引编制方法介绍会[J]. 中国科学院图书馆通讯,1959(9):40.

1958年，图书馆界开展编制书目索引的群众运动。中国科学院图书馆"在整风跃进的基础上，大搞书目索引，形成群众运动，共编出各种类型的书目索引138种"①。北京图书馆"在9月间曾号召全馆工作人员编制书目（包括索引）。截止九月底，群众所编书目已达81种"②。在大力开展书目索引工作的过程中，一些重要的书目索引质量越办越好。上海市报刊图书馆自1955年开始编印的《全国主要期刊资料索引》双月刊，1956年经充实和改进，加入报纸资料，更名为《全国主要报刊资料索引》（月刊）③，又经过近3年的发展，"本刊决定自1959年起分自然、技术哲学部分两类出版"④，进一步拓宽了资料范围。

图书馆界在实践工作中，加深了对专科书目的重要性的认识。在研究马克思及马克思主义的过程中，朱天俊专门研究了列宁在研究《卡尔·马克思》一文中所附录的"马克思主义参考书目"的作用⑤。以往，有许多中译本都把书中的"参考书目"省略不译，而这一部分的重要性却一点也不低于前面的文字部分。这一研究成果，提出并论证了参考书目的重要性，从而进一步引起人们对书目索引的重要性的认识。1959年，中国科学院图书馆"又致力于各种专科基本书目的编制，目的在于供各分院新成立的研究所选购书刊参考之用"⑥。在实际应用过程中，图书馆有关人员深感其作用远超原有之范畴，在图书补充方面，可以此为依据，尤其是相关研究人员把它当作专题目录使用，已经印发的高分子化学、有色金属与稀有金属、自动化、计算技术、原子能、半导体、无线电、力学、动力工程等专科书目，深受相关人员欢迎。

在开展书目索引工作的过程中，书评索引也及时地开展了起来。书评索引的主要特点，是可使书与书、书与人之间取得联系，书籍的连贯叙述与鉴定可以通过书目更明显地表达出来，这一工作也受到了国务院相关部门的重视。1958年5月6日，国务院科学规划委员会举行书评工作座谈会，"认为书评对于繁荣创作，指导读者阅读图书，促进社会主义文化事业的发

①⑥ 中国科学院图书馆十年来的工作[J]. 中国科学院图书馆通讯,1959(9):4-13.

② 仲侣. 北京图书馆举办群众书目工作现场座谈会[J]. 图书馆学通讯,1958(6):39.

③ 上海市报刊图书馆第一资料组. 怎样编制报刊资料索引来为科学研究服务[J]. 图书馆学通讯,1957(2):27-31.

④ 全国主要报刊资料索引[J]. 中国科学院图书馆通讯,1959(2):封底页.

⑤ 朱天俊. 对于列宁的"马克思主义参考书目"的初步研究[J]. 图书馆学通讯,1957(1):26-31.

展具有重要意义"①。南京图书馆编印的《书刊评介资料索引》,原来是油印本,从第 7 期起改为铅印,年出 4 期,1956 年改为双月刊,1957 年改为内部发行。该刊"自从出版以后颇得学术界的好评"②,并不断扩大收录范围。至 1957 年底,该刊选辑中央省级和大市的报纸 17 种、杂志 82 种、各出版社的书刊介绍 7 种,1958 年上半年,又增加了中央一级、各省市报纸 31 种、登载有书评的杂志 170 余种③。书目索引工作的大力开展,提高了参考咨询工作的深度和广度,从一个方面体现出了图书馆为科学研究服务的可行性和重要性已处于一个较为重要的历史时期。

八、统编卡的发展

新中国成立后,北京图书馆率先开展了新书的印刷卡片业务。1956年,文化部在召开的全国公共图书馆工作会议上,提出了拟在出版局下设一个统一编目的机构,从而,统一编目纳入了图书馆界的议事日程。根据这一精神,"……兰州地区的各图书馆在 57 年度采取统一编目的办法"④,作为兰州地区图书馆为科学研究服务的举措之一。1958 年开始,中国人民大学图书馆编印中文图书提要卡片,北京图书馆为帮助各地图书馆解决分类和编目上的困难问题及节约写卡片的人力和时间,"自 1958 年 7 月 1日起试办集中编目印刷卡片工作,以供全国各地图书馆参考和使用"⑤。是年 8 月,北京图书馆和中国人民大学图书馆的两种性质相同的工作合并,中文图书提要卡片联合编辑组从而成立⑥。该编辑组从 8 月 1 日起开始编制发行全国出版新书的铅印卡片,供全国各图书馆购用。这一工作以书名为基本款目,卡片上分别著录有责任项、出版项、附注项、内容提要、分类号、统一书号及发行号码等信息。为了解决分类困难问题,"卡片上附印有中国人民大学图书分类法类号、中小型图书分类法类号、中国图书分类法类号和全国统一书号等四种参考号码"⑦,以后所印分类号有所变化。

---

①③　静明. 南京图书馆是怎样编制书刊评介资料索引的[J]. 图书馆学通讯,1958(5):29-32.

②　纪维周. 南京图书馆编印"书刊评介资料索引"双月刊[J]. 图书馆工作,1957(4):49.

④　甘肃省图书馆. 兰州各高等院校图书馆和省市图书馆对为科学研究服务工作的措施和建议[J]. 图书馆学通讯,1957(1):39-41.

⑤　北京图书馆试办集中编目印刷卡片说明及发行办法[J]. 图书馆工作,1958(8):封三页.

⑥　顾家杰. 关于集中编目问题[J]. 中国科学院图书馆通讯,1959(6):7-9.

⑦　北京图书馆,中国人民大学图书馆,中国人民大学出版社. 联合编制发行图书铅印提要卡片启事[J]. 图书馆工作,1958(9):2.

统编卡的发行,得到了用户的支持和欢迎,"半年来有260个单位订购,发行卡片张数达400多万张"①。"截止1959年7月,已发展到800余订购单位"②,又经过半年,至1959年底,"全国图书馆统一编印卡片的中文卡片订户1050个"③,卡片订购稳定发展。

1958年8月,西文图书联合编目组正式成立,翌月正式开始工作,管理工作由中国科学院图书馆代管。该组是在编辑《全国西文新书联合目录通报》和专题联合目录基础上,利用收到的目录卡片逐渐建立起来的。"该组业务限制在北京范围内。1959年6月,北京市订户有98个,分编西文图书30,369种,印制卡片302,272张,其中发至各馆的有221,547张。"④采用了中小型、美国国会图书馆、杜威分类法和中国科学院图书馆分类法等4种分类号,以中小型分类法为基本类号,其余3种,则根据用户需要而选定其中的1种印在卡片上⑤。

1958年7月,在北京图书馆的主持下,俄文图书联合编目组筹备成立,由中国科学院图书馆、北京大学、清华大学、中国人民大学、北京师范大学和北京外国语学院等高校图书馆组成这一机构,"一年来订户由153户增加到700多户,卡片发行量由每月6万张增加到每月36万张"⑥。

九、把好采访关

为科学研究服务,为广大读者服务,其要素之一是不断优化馆藏结构。馆藏结构的优化主要由馆藏规划与规则、采访原则和采访工作、编目方式、书库管理和各种方式的宣传推荐工作及读者的信息反馈、剔旧工作等因素决定,其中采访工作具有十分重要的作用,在馆藏结构的优化中起着"龙头"作用,这一工作的重要性一直为业内专家所重视。根据采访的特点,杜定友提出了专科研究员的设置问题,"专科研究员除了掌握图书馆技术外,还要懂得'科学'和'研究'"⑦,并认为尤其是大型图书馆,有设置专科研究员的必要。1957年,"上海市人民图书馆为了加强

① 丁郁.图书提要卡片联合编辑组工作情况介绍[J].图书馆工作,1959(3):42-43.

② 中文图书提要卡片的三种订购办法[J].中国科学院图书馆通讯,1959(9):封底页.

③④ 李致忠.中国国家图书馆馆史:1909—2009[M].北京:国家图书馆出版社,2009:194.

⑤ 齐勤.西文图书卡片联合编目组工作介绍[J].中国科学院图书馆通讯,1959(4):13-14.

⑥ 俄文图书卡片编辑组.争取今年俄文图书集中编目工作更好更全面的跃进:先进集体俄文图书卡片编辑组事迹介绍[J].图书馆学通讯,1960(3):27-28.

⑦ 杜定友.图书馆怎样更好地为科学研究服务[J].图书馆学通讯,1957(2):49-51.

图书的采访工作,于今年一月成立了图书选购委员会,专门负责对资料图书,外文图书及地方文献的采访、搜集、挑选、审查工作"[1],并研究图书采购经费的分配比例。这一委员会的成员由馆内成员经馆务会议讨论推定而成,并根据各成员的知识专长进行分工,从而把控住了文献的采访关。

有些地区则充分利用地区、系统之间的人才优势,组成图书馆采购委员会。江苏省图书馆界为提高外文书刊的采购质量,节省外汇,在专门成立的江苏省图书馆委员会中兼办其事[2],对于各馆需补充的外文书刊、珍贵的古旧书刊、版本图书,或洽订影印书刊胶卷时,先将选购目录送交委员会研究,该委员会根据需要提出意见后由各馆办理订购手续。1958年3月7日,湖南省高校图书馆负责人和有关专业人员参加湖南省图书馆采购工作会议,会议成立了图书馆采购委员会,通过了《湖南图书馆采购委员会组织条例》[3],进一步规范了采访工作。

在这方面做得更好的是中国科学院图书馆,该馆充分利用整个科学院的人才优势,认真积极地贯彻执行《全国图书协调方案》中的相关精神,负责任地向全国科学工作者提供科学研究的参考资料。要做好该项工作,必须大力改进选购书刊工作,以达到搜集种类较多、质量较高的目的,为此该馆聘请了42位各科专家担任选书委员,协助选择专业书刊[4]。这些著名的科学家、专家的分布为数学、物理学、化学共16人,生物学10人,地学5人,技术科学4人,社会科学7人,以后还增聘一些选书委员。

此时图书馆界也十分注意采访工作的交流。1959年8月20日,中国科学院图书馆邀请北京大学图书馆郭松年报告了"北京大学图书馆采购工作情况"。翌日,采访工作现场交流会又在计算技术所召开,推进了采访工作的开展。

---

① 加贞.上海市人民图书馆成立了图书选购委员会[J].图书馆工作,1957(6):49.

② 江苏省关于积极改进图书馆工作为科学研究服务的规划[J].图书馆学通讯,1957(1):32—34.

③ 陈源蒸,张树华,毕世栋.中国图书馆百年纪事:1840—2000[M].北京:北京图书馆出版社,2004:157.

④ 我馆聘请四十(二)位科学家担任选书委员[J].中国科学院图书馆通讯,1958(4):19—20.

第二节　干部"上山下乡"

这一时期,农村工作得到快速发展,"在 1955 年秋冬出现了全国农业合作化的高潮"[①],这一高潮推动了城市公私合营高潮和手工业合作社高潮的到来。统计数据显示,"1956 年我国农业合作化已经基本完成"[②]。是年,入社农户已占全国农户总数的 96%,经营耕地面积占全国总耕地面积的 90%,高级社入社农户已占全国农户总数的 88%,随之而来的是加强、巩固农业合作社的建设。1957 年,中央政府专门下发了民主办理合作社的通知,"为着继续巩固农业合作社制度,争取今年农业的大丰收,中央认为坚持民主办社的方针是很重要的"[③]。合作化的实现,基本上解决了农村生产资料所有制的问题,然而,缺乏大量有理想、有知识、有文化、有担当的知识青年的现象十分突出,《人民日报》于 1957 年 4 月 8 日专门发表社论,号召中小学毕业生"上山下乡",建设社会主义新农村,以促进我国农业生产空前地向前大发展[④]。

一、"上山下乡"高潮

机关、高校等事业单位于 1957 年下半年也随之开展了"上山下乡"运动。是年 10 月,中国人民大学图书馆有 4 名馆员下放农村,"在去年十月底,我们很光荣地被领导批准到农村来参加生产劳动"[⑤]。这是图书馆界较早下放农村的人员,至是年 12 月,和全国各知识界一样,图书馆界进入了

---

① 周恩来. 伟大的十年[M]//国务院秘书厅,国务院法规汇编编辑委员会. 中华人民共和国法规汇编:1959年7月—12月. 北京:法律出版社,1960:24-45.

② 国家统计局. 国家统计局关于1956年度国民经济计划执行结果的公报(1957年8月1日)[M]//国务院法制局,中华人民共和国法规汇编编辑委员会. 中华人民共和国法规汇编:1957年7月—12月. 北京:法律出版社,1958:583-595.

③ 中国共产党中央委员会. 中国共产党中央委员会关于民主办社几个事项的通知(1957年3月15日)[M]//国务院法制局,中华人民共和国法规汇编编辑委员会. 中华人民共和国法规汇编:1957年1月—6月. 北京:法律出版社,1957:39-40.

④ 人民日报. 关于中小学毕业生参加农业生产问题(1957年4月28日)[M]//国务院法制局,中华人民共和国法规汇编编辑委员会. 中华人民共和国法规汇编:1957年1月—6月. 北京:法律出版社,1957:383-397.

⑤ 李毅,柯德铨,张政,等.参加农村生产劳动的一些感受[J].图书馆工作,1958(2):5-7.

运动的高潮,这时期进入精简编制、下放干部的新阶段。

在机构精简方面,高教部针对高校的现状,专门发布了精简编制、人员的指示,认为"高等学校机构庞杂、重叠、人浮于事的情况必须改变"①。为此要坚决地紧缩机构,精简人员。其他政府机构亦有类似的指示与精神,从而在全国范围内开始了干部下放农村的工作,"这是一项积极的革命措施;就其规模之大,意义之深,也可称为历史上的一个创举"②。当时该项工作开展得十分迅速,甚至是仓促。2011年编辑出版的当时山西师范学院(今山西大学)图书馆会议记录,历史性地证明了这一点。该馆于1957年12月12日开会讨论"上山下乡"问题,是月16日的馆务会议则记载:"因为任务很紧急,明天上午开会,二十日必须完成,今日讨论申请,明天决定公布,十八、十九日省里公开欢送会。"③

该项工作,通常都经过了领导动员、个人报名、领导批准、张榜公布、召开欢送会等程序。如北京图书馆于1957年12月21日召开大会动员,并请多名决心报名下放的同志亲自说明各人的思想转变过程和对家庭的安排等,"次日正式报名开始后,仅在一个小时内报名下放的同志达二百七十人,占全馆人数的四分之三"④。后经批准有22位同志登上光荣榜,全馆于24日举行欢送大会,这些同志于1958年1月4日和北京市的许多下放干部一起奔赴农村这一宽广天地。经过这一运动,一些馆内下放人员较多的和通过其他途径所精简的人员比例达40%以上,"南京图书馆人员编制由125人减至75人,比原来减少40%。武汉市图书馆由原来的71人减为38人,比原来减少46.5%"⑤。

有些省市在12月上旬就完成了首批下放干部的工作。"扬州市图书馆有3位同志于12月5日被中共扬州市委批准首批下乡当农民……市委在12月8日召开了盛大的欢送会,有4万多人夹道欢送首批下放干部。"⑥

---

① 高等教育部. 高等教育部关于切实贯彻勤俭建国、勤俭办学方针的指示(1957年12月31日)[M]//国务院法制局,中华人民共和国法规汇编编辑委员会. 中华人民共和国法规汇编:1957年7月—12月. 北京:法律出版社,1958:516-524.

② 丁志刚. 关于图书馆干部下乡上山的问题[J]. 图书馆工作,1958(2):2-4.

③ 华东师范大学中国当代史研究中心. 中国当代民间史料集刊2:师院图书馆会议记录[M]. 上海:东方出版社,2011:98.

④ 陈天真,王勋. 干部下放,图书下乡——记北京图书馆下放干部情况[J]. 图书馆工作,1958(2):10-11.

⑤ 陈苑安. 跃进大会花絮[J]. 图书馆工作,1958(5):10-12.

⑥ 单布伦. 各馆热烈欢送下放干部[J]. 图书馆工作,1958(2):46.

中国科学院北京区各单位"在一九五七年十二月初,下放干部一千一百名。在这一千多名干部中,包括有中国科学院图书馆下乡上山行列中的一支先遣部队十一人"①。

二、下放干部对农村图书馆事业的贡献

随着全国"上山下乡"运动的热烈开展,图书馆界迫切需要这方面工作的交流,尤其是到农村后所做工作的情况交流。《图书馆工作》及时发出《编者的话》:"本刊欢迎图书馆工作者反映下乡上山后自己在生活锻炼中的体会,以及所见到的基层图书馆(室)的情况"②。

上海市北郊区图书馆在"1956年农业合作化高潮时,区内曾建立了59个农村图书室,后因新书来源以及管理员问题未能及时解决,逐渐地绝大部分的图书室停顿了"③。1957年底,随着大批陆续下放干部人员的到来,农村阅读需求普遍高涨,上海郊区出现了前所未有的阅读需求。根据形势发展的需要,上海文化局在1957年召开东、西、北郊三个区的图书馆负责人会议,大力加强郊区图书馆建设,"目前决定除原来三个郊区的图书馆外,增设六个郊区的中心图书馆,全郊区三十九个乡都将设立图书站"④,并要求在两个月内完成,逐渐做到每个社都设立图书站。为达到这一要求,上海文化局及时统筹,在市区图书馆中抽调人员大力支持郊区图书馆建设,组成农村图书流通工作队40人,并在上海图书馆等单位中抽出1.5万册以上书籍支援新的图书馆、站的建设,并拨出专款用以购买新书⑤。

上海西郊虹星第一分社于1957年12月开始开展借书服务,"这是上海各图书馆为满足下放干部和农村知识青年学习需要建立的第一个流动图书站"⑥。北郊区图书馆经过7个多月的工作,"我们区内已建立了102个图书流动站(其中95个是在农村中的),成立了9个乡文化站图书室,基本上做到农村生产合作社每社有站,乡文化站每站有图书室"⑦。

这一时期许多下乡的图书馆员直接投入到农村图书馆事业的建设中去。"我们北京图书馆有15个同志,1958年初下放到江苏兴化县参加劳

①　朱萍生.中国科学院图书馆下放干部积极参加农业生产[J].图书馆工作,1958(2):8.

②　编者的话[J].图书馆工作,1958(1):42.

③⑦　严拟苏.我们怎样在农村中开展图书流通工作[J].图书馆工作,1959(1):21-26.

④⑤⑥　干部下乡,文化下乡!上海扩建郊区图书馆站[J].图书馆工作,1958(2):46-47.

动锻炼。"[①] 该批下放干部临行前,在领导的关心要求下,携带了 2000 多册适合农村的图书,拟摸索出一套办理农村图书馆的工作经验和办法。他们通过 9 个月的劳动锻炼,取得了较好的成绩:在 3 个自然村中建立了 3 个图书室,"藏书共计 1269 册,基本读者 48 人。截止九月底,借书册数约 6340 册,阅读人数 4440 人次"[②],基本满足了读者的阅读需求。为培养当地图书馆骨干,这批下放干部举办了图书管理员培训班,通过幻灯等工具,培训了 50 多人;根据地形地貌,创建了水上图书室,帮助兴化县文化艺术学校设立图书馆班,并有 3 人被调至该校任教;举办了许多次图书展览会,组织读书报告会,协助当地其他图书室整理图书、拟定制度,并建立互借、调拨等工作,大大推动了当地的阅读活动。

下放干部除了积极开展农村图书馆活动外,亦成为农村中最为活跃的读者群体。南京图书馆栖霞山分馆为满足下放干部和农村知识青年对农业科学知识的需求,调配了相关图书,"新建了十五个图书流动站,同时还编印了'农业基本知识书目'和'农村扫盲书目',进行了六次书目中心陈列"[③],深受下放干部欢迎。流动站在活动中一次便借出有关农业知识的书籍 400 多册,一个流动站一次就借出了有关绿化山区和种植果树的图书 60 多册。

第三节 图书馆事业的"跃进"

在全国进行社会主义建设的过程中,1956 至 1958 年的 3 年中,"在生产战线上所表现出来的高潮—低潮—更大的高潮,亦即跃进—保守—大跃进"[④],在 1956 年国内生产战线全面告捷,呈现出了可喜局面后,至 1958 年春天,形成了全面"跃进"的局面。是年 5 月 5 至 23 日,中国共产党召开第八届全国代表大会第二次会议,确立了建设社会主义的总路线:"会议一致同意党中央根据毛泽东同志的创议而提出的鼓足干劲、力争上游、多

---

① 北京图书馆下放干部兴华小队. 我们种了两种试验田:结合劳动锻炼在农村中开展图书馆工作的一些体会[J]. 图书馆工作,1959(2):40-44.

② 温福安. 活跃在江苏省兴华县的北京图书馆下放干部[J]. 图书馆工作,1958(11):21-22.

③ 曰木. 为下放干部服务[J]. 图书馆工作,1958(2):46.

④ 刘少奇. 中国共产党中央委员会向第八届全国代表大会第二次会议的工作报告(1958年5月5日)[M]//国务院法制局,中华人民共和国法规汇编编辑委员会. 中华人民共和国法规汇编:1958年1月—6月. 北京:法律出版社,1958:5-39.

快好省地建设社会主义的总路线"①，其根本目的是要尽快地把我国建设成为一个具有现代工业、现代农业和现代科学文化的伟大的社会主义国家，会议确定了超常规的赶超速度："争取在十五年，或者更短的时间内，在主要的工业产品产量方面赶上和超过英国"②。

一、召开"跃进大会"

1958年3月21至25日上午，"全国省、市、自治区图书馆工作跃进大会"在北京召开③，大会正式代表共51人，其中女代表6人，列席会议的约有400人④。会议开幕式上，文化部副部长钱俊瑞做了"打破常规、鼓足干劲、实现图书馆事业大跃进"的报告。这次会议十分活跃，"从早8:30一直到晚上10:30，除午饭、晚饭时间外，几乎每一分钟都被充分利用了"⑤。参加会议的28个馆的25位代表先后在会上发言，并发出了倡议书、决心书、挑战书和应战书。其中对当时图书馆界"大跃进"影响较大的是由北京图书馆等33个图书馆联合提出的"十比倡议书"：比图书流通、比服务态度、比图书宣传、比采购编目、比清理积存、比业务辅导、比馆际协作、比业务革新、比勤俭办馆、比又红又专⑥，倡议书的举措和内容得到充分肯定，"倡议书提的很好，'十比'不但包括了工作的跃进，同时还包括了思想的跃进"⑦。

图书馆界全国"跃进大会"后，各地区、馆纷纷召开"跃进大会"。4月2日下午2时，中国科学院图书馆召开跃进大会，会上通过了"跃进"规划，确定了"跃进"目标。4月7至9日，辽宁省文化局召开省市图书馆工作"跃进大会"，提出了改进工作的办法和各项工作"跃进指标"。是月，浙江省文化局召开全省县市图书馆工作"跃进会议"，贯彻全国图书馆工作跃进会议精神，着重研究加强农村图书流通工作。北京市委文化部和市文化局在8月间召开"北京市文化单位开展群众文化跃进誓师大会"，提出了"跃进指标"，通过大力建设图书馆，争取做到人人有书看，处处有读书声。上海公共图书馆、南京三大系统图书馆向全国图书馆界提出竞赛倡议。武汉地区图书馆在3月30日、4月1日召开会议，一致通过了向全国兄弟图书

---

①②　中国共产党第八届全国代表大会. 中国共产党第八届全国代表大会第二次会议关于中央委员会的工作报告的决议（1958年5月23日）[M]//国务院法制局，中华人民共和国法规汇编编辑委员会. 中华人民共和国法规汇编：1958年1月—6月. 北京：法律出版社，1958:4.

③⑦　夏衍. 文化部夏衍副部长总结报告[J]. 图书馆学通讯，1958（2）:1-4.

④⑤　陈苑安. 跃进大会花絮[J]. 图书馆工作，1958（5）:10-12.

⑥　北京图书馆等. 倡议书[J]. 图书馆学通讯，1958（2）:5-6.

馆挑战的竞赛书,形成了图书馆界的学先进、赶先进、比干劲之势。全国很多图书馆纷纷给《图书馆学通讯》寄出"跃进"规划、倡议书,该刊摘要发表了一部分。

二、制订"跃进"计划

为研究图书馆界如何贯彻执行和宣传总路线,如何配合文化革命、技术革命而做好图书馆工作,《图书馆工作》编辑部于 6 月 10 日召集清华、北大、人大、农大、医学院等高校图书馆和一中、四中、实验中学等中学及一些区图书馆和工会图书馆的有关人员举行座谈会[1],翌日,又召集 29 个单位的中学图书馆工作人员进行座谈[2]。通过座谈,《图书馆工作》编辑部认为要贯彻执行党的总路线,必须要政治挂帅,树立革命的人生观,加强事业心,工作中要解放思想,要敢想、敢说、敢做,敢于大胆怀疑,敢于革新和独创[3]。"既要有增加数量普遍发展形成工作上的大面积丰产,又要有提高质量,保证重点争取在工作中发出卫星项目。"[4] 许多图书馆都在指标制定的过程中你追我赶,指标一提再提,甚至达到了瞠目之程度。北京市崇文区图书馆在区级馆中提出的指标也许是最高的,并且勇敢地向上海市区图书馆挑战,其主要指标是:1958 年与 1957 年相比,图书流通册次要提高 162%,达 215 万册次,到馆读者提高 135%,达 50 万人次,建图书流动站 260 个,增加 170%,发展儿童借书小组增加 2170%,达 1000 个。在北京市文化局召开的红旗大会上,其指标又进行了大幅提升,并以首都图书馆为追赶目标,在馆藏仅有 7 万余册的情况下,要达到 410 万册次的图书流通量,到馆读者 94 万人次,建图书流动站 400 个,发展儿童外借小组 3000 个[5]。

在业务提高方面,一些馆提出了奋斗目标。中国科学院图书馆提出了业务知识 3 年奋斗目标:"有的争取达到研究员、副研究员水平,高中程度

---

① 让总路线的红旗到处飘扬:图书馆工作者宣传总路线座谈会纪要[J]. 图书馆工作,1958(7):3-4.

② 贯彻总路线精神积极地大胆地改进中学图书馆工作:北京市中学图书馆工作人员座谈会纪要[J]. 图书馆工作,1958(7):5-7.

③ 本刊评论员. 如何在图书馆工作中贯彻执行部路线[J]. 图书馆工作,1958(7):1-2.

④ 本刊评论员. 图书馆应更好地完成本年计划和全面安排明年的工作[J]. 图书馆学通讯,1958(5):1-2.

⑤ 北京市文化局. 北京市崇文区图书馆面向生产为读者服务[J]. 图书馆工作,1958(8):13-15.

的要求达到图专毕业生水平,初中程度的要达到中等技术学校水平。"①并要求在二三年内普遍掌握一门外语,已懂一门外语者要学习二外,相关岗位的人员在3年内要掌握一门专科目录学。在业务工作中,中国科学院图书馆也提出了符合"大跃进"氛围的各项指标。

三、开展突击劳动和劳动竞赛

许多馆都采取了短期突击、劳动竞赛等方式,极大地激发了馆员的积极性。"奋战四个月,胜过十年整,跃进再跃进,卫星飞上天"②,这20个字形像地记录了当时图书馆界"大跃进"的氛围。山东省图书馆在制订的"跃进"规划中,计划1958年的图书流通达到549万余册次,比1957年增加8倍,阅读人次也增加8倍。到8月底进行统计时,图书流通已完成近803万册次,已超额完成全年计划的68%,阅读人次亦达近282万人次,亦已超额完成全年的计划③。济南市图书馆制订"百日奋战"规划,掀起了比干劲、比先进、比多快好省地建设社会主义的热潮,从4月1日至6月27日的统计数字来看,都大大超过了原计划④。

北京大学图书馆学系响应校党委提出的"苦战四十天,向科学研究大跃进"的号召,充分利用暑假,进行了"科研大跃进"。截至1958年9月3日,完成的研究项目有:调查北京地区各种类型图书馆122个,写出调查报告58篇,帮助建立农村图书室,编写农村图书馆员函授班教材,写出论文12篇,编写4门课程教材,专著一本,"全系参加科学研究活动的只有90多人,而时间平均每人只有25天。能取得这样的成就,与以前简直是不能相比的"⑤。

此时开展群众运动式的工作方法已较为普遍。重庆师范专科学校图书馆在1957年下半年购买了4万多册新书,由于人力有限,没有及时编目。根据读者的呼声,该馆向全校师生发出了义务编目的倡议,得到全校师生的热烈响应,组成了200多名学生和部分老师参加的编目突击队。在图书馆馆员的带领下,"师生们利用课余时间和假日,认真地进行了这一工作,

---

① 赵继生.记中国科学院图书馆跃进大会[J].中国科学院图书馆通讯,1958(4):1-5.

②③ 陈光年.山东省图书馆是怎样完成图书流通跃进指标的?[J].图书馆学通讯,1958(5):37-38.

④ 济南市图书馆.济南市图书馆关于"百日奋战"的总结[J].图书馆学通讯,1958(5):39-43,57.

⑤ 史永元.苦战四十天,向科学研究大跃进——记北大图书馆学系暑假科学研究工作[J].图书馆学通讯,1958(5):13-15.

从去年十二月到今年一月中旬为止,已有图书三万六千多册完成编目"①。

四、大力开门办馆

为广大群众提供普遍、广泛、方便的服务,是图书馆的基本要求也是根本的要求,大力提倡开门办馆,即是践行图书馆的服务宗旨。"开门办馆是图书馆的方向性问题,是资本主义的图书馆与社会主义的图书馆根本区别问题。"② 图书馆通过积极主动的开门办馆,彻底转变服务作风,也是完成工作指标的唯一途径。山东省图书馆在开门办馆精神的指引下,"提出了'走出大门、打出济南、面向全省、深入生产'的口号"③,组织力量送书下厂、下乡,直接为工农兵服务,经常在这些读者手中流通的图书近 50 万册,图书馆为读者着想,"我们的口号是:'人在家中坐,书到手中来'"④。

中国科学院图书馆充分认识到了"开门办馆,是办好社会主义图书馆的方针……这一方针标志着图书馆工作社会主义新的内容,新的风气"⑤,为此修改了一些制度,废除了清规戒律,扩大了读者范围。"由于思想上对科学院图书馆的读者服务工作有了正确的认识,'一切为了读者'的思想也就逐渐树立起来"⑥,该馆及时提出了"到天涯海角为读者查找资料"的口号,主要通过国内外馆际互借和文献复制、文献宣传与推荐等措施,将这一口号落实在实处⑦。

开门办馆,主要是面向工农兵读者,积极主动地为他们服务,以从根本上体现社会主义图书馆事业的特征。山东省图书馆完成和超额完成"跃进"计划的过程,具有典型意义。他们在 1958 年主动走出去,使"工人阅读册次比去年同期提高 52.9 倍,借阅人次提高 52.5 倍;农民阅读册次比去年同期提高 641 倍,借阅人次提高 675 倍;军人阅读册次比去年同期提高

① 王一. 重庆师范专科学校师生突击编目[J]. 图书馆工作,1958(3):49.

② 夏衍. 文化部夏衍副部长总结报告摘要[J]. 图书馆工作,1958(5):2-3.

③ 下厂下乡送书上门:山东省图书馆先进事迹[J]. 图书馆工作,1960(7):8-10.

④ 陈光年. 山东省图书馆是怎样完成图书流通跃进指标的?[J]. 图书馆学通讯,1958(5):37-38.

⑤ 陶孟和. 中国科学院全院图书馆工作会议的报告[J]. 中国科学院图书馆通讯,1958(9):11-13.

⑥ 喻季姜. 跃进中的科学院图书馆的读者服务工作[J]. 中国科学院图书馆通讯,1959(9):13-17.

⑦ 罗淑静. 我们怎样代读者查找资料. 中国科学院图书馆通讯,1959(8):2-4.

33 倍,借阅人次提高 40 倍"①。

　　在向工厂和街道开门办馆的过程中,图书馆通常都获得了上级党组织和政府的大力关心、支持和指导。上海普陀区宣传部和区人委对该馆提出的要求是:"'网布全区,遍地开花',要按地区在十四个办事处分别建立据点,做到'工人借书不出厂门,居民借书不出里弄。'"②北京市西单区在 1958 年 3 月间,3 天之内送到街道居民区 1500 册通俗读物,这是"大跃进"中一项新的普及工作,并计划在所辖各个办事处设立流动图书站,做到全区图书普及工作中不留空白点③。西单区还计划于 6 月 6 日起,突击一周,苦干 1 月,配合区内扫盲工作,进一步推进图书流通工作。

　　首都图书馆的许多馆员,下班后到市区居民点联系、送书,"仅一周之内,在宣武、西四、东四等区建立了 6 个居民流动图书站,送书 7000 余册"④。此外,首都图书馆还和 38 个工厂建立联系,按照厂矿需求送书上门,在工作休息时开展借阅活动。首都图书馆还向十三陵工地、农村、公园、街头等读者群办理通信借书等手续。广东省中山图书馆在 6 月上旬拨出 5000 册图书,在广州市中区清平街建立第一批街道图书流通站 10 个,每一居民委员会设一站,每站由图书馆配书 500 册,每月定期轮换图书一次,十分受群众欢迎⑤。

　　高校图书馆同样走出大门,开出流动书车,方便师生员工借阅图书。清华大学图书馆在"大跃进"氛围中,"第一次开出流动书车（三轮车）时,书车上围着红布,贴着标语"⑥。

　　为农村读者服务,始终是新中国成立以来图书馆服务的重点之一。在"大跃进"时期,青岛市图书馆有 80% 以上的馆员都主动报名,利用休假日送书建站,在建站中与农民同劳动,并提出口号:"人下乡,书下乡,心也下乡。参建站,能劳动,能交朋友。"⑦首都图书馆利用流动书车在郊区 6 个

①　陈光年. 山东省图书馆是怎样完成图书流通跃进指标的? [J]. 图书馆学通讯,1958(5): 37-38.

②　文化大普及,群众自办图书馆——记上海市普陀区民办图书馆现场会议[J]. 图书馆工作,1958(9):9-11.

③　席江. 把书送到街道居民区[J]. 图书馆工作,1958(6):49.

④　刘德元. 在总路线的指引下,首都图书馆继续前进[J]. 图书馆工作,1958(8):10-12.

⑤　张望自. 活跃在街道基层中的广东中山图书流通站[J]. 图书馆工作,1958(8):47.

⑥　《百年清华图书馆》编写委员会. 百年清华图书馆[M]. 北京:清华大学出版社,2012:105.

⑦　鲁海. 青岛市图书馆面向工农兵积极开展工作[J]. 图书馆工作,1958(6):48-49.

区50个乡建立了136个流动图书站,在近郊基本形成了图书流通网[①]。山西省左权县的县委宣传部、文教部、农村工作部、共青团委、文教局、工会等10个单位,于1958年4月8日联名发出为建设农村图书室而捐献图书的号召,"计划捐书1.5万本,力争达到2万册,建立农村图书室150个"[②],根据捐书和建立图书室的进程,预计到4月底即可实现目标,使全县的农村图书室达到280个,提前完成"部部有室,队队有书"的图书"跃进"指标。江苏省"宜兴县图书馆做到'个个工地有书看,处处田头有活动'"[③],并设立轮船图书流动站、旅社图书流动站、理发店图书流动站、医院图书流动站,图书跟着"上山下乡"。

这一阶段,图书馆界十分重视为生产建设流动服务工作的开展,尤其是为钢铁工业服务的活动。济南市图书馆与各区文化馆图书室的馆员,深入生产第一线,主动介绍推荐有关技术参考图书资料,并"分别组织系统技术知识讨论,第一期内容有翻砂、铸造、热处理、印染纺织、中药配制等"[④],深受各工厂单位的支持和工人的欢迎。安东市图书馆送书上门,解决了许多生产上的问题,"自7月至年末,前后送书约1000多册,解决大小问题计达105项"[⑤]。

1958年11月22日,北京市文化局等单位联合转发《关于中华人民共和国关于抓紧时机动员一切力量为钢铁服务的通知》。北京图书馆制订了为钢铁服务的计划,主要内容包括编制钢铁专题目录索引,开展图书推荐和流通工作,举办展览、橱窗宣传、诗歌朗诵会等[⑥],为鞍钢提供了许多有针对性的参考咨询和专题资料,编制了以钢铁冶金为中心的各种书目15种。

1959年,重庆市图书馆紧密配合钢铁战线的攻硫大战,组织了"攻硫"小组,深入各厂炉进行调查、访问,了解工人和技术人员的需求,搜集馆藏

---

① 刘德元. 在总路线的指引下,首都图书馆继续前进[J]. 图书馆工作,1958(8):10-12.

② 善新,柴竹,滋春. 14天建立起来50个图书室[J]. 图书馆工作,1958(6):15.

③ 蒋云龙. 千方百计、扩大图书流通——介绍宜兴县图书馆流通图书的几种方法[J]. 图书馆工作,1958:14-16.

④ 王奇. 迎接"技术革新"高潮济南市图书馆举办各种生产知识讲座[J]. 图书馆工作,1958(6):48.

⑤ 安东市图书馆. 安东市图书馆怎样以图书为工业生产服务[J]. 图书馆工作,1959(4):3-5.

⑥ 李致忠. 中国国家图书馆馆史:1909—2009[M]. 北京:国家图书馆出版社,2009:183-184.

有关脱硫、脱磷、去氧和延长高炉寿命的资料,编印出专题书目索引,送到市、县有关大中小型钢铁厂,并举办巡回展览,促进了重庆市钢铁工业的发展[①]。

五、实现再"跃进"

1958年底,在即将跨入1959年之际,《中国科学院图书馆通讯》发表《本刊评论员》文章,"一九五八年是我国大跃进的一年,社会主义生产建设和文化建设都以雷霆万钧之力,排山倒海之势,一天等于二十年的速度向前迈进"[②],这反映了图书馆界对1958年祖国建设飞跃发展的整体主流看法。"由于1958年的大跃进,我们已经提前四年完成了1956年提出的第二个五年计划的原煤、原木、原盐、粮食的指标"[③],其他许多主要指标亦可提前3年完成计划。形势的发展,使党和政府及全国人民充满着乐观精神,认为原来在15年内主要工业产品的产量方面赶上英国的口号能够从1958年算起,经10年左右时间就可达到,从而在1959年开展"跃进再跃进运动"有了理论依据和政策指导,全国先进集体和生产者代表大会发出的致全国职工书,代表了广大人民的心声:"让我们大家互相学习,互相帮助,取长补短,共同提高,使我们的社会主义建设事业跃进、再跃进!"[④]图书馆界亦坚决响应号召:"今年继续大跃进的号角已经吹响了,我们图书馆工作者必须奋勇向前,苦干实干巧干……在各个劳动岗位上夺取更大的胜利!"[⑤]

1959年开局之初,参加文化学院研究班学习的省、市、自治区47个图书馆的馆长、副馆长等,在完成学业之后,为使图书馆工作更全面地"跃进",向国庆十周年献礼,共同提出倡议书,认为"1959年是苦战三年中的决定性的一年……必须继续为技术革命和文化革命服务,必须争取在今年

---

① 一所社会主义图书馆——记重庆市图书馆[J]. 图书馆学通讯,1960(4):27-29.

② 本刊评论员. 为一九五九年的跃进做好准备[J]. 中国科学院图书馆通讯,1958(12):1-2.

③ 中国共产党第八届中央委员会. 中国共产党第八届中央委员会第八次全体会议关于开展增产节约运动的决议(1959年8月16日)[M]//国务院秘书厅,国务院法规汇编辑委员会. 中华人民共和国法规汇编:1959年7月—12月. 北京:法律出版社,1960:50-57.

④ 全国工业、交通运输、基本建设、财贸方面社会主义建设先进集体和先进生产者代表大会全体代表致全国职工书(1959年11月8日)[M]//国务院秘书厅,国务院法规汇编编辑委员会. 中华人民共和国法规汇编:1959年7月—12月. 北京:法律出版社,1960:430-433.

⑤ 方文. 吹响再跃进的号角向今年宏伟的目标英勇进军[J]. 图书馆工作,1959(4):23-25.

取得比 1958 年更大的成就,实现更大、更好、更全面的跃进"①,他们提出了
8 项倡议,进一步掀起了图书馆界的"再跃进"热潮。

　　济南市图书馆在"再跃进"的形势下,提前超额完成全年的"再跃进"
指标。原计划年流通图书 300 万册次,根据实际进展,争取在 9 月底完成,
力争全年达到 350 万册次,群众性活动计划开展 800 次,在 9 月底争取全
部完成,力争全年完成 1000 次;运用资料解决生产问题,原计划 2000 个,
争取在 9 月底完成,现力争全年完成 2100 个②。广西僮族自治区(1965 年
改为现名广西壮族自治区)至 1959 年 9 月,已有区图书馆 2 个、县市图书
馆 36 个、县文化馆图书室 40 个、公社图书馆 635 个、生产队图书室 13,926
个,一些县还建成了全县的图书馆(室)网③。青海省图书馆到 1958 年底
时,仅建图书流动站 17 个,1959 年在"再跃进"的精神鼓舞下,鼓足干劲,
大办流动站,新办 193 处,流通图书 34,568 册次,阅览约有 71,136 册次,读
者约有 103,790 多人次④。北京市崇文区图书馆 1959 年,藏书约 15 万多册
(1958 年 10 万多册),全年流通图书 745 万册次(1958 年 648 万册次),到
馆 168 万人次(1958 年 140 万人次)⑤,青岛市图书馆 1959 年的图书流通
册次比 1957 年提高 50 多倍⑥。洛阳市图书馆图书流通在 1959 年达 400 万
册次,是 1958 年的 4.9 倍,整编图书 3.6 万多册,是 1958 年的 2.35 倍,辅
导图书馆(室)185 个,培训图书管理员 2000 余人⑦。

　　重庆市图书馆在 1959 年"提出了'一切为了读者'的响亮口号后,工
作面貌的改变,更是一日千里"⑧。是年,馆内外阅览达 3550 多万人次,借书
达 9728 多万册次,比"大跃进"的 1958 年分别增长了 2.7 倍和 2.4 倍。旅
大市图书馆从 1958 年初到 1959 年 9 月,共编制 73 个书目,是 1954 年至

①　四十七省、市、自治区图书馆为图书馆工作更好、更全面的跃进,向国庆十周年献礼的倡
　　议书[J]. 图书馆学通讯,1959(1):24.
②　凤鸣. 反右倾,鼓干劲,继续跃进![J]. 图书馆工作,1959(10):69.
③　夏士卿. 克服右倾思想,鼓足干劲,争取图书馆事业继续跃进——广西僮族自治区文化
　　局召开县市图书馆工作座谈会[J]. 图书馆工作,1959(2):13-15.
④　青海省图书馆. 大力发展、巩固、提高图书流通站的工作[J]. 图书馆工作,1960(1):9-12.
⑤　决心不断革命,永远力争上游——北京市崇文区图书馆先进事迹[J]. 图书馆工作,1960
　　(7):29-32.
⑥　跃进中的青岛市图书馆——青岛市图书馆先进事迹[J]. 图书馆工作,1960(7):22-24.
⑦　千方百计为读者服务——洛阳市图书馆先进事迹[J]. 图书馆工作,1960(7):19-21.
⑧　一所社会主义图书馆——记重庆市图书馆[J]. 图书馆学通讯,1960(4):27-29.

1957 年总和的 4.5 倍[①]。

在大力探索和改进工作方法方面,图书馆界亦取得了较好的成绩与经验。中国科学院图书馆从 1959 年 2 月起,采访、编目和参考等工作部门的馆员,相继制订出定时在目录室和阅览室轮流值班、探索直接为读者咨询解答的制度,"这是一种新的工作,是一个新的尝试"[②],促进了馆员与读者的直接交流和参考咨询工作的开展。是年 9 月,武汉大学图书馆首先在文科图书室试行开架借阅,受到师生欢迎。是月 5 日,青海省图书馆邀请青海财经学院、青海师范学院、青海民族学院等图书馆的代表 23 人座谈图书开架的理论与实际问题,11 日试办图书全面开架[③]。北京电车修理厂工会在食堂内设立临时借书站,将有关生产的图书都放在食堂内展出和借阅[④]。张庄焦铁厂是一个新厂,有职工 1700 多人,通过广泛宣传和登门建组、登门送证、登门送书的"三登"方法,利用工人吃饭休息时间办理借书手续,仅 2 天就组织了 110 个阅读小组,并大力开展读书、看书、讲书、译书及写心得等活动[⑤]。

在为读者提供文献服务的过程中,许多馆都更加注意服务效果,将"为书找人、为人找书"的实践更深入一步。有的馆员在实践中提出了"播种"的概念,主要是区别一般送书上门和图书外借而言,指的是通过调研,有目的、有重点对象地提供图书,并预期会有一定的收获[⑥],从而更好地达到推进生产、解决生产关键问题的效果。

在提高服务质量的过程中,为读者开展文献参考工作更受到许多馆的重视,各馆通过各种方法和途径,开展解答、参考、咨询工作,包括编制各种参考书目、文献索引,代为读者查找所需要的文献资料。中国科学院图书馆在这方面很有体会,"过去没有进行文献参考工作的单位,半年来也陆续展开了这项工作,仅北京地区来说,已有三分之一以上的单位展开了文

---

① 旅大市图书馆. 书目工作如何为政治、为生产、为工农兵、为科学研究服务[J]. 图书馆学通讯,1960（1）:11-14.

② 喻季姜,龚仁鼎. 良好的开端[J]. 中国科学院图书馆通讯,1959（4）:16-17.

③ 陈源蒸,张树华,毕世栋. 中国图书馆百年纪事:1840—2000[M]. 北京:北京图书馆出版社,2004:172.

④ 刘文泉. 图书一送到职工手中就发出"火光"——北京电车修理厂工会图书馆为生产服务的情况介绍[J]. 图书馆工作,1959（3）:19-25.

⑤ 北京大学昌黎实习小队. 张庄焦铁厂图书工作大开展[J]. 图书馆工作,1959（1）:27-29.

⑥ 晓枫. 业务辅导体会点滴[J]. 图书馆工作,1959（8）:23-25,44.

献参考工作"①。

为进一步弘扬精神,表彰先进,图书馆界大力开展相关活动。中国科学院图书馆在 1959 年 4 月发起全馆性的红旗竞赛活动,并于是月 29 日召开"五一"献礼汇报大会,评出先进小组,并在大会上颁奖。北京图书馆自是年 11 月 26 日起开展先进工作者运动,这一运动在整个图书馆界很快发展起来。"近来,各地图书馆开展先进工作者运动的,搞挑战应战的,搞表演赛的,选红旗手的,立标兵的,评几好的,越来越多,兴起了评比之风"②,从而进一步兴起了"学先进、比先进、赶先进、帮后进"的运动。

第四节　民办图书馆

"民办"是相对于"公办"而言的,是一种由国家、政府外的社会组织或个人利用非国家财政经费而面向社会的形式。由于国家底子薄、经济落后,要使事业迅速发展,必须用"两条腿"走路的方法,才能更好更快地满足各项事业发展的需要。1957 年 6 月 3 日,教育部发布了提倡群众办学的通知,明确了除国家办学外,还必须大力提倡群众办学,"动员城乡居民和工矿、企业、机关、团体、院校、合作社等单位的员工,根据需要、自愿和可能的原则,集资兴办学校"③。1958 年 4 月,文化部在北京召开全国文化局(厅)长会议和全国农村群众文化艺术工作会议。会议指出了文化的普及必须走群众路线,要"依靠群众力量举办群众所需要的各项文化事业,大力发展民办事业,组织和发展群众的文化活动和创作"④。在此背景下,图书馆界兴起了创立民办图书馆的热潮,全国各地办起了大批民办图书馆。《人民日报》报道,"到本年六月底为止,仅北京、天津、上海、河北、吉林、黑龙江、甘肃、江苏、安徽、浙江、河南、湖北、湖南、江西、贵州十五个省、市,已经建立了民办图书馆三千八百四十七个。其中湖南省已经创建了一千八百零五个民办图书馆"⑤。可见,民办图书馆在较短的时间内取得了

---

① 本刊评论员. 开展文献参考工作的道路[J]. 中国科学院图书馆通讯,1959(3):9.

② 丁志刚. 谈评比[J]. 图书馆工作,1960(2):1-3.

③ 教育部. 教育部关于提倡群众办学的通知(1957年6月3日)[M]//国务院法制局,中华人民共和国法规汇编编辑委员会. 中华人民共和国法规汇编:1957年1月—6月. 北京:法律出版社,1957:316-317.

④ 本刊评论员. 图书馆工作要迎头赶上[J]. 图书馆工作,1958(6):1-2.

⑤ 民办图书馆简况(根据1958年10月11日人民日报转载)[J]. 图书馆工作,1958(11):50.

瞩目的成绩。各地民办图书馆通常都设在区、乡、镇、农业社和城市街道的居民点，接近群众，便利居民阅读，一些馆附设在居民的家中，不需单独找房子或兴建房舍，具有花钱少作用大的特点，十分接地气。

为大力推广和办好民办图书馆，许多地方都召开了民办图书馆的现场会议。1958年6月17日，湖北省文化局在浠水县召开全省县图书馆工作现场会议，着重研究了民办图书馆的发展和活动问题。天津市文化局为及时总结和推广该市河北区民办图书馆的工作经验，于7月26日召开了"天津市民办图书馆工作现场会议"，文化部社文局图书馆处胡耀辉副处长到会并讲话[1]。上海市普陀区也在是日召开民办图书馆现场会议，到会的有上海文化局、各区人委文化科及各区图书馆等单位的有关同志60多人。北京宣武区人委文化科于12月21日下午召开了民办图书馆工作现场会，实地介绍和参观了牛街民办图书馆，并学习运作经验。

为更广泛地推广民办图书馆的经验，《图书馆工作》于1958年第9期专门报道了天津、上海、湖北省浠水县等创建民办图书馆的消息和经验，中央文化部国家文物局图书馆处副处长胡耀辉专门写文认为："这是一个十分引人注意的新问题，也是一个值得各地学习和大胆试验的新工作。"[2]

新中国成立后的民办图书馆事业，最先主要在农村得到较好的发展，通过农民自办的图书室，配合扫盲，取得了一定的效果。在"大跃进"期间，民办图书馆事业得到了更好的发展。宜兴县丁蜀镇于1958年4月22日正式成立民办图书馆，并由选出的馆务委员会组织活动，提出"人人都献书，大家来管理"的口号，号召居民大力捐书，在一天内就收到赠书3300多本[3]。浙江海宁县硖石镇在1958年4月间成立了民办图书馆和民办文化站，聘任3位文史馆员为图书馆员，每日来馆整理旧书，管理阅览室等工作，获得较好的创建民办图书馆的经验[4]，根据情况，县委计划在全县6个集镇中都办民办图书馆，从而将县、镇民办图书馆和乡中心俱乐部图书室形成图书流通网，更好地巩固图书室。

---

① 天津市河北区文化科.满足居民的文化要求，大力开展民办图书馆工作——天津市河北区民办图书馆工作介绍[J].图书馆工作，1958（9）：28，编者按页.

② 胡耀辉.解放思想，大力发展民办图书馆[J].图书馆工作，1958（9）：1-2.

③ 宜兴县图书馆.一个民办图书馆的诞生[J].图书馆工作，1958（6）：13.

④ 陆京安，施鸣.民办图书馆半天就办成[J].图书馆工作，1958（6）：14.

城市民办图书馆在新中国成立后不久即已有。广州市东华东街二居委即于 1951 年 7 月就办起了民办图书馆[①]，并一直坚持，每天上午 9—11 时、晚上 7—9 时开放。至 1958 年中期，城市民办图书馆发展逐步进入高潮。天津市河北区在 6 月末制订出了发展民办图书馆的工作规划，"于七、八月间掀起了一个民办图书馆的热潮，不到两个月的时间即建立了民办图书馆 500 多个，藏书量有 25 万册，每天流通图书达 10 万余册，平均每天联系读者 5 万人次"[②]。上海市与此类似，50 年代末全市共有里弄民办图书馆 692 个，其民办图书馆的藏书已达 140 万册以上，每天读者约达 16 万人次，拥有专职和业余干部 5000 人左右[③]。

为更深入地构建阅览网络，一些城市的公共图书馆探索与租书业合作，以扩大阅读范围。首都图书馆经过调研，自 1958 年 5 月 25 日起，和 5 家租书业合作商店开展图书借阅合作工作，将馆藏部分经典著作、社会科学、自然科学、应用技术、史地等图书，委托他们代为出借流通，"读者在租书业商店借不到的书，也可请租书业合作商店向首都图书馆代借"[④]。

上海提篮桥区原有 123 个小书摊，从业人员 123 个，后由 22 人成立了合作小组和互助组，单干户还有 44 个，根据其特点，提篮桥区人民图书馆与他们合作，提供馆藏，由小书摊代发借书证，不收阅读费。为适当补偿小书摊增加的工作量，调动他们的积极性，区图书馆每月适当地选出一些内容好的连环画供他们出借，定期调换，既可减少他们购买图书的费用，也可适当增加一些书摊的收入[⑤]。这些举措，将一些民办租书业、个体租书摊等都融入图书馆服务网络中，形成了新时期的公共图书馆、民办图书馆、个体租书摊等组成的社会服务网。其中，一些民办图书馆还组织力量，大办流通站，以扩大服务范围。上海市长宁区的春光坊民办图书馆成立 1 年，"读者平均每天有一百二十人，阅览六百册次以上，平均每天有二百人外借，现已设有十个流通站"[⑥]。

① 敏甫. 一个坚持了七年的民办图书馆——记广州市东区民办图书馆现场会议[J]. 图书馆工作，1959（1）：29-32.

② 关于民办图书馆中存在的问题及其解决的几点意见[J]. 图书馆工作，1959（12）：7-9.

③ 高举毛泽东思想红旗充分发挥图书馆在社会主义建设中的作用——上海图书馆先进事迹[J]. 图书馆工作，1960（7）：4-8.

④ 首都图书馆. 图书流通有办法，租书商店可代借[J]. 图书馆工作，1958（7）：19.

⑤ 上海市提篮桥区人民图书馆. 改造小书摊成为区图书馆代办站的一些经验[J]. 图书馆工作，1959（12）：33-35.

⑥ 上海市长宁区图书馆. 春光坊民办图书馆办的好！[J]. 图书馆工作，1959（10）：45-46.

为巩固和发展民办图书馆,一些市、区图书馆加强了业务辅导工作。上海市普陀区图书馆运用培养典型、推广经验、因地制宜、培训干部等举措,加强对民办图书馆工作人员的培养,引导和传授知识。"蓬莱区图书馆去年年底办了一期民办图书馆干部训练班,参加学习的有150多人"[①],推进了民办图书馆工作的开展。

第五节　人民公社图书馆

1955年秋冬,全国出现了农业合作化的高潮,不久,"我国的农业合作化已经在1957年基本完成"[②]。根据中央精神,合作化的基本完成,生产资料所有制问题基本上解决了,在农村经济快速发展的进程中,农村高级合作社的形式已不再适应发展需要,当时"全国的七十四万多个农业社,平均每社约一百六十户"[③]。于是,在"大跃进"精神鼓舞下,"1958年,一种新的社会组织像初升的太阳一样,在亚洲东部的广阔的地平线上出现了,这就是我国农村中的大规模的、工农商学兵相结合的、政社合一的人民公社"[④]。是年春夏之交,河南省和其他一些省份出现了人民公社这一组织形式。人民公社这一组织形式一旦出现,发展迅速,"从1958年夏季开始,只经过了几个月时间,全国七十四万多个农业生产合作社,就已经在广大农民的热烈要求的基础上,改组成了二万六千多个人民公社。参加公社的有一亿二千多万户,已经占全国各民族农户总数的99%以上"[⑤]。人民公社的快速发展,标志着我国农村社会主义运动进入一个新的历史阶段。

人民公社这一农村行政机构的出现与巩固发展,为广大农村地区图书馆建设带来了很大的便利与发展条件。根据新的发展形势,黄宗忠的反应十分敏捷,他认为农村的党政机构由四级组成:县委—公社—生产大

---

① 萤泉. 新兴的城市民办图书馆工作[J]. 图书馆工作,1959(10):18-20.

② 1956年到1967年全国农业发展纲要(修正草案)(1957年10月25日)[M]//国务院法制局,中华人民共和国法规汇编编辑委员会. 中华人民共和国法规汇编:1957年7月—12月. 北京:法律出版社,1958:37-58.

③ 周恩来. 伟大的十年[M]//国务院秘书厅,国务院法规编纂委员会. 中华人民共和国法规汇编:1959年7月—12月. 北京:法律出版社,1960:24-45.

④⑤　关于人民公社若干问题的决议(1958年12月10日中国共产党第八届中央委员会第六次全体会议通过)[M]//国务院法制局,中华人民共和国法规汇编编辑委员会. 中华人民共和国法规汇编:1958年7月—12月. 北京:法律出版社,1959:23-44.

队—生产队,"人民公社图书馆的建立也应该与这个系统相适应,即联社图书馆(即县馆)—公社图书馆—大队分馆—中心图书站—图书阅览站(即现在的食堂阅览站、田间阅览站、农忙阅览亭)"①,尝试着从理论上探讨农村图书馆构架及运行的问题。

人民公社大量成立后,公社图书馆也随之组建、成立。南京十月人民公社成立后,由原来的7个高级社改为7个大队,于1958年9月中旬成立公社图书馆,每天有200多个读者到馆阅览,外借3400多册次图书,并建立40个流动站和借书小组,大队的"图书管理员多数是由邮递员兼,个别的大队是新华书店兼阵地工作,邮递员送书到各连"②。广西僮族自治区平乐县桥亭人民公社由两个区合并而成,1958年12月1日成立公社图书馆,全社14个大队同时建立了图书室,35个小队都设立了图书箱③。厦门前线人民公社是在炮击金门中建立起来的,公社设立98个图书流动站,把图书袋带到山上、田野或防空洞田间借阅④。

中德友好人民公社图书馆组成了较为规范的公社图书流通网络,该公社按照生产组织形式,组建了2个站图书馆,15个队、厂图书室,103个图书小组,基本形成了图书流通网⑤。据不完全统计,江苏省在1958年下半年时,"现有农村图书馆、室1952个"⑥。在图书馆事业开展得较好的宜兴县,7个人民公社办起图书馆97个、图书室853个、阅览室2654个。武进县在10月下旬的4天中就建立了41个图书馆、图书室326个,高淳县也用4天时间建立图书馆74个、图书室164个。

广东新会县礼乐人民公社由18个生产社合并而成,在图书馆建设过程中,经过整顿,成立了1个中心图书馆、11个生产管理区图书馆、58个生产队图书室、20个工业系统图书馆、1个儿童图书馆,形成了一个公社图书馆网络。"农村人民公社图书室的藏书总数截止一九五八年止,据不完全

---

① 黄宗忠. 略谈"人民公社图书馆"[J]. 图书馆学通讯,1959(1):34-37.

② 南京图书馆. 介绍南京十月人民公社图书馆[J]. 图书馆工作,1958(12):6-8.

③ 广西僮族自治区平乐县图书馆. 桥亭人民公社图书馆工作情况介绍[J]. 图书馆工作,1959(12):18-19,35.

④ 郑福开. 在战斗中成长起来的厦门前线人民公社图书馆[J]. 图书馆工作,1960(1):19.

⑤ 杨正. 馆员下放生产图书巡回流通——北京朝阳区中德友好人民公社图书馆是怎样开展工作的[J]. 图书馆工作,1959(8):10-11.

⑥ 江苏省十一个市、县图书馆代表. 让农村图书馆的红花开遍全省——参观宜兴县图书馆工作后的认识和体会[J]. 图书馆工作,1958(12):3-5.

的估计约有一亿多册。"① 人民公社图书馆发展迅速，"根据 1959 年 12 月的初步统计，全国人民公社举办的图书馆（室）有 28 万多个。全国平均每个公社有 11 个图书馆（室）"②。

人民公社图书馆、农村俱乐部和文化扫盲工作紧密地结合在一起，"农村俱乐部最突出的活动是配合扫盲和业余教育"③，四川省广元县中子区有 3 个公社，全区有 543 名青壮年文盲于 1958 年全部脱盲，"河南省高山人民公社中社员适龄学员的 95% 以上全部脱盲了"④。随着农村脱盲工作的大力开展，图书馆的重要工作之一是配合、巩固农村中的脱盲成绩。许多图书站在食堂内建立展览室、图书室等，图书馆（站、组）主动把图书送到工地、场院、社员家中，组织图书报告会、故事会、赛诗会、读报组等各种形式，推进了图书馆（站）的建设，一些公社图书馆及时召开现场会议，推广先进经验。图书馆工作与脱盲后的农民对文化生活的迫切需求相衔接，和业余教育、业余阅读相结合，起到了互相促进、共同提高、巩固发展的作用。

第六节　分类法迈出"统一"的关键步伐

自中国近代图书馆学研究活动开始，图书分类一直是图书馆工作中的核心技术和研究重点之一。进入 20 世纪 50 年代，"百家分类"的状况逐步改善，发展至该阶段，已逐步呈现出向"三家"归并的快速发展时期。

《中国人民大学图书馆图书分类法》（即《人大法》）自 1953 年 9 月第一版出版后，受到好评，许多图书馆纷纷采用，于 1955 年 8 月出版了第二版（增订版）。出版后不久，为适应政治、经济、文化等领域的快速发展，又于 1956 年 9 月开始增订工作，历时 3 月有余完成而于 8 月出版。"人大图书分类法第三版现已经校方批准，决定由新华书店公开发行"⑤，并在近 30 年的时间中采用为我国的"统一书号"的组成部分，用该法的大类号码标识新出版的图书学科类别。

① 苏生.农村图书室沿着宽广的发展道路前进[J].图书馆工作,1959(10):9-14.

② 本刊评论员.把农村图书馆工作推向新阶段[J].图书馆工作,1960(5):12-13.

③ 四川省广元县文化馆.紧密配合扫盲、业余教育[J].图书馆工作,1960(5):16-19,11.

④ 殷增简.高山人民公社图书馆在前进[J].图书馆工作,1959(10):42-44.

⑤ 冯虚生.中国人民大学图书分类法第三版介绍[J].图书馆学通讯,1957(3):63-64.

中国科学院图书馆系统,以往"采用的分类法颇不一致,共有二十多种"①。自1954年第3季度起,中国科学院图书馆即着手编制分类法的工作,经过数年努力,《中国科学院图书馆图书分类法》(即《科图法》)编成,并于1958年11月由科学出版社出版,1959年1月交由新华书店公开发行。《科图法》一出版,立即深受图书馆界欢迎,第一版出版时,"当时因印刷份数少,早已售完。为了满足各方面的需要,科学出版社又在二月底再次印刷,共印4800份,交由新华书店发行"②。第二次印刷后,立刻就订(采)购一空,远远满足不了图书情报界的需求,"现科学出版社决定进行第三次印刷,共印1500份,预计四月底可交由新华书店发行"③。在图书馆界,尤其是在情报资料界,《科图法》很快成为主流分类法之一。

"'中小型图书馆图书分类表草案'的产生和公布,是图书馆工作中的一件大事,它给今后的统一分编工作创造了有利条件。"④根据文化部组织的"中小型图书馆图书统一分类法座谈会"精神,经过多次专家的研讨和广泛吸收界内各种意见后,乘部分图书馆学专家集聚图书馆工作人员进修班授课之机,图书馆界又于1957年5月在南京图书馆召开了第三次座谈会,其中有些意见一时很难一致,"最后,大家一致建议目前必须尽快将分类表草案确定印出,以便解决当前各图书馆的图书分类问题"⑤。1957年8月,文化部社会文化事业管理局公布了《中小型图书馆图书分类表(草案)》,是年9月,该分类表由北京图书馆内部出版。这一分类表的公开出版,确是我国图书馆事业上的一件大事,尤其是公共图书馆系统,包括工会系统图书馆、高校图书馆系统中的许多图书馆,纷纷开始使用该分类表,许多图书馆在改用分类表之前,还通过学习、讨论、培训等方式,进行了一次中小型分类表的学习。如广州市图书馆曾组织当地9个文化馆图书室开展辅导学习;南京图书馆组织了专题报告会和座谈会;江苏师范学校图书

---

① 顾家杰,赵继生. 关于中国科学院图书馆图书分类法的简要说明[J]. 中国科学院图书馆通讯,1957(4/5):1-9.

② "中国科学院图书馆图书分类法"再次印刷消息[J]. 中国科学院图书馆通讯,1959(3):28.

③ "中国科学院图书馆图书分类法"第三次印刷消息[J]. 中国科学院图书馆通讯,1959(4):10.

④ 佟贵功. 如何以"中小型图书馆图书分类表草案"的理论来指导分类[J]. 图书馆学通讯,1958(1):9-13.

⑤ 李兴辉. 中小型图书馆图书分类表草案编制经过[J]. 图书馆学通讯,1957(3):42-43.

馆在改用前,拟订了学习计划进行学习[①];赣州市图书馆以中学图书馆为对象,召开了"中小型图书馆图书分类表"座谈会,市馆、7个中学、6个中专学校图书馆派代表出席[②];辽宁省图书馆在1958年6月16—19日,召开"中小型图书馆图书分类表草案"专业座谈会,"参加的有沈阳、旅大、鞍山、抚顺、本溪、锦州、安东、阜新、营口、辽阳等市图书馆的业务辅导员及采编部的负责人共二十余人。北京图书馆也派员参加了这次座谈会"[③]。这种大范围的座谈、学习、培训,为大力推广、统一分类表的使用,并保证其分类质量,起到了十分重要的作用,这一做法为以后大型分类法、中图法的使用沿用了下来,并在实践中得到进一步的发展。

1959年4月1日,由文化部、教育部、北京图书馆等9个单位组成了大型分类编辑工作临时领导小组,下设综合工作组和专业工作组。临时领导小组起草了"编辑大型图书馆图书分类法工作简要计划"(草案)。经过5个半月的努力,工作组完成了《大型图书馆图书分类法草案》的底稿,动员了百余个单位、近千余人参加分类表的编制和讨论[④],为在1960年完成大型分类法奠定了坚实的基础。

第七节　整风反右运动

在整风运动中,图书馆和其他学术领域一样,将主要精力投入到运动中,以主人翁的姿态,以对党和人民,对社会主义事业负责的态度,提出和揭露图书馆界存在的一些影响图书馆事业发展的矛盾。人们可以从《图书馆学通讯》1957年第1期上的征文内容看出,在1957年开始的一段时间内,该刊所最为关注的、拟组织讨论的是图书馆建设的方向问题以及它的任务是什么、图书馆界能够做些什么。其依据即是党的八次全国代表大会中的有关"努力创造社会主义民族的新文化"精神,"图书馆是文教

---

① 李兴辉.中小型图书馆图书分类表草案编制经过[J].图书馆学通讯,1957(3):42-43.

② 毛应辉.赣州市图书馆举办"中小型图书馆图书分类表"座谈会[J].图书馆工作,1958(1):47-48.

③ 王勖.辽宁省图书馆召开"中小型图书馆图书分类表草案"专业座谈会[J].图书馆工作,1958(8):35-38.

④ 李致忠.中国国家图书馆史:1909—2009[M].北京:国家图书馆出版社,2009:196-197.

事业内的设施之一,它应当在这一伟大的历史任务中贡献些什么?"①对于这样一种带有方向性的根本问题,"本刊希望全国图书馆工作者对此问题——'图书馆在建设社会主义的民族的新文化中做些什么?'加以研究讨论"②。

1957年4月27日发出的《中国共产党中央委员会关于整风运动的指示》,其目的是"在全党重新进行一次普遍的、深入的反官僚主义、反宗派主义、反主观主义的整风运动,提高全党的马克思主义的思想水平,改进作风,以适应社会主义改造和社会主义建设的需要"③,从而在全国开展了一场首先在县级以上、军队团级以上的党组织以及大的厂矿和大专学校的党组织开始的运动。图书馆界亦积极响应党的号召,《图书馆工作》编辑部于1957年5月21日召开"鸣""放"座谈会,中宣部、人民日报社、新华社等以及各图书馆的工作人员20余人参加,"到会者就机关图书馆无人过问、社会上对图书馆、资料室工作不重视等问题,对文化部等领导机关提出了尖锐的批评"④。是月23日,下午、晚上,北京大学图书馆学系全体老师和学生举行座谈会,高教部综合大学司、文化部社会文化事业管理局、图书馆处、北大校长助理等司、局长和处长出席了会议,"会上针对高教部、文化部以及校部领导的官僚主义、宗派主义和主观主义提出了尖锐的批评"⑤。

为更好地了解和解决图书馆内部存在的矛盾问题,文化部于是月20日和24日分两次召开图书馆专家座谈会,参加座谈会的有在京的图书馆学专家及北京图书馆、科学院、高等院校图书馆负责人20余人,讨论的问题有:对文化部与社管局领导图书馆事业的意见、干部问题、图书问题、对图书馆重视不够、图书馆学会与图书馆学书刊的出版问题、对北京图书馆的意见等⑥。

在整风运动中采用的是一种"鸣放"式的政治、工作等方面的找矛盾、

---

①② 本刊征文[J]. 图书馆学通讯,1957(1):封底页.

③ 中国共产党中央委员会关于整风运动的指示(1957年4月27日)[M]//国务院法制局,中华人民共和国法规汇编编辑委员会. 中华人民共和国法规汇编:1957年1月—6月. 北京:法律出版社,1957:35-39.

④ 李博达. 机关图书馆工作者首次争鸣:首都机关图书馆、资料室工作者座谈会纪要[J]. 图书馆工作,1957(7):19-21.

⑤ 俊. 图书馆教育走向何方? ——记北京大学图书馆学师生座谈会[J]. 图书馆工作,1957(7):15-18.

⑥ 文津. 图书馆事业上存在的矛盾问题:文化部召开的图书馆专家座谈会纪要[J]. 图书馆工作,1957(7):9-15.

提意见的方式，因此，并不是学术上的"百家争鸣"的研究方式。在全国公开出版发行的图书馆学专业期刊上的反映，大致始于1957年6月第6期的《图书馆工作》，刊载了《对"图书馆工作"的意见》《图书馆的藏书也应该"放"》等文章，尤其在前一篇文章中，作者直截了当地提出了该刊编辑部的不足："还不善于发现图书馆工作中的矛盾；发现了，没有敢大胆地正视它；正视了，没有敢勇敢地揭露它；因此，也就不能正确地解决这些矛盾了。"①《图书馆工作》编辑部为此专门写了《编者的话》，认为"为了在图书馆界内贯彻'鸣'和'放'的方针，本刊即准备举行各种座谈会，以期通过座谈会来发现图书馆工作中所存在的各种内部矛盾、揭露问题，逐步获得解决"②。编辑部随后在第7期上增加专栏"当前图书馆工作中存在些什么矛盾"，专栏发表了李东平、贺璋、陆京安、何述等人的4篇文章，另有文化部召开的图书馆专家座谈会纪要和北京大学图书馆学系师生座谈会、首都机关图书馆、资料室工作者座谈会纪要等内容，其宗旨即是揭露图书馆界存在的问题与矛盾，以便更好地发展图书馆事业。

正当在整风中反对和克服官僚主义、宗派主义和主观主义进一步深入之机，风云变幻，在6—8月反右运动开展。这是一场全民参加的运动，国务院在《关于国家机关工作人员参加整风运动和反对资产阶级右派斗争的决定》中规定："凡是进行整风的单位，所有工作人员都应当积极地参加这一运动和斗争。"③ 根据党中央的步骤，"八月以前主要在省市以上党政机关、大专学校、民主党派、新闻出版界、科学技术界、文艺界、卫生界中进行"④。这些都是知识分子集中之处，可见，在反右运动中，知识界成为重灾区。《图书馆工作》在第7期上所发表过的"鸣放"文章，在全国置入反右运动中，成为具有"方向性"错误的问题，该刊主编迅速做出公开检讨："这都说明我们在政治上很不坚强，存在着严重的右倾思想。我们应该

---

① 张今吾. 对"图书馆工作"的意见[J]. 图书馆工作,1957(6):41-42.

② 编者的话[J]. 图书馆工作,1957(6):34.

③ 国务院关于国家机关工作人员参加整风运动和反对资产阶级右派斗争的决定(1957年7月26日国务院全体会议第五十五次会议通过)[M]//国务院法制局,中华人民共和国法规汇编辑委员会. 中华人民共和国法规汇编:1957年7月—12月. 北京:法律出版社,1958:59.

④ 邓小平. 关于整风运动的报告(1957年9月23日在中国共产党第八届中央委员会第三次扩大的全体会议上)[M]//国务院法制局,中华人民共和国法规汇编辑委员会. 中华人民共和国法规汇编:1957年7月—12月. 北京:法律出版社,1958:5-36.

深自检讨,并责成编辑人员具体检查本刊工作和存在的问题"①。其客观原因是第 7 期的稿件在 6 月初已付印,反右运动则是在出版以后才在全国开始。

在这一运动中,图书馆界许多知识分子被错划成了"右派"。1957 年 8 月,图书馆界代表人物之一的王重民被错划为"右派",受到降级、降薪、撤销系主任职务的处分。北京师范大学图书馆"全体职工每天全部时间都投入了这一全国性的政治运动。在运动中,我馆工作人员姜承志、赵世修被错划为'右派分子'"②。其中姜承志下放劳动,赵世修就地改造。湖南省中山图书馆的"正副馆长、采编、阅览二部的负责人都是右派分子"③。中山大学图书馆馆长叶启芳等人被打成"右派"④。

根据当时图书馆的原始馆务会议的记载,1958 年 2 月 19 至 21 日,山西师范学院(今山西大学)图书馆用 2 天的时间对馆内"右派分子"讨论处理意见。当时"一个运动接着一个运动,本来可谈谈下乡劳动,但处理右派是重要的,下一学期深入整改,放学前宣布一批"⑤,在馆内的"右派分子",于 1958 年 3 月 15 日下午的馆务会议和 3 月 16 日晚上的"跃进计划制定会议上"表示争取在 1958 年摘掉"右派"帽子。

经过反右运动后,1956 年提出的学术文化界的"双百方针"基本停止,知识分子政策进入了以"改造"为主的阶段。尽管知识分子不是一个阶级,在党的八届三次扩大会议的有关报告中认为:"但是就我国目前的情况来说,多数的知识分子是资产阶级和小资产阶级家庭出身的,所受的教育也是资产阶级式的。所以,为方便起见,同资产阶级放在一起说。"⑥ 这一论述表明了对老知识分子的改造趋势,老一代图书馆学家的思想必然会在今后的岁月中不断得到洗礼,由此对老一代图书馆学家提出的图书馆学理论的责疑甚至否定,仅是时间问题而已。

---

① 主编的话[J]. 图书馆工作,1957(8/9):53.

② 北京师范大学图书馆. 北京师范大学图书馆百年馆庆纪念册[M]. 北京:北京师范大学出版社,2002:56-57.

③ 周天任. 迎接全国图书馆会议,争取大跃进[J]. 图书馆学通讯,1958(2):35-36.

④ 何多源. 跃进中的中山大学图书馆[J]. 图书馆学通讯,1960(1):45-46.

⑤ 华东师范大学中国当代史研究中心. 中国当代民间史料集刊 2:师院图书馆会议记录[M]. 上海:东方出版社,2011:106

⑥ 邓小平. 关于整风运动的报告(1957年9月23日在中国共产党第八届中央委员会第三次扩大的全体会议上)[M]//国务院法制局,中华人民共和国法规汇编编辑委员会. 中华人民共和国法规汇编:1957年7月—12月. 北京:法律出版社,1958:5-36.

1958年3月3日，党中央提出了开展"反浪费、反保守"的"双反"运动，"这是一个社会主义的生产大跃进和文化大跃进的运动，是在全民整风运动中改进整个国家工作和促进全民干劲的一个带有决定性的运动"①。这一运动拟用2～3个月的时间，揭露干部思想作风上的主观主义、官僚主义和宗派主义，打掉官气、暮气、阔气、骄气和娇气。这一时期也是图书馆学科大破资产阶级教学体系、内容和方法，大树无产阶级教学体系、内容和方法之时，开始了"插红旗、拔白旗"的活动，刘国钧、杜定友、王重民、皮高品等老专家受到了批判。

第八节　迎接国庆十周年

国庆十周年是新中国的一个盛大节日，党中央号召全国各族人民以实际行动迎接这一节日："让我们立即行动起来，用新的生产大高潮来完成和超额完成第三季度的计划，来迎接我们伟大的中华人民共和国成立十周年。"② 为庆祝这一盛大节日，中华人民共和国国家主席刘少奇颁布了"特赦令"："对于确实改恶从善的蒋介石集团和伪满洲国的战争罪犯、反革命罪犯和普通刑事罪犯，实行特赦。"③ 同时，对改造好的"右派分子"予以摘帽："凡是已经改恶从善，并且在言论和行动上表现出确实是改好了的右派分子，对于这些人，今后不再当作资产阶级右派分子看待，即摘掉他们右派的帽子。"④ 为举国欢庆这一盛日，国务院专门发出通知："全国各机关、部队、学校、团体、企业和事业单位从10月1日至3日放假三天。10月4日

---

① 中国共产党中央委员会关于开展反浪费反保守运动的指示（1958年3月3日）[M]//国务院法制局，中华人民共和国法规汇编辑委员会.中华人民共和国法规汇编：1958年1月—6月.北京：法律出版社，1958：1-3.

② 中国共产党中央委员会第八次全体会议关于开展增产节约运动的决议（1959年8月16日）[M]//国务院秘书厅，国务院法规编纂委员会.中华人民共和国法规汇编：1959年7月—12月.北京：法律出版社，1960：50-57.

③ 刘少奇.中华人民共和国主席特赦令（1959年9月17日公布）[M]//国务院秘书厅，国务院法规编纂委员会.中华人民共和国法规汇编：1959年7月—12月.北京：法律出版社，1960：60-61.

④ 中国共产党中央委员会、国务院关于确实表现改好了的右派分子的处理问题的决定（1959年9月16日国务院全体会议第九十二次会议通过）[M]//国务院秘书厅，国务院法规编纂委员会.中华人民共和国法规汇编：1959年7月—12月.北京：法律出版社，1960：61-62.

（星期日）照常休假。"①

图书馆界为迎接这一重大节日,也已早做安排。早在1959年1月,参加文化部新组建的文化学院图书馆研究班学习的学员们在学习结束后,向全国图书馆界发出"为图书馆工作更好、更全面的跃进,向国庆十周年献礼的倡议书"②。倡议在8个方面用实际行动向国庆十周年献礼,图书馆界"在跃进的基础上再跃进",掀起了新一轮的工作热潮,取得了许多新成绩。一些馆为进一步凝聚力量,还提出了战斗口号:"全馆齐努力,个个插红旗,搞起图书网,扩大馆阵地,藏书增一倍,献礼国庆节。"③

《图书馆学通讯》在1959年第5、6、8期,《图书馆工作》在是年第7、8期上刊载《庆祝国庆十周年征文启事》,拟在10月出版"庆祝国庆十周年"专号。《图书馆学通讯》在第10、11、12三期上的"跃进的十年·伟大的十年:一、二、三"栏目中刊载文章14篇,在"新中国图书馆巡礼:一、二、三"栏目中载文12篇,在"庆祝建国十周年征文选辑:一、二、三"栏目中载文14篇。《图书馆工作》在1959年10、11、12期上的"建国十周年征文选辑:一、二、三"栏目中载文15篇。《中国科学院图书馆通讯》于1959年第9期出"庆祝建国十周年(1949—1959)"专号,总结了10年来的工作成绩与经验。《北京大学学报(人文科学)》出了"庆祝建国十周年"专号,共有7篇文章,其中有图书馆事业史小组著的《我国十年来的图书馆事业》一文。《武汉大学人文科学学报》1959年第7期是"图书馆学专号",首页是红色专题页:"庆祝伟大的中华人民共和国建国十周年",首篇即是《庆祝伟大的国庆十周年》,由武汉大学图书馆学系于1959年9月28日写,是日该号出版。

在迎接和庆祝中华人民共和国成立十周年纪念日的过程中,图书馆界较为集中地开展了回顾和展望的研究,总结成绩与不足,图书馆界的"左"倾思想逐步得到遏止。

在即将跨入60年代之际,图书馆界出现了广泛、深入开展为读者服务的好势头。中共中央八届八次全会号召"工业、农业、运输业都要努力增

① 国务院关于庆祝建国十周年纪念日放假的通知(1959年9月10日)[M]//国务院秘书厅,国务院法规编纂委员会.中华人民共和国法规汇编:1959年7月—12月.北京:法律出版社,1960:429.

② 四十七省、市、自治区图书馆为图书馆工作更好、更全面的跃进,向国庆十周年献礼的倡议书[J].图书馆学通讯,1959(1):24.

③ 通化市图书馆.通化市馆作出了献礼计划[J].图书馆工作,1959(9):46-47.

产,开展社会主义的劳动竞赛"①。1959 年 11 月召开的全国先进集体和先
进生产者代表大会号召人们"开展'比先进、学先进、赶先进、帮后进'的
社会主义劳动竞赛"②。图书馆界闻风而动,辽宁地区图书馆于是月下旬召
开了图书馆工作经验交流会,参会者共 41 个单位,58 名代表,会议交流了
20 余项工作经验③,会议发出倡议书,内容包括坚持群众路线,开门办馆,
密切图书馆间的协作关系,加强书目索引、科技情报等服务工作,加强学习
又红又专等④。

　　中科院图书馆第二次全院图书馆工作会议于 1959 年 11 月 3 至 7 日
在旅大市召开,会议以文献参考工作为中心内容,采取了现场交流经验的
方式,达到相互促进、共同提高的目的。会议期间中国科学院图书馆还举
行了关于编目工作及采访工作的座谈会各 1 次。此时,中国科学院图书馆
对于文献参考工作的范围已有较为清晰的认识:书目、索引、文摘的编制与
供应;科学情报的收集与供应;参考书、文摘、书目索引的收集与使用;参考
资料的收集与供应;代查、代译、代复制文献;咨询问题的答复;书刊宣传与
推荐;资料分类、排列及检索等⑤。重庆市图书馆也有类似的认识,"以编制
书目、代译资料、馆际互借、代查资料、照相复制、专题展览、送书上门和访
问需要等八种方式"⑥,为生产、为科研、为广大读者服务。

　　图书馆界采用开架服务的方式也越来越为界内接受。1959 年 1 月 1
日,辽宁省图书馆对 125,000 册中文新书实行开架。这种服务方式,因"广
大读者十分需要,也十分欢迎,因而经不断改进后得以巩固下来"⑦。青海
省图书馆还专门组织西宁市各类型图书馆（室）的部分代表座谈开架的理

---

①　中国共产党中央委员会第八次全体会议关于开展增产节约运动的决议（1959年8月16
　　日）[M]//国务院秘书厅,国务院法规编纂委员会. 中华人民共和国法规汇编:1959年7
　　月—12月.北京:法律出版社,1960:50-57.

②　全国工业、交通运输、基本建设、财贸方面社会主义建设先进集体和先进生产者代表大
　　会全体代表致全国职工书（1959年11月8日）[M]//国务院秘书厅,国务院法规汇编编辑委
　　员会. 中华人民共和国法规汇编:1959年7月—12月.北京:法律出版社,1960:430-433.

③　刘中. 认真贯彻省科技工作者代表会议精神——辽宁地区召开图书馆工作经验交流会
　　[J]. 图书馆学通讯,1960（1）:34-35.

④　辽宁地区图书馆工作经验交流会全体代表（1959年11月27日）. 倡议书[J]. 图书馆学通
　　讯,1960（1）:35.

⑤　范新三. 中国科学院第二次全院图书馆工作会议开幕词[J]. 中国科学院图书馆通讯,
　　1959（11/12）:1-2.

⑥　一所社会主义图书馆——记重庆市图书馆[J]. 图书馆学通讯,1960（4）:27-29.

⑦　辽宁省图书馆. 我馆的开架借阅工作是怎样巩固和提高的[J]. 图书馆学通讯,1960（1）:
　　23-25.

论与实际操作问题,代表们参观了省馆开架书库并对省馆图书开架准备工作提出意见,与会代表都认为开架服务适合我国社会主义建设的需要[①]。

在开门办馆的过程中图书馆界更加注意服务效率的提高。1959 年 11 月 10 日,全国水工隧洞快速施工专业现场会议在福建江水电工程局龙亭工地召开,参会代表 80 余人,会期 9 天。福建省图书馆早做准备,派员带书深入工地,先后提供中外文科技图书 80 多种,卡片式水电专题资料索引及铁道兵团编的《科学简报》"洞挖专刊",《刘家峡隧洞快速施工经验》等资料,另编印外文水利水电论文索引发到代表手中,举办了"龙亭电站在建设中"报刊资料展览会,还为代表设立了图书服务站[②]。这种小范围、针对性极强的服务方式,为图书馆探索为读者服务、为科研服务、为生产服务开拓了思路。

1957 至 1959 年,是新中国成立后 17 年中十分重要的一个阶段:①正式确立了图书馆学科的地位。针对学界对图书馆学的科学性还存在着诸多疑问,1957 年图书馆界推出了"什么是图书馆学"的理论研究,通过研究、争鸣甚至批判,初步确立了图书馆学作为一门科学的地位。②在"双百方针"的指引下,图书馆界的研究开始由以工作总结式的报告、经验交流为主体逐步转入理论研究层面。在《全国图书协调方案》的指引下,通过文献的整理、调拨等工作,图书馆界较大程度地克服了全国图书馆事业发展不均衡的现象。③更加明确了为广大人民群众服务、为社会主义建设服务、为科学研究服务的指导思想,开始构建图书馆网的建设,在各图书馆中心的引领下,各图书馆扎实地开展了大量图书馆基础工作。④目录工作比较出色,尤其是全国性、地区性的联合目录的编制,联合目录的编制开创了资源共知、共建、共享的路程。⑤产生了较有权威性的分类法,奠定了统一分类编目的基础。⑥图书馆界的人才培养达到了一个较好的水平,学历教育加强,各种研究班、培训班丰富多彩,研究型人才的培养开始受到关注。⑦一批新时代的图书馆学者开始崭露头角,他们在学习和工作过程中,积累了知识,产生了一些较有影响的文章和著作,推进了图书馆学理论的研究。⑧"一切为了读者"的口号得以确认,图书馆工作者千方百计地便利读者,做到为政治、为生产、为科研服务,主动服务的精神得到发扬。

这一时期,政治风云多有变化,形成的一些教训是十分沉痛的,例如:

---

① 陈清. 西宁市各图书馆代表座谈图书开架问题[J]. 图书馆学通讯,1960(1):48.
② 刘景镳. 现场会议取经献宝　图书上阵效果良好[J]. 图书馆学通讯,1960(1):48.

①整风、反右运动开始以后，"以阶级斗争为纲"的政治路线逐步形成，唯成分论开始逐渐形成市场，尤其是对老一代知识分子的出身与之挂钩、在思想改造中对知识分子的基本估计，推进了这一市场的发展。②对老一代的图书馆学者、专家进行所谓"资产阶级学术批判"，背离了学术研究的正确轨道，背离了"百家争鸣"的学术研究的道路，影响了图书馆学术研究进程与方向。③在虚报浮夸风的影响下，追求高指标、高速度、高数量，尤其是不切实际的人民公社图书馆的一哄而起，但不久即大部垮掉，教训是深刻的。④打击了老一代知识分子的积极性，影响了他们的学术研究，尤其是被错误地打成"右派分子"的群体，尽管有很多人在以后摘掉了帽子，在总体上，在彻底恢复名誉之前，不免在政治、思想上有"戴着镣铐跳舞"之感，影响了其在学术上的研究。同时，在部分青年学生、教师中，产生了一种学术问题唯政治观点或将学术问题作政治问题加以研究的思维。⑤在群众运动的氛围中，造成了许多人力、物力、财力不必要的浪费等。

第四章　图书馆事业的调整充实阶段
（1960年—1966年5月）

经过20世纪50年代的图书馆事业恢复发展阶段（1949年10月—1952年），巩固提高阶段（1953—1956年）及快速跃进（1957—1959年）的三个阶段的发展，中国现代图书馆事业已取得了很大的成绩，图书馆建设快速发展。1959年底、1960年初，"仅公共图书馆全国已有一千多个"[①]。据统计，1959年10月，中国科学院系统各图书馆由新中国成立初的17所增加到113所，藏书由63万册增至600余万册，高校图书馆由新中国成立初的132所增加到225所，藏书达3729万册[②]。图书馆工作在配合社会各项改革、政治运动、国民经济建设、文化建设、国防建设中，发挥了较好的作用；图书馆界恢复整顿了旧有的图书馆，明确了社会主义图书馆为社会主义服务、为经济建设服务、为工农兵和广大人民大众服务、为科研服务的方针任务；图书馆干部队伍有了很大的发展，形成了专业与业余教育，以及各种培训班、讲座、拜师、研讨等的学历教育与非学历教育的干部队伍建设；通过中心图书馆委员会的建设，大量巡回图书馆的设立和工会、农村图书馆（室）的建设，我国已基本形成了图书馆服务网络；图书馆界组织各系统图书馆的大协作，进一步挖掘文献的潜力来满足社会与读者的需求，为20世纪60年代图书馆事业更好地发展打下了坚实的基础。

第一节　从稳步发展业务到政治统帅业务

这一阶段图书馆事业的发展，总体上是在国家"调整、巩固、充实、提高"（简称八字方针）的总方针下进行的。由于"大跃进"中的一些决策失

---

① 继续高举总路线的红旗进入1960年[J].图书馆学通讯，1960（1）：1-2.

② 陈源蒸，张树华，毕世栋.中国图书馆百年纪事：1840—2000[M].北京：北京图书出版社，2004：173.

误,随之而来的三年困难时期,"从一九五九年到一九六一年,我国遭受了连续三年的严重自然灾害,国民经济发生了相当大的困难"①。天灾人祸,促使建设做出了"八字"方针的调整。

文化教育的调整有一个逐步转变的过程。根据1958年教育事业大发展的状况,我国1959年教育事业的发展方针是:"应当采取巩固提高、适当发展的方针"②,指出了应当根据各类教育事业的任务和条件,整顿巩固和适当发展并举,该发展的仍应适当发展。至1960年,中央确立了文化事业方针:"在文化事业方面,实行'全面规划,积极发展,重点建设,提高质量'的方针"③,这一方针的总体设想是要以文化事业的发展去配合和促进工农业生产,为生产革命和文化革命服务,进而掀起一个建设社会主义文化事业的高潮。全国真正全面贯彻"八字"方针,则是在1961年。"自一九六一年九中全会以来,特别是今年以来,全党贯彻执行对国民经济的调整、巩固、充实、提高的方针,加强农业生产战线,已经取得了显著的成效。"④ 由此国家决定了文教方针:"当前文化教育工作必须贯彻执行调整、巩固、充实、提高的方针。"⑤ 至此,图书馆事业的发展也完全进入这一发展方针中。

1962年,国家科委和文化部共同制订了1963至1972年的10年科技发展规划草案,其中有专门阐述"图书"的内容,认为图书工作是促进科技现代化的条件之一,"图书工作必须坚决贯彻调整、巩固、充实、提高的方针,全面规划、统一安排,进一步广辟来源,合理分配,加强协调,充分利用,采用现代新技术和科学管理方法,千方百计地为生产、为科学研究和教学

① 关于中华人民共和国第二届全国人民代表大会第三次会议的新闻公报（1962年3月27日到4月16日在北京举行）[M]//国务院法规编纂委员会. 中华人民共和国法规汇编:1962年1月—1963年12月. 北京:法律出版社,1964:13-18.

② 中共中央关于印发教育工作的十个文件的通知（一九五九年五月十七日）[M]//中共中央文献研究室. 建国以来重要文献选编（第12册）. 北京:中央文献出版社,2011:278-308.

③ 李富春. 关于1960年国民经济计划草案的报告（1960年3月30日在第二届全国人民代表大会第二次会议上）[M]//国务院法规编纂委员会. 中华人民共和国法规汇编:1960年1月—6月. 北京:法律出版社,1960:2-33.

④ 中国共产党第八届中央委员会第十次全体会议公报（1962年9月24日至27日在北京举行）[M]//国务院法规编纂委员会. 中华人民共和国法规汇编:1962年1月—1963年12月. 北京:法律出版社,1964:13-18.

⑤ 中共中央批转中央文教小组《关于一九六一年和今后一个时期文化教育工作安排的报告》（一九六一年二月七日）[M]//中共中央文献研究室. 建国以来重要文献选编（第12册）. 北京:中央文献出版社,2011:147-157.

服务,在社会主义建设中发挥更大的作用"①。主要担负着为科学研究服务任务的图书馆,即科学院系统图书馆及各专业馆、高校图书馆、国家馆、省馆和一些有条件的市馆等,其主要工作任务有:加强科技书刊的采购协调工作,合理组织藏书,改进目录和书刊宣传报道,推荐图书工作,大力开展参考咨询、阅览工作;加强全国联合目录编制,加强全国图书统编工作;改善管理方法,提高工作效率,逐步采用新技术、新设备等。该规划指明了图书馆界在做好调整巩固工作的基础上,大力开展充实提高的工作方法和思路,这一发展思路,在1964年《图书馆》杂志第1期的社论中得到充分的阐述:"图书馆本身亟应抓紧时机,继续贯彻'调整、巩固、充实、提高'的方针,积极做好内部的整顿工作。"②在此基础上,图书馆要做好清点藏书、清理积压书刊工作,并核实好款目,完善目录,做好为读者群体的服务工作,使书刊能各尽其用,提高服务质量和效率,提高管理水平,健全规章制度,加强队伍建设,大力培养干部。

这一阶段,具有代表意义的是北京图书馆稳步发展图书馆业务。该馆根据馆藏要求,补充大量藏书,编制分类法,完善目录体系,整顿书库,清理积压书刊,改善服务,提高藏书与服务质量。为提高整体业务水平,该馆大力开展业务训练,承担起全国图书馆中心核心馆的责任,编辑全国联合目录,大力开展业务辅导工作,继续办好红专大学,扩建和修建馆舍,并提出了新馆建设规划③。中国科学院图书馆,在党的"八字"方针指引下,根据本馆实际情况,迅速提出了"'摸清情况,积极整理,提高质量,加强服务'的行动方针"④。该馆在摸清情况的基础上,确定工作重点,区分出需要巩固、充实的工作和着重需要提高质量的工作以及那些需要调整的工作,从而在各个工作环节上,将党的方针贯穿其中,使工作踏踏实实、突出重点、有序开展,达到调整工作、巩固成绩、充实内容与方法,提高质量的目的。同样如此,武汉大学图书馆学系,经过分析,于1961年下半年对函授工作进行了整顿。是年11月,该系召开了重点地区辅导站工作会议,会议交流了各辅导站的工作经验,对函授工作中存在的问题

---

① 中华人民共和国科学技术委员会,中华人民共和国文化部. 中华人民共和国科学技术委员会、中华人民共和国文化部1963—1972年科学技术发展规划(草案):图书(1962年12月)[M]//王振鸣. 图书馆法规文件汇编. 保定:河北大学图书馆学系,1985:140-149.

② 肩负起一九六四年的光荣任务投入新的战斗![J]. 图书馆,1964(1):1-4.

③ 李致忠. 中国国家图书馆馆史:1909—2009[M]. 北京:国家图书馆出版社,2009:207-225.

④ 中国科学院图书馆1961年工作总结[J]. 图书馆工作参考资料,1962(10):1-10.

和函授工作的开展问题,进行了认真的讨论与研究,提出了教学计划的修改和补充意见,并对办好函授班提出了建议。这次会议对整个函授工作进行了全面调整和安排①。

在"八字"方针的指引下,图书馆界深刻领会了这一方针的精髓,要贯彻好这一方针,"不能认为只是收缩工作面和减少工作量,降低要求,其精神实质是在整顿的基础上提高质量,不断改进与发展"②。具有为科研服务任务的图书馆,"在发展上以专深为方向,以培干为中心,以文献工作为重点"③,实现着图书馆事业的不断发展。

正当图书馆界在"八字"方针指引下,不断前进的过程中,1964年开始,工作方向有所转向,"政治第一"和"以阶级斗争为纲"的氛围渐趋浓厚。1964年,《图书馆》杂志第1期发出社论,认为图书馆的工作"除了继续发扬艰苦奋斗、勤俭建国的优良传统之外,还要更深入更广泛地、分期分批地开展社会主义教育运动"④。要更好地利用书刊进行马列主义毛泽东思想的教育,进行革命传统和革命前途教育,图书馆界要"本着'政治第一、质量第一'的要求,认真做好一系列的内部工作"⑤。

1965年,第三届全国人大代表大会第一次会议的《政府工作报告》等决议指出了当年全国人民的主要任务是:"更加深入地开展社会主义教育运动,开展比、学、赶、帮和增产节约的群众运动,大力组织工农业生产的新发展,完成和超额完成一九六五年的国民经济计划……"⑥在当时政治、经济、文教等形势下,图书馆界的一些著名人士有所体会,其体会代表了当时图书馆界的发展大势:"体会到必须以政治统帅业务,所以今年的方针任务提为:'以阶级斗争为纲,以业务为中心,紧抓革命,推动业务,努力实现思想革命化和机关革命化……'"⑦进入1966年后,以阶级斗争为纲这一弦越绷越紧,在中国科学院图书馆的一次馆长座谈会上,出席座谈的馆长达成共识,在业务工作中,"必须以阶级斗争为纲,以两条

---

① 武汉大学图书馆学系函授工作组,廖延唐. 我系第一届函授工作[J]. 图书馆,1963(2):20-21,31.

②③ 顾家杰. 科学图书馆工作发展问题[J]. 图书馆,1963(3):36-41.

④⑤ 肩负起一九六四年的光荣任务投入新的战斗![J]. 图书馆,1964(1):1-4.

⑥ 第三届全国人民代表大会第一次会议关于政府工作报告、一九六五年国民经济计划主要指标和一九六五年国家预算初步安排的决议(一九六五年一月四日第三届全国人民代表大会第一次会议通过)[M]//中共中央文献研究室. 建国以来重要文献选编(第20册). 北京:中央文献出版社,2011:7-10.

⑦ 顾家杰. 欢庆建馆十五周年[J]. 图书馆工作参考资料,1965(5):2-18.

道路斗争为纲,凡是有利于社会主义的,就支持,不利于社会主义的,就反对"[1],坚决反对不问政治的单纯的业务观点。图书馆界的认识是整个社会的一个缩影,这种氛围的不断发展,加快了营造一场政治运动的步伐。

第二节　对学习毛泽东著作运动的推进

人民出版社从 1949 年开始,大量出版毛泽东各种著作的单行本。1951 年 7 月 1 日,中共中央《毛泽东选集》出版委员会发出通知,指出毛泽东在各个革命时期的主要著作是学习党史的基本教材,号召全体人民学习毛泽东著作[2]。是年 10 月 12 日,《毛泽东选集》第一卷出版发行,尽管新中国成立前出版过各种《毛泽东选集》,但都没有经过作者审定,首次出版由作者审定的《毛泽东选集》,分精装和平装两种,合计发行 106.6 万册,1952 年 4 月出版第 2 卷,1953 年 4 月出版第 3 卷,1960 年 9 月出版第 4 卷,各卷都有精装、平装和普及本。1964 年 6 月,人民出版社出版了《毛泽东著作选读(甲种本)》,中国青年出版社出版了《毛泽东著作选读(乙种本)》,人民出版社出版了多篇文章和单行本。毛泽东著作的出版数量及销量之大,远非其他各种出版物所能比拟。

一、学习毛泽东著作是图书馆界最重大的课题

进入 60 年代,全国即掀起了学习毛泽东著作的高潮,"全国各地青年踊跃地参加到学习毛泽东著作的运动中来,把学习毛泽东著作作为极为重要的政治任务,这是青年运动中的一件大事"[3]。为规范这一学习运动,共青团中央书记处特地就开展毛泽东著作学习运动的提法问题向党中央做了请示,党中央批复认为:"在提正式的口号的时候,用 '学习马克思列宁主义、学习毛泽东著作' 的提法较为妥当⋯⋯但在国内普通场合(包括演

---

① 中国科学院各分院图书馆馆长座谈会纪要[J]. 图书馆工作参考资料,1966(1):2-10.
② 石云霞. 新中国成立以来中国共产党思想理论教育历史研究:上[M]. 北京:中国社会科学出版社,2007:64.
③ 学习毛泽东著作应有的态度和方法[J]. 中国科学院图书馆通讯,1960(3):2-5.

讲题目,文章和消息的标题等在内)可以用'学习毛泽东思想'。"①可见,1960年开始兴起的学习毛泽东著作的运动,从一开始就是一个有组织、有计划、有步骤的规范性的全国学习运动。图书馆的基本任务之一就是传播马列主义、毛泽东思想,促进社会主义革命和建设的发展。学习毛泽东著作的群众运动正在迅速形成,"这是我国马克思列宁主义理论战线上的新境界、新阶段,是我国社会主义革命和社会主义建设中一件具有决定性意义的大事情,也是我们图书馆工作所面临的新形势"②。

在这一新的形势下,图书馆界迅速领会时代要求,首先在思想上对学习毛泽东著作提高了认识,当时代表着图书馆界教学领域最高层面的文化学院图书馆研究班就认为:"如何为这个具有伟大政治意义的学习运动服务,如何做好宣传毛泽东思想的工作,就成了当前图书馆工作中的一个最重大和最迫切的课题。"③

1964年,根据国内外形势发展的需要,"中央认为,目前是学习马克思列宁主义的大好时机"④。其目的是要提高全党理论水平,统一认识,增强反对现代修正主义斗争的信心和能力。同时,中央号召全国县以上干部大力学习毛泽东的有关哲学著作:"中央决定,从中央一级起到县(团)委一级,一切干部,特别是重要的负责干部,都应该精读毛主席的《实践论》《矛盾论》《关于正确处理人民内部矛盾的问题》《人的正确思想是从哪里来的?》这些哲学论文。"⑤是年开展的"全国学习人民解放军"运动,则将全国学习毛泽东著作运动推向了一个新的高潮,各行各业,都将学习毛泽东思想放在首位,图书馆界也不例外,"大力宣传马克思列宁主义、毛泽东思想,向广大人民进行社会主义、共产主义教育,乃是我国所有一切类型图

① 中共中央对共青团中央书记处关于开展毛泽东著作学习运动提法问题的请示的批复(一九年一月十二日)[M]//中共中央文献研究室. 建国以来重要文献选编(第13册). 北京:中央文献出版社,2011:9.

② 本刊评论员. 学习毛主席著作,宣传毛泽东思想[J]. 图书馆学通讯,1960(3):3-4.

③ 文化学院第二期图书馆研究班. 宣传毛泽东思想是图书馆工作者的首要任务[J]. 潘天祯,执笔. 图书馆学通讯,1960(6):27-30.

④ 中共中央关于组织高级干部学习马恩列斯著作的批示(一九六四年二月十五日)[M]//中共中央文献研究室. 建国以来重要文献选编(第18册). 北京:中央文献出版社,2011:211-222.

⑤ 中共中央关于县以上干部学习毛主席哲学著作的决定(一九六四年八月十八日)[M]//中共中央文献研究室. 建国以来重要文献选编(第18册). 北京:中央文献出版社,2011:132-133.

书馆的首要任务"①。学习马列主义毛泽东思想,必须理论联系实际,人民解放军已找到了这一方法的有效途径,"也就是要用人民解放军所采取的'带着问题学,活学活用,学用结合,急用先学,立竿见影'的方法"②。

图书馆员学习毛泽东思想和著作,主要有两个任务:其一是为了向读者宣传、指导和帮助,以使读者更好地学习毛泽东思想和著作;其二是为了进行自我改造和思想革命化,从而开始新的历史条件下的图书馆员思想革命化建设。1965年10月28日,全国第一中心图书馆委员会成员馆举行关于图书馆工作革命化的座谈会。会上,中国人民大学图书馆程德清副馆长做了发言,结合中国人民大学图书馆一年来的工作情况,阐述了三方面的内容:①主要说明怎样才算革命化;②谈该馆怎样逐步走向革命化;③介绍该馆在革命化的思想指导下,开展的几项服务工作③。图书馆革命化,首先是要解决在图书馆的各项工作中如何突出政治的问题。突出政治,就是要突出毛泽东思想,突出毛泽东思想就必须大抓学习毛泽东著作。"政治思想工作一定要落实到业务工作中去,真正做到政治统率业务。这是实现图书馆革命化的一个根本问题。"④

1966年,教育部、全国教育工会联合发出通知,要求教育战线掀起一个活学活用毛主席著作的新高潮,"毛泽东思想是当代马克思列宁主义的顶峰,是最高最活的马克思列宁主义"⑤。要求在工作中要突出政治,以政治统帅业务,把毛主席的书当作各项工作的最高指示,把学习毛主席著作摆在一切工作的首位,从而形成了这一阶段中突出政治、突出毛泽东思想、以阶级斗争为纲的政治思想态势。

二、学习毛泽东著作高潮中的图书馆工作

广泛地学习毛泽东著作的活动,开始于50年代后期。例如1958年和1959年,上海市各个区普遍展开了以学习毛泽东著作为主要内容的鲁迅奖章读书运动和红旗读书运动,尤其是后者,"以学习马克思列宁主

---

① ② 本刊评论员. 图书馆应进一步做好宣传学习毛主席著作的工作——国庆前夕为《毛泽东著作选读》出版而作[J]. 图书馆,1964(3):1-3.

③ 编者按. 在革命化的思想指导下我馆开展的几项服务工作[J]. 图书馆工作参考资料,1966(3):2.

④ 中国科学院各分院图书馆馆长座谈会纪要[J]. 图书馆工作参考资料,1966(1):2-10.

⑤ 教育部、全国教育工会关于在教育战线上掀起一个活学活用毛主席著作新高潮的通知(1966年3月5日)[M]//何东昌. 中华人民共和国重要教育文献:1949—1975. 海口:海南出版社,1998:1394-1395.

义、毛泽东著作作为主要内容的红旗读书运动,在党的领导下,从59年5月份开展以来,受到广大职工和青年的热烈欢迎和拥护"①。这一运动迅速在上海各地开展起来,大致在当年底,上海市参加读书运动的约有70余万人。上海县马桥人民公社还专门于6月下旬成立了红旗读书运动指导委员会,推进了读书活动。天津市河北区红专读书活动办公室,在1959年专门发出要求,要求有条件的单位成立有党、团、工会和图书馆代表参加的读书活动指导委员会,负责本单位读书活动的指导工作。天津市鞋厂及时成立了读书活动指导委员会,更好地促进了本厂读书活动的展开,"到目前为止,全厂80%的青年职工和部分成年职工,都参加了读书活动"②。为了促进读书活动,宁波市工会联合会和市图书馆于1959年11月25日召开了工厂图书馆工作现场会议,"掀起了厂厂办图书馆,积极开展读红色书的热潮。半个月来,全市百人以上工厂都建立了图书馆（室）"③。

1. 学习毛泽东著作高潮的兴起

1960年开始,读书运动更明确地转为学习毛泽东著作的运动,许多单位为此专门成立了学习毛泽东著作指导委员会。是年2月,徐州矿务局机械修理厂,"由党委宣传科长、厂长、团委书记等七位同志组成了学习毛主席著作指导委员会"④。六安地区迅速建立阅读毛主席著作指导委员会,成员由团县委、工会、新华书店、文化馆、图书馆等13个单位的相关人员组成,指导委员会下设办公室,有专人负责组织和指导阅读等事宜⑤。北京崇文区团区委发出"一万名青年学习毛主席著作"的号召,"目前据不完全统计,全区已有8500多名青年积极的投入了学习运动"⑥。区图书馆迅速补充了大量毛泽东著作、毛泽东传记和学习参考文件,1960年1月的图书外借量是1959年12月的7倍。3月10日,天津河北区召开1960年开展学习毛泽东思想读书运动和开展1960年图书馆（室）工作学、赶、超、帮的红旗竞赛运动誓师大会,到会者达300多个单位,1000

---

① 我们要认真学习毛主席著作[J]. 图书馆工作,1960(1):5-6.

② 要向广大职工进行共产主义教育——天津市制鞋厂开展了红专读书活动[J]. 图书馆工作,1960(1):22-25.

③ 骆兆平. 宁波市各工厂图书馆开展四好竞赛运动[J]. 图书馆工作,1960(1):45.

④ 郭成玉. 徐州矿务局掀起学习毛主席著作高潮[J]. 图书馆工作,1960(3):8.

⑤ 鲍良翠. 配合学习毛主席著作[J]. 图书馆工作,1960(5):20-21.

⑥ 北京市崇文区图书馆. 北京市崇文区图书馆是怎样开展学习毛主席著作运动的?[J]. 图书馆工作,1960(3):7-8.

余人①。山东省胶县县委向全县人民发出"高举毛泽东思想红旗,用毛泽东思想武装我们的头脑,立即掀起一个学习毛主席著作的高潮"的号召,全县人民闻风而动,胶县图书馆将此作为一项经常性的政治任务和中心任务,"自2月10日至24日14天的时间仅县馆就举行了报告会26次,听众达11,700人次;公社图书馆举办了报告会达810次,听众45,000人次"②。江西省图书馆全体职工,听了党委关于学习毛泽东著作动员报告后,立即行动起来,掀起一个学习高潮③。山东省在不少地区和单位都纷纷召开了学习毛主席著作的誓师大会④。在兰州市委的领导下,文化局、教育局、市总工会、团市委和省、市图书馆等有关单位,联合组成了兰州市读书活动指导委员会,在全市掀起了学习毛泽东著作高潮⑤。这些事例深刻地说明了,在1960年初学习毛泽东著作的运动确实是迅速、广泛地开展起来了,"所以图书馆应该紧密地配合这个运动蓬勃的开展图书活动,积极宣传和推荐毛泽东著作,采取各种有效的措施,辅导读者阅读、出色的完成图书馆的任务"⑥。

2. 迅速补充毛泽东著作

在学习毛泽东著作运动的高潮中,读者对毛泽东著作的需求犹如"井喷"。为满足读者的需求,同时也是以实际行动积极地投入到学习运动中去,图书馆界迅速行动起来,采取各种方式,想方设法采购与调配毛泽东著作。承德市委在1960年1月下旬做了"学习马列主义、学习毛泽东著作"的动员报告后,"新华书店有关领袖的著作,很快地购买一空。没有买到有关著作的读者,纷纷到承德市图书馆办理借书手续"⑦,图书馆的利用率很快提高。由于本地新华书店的存量不够,许多地方的新华书店一时难以及时满足读者对毛泽东著作的需求,许多图书馆就主动外出及时购买。天津市红桥区图书馆"还先后两次去北京购买书籍。仅第一季度就购进有关学习毛主席著作方面书籍7298册,占全部购书量55% 并向读者这样保

---

① 天津河北区图书馆辅导组. 掀起学习毛泽东思想的高潮[J]. 图书馆工作,1960(6):45-46.

② 胶县图书馆. 用毛泽东思想武装我们的头脑[J]. 图书馆工作,1960(5):32-34.

③ 贺璋. 江西省图书馆积极地学习和宣传毛泽东著作[J]. 图书馆学通讯,1960(5):21.

④ 林凤玉. 学习毛主席著作运动在山东[J]. 图书馆学通讯,1960(4):20-21.

⑤ 李尚德,温忆萱. 认真学习毛主席著作大搞群众读书运动[J]. 图书馆工作,1960(4):24-26.

⑥ 冯天贵. 既要搞好宣传又要加强学习[J]. 图书馆工作,1960(3):3-5.

⑦ 王永. 承德市图书馆积极为读者提供学习毛主席著作参考资料[J]. 图书馆工作,1960(3):54-55.

证:只要借毛主席著作一定满足供应"[①]。这时图书馆界已将能否满足读者学习毛泽东著作的需求提高到政治任务的层面,即使是公社、大队图书馆(室),尽管图书经费十分有限,也积极、及时地购买毛泽东著作。山东省胶县城关公社丁家庄生产队,在兴起学习毛泽东著作高潮过程中,迅速建立了36个以学习毛泽东著作为中心内容的读书小组,进一步巩固了图书室,添置300多册图书,各公社图书馆在"14天中新建图书室22处,图书流动站17个,读书小组250个,共买新书22,000册,其中包括毛主席著作15,000册"[②]。

一些大图书馆尽管有关领袖著作的存量较多,但仍然远远不能满足读者的需求。江西省图书馆"特从新华书店补充了毛泽东选集30余部,可是图书刚入库,即被全部借光了。现在我们正积极设法大量增加毛主席的著作和有关学习毛主席著作的参考资料"[③]。

高校是培养"无产阶级接班人"的场所,高校图书馆更是将满足读者学习毛泽东著作的需求,作为政治任务来完成。"西北大学图书馆为了配合这一运动,立即与新华书店联系,购买了三百部'毛泽东选集',以后又陆续采购了毛主席著作的一些单行本和几十种参考书。"[④]这些书籍到馆后优先加工,以及时满足读者需求。北京师范大学自从学习党的八届八中全会文件以后,就有意识地加强采购毛泽东著作和相关的学习文件和参考资料。1960年初,院党委决定在师生员工中开展学习毛泽东著作运动后,院图书馆迅速行动起来,"据统计,只今年二、三月份,就补充了毛泽东著作的选集、专题选集、单行本和关于解释、阐述毛泽东著作的书籍以及其他重要资料4681册"[⑤]。扬州师范学院图书馆购买大量的毛泽东著作,针对师生中许多人暂时买不到《毛泽东选集》,以及更好、更快地发挥图书的作用,"除馆内必须留存少数外,其余均主动分配给各个班级和教学、行政单位,共借出《毛泽东选集》380余本,单行本1300余册"[⑥]。扬州师范学院同时还采用代售和代订的办法,在一个学期内为读者代订单行本470册,代订《毛泽东选集》100余部。

---

① 天津市红桥区图书馆.千方百计的宣传毛泽东思想[J].图书馆工作,1960(6):17.

② 胶县图书馆.用毛泽东思想武装我们的头脑[J].图书馆工作,1960(5):32-34.

③ 贺璋.江西省图书馆积极地学习和宣传毛泽东著作[J].图书馆学通讯,1960(5):21.

④ 武德运.西北大学图书馆积极补充毛主席著作[J].图书馆学通讯,1960(3):47.

⑤ 铁丁.北京师范学院图书馆积极配合学习毛主席著作运动[J].图书馆学通讯,1960(5):20.

⑥ 扬州师范学院图书馆通讯小组.扬州师院图书馆配合毛主席著作学习开展多种活动[J].图书馆,1964(2):71.

学习毛泽东著作高潮的兴起,大大促进了图书馆的借阅量。衡阳市船山图书馆"截止目前,馆内除过去有关毛主席著作几百册全部借出外,最近增加几百册复本也将全部借出,图书流通量也大大提高"[1]。天津市红桥区图书馆热心为读者服务,积极推荐毛泽东著作,"使毛主席著作的借阅量由原来每年的七千余册一跃为每季近二万册次"[2]。承德市图书馆除外借量大增外,"来馆阅览的人也有显著增加,每天不少于 1000 人次,其中大多数人都聚精会神的阅读报章杂志上的有关学习毛主席著作的文章,并有不少人在自己的笔记本上作学习笔记"[3]。西北大学图书馆,"不到三周的时间,该馆流通毛主席著作已达 13,000 余册次"[4]。这种学习毛泽东著作的自觉性、迫切性、主动性、广泛性,是当今青年人难以想象的。

3. 大力开展宣传、交流活动

学习毛泽东著作运动的广泛开展,要求图书馆结合社会主义革命和建设的实践,结合国内外所面临的任务,有计划、有步骤、系统性地介绍毛泽东著作,以便使读者在学习过程中能更自觉地和国内外形势、当前的任务相结合,从而提升读者服务的质量,"这是图书资料工作中的一个更为重要的方面,是更为艰巨、更为细致的工作"[5]。

图书馆界大力开展宣传、辅导、组织活动,青岛市图书馆制订 1960 年的计划:大力宣传毛泽东著作,计划在工厂、农村、部队、机关中组织学习毛泽东著作小组,年流通相关图书 300 万册次,并在工厂、部队中开展讨论活动,举办巡回图片及图书展等,培养重点单位及重点读者,以点带面,以重点推动一般[6]。牡丹江市图书馆为了方便读者,更好地为读者服务,"还将过去的以东北分类法分编的 1700 余册马列主义和毛泽东著作的书籍全部用中小型图书分类法进行了改编"[7],同时开辟了毛泽东著作学习专桌、增设阅览室,积极向读者推介,馆员还采取主动通电话、送书上门等措施,促进了图书的流通。哈尔滨地区"各馆根据不同的条件,开辟了'毛主席著

---

① 冯玉辉. 在船山图书馆内读者争相借阅毛主席著作[J]. 图书馆工作,1960(4):47.
② 天津市红桥区图书馆. 千方百计的宣传毛泽东思想[J]. 图书馆工作,1960(6):17.
③ 王永. 承德市图书馆积极为读者提供学习毛主席著作参考资料[J]. 图书馆工作,1960(3):54-55.
④ 迟淳清. 努力学习和宣传毛主席著作[J]. 图书馆学通讯,1960(3):47.
⑤ 凤岐. 认真学习毛泽东同志的著作,为保卫马克思列宁主义的纯洁性而斗争——向图书馆工作者介绍三种毛泽东著作[J]. 图书馆,1963(1):1-6.
⑥ 鲁海. 大力宣传毛泽东思想[J]. 图书馆工作,1960(3):53-54.
⑦ 刘有和. 牡丹江市图书馆大量增置、推荐毛主席著作[J]. 图书馆工作,1960(4):46-47.

作专题阅览'、'专题服务台'、'专门参考室'，编制'馆刊资料剪辑'、'专题书目索引'；举办'图书展览'、咨询解答、专题讲座；组织辅导核心小组、读书经验交流会等形式开展宣传辅导活动"[①]。济南市图书馆连夜突击，开辟了毛泽东著作阅览室，组织宣传队，编排快板，抬着两米多高的《毛泽东选集》模型，深入街头巷尾进行宣传，散发"高举毛泽东思想红旗奋勇前进"的传单2000多份[②]。盖平县图书馆为更好地宣传学习毛泽东著作的意义、目的，于1960年3月17—18日举办了二次学习毛泽东著作报告会，有1500多名工人、农民、职工参加，参会者充分认识到了学习毛泽东著作的重要性，解除了与会者中工人、农民文化水平低不能学习毛泽东著作的思想顾虑，"报告会的第二天就有许多工人、农民排成队到馆内借阅毛主席著作"[③]。

　　为更好地交流学习情况，各地区都纷纷结合实际，召开座谈会。通化市图书馆在1960年3月15日，承办了由市工会、团市委、市图书馆联合举办的学习毛泽东著作座谈会，应邀出席座谈的有工业、财贸系统和人民公社等34个单位的62名代表[④]，促进了学习毛泽东著作运动的开展。黑龙江省肇源县图书馆于当年3月21日和县工会联合召开工厂、企业、学校关于学习毛泽东著作和开展红旗竞赛的座谈会，到会代表有26个单位的基层工会主席、宣传委员、图书馆工作人员30多名[⑤]。会议进一步取得共识：要将工厂、企业、学校的图书馆办好，要创办宿舍图书馆，推进学习运动的不断深入。

　　哈尔滨地区图书馆网委员会于3月10日在哈尔滨市图书馆召开了各系统图书馆的学习毛泽东著作的经验交流会，大专院校、科研单位、工厂、中学、机关企业图书馆及公共图书馆、城市人民公社图书馆等150余个单位的负责人和有关业务干部190余人出席了交流会[⑥]。会议的目的即是要贯彻市委的决议，密切配合学习毛泽东著作运动的开展，交流经验、互相学习、互相促进、共同提高。

---

①⑥　李春芳. 更好地举起毛泽东思想的红旗发挥图书馆的战斗作用——记哈尔滨地区各系统图书馆开展配合学习毛主席著作经验交流会[J]. 图书馆工作,1960(5):29-32.

②　济南市图书馆. 积极开展学习毛泽东著作的宣传辅导活动[J]. 图书馆工作,1960(4):26-30.

③　王世胜,陈云林. 积极开展学习毛主席著作报告会[J]. 图书馆工作,1960(5):45.

④　通化市图书馆. 毛泽东思想光芒万丈——通化市图书馆举办学习毛主席著作座谈会[J]. 图书馆工作,1960(5):35-36.

⑤　郭致中. 思想不断革命技术不断革新[J]. 图书馆工作,1960(5):36-37.

座谈、交流会议,通常都是在兴起学习高潮后及时召开的。"就以北京地区来说,参加学习的人数,据二月三日北京日报载,全市各厂矿企业、和商业单位的职工群众已达五十万人。成立了8000多个学习小组。"① 图书馆工作的一项十分重要的任务,就是如何积极主动地配合这场群众性的学习运动的开展。为有的放矢地工作,1960年2月9日下午,首都图书馆邀请了北京市部分区馆和厂馆的代表举行座谈会,了解基层读者和图书馆(室)的需求,以确定服务方向与内容。《图书馆学通讯》作为本领域的专业刊物,为了更好地宣传毛泽东思想,学习毛泽东著作,更好地介绍各地的先进思想和经验,于当年2月8日组织了北京市内20多个相关单位进行座谈,各单位代表在会上介绍了各自的做法和经验,并提出今后的设想②。

1964年,新一轮的学习毛泽东著作的高潮形成,"随着学习解放军、学习先进生产部门的逐步开展,一个学习毛主席著作的热潮正在院馆形成"③。这一运动的特点是要活学活用,带着问题学。为了及时了解情况、相互交流,中国科学院图书馆办公室于当年4月2日召集各组负责毛泽东著作学习的同志进行座谈,他们交流了本组的学习计划、学习方法、学习效果等问题。翌日下午和晚上,全馆同志又听了沈阳部队学习毛泽东著作的方法效果等情况的录音报告,推进了学习热潮的进展。通过"带着问题学、活学活用、学用结合、急用先学、立竿见影"的学习方法的推广,"同志们更加关心当前的国内外阶级斗争形势;为人民服务的思想、无产阶级的事业心、责任感与自己的岗位工作更进一步具体地联系起来了"④。成都市图书馆于1964年7月27日召开与该馆有业务关系的公社、生产队的团委(支部)书记、毛泽东著作学习小组长及部分学习积极分子的座谈会,到会代表92人,座谈会开了5个小时,交流了学习毛泽东著作的经验,以便促进农村的学习运动的开展。

图书馆界较为普遍地开始带着问题、有针对性地召开交流会。中国科学院图书馆针对各部门在制订和执行1965年工作计划过程中的经验体会及遇到的问题,于3月23日及时召开当年第一次思想政治工作经验交流会,交流了计划的制订、指导思想、分歧意见、如何统一思想,执行中遇到的

① 华. 积极、主动地学习和宣传毛主席著作——记学习毛主席著作座谈会[J]. 图书馆工作,1960(3):5-7.
② 进行多种多样宣传推动学习运动高涨:图书馆宣传毛主席著作的活动——首都20多个图书馆就如何学习宣传毛主席著作问题交流了经验[J]. 图书馆学通讯,1960(3):5.
③ 院馆召开学习毛主席著作经验交流座谈会[J]. 图书馆工作参考资料,1964(5):35.
④ 杨毓华.院馆举行学习毛主席著作经验交流会[J].图书馆工作参考资料,1964(12):35-36.

困难与难题、如何解决，如何带着问题学习毛泽东著作等内容，"大家都谈到处处、时时、事事抓思想政治工作的重要性，并一致强调活学活用毛主席著作的深远意义"①。一些图书馆在总结的基础上召开交流会，取得了很好的效果。中国科学院西北分院图书馆，于1965年7月2日开始，"用了近一个月时间，对我馆的学习毛主席著作活动，进行了先个人、后小组、再全馆的较系统的全面总结，并于七月二十日举行了'全馆学习毛主席著作经验交流会'"②。

进入1966年，这一运动更以突出政治、以阶级斗争为纲。是年2月，西北地区图书馆在西安召开了第三次协作工作座谈会，陕西、甘肃、宁夏、青海、新疆等5省（区）的主要图书馆负责人及陕西、宁夏、甘肃、新疆等4省（区）的科技情报所（室）的相关人员47人参会，"会议突出政治、以阶级斗争为纲，交流了两年来西北地区图书馆队伍活学活用毛主席著作，促进干部思想革命化和工作革命化的经验，以及科技情报单位与图书馆工作互相配合，共同开展文献服务工作的经验"③。

4. 开展毛泽东著作展览

在促进学习毛泽东著作运动中，图书馆加强宣传工作，采用展览会这种很有成效的宣传、推荐的工作形式。河南新野县人民文化馆图书室于1960年1至2月，举办了以"高举毛泽东思想红旗奋勇前进"为题的毛泽东著作展览会，展出了各时期毛泽东所著的著作，以及有关研究、解释毛泽东著作的参考书及毛泽东传记、生平活动的图书，近来报刊上发表的有关学习毛泽东著作的文章，展览中配有标语、诗歌、宣传画、图片等④。青岛市图书馆展出的毛泽东著作展览会，内容由5部分组成：①党的历次代表大会和重要决议，毛泽东在各个历史时期的重要著作和讲话，毛泽东自五四运动时起的革命活动；②毛泽东在国家领导工作中，包括毛泽东参加、主持或召集的全国人民代表大会和会议、政协全国委员会和会议、最高国务会议等内容；③毛泽东在群众中，包括毛泽东接见群众、访问群众、到各地巡视工作等内容；④毛泽东和兄弟党以及其他国家的领导人，包括毛泽东两次访苏，接见、会见兄弟党；⑤学习毛泽东思想，包括本市掀起学习毛泽东思想

---

① 院图书馆召开思想政治工作经验交流会[J]. 图书馆工作参考资料，1965（5）：51..

② 中国科学院西北分院图书馆. 关于学习毛主席著作的初步总结[J]. 图书馆工作参考资料，1965（11）：2-10.

③ 陕西省中心图书馆委员会. 西北地区图书馆举行协作工作座谈会[J]. 科技情报工作，1966（4）：40-41.

④ 林溪洁. 河南新野县人民文化馆图书室举办毛主席著作展览[J]. 图书馆工作，1960（3）：54.

高潮情况和学习毛泽东著作的典型人物等内容,等等。展览地点设在青岛图书馆大厅,并计划到工厂、农村巡回展出[①]。北京师范学院图书馆和院学生会联合举办的"学习毛泽东著作图书展览",展出了毛泽东著作的选集、专题选集、单行本的各种版本和发表在各报刊上的谈话、文电,以及发表在重要报刊上的关于学习毛泽东著作的论文、资料、毛泽东传记等,同时在图书馆历年来收藏的图稿中选编了"毛主席万岁"图片展览[②]。

为加强宣传,一些图书馆开展了巡回展览活动。四川省图书馆专门抽调 5 名干部组成毛泽东著作宣传组,于 1960 年 5 月 27 日组织馆藏部分毛泽东著作及有关图片、剪报资料、录音磁带等深入郫县、灌县、德阳、广元、乐至、南充、金堂、自贡等地的工厂、农村进行巡回展览,历时两个月,受众达 50 余万人次[③]。甘肃省图书馆、兰州市图书馆等单位联合举办"兰州市职工学习毛主席著作展览会",展出地点在西固工人俱乐部,展出内容分 3 部分:①世界人民热爱毛泽东著作情况;②兰州市人民活学活用毛泽东著作实例;③毛泽东诗词书法艺术。该展览会为期一个月,观众达 4 万余人次,并计划到市工人文化馆继续展出 2 个月,还将视情况是否继续去区、县巡回展出[④]。

一些图书馆开始发挥各自优势,跨界合办展览,从而提高了展览的质量。1960 年,武汉图书馆和市新华书店联合举行毛泽东著作展览会,陈列有毛泽东各历史时期的著作 200 余种,有些是未编入《毛泽东选集》1—3卷中的论著,陈列有各种版本的《毛泽东选集》、1919 年毛泽东主编的《湘江评论》和 1935 年《致西班牙人民书》的手迹照片,并陈列有 5 种少数民族本和 17 种外文译本[⑤]。是年初,四川省图书馆、省博物馆在省图书馆和成都青年宫同时举办大型宣传学习毛泽东思想、著作展览,展出毛泽东著作 500 余册及图片实物,展出 75 天,参观的中外读者、观众达 112,152 人次[⑥]。1961 年,辽宁省图书馆和沈阳市图书馆、沈阳市新华书店、沈阳故宫联合

① 青岛市图书馆阅览推广组. 青岛市图书馆举办毛主席著作与图片展览会[J]. 图书馆工作,1960(4):46.

② 铁丁. 北京师范学院图书馆积极配合学习毛主席著作运动[J]. 图书馆学通讯,1960(5):20.

③ 陈源蒸,张树华,毕世栋. 中国图书馆百年纪事:1840—2000[M]. 北京:北京图书馆出版社,2004:177.

④ 彭庆怀. 甘肃省等单位举办学习毛主席著作展览会[J]. 图书馆,1964(4):63.

⑤ 经. 武汉图书馆武汉市新华书店联合举办毛主席著作展览会[J]. 图书馆学通讯,1960(5):19.

⑥ 陈源蒸,张树华,毕世栋. 中国图书馆百年纪事:1840—2000[M]. 北京:北京图书馆出版社,2004:175.

举办了"毛泽东著作展览会"，通过近 7 个月的筹备，展览会于 7 月 10 日在沈阳故宫正式展出，9 月 16 日结束，编印了《毛泽东著作编年目录》一册配合展览，并铅印出版 ①。

　　在《毛泽东选集》（第四卷）出版前夕，北京大学图书馆及时开展了"迎接毛泽东选集第四卷出版"展览 ②。齐齐哈尔图书馆为了更好地向读者宣传该卷出版的重大意义，特在工作中做了安排与调整：及时补充毛泽东著作单行本及参考书等；编制毛泽东著作提要目录；指定专人做好《毛泽东选集》流通工作；扩大阅览宣传活动；组织集体阅读小组；编印《毛泽东选集》第四卷的书目索引；举行有关报告会；加强辅导工作等 ③。在《毛泽东选集》（第四卷）出版前，西安冶金学院图书馆就做了许多宣传准备工作，"注意收集 1945—1949 年在报刊上发表的文章，作了目录索引及专题索引" ④。该馆针对《毛泽东选集》（第四卷）刚发行，数量还较少的情况，图书馆员用大字报的形式公布该卷目录以及能找到文章刊登处的索引，供大家学习参考，展出"星星之火，可以燎原"和"光荣的三十年"两套图片中的第三次国内革命战争时期的有关部分。许多图书馆迅速开辟毛泽东著作阅览室或阅览区。四川省图书馆开辟的毛泽东著作阅览室，将毛泽东各个时期的重要著作及有关论著分成：毛泽东著作；毛泽东传记、活动；关于学习、研究、阐述毛泽东著作的论著等部分，共陈列出图书 386 种，1467 册 ⑤。室内设置了一套卡片目录，供读者查阅，并用剪报和图书宣传画、读者园地等方式，积极开展宣传活动，有力地为读者提供了学习阵地。武汉图书馆亦开辟了毛泽东著作阅览室，室内陈列《毛泽东选集》及各种单行本及各种学习辅助读物和理论刊物，每半个月出一期"参考资料剪辑"墙报，并定期召开座谈会，将辅导工作扎实深入地开展起来。

　　5.编制毛泽东著作索引

　　在学习毛泽东著作的运动中，图书馆如何积极地宣传毛泽东思想，帮

①　陈源蒸,张树华,毕世栋. 中国图书馆百年纪事：1840—2000[M]. 北京：北京图书馆出版社,2004：179.

②　北京大学图书馆. 书城春秋——北京大学图书馆110年纪事[M]. 北京：北京大学图书馆,2012：38.

③　齐齐哈尔市图书馆. 齐齐哈尔市图书馆开展宣传学习毛主席著作活动[J]. 图书馆,1961（1）：封底页.

④　西安冶金学院图书馆. 我馆为配合"毛泽东选集"四卷等学习积极工作[J]. 图书馆,1961（1）：封底.

⑤　四川省图书馆.大力宣传毛泽东思想积极流通毛主席著作[J]. 图书馆学通讯,1960（3）：7.

助读者学习毛泽东著作已成为当时迫切需要解决的重要课题。"如何利用和编制毛泽东著作书目和学习资料书目,是我们图书馆界当前一个特别值得重视的问题。"①南京图书馆为了更好地向读者提供资料,指定专人编纂一套关于学习毛泽东著作的参考书目,"这套参考书目题为:'高举毛泽东思想的红旗前进',分十三辑编印"②。鞍山市图书馆及时编制了《馆藏毛主席著作书目》和《学习毛主席著作报刊资料索引》等两个书目③。扬州师范学院图书馆突击将馆藏的毛泽东著作及其研究资料编成索引,内容分为"毛主席论著""学习毛主席著作的参考资料""毛主席生平传记"等3个部分④。图书馆将索引发到学院各单位,并放置在借书处、参考室和报刊室等处供读者随时查阅。报刊上新近发表的学习毛泽东著作参考资料,由报刊室做出索引,以墙报的形式每半月向读者推介,并在老师、学生参考室中设立"毛主席著作及其研究资料"的专橱,以方便师生学习和研究。

当时图书馆界推介、编制书目索引主要有下列7种形式:①毛泽东著作版本目录;②毛泽东著作主题索引;③毛泽东著作、言论、文电目录;④学习毛泽东思想参考资料索引;⑤剪报资料推荐目录;⑥专业阅览室的陈列书目和毛泽东著作的专架陈列;⑦期刊阅览室的资料推荐工作。许多图书馆编制的书目索引是综合性的,包括若干种书目索引的结合。

全国人民学习毛泽东著作,图书馆界广泛开展编纂书目索引工作,"为了交流情况,避免不必要的重复起见,现将我们了解到的编制情况(截止一月底止),介绍于下,以供参考"⑤。这是北京图书馆书目索引组的情况报道,报道中提供的信息是有19个书目将在第一季度完成。随后,北京图书馆书目索引组和北京大学图书馆学系,对新近收到的相关材料进行统计:毛泽东著作书目,包括油印本和铅印单行本,共有40多种⑥,按内容分

---

①⑥　赵琦. 关于毛主席著作书目——并介绍"建国十年来毛主席的著作和重要讲话目录"[J]. 图书馆学通讯,1960(3):8-9.

②　南京、浙江、陕西、青海等省图书馆采取多种措施大力宣传毛泽东思想[J]. 图书馆学通讯,1960(4):41.

③　迟淳清. 努力学习和宣传毛主席著作[J]. 图书馆学通讯,1960(3):47.

④　扬州师范学院图书馆通讯小组. 扬州师院图书馆配合毛主席著作学习开展多种活动[J]. 图书馆,1964(2):71.

⑤　北京图书馆书目索引组. 学习毛主席著作最新书目[J]. 图书馆学通讯,1960(3):11.

有：①毛泽东著作版本目录；②毛泽东著作、谈话、文电等目录；③毛泽东著作索引（其中在当时较为全面的是由中国人民大学图书馆编制的《毛泽东著作主题索引》，该索引是打字油印本，有 179 页）；④毛泽东著作专题书目等。

中文图书提要卡片联合编辑组迅速行动起来，"为了配合当前全国群众性的学习毛泽东著作的高潮，我组特出版了毛主席著作提要卡片和卡片合辑本"①。该提要卡片共收集了 215 篇著作，为广泛宣传推荐毛泽东著作做出了应有的贡献。

6. 开展学习毛泽东著作的讲座、征文活动

为了更好地指导、交流、研究、讨论学习毛泽东著作，许多图书馆聘请有关专家作学习毛泽东著作的专题讲座。江西省图书馆和江西省哲学学会及有关单位联合举办学习"实践论""矛盾论""关于正确处理人民内部矛盾的问题""毛泽东论文艺"等著作的专题讲座，聘请高校、党校和省哲学学会等有关部门的同志主讲，听众包括省市机关干部、教师、工厂职工、高校学生等，每月一次，首次于 1960 年 3 月 29 日开讲②。白城市图书馆主动与市广播站、市委党校、市委政治理论学校联合举办学习毛泽东著作讲座，内容包括：中国社会各阶级的分析、实践论、矛盾论、关于正确处理人民内部矛盾的问题等，主讲者由市委宣传部长、党校校长、政治理论学校主任和教员担当③。北京图书馆为全市各图书馆干部、部分机关党、团组织了"学习毛泽东思想"专题讲座，"讲座共分八讲：第一讲已于二月廿五日开始讲授，讲题是'学习毛泽东思想是我们的重要任务'，以下按'阶级分析''实践论''矛盾论'等题进行讲授"④。

图书馆界专业期刊《图书馆学通讯》和《图书馆工作》编辑部，为了紧密配合这一学习热潮，交流全国图书馆的经验，以及学习心得体会，特向全国图书馆界发起征文，征文内容有 5 项："①图书馆各项工作如何配合学习毛主席著作活动以及开展工作的经验。②进行毛主席著作宣传工作的经验。③对读者进行阅读毛主席著作的辅导活动经验。④图书馆工作者如

① 中文图书提要卡片联合编辑组. 关于发行毛主席著作提要卡片预定通知[J]. 中国科学院图书馆通讯,1960(2):封底页.

② 贺璋. 江西省图书馆积极地学习和宣传毛泽东著作[J]. 图书馆学通讯,1960(5):21.

③ 郭振先. 配合学习毛主席著作积极开展活动[J]. 图书馆工作,1960(3):55.

④ 北京图书馆. 北京图书馆组织了毛主席著作的专题讲座加强了马列主义毛主席著作阅览室的工作[J]. 图书馆学通讯,1960(3):6.

何结合本身工作学习毛主席著作。⑤学习毛主席著作后的心得、体会、读后感等"①。征文时间从 1960 年 3 月至年底。

《图书馆工作》1960 年第 3—6 期开设了"学习毛主席著作宣传毛泽东思想"专栏。第 3 期载文 9 篇,第 4 期 4 篇,第 5 期 4 篇,第 6 期 3 篇,共计 20 篇。可谓全党全民学习毛泽东著作的高潮在全国各地轰轰烈烈开展的缩影,特别是广大工农兵群众自觉地学习毛泽东著作的行动汇成了一个汹涌澎湃的巨浪,深刻地影响着人们的思想和社会的发展。

第三节　图书馆为农业服务

以农业为基础,以工业为主导,"农业对于发展国民经济有着极端重要的作用,它是国民经济的基础"②。1962 年,中共中央明确提出,要将发展农业放在首位,"贯彻执行毛泽东同志提出的以农业为基础、以工业为主导的发展国民经济的总方针,把发展农业放在首要地位"③,在这一方针的指引下,全国形成了支援农业生产的大局,"教育事业必须注意节约劳动力,以支援农业生产,争取大丰收"④。图书馆工作也是如此。全国各行各业都要"面向农村,把支援农业,支援人民公社集体经济放在第一位。图书馆的工作也应该贯彻这一方针,把为发展农业服务放在首要的地位"⑤。图书馆为农业服务,主要是为农业的科学技术研究提供文献服务,以及为农村广大农民宣传推广农业科技研究成果,普及农业科技知识,使社会主义新文化进一步深入农村。尤其是省市图书馆,直接负有关心和研究农村图书工作、指导县、区图书馆工作的职责,更应将这些任务明确地放在省市图书馆全部工作中的重要位置上,"鼓足干劲,力争上游,多快好省地建设

①　《图书馆学通讯》《图书馆工作》编辑部. 关于宣传和学习毛主席著作征文启事[J]. 图书馆工作,1960(3):封底页.

②　李富春. 关于1960年国民经济计划草案的报告(1960年3月30日在第二届全国人民代表大会第二次会议上)[M]//国务院法规编纂委员会. 中华人民共和国法规汇编:1960年1月—6月. 北京:法律出版社,1960:2-33.

③　中国共产党第八届中央委员会第十次全体会议公报(1962年9月24日至27日在北京举行)[M]//国务院法规编纂委员会. 中华人民共和国法规汇编:1962年1月—1963年12月. 北京:法律出版社,1964:1-7.

④　杨秀峰. 杨秀峰同志在全国文教工作会议上的发言(1960年12月5日)[M]//何东昌. 中华人民共和国重要教育文献:1949—1975. 海口:海南出版社,1998:1021-1025.

⑤　胡耀辉. 进一步加强和改进图书馆为农业服务的工作[J]. 图书馆,1962(4):1-3.

农村中的图书馆事业,把农村的图书馆工作推向更加普及、更加提高的新阶段"①。图书馆在随后的发展中,从扩大服务范围、提高工作质量的要求着手,对图书馆的组织机构、干部配备、文献清理和补充、书目索引的编制,各种服务方式和规章制度的制订等各方面工作都进行了不同程度的研究和改进,使图书馆为农业服务取得了许多成效。

一、大力加强面向农业的服务

在全国支援农业,大力加强农业科技研究的过程中,在党和国家的号召下,大批青年学生、工人干部和复员军人回乡参加农业生产,加之农村扫盲和业余教育的大力开展,识字农民不断增加,他们对文化的需求日益增长,面对农村中日益增长的文化需求,图书馆界加快了步伐。"连日来,郑州市图书馆正雷厉风行地贯彻市委提出的工业支援农业、城市支援农村的指示,动员一切力量,大力开展了声势浩大的宣传活动,大大促进了人人为农业大办好事的群众运动。"②郑州市图书馆通过大力推荐农业书籍,刊印支援农业信息等,扩大宣传,并到人民公园、人民公社、工厂、团体和东郊等地,举办了13次图片展览,观众约11,000人次。郑州市图书馆"特邀请了全国劳动模范古蒙公社社长赵黑孩同志和齐礼阎分社书记孙世勋等同志,分别在市内各工厂、省工人文化宫、二七纪念堂等地向广大职工群众作有关的报告,共举办报告会九次,听众约计四万多人次"③;还举办儿童故事会2次,支援农业幻灯会演2次,以农业为内容的灯谜会1次。四川省文化局及时召开图书馆业务辅导工作座谈会,"着重讨论在新的形势下如何大力发展县、社图书馆(室)问题"④,根据建有县图书馆的县的数量还不到全省所有县的六分之一,农村图书馆(室)的分布不够平衡的现状,争取于1960年内在汉族地区达到县县建馆、社社建馆(室)、生产队和公共食堂建室的要求。

图书馆加强在农村建立基层流通组和借书组。首都图书馆的农村图书流通工作主要是通过郊区文化馆(站)进行的,"京郊13个文化馆和7个文化站,都是该馆的农村图书流通站"⑤,通过进一步工作,全市的郊区

---

①　本刊评论员.把农村图书馆工作推向新阶段[J].图书馆学通讯,1960(5):9-11.

②③　郑州市图书馆通讯组.郑州市图书馆[J].图书馆,1961(1):53-54.

④　四川省文化局召开图书馆业务辅导工作座谈会讨论在新形势下大力发展县、公社图书馆(室)问题[J].图书馆工作,1960(8):21-22.

⑤　李文.首都图书馆积极满足农村知识青年的读书要求[J].图书馆,1962(4):11-12.

文化馆站已在基层建立了 1091 个流通站和借书组,还在大队、小队建立了 19 个图书流通点。为了进一步加强农村图书工作,首都图书馆专门设立农村组,由 3 名干部、2 名司机组成,专门担任北京郊区 13 个区、县建立图书流通站的工作,"最近还从书库中挑选出适合农村需要的图书二万多册,分批送给郊区文化馆图书室"①,并加强了对郊区的县级图书馆、文化馆图书室的业务辅导工作。每月定期下点,为文化馆、站、生产队站送换图书和业务辅导工作,在 1962 年,"截至 9 月底,首都图书馆已对 41 个图书流通站借出了 10 万册书刊"②,还成立了有 16 万余册藏书的农村专用书库,以调剂各文化馆图书流通之不足。郑州市图书馆"从 1961 年起,就抽出专人在农村开展图书活动"③,在市郊以公社、大队图书馆(室)为主要阵地,采用个人、小组、图书站等形式大力开展图书流通工作,流通形式多种多样:利用乡村邮递员开展图书流通活动,以民校为阵地开展借阅活动,在农村一线的职工干部和回乡知青中组织读书小组;建立以共青团支部为核心的图书站;由社队会计、计工员负责开展的借阅活动等,使图书借阅工作在这里较为广泛地开展起来。

中国农业科学院图书馆的主要任务,是为农业科研服务。该馆越来越广泛地为全国各地农业服务,"以 1962 年为例,有 467 个单位(次)借出图书 542 册,期刊 731 册。今年上半年即有 320 个单位(次),借出图书 307 册,期刊 385 册"④;同时十分注意对边远地区的服务工作,通过邮寄图书,中国农业科学院图书馆及时满足了诸如广西僮族自治区畜牧研究所的关于水牛研究方面的文献需求;根据形势的发展需要,广大农业者走出实验室,上山下乡,深入农村建立研究基地,大搞样板田,开展群众性的农业科学实验活动,"根据上级党委和院领导的指示,我馆目前应重点为农村基点样板田服务。因此,今年我馆提出的口号是:重点转外,积极为农村基点样板田服务"⑤。浙江图书馆于 1963 年先后向全省 19 个县图书馆、文化馆赠送图书达 79,000 余册,大力推行全省的邮递借书工作,"一年来已发展了以农业科研人员、农业技术干部为主的读者 400 多人,共出借中外文图书 800 多册,期刊 20 多种,其中为科学研究所需要的图书资料占一

① 胡耀辉. 进一步加强和改进图书馆为农业服务的工作[J]. 图书馆,1962(4):1-3.

② 李文. 首都图书馆积极满足农村知识青年的读书要求[J]. 图书馆,1962(4):11-12.

③ 杜文卿. 郑州市馆在农村开展图书借阅活动的点滴体会[J]. 图书馆,1963(2):60-61.

④ 中国农业科学院图书馆. 采取多种方式积极地为农业科学研究服务[J]. 图书馆,1963(3):10-11,16.

⑤ 王永厚. 重点转外,积极为农村基点样板田服务[J]. 图书馆工作参考资料,1965(9):2-5.

半"①。这一工作得到读者的赞赏,浙江图书馆共收到感谢信100多封。根据需求,浙江图书馆在1964年将再发展200名读者,并拟作重点调研工作,以便更好更有针对性地开展服务。

宁波市图书馆大力为农村春耕生产服务,大力开展农业科技图书的流通工作,他们与市农业局取得联系,了解市农业局在春耕前要召开的各种农技训练班计划,然后根据计划,将有关农技书籍送到各训练班去;集中有关春耕的馆藏文献,由流动辅导组主动送到公社、各农业试验场,并在各试验场里组织"丰产研究小组",进一步为各研究小组提供所需文献;积极对图书室进行辅导工作,促进各队的春耕工作更扎实地开展起来。黑龙江省哈尔滨市双城县是全国农业机械化的重点县之一。哈尔滨市图书馆积极为双城县农业机械化服务,尽管馆内收藏的农业机械修配方面的文献较少,但积极通过与省图书馆以及其他市图书馆开展的馆际互借,及时予以解决,"一九六三年我馆为农业机械部门提供图书资料781种,配合解决生产技术问题20项。给国家节省了财富。如五家农机站,因参考某书而排除了三次故障,为国家节省资金6000余元"②。

北京图书馆大力收集补充农业书籍,"目前该馆已与世界上的48个国家的209个农业单位建立了国际书刊交换关系"③,入藏苏联出版的农业书籍8千余种,其他有关的外文书籍3300多种,各种农业刊物523种。中国科学院图书馆充分发挥外语人才优势,"搜集有关食品和饲料代用品方面资料,选要译成中文,共六篇、四万余字,送院支援农业办公室及农业机械部等单位采择使用"④。

广东省文化局在1962年11月12至21日,召开省专区级、市级、县级公共图书馆负责同志座谈会,研讨加强和改进广东省公共图书馆工作,积极支援农业、为农业服务问题,进一步统一了全省公共图书馆为农业服务的思想,明确了服务方向和内容步骤和图书馆为农业服务工作的开展⑤。

出版界也大力出版农业书籍,"一九六三年十二月间,新成立的农村

① 何愧昌. 浙江图书馆大力推行邮递借书赠送大批图书支援山区农村[J]. 图书馆,1964（1）:72.

② 哈尔滨市图书馆辅导部. 了解需要,送书上门,服务生产[J]. 图书馆,1964（1）:68.

③ 鲍振西. 北京图书馆是农业科学技术研究战线上的一个后勤部队[J]. 图书馆,1962（4）:10-11.

④ 中国科学院图书馆1960年工作总结[J]. 图书馆工作参考资料,1961（1）:1-13.

⑤ 广东省中山图书馆方法研究部. 广东省文化局召开公共图书馆支援农业工作座谈会[J]. 图书馆,1962（4）:62.

读物出版社,出版了一批农村文艺读物"①,计有中国曲艺工作者协会编选的唱词集 10 种,快书、快板集 6 种,相声集 7 种,剧本月刊社编选的小型戏曲 8 种,独幕话剧 12 种。

二、农村图书馆积极开展活动

在全国支援农业的大局下,各县图书馆更是挖掘潜力,创新服务。许多县图书馆及时制订计划。上海市松江县图书馆密切配合党的中心工作,计划在 1960 年第 1 季度举办 "读毛主席的书,听毛主席的话永远胜利" 的主题图书展,举办各种活动 20—30 次,受众面要达 2—3 万人次;建立图书馆(室)、流动图书站、集体借书组 10—15 组;举办 1 期图书管理员训练班;举办 "一亩地一头猪" 的主题图片、图书巡回展;整理图书目录,更方便读者利用图书等②。江西省临川县根据当时的中心任务,迅速对工作进行了安排:县、公社图书馆都举行以支援粮食等为中心的图书、图片展,大力开展黑板报宣传活动;编制相关的书目,并将相关图书专架陈列,方便读者借阅;每天将报刊上的相关文章用红笔画好及时贴出;举办 "以粮、钢为中心的增产节约运动" 的展览等③。山西省阳高县图书馆,利用庙会或节日集会的机会,大力开展图书借阅工作。1962 年 8 月,许家园村举行庙会,"县图书馆的工作人员就选了有关农业技术、卫生、文艺等方面的书籍二百多册,在庙会摆起了书摊,供读者自由阅读。四天就接待了一万多名读者"④。

在农村建立图书借阅网络,是各县级图书馆的重要任务。哈尔滨市双城县图书馆在 20 世纪 60 年代初有 3 名工作人员,藏书近 4 万册。图书馆工作人员努力工作,"一年来,我们在五家、农丰、希勤等十一个地区的农机站(队)、农业技术指导部门、修配厂、生产大队建立了 24 个图书流动站,45 个借书小组,并与 20 个公社农业技术推广站建立了邮寄关系,形成了纵横交错的图书借阅网"⑤。双城县图书馆坚持常年开展活动,在 1963 年,为各基层借书组织换书 98 次,借出图书 5786 册,图书流通了 78,526 册次,

① 郑挚. 献给农村的新花束——介绍农村读物出版社出版的一批农村文艺读物[J]. 图书馆,1964(2):50-52.

② 积极开展图书活动密切配合党的中心任务[J]. 图书馆工作,1960(3):54.

③ 周干助,邓禄田. 临川县图书馆[J]. 图书馆,1961(1):53.

④ 山西省图书馆通讯小组. 千方百计满足农民阅读需要阳高县馆面向农村开展借阅活动[J]. 图书馆,1963(1):38.

⑤ 双城县图书馆千方百计为农村服务[J]. 图书馆,1964(1):67.

读者达 74,750 人次。

广元县到 1960 年中期，"已建立起农村、厂矿图书馆（室）628 个，阅读组 1518 个"①，基本实现了发展目标：公社有馆、区队有室、食堂有阅读组、千人以上厂矿有馆、百人以上厂矿有室。宜兴县图书馆通过努力工作，在 4 大镇 60 多个工矿、企业中做到厂厂有图书馆（室），车间、工地有读书组，在 38 个公社、596 个生产大队中达到社社有馆、队队有室，建立集体借书组 127 个，图书流动站 107 处，读书小组 5600 多个②，形成了以县馆为中心、以公社图书馆为骨干的图书馆网。广元县图书馆通过加强辅导工作，不断推进图书馆的服务工作。

根据"人民公社条例"，"农村人民公社是政社合一的组织，是我国社会主义社会在农村中的基层单位，又是我国社会主义政权在农村中的基层单位"③。如何充分发挥好人民公社图书馆的作用，对于人民公社的建设也是一个重要的工作内容。上海市马桥公社在 1960 年时有藏书 2.2 万册，设有阅览室和借书处，专职管理人员 1 名，月图书经费 120 元，一年来流通图书达 180,000 册次。全年组织全社性的阅读指导 11 次，参加人数达 2123 人次，举办广播讲座 8 次；图书图片巡回展览 650 次；小型故事会、朗诵会 200 多次；编制馆藏目录 1 种、专题目录 6 种、推荐书目 3 种④。马桥公社还建立了 6 个生产大队图书室，23 个生产队图书室，近 200 个借书组，还在机关、学校、社办工厂、畜牧场、拖拉机站等处建立了流动图书站 45 个，形成了以公社图书馆为中心的图书馆网。

针对农村知识青年不断增多的情况，一些县图书馆积极组织吸引大批农村青年的"学习室"，或称"青年之家"，由共青团基层组织领导。如吉林省榆树县，"现在，全县共有学习室近二千处，大部分生产队都建立了这一组织。经常参加活动的有五万多人，其中大部分是青年社员"⑤。

根据当时大办公共食堂的实际情况，如何占领食堂这一重要阵地，就

① 广元县图书馆. 积极地主动地开展图书馆业务辅导工作[J]. 图书馆工作,1960(8):25-28.
② 坚持开门办馆方针千方百计扩大图书流通——江苏省宜兴县图书馆先进事迹[J]. 图书馆工作,1960(1):26-29.
③ 农村人民公社工作条例(修正草案)(一九六一年六月十五日)[M]//中共中央文献研究室.建国以来重要文献选编(第14册).北京:中央文献出版社,2001:335-337.
④ 中共上海市上海县马桥人民公社委员会宣传部. 马桥人民公社图书馆[J]. 图书馆学通讯,1960(5):13-15.
⑤ 榆树农村建立学习室传播革命思想[J]. 图书馆,1964(4):5.

成为农村图书馆的重要任务之一。新凡(应为四川省新繁县)县竹友公社于1960年2月掀起了群众自办图书室的热潮,"仅三天时间就建立食堂图书室53个,藏书二万二千五百册,平均每人达二册半,每天读者约5000余人次,每天流通图书达12,500余册次"①,从而形成了以公社图书馆为中心,以食堂图书室为基础的图书流通网,为加强辅导工作,公社设立了图书流通辅导委员会,负责全公社的图书馆业务辅导工作。

三、深入开展讲座、书目索引工作

为更深入、扎实地为农业服务,广东省图书馆学会筹备小组发挥组织的力量,在开展学术研究活动过程中,根据形势,提前召开广州市图书馆界支援农业工作座谈会,并决定把这一内容列为将要召开的年会的中心课题之一。筹备小组建议广东省中心图书馆委员会成立一个支援农业工作组,以便统筹规划广州地区各图书馆支援农业的工作,进而形成一个为农业服务的协作和调度中心,进一步通过调研工作,加强与各单位的联系,大力开展参考咨询工作,"要求有关的农业专业图书馆协同组织一个农业参考咨询中心,负责解决读者需要查找、翻译复制文献资料等问题"②,进一步形成服务农业的参考咨询网。南京图书馆"今年主要是以农业科学技术研究中重点课题为中心,举办专题书刊资料展览,编印专题书目索引,接受读者咨询,发展农业科研生产单位及专业读者,复制农业科技文献等等"③,并明确其工作方针是:"对口供应,多面结合,效果落实。"浙江省图书馆于1963年8月举办农业科学知识讲座,"现已举办了二讲。(1)世界各国农业发展的趋势和我国农业发展的伟大远景;(2)浙江省的自然环境及其生产特点"④。在召开讲座的过程中,还结合每次讲座的内容,组织农业图书和农业专题文摘展出,收到了较好的效果。

1. 农业书刊的宣传、展览

图书馆界大力开展农业文献的宣传活动。中国农业科学院图书馆定

---

① 中共新凡县竹友公社党委会. 加强业务辅导,大搞图书活动[J]. 图书馆工作,1960(8):28-31.

② 谈荣森. 广东地区各图书馆统一认识,落实措施,加强协作,积极提高为农业服务的工作水平[J]. 图书馆,1963(1):44.

③ 南京图书馆参考阅览部. 更有效地为农业技术改革提供资料[J]. 图书馆,1963(3):17-18.

④ 何愧昌. 浙江省图书馆编制农业专题文摘并举办农业科学知识讲座[J]. 图书馆,1963(4):69.

期出版《图书馆与读者》的黑板报，半月一期，内容包括："新书介绍"，推荐质量较高的图书，重点介绍重要科研题目的新书；开辟专题介绍和馆藏重要期刊简介栏目；和读者互动，刊登读者来稿来函[①]。

广西僮族自治区第一图书馆于 1963 年 11 月下旬举办农业科技书刊资料展览，"展出内容分为农作物、植物保护以及地方文献等十大部分"[②]，其中自编的 16 种馆藏专题农业书目及资料索引等十分吸引读者，可供读者根据自身需要摘录资料。浙江图书馆为使广大科研读者全面了解和充分利用馆藏农业文献，举办了馆藏农业书刊展览，在展出的过程中，编制出一部比较系统、全面的书目索引，以便供全省各地农业研究单位参考，"这次展出内容相当丰富，有解放前后收藏的中、外文农业期刊八百多种、古籍图书和地方资料共六百八十多种，还有各国有关农业部门的报告、文献等"[③]。宁夏回族自治区图书馆举办"农业书籍展览"，内容包括：马恩列斯经典著作中有关农业问题的论著；毛泽东关于农业问题的论著；党和政府的有关方针政策、法令、法规、批示；反映农村成就的文献，有关农业的书刊；古农书、宁夏地区文献中有关农业的部分等 410 多种[④]。

全国图书馆界普遍开展了农业专刊陈列的活动。南京图书馆于 1963 年 4 月开展了"农业机械中外文书刊中心陈列"活动。展出有关农业动力机械、农用水利机具、农业机具、家具原材料、冶炼及零件制造和修配等方面的经过精选的中外文图书 900 种，中外文期刊资料 60 余种，并从中外文杂志中选辑论文 1116 篇制成卡片，分随各个专题陈列[⑤]。四川省图书馆举办"机电提灌和农业有关书刊资料展览"，选择相关图书期刊、内部资料、书目索引、产品说明 1500 多件，到遂宁、射洪、绵阳等地巡回展出[⑥]，展览会上许多读者摘录资料，抄录书名，提出问题。浙江省科委组织浙江图书馆、浙江农业大学、浙江省农业科学院、浙江省科委科技图书馆、杭州外文书店等单位，联合举办"农业科技文献资料展览会"，"这次展出的中外文文

①　中国农业科学院图书馆宣传组. 我馆的黑板报——《图书馆与读者》[J]. 图书馆，1963（3）：56.

②　苏. 广西僮族自治区图书馆举办农业科技书刊展览[J]. 图书馆，1964（1）：71.

③　何槐昌. 浙江图书馆举办馆藏农业书刊展览[J]. 图书馆，1963（2）：56.

④　高树瑜. 宁夏回族自治区图书馆举办"农业书籍展览"[J]. 图书馆，1963（3）：63.

⑤　南京图书馆参考阅览部. 更有效地为农业技术改革提供资料[J]. 图书馆，1963（3）：17-18.

⑥　四川省馆巡回展览工作组. 四川省图书馆举办"机电提灌"等书刊资料巡回展览[J]. 图书馆，1964（1）：71.

献资料有五千多种,分为十二个部分"①,同时还专题陈列了国内外良种样品,包括:水稻、大小麦、番茄等 40 多种。

2. 编制专题书目索引

"为农业服务,特别是为农业科学技术研究服务,既是省图书馆的任务,又是各专业图书馆的任务。"②编制书目索引,是其中的主要工作之一。北京图书馆加强为农业服务,特别加强了书目索引的编制工作,"该馆编印出版农业方面的书目主要有:《馆藏农业书刊目录》《馆藏肥料书目》《馆藏水利书目》《馆藏林业书目》《馆藏畜牧书目》等四十多种"③。浙江省图书馆进入 20 世纪 60 年代后,先后编制了《论浙江农作制》《选种、育种》等 17 种专题书目,为 27 个科研单位 24 个科研项目提供了对口文献,为40 多个科研单位提供了有关农业遗产研究资料 100 余次,2000 余册,编制了单位面积高产的"区种制"的专题论文索引④。"去冬以来,浙江省图书馆为本省农业生产,尤其是畜牧业,大力编制了小型书目和专题资料,到目前为止,已共编制了 40 种。"⑤南京图书馆编制了《农业机械中外文图书简目》《拖拉机图书简目》《农业机械中外文期刊论文索引》等。在编制书目之前,南京图书馆派人到省、市有关农业科学研究单位、农业机械制造单位去调研,了解他们的研究项目和需求,然后确定书目主题并开展编制工作⑥。在编制"农业机械"专题书目后,又接着编纂肥料、农药等专题书目索引,包括《肥料中外文图书目录》《农药中外文图书目录》《肥料中外文资料索引》《农药中外文资料索引》《尿素中外文资料索引》等⑦。

甘肃省中心图书馆委员会收集 10 所图书馆所藏有关畜牧兽医的图书2360 种(中文 1149 种,俄文 734 种,英文 477 种),编纂出版了《甘肃地区畜牧兽医图书联合目录》,该目录由甘肃农业大学图书馆主编,按语种分 3辑出版⑧。在吉林省中心图书馆委员会的支持下,吉林省图书馆、吉林市图

① 王柏寿. 浙江省图书馆等六单位联合举办"农业科技文献资料展览会"[J]. 图书馆,1963(4):30.

② 汪长炳. 谈谈省图书馆为农业服务的工作[J]. 图书馆,1963(3):1-6.

③ 鲍振西. 北京图书馆是农业科学技术研究战线上的一个后勤部队[J]. 图书馆,1962(4):10-11.

④ 胡耀辉. 进一步加强和改进图书馆为农业服务的工作[J]. 图书馆,1962(4):1-3.

⑤ 沈启文,夏定域. 浙江省馆大力编制畜牧业书目资料[J]. 图书馆学通讯,1960(5):48-49.

⑥ 南京图书馆积极编制农业书目[J]. 图书馆,1963(2):63-64.

⑦ 杨世明. 南京图书馆等单位编制肥料、农药等专题书目[J]. 图书馆,1964(1):71.

⑧ 甘肃地区畜牧兽医图书联合目录[J]. 科技情报工作,1964(5):封底页.

书馆、吉林农业大学和延边农学院图书馆联合编制了《养猪养鸡联合书目索引》，将相关图书和报刊上发表的相关文章近1000种，按分类排列[①]。

"地方文献资料对本地区的农田水利建设有着很重要的意义。"[②] 地方文献与本地区农业生产密切相关，被收在地方文献中的单独论述农业技术的图书资料，通常是结合本地区的具体情况来探讨研究的。广东省中山图书馆大力为读者提供地方文献服务，在1963年上半年就为20多个单位，几十个研究人员提供了服务，并进一步了解到了研究人员的需求，及时编制了《广东经济作物参考资料目录》《广东土特产参考资料目录》的增订补充工作，"根据当前的需要，本馆还准备在本年内先把《广东水利参考资料目录》予以重编付印"[③]。

上海图书馆对本地区的有关农业的单位进行了深入的调研，随后以馆藏书刊为主，"着手编制有关图书目录和全市外文农业技术图书联合目录、各种专题资料索引等，并定期影印外文主要农业期刊的目次报道，供有关读者利用"[④]；并影印了若干种国内稀见的古农书，如《稼圃辑》《灌园草木识》《太康物产表》等。

重庆市图书馆"还积极用'资料报道卡'来为农业科学技术工作者迅速提供新到的期刊资料"[⑤]。1963年第1季度，重庆市图书馆共向有关单位和个人寄发119件次，报道新近资料223篇，其中农业的71件次，123篇。由于这一活动针对性很强，读者在收到资料报道卡后，通常都能及时到馆或函请借阅。

1963年4月3日，中国科学院京区动物所、植物所、微生物所、遗传所、地球物理所、地理所、地质所、综合考察委员会、化学所、化工冶金所等十个所图书馆负责人员，在微生物所会议室举行会议，会上提出发起组织支农协作小组的倡议书，以及成立协作小组的目的和要求，获得与会代表一致共鸣，并认为"首先要加强对支农研究工作的服务，如植物所及地质所图书馆准备根据支农研究项目编制一些专题目录。最后，大家推选了4人组成工作小组，具体贯彻执行支农协作小组的工作"[⑥]。

需要指出的是，在20世纪60年代初，图书馆界也组织了大量的人力

① 养猪养鸡联合书目索引[J]. 科技情报工作，1964（5）：封底页.

② 胡耀辉. 进一步加强和改进图书馆为农业服务的工作[J]. 图书馆，1962（4）：1-3.

③ 赵平. 积极做好地方文献工作，更好地为农业服务[J]. 图书馆，1963（3）：15-16.

④ 启宇. 加强为农业科学研究服务上海图书馆采取积极措施[J]. 图书馆，1963（1）：38.

⑤ 文放. 谈谈我们的"资料报道卡"[J]. 图书馆，1963（2）：62.

⑥ 淑田. 本院京区有关各所馆成立支农协作小组[J]. 图书馆工作参考资料，1963（22）：36-37.

成为农副产品的直接生产者。在三年困难时期，"当前学校领导上要一手抓教学，一手抓生活，抓紧预防和医疗疾病工作……今冬明春，学校也要适当注意休养生息"①。清华大学"为了克服自然灾害，根据粮食歉收带来的困难，学校除了在校外建立农业生产基地外，在校园内还开辟了许多粮地和菜地，并发动全校师生参加农业生产劳动"②。清华大学图书馆积极组织员工参加劳动，还被学校评为"农业生产红旗单位"。

在农村开展大规模的以养猪为中心、全面发展畜牧业的群众运动中，"图书馆工作者要注意到这个形势，多选购一些畜牧书籍，供给读者的迫切需要"③。在农村实现"一人一猪"的战斗口号鼓舞下，掀起了群众性的养猪生产高潮。福建省图书馆立即轰轰烈烈的开展宣传活动，"组织了一套'城乡齐动手，全民大养猪'的资料图片，宣传养猪的好处，和怎样养猪的经验，以及养猪能手的先进事迹。又编印了养猪书目"④。福建省图书馆馆员将相关书籍分批送到公社、工厂、机关，以供展览和借阅。

福建省图书馆除编印养猪书目等工作为读者提供文献服务外，更是亲自参加养猪工作，在馆内成立了养猪领导小组，领导亲自挂帅，大家一齐动手，"由于养猪生产早在去年年初就开始搞，全馆34人养猪21头，已超过二人一猪，夺得文化局直属系统各单位的标兵"⑤。"大抓食堂"成为这一时期图书馆的重要工作之一，"今年领导下决心大抓生活，大抓食堂，特别是干部到食堂建立了制度，保证同志们吃的够量、吃的好，工作也就更有劲"⑥。

第四节　图书馆界的"双革运动"

"双革运动"，即技术革新、技术革命运动。1953年10月，中华全国总工会第七届执委会第三次主席团会议的决议中首次提出"技术革新"。1955年，毛泽东提出了我国社会生产中进行技术革命的任务⑦。1958年5

① 杨秀峰.杨秀峰同志在全国文献工作会议上的发言（1960年12月5日）[M]//何东昌.中华人民共和国重要教育文献：1949—1975.海口：海南出版社，1998：1021-1025.
② 《百年清华图书馆》编写委员会.百年清华图书馆[M].北京：清华大学出版社，2012：107.
③ 刘景星.为高速度发展养猪业服务[J].图书馆工作，1960（2）：36-38.
④⑤ 许健.福建省图书馆以实际行动宣传大养猪[J].图书馆工作，1960（2）：48.
⑥ 中国科学院图书馆1960年工作总结[J].图书馆工作参考资料，1961（1）：1-13.
⑦ 曾孝威.从"技术革新"到"技术革命"[J].西安冶金建筑学院学报，1984（4）：9-13.

月,中国共产党第八次全国代表大会第二次会议提出了逐步实现技术革命和文化革命的任务,至1960年,全国掀起了一个"双革运动"高潮。

"双革运动"的主要目的与任务,即是力争在一个不太长的历史时期内,把我国建设成一个现代农业、现代工业、现代国防和现代科学技术的社会主义强国,"1960年,无论那一个部门,都必须把以技术革新和技术革命为中心的增产节约运动进一步开展起来,积极发展机械化、半机械化、自动化、半自动化的群众运动,鼓励和支持劳动群众和科学技术人员创造发明的积极性"①。这一运动的中心内容是与生产密切结合,逐步实现机械化和半机械化,自动化和半自动化。上海市在1960年"双革运动"开展得很有成绩,"今年以来,上海市工业战线上掀起了一个来势十分迅猛、规模极其壮阔的机械化、半机械化为中心的技术革新、技术革命的群众运动"②,以至全国不少地方提出"学上海、赶上海、超上海"的口号。浙江省在1960年上半年,"近两个月来,浙江有九十多个中专以上学校的三万多师生,分别到七百零九个工厂、二百多个公社参加技术革命运动"③,从中可了解当时在全国开展"双革运动"的大势。

一、图书馆界对"双革运动"的认识

顾家杰在《掀起图书馆工作的技术革新和技术革命的新高潮》一文中,较有代表性地谈了图书馆界对"双革运动"的认识。整个图书馆界已充分认识到了全国各行各业都已意气风发斗志昂扬地投入到了运动中去,客观形势"要求我们进一步大闹技术革新和技术革命运动。不但要求我们要打破传统的工作方法——手工业式的操作方法,而且要求我们要全面革命,大搞机械化、半机械化、自动化、半自动化;要从单个项目的革新,发展到整个工序以至图书馆工作的全部技术改造"④。这一论述,将图书馆界

① 李富春. 关于1960年国民经济计划草案的报告（1960年3月30日在第二届全国人民代表大会第二次会议上）[M]//国务院法规编纂委员会. 中华人民共和国法规汇编:1960年1月—6月. 北京:法律出版社,1969:2-33.

② 中共中央批转上海市委《关于工业战线技术革新、技术革命运动的情况的报告》（一九年四月十日）[M]//中共中央文献研究室. 建国以来重要文献选编（第13册）. 北京:中央文献出版社,2011:191-209.

③ 中共中央关于师生、科技人员下厂参加技术革命两个材料的批示（一九年五月二十六日）[M]//中共中央文献研究室编. 建国以来重要文献选编（第13册）. 北京:中央文献出版社,2011:355-356.

④ 顾家杰. 掀起图书馆工作的技术革新和技术革命的新高潮[J]. 图书馆工作,1960（6）:1-3.

的技术改造的范畴、层面揭示了出来,要达到要求与目标,必须加快改革旧的技术、旧的经验,打破保守观念和旧有习惯,以及不适应形势发展需要的规章制度,从而将"双革运动"中产生的许多具有普遍意义的成果、思想、方式方法等用制度的形式固化下来。图书馆界亦更深入地从思想革命方面去认识"双革运动"的意义:"技术革新和技术革命运动的直接意义,是减轻劳动强度,提高工作效率,而更深刻的,则是促进职工思想革命。"① 针对图书馆界而言,在新的历史条件下,提出了更高的要求,"要求图书馆的工作,必须在已有成就的基础上继续跃进,更充分地运用书刊资料为技术革新和技术革命服务,并促进其广泛深入地发展,从而加速我国社会主义建设"② 图书馆界清醒地认识到,图书馆的根本任务是为读者更充分地提供文献服务,这一任务的战略意义,则直接与加速建设社会主义祖国密切相连,这一任务是图书馆能协助突破生产关键的根本环节。图书馆以更高的要求为读者提供文献服务,"在目前及今后一个相当长的时期内,中心应在技术革新和技术革命方面"③。

二、图书馆界形成"双革运动"高潮

进入1960年,图书馆界迅速响应上级党和政府的号召,掀起了"双革运动"的高潮。青海省委与其他各省一样,在全省范围内发出了开展"双革运动"的指示,青海省图书馆"在这样的大好形势下,我馆的党政领导有计划地从思想教育入手,大抓技术革新工作"④。山东省图书馆在当年3月参加了省人委机关党委召开的工作、学习、技术革命经验交流大会,并参观了相关的展览会,很受启发和鼓舞,返回馆后,"立即召开了全馆党团员积极分子群众大会,又先后派出二十多人参观有关单位的技术革新,并向个别单位的工程技术人员请教"⑤。

一些图书馆召开现场会议,推广经验。"哈尔滨地区图书馆网委员会于四月十五日在哈尔滨师范学院图书馆召开了'哈尔滨市图书馆界大闹

---

① 四川省图书馆通讯组. 思想大解放,技术大革命——记四川地区各图书馆的技术革命和技术革新运动[J]. 图书馆学通讯,1960(6):4-7.
② 文化学院第二期图书馆研究班. 谈谈公共图书馆为当前厂矿技术革新和技术革命服务的问题[J]. 孟友群,郭德明,执笔. 图书馆学通讯,1960(6):32-35.
③ 祝贺全国文教群英大会的召开[J]. 中国科学院图书馆通讯,1960(6):2.
④ 陈清. 大闹技术革新,更好地为社会主义建设服务[J]. 图书馆学通讯,1960(6):16.
⑤ 山东省图书馆. 将我馆技术革新运动推向新的高潮[J]. 图书馆学通讯,1960(6):8-9.

技术革命,业务革新现场会议'。"①会上哈尔滨师范学院图书馆和哈尔滨工业大学图书馆介绍了相关经验,与会代表分组进行实物参观和讨论。山东图书馆"首先抓住伙房改进烧锅炉的办法,召开了现场会,以及通过表扬、鼓励、祝贺、报喜、展览、倡议等一系列办法"②,迅速形成了一个高潮。

一些地区充分利用中心图书馆委员会的作用,成立相关小组,以推广本地区经验,协调本地区活动。武汉地区中心图书馆委员会,"本会已建立'技术革新中心小组',各兄弟图书馆应即建立'技术革新小组',选拔骨干,实行领导与群众相结合,全力以赴！"③该委员会于4月中旬在中国科学院武汉分院图书馆召开现场会,组织参观技术革新展览,计划举办"武汉地区图书馆技术革新展览会",还将结合"七一""十一"等重大节日,举办综合性的或专题性的现场会、经验交流会、评比竞赛、树立标兵、现场介绍经验等活动,并建立汇报制度,"技术革新中心小组"组织各馆的"技术革新小组"成员定期汇报,共同研究,指导运动不断向纵深发展,并对技术革新成果及时组织研究,汇集成果,集中优点,加以定型,普及推广。

图书馆界广泛开展了交流、座谈会。中国科学院的"院图书馆于三月廿九日在中关村召开了一次小型的技术革新经验交流会"④,参会人员十分踊跃。福建省图书馆于1960年4月23日组织召开座谈会,"出席座谈会的,有福州地区公共图书馆和高等院校图书馆等十二个单位,远道而来的厦门大学图书馆的同志,也参加了座谈会"⑤。会上,厦门大学图书馆的同志介绍了该馆开展中的"双革运动"和革新计划,福建师范学院图书馆介绍了"土法上马"的经验,福建省图书馆、福州大学、福建医学院、福建农学院等图书馆也都作了介绍。4月25日,在福州大学图书馆发起下,福州地区四所重点高校图书馆、厦门大学图书馆和福建省图书馆再次召开座谈会,"座谈会为时一天,深入地讨论了图书的分类编目工作,充分地交流了这方面的工作经验"⑥。

在这一运动过程中,广大群众积极想办法、动脑筋的巨大潜力充分地

---

① 哈尔滨市图书馆参考辅导部. 哈尔滨市图书馆界"双革"运动蓬勃开展[J]. 图书馆学通讯,1960(6):15.

② 山东省图书馆. 将我馆技术革新运动推向新的高潮[J]. 图书馆学通讯,1960(6):8-9.

③ 武汉地区中心图书馆委员会. 关于开展武汉地区图书馆工作的技术革新的意见[J]. 图书馆学通讯,1960(6):2-3.

④ 本刊通讯员. 让技术革新、技术革命的花朵开遍图书馆[J]. 中国科学院图书馆通讯,1960(5):8-9.

⑤⑥ 春逢盛世革新花开[J]. 图书馆学通讯,1960(6):12-13.

释放了出来。中国科学院图书馆"由 2 月 18 日—28 日为止,全馆同志共提出合理化建议 10,214 条"①,内容包括有技术革新、图书馆业务、体制,以及党团、工会、总务、工厂、食堂等方面。

这一时期图书馆界有关"双革运动"的内容主要包括:①改善劳动组织,改进工作方法。尤其是科学组织人力,减少重复工作是这方面的重点。②提高工作熟练程度,既包括对馆藏文献的熟悉,以便及时推荐和查找到读者所需的文献,以减少读者等候时间,还包括对工具的熟悉,如分类表、工具书等。③改进现有工具,逐步采用新型工具,如卡片印刷工具、传递工具、穿孔卡、打字、油印、复制等。④图书馆的机械化、半机械化、自动化、半自动化等,如卡片排列、书刊、借书条等的传输、复制方法等。

无锡市图书馆"在第一、第二两个战役中提出了合理化建议 21 条,完成了'图书传送带''报刊装订机''半机械化扫地机'及其他革新项目共九项。被评为中山路技术革新红旗街先进单位"②。南京图书馆对江苏省各系统图书馆"双革"成果进行了汇编,"迄五月六日止,仅三十四所图书馆就已有技术革新一百二十九件"③。南京图书馆自 1 月以来,已提出合理化建议 650 多条,已采纳实施的有 90 条。截至 4 月 15 日,"哈尔滨市图书馆界已开始使用的自动化、半自动化、机械化、半机械化的图书加工及图书流通工具共计三十三件,已经制出模型的有十八件,已经设计出图纸的为十四件"④。中国科学院上海分院的"全馆同志先后共提出了 100 多项革新项目。到目前为止,我们已完成革新项目 38 项"⑤。

一些改进工作方法的项目得到开发及推广。如利用图书统一书号制作采购卡,以便采购人员外出采购时进行查重工作;通过架位上的指引卡制作,使读者、馆员能更好更迅速地掌握图书所在的架位,编目一元化工作台、分片包干整架制等。有些馆还运用情报领域的先进经验。穿孔卡片简易机械检索装置,在当时的国外图书情报界,作为一种检索装置已较为广泛地被使用。"在国外,这种装置一般适用于文献量约为 5 万件的情报机

① 超. 院馆掀起献计献策高潮[J]. 中国科学院图书馆通讯,1960(4):24.

② 孙璟. 无锡市图书馆大闹技术革新[J]. 图书馆工作,1960(6):48.

③ 南京图书馆. 馆馆革新技术,处处开花结果——江苏省各系统图书馆掀起技术革新和技术革命运动高潮[J]. 图书馆学通讯,1960(6):10,9.

④ 哈尔滨市图书馆参考辅导部. 哈尔滨市图书馆界"双革"运动蓬勃开展[J]. 图书馆学通讯,1960(6):15.

⑤ 上海分院图书馆. 上海分院图书馆向实现全馆的"七化"进军[J]. 中国科学院图书馆通讯,1960(5):32.

构。我国已有一些单位采用了这种简易机械检索装置。"①中国科学院图书馆及时将这一技术首先引入工资的发放上,从而"在计算工资和发工资的这个阶段中,减少了三道工序,保证了质量,提高工效二倍以上"②。此时开始探讨并使用汉语拼音排列目录,"图书馆目录的汉语拼音音序排列的实现,在图书馆工作中是一次技术革新"③,同时也将对推行"汉语拼音方案"促进文化革命做出贡献。

在"双革运动"中,图书馆更好地为读者提供文献服务,则是"双革运动"的根本目的。上海工业系统图书馆通过协作网,更加及时地为读者提供更多更新的文献资料:①协作网根据读者需求,主动送书上门。②加强新书通报工作。③编制专题书目索引。④举办讲座。⑤及时陈列、报道最新资料。⑥举办展览。⑦延长开放时间④。通化市图书馆大力收集全国报纸杂志有关"双革运动"的社论、评论、经验介绍等,并收集大搞土化肥、养猪等材料,将其汇编成目录索引分发到各厂矿、人民公社,还在借书处大力开展推荐工作⑤。上海市图书馆"两个月来,由于图书馆提供图书资料,协助完成的创造或革新项目共有 1354 个,其中高、精、尖的项目 251 个"⑥。青岛市图书馆原计划在 1960 年为相关单位提供资料,解决生产关键问题300 件,通过全国文教群英会的召开深受鼓舞,决心将其提高到 500 件⑦。上海市闸北区在七天时间内建立了一所直接为"双革"服务的科技图书馆,除正常馆内服务外,"每天派出几个工作小队,送书上门,到各工厂设置流动图书供应站,直接把新添置的大批科技图书送给工人和技术员"⑧。图书馆界通过规章制度的变革,固化了许多"双革"成果,如西安师范学院图书馆"先后修订了'阅览室管理暂行办法''书刊借阅规则''采购制度及标准'等规章制度十七种"⑨。

---

① 贡光禹. 穿孔卡片简易机械检索的介绍[J]. 科技情报工作,1964(8/9):35-37.

② 张惠珍. 财务工作试用穿孔卡片的体会[J]. 中国科学院图书馆通讯,1960(5):20-21.

③ 于鸿儒. 图书馆目录的汉语拼音音序排列[J]. 中国科学院图书馆通讯,1960(1):14-18.

④ 钱培生. 上海工业系统科技图书馆为技术革命供应图书资料[J]. 图书馆学通讯,1960(6):37.

⑤ 成麟. 通化市图书馆是怎样为技术革命运动服务的[J]. 图书馆工作,1960(5):49.

⑥ 高举毛泽东思想红旗充分发挥图书馆在社会主义建设中的作用——上海图书馆先进事迹[J]. 图书馆工作,1960(7):4-8.

⑦ 鲁海. 青岛市图书馆工作者为迎接全国文教群英会奋勇前进[J]. 图书馆,1960(5):46-47.

⑧ 上海闸北区七天建立科技图书馆[J]. 图书馆工作,1960(5):47-48.

⑨ 常福生. 西安师院图书馆技术革新获成绩[J]. 图书馆学通讯,1960(6):49.

三、"双革成果"展示

这一时期,一些图书馆大力开展"比武活动",并将有关评比活动迅速调整为以"双革"为主要内容。1960年3月12日,"院馆举行了全馆比武大会,各业务组除汇报了修改后的工作规划外,并提出了保证完成规划的具体措施"[①],并且向大会报喜一批已取得的双革成果。4月12日,中国科学院图书馆召开行政、团、工会小组长会议,"号召大家在原合理化建议基础上深入一步,本着由土到洋的精神大搞技术革新和技术革命,并强调这是我馆'五一'红旗评比的主要内容"[②]。

许多图书馆通过现场表演赛等活动,极大地提高了群众开展双革活动的积极性。开展技术表演赛是一种很好的劳动竞赛形式,"技术表演赛是一个比干劲、比智慧、比协作,提高思想、提高技术、提高生产的群众运动"[③]。阜新铁路俱乐部图书馆借表演赛之机,开展了一个"表演技术""组织座谈""评比、总结经验""帮助运用掌握先进经验""掀起学习经验""树立标兵"的"表、谈、总、帮、学、树"系列活动[④]。

各地图书馆界都十分注意成果展览。1960年2月11日,北京市文化局举办"文物单位技术革新展览会",展厅设在中国革命博物馆大厅,"中国历史博物馆、中央自然博物馆、故宫博物院、北京图书馆等8个单位展出的一百余件展品,有80%是工人的发明和创造"[⑤]。图书馆界展出的"自动盖章打号机""电动送条机""土法运书车""转式发片台"等引起参观者的注意。图书馆界参加的这次展览会,标志着"双革运动"已在图书馆界开花、结果。是年5月25至28日,北京第一中心图书馆委员会组织了在京高校、科学院、公共图书馆等三大系统和专业图书馆联合举办的技术革新展览会,内容包括:①机械化半机械化展品;②富有关键性的工序改革;③清洁卫生工具等[⑥],有56个图书馆参展,其中中国科学院图书馆系统就有26个在京单位参加。这一展览会引起图书馆界的高度关注,"几天来,到

---

① 院馆举行比武大会[J].中国科学院图书馆通讯,1960(4):24-25.

② 杨毓华.中国科学院图书馆技术革新简记[J].中国科学院图书馆通讯,1960(5):33.

③ 单盛欢.北钢图书馆是如何开展技术表演赛的[J].图书馆工作,1960(1):16-18.

④ 阜新铁路俱乐部图书馆.突破思想关技术提高快——组织积极分子开展技术表演赛[J].图书馆工作,1960(2):8-10.

⑤ 李博达.北京文物单位举办技术革新展览会[J].图书馆学通讯,1960(3):47-48.

⑥ 北京市各系统图书馆联合举办技术革新展览会[J].中国科学院图书馆通讯,1960(6):49.

会参观的有二百六十多个单位的二千四百五十余位观众"①,展出 348 项成品和 30 多种技改模型,另有 67 种图片、图表等。

　　吉林地区中心图书馆委员会于当年 4 月 24 日至 5 月 20 日,在吉林省图书馆举办了"双革运动"展览会,"参加单位有省、市图书馆、科学院、高校、工矿企业等图书馆共 10 个单位"②。展出实物 10 件,图表 116 张,模型 17 件,内容包括"工具改革""业务改革""改进服务"等。展览会期间,中心图书馆委员会组织长春市图书馆界交流经验,并组织各图书馆工作人员和正在图书馆干部训练班学习的学员参观。5 月 5 日,中国科学院编译出版委员会所属单位联合举办了"双革"展览会,"展览品共有 290 项,其中有五十余项是北京区各研究单位图书馆参加展出的"③。各地各单位的相关展览会更是层出不穷。

四、期刊的推进作用

　　在图书馆界广泛开展"双革运动"的过程中,专业刊物发挥了重要作用。它们迅速报道、组织稿件,推广经验,并迅速在界内"约稿"。由于轰轰烈烈的"双革运动"的展开,图书馆工作中也出现了许多技术革新的事迹,"为了更好地总结和推广这些先进经验,以便互相促进,提高工作,本刊今后准备重点的多刊载这方面的报导和经验介绍。希望院内外各图书馆多多将关于这方面的发展情况和经验及时写出,寄给本刊发表"④。

　　《图书馆工作》于 1960 年第 5 期刊载"图书馆学通讯编辑部"的有关图书馆界开展技术革新和技术革命方面的征稿启事,为了及时收集并推广各馆这些革新的经验,"现本刊特征求下列稿件:①图书馆工作中实行机械化或半机械化的情况及研究设计介绍(最好附图例说明);②实行技术革新后,在工作中取得一些什么成果(最好通过具体数字或事实说明);③图书馆技术在工序方面的改进等"⑤。接着,在本年第 6、7 两期上,《图书馆学通讯》和《图书馆工作》两个刊物联合刊登"征稿启事",认为将手工操

①　彭竹. 向机械化、半机械化、自动化、半自动化进军——北京各系统图书馆技术革新展览会报导[J]. 图书馆学通讯,1960(6):17.

②　吉林地区中心图书馆委员会. 吉林地区图书馆大闹技术革命和技术革新[J]. 图书馆学通讯,1960(6):14-15.

③　编译委员会所属各单位——联合举办技术革新展览会[J]. 中国科学院图书馆通讯,1960(6):48-49.

④　约稿[J]. 中国科学院图书馆通讯,1960(4):封三页.

⑤　《图书馆学通讯》编辑部. 征稿[J]. 图书馆工作,1960(5):封底页.

作改变为机械化半机械化为中心的"双革运动",是一个极其广泛的全民性革命运动,其征稿内容与前相同①。

为了更好地进行交流、推广经验,《图书馆学通讯》编辑部特于1960年第6期的《图书馆学通讯》上发表"编者的话","为了迅速地交流各地技术革新情况,我们打算及时地出版一些油印资料"②,并要求用16开纸,左边留装订线,油印100—300份邮寄至编辑部,以便及时汇集后分送有关各图书馆。

一些地区也及时汇集有关资料装订成册,如全国第一中心图书馆委员会在"北京各系统图书馆技术革新展览会"结束后,于当年6月就汇集成《北京各系统图书馆技术革新展览会参考资料》打字油印本一册,汇集了当时的主要革新成果,图文并茂,具有很强的示范、推广作用。

第五节　深入开展业务活动

图书馆事业与社会发展息息相关,图书馆所开展的一切活动,其目的都是为了更好地满足读者需求、社会需求。这一阶段的图书馆业务工作,从清理书刊入手,大力贯彻"一切为了读者"的服务宗旨,进一步开展深入细致的服务工作,大力开展讲座活动,宣传、推荐图书,指导读者阅读,编制书目索引,以提高读者利用馆藏的能力。通过规范化的编目、规章制度的建设,不断提高馆藏质量。通过图书馆网络建设和馆际互借等活动,提高了图书馆的服务广度和深度。

一、开展全面彻底地书刊清理工作

新中国成立以来,清理图书一直是图书馆界的一项重要而迫切的工作。在20世纪50年代的不同发展时期中,图书馆界已经过了多次广范围的清理工作,取得了较好的成绩。北京大学图书馆在"解放以来,先后整理了书刊八十多万册,大部分做出了书名目录和著者目录,一部分做出了分类、书名、著者三种目录"③。上海图书馆于1959年,将"我馆的500万册藏书全部整理完毕,为1960年我馆全面的、更好的跃进奠定了良好的

① 《图书馆学通讯》《图书馆工作》编辑部. 征稿[J]. 图书馆工作,1960(6/7):封底页.
② 编者的话[J]. 图书馆学通讯,1960(6):22.
③ 许世华.北京大学图书馆六十年[J]. 图书馆,1962(3):51-55.

基础"①。古籍出版社图书馆"在1960年大力进行了整理，扫清了一部分历年来没有力量完成的工作"②，完成了3500多种中文平装书，18,000余种、29,958册俄文书的整理工作。但是，从整个图书馆界而言，积压现象仍然是一个较为普遍的现象，其主要原因大致有：①有的图书馆只注意买书，藏书大而无当，而且不注意及时整理；②有些馆的文献整理方法长期得不到确定，或者是有些馆在更改分类法过程中，使文献积压了下来；③当时较为普遍的文献调拨，造成一段时间内有些馆的文献积压；④因人力、物力等条件所限，造成积压，这一问题在公共图书馆中更为普遍。

针对文献积压问题，国家科委、文化部等在新的历史条件下，及时提出了要求："新到馆的书刊，要及时整理，不许积压，并妥善管理，充分利用。已经积压的科学技术书刊最迟应在1964年内整理上架，并编出目录。"③这一要求包括三层意思：①新到的书刊要及时能够利用，及时整理，即不应有新书刊的积压；②以往所有积压的书刊，应在1964年完成整理工作，及时上架以供利用；③要做到书卡相符，目录应完整地反映和揭示馆藏，以利于读者利用。由于存在的种种原因，一些图书馆在文献积压问题上积重难返，"在不少的科学技术情报机构和图书馆中，书刊文献没有很好地整理，积压现象相当严重，以致利用率很低，甚至根本无法利用"④。为此，国家科委与文化部专门于1963年4月15日发出清理决定，明确提出：省、市、自治区以上的各级科技情报机构和所有中心图书馆委员会的成员馆，必须在1963年至1964年把现有积压的文献进行一次全面彻底的整理，"通过这次清理，要求把积压的书刊文献全部加以登记，编出目录，整理上架，供科学技术人员利用"⑤。对于图书馆多余的不需要的文献，可进行调配。为了加强组织管理，专门成立了"科学技术书刊文献清理工作小组"，小组由国

---

① 高举毛泽东思想红旗充分发挥图书馆在社会主义建设中的作用——上海图书馆先进事迹[J].图书馆工作，1960（7）:4-8.

② 中国科学院图书馆1960年工作总结[J].图书馆工作参考资料，1961（1）:1-13.

③ 中华人民共和国科学技术委员会，中华人民共和国文化部.中华人民共和国科学技术委员会、中华人民共和国文化部1963—1972年科学技术发展规划（草案）:图书（1962年12月）[M]//王振鸣.图书馆法规文件汇编.保定:河北大学图书馆学系，1985:140-149.

④⑤ 中华人民共和国科学技术委员会，中华人民共和国文化部.中华人民共和国科学技术委员会、中华人民共和国文化部关于清理科学技术书刊文献的决定（1963年4月15日）[M]//王振鸣.图书馆法规文件汇编.保定:河北大学图书馆学系，1985:149-151.

家科委、文化部、全国第一中心图书馆委员会、教育部、国防科委的聂春荣、谢冰岩、左恭、胡沙、蔡国铭、江涛等6位同志组成,负责全国清理工作的统一安排和督查工作,下设办公室,负责日常工作。

全国各地科委、文化厅(局)等及时召开相关会议,迅速贯彻清理文献的精神,如浙江省迅速于1963年4月底召开全省文献清理工作第一次会议,"建立了以省科委、省文化局、省教育厅、浙江图书馆、浙江大学图书馆、浙江农业大学图书馆等有关单位的负责同志组成的领导小组,并在省科委图书馆设立了清理工作办公室"①;在取得一些成绩的基础上,又于7月底及时召集有关单位举行座谈会,研究问题,介绍经验,提出要求;翌年4月,又召开了第二次清理工作领导小组会议,分析研究了现状,通过了相应的决议,印发会议纪要和简报,通过一年的努力,完成和基本完成清理工作的单位,占全省主要单位的三分之二,其余的单位绝大多数可在1964年6月底或12月底完成;在1964年清理工作会议上,进一步提出了"必须彻底消灭积压"等7项要求,重申力争于1964年底以前完成清理工作,"个别单位因工作量大,虽经努力,确实不能完成时,应报请本地方清理工作领导小组或科委批准,适当延长时间"②。山西省科委情报处全面开展了清理工作,"我处清理工作自1962年10月开始到基本结束,历时10个月"③。

遵义市图书馆于1962年清理了2万多册历年积压的图书,其中大部分是新中国成立初期接管的以及历年来读者捐赠的古旧图书,其中还有珍本,"如省内比较著名的文人陈凤楼、莫友芝和黎纯斋的诗文手稿,已为贵州大学等单位研究和编写地方史提供了重要资料"④。这一清理工作的成绩是显著的,据刘国钧等人的统计,"浙江地区29个图书馆自1962年以来共清理了图书531,548册,期刊11,620种,资料47,108份。其他地区的图书馆也整理了成百万册的积压图书"⑤。

许多图书馆在清理工作结束后,还及时编印可供调拨的书刊目录。如

---

① 浙江省科委情报处组织基层单位进行清理工作的做法与体会[J]. 科技情报工作,1964(8/9):15-16.

② 在地方情报工作机构书刊文献清理和服务工作会议上的报告摘记[J]. 科技情报工作,1964(8/9):4-10.

③ 山西省科委情报处书刊文献清理工作的几点具体做法[J]. 科技情报工作,1964(8/9):16-17.

④ 遵义图书馆清理积压两万多册图书陆续与读者见面[J]. 图书馆,1962(2):64.

⑤ 刘国钧,张树华,纪国祥. 五年来我国图书馆事业的发展和成就[J]. 图书馆,1964(3):4-12.

中国科学院西北分院图书馆，"根据清理的结果，我馆将准备处理向外调拨的期刊编印了一本目录，计包括中外文期刊共 1200 余种，其中有许多是比较完整成卷、成套的期刊"①。

一些图书馆专门针对古旧书进行了清理。湖北省博物馆于 1962 年组织力量对积压在仓库的部分废旧残本书籍进行清理，发现了一批手抄本、明版书和历史资料，较有代表性的是发现了杨守敬的稿本手迹以及经他样订过的医书②，实属罕见。

浙江省图书馆积压了 20 多万册的线、平装古旧书，1963 年对其进行了彻底的整理，"去年一年来，线装书共分编 11,764 部，44,278 册，清理后待分编的 3944 部，15,971 册，另残本 32,050 册，多余复本确定交换的 5182 部，19,522 册，平装书也加工了约近万册"③。

1964 年，中国科学院历史研究所专门针对图书积压问题，于"九月建立核心小组，提出力争在一年之内完成清理线装书的任务"④。在保证正常完成分编任务的同时，图书馆用 234.9 个工作日，分编线装书 3045 种，28,051 册，完成了清理线装书的任务。

通过全国性的书刊清理工作和规章制度的制定，从宏观上克服了书刊资料和卡片的积压、目录组织较乱、期刊零散没有及时装订、入藏书刊家底不清的"一压、二乱、三散、四不清"的现象，为提高服务质量打下了坚实的基础。

二、开展全方位的主动服务工作

这一阶段，图书馆贯彻文化工作方针：为工农兵服务，为社会主义建设服务。图书馆的任务是繁重而光荣的，以往"在'一切为读者'的口号下，图书馆工作者千方百计地便利读者，做到了为政治、为生产服务，为科学研究服务"⑤，进入 20 世纪 60 年代后，更应如此。图书馆界提出了"为读者

---

① 西北分院图书馆西安分馆. 西北分院图书馆西安分馆编印处理调拨期刊目录[J]. 图书馆工作参考资料，1965（5）：46.

② 陈上岷. 湖北省博物馆在清理废旧残本书籍中发现清末著名学者杨守敬的稿本[J]. 图书馆，1962（4）：59.

③ 何槐昌. 浙江图书馆积极整理古旧图书[J]. 图书馆，1964（2）：封三.

④ 历史研究所图书室. 我们是怎样突击分编积压线装书的[J]. 图书馆工作参考资料，1965（10）：24-31.

⑤ 继续高举总路线的红旗进入1960年[J]. 图书馆学通讯，1960（1）：1-2.

找书,为书找读者"的口号①,一切为了读者成为服务宗旨,"参考工作人员必须首先树立'一切为了读者'的工作责任感,而且在具体工作实践里经得起考验"②。

图书馆大力贯彻"一切为了读者"的服务宗旨。这一时期,全国文化艺术界掀起了一个学习"乌兰牧骑"的热潮。乌兰牧骑的成立,是在内蒙古自治区党委的领导关怀下,通过大量调查研究而成立的,它是一支"在原有文化馆的基础上,组建了一支能够经常流动、装备、队伍精悍、一专多能的小型文艺工作队"③。他们常年奔波在草原,将文化送到农村牧区。在向乌兰牧骑学习的过程中,广东省中山图书馆"最近组织了一个送书下乡的轻骑队,携带了一批图书、图片、连环画、画报等下乡巡回展出,并通过该馆在当地建立的图书流通站办理借阅"④。甘肃省图书馆在这一学习过程中,走出机关,送书上门,他们的举措是:①举办图书展览,并可当场办理借阅手续。在展出前,先调研读者的需求,并提出书单请单位、读者提出补充意见,还开展代借、代译、代复制等工作。有些在展览期间离不开岗位的读者,图书馆就派人深入基层,把书送到读者手中。②组织各单位自办,并携带少量书刊定期巡访有关单位,巡访周期为半个月⑤。

图书馆在一切为了读者的服务过程中,更加关注为"不到馆"读者提供服务的问题,大力开展图书流动站、上门服务、邮寄等主动服务工作。江西省临川县"全县几百名专业和业余的图书馆干部深入第一线,直接为粮钢服务"⑥。大学校园同样如此。吉林师范大学图书馆发展"图书流动站"经历了一个从无到有,从小到大,从不完善到逐步完善的过程,服务对象面向全校师生员工,站点由 3 个增加到 6 个,活动由每月到半月 1 次,从单设流动站到增设"预借书箱",从只办借书到也办还书,从只在点上服务到把书送至学生寝室,给老师送到家里⑦。在农村中的"图书流动站"也得到巩

① 紧密地配合业余教育和技术革命——四川省新繁县竹友公社图书馆的先进事迹[J]. 图书馆工作,1960(7):37-38.
② 戚志芬. 发挥馆藏图书资料潜力,为社会科学研究工作服务[J]. 图书馆,1963(4):8-11.
③ 达·阿拉坦巴干."不锈的乌兰牧骑"——纪念乌兰牧骑成立40周年[J]. 求是,1997(15):32-33.
④ 张望自. 广东省中山图书馆送书下乡为农民服务[J]. 图书馆,1963(3):63.
⑤ 甘肃省图书馆. 学习"乌兰牧骑"精神甘肃省图书馆送书上门[J]. 科技情报工作,1966(5):封三页.
⑥ 周干助,邓禄田. 临川县图书馆[J]. 图书馆,1961(1):53.
⑦ 吉林师范大学图书馆. 建立图书流动站的情况及初步体会[J]. 图书馆学通讯,1960(4):32-33.

固和发展。如北京郊区的十一个区（县）文化馆，自1963年3月以来的1年时间中，建立了农村图书流动站，"据不完全统计，目前已建立起不同形式的图书交换站三十三个"①。青海省图书馆大办流通站，"现在已达到215处，大大扩大了服务范围"②。

"一切为了读者"，南通医学院图书馆在1960年开展了"开门红、满堂红"活动，对图书馆服务工作提出了很高的要求："敞开馆门，扩大流通，预先挂钩，送书上门；还书无空，不劳亲躬；分站使用，管理集中；宣传政治，随携篓笼；期刊旅行，定期回踪；资料整理，与书并重；读者心得，公之于众；代销代办，缺书补充；革新方法改进作风，满堂皆红。"③福建省图书馆在大门两侧修建14扇宣传画廊，每两星期展示一次新的内容，包括图片、图书宣传画、政治宣传画等3种形式④。上海师范学院图书馆开辟两个宣传阵地：①学术动态，将文摘工作与宣传工作相结合，每两周更换一次，每次公布30张卡片，报道国内外新近学术动态，或重要论文提要，并注明出处。②资料园地，这是在"图书介绍园地"基础上发展而起的，每月1期。

通过交流会、座谈会、调研工作等，更好地开展读者服务工作。中国科学院图书馆于1964年9月19日召开全馆性的缩短工作周期经验交流会，"核心是缩短读者与图书见面时期，提高图书资料利用时效"⑤。一切为了读者，图书馆在工作中就必须主动收集读者意见，主动考虑读者的各种需求，进而根据馆藏方针与实际情况，补充藏书、编制目录、推介馆藏或通过图书馆网满足读者的需求。福建省图书馆在1963年召开了"读者读书心得座谈会"，邀请工人、农民、机关干部、科研人员和社会青年读者，进行座谈，"他们都联系本身借书和读书的实际体会，发表了意见或提出了自己的读书计划和要求，或发表了读书心得，使我们直接地了解了读者的需要"⑥。福建省图书馆于当年还开展了"阅读效果"调研工作，"1963年我馆收到读者书面的'阅读效果'共456篇"⑦。这一调研结果，是直接了解读者需求、反馈图书馆服务信息的一手资料，同时也是了解读者对出版发行要

① 用"接力站"办法把图书及时送进山——北京郊区建起一批图书交换站[J]. 图书馆, 1964（4）:6.

② 青海省图书馆. 大力发展、巩固、提高图书流通站的工作[J]. 图书馆工作, 1960（1）:9-12.

③ 瞿仲衍. 南通医学院图书馆开展"图书流通满堂红"活动[J]. 图书馆学通讯, 1960（3）:47.

④ 郑智明. 福建省图书馆百年纪略:1911—2011[M]. 厦门:鹭江出版社, 2011:97.

⑤ 院馆举行"缩短工作周期"经验交流会[J]. 图书馆工作参考资料, 1964（11）:38-39.

⑥ 刘景镰. 福建省馆召开"读者读书心得座谈会"[J]. 图书馆, 1963（2）:64.

⑦ 林列. 谈谈我馆收集读者阅读效果的工作[J]. 图书馆, 1964（2）:68-69.

求的重要来源之一,是促进图书馆提高业务服务水平的重要途径之一。

改进馆内服务方式,实行开架借阅,是图书馆"一切为了读者"中的重要组成部分。"青海省图书馆在一九五九年九月十一日,提前 20 天实现了图书全面开架借阅制度"①,随后又进一步开展过刊全面开架的工作,对于过刊的开架方法,"已经设计成功并组成专门工作组,日夜进行开架准备工作"②,力争向 1960 年"五一"节献礼。辽宁省图书馆大力实行开架借阅制度,排除干扰,在实践中更进一步坚定了开架服务的信念:"十个月的实践证明,开架借阅在一定条件下比闭架借阅优越……是符合'开门办馆'的方向和'一切为了读者'的社会主义图书馆的特点的。"③

图书馆十分重视对古籍文献的搜集与服务工作。上海图书馆"于1960 年增设了特藏书库,收藏的珍本和线装古籍居全国图书馆中第二位。历年来,搜集到的建国前出版的平装书超过五十万册"④。西安地区自1956年来就十分重视古籍的搜集,"经过几年来的努力,仅西安地区几个较大的图书馆所入藏的中文古旧图书达一百万册以上,其中以地方志、古农学、诗文、戏曲、话本以及陕西地方文献史料等为搜藏的重点"⑤。北京图书馆一直非常重视古籍的搜藏工作。1962 年,北京图书馆又从萧山朱氏藏书中选购旧刻精钞二百三十余种,其中有一些是该馆觅求多年而未得到的。"北京图书馆入藏这批书,可以算是一九六二年的一次丰收。私家藏书陆续归入国家书库永久保存,这是一件可喜的事情。"⑥ 1962 年 4 月,浙东著名藏书家伏跗室主人冯孟颛先生去世后,"其家属遵照先生遗嘱已将伏跗室全部藏书二百六十多箱,近十万卷,捐献给国家"⑦。宁波市人民委员会除了给其家属发奖状、奖金外,决定藏书室地址不变,仍保留"伏跗室"原名,另设陈列室,室内悬挂孟颛先生遗像以资纪念。藏书室由宁波市文物管理委员会负责整理开放。一些图书馆继续通过造纸厂搜集古旧书籍。河南省图书馆 3 人与辉县有关部门配合成立 6 人小组,"经过四十余天的

---

① ② 陈清. 大闹技术革新,更好地为社会主义建设服务[J]. 图书馆学通讯,1960(6):16.

③ 辽宁省图书馆. 我馆的开架借阅工作是怎样巩固和提高的[J]. 图书馆学通讯,1960(1):23-25.

④ 李芳馥. 建立上海图书馆藏书目录体系的探讨[J]. 图书馆,1963(1):18-22.

⑤ 金泯. 搜集文献古籍举办善本展览:陕西省图书馆等单位积极为学术研究工作服务[J]. 图书馆,1961(4):62.

⑥ 希文. 北京图书馆最近入藏的一批珍本书:萧山朱氏藏书[J]. 图书馆,1963(1):49.

⑦ 骆兆平. 浙东著名藏书家冯孟颛"伏跗室"十万卷藏书献给国家[J]. 图书馆,1962(3):58.

苦战,从辉县造纸厂废纸堆中抢救出古旧图书资料 14,812 册"①,其中不乏珍品。

根据需求,"上海图书馆近几年来重印和影印了一批图书报刊。这批书刊,有的为重要革命文献,有的为科学研究者迫切需要的参考资料"②。这些较为珍贵、读者不易借阅到的书刊,影印出版后深受有关读者欢迎,为他们开展研究工作提供了文献支撑。

复印业务工作,大大方便了读者。如中国科学院图书馆在 1961 年,"全年复制文献资料 2,121,997 页,比 1960 年增加了 20%"③。广东省科学技术情报研究所,"最近向中南地区及本省各科研、生产单位发出办理委托复制,自 1964 年 7 月 1 日起开始办理复制科技文献业务"④。

这一时期,情报服务工作的大力开展,形成了文献服务中的亮点之一。仅 1964 年,各部委的情报机构就召开了相关的情报工作会议,石油工业部在北京召开了第二届石油工业科学技术情报工作会议,会议讨论了相关文件,交流了各单位近几年来开展情报工作的经验⑤。化工部在北京召开了化工专业技术情报中心站主任会议,会议明确了今后的工作方向与任务,"明确了情报工作必须面向生产、面向基层,狠抓为十年科学技术发展规划服务的工作,必须提高工作质量,讲求服务效果"⑥。陕西省科技情报研究所在西安召开西北地区第一次情报工作会议,"参加会议的除西北五省（区）情报所（室）外,陕、甘两省中心图书馆委员会也派代表参加"⑦。会议研究、交流了情况和相关问题,要求与图书馆、书店等部门建立密切联系,迅速形成本地区文献服务工作的渠道,并为本年度西北地区情报工作做了安排,通过会议,明确了总的情报工作的方向问题,"一狠抓文献服务工作,二以文摘为纲做好情报报道工作,三大力开展情报研究工作"⑧,并认

①　谭明. 废纸堆中找资料[J]. 图书馆学通讯,1960（2）:42.

②　赵兴茂. 上海图书馆影印流传革命的书刊、珍贵的原稿积极为科学研究服务[J]. 图书馆 1963（1）:64,封三页.

③　中国科学院图书馆1961年工作总结[J]. 图书馆工作参考资料,1962（10）:1-10.

④　本刊资料组. 广东省情报所办理委托复制科技文献业务[J]. 科技情报工作,1964（8/9）:24.

⑤　发扬革命精神树立优良作风,石油工业部召开第二届情报工作会议[J]. 科技情报工作, 1964（6）:1-4.

⑥⑧　化工部召开专业技术情报中心站主任会议——化工技术情报研究所所长胡安群在会上作了总结发言[J]. 科技情报工作,1964（6）:10-11.

⑦　吴云犀. 西北地区第一次情报工作会议在西安召开[J]. 科技情报工作,1964（6）:29.

为将文献服务工作放在首位是非常重要的,揭示出了图书情报工作者共同的基本特征,并开展了足有成效的工作。其中,1965 年,国家科委交给华罗庚一个任务,研究"系统理论",他通过学习、思考后,有所想法,即去中国科学技术情报研究所查阅资料,由于对这一领域还不熟悉,查资料时感到有些茫然,"情报所的同志们慨然地帮助了我们,主动地担负起组织资料的工作。这样,我们看到了各种各样的有关文献,了解到这种统筹方法的宽广用场,因而才确定从事研究和普及推广这一方法"①。这一事例具有典型性、代表性的意义。

为了更好地为专家服务,"福建省图书馆开辟了小型的专门阅览室,特设科技专家使用的'专用借书证',优待专家借阅图书册数可超过 30 册,借期可延至 3 个月"②。中国科学院图书馆大力搜集特种文献,包括专利说明书、标准、技术报告书、学位论文、学术会议论文集、政府出版物等③,为研究部门大力提供所需文献。据中国科学院华北办事处天津图书馆在 1964 年下半年的不完全统计,"共为华北化学所、华北电子仪器所提供参考文献 149 篇"④,包括翻译、复制等方式,主要是为重点室、重点项目而提供。定题服务得到较快的发展,"九个月来,为院内外共提供资料 5038篇"⑤,他们按着研究项目查找资料,如果读者需要的文献馆内没有入藏,就设法外借或复制,千方百计地满足读者的需求。

三、开展文献检索和讲座活动

在"调整、巩固、充实、提高"方针的指引下,图书馆界进行了业务布局的调整。北京图书馆认为"大力加强为科学研究服务的工作,是我馆 1961年度的首要任务。全馆各部、组都要以加强为科学研究服务为纲,来安排各项具体工作"⑥。在承担着为科学研究服务的国家、省、市、高校、专业图书馆,出现了局部调整服务机构的举措。1961 年 2 月,北京图书馆成立"科

① 华罗庚. 情报工作是科学研究的得力助手[J]. 科技情报工作,1965(9):34.
② 郑智明. 福建省图书馆百年纪略:1911—2011[M]. 厦门:鹭江出版社,2011:95.
③ 赵燕生. 几种科技资料的搜集方法——在第二次全院图书馆工作会议上的发言[J]. 中国科学院图书馆通讯,1960(2):2-10.
④ 中国科学院华北办事处天津图书馆. 我们的服务工作[J]. 图书馆工作参考资料,1966(1):56-57.
⑤ 中国科学院中南分院武汉图书馆. 定题服务、提供资料与大冶铁山设点的体会[J]. 图书馆工作参考资料,1966(3):11-17.
⑥ 李致忠. 中国国家图书馆史:1909—2009[M]. 北京:国家图书馆出版社,2009:203.

学技术服务组"先后与在京的38个科研和设计单位联系,提供服务,开始加快更主动为科研单位服务的进程。浙江图书馆通过调整,"成立了一个专门服务组织——科技研究服务组"①,后改称为书目参考组。

天津市人民图书馆为了更方便读者开展科学研究,设置了"科技文献检索室"和"国外科技现期期刊阅览室",并且将这两个室迁至天津市的科学宫内,提高了读者综合利用的效果,除了利用检索工具为科研提供服务外,还组织专题展览,举办工具书利用的讲座,编印相关工具书利用的讲义和国外期刊快报等②。

这一时期新成立了许多文献检索室,对于文检室的定位,"可以概括为:'集中工具,开架阅览,积极服务,提供线索'"③。天津市人民图书馆自1962年10月成立科技文献检索室,室内集中了200多种工具性刊物,6000多册。1963年1至10月,到室利用的有224个单位的674个读者,3584人次。北京图书馆大力开展参考咨询活动,通过口头、电话和书面等途径,解答了全国各地的科研机关、研究工作者甚至国外人士的咨询问题,并于1960年特设参考咨询室,更直接地为读者解决了许多问题。

甘肃省科学技术情报研究所和甘肃省图书馆于1964年联合成立了科技文献情报室,"到去年11月底,共接待读者460余人次,查到文献线索4700余条。该检索室还举办了五次检索工具讲座"④。华中工学院图书馆于1963年9月底将分散在馆内各室的特种文献集中起来,举办了一次特种科技资料展览会。这一举措受到读者的热烈欢迎,并要求图书馆对这些资料进行集中管理,"于是在展览会的基础上,经过进一步充实、整理成立了特种文献阅览室"⑤。

图书馆针对一些具有纪念意义的人物、事件及读者的需要,开展了许多讨论活动。1962年,北京图书馆和首都图书馆连续2次联合举办纪念杜甫的讲演会,由北大中文系教师和山东大学文学系教师就杜甫的某些诗

---

① 李易,吴同兴,郁嗣兴. 为农业生产、科学研究服务的经验与体会[J]. 图书馆,1963(4):19-21.

② 天津市人民图书馆开展为读者服务工作科学技术服务部迁到科学宫[J]. 图书馆,1963(4):7.

③ 黄钰生. 科技文献检索室——我馆为科学研究服务的一种尝试[J]. 图书馆,1963(4):5-7.

④ 甘肃省情报所和甘肃省图书馆联合成立科技文献检索室[J]. 科技情报工作,1965(2/3):38.

⑤ 华中工学院图书馆成立了特种科技资料阅览室[J]. 科技情报工作,1965(4):30.

篇作了分析、探讨时代背景,并邀请人民艺术剧院的演员朗诵了若干首杜诗①。上海图书馆、上海工人文化宫、青年宫和新华书店等单位联合举办系列读书活动辅导讲座,"最近举行了'学习毛主席《在延安文艺座谈会上的讲话》的一些体会'的辅导报告"②,全市有 1000 余人参加。上海图书馆从 1962 年 4 月起,开办系列社会主义部分的"政治经济学"讲座,分 7 讲,预定于是年 7 月中旬结束③,并于 1963 年分 10 讲,举办《阶级教育讲座》,还准备举办《优秀的革命文艺小说阅读辅导讲座》④。南京图书馆于 1961年有计划地组织了 7 次读书报告,内容包括"南明史""鲁迅""清代官书局的刻书""南京国学图书馆的回忆"等⑤。

为提高馆员的参考、咨询、检索的业务水平,图书馆界开始注意对馆员开展相关内容的座谈、讲座。长沙地区三大系统图书馆第 6 次座谈会于 1962 年 12 月 4 日在湖南医学院图书馆召开,座谈题目为"工具期刊介绍工作"⑥,并参观了工具期刊展览会。北京全国第一中心图书馆委员会图书馆红专大学,于 1963 年 10 月起举办系列讲座,分 12 讲,研究和介绍有关"科技报告""学术会议录""专利""产品规格""缩摄图书""连续出版物"与"期刊"的搜集、整理、推荐等工作经验,"北京图书馆、中国科学技术情报研究所、中国科学技术大学等 100 余单位的 250 名在职人员参加学习"⑦。宁夏图书馆为交流、扩大文化视野,"先后举办了'中国书史''中国报刊小史''工具书''汉字演化''汉语拼音与文字改革'等专题讲座,效果很好"⑧。

许多图书馆积极主动地向读者宣传"怎样利用图书馆",并举行各种讲座。中国科学院图书馆为帮助读者更好地利用馆藏,向新读者及时介绍该馆的藏书情况、借阅制度、科技资料搜集方法及一些特种文献的知识,于 1964 年举办了图书馆使用法、如何利用书目工具搜集科技文献、若干种特

① 仲笙. 纪念我国伟大诗人杜甫诞生1250周年北京首都两馆举办展览讲演等活动[J]. 图书馆,1962(2):28.

② 宣文. 上海图书馆讯[J]. 图书馆,1962(2):63.

③ 文. 上海图书馆举办政治经济学讲座[J]. 图书馆,1962(2):64.

④ 王水. 上海图书馆加强图书室宣传和阅读辅导工作[J]. 图书馆,1963(2):63.

⑤ 南京图书馆辅导部. 南京图书馆进一步贯彻"双百"方针为科学研究服务[J]. 图书馆,1962(1):63.

⑥ 工具期刊座谈会及展览会纪要[J]. 湖南医学院图书馆简报,1963(21)复刊号:2-4.

⑦ 达. 北京图书馆红专大学举办国外文献、期刊、图书整理讲座[J]. 图书馆,1963(4):18.

⑧ 高树榆. 宁夏图书馆学习风气浓厚[J]. 图书馆,1962(4):63.

种文献介绍等系列讲座,每个讲座重复2、3次①,以使更多的新读者了解、掌握、利用图书馆的知识与技能。中国科学院的许多研究所图书馆,如化工、冶金等所都积极开展系列的"怎样利用图书馆"的专题讲座,介绍有关文献的查找方法与步骤,听讲的读者感到收获很大②,并要求继续拓宽讲座内容,包括多种外国文献的介绍。有些讲座的规模较大,中国科学院华北办事处天津图书馆和华北电子仪器研究所、化学所图书室,于1964年11月6至9日组织了两次讲座:"谈谈如何利用科技文献""科技文献的搜集方法"。为配合讨论,还举办了"科技主要工具书及出版物类型示意展览","前来听取报告和参观展览的共有24个单位1130人次(其中听讲座的计七百七十人次,参观展览的达三百六十人)"③。

　　在开展讲座的内容中,更多的是有关"怎样利用工具书"的讲座。1961年12月27日至翌年1月5日,吉林师范大学图书馆举办文科工具书展览会,"展览期间曾请图书馆专修科倪政祥(即倪波)作'如何使用文科工具书'的报告"④。"北京大学图书馆与该校社会科学处、图书馆学系联合举办'文科工具书讲座',自去年10月开始以来,共进行了十讲,现已结束"⑤,重点讲解常用的工具书,讲座后组织实习。"讲座以文科各系一、二年级学生为主要对象,在业余时间进行,自愿参加"⑥,该讲座受到一、二年级学生的热烈欢迎,许多高年级学生、研究生、青年教师、图书馆员和资料员也积极听讲,实质上成为高校开设"文献检索课"的起源。山西大学图书馆请该校中文系、历史系的有关教师,开展"怎样利用工具书""我国工具书的起源、变化和它的使用法""谈字典"和"宋代四大类书的内容和怎样使类书起更大的作用"等讲座⑦。

　　此时开始出版文献检索方面的著作。天津市人民图书馆在大力开展为科学研究服务,建立相关阅览室、调整和新建有关部门的过程中,对国内

---

①　阅览推广组.有计划地帮助新读者[J].图书馆工作参考资料,1964(4):17.

②　化工冶金所图书馆.化工冶金所图书馆举办"怎样使用图书馆"的报告会[J].图书馆工作参考资料,1963(22):36.

③　华北办事处天津图书馆.华北办事处天津图书馆举办科技文献知识讲座[J].图书馆工作参考资料,1964(12):36.

④　陈源蒸,张树华,毕世栋.中国图书馆百年纪事:1840—2000[M].北京:北京图书馆出版社,2004:180.

⑤　北京大学图书馆.北京大学"文科工具书讲座"胜利结束[J].图书馆,1963(3):64-65.

⑥　玉韦.北大图书馆学系协助学校举办文科工具书讲座[J].图书馆,1962(4):63.

⑦　冯锦生.山西大学图书馆举办工具书讲座[J].图书馆,1962(2):64.

外出版的一些文献检索工具书刊进行研究、剖析,掌握其编制体例和使用方法,并逐一作好笔记。"一年多来,积累了五十多种介绍检索工具书刊的笔记。其中有些曾经油印分发给少数科研单位征求意见,引起了工程技术界和文献工作者的重视"①,天津市人民图书馆在此基础上作了修订并分别编成化学化工及综合二辑出版,标志着文献检索的工作开始进入较为成熟的阶段。

四、高度重视书目索引编制工作

书目索引是图书馆开展宣传推介图书、指导阅读、解答咨询、提供图书资料线索的主要方法之一。进入 20 世纪 60 年代后,这一工作受到界内高度重视,各图书馆在日常工作中,大力开展资料的积累工作,开展书目索引编制工作,只要读者有需求,发扬到天涯海角为读者查找资料的精神,广泛运用社会力量,做好咨询工作②。许多图书馆在这一时期纷纷成立书目参考组,以便专门做好书目报道和服务工作,如浙江图书馆"我馆书目参考组是一九六一年新建立起来的。初建时只有编制二人,到一九六三年初扩充到现在的五人"③,主要任务是编制书目,另有邮寄借书和解答咨询的任务。

上海师范学院图书馆设立了资料组,"该组还设立了资料图书参考室,从编辑资料书目、索引开始,开展咨询工作"④,还编制资料卡等,通过与院内外有关单位合作,大力开展为科研服务的工作。在资料图书参考室中,分为"教师科研参考室"和"学生科研参考室"两部分,陈列书刊资料14 万册,有力地促进了师生的科研工作。

联合目录的编制工作,进入了既重数量、又重质量的重要阶段。据不完全统计,新中国成立前图书馆界"共有《北平各图书馆所藏中文期刊联合目录》(北平图书馆协会期刊联合目录委员会编,1929 年《北平图书馆协会会刊》第三期专号)等八种联合目录"⑤。1951 年 1 月出版的《上海各图书馆藏报调查录》,是新中国成立后出版的第一个联合目录,"自 1957 年编辑组成立到 1963 年底的七年内,全国性的和地区性的联合目录就已

---

① 文若. 天津市人民图书馆将出版《科技文献检索工具书刊介绍》[J]. 图书馆,1964(2):44.

② 戚志芬. 发挥馆藏图书资料潜力,为社会科学研究工作服务[J]. 图书馆,1963(4):8-11.

③ 李易,吴同兴,郁嗣兴. 为农业生产、科学研究服务的经验和体会[J]. 图书馆,1963(4):19-21.

④ 卢正言. 上海师范学院图书馆进一步加强资料和咨询工作[J]. 图书馆,1962(2):64.

⑤ 全国图书馆联合目录编辑组. 我国联合目录事业的发展[J]. 图书馆,1964(3):26-29,61.

出版了 162 种,尤其是全国的和地区的 19 种新书通报更是旧中国所没有的"①。在新的历史条件下,国家科委和文化部对全国联合目录编辑组的工作进一步作了宏观规划,进一步重申全国第一中心图书馆委员会负责协调全国各系统各地区的联合目录编辑工作,不断改进全国联合目录编辑组的工作,"要求 1963 年内提出联合目录编制的十年规划。1963—1964 年由第一中心图书馆委员会组织编制农业科学技术图书联合目录若干种。十年内,分类编制新书书目汇编。修订期刊和图书联合目录。增编若干种新的专题图书联合目录"②。

各地区中心图书馆委员会和各馆继续编制相关目录。武汉地区中心图书馆委员会取得省科委批准,自 1963 年开始着手编制"武汉地区订购1963 年外文期刊联合目录""武汉地区馆藏农业科技图书联合目录""武汉地区馆藏医药卫生西方图书联合目录""武汉地区馆藏中国现代文学家著作图书联合目录"等目录③。

外刊联合目录得到进一步的重视。1964 年全国图书联合目录编辑组编辑出版《全国西文期刊联合目录》,分正编和续编两种,正编收西文期刊2027 种,包括全国 168 个图书馆 1957 年以前的馆藏,续编收正编未收的西方期刊约 1 万种,包括全国 48 个图书馆 1958—1962 年的馆藏④。1965年,《太原地区外文科技期刊联合目录》分上、下两册出版,上编为俄、日文部分,由山西省图书馆主编,下编是西文部分,由中国科学院华北办事处太原图书馆主编,由太原地区中心图书馆委员会出版,目录为油印本⑤。中国科学院西北分院图书馆主编的《甘肃地区西方科技期刊联合目录》于1965 年由甘肃省中心图书馆委员会出版,收录甘肃地区三大系统 5 个图书馆截至 1964 年底的馆藏自然科技期刊 3355 种⑥。

专题目录进一步编辑出版。为纪念原文化部副部长郑振铎逝世 5 周

① 全国图书馆联合目录编辑组. 我国联合目录事业的发展[J]. 图书馆,1964(3):26-29,61.

② 中华人民共和国科学技术委员会,中华人民共和国文化部. 中华人民共和国科学技术委员会、中华人民共和国文化部1963—1972年科学技术发展规划(草案):图书(1962年12月)[M]//王振鸣. 图书馆法规文件汇编. 保定:河北大学图书馆学系,1985:140-149.

③ 周秉荃. 武汉中心图书馆委员会加强地区图书联合目录和外文期刊论文索引的编制工作[J]. 图书馆,1962(2):63.

④ 全国图书联合目录编辑组.《全国西文期刊联合目录》征求预订[J]. 图书馆,1964(1):7.

⑤ 李承节.《太原地区外文科技期刊联合目录》[J]. 图书馆工作参考资料,1965(12):24.

⑥ 西北分院图书馆通讯小组.《甘肃地区西文科技期刊联合目录》出版[J]. 图书馆工作参考资料,1965(9):42.

年,1963年出版有他的藏书目录《西谛书目》,由文物出版社出版,目录收录了7700多种中文图书目,分5卷,另附有西谛所著的《藏书题跋》一卷。外文部分拟另外出版书目①。上海文艺出版社于1962年出版了《中国现代文学期刊目录》,"收有'五四'前至解放前夕的文学期刊及有关期刊一千八百种左右,全书二十四万字"②。福建省图书馆设立专门阅览室,将馆藏解放前平装、线装农业书及丛书中所收的农业信息,编印《馆藏古旧农书目录》便于读者利用③。南京图书馆除编制有关图书、期刊目录外,"最近试编了中国国家标准(工业生产上各种产品规格)300多种;苏、英、美、德等国家标准1000多种"④。北京图书馆办公室于1965年编辑出版了《北京图书馆家具设备图录》⑤,对于宣传、规范图书馆家具的使用起到了很好的作用。

一些原来被忽视的目录工作,也逐步开展起来。以往在检索类刊物上都没有编制"收录期刊目录",读者即使在检索类刊物上查找到所需线索后,再要查询所藏单位的有关信息,仍需花费精力。为此,"中国国外科学技术文献编译委员会不久前向全国各检索刊物编辑部发出通知,要求在检索类刊物上编制《收录期刊目录》"⑥。一些编辑部迅速响应,如译自苏联情报工作文摘的《综合科技文摘第二分册情报工作》,及时编制了《收录期刊目录》,"为此,我们编制了文摘杂志《收录期刊目录》附在每期之后,使文摘杂志报导的线索与原文馆藏连系起来,便于读者和文献服务人员查到原文馆藏单位,直接借阅原文"⑦。

由于书目索引工作的快速发展,书目的报导工作也通过刊物开展起来。《图书馆学通讯》编辑部于1960年第1期开始,开辟了"书目工作报导"专栏,报导各馆所编制的书目索引,以便沟通全国图书馆界书目索引工作的信息,相互了解,以便更经济地利用书目索引。"这一专栏,还打算刊载一些书目索引编制预告,所以迫切希望各兄弟馆大力协助,把

① 家濂.介绍最近即将出版的《西谛书目》[J].图书馆,1963(3):9.
② 《中国现代文学期刊目录》初稿印出[J].图书馆,1962(1):30.
③ 许健.福建省大力发展农民读者,编印《馆藏古旧农书目录》[J].图书馆,1963(4):69.
④ 南京图书馆辅导部.南京图书馆进一步贯彻"双百"方针为科学研究服务[J].图书馆,1962(1):63.
⑤ 北京图书馆家具设备图录[J].图书馆工作参考资料,1965(7):10.
⑥ 检索类刊物需要编制《收录期刊目录》[J].科技情报工作,1964(6):27-28.
⑦ 《综合科技文摘第二分册情报工作》编辑部.文摘杂志编制《收录期刊目录》的作用和方法[J].科技情报工作,1964(6):28.

正在编辑中的书目索引或者已经确定的计划,随时告诉我们,以便把这一报导开展起来。"① 该专栏首期即报导了各馆 1959 年以前编印的书目索引 500 种,而且选题都是能配合当时的政治经济生活和专题研究者。北京图书馆出版的《书目月报》,自 1960 年 1 月改为《北京图书馆新书通报》,仍为月刊,但分成"人文科学"和"自然科学、技术、农业、医学"两册出版②。

　　索引的编制工作,已较为深入地开展起来,主要是针对:①有计划地编制客观需要的、又有长期使用价值的大型索引;②配合中心任务而编制的索引;③针对各领域的专题索引;④一些以前没有关注过的领域的相关索引等。中国科学院经济研究所图书资料室,于 1963 年试编《一九六三年全国主要报刊经济资料索引》,深受各地读者欢迎,"根据读者要求,我们继续汇编《一九六四年全国主要报刊经济资料索引》,现已完成"③。武汉中心图书馆委员会的联合目录索引编制组,"自成立以后,即重点选择了物理外文期刊二十余种,由 1950 年至 1962 年系统地编译论文索引。目前已编译索引卡片约两万张"④。

　　20 世纪 60 年代初期,在已出版的综合性期刊资料索引中,缺少抗战开始到新中国成立前这一段时间的索引,"广州中山大学图书馆为了配合教学和科研工作,特指定专人自去年 9 月起,把这一时期全国所出版的主要期刊(先从本馆所藏的部分做起)编成资料索引"⑤,约到 1963 年底,已编成索引的期刊有 90 多种,1.5 万多张卡片。上海图书馆编印出版"全国主要报刊资料索引"月刊,1955 年创刊,1959 年起分为"哲学、社会科学部分"和"自然、技术科学部分"两种,"目前索引根据全国主要杂志 550 种,报纸 44 种(每期资料索引 '哲学、社会科学部分' 编有 5600 条左右,'自然、技术科学部分' 编有 3500 条左右),以中国人民大学图书馆图书分类法(第三版)为基础进行分类"⑥。南京图书馆根据读者要求,于 1965 年编

①　北京图书馆书目索引组. 书目工作报导(1)[J]. 图书馆学通讯,1960(1):51-57.

②　北京图书馆书目索引组. 启事[J]. 图书馆学通讯,1960(2):36.

③　中国科学院经济研究所图书资料室.《一九六四年全国主要报刊经济资料索引》[J]. 图书馆工作参考资料,1965(5):28.

④　周秉荃. 武汉中心图书馆委员会加强地区图书联合目录和外文期刊论文索引的编制工作[J]. 图书馆,1963(2):63.

⑤　广州中山大学图书馆. 中山大学图书馆编辑国内综合性期刊资料索引[J]. 图书馆,1964(1):72.

⑥　上海图书馆. 全国主要报刊资料索引[J]. 中国科学院图书馆通讯,1960(1):封底页.

印了《馆藏中外文磨削资料索引》,"收录的书刊资料到 1965 年 6 月止,共计 2336 条"[1]。

文摘与提要受到重视与欢迎。"湖北省情报所从 1963 年 10 月起,即开始把本省产生的科学技术论文、研究报告、专题调查报告、试验总结等编成文摘,印成卡片,目的是想逐步建立全省产生的文献的检索中心。"[2] 先做当年的文摘,然后逐步追溯,并印成卡片。当文摘卡片出版到一定时期后,即着手编制累积索引,以利检索。

学科资料卡片是了解和掌握该学科的学术动态、研究成果的重要途径,便于积累研究资料,活跃学术空气,交流工作经验。在图书馆界,"图书提要卡片联合编辑组决定编印'图书馆学、目录学资料卡片'"[3],收集国内外报刊上的有关资料,由相关单位专业人员协作进行。"据悉现已发行卡片资料 165 种,今后反映当前情况的卡片估计每月约可发 50 种。"[4]

五、规范统一分编工作

采访工作是图书馆工作的"龙头",在较长的一个时期内,采访工作中存在着采购范围过宽、漏订和漏购、重复采购,尤其是西文图书的重复采购、采购的复本多等"一宽、二漏、三重、四多"的情况[5]。如何提高采访质量,一直是界内关注的重点之一。例如,书刊的划分不清,影响着图书采访工作的深入进行,即使在技术力量很强的中国科学院图书馆,这一问题也一直困扰着采访人员,"图书和期刊划分的问题是我馆一直存在的一个问题,也是我院各图书馆目前存在的一个问题,应该设法解决"[6]。在实践中,将期刊的范围扩得太宽,将有些具有图书形式和内容的出版物当作期刊处理,造成了工作上的不便,为此进行了期刊、图书范围的讨论与重新划分。在此基础上,中国科学院图书馆在 1960 年 4 月 11 至 23 日,专门召开了有 70 人参加的采访工作座谈会,会上内容有 4 项:经验介绍;图书期刊的登

---

① 南京图书馆.《馆藏中外文磨削资料索引》[J]. 图书馆工作参考资料,1965(12):44.

② 湖北省科学技术情报研究所. 湖北省情报所编制省内文献文摘[J]. 科技情报工作,1964(6):29.

③ 图书提要卡片联合编辑组编印"图书馆学、目录学资料卡片"[J]. 图书馆,1962(3):31.

④ 德山. 建国以来图书馆学目录学资料卡片开始补编[J]. 图书馆,1963(1):64.

⑤ 赵友保. 针对缺点和问题改进书刊采购和整理工作[J]. 科技情报工作,1965(4):24-25.

⑥ "问题讨论"栏目:关于适当缩小期刊范围和重新划分书刊界限的意见[J]. 中国科学院图书馆通讯,1959(4):19-20.

记办法；书刊的分界问题；难得书刊资料的搜购[①]。同时，在《中国科学院图书馆通讯》1960年第6期上发表若干篇采访工作座谈会的总结和发言，"在座谈会上有很多馆的同志作了发言，这些发言都是各馆从具体实践中得出来的经验总结，对于一些作具体工作的同志具有指导性的意义"[②]。通过不断的讨论、交流和摸索，采访的工作质量得以不断提高。

在分类工作中，所取得的最具代表意义的成绩是《中国图书馆图书分类法》的制定。"1959年在中央文化部领导之下，由北京图书馆和首都其它一些大的图书馆组织各方面的人力，着手编制一部详细的《中国图书馆图书分类法》。"[③]许多图书馆的专家和北京大学、武汉大学图书馆学系的专家都参加了这一工作的讨论、研究或编纂工作，1960年上半年开始起草工作，1961年将草稿寄发到各省市馆和专业单位征求意见，"另外还利用了北京图书馆、清华大学图书馆、北京大学图书馆和北京师大图书馆的藏书目录，分别进行了检验"[④]。1963年对该草稿作进一步的编修，并在当年的下半年，首先印出下册（自然科学部分）。《中国图书馆图书分类法》的出版，标志着具有中国特色的图书分类主系统的确立，极大地推进了图书资料工作的标准化、规范化、科学化的进程。

目录体系的建设，已进入了建设国际的标准、规范的发展阶段。1960年8月22至23日，在里约热内卢召开了国际文献联合会第26届代表会议，25个国家和4个国际组织代表出席会议，主要讨论了目录学联合目录、文献工作的人才培养和拉丁美洲各国的科技情报等问题，会议认为："世界各国编制国家书目和建立国家文献目录中心，是十分必要的事情。提出需要采用统一的书目出版物著录规则。"[⑤]

在国内，各种著录标准不断颁布、实行。1960年，《西文会议录编目规则（草案）》颁布，制订了西文会议录著录中的著者项、书名项、书号、文字等的著录规范[⑥]。1961年10月1日，西文图书卡片联合编辑组编辑的《西文普

---

①　中国科学院图书馆研究辅导组. 采访工作座谈会工作总结[J]. 中国科学院图书馆通讯, 1960（6）:44-45.

②　编后记[J]. 中国科学院图书馆通讯, 1960（6）:49.

③　刘国钧, 张树华, 纪国祥. 五年来我国图书馆事业的发展和成就[J]. 图书馆, 1964（3）: 4-12.

④　李兴辉.《中国图书馆图书分类法草案》简介[J]. 科技情报工作, 1965（2/3）:41-47.

⑤　民. 国际文献联合会第26届代表会议[J]. 图书馆, 1961（3）:封底页.

⑥　中国科学院图书馆西文编目组. 西文会议录编目规则（草案）[J]. 中国科学院图书馆通讯, 1960（1）:27-30.

通图书著录条例》由中国科学院图书馆出版①。1965 年,为了满足广大订户需要,西文图书卡片联合编辑组计划将该组 1961 年出版的《西文普通图书著录条例》重新印刷出版②。

全国统编卡片工作得到进一步的发展。西文图书卡片联合编辑组成立于 1958 年 8 月 18 日,到 1963 年在短短的 5 年中,订户从最初的 10 多户发展到 1000 多户,工作人员由 7、8 人发展到 19 人,"目前平均每月为各馆编书 2000 种,发行目录卡片 17 万张"③。俄文统编卡,"一年来订户由 153 户增加到 700 多户,增加了四倍多,卡片发行量由每月的六万张增加到每月三十六万张"④。为进一步满足用户的需求,"图书提要卡片联合编辑组还决定补编 1958 年以前出版的中文图书的提要卡片"⑤,以便于界内补购新中国成立以来全国出版的中文图书提要卡片。

许多省的图书馆界亦联合组成集中编目组。1960 年福建省图书馆联合福建师范学院、福建医学院、厦门大学、福州大学、福建农学院等图书馆组建"福建省图书馆集中编目组","1960 年 7 月起,在福州市新华书店配合下,开展随书配片。1960 年 8 月,西文集中编目工作也开始进行,并着手编印工具书联合目录"⑥。

这一阶段,图书馆目录体系开始走向规范、统一的道路,"1960 年,完成十多万张原燕京大学的图书馆两种书名卡片的合并工作,北京大学图书馆的目录体系开始走向规范统一"⑦。

图书馆目录保养工作也进一步得到重视,"所谓目录保养工作是指对目录卡片的保养,防止因为破损而丢失,及时更新破旧卡片,保证目录的完整性"⑧。通过健全和维护目录,更好地为读者服务。此时,完善目录体系、建立主题目录的问题被提到了议事日程。刘国钧在 1962 年深入地论述了

① 陈源蒸,张树华,毕世栋. 中国图书馆百年纪事:1840—2000[M]. 北京:北京图书馆出版社,2004:180.
② 出版消息[J]. 图书馆工作参考资料,1965(10):36.
③ 西文图书卡片联合编辑组. 抓好思想政治工作,才能做好业务工作——在本馆思想政治工作经验交流会上的发言[J]. 图书馆工作参考资料,1964(4):11-17.
④ 俄文图书卡片编辑组. 争取今年俄文图书集中编目工作更好更全面的跃进——先进集体俄文图书卡片编辑组事迹介绍[J]. 图书馆学通讯,1960(3):27-28.
⑤ 图书提要卡片联合编辑组编印"图书馆学、目录学资料卡片"[J]. 图书馆,1962(3):31.
⑥ 郑智明. 福建省图书馆百年纪略:1911—2011[M]. 厦门:鹭江出版社,2011:112.
⑦ 北京大学图书馆. 书城春秋——北京大学图书馆110年纪事[M]. 北京:北京大学图书馆,2012:38.
⑧ 黄俊贵. 怎样做好目录保养工作[J]. 图书馆,1963(4):68.

分类、主题和目录的特征、产生分类目录与主题目录的原因等内容[1]。金敏甫则专题论述了"主题目录"问题，针对有些图书馆需要建立主题目录，而这一目录如何建立？"我的意见，如果因改用分类法而需改编目录的，可以结合起来进行。不然就是逐步建立，先从当前迫切需要编制主题目录的门类或重点项目开始，作为试点，从中总结经验，解决技术上一些问题，积累标题表，然后在此基础上分期分批建立起来。"[2]对目录体系的关注、研究、实践，促进了图书馆的服务工作的深入发展。

图书馆界的书目索引工作进入了标准、统一、规范的阶段，最具代表意义的是统编工作的有效开展，极大地促进了规范、标准的建设步伐。在建立了全国统编书目后，一些地区亦建立起了统编工作平台，国家科委和文化部根据实际情况，及时做出了发展统编工作的原则意见："十年内，按照全国集中编目为主，地区集中编目为辅的原则，健全全国性的集中编目组织，统一著录项目，提高中文、俄文、西文集中编目工作的质量，适当地开展外文特种资料（影印本）的集中编目工作"[3]，同时制订相关著录条例。

书次号是索书号中的重要组成部分。汉语拼音方案草案"于1957年11月1日由国务院全体会议第六十次会议通过，现在提请全国人民代表大会讨论和批准"[4]。在汉语拼音方案批准、实践过程中，图书馆界开始研讨和实践汉语拼音著者号码表的工作。1960年1月8日，北京图书馆召开了"汉语拼音著者号码表"的专题座谈会，"到会的有中国文字改革委员会和中国科学院、中国医学科学院、北京师范大学、农业大学、工业学院、矿业学院、商务印书馆、作家协会等单位图书馆"[5]，主要讨论汉语拼音著者号码表应具备哪些条件？各种不同的看法、采用汉语拼音组织图书馆目录等问题。为进一步研制著者号码表，"又在一月十五日召开了第二次座谈会。这次会上着重讨论了两种编表方法——'拼号法'和'查号法'的

---

① 刘国钧.分类、标题和目录[J].图书馆,1962（4）:13-17.

② 金敏甫.试论主题目录[J].图书馆,1962（4）:18-24.

③ 中华人民共和国科学技术委员会,中华人民共和国文化部.中华人民共和国科学技术委员会、中华人民共和国文化部1963—1972年科学技术发展规划（草案）:图书（1962年12月）[M]//王振鸣.图书馆法规文件汇编.保定:河北大学图书馆学系,1985:140-149.

④ 吴玉章.关于当前文字改革工作和汉语拼音方案的报告（1958年2月3日在第一届全国人民代表大会第五次会议上）[M]//国务院法制局,中华人民共和国法规汇编编辑委员会.中华人民共和国法规汇编:1958年1月—6月.北京:法律出版社,1958:418-431.

⑤ 汉语拼音著者号码表座谈会纪要[J].图书馆学通讯,1960（3）:32-34.

优缺点"①。在这一过程中,全国出现了 10 多种新编的汉语拼音著者号码表,"统一编目工作的实现和发展,也使我们有必要在已有的十几种表中选择一个,或者在这些表的基础上重编一个"②。有的图书馆已经开始在工作中试用汉语拼音著者号码表。

还有一些图书馆已经将目录改由按汉语拼音音序排列,"西北农学院图书馆自 1959 年十一月起,中文图书的书名、著者检字目录即都改按汉语拼音音序排"③。为了使读者迅速熟悉这一变革,图书馆与校团委、学生会联系,利用晚自习或图书馆空余时间,开办由学生代表参加的介绍汉语拼音方案和拼音目录组织法及图书目录使用法,并且通过这些代表,更广泛地宣传、带动所有读者熟练掌握。

一些小语种的著者号码表也开始成熟。延边大学图书馆自 1954 年起即开始编制词典式的朝鲜文著者号码表的工作,直到 1963 年,"目前正进入执笔阶段,预计今年上半年内可以完成这个表的初稿"④。

六、广泛开展馆际协作

图书馆在现有基础上已构建起了有多个层面的图书馆网络。①以北京图书馆和上海图书馆为核心的两个全国性的中心图书馆委员会构成的网络;②以省图书馆为核心的图书馆中心委员会。在国务院的《全国图书协调方案》中,要求在武汉、沈阳、南京、广州、成都、西安、兰州、天津、哈尔滨等地成立 9 个地区性中心图书馆。随着相关条件的不断成熟,其他一些地区也相继成立了中心图书馆委员会。1961 年 6 月,贵州省中心图书馆委员会编印《贵阳地区农业技术图书联合目录》。是年 5 月,安徽省、太原地区等中心图书馆委员会成立⑤。"1964 年 8 月 29 日,湖南省人民委员会办公厅以'办秘字第 128 号'文件发出关于建立'湖南省中心图书馆委员会'的通知。湖南省中心图书馆委员会于 10 月 5 日正式成立。"⑥③以市

① 本刊编辑部. 编后按[J]. 图书馆学通讯,1960(3):34.

② 汪家熔. 查号法汉语拼音著者号码表是今后的方向[J]. 图书馆学通讯,1960(3):37-39.

③ 孙健. 我馆举办了汉语拼音图书目录使用法讲习会[J]. 图书馆学通讯,1960(2):42.

④ 郑昌权. 延边大学图书馆开始编写《词典式》朝鲜文著者号码法(表)[J]. 图书馆,1963(1):封三页.

⑤ 陈源蒸,张树华,毕世栋. 中国图书馆百年纪事:1840—2000[M]. 北京:北京图书馆出版社,2004:179-187.

⑥ 陈源蒸,张树华,毕世栋. 中国图书馆百年纪事:1840—2000[M]. 北京:北京图书馆出版社,2004:187.

图书馆为核心的市中心图书馆委员会。1960年9月21日,吉林市中心图书馆委员会成立,由市内各系统的40个单位的图书馆组成。1962年6月7日,郑州市中心图书馆委员会成立,由河南省图书馆、郑州市图书馆等8个单位组成,负责协调全市图书馆事业的发展;④以市(县)图书馆为核心的广大农村图书馆的协作网等。在国务院的图书协调方案中,要求建立的中心图书馆委员会,分别隶属于国家科委或各地区科学技术委员会开展工作,如研究图书馆的统筹安排与全面规划、各中心图书馆间的协作与业务问题、编制联合书目及制订相关计划、干部培训与业务提高、图书资料的互借等。"在国家科委领导下,由第一中心图书馆委员会每两年召开一次全国各中心图书馆委员会的工作会议,总结工作,交流经验,统一计划,加强协调。"①

　　地区性的图书馆学会也开始成立。1963年,"广东图书馆学学会于今年二月二十二日在广东科学馆正式成立。五十多名学会会员和广州三百多名图书馆工作者参加了成立大会"②。会议选举杜定友为会长,何多源等5人为副会长,从而在学术层面上,也开始形成了以学术活动为主的图书馆网。

　　中心图书馆委员会的成立,实际上亦形成了各个不同层面的图书馆协作区。根据规划与要求,天津中心图书馆委员会要兼顾华北区;上海全国第二中心图书馆委员会和江苏中心图书馆委员会协商分片兼顾华东区;辽宁中心图书馆委员会兼顾东北区;甘肃、陕西中心图书馆委员会协商分片兼顾西北区;四川中心图书馆委员会兼顾西南区;广东和湖南中心图书馆委员会协商分片兼顾中南区③。后来成立的其他中心图书馆委员会,通常都订有规章,明确协调、指导范围。一些市图书馆,根据具体情况,大力组织图书协作组,合力开展图书馆活动。河南省新乡市图书馆,在1962年初,"首先将新乡师范学院、国营平原机器厂等十七个单位组成一个科技图书协作组"④,大力开展协作活动,在取得经验的基础上,又于翌年先后成立了工会系统、教育系统等各系统的协作组,在形成基层、行业协作组的基础上,进一步建立全市的图书协作领导组织。

---

①③　中华人民共和国科学技术委员会,中华人民共和国文化部. 中华人民共和国科学技术委员会、中华人民共和国文化部1963—1972年科学技术发展规划(草案):图书(1962年12月)[M]//王振鸣. 图书馆法规文件汇编. 保定:河北大学图书馆学系,1985:140-149.

②　陈志源. 广东图书馆学学会成立并举行年会[J]. 图书馆,1963(3):41.

④　尹天顺. 河南省新乡市图书馆大力组织图书协作小组[J]. 图书馆,1963(4):71.

"馆际互借工作是图书馆的协作活动中的一个重要环节。"[①] 各协作网中广泛地开展了馆际互借活动。1964年7月11日,北京图书馆馆务会议通过"北京图书馆办理全国各地科学研究、生产单位借书办法",修订"北京图书馆办理全国馆际互借办法"[②]。

文献交换,则是若干具有实力和代表性的图书馆广泛开展的活动,并进而形成了各自的交流网,这也是国家有关发展计划中所要求的。"北京图书馆、中国科学院图书馆和中国科学技术情报研究所,十年内应根据需要逐步增加国外的交换单位,提高交换工作质量,力争使换进书刊的品种和数量(特别是非卖品),逐渐增加。"[③] 20世纪60年代初,北京图书馆已和世界上100多个国家和地区的3000多个单位建立了交换关系。"1962年,为了加强文化交流,又在亚非拉3洲增加了8个国家和地区的141个单位"[④];发展至1965年底,共与127个国家、3389个单位建立了交换关系。

中国科学院图书馆的文献交换对象"到1960年,发展为六十三个国家的一千四百七十五个机构"[⑤],"仅以院图书馆为例,现在通过交换的方式共得到期刊6000多种,其中有1000多种就是属于难订的或订不到的"[⑥],"到1964年底为止,中国科学院图书馆已与世界上69个国家1808个机构建立了书刊交换和赠送关系。十五年来,共收到图书74,128册,期刊378,159册"[⑦]。是年,国内和200个大专院校和省市自治区图书馆与其他国家或地区的图书馆建立了交换关系,共寄出书刊8327册,收到6479册。

七、大力开展劳动竞赛

劳动竞赛是为充分发挥劳动者的主观能动性、积极性和创造性的精神而展开的,是以普遍提高劳动生产率和工作效率为目的的群众性竞赛活动。北京图书馆自1959年10月26日开展先进工作者运动,中文采访

① 胡耀辉.进一步开展馆际图书互借工作[J].图书,1962(2):29-30.

② 陈源蒸,张树华,毕世栋.中国图书馆百年纪事:1840—2000[M].北京:北京图书馆出版社,2004:187.

③ 中华人民共和国科学技术委员会,中华人民共和国文化部.中华人民共和国科学技术委员会、中华人民共和国文化部1963—1972年科学技术发展规划(草案):图书(1962年12月)[M]//王振鸣.图书馆法规文件汇编.保定:河北大学图书馆学系,1985:140-149.

④ 李致忠.中国国家图书馆馆史:1909—2009[M].北京:国家图书馆出版社,2009:209.

⑤ 顾家杰.欢庆建馆十五周年[J].图书馆工作参考资料,1965(5):2-18.

⑥ 加强采访工作,更好地为科学研究工作服务[J].中国科学院图书馆通讯,1960(6):3-9.

⑦ 中国科学院图书馆国际图书交换组.我们是如何进行国际书刊交换工作的[J].图书馆工作参考资料,1965(3/4):23-35.

组在"近几月来，不仅月月提前超额完成任务，而且改变了过去只知装箱入库的局面"①，还做好突击登录等工作。馆内大搞"双革运动"，开展了有200多人参加的拜师活动，"自60年元旦起，全馆还将组织专家讲课，每周按时上班，并举办临时性的讲座"②，形成了一个"人人干劲十足，个个力争上游"的局面。

中国科学院图书馆于1960年的第1个工作日，"院馆召开了红旗竞赛大会，会上先由各个业务组汇报了提前完成1959年工作任务及提早跨进1960年工作情况，接着由十一位被评为标兵的先进个人报告他们的先进事迹"③，翌日下午，又举行授奖大会，晚上各组演出了自编节目以表庆祝。

南京图书馆于1960年大力开展比学赶帮超的大竞赛活动，各部门纷纷制订计划。阅览部要在1个月内突击整理书刊30万册，以1个月的时间完成全年计划整理100万册任务的30%。书目部的目标是1年保质保量完成100个书目索引，力争超额完成10%—20%，并在年内完成5篇文章的撰写任务，平均2人1篇。古籍部要完成12万册、1.2万余种的馆藏善本图书目录，其质量要超上海、赛北京④。

西北农学院图书馆力争1960年开门红，"全馆同志自11月中旬起苦干了四十五天，提前十天完成了原定在1960年第一季度才能完成的十五项工作"⑤。基层图书馆同样在大力开展竞赛活动。"赵各庄矿工会图书馆开展了'三比'红旗运动（比生产、比学习、比工作）。"⑥ 在运动中提出了"五满意""工作四及时"和"五好"的口号，规定每月各组进行1次评比，每半年全馆进行一次总评。这时期的竞赛活动一直不断地持续着。中国科学院图书馆结合年终总结而开展评比，1962年"全馆共评选出阅览推广组和总务组两个先进集体、21个标兵、5个受表扬的集体和11个受表扬的个人"⑦。清华大学建筑系图书管理员郑国卿年仅20岁，就光荣地出席了北京市文教群英会，她以自己出色的成绩，不断践行着自己的诺言：

① 北京图书馆中文采访组. 清除了历年积压，扩大了入藏品种——北京图书馆先进集体中文采访组的先进事迹介绍[J]. 图书馆学通讯,1960(3):26-27.

② 本刊记者. 先进工作者运动在北京图书馆[J]. 图书馆学通讯,1960(2):2-3.

③ 简讯:院馆召开红旗竞赛大会[J]. 中国科学院图书馆通讯,1960(2):29.

④ 白新美. 南京图书馆学、比、赶、超大竞赛[J]. 图书馆学通讯,1960(5):48.

⑤ 孙健. 跨上骏马,以卓越的成绩迎接1960年![J]. 图书馆学通讯,1960(1):2.

⑥ 唐山图书馆. 怎样培养和使用业余积极分子？——唐山市赵各庄矿工会图书馆经验[J]. 图书馆工作,1960(2):20-22.

⑦ 中国科学院图书馆1962年工作总结[J]. 图书馆工作参考资料,1963(21):1-10.

"做党需要的事就最有出息,我决心要干它一辈子,做一个出色的图书管理员!"①

1963年,"在我国各地工业企业之间,特别是在上海和一些工业城市的工业企业之间,掀起了一个比先进学先进赶先进帮后进的热潮"②。1964年起,全国掀起了新一轮的比学赶帮超的全国劳动竞赛运动。"1964年是我国大比大学之年。迄今数月,全国上下正在大学毛主席著作,大树榜样和标兵。"③在比学赶帮超的运动中,中国科学院图书馆积极投入其中。为了及时总结、推广经验,是年4月24至25日,召集在京各所的图书馆举行比学赶帮大会,大会发言1.5天,0.5天总结及自由发言等④。是年8月25日,又召集京区各所图书馆负责同志60余人进行座谈⑤,进一步交流开展比学赶帮的经验。

在情报单位的图书资料界,同样大力开展竞赛活动,沈阳市科委在1964年组织全市情报工作者开展以"五好"为目标的比学赶帮活动动员会,"参加会议的有沈阳市各有关专业局及其基层单位,中央所属以及省属在沈科学研究机构工矿企业、大专院校等单位情报工作负责人和情报、图书、资料工作人员等共约三百余人"⑥。

为了更广范围的交流经验,推进比学赶帮运动的开展,《图书馆工作参考资料》于1964年第4期专门组织了若干篇文章,"其中1963年度的红旗单位——科学院图书馆阅览推广组、西文图书卡片联合编辑组和科学院力学研究所图书馆的工作经验,值得大家参考"⑦。

八、进一步推进规章制度建设

规章制度是一切工作单位和部门正常工作的保证。新中国的图书馆

---

① 做人民需要的事就最有出息——图书管理员郑国卿在平凡工作中成绩出色[J]. 图书馆学通讯,1960(3):30.
② 比学赶帮,齐争上游——论各地工业企业之间比先进、赶先进、帮后进运动(一九六三年十二月十一)[M]//中共中央文献研究室. 建国以来重要文献选编(第17册). 北京:中央文献出版社,2011:446-450.
③ 本刊评论员. 大比大学,促进图书馆队伍不断革命化! [J]. 图书馆,1964(2):1-3.
④ 范新三. 开幕辞[J]. 图书馆工作参考资料,1964(6/7):1-2.
⑤ 继续贯彻比学赶帮大会精神,京区各馆举行座谈会交流经验[J]. 图书馆工作参考资料,1964(10):44-45.
⑥ 曹维民. 沈阳市科委召开全市情报工作者开展比学赶帮活动动员会议[J]. 科技情报工作,1964(8/9):20-21.
⑦ 编后[J]. 图书馆工作参考资料,1964(4):36.

事业,在 20 世纪 50 年代的发展实践中,从上到下制订了许多规章制度,为保证图书馆事业的发展起到了重要的作用。进入 60 年代后,随着形势的不断发展,规章制度的"破"与"立"提到了议事日程,界内人士指出了当时存在的一些问题,主要有:①一些单位、地区在改革制度的过程中,破的多,甚至破了一些不该破的制度;②根据形势发展需要,新建立的制度没有及时建立,或者破了制度后没有及时建立新的制度;③已建立的制度中有些不尽恰当;④执行制度不严,有些单位虽然有了制度,但并没有严格执行。

这一时期,对规章制度的重要性有了进一步的认识:"合理的规章制度体现出人们在实践中积累的经验,也可说是经验的法定化、条例化、规范化;合理的规章制度可以反映事物的客观规律,揭示出提倡什么,反对什么,促进什么,制约什么"[①],从而提高了制定、修订、贯彻、执行规章制度的自觉性。"单从一个国家图书馆三年前所汇编的主要规章制度来看,就有47 项之多;近三年来重加修订和新建立的又有 37 个。"[②]许多系统、地区和有关单位草拟了本系统、本地区和本单位图书馆通则或综合性的和专项性的工作条例。同时根据图书馆的宗旨与特征,认为图书馆的各项基本规章制度,应具有相当的稳定性,不宜变动过大过多,对于业务工作和操作技术方面的规章制度更是如此,只有在原有的规章制度不适应形势发展的需要之时,才应及时修订或重新制定。

有的图书馆在实践工作中及时摸索,制订出相应的、符合实际情况的规章制度。四川省情报所结合文献清理工作,根据调研和工作中反映出的问题,及时制定了采购工作的审批、查重制度,文献登记制度,撰写文献资料处理流程草案等[③]。一些图书馆在新的历史条件下制定出相应的规章制度。图书馆界在 20 世纪 60 年代开展运用岗位责任制的管理探索,"在图书馆工作上运用岗位责任制还是一个开始"[④]。岗位责任制要求各工种、各环节的职责范围十分清楚,并有上下工序之间的交换程序,以保证工作的有序与质量。这种在工作中引入的"创新",急需在制订岗位责任制方面进行探讨与实践,及时制订出相应的规章制度。

统计工作的重要性已越来越为图书馆界所重视,图书馆统计工作,是

---

① ②　管一丁. 整顿和健全规章制度,提高管理水平[J]. 图书馆,1963（1）:13.

③　四川省情报所结合清理工作建立书刊文献管理制度[J]. 科技情报工作,1964（8/9）:17-18.

④　项弋平. 关于图书馆制订岗位责任制的一些看法[J]. 图书馆,1964（4）:46-47.

整个图书馆工作的一个重要组成部分。"图书馆搜集、整理和提供准确的统计数字,就成为图书馆统计工作的首要任务。"[①] 如何健全和规范原始记录工作,不仅要防止片面性,达到数据链的完整性,又要加以认真仔细的选择,以免产生过多的"噪音",这些要求成为图书馆修订、制订相关规章的重要组成。

一些图书馆为推进规章制度的建设,还组织了相关的座谈会。中国科学院"院馆研究辅导组于二月六日召开了研究所图书馆规章制度座谈会。到会的有京区各所馆的 32 位负责同志"[②]。《图书馆工作参考资料》杂志还专门于 1964 年 5 月 20 日出版的第 5 期上发表《谈谈研究所图书馆的规章制度》和《修订我馆规章制度的初步体会》等文章,促进了这一工作的发展。

第六节　基本功的讨论

进入 20 世纪 60 年代后,由于图书馆工作的发展,对图书馆员提出了更高的要求,此时进一步提出了"基本要求"的确定问题。中国科学院图书馆在 1960 年的总结中,就明确认为要提高业务水平,就要注意两方面的工作:"一是注意基本训练,打好基础。对每一部门的工作,每一工序,要定出基本要求,建立和健全必要的制度,使人人达到熟练(和精专)的程度。二是提倡开展图书馆学、目录学的研究,通过在理论上的提高,为更好地开展业务打下坚实的基础,以指导业务"[③],提出了馆员应具有基本要求的问题。

关于"基本功"的问题,是由张遵俭首先在图书馆杂志上提出的。1961 年,他在《图书馆》杂志第 4 期上发表《学习札记三则》,其中首则即是"什么是图书馆工作者的'基本功'"问题。各行各业都有"基本功",图书馆要为读者服务,要真正做好"为书找人,为人找书",不是一件轻而易举的事,必须了解、熟悉"书"的内容和读者的需求,"了解图书应当是我们业务学习的基本内容,所以说学习'图书知识'是图书馆工作者的基本

---

① 丁道谦. 试论图书馆的统计工作[J]. 图书馆,1964(2):32-39.

② 简讯:院馆召开研究所图书馆规章制度座谈会[J]. 图书馆工作参考资料,1964(4):10.

③ 中国科学院图书馆1960年工作总结[J]. 图书馆工作参考资料,1961(1):1-13.

工"①（注："基本工"三字原文如此），并且认为这是一个逐渐积累的过程。每个馆员可以从自己的实际工作出发，去熟悉某一类或某类的图书资料，有目的有方向地积累图书知识，以期逐步更好更多地掌握为读者服务的图书知识。

"札记"发表后，引起了图书馆界的广泛注意，许多读者纷纷发表意见寄往《图书馆》编辑部，编辑部因势利导，于1962年第2期开始，开辟"基本功笔谈"专栏，刊登了刘国钧、顾家杰、史永元和纪国祥的笔谈文章。

由于对这一问题的关注，《图书馆》杂志编辑部在不长的时间中收到了40余篇讨论这一问题的稿件，提出的问题主要集中在："①熟悉图书是不是图书馆员的基本功？②乐于服务的精神也是基本功吗？③图书馆员的基本功有没有共同和特殊之分？"②

"图书馆基本功"这一问题的概念和范畴是什么？对这一问题产生了不同的意见，引起了争论。归纳起来，主要有两种意见：①倾向于较大范围，认为基本功除了包括图书馆业务工作的基本知识和方法外，还包括图书馆员的基本修养等。这一认识可以刘国钧等为代表，认为图书馆的基本功，"应当具有乐于服务的精神和关于服务的'技能'"；"要有关于浏览图书的技能"；"要有精确细致处理事务的能力"；"应具有能够运用祖国语文来表达自己思想、总结工作的能力"；并要有几种基本知识，即图书馆学的基本知识、本国历史的基本知识、本国文学史的基本知识、使用基本工具书、参考书和知识等③。可见，这一观点对图书馆基本功包括的范畴是较宽的，尤其是将工作态度、工作作风列入其中，作者已认识到将会引起争议，"但我以为既然谈的是图书馆工作就得重视工作态度和作风，这才是真正的基本"④。这是老一辈图书馆学专家，在长期的工作中总结出的经验，没有认真负责的工作态度，工作能力再强也将是做不好工作的。②倾向于较小的范围，认为基本功是图书馆业务基本训练，也即是图书馆业务工作的基本知识与方法，这一认识者占据多数，可以纪国祥、史永元、顾家杰等为代表："我们认为图书馆员的基本功简单说来是：'图书馆员进行工作时，藉以完成工作所必须掌握的基本工作手段和技能'。"⑤这一认识是基于基本功是图书馆员基本业务修养的一部分，而不是全部，同时又是建立在最

①　张遵俭.学习札记三则[J].图书馆,1961（4）:48-50.

②　袁方.从一束来稿中看图书馆员基本功问题的争论焦点[J].图书馆,1962（3）:6-8.

③④　刘国钧.也谈谈图书馆工作者的基本功[J].图书馆,1962（2）:20-21.

⑤　纪国祥,史永元.什么是图书馆员的基本功[J].图书馆,1962（2）:22-23.

基本的业务修养之一的基础之上的。顾家杰则认为:"图书馆员的基本训练,是指每一个图书馆业务人员为完成工作所必须具备的功夫(即是基本功),是图书馆员为做好基础工作条件。"① 随后,他在另一篇文章中进一步明确对于基本功的看法:"每一馆员为进行图书馆业务工作所必须具备的功夫——图书馆学的基本知识与方法。这些基本功同时应当适合于每一类型的图书馆。"②

为进一步统一思想,《图书馆》杂志社发表评论员文章③,基本功要求的是基本业务修养的训练与具备,基本业务修养由三部分组成:①学习图书馆学目录学的基本理论和方法,要开展科学研究,总结经验,从理论上提高基本业务修养,这是大力开展理论学习与培养,包括开办各种业务学习、培训班、函授、夜校、拜师等活动的基本依据;②熟悉有关科学的基础知识及其图书,在广博的基础上求得专精,在专精的基础上更加扩大知识面;③学习语言知识,无论是现代汉语、古汉语、外国语,都是图书馆服务工作中的重要工具。这一提法,显然是综合了各种观点后,提出的一个较为妥当的基本功的内容与范畴。

对基本功的认识,通过学习、座谈、讨论、研究,不断获得统一,认识不断深入。在基本功讨论刚开始时,北京大学图书馆学教研室就举行了有关"基本功"的座谈,对"应如何理解图书馆员的'基本功'""熟悉图书是不是图书馆员的基本功""图书馆员有没有共同的和特殊的基本功之分"等问题进行了探讨。南京图书馆组织座谈了"什么是图书馆员的基本功""怎样练功?"等问题。广东图书馆学会筹备小组座谈了"关于基本功的概念与范围问题""关于基本功的具体内容问题"等④。1965年7月27日,中国科学院图书馆召开京区各单位图书馆(室)练功经验座谈会,与会者有45个单位80人,"会上由民族所、原子能所、科技大学三个单位的图书馆就他们的练习情况和经验作了发言"⑤。

基本功的具备,不仅是一个理论问题,更是一个实践问题,必须要经过训练。如何苦练基本功?"业务训练,必须坚持学用一致,少而求精,做啥练啥,缺啥练啥,能用一点,就用一点,力求实效,有利工作。"⑥ 1964年后,

---

① 顾家杰. 图书馆员基本训练和图书馆基础工作[J]. 图书馆,1962(2):24-25.

② 顾家杰. 谈谈图书馆工作的基本功[J]. 图书馆工作参考资料,1962(12):1-7.

③ 本刊评论员. 图书馆工作者应该加强哪些基本的业务修养[J]. 图书馆,1963(2):5-8.

④ 几个"基本功"座谈会辑要[J]. 图书馆,1962(4):34-37.

⑤ 召开练功经验座谈会[J]. 图书馆工作参考资料,1965(9):42.

⑥ 社论. 肩负起一九六四年的光荣任务,投入新的战斗![J]. 图书馆,1964(1):1-4.

全国图书馆界掀起了基本功练习的高潮。中国人民大学图书馆将馆员的业务修养分为两个层面：①基本功的具备，这是针对图书馆工作中的基本知识和基本操作技能而言，这一"功"要从头练、经常练，结合工作练，由掌握到熟练。②广博的知识基本功的具备，即具备较为广博的知识，这是一个已有基础，逐渐积累丰富、不断扩充深入，最终达到渊博的过程[①]。

中国科学院系统图书馆大张旗鼓地开展了基本功训练活动，"练基本功的原则是：干什么，练什么；缺什么，练什么；急用先练，逐步深入"[②]。1965年，中国科学院图书馆开始大练基本功活动。为更好地开展这一活动，成立了练功领导小组，落实练功计划，结合实际工作练习，抓紧检查，编印《练功快报》[③]。民族研究所图书资料室5月开始练习基本功，6月中进行重点督促检查，7月初参加了京区六馆练功汇报[④]。原子能研究所从当年2月开始制定练功计划，于4月底结束第一阶段，并进行了基本功检查技术汇报会。大练基本功有什么好处？《图书馆工作参考资料》根据中国科学院民族所图书资料室的经验，在"关于练基本功的几点收获和体会"的文章中发"编者按"："第一，可以促进思想革命化；第二，可以提高业务工作能力；第三，可以提高服务质量……"

湖南医学院还结合实际，举办基本功训练班。"十一月份我院举办的第一届科学研究基本功训练班将在月底结业。"[⑤]该院图书馆担任第一课"工具期刊介绍"的讲课任务。为有效地开展这项工作，馆内布置了小型工具期刊展览会，并详细介绍了期刊的特征与概况，布置练习题，查找与自己专业有关的主题1—2个，通过主题索引，查出1—2年内的主要文献目录，并为学员提供练习查阅资料的场所。

在大练基本功的基础上，各单位在各个阶段组织了汇报会。北京图书馆，"1965年7月26日，国际交换组首先举行了基本功汇报会"[⑥]，进行了10个项目的汇报。全馆有200人参加练功活动，选练项目达280多项。并

---

① 程德清. 在革命化的思想指导下我馆开展的几项服务工作[J]. 图书馆工作参考资料，1966（3）：2-10.

② 白国应. 谈谈练基本功[J]. 图书馆工作参考资料，1965（7）：2-10.

③ 中国科学院图书馆. 我们在练功中的一些收获和体会[J]. 图书馆工作参考资料，1966（2）：2-11.

④ 民族研究所图书资料室. 关于练基本功的几点收获和体会[J]. 图书馆工作参考资料，1966（4）：30-34.

⑤ 本馆为科学研究基本功训练班服务[J]. 湖南医学院图书馆简报，1963（30）：35.

⑥ 李致忠. 中国国家图书馆馆史：1909—2009[M]. 北京：国家图书馆出版社，2009：216-217.

于当年12月25日下午,组织了全馆第一次基本功汇报大会,有18个组(科)的73位同志参加汇报。全国第一中心图书馆委员会各成员馆于1966年2月19日联合举办了一次基本功汇报会。"会上,由北京图书馆、中国科学院图书馆及院属一部分研究所图书馆、中国人民大学图书馆、俄文和西文图书卡片联合编辑组等单位的四十余位同志作了汇报,汇报项目共十九项。"[1]1965年9月11日上午,中国科学院图书馆举行基本功汇报会,"到会的除院馆全体工作同志外,还有院部各局室、京区各所馆及华北办事处天津图书馆的一部分工作同志,共约600余人"[2],汇报项目共有13项。与此同时中国科学院的各所图书馆(室)还举行了许多基本功汇报会。

第七节　进一步加强理论研究

1956年,中国科学院哲学社会科学部和国家有关哲学科学研究各部门提出草案,经过科学家讨论后,拟订出《1956—1967哲学社会科学规划草案》,由哲学社会科学规划办公室以"密件"的形式与要求印发。规划规定了哲学社会科学各学科的研究工作的任务,共15个学科,每一学科都提出了它在12年内所要研究的重要问题和所要完成的重要著作,"图书馆学"列入第14位。规划中列出的图书馆学应研究的"重要问题"有5大部分,其中基础理论研究主要有2大部分:"(一)图书馆学、目录学的理论研究。(二)研究中国图书史、图书馆学史、图书馆事业史和目录学史。"[3]在1960年前应出版的"重要著作"有:"图书馆藏书与目录教科书"初稿、"普通目录学教科书"、"图书馆学教科书"初稿、"中国图书史"、"中国目录学史";1962年前完成"专科目录学教科书"初稿、"中国图书馆学史""中国图书馆事业史"等[4];还规定了在1967年前应完成的一些著作。进入20世纪60年代,图书馆界加强了理论研究工作。

一、大力开展研究活动

1960年2月10日,为了更好地在图书馆界开展理论研究工作,北京

---

①　简讯:西北地区图书馆参观团来京参观[J].图书馆工作参考资料,1966(4):41.

②　院图书馆举行基本功汇报会[J].图书馆工作参考资料,1965(10):35-36.

③④　哲学社会科学规划办公室.1956—1967哲学社会科学规划草案(初稿)[Z].北京:哲学社会科学规划办公室,1956:48-50.

图书馆向全国兄弟馆提出撰写论文的挑战书，提出开展"百篇论文运动"。"百篇论文运动的目的是为了不断总结工作经验，发展图书馆的理论研究工作，以便更好地推动图书馆工作的更大跃进。"[①] 由于计划周密，动员充分，研究热情高涨，"北京图书馆百篇论文运动，已于五一节前基本上超额完成，在大家的倡议下，决定把原订指标提高至二百篇"[②]。

　　这一挑战在界内引起很大的反响。是年3月1日，黑龙江省图书馆就及时发出"应战书"，要求每位馆员都要结合工作实际，进行业务总结，提升理论水平，写成论文，"我们初步确定上半年的研究题目，主要以图书排架，目录组织，藏书补充，读者服务以及技术革新（主要是自动线）等为中心"[③]。每位馆员年内平均写出2篇以上论文，总篇数则超过百篇，并将通过向"开馆献礼"，召开"科学论文报告会"等形式，促进馆内论文的撰写。由于行政区域的调整，新筹建的黑龙江省图书馆即将开馆，"在我省文化艺术工作全面持续大跃进的1960年里，我馆全体工作人员在党的领导下，正以战斗的姿态积极地进行最后阶段的筹备工作，以保证'十一'正式开馆"[④]。黑龙江省图书馆决心结合实际工作，学习北京图书馆开展百篇论文运动的做法，大力开展科研活动，积极应战，要以冲天的革命精神，"立即掀起迎接'十一'开馆每人一篇论文（或学习心得）的献礼活动，向您馆作为友谊的应战"[⑤]；并决定编出"人人一篇论文专集"，12月召开一次论文讨论会。

　　3月4日，中国人民大学图书馆也及时应战，"我们的行动口号是：坚持政治挂帅，大搞群众运动，完成七大项目，向校庆十周年（1960年10月2日）献礼！"[⑥]其中第4项是关于图书馆学理论研究的应战，要求全馆人人动手，写出专题论文14篇，图书馆工作手册一部。

　　广东图书馆学会成立后，在1962年广泛地开展了学术讨论，主要讨论的问题有：关于图书分类问题；中文图书著录是否应以著者为主要款目；外

---

①　北京图书馆. 为更好地开展图书馆的理论研究工作北京图书馆向全国兄弟馆提出挑战[J]. 图书馆学通讯，1960（3）：31.

②　《中国人民大学图书馆答复北京图书馆百篇论文运动挑战书的信》的注[J]. 图书馆学通讯，1960（4）：25.

③　启宇. 鼓干劲，争上游——黑龙江省图书馆决心搞科学研究[J]. 图书馆学通讯，1960（4）：26.

④⑤　应战书[J]. 图书馆学通讯，1960（4）：26.

⑥　中国人民大学图书馆. 中国人民大学图书馆答复北京图书馆百篇论文运动挑战书的信[J]. 图书馆学通讯，1960（4）：25.

文图书中文编目法;关于主题目录;关于"开架"与"闭架";高校资料工作等问题①。北京图书馆于 1964 年 7 月 2 到 4 日,举行了该馆有史以来首次科学讨论会,参会人员达 336 人次。第一中心图书馆委员会成员馆和有关图书馆专家学者应邀出席者 186 人次。座谈会共收论文 38 篇,内容包括采访、编目、期刊、善本特点、读者工作、参考书目、业务辅导、排架等各方面的工作②,会上分成 8 个小组开展讨论。

科学讨论会在北京大学、武汉大学图书馆学系每年都正常地开展。"北京大学图书馆学系最近连续举行三次学术座谈会。这是为配合北大传统的'五四'科学讨论会举行的。"③这些学术座谈会主要讨论的课题有:图书馆目录体系,目录学研究对象和提高藏书建设质量等 3 个问题。会上 3 篇发言稿由《图书馆》杂志及时刊载:"这三篇文章所涉及的问题,近年来我国图书馆界都有过一些探讨,都具有相当的理论和实践意义,特发表出来,请大家继续研究讨论"④。1963 年,北京大学图书馆学系除了配合"五四"科学讨论会举办学术报告会外,各教研室还开展了经常性的学术活动,"其中有专题性的学术报告,也有老教师帮助青年教师进修性质的小型学术活动"⑤;开展了"关于北京大学图书馆藏书组织问题""关于北京大学图书馆目录体系问题""关于北京大学图书馆教学参考用书建设的主要经验和存在问题""关于北京大学图书馆教学用书的供应问题""论章学诚的目录学思想""论推荐书目""关于我国科技文献工作发展趋势的报告"等;同时还举办了多次以美国图书馆、情报为内容的报告会。

武汉大学图书馆学系为纪念清代目录学家章学诚逝世 160 周年、宋代目录学家郑樵逝世 800 周年,于 1961 年 12 月 6 日下午在每周例行的学术活动日内举行了纪念会,陈光祚和徐家麟分别做了"郑樵的目录学观点及其对我国目录学的贡献"和"试论章学诚的校仇学说"的专题报告⑥。1962

① 广东图书馆学学会. 广东图书馆学学会一九六二年年会学术讨论点综述[J]. 图书馆,1963(4):33-35.
② 李致忠. 中国国家图书馆史:1909—2009[M]. 北京:国家图书馆出版社,2009:215.
③ 北京大学图书馆学系通讯组. 活跃学术空气提高教学质量——北大图书馆学系举行传统的"五四"科学讨论会[J]. 图书馆,1961(2):20-23.
④ 编者.《图书馆目录体系问题的探讨》的编者注[J]. 图书馆,1961(2):24.
⑤ 李严,纪国祥. 北京大学图书馆学系1963年科学研究活动概况[J]. 图书馆,1963(4):35-37.
⑥ 崧. 武汉大学图书馆学系举办"我国目录学家郑樵逝世八百周年,章学诚逝世一百六十周年纪念会"[J]. 图书馆,1961(4):25.

年,武汉大学图书馆学系举办"外文特种出版物处理中的几个问题的探讨"的学术讨论会。是年,"武汉大学图书馆学系为迎接武汉大学50周年校庆,在教师中开展了较为广泛的学术活动"[①]。图书馆学教研室和目录学教研室相继举办了小型讨论会。12月中下旬,"武汉大学举行了第三届科学讨论会,武汉市三大系统图书馆部分工作者二十余人应邀参加"[②]。会上对皮高品的《谈谈对于图书分类法路向等问题的看法》和黄宗忠、彭斐章、谢灼华的《关于图书馆学研究的动向与问题》展开了热烈的争论,同时对当前图书馆学研究中心、各种研究问题的现实意义及如何进一步开展图书馆学研究等问题发表了意见。1963年武汉大学图书馆学系又召开了第4届科学讨论会,收到论文15篇,内容广泛,涉及古今中外,"参加讨论会的有图书馆学师生、武大图书馆及武汉地区的湖北省图书馆、华中师范学院图书馆等二十多个单位八十多位同志。北京图书馆丁志刚副馆长也远道前来参加"[③]。

二、专业期刊上的研究情况

这一时期,图书馆界的专业期刊经过停刊、创刊等的调整,发生了较大的变化,当时公开发行的《图书馆工作》和《图书馆学通讯》于1960年停刊,1961年1月起,另行出版发行《图书馆》杂志,成为当时全国唯一的公开发行的图书馆学专业期刊,该刊亦于1964年停刊。许多内部刊物亦如此。1960年,《中国科学院图书馆通讯》停刊。1961年,山东省图书馆于1957年创刊的《业务参考材料》停刊。中国科学院图书馆于1961年创刊的《图书馆工作参考资料》于1966年停刊。甘肃省图书馆中心委员会主编的《甘肃省地区图书馆简讯》于1960年7月创刊,《湖南医学院图书馆简报》于1959年5月停刊,后于1963年2月又复刊。江西省图书馆编印的《图书馆通讯》于1962年停刊,《宁夏图书馆业务资料》于1964年创刊,等等。由于当时内部刊物的局限性,除中国科学院主编的《图书馆工作参考资料》外,不可能花主要篇幅进行理论探讨,因此理论研究主要在《图书馆》杂志上展开。

《图书馆》杂志由北京图书馆"图书馆编辑委员会"编辑,北京图书馆

---

① 崧.武汉大学图书馆学系开展学术活动[J].图书馆,1962(4):51.

② 谢灼华.武大图书馆学系举行科学讨论会[J].图书馆,1963(1):63-64.

③ 武汉大学图书馆学系通讯组.为庆祝武汉大学建校五十周年,图书馆学系举行第四届科学讨论会[J].卢中岳,沈继武,执笔.图书馆,1963(4):38-40.

出版,邮电部北京邮局全国公开发行,"《图书馆学通讯》与《图书馆工作》已于去年第三季度先后停刊。为了满足广大图书馆工作者的需要,自今年一月份起另行出版《图书馆》双月刊"[1],刊载内容主要是各类型图书馆工作的经验介绍和技术革新,图书馆学、目录学的理论探讨,适合于各级图书馆工作者阅读与参考。该刊自第 2 期开始,改为季刊,"图书馆双月刊自今年第二期起因故改为季刊"[2]。《图书馆》编辑部是由《图书馆学通讯》和《图书馆工作》两个编辑部合并改组而成,这是"着意提高刊物质量"的举措[3]。《图书馆》杂志从创刊起主要探讨的理论有:①图书馆史,包括图书史,这一内容探讨得最多,是当时图书馆理论探讨的"显学"。《图书馆》杂志的创刊号上就刊载有北京大学图书馆学系 1956 年级中国图书馆事业史研究小组撰写的《试评"中华图书馆协会"》一文。四年中,有关图书馆史的文章在 80 篇以上,是理论研究中最多的部分。②目录学探讨。在《图书馆》杂志创刊号上,亦载有顾家杰的《科学图书馆的目录体系》一文,在四年中,有近 20 篇的目录学探讨的理论文章,在该时期的刊载量上居第二位。③分类理论的探讨,作者群主要由刘国钧、杜定友、金敏甫、白国应、陈霖生等,这一理论探讨的主要参与人员还是以深具功力的第一、二代图书馆界代表人物为主。④其他,诸如文献工作、干部培养、藏书建设、读者工作、图书馆建筑、图书馆统计等研究方向都有研究。为保证杂志质量,编委会组成了一个强有力的班子,并经常召开编委会议。如 1963 年 4 月 15 至 18 日,编委会与"图书馆专业书籍编辑委员会"联合召开会议,"杂志编委会编委丁志刚、王重民、刘国钧、刘德元、赵万里、胡耀辉、袁翰青、黄宗忠、黄钰生、张全新、张静庐、程德清、舒翼翚、顾家杰、鲍振西等 20 位同志"[4]参加会议。

此时的学术研究,在北京大学和武汉大学的图书馆学系十分活跃,这里的师生成为理论研究的主要力量。《武汉大学人文科学学报》还多次出版了"图书馆学专号",他们的研究在许多方面具有"引领"的作用,如对图书馆学的对象与任务、分类中的问题、目录学、情报书目、图书馆史的研究等方面,都是如此。如《图书馆》杂志在 1961 年第 2 期中专门介绍了北

---

① 编者的话[J]. 图书馆,1961(1):32.

② 本刊启事[J]. 图书馆,1961(2):23.

③ 刘国钧,张树华,纪国祥. 五年来我国图书馆事业的发展和成就[J]. 图书馆,1964(3):4-12.

④ 《图书馆》杂志编辑委员会. 图书馆专业书籍编辑委员会举行联席会议[J]. 图书馆,1963(2):4.

京大学图书馆学系举行的"五四"科学讨论会情况,并刊载了 2 篇目录学、1 篇藏书建设方面的专题研究论文。在 1964 年第 1 期上,列有"武汉大学五十周年校庆科学讨论会论文摘要选辑"专栏,刊载有 5 篇论文。

三、相关专业著作的出版

在探索社会主义条件下图书馆学基础理论研究方面的代表著作——《社会主义图书馆学概论》一书,经过《图书馆学通讯》的刊载、北京图书馆印行单行本后,受到图书馆界的普遍关注与重视。1959 年,通过"对各方面提来的意见,进行了讨论,并根据图书馆工作的新情况,作了较大的修改补充,这次付印前,我们又作了一些文字上的加工工作。全书共分六章二十三节,现已出版"①。

在图书馆学著作出版方面,许多著作都是非正式出版的,有的是油印本,有的是铅印本,主要包括以下图书:

（1）图书馆事业,有《怎样开展图书馆工作》（天津市人民图书馆集体编著,1960）、《中国近代现代图书馆事业史》（北京大学图书馆学系编印,1960）、《江西全省图书馆十一年来工作经验汇编》（江西省图书馆编,1960）、《辽宁地区专业图书馆协作网参考资料》（辽宁地区中心图书馆委员会编,1961）、《读者服务工作讨论会资料汇编》（中国科学院图书馆编印,1961）、《武汉大学图书馆规章制度汇编》（武汉大学图书馆编,1963）、《全国专市以上公共图书馆概况》（北京图书馆科学方法研究部编印,1965）、《中国科学院图书馆北京地区各分院比学赶帮大会文件》（中国科学院图书馆编印,1964）、图书馆建筑方面的《图书馆》第一辑（清华大学土木建筑系编,1964）、《北京图书馆家具设备图录》（北京图书馆办公室编,1965）、《全国各地区中心图书馆委员会成员馆概况》（全国第一中心图书馆委员会编,1965）等。

（2）目录与编目方面,有《编目工作讨论会资料汇编》（中国科学院图书馆编印,1960）、《西文普通图书著录条例》（全国第一中心图书馆委员会西文图书卡片联合编辑组编,1961）、《俄文图书编目法讲稿》（刘国钧,何善祥合编,1962）、《图书编目基本知识讲授提纲:北京全国第一中心图书馆委员会图书馆红专大学第三期讲义》（刘国钧编,1962）、《图书分类法》第 4 版,增订版（张昭,程德清主编,1962）、《中国图书馆图书分类法草案:

---

① 社会主义图书馆学概论:文化学院图书馆研究班第一期学员集体编写,文化学院出版[J].
　图书馆,1961（1）:44.

下册：自然科学综合性图书辅助表》（中国图书馆图书分类法编辑委员会编，1963）、《俄文图书编目讲义提纲》（中国科学院图书馆参考辅导部编，1963）等。

（3）文献检索方面，有《怎样利用报刊资料》（杨国昌著，1962）、《中文工具书使用法》（北京大学图书馆学系编印，1965）、《怎样查找马克思列宁主义经典著作》（杨国昌编，1963）、《医学文献检索工具书录》（朱允尧编，1964）等。

（4）图书馆类型方面，有《怎样办好人民公社图书馆》（林凤五编写，1960）、《怎样在人民公社开展图书活动》（湖北省图书馆编著，1963）、《怎样办农村俱乐部图书室》（内蒙古图书馆编，1966）等。

（5）图书学方面，有《书的故事》（北京女三中语言组编写，1961）、《古籍版本知识》（北京古书店编，1961）、《中国版刻图录》（北京图书馆编，1961）、《书话》（唐弢著，1962）、《中国古代书籍史话》（刘国钧著，1962）、《香草续校书》（［清］于鬯著；张华民点校，1963）、《司马迁所见书考》（金德建著，1963）、《中国活字印刷史话》（张秀民，龙顺宜编著，1963）、《中国书的故事》（刘国钧著，1963）等。

（6）情报方面，有《关于日本科学技术情报工作的介绍和分析以及若干理论问题的探讨》（杨沛霆编，1962）、《科学技术情报工作讲义》（中国科学技术情报研究所编，1963）。

（7）目录书目校勘，有《全国图书馆报刊简目》（北京图书馆科学方法研究部编，1960）、《目录学发微》（余嘉锡著，1963）、《校雠广略》（张舜徽著，1963）、《图书异名通检》（杜信孚编，1962）等。这些图书从一个很重要的方面，揭示出了当时图书馆界的理论研究深度。

根据《1956—1967哲学社会科学规划（修正草案）》的要求，图书馆界集中有关专家，大力编制学科教科书。当时图书馆界的三大高等学府：北京大学、武汉大学、文化学院三校图书馆学系，承担了这一光荣而艰巨的任务。"根据今年四月在教育部领导下拟订的'图书馆学专业教材选编计划'，分别在北京、武汉等地进行《图书馆学概论》《藏书与目录》《读者工作》等教材的编写工作。"[①]从当年4月底开始讨论，计划7月底完成初稿。根据计划，在二、三年内完成全部教材的编写工作，9月继续在北京、武汉地区进行《目录学》和《中国图书馆事业史》等教材的编写

---

① 忠.北京大学、武汉大学、文化学院三校图书馆学组织教师共同编写专业教材[J].图书馆,1961(2):65.

工作。三校在 1961 年完成《图书馆学引论（初稿）》《图书馆藏书建设》《图书馆目录》《图书分类与图书标题》《读者工作》等讲义，于 1962 年完成《目录学讲义（初稿）》等讲义。武汉大学图书馆学系师生于 1960 年完成了《1956—1967 哲学社会科学规划纲要（修正草案）》中关于编制《图书馆学简明辞典》的任务，"前后陆续用了将近半年的时间，已于三月初编出了《图书馆学简明辞典》初稿"①。该书收录名词、术语约 1600 余条，共计 50 余万字，拟于 6 月定稿，10 月出版。

　　20 世纪 60 年代初，尽管在经济建设中遇到了很大的困难，但上自最高领导，下至平民百姓，都齐心协力、共同担当，克服暂时的困难，大力建设思想战线，通过"主人翁"精神的发扬，不断克服困难，团结一致向前看。通过树立先进典型，使每个人身边学有榜样，掀起了一场比学赶帮超的热潮。1960 年，"北京市在二月底召开了全市教育、文化、体育和卫生等方面社会主义建设先进单位和先进工作者代表大会。七千四百多名代表向党汇报成绩，纷表决心，鼓舞了首都 22 万文教工作者"②。此时更加强调了"群众运动"的作用。在随后"调整、巩固、充实、提高"的总方针指引下，图书馆界和全国各行各业一样，首先进行调整、巩固工作，在此基础上，继而大力开展充实、提高工作。在这一过程中，做到了思想领先，方向明确。通过掀起的毛泽东著作学习运动，不断提高认识、统一思想，"许多馆于近二、三年内，还全面地清点了馆藏，改进了登录制度，整理了卡片目录，整顿了排架方法和藏书组织，健全了财产账目，对全馆各种文字书刊的种数、册数，都能提出具体数字来"③。在大力开展的技术革命与技术革新的运动中，充分发挥馆员的主观能动性，取得了很大的成绩。在"一切为了读者"理念的指导下，更加广泛、深入地开展各项服务，为社会主义建设、文化、经济等各个领域做出了积极的贡献。

　　通过基本功的讨论与学习，进一步明确了做好一名图书馆员的基本要求，从而促进了图书馆界的业务学习。图书馆学的理论研究与学习越来越得到重视，图书馆教育得到较快的发展，图书馆界积极贯彻党中央关

---

① 刘昭芸. 武大师生编成《图书馆学简明辞典》初稿[J]. 图书馆学通讯，1960（4）：42.

② 本刊评论员. 高举毛泽东思想红旗把图书馆的先进工作者运动推向新的高潮[J]. 图书馆工作，1960（3）：36-37.

③ 刘国钧，张树华，纪国祥. 五年来我国图书馆事业的发展和成就[J]. 图书馆，1964（3）：4-12.

于职工业余教育的精神:"坚持'结合生产、统一安排、因材施教、灵活多样'的原则,继续做好调整、巩固、充实、提高的工作,在巩固的基础上积极发展。"① 通过4年的调整、巩固,1964年后,国民经济建设开始得到较好的恢复,各行各业的建设步伐得到加快,正在全面恢复经济建设的过程中,"千万不要忘记阶级斗争"的思想逐步强化,主要体现在"社会主义教育运动"的全面开展上。

从1957年8月8日中央发出《关于向全体农村人口进行一次大规模的社会主义教育的指示》开始,至1961年11月13日党中央进一步发出《关于在农村进行社会主义教育的指示》,在党的八届十中全会上,毛泽东突出强调了阶级斗争,要在城乡大规模地开展了社会主义教育运动。这场运动,在农村,以清理账目、清理仓库、清理财务、清理工分为主要内容,简称"四清";在城市,以反对贪污盗窃、反对投机倒把、反对铺张浪费、反对分散主义、反对官僚主义为内容,简称"五反"②。1963年3月,开滦林西矿"我矿工会职工图书馆配合这个运动(社会主义教育运动)采取了多种多样、小型活泼的宣传图书、指导阅读的方法"③。在农村,"榆树县五棵树公社长新大队图书室,紧密配合社会主义思想教育,向广大社员,特别是向知识青年,宣传和推荐现代优秀文学作品"④。高校图书馆也积极参加这一运动。北京地质学院,"在我馆部分同志参加农村社会主义教育运动中,与农民同吃、同住、同劳动;比觉悟、比生活、比贡献,受到了一次深刻的阶级教育,提高了觉悟"⑤。

这是一次全国性的大规模运动,"在几年的时间中,前后有几百万各级干部和教师、学生、知识青年参加了工作队,投入了'四清'运动"⑥。江苏省在1963年试点的基础上,于1964年组织了1.9万人的工作队,到农村开展"四清"运动。根据进度,在1964年"要求除保持现有19,000人的

---

① 中共中央转发全国总工会党组、教育部临时党组《关于全国职工业余教育工作会议的报告》(一九六四年四月三日)[M]//中共中央文献研究室. 建国以来重要文献选编(第18册). 北京:中央文献出版社,2011:369-378.

②⑥ 薄一波. 开展城乡"四清"运动[M]//郭德宏,林小波. "四清"运动亲历记. 北京:人民出版社,2008:2-26.

③ 张礼. 大力配合社会主义教育运动发挥图书馆作用[J]. 图书馆,1963(3):60-61.

④ 邓世魁. 配合社会主义思想教育积极组织读、说、讲新书活动[J]. 图书馆,1963(4):65-66.

⑤ 北京地质学院图书馆. 贯彻主席教育思想,实现机关工作革命化[J]. 图书馆工作参考资料,1965(5):19-28.

'四清'工作队以外,再抽调11,000人,包括现任大队党支部书记、转业军人、师范学院应届毕业生等,全省组成3万人左右的'四清'工作队,以适应运动发展的需要"①。这一运动直到"文革"才结束。图书馆界在"防修反修""以阶级斗争为纲"的思想指导下,亦步入了"文化大革命"运动。

---

① 江渭清.开展"四清"运动[M]//郭德宏,林小波."四清"运动亲历记.北京:人民出版社,2008:36-65.

第五章　图书馆学教育和人才培养

新中国成立之初,图书馆领域成为新时期大众文化教育的重要组成部分。此时期,我国图书馆事业快速发展,据统计,1950年春,我国有国(区)立图书馆5所,省(市)立图书馆37所,县(市)图书馆30所,私立图书馆44所,大学图书馆132所,机关图书馆99所,工厂中的工会图书馆44所,合计391所。另有中学图书馆600所以上,文化馆1400所左右,东北省农村图书室5000所左右[①]。如何办理好新时期的图书馆事业,其中关键条件之一即是人才的快速培养问题,这一问题也成为"17年"中贯穿其中的一个重要问题。

第一节　全日制学校高层次专业人才的培养

在"17年"中,我国至少曾有6所高校办过图书馆学专修科或本科专业,如北京大学、武汉大学、西南师范学院、吉林师范大学、中国科学技术大学、北京文化学院等,另有四川省财贸干校的图书馆班、湖南等省文化艺术干部学校附设过图书馆专业班等。1951年,"成都图书馆学界集议,拟在华西大学文学院增设一个图书馆学专修科"[②],并拟定初步计划,征询各有关方意见与支持,后因故未开设。"这些图书馆学系、科,是我国图书馆教育事业的基干力量"[③],尤其是北京大学和武汉大学更是如此。

一、北京大学图书馆学系

北京大学是我国自办高校中最早设置图书馆学课程者。早在20世纪20

---

① 文物局图书馆处. 全国图书馆事业的问题与展望[J]. 浙江省立图书馆通讯,1951,2(9):1-4.

② 华西大学增设图书馆学专修科成都图书馆学界提出初步计划[J]. 文物参考资料,1951(8):151.

③ 胡耀辉. 建立一支又红又专的图书馆工作者队伍[J]. 图书馆学通讯,1959(12):5-8.

年代中期,北京大学就在教育系中开设图书馆学课程,当时主要由袁同礼先生授课,"袁同礼先生所授教育系图书馆学、图书利用法、目录学三种功课均已排定时间"[①],并于1924年11月29日起正式开课,"袁同礼先生所授图书馆学由本星期六(29日)起开始讲授"[②]。这一课程的开设,并没有长期坚持下来。至1947年上半年,北京大学积极筹备开设图书馆学专修科。当时北京大学准备开设图书馆学和博物馆学两门专科,"图书馆学方面,将请国立北平图书馆长袁同礼设计,并聘在美任图书馆工作多年之专家王重民任课"[③]。至下半年,"北大奉教育部核准,于三十六年度起,创办图书馆及博物馆两专科,附设于文学院内"[④]。这两个专科,采用的是学分制,学员大致通过2年时间的学习,修满32学分,总平均成绩在70分以上即可获一科毕业证书,当时不对社会招生,仅针对北京大学学生及其他大学毕业生开放。

北平和平解放后,于1949年8月正式成立了北京大学图书馆学博物馆学专修科(以下简称北大图专)[⑤],附设于文学院,向社会招收高中毕业生,学习期限两年。北大图专主任由当时代理国立北平图书馆馆长的王重民担任。其课程大致分三类:①政治课程,开设有全校必修的政治课和图专特开的唯物史观等课程。②文化课程,如中国文学、中国通史、俄文、英文等,这些课程主要是与他系合作而设。③图书馆学专业课程,一年级以图书馆学概论和目录学概论为核心课程,辅以工具书使用法、图书常识、阅读指导、图书馆实习、中国目录学文选等课程;二年级时以技术性较强的图书分类与编目为主要课程,辅以校勘学、档案学、索引法、版本学、图书馆管理与行政、专题研究等偏重于技术性、理论性的课程。"图专的教授大都是首都各大图书馆和各大学图书馆的馆长"[⑥],由此可见,在当时师资力量缺乏的情况下,北大图专采取社会支持的方式,解决师资缺乏并使师资水平得以保证。为满足图书馆界对人才的需求,北京大学从一开始就吸收政府各机关在职干部到校旁听相关课程,"至学期终,尚有新闻总署、交通部、新华社、军委工程学校、人民日报社、公安干校等十五个单位的三十一位同志经常听课"[⑦],并召开座谈会,听取旁听生对教学的意见和建议。

①② 注册部布告[N].北京大学日刊,1924-11-22(1).

③ 北大考虑增开图博职业专科[J].中华图书馆协会会报,1947,21(1/2):20-21.

④ 北大文学院增设两专科[J].中华图书馆协会会报,1948,21(3/4):14.

⑤⑥ 介绍北京大学博物图书馆学专修科[J].文物参考资料,1950(7):30-32.

⑦ 北大图专举行旁听生座谈会[J].文物参考资料,1951(1):87.

北京大学和全国高校一样,在 20 世纪 50 年代经过了多次教改。1952年以后,北京大学在系统地学习苏联经验的基础上进行改革,从教育制度、教学组织,以至教学内容和教学方法上进行了全面的调整,成立了图书馆学教研室、图书整理方法教研室和目录学教研室。1951 年招收了 4 年制本科生,1952 年又改为 2 年,1953 年,高教部又决定将北大图专的修业年限改为三年,这就是刘国钧曾经提到过的"北大图专从 1952—1954 年三年之间改了两次学制,四年制改两年,两年改三年"①。1955 年,北大图专提出了"以提高质量为重点"的文教方针,1956 年 9 月又将三年制专修科改为四年制本科(图书馆学系)。学员的毕业去向主要是各省市级的公共图书馆、高校图书馆、机关图书馆、图书馆学师资以及开展科学研究,编译图书馆学教科书和教学参考资料,目标主要是培养图书馆界的高级人才。通过教育改革,增加了一些课程,如增加了世界文学史、科学技术概况,规定英语为加修课,并将图书馆学专业课设置为四大门类:图书馆学、图书馆目录、目录参考工作和图书史。除图书史一门外,其他三门都各自分设多门课程,如图书馆学这门课程,就包括普通图书馆学、图书馆藏书、读者工作和图书馆组织等四部分课程。为提高学生的科研能力,要求学生在第二学年开始提交学年论文;在课堂教学工作中,规定了课堂讨论和安排了课堂实习时间。此外,从 1956 年起北大图专每年召开学术研讨会,以此提高整个学科的科研能力,并引领全国图书馆界的学术研究。1964 年北大图书馆学系还招收了我国首批图书馆学研究生。

二、武汉大学图书馆学系

新中国成立初,私立武昌文华图书馆学专科学校(以下简称:文华图专)被完整地保留了下来。在国民经济恢复阶段,通过了维持与改造两个阶段,逐步将原来私立性质的文华图专改造成公立的学校。在文化教育事业的改造过程中,经中央"处理接受美国津贴高等学校"会议的决定,所有此类学校归中央人民政府文化部接办。根据区域划分,文华图专暂委托中南军政委员会教育部就近领导。1951 年 8 月 16 日,中南军政委员会教育部负责人召集文华图专的行政负责人、校董会、教工会、学生会、青年团支部等代表,以及中原大学教育学院、中原大学图书馆负责人,商谈接办事宜,宣布了新的校领导的任命,"该校校长由原中原大学教育学院院长王自申担任,副校长由原文华图专校长沈祖荣、原中原

---

① 利用图书,提高干部业务水平来为科学研究服务:怎样提高干部业务水平[J]. 图书馆工作,1956(5):10-13.

大学图书馆主任甘莲生两人担任"①。自此,文华图专由私立改为公立。1953年,全国院系调整后,文华图专并入武汉大学,成为图书馆学专修科,学制仍是二年,从1955年秋季起,改为3年制,翌年,成为图书馆学系,学制又改成4年制。1956年由专科改为系和1961年贯彻"高教60条"的两次新的教学计划,是该系在历史发展过程中所制定的较为重要的两次新的教育计划。在教学计划中加强了马克思主义理论学习的问题,增设了自然科学、社会科学概论课程,提高了学习外语的要求,加强了如《图书馆学基础》《目录学概论》等基础课程的教学,增加了毕业论文写作和毕业实践环节,加强了教学管理②,该系和北京大学图书馆学系一起,成为"17"年中我国图书馆学专业中最基干的力量。两校开设的课程、学生培养目标等都基本相同,据统计,新中国成立后至1964年的15年中,两校共培养毕业生823人③。

三、中国科学情报大学（中国科学技术大学科学情报系）

我国情报学科诞生于1956年,随着我国情报事业的快速发展,形成了图书、情报领域合力培养人才的局面。1958年,"中国科学院编译出版委员会创办的中国科学情报大学于本年九月二十九日上午在北京朝内117号举行开学典礼"④。该校实行"半工半读"的教学模式,教学与劳动生产相结合,"情报大学共设三系:科技情报学系、编译出版系、图书馆学系。各系分设自然科学,技术科学及中外语文等学科"⑤。为能较快、稳定地培养人才,学校分设本科、专科和特别班,图书馆学系本科学习四年,专修科和特别班学习二年,在授课期间全部学生半天学习课程,半天参加劳动生产。"四年制本科在前三年按物理、化学、生物、机械、电工等专业学习,第四年才学习图书馆学理论和图书馆技术。"⑥目标是培养既懂科学,并掌握两门外语,通晓图书馆学的专业人才。专科生则主要学习图书馆学理论和

---

①　中央文化部接办武昌私立文华图专[J].文物参考资料,1951(10):195-196.

②　彭斐章,谢灼华.七十年历程——从武昌文华大学图书科到武汉大学图书情报学院[J].图书情报知识,1990(3):2-10.

③　徐家麟,黄宗忠,陈光祚.十五年来我国图书馆的干部培养工作[J].图书馆,1964(3):13-17.

④　一个共产主义新型大学的诞生:中国科学情报大学正式开学[J].科学情报工作,1958(9):44-46.

⑤　科学情报工作的大喜事:中国科学院创办情报大学[J].科学情报工作,1958(8):44-46.

⑥　中国科学情报大学设立图书馆学系[J].中国科学院图书馆通讯,1958(11):18.

图书馆技术,学会一门外语和必要的文史、科技知识。学校第一年招收学生500多人,"其中高中毕业生240多人,在职干部300多人"[①]。教员主要来自中国科学院编译出版委员会领导的科学情报研究所、科学出版社和科学院图书馆的研究人员和编辑。"我馆负责办理的科技大学情报系图书馆学专修科,有学生二十七人,原计划半工半读,二年毕业"[②],后经上级研究同意,在一年后改为全日学习,用半年时间学完一年课程从而提前毕业,这是针对当时中国科学院图书馆系统急需图书馆专业人才而采取的应对措施,该届毕业生于1960年1月9日在中国科学院图书馆举行了结业典礼,顾家杰同志在会上作了总结报告,"最后由孟广钧(原文为'钧',实应为'均',笔者注)同志代表全体毕业生表决心,要坚决听党的话,服从分配,为图书馆事业献出自己的全部力量"[③]。

　　1959年8月28日,中国科学情报大学并入中国科学技术大学,中国科学技术大学增设科学情报系,学生人数171名[④]。科学情报系下设情报、图书馆、出版三个方向的本科专业班,学制也由原来的四年制统一为中国科学技术大学的五年制。由于科学情报系的图书馆以及出版方向所涉及的专业知识面较广,集中在一个系培养较为困难,1960年8月经中国科学院党组讨论决定,科学情报系的学生分别并入技术物理系(原物理专业)、高分子化学和高分子物理系(原化学专业)和生物物理系(原生物专业),并进一步修订教学计划,在课程设置上仍保留图书情报以及出版方向的特点,这批学生毕业后也将主要分配到情报所、出版社以及图书馆等单位工作[⑤]。1962年9月15日,中国科学技术大学党委又将原属技术物理系、高分子化学和高分子物理系领导的情报专业划归生物物理系统一领导[⑥]。1962年,进入第五学年的科学情报系本科班学生开始学习业务专业课。

---

① 一个共产主义新型大学的诞生:中国科学情报大学正式开学[J]. 科学情报工作,1958(9):44-46.

② 中国科学院图书馆1959年工作总结[J]. 中国科学院图书馆通讯,1960(3)5-12.

③ 中国科技大学科学情报系图书馆学专修科结业[J]. 中国科学院图书馆通讯,1960(2):29.

④ 中国科学技术大学档案馆,中国科学技术大学校长办公室. 中国科学技术大学大事记:1958—1997[M]. 合肥:中国科学技术大学,1998:21.

⑤ 朱清时. 中国科学技术大学编年史稿[M]. 合肥:中国科学技术大学出版社,2008:19.

⑥ 中国科学技术大学档案馆,中国科学技术大学校长办公室. 中国科学技术大学大事记:1958—1997[M]. 合肥:中国科学技术大学,1998:19.

业务专业课程于是年 3 月 1 日调整①，并于 7 月做了进一步调整②，"科技大学图书馆学专业班是在今年 2 月 18 日开始在我馆（中国科学院图书馆）上专业课的，到 6 月 22 日结束，共计四个月零四天"③。随后"他们已于1963 年结业，走上了工作岗位"④。"17 年"间，中国科学技术大学科学情报系仅办了这一届。

　　上述三所学校培养人才的目标，具有两个着重点。北京大学和武汉大学图书馆学系的培养目标相同，都是按照政治、文化科学知识和图书馆学理论与技术互相结合的原则，以培养图书馆界较高层次的人才为目标来安排课程和组织教学的。中国科学情报大学图书馆学系（中国科学技术大学科学情报系图书馆学专业班）则侧重培养具备各种专门科学知识的图书馆人才，以满足读者日益高涨的情报需求。

四、西南师范学院图书馆博物馆专修科

　　西南军政委员会文教部，根据苏联的先进经验，克服困难，在条件不足的情况下，于 1951 年秋在西南师范学院筹设图书馆博物馆专修科。他们根据当地实情，要使旧型的图书馆和博物馆迅速转变为新型的人民文化事业的组成部分，又准备在许多地区开办新的图书馆博物馆机构，为当地人民大众服务，决定招收学生时采调训与招考同时并进之方法，"调训的对象是各馆热心服务而有一定文化程度的在职干部，招考的对象是高中毕业生或具有高中毕业同等程度的学生"⑤。最早规定学员学习二年，经实践后，将干部班改为一年，尽量不影响干部学员原有的工作，可使他们早日返回工作岗位发挥更大的作用。教材主要参考北大图专和文华图专的课程，结合西南地区的实际情况而拟定教科书草案，经西南军政委员会文教部审定后实施。培养目标为，"在图书馆组方面，主要目标在造就省市级以上

①　中国科学院图书馆. 对科技大学情报系教学计划的意见（1962年3月1日）[A]. 中国科学院档案馆，档号：A007-00634-001.

②　中国科学院图书馆. 对科技大学情报专业第五学年教学计划的补充意见（1962年7月25日）[A]. 中国科学院档案馆，档号：A007-00634-002.

③　中国科学院图书馆. 中国科学技术大学图书馆学专业班第十学期教学工作总结（1963年7月15日）[A]. 中国科学院档案馆，档号：A007-00634-0016.

④　中国科学院图书馆业务处. 我馆的干部培养工作[J]. 图书馆工作参考资料，1964（1）：9-20

⑤　西南师范学院图书博物专修科. 西南师范学院图书博物专修科概况[J]. 图书馆通讯，1953（6）：30-35.

公共图书馆的干部"①。开设的课程有12门:新民主主义论,马列主义基础,
图书馆学通论(包括图书馆教育、图书馆史、书史学、书籍选择法、书籍保
管法、资料管理法、图书馆群众工作及读者辅导工作、图书馆行政等),图书
分类学,中文书编目法,西文书编目法,图书馆参考论,中国目录学,版本学
及校勘学,中国社会文化史,俄文,打字术等。1953年7月,"本科将有图
书馆博物馆两组的第一届毕业生二十人离开学校,走上工作岗位"②。在授
课过程中,该校十分重视对苏联经验的引进,"尽量从报纸期刊中梳爬自
苏联介绍进来的零星的材料,并与中国的具体问题相结合"③;同时,也十
分重视学员的实践工作,"图书馆组的同学,五二年的暑假,即在重庆西南
人民图书馆,实习了七周,五二年的寒假,又在重庆大学、重庆土木建筑学
院、西南人民艺术学院和本院的图书馆实习"④。该专科于1954年停办,"毕
业生共有357人"⑤。

其他,如吉林师范大学图书馆学专修科设立于1960年,在1961年时
开设的专业课主要有读者工作、中国书史等,并开设了工具书与参考书等
专题课程。该专科比较重视学员对发展趋势的领会与学习,在1961年11
月下旬就"邀请了文化部社会文化事业管理局图书馆处处长胡耀辉同志
和北京大学图书馆学系副主任赵琦同志作了有关报告"⑥。该专科于1962
年停办,1979年恢复并改名为东北师范大学图书馆学系。

第二节 函授教育

函授教育是培养基础扎实并具有中高级水平人才的重要途径之一。
它主要以业余学习为主,是实现学员终身教育的好方法。由于函授教育对
师资力量要求较高,因此,在"17"年中,图书馆界的函授教育主要依托北
京大学、武汉大学的图书馆学系展开。

一、北京大学图书馆学函授教学

"北京大学图书馆学系自1956年夏季开始举办图书馆学专修科函授

①②③④ 西南师范学院图书博物专修科.西南师范学院图书博物专修科概况[J].图书馆通
讯,1953(6):30-35.
⑤ 胡耀辉.建立一支又红又专的图书馆工作者队伍[J].图书馆学通讯,1959(12):5-8.
⑥ 文羊.吉林师范大学图书馆学专修科千方百计提高教学质量[J].图书馆,1961(4):63.

班。从此,我国开始有了正轨的高等图书馆业余教育制度。"[1]北京大学图书馆学首届函授生招收来自北京、天津、济南、南京、上海、武汉、沈阳等七大城市的高中毕业或相当于高中毕业文化程度的、具有图书馆工作经验的学员,经考试合格后录取,学习年限定为四年。四年内学习政治、文化、图书馆学等方面的知识共16门,并需在四年内作一篇论文。其学习要求主要是通过学习指导和要求,每星期学习相关课程16至20学时,以自学为主,辅以面授、实习、讨论、参观、考试、考查等。首届函授班于1956年10月2日开学,并在北京大学举行了开学典礼,七大城市的一百二十一名函授生均按照各门课程的学习方法指导书,认真钻研讲义及参考资料,正规地进行函授学习,第一学期结束后,1957年2月9日至3月1日,函授生前往北京大学集中学习。经过一学期的学习,有3名学员因故退出了函授学习,"分布在七大城市的118名函授生除5名因病、因事请假外,其他113名全部到校"[2]。在实践中,发现了原教学计划中有不太符合实际情况之处,如最初是按照本科学生的培养目标和培养规格来安排教学计划的,经过两年的实践后,发觉并不完全适合,学制4年过长,因此,"58年后即改为图书馆学专修科性质,取消政治课和文化课,只开设专业课程"[3]。在实际学习中,首届学员比最初的原计划4年缩短了半年,"1956年入学的第一届函授生,经过三年半的学习,现在已胜利地结束,有64名学员毕业"[4]。在1963年,根据教育部颁发的关于业余教育的指导和以往经验,又修改了教学计划。是年9月,已毕业了4个班的学生,并又招收了新生。这次招生采用分区轮流招生的办法,首先在华东区招生140名,学习期限2.5年,学习9门课程,每周自习时间为12—16小时[5]。

二、武汉大学图书馆学函授教学

武汉大学图书馆学系于1960年开始招收函授生。第一次招生区域暂定为湖北、成都、重庆、长沙、南昌、广州、南宁等地,招生对象为省市公共图书馆、高校图书馆、科研单位图书馆和大型机关图书馆的在职干部,

①　迅一. 北京大学图书馆学系图书馆学专修科函授班介绍[J]. 图书馆工作,1957(6):37-38.

②　王永厚.北京大学图书馆学系函授班的教学情况和几点经验[J]. 图书馆工作,1957(5):48.

③　张树华.北京大学图书馆学系函授教育的初步总结[J]. 图书馆,1963(2):17-19.

④　北京大学图书馆学系函授班:我系函授教育的初步总结[J]. 图书馆,1961(1):28-32.

⑤　树华.北京大学图书馆学函授班新生开课[J]. 图书馆,1964(3):45.

目标是培养具有较高的思想政治觉悟,热爱劳动和劳动人民,能理解、贯彻、执行党在各个时期的方针政策,在业务上较全面地掌握图书馆事业的基础知识和技能。"学习期限订为二年"[①],后改为三年,学习内容限于图书馆学专业课程。1960年招收的函授学员称之为第一届函授学员,"我们准备在总结第一届函授工作的基础上开办第二届函授班。学习期限仍定为三年"[②]。首届招生较为特殊,上、下半年各招生一次。第一次招生是1960年3月,采取单位选送、经过考试的办法录取。是年9月,进行第二次招生,采取单位保送、图书馆学系审查的办法录取,主要是为了满足各图书馆工作中的迫切需求。两次招生"先后共录取学员455人"[③]。招生区域达19个大、中城市,所开课程有:中国图书史,图书馆学基础理论,图书工作,书目参考工作,读者工作,图书馆事业史,古书处理,英文编目等课程,后两门为选修课。首届函授生于1963年毕业,随后,武汉大学图书馆学系又于当年下半年招收第二届函授生,于1964年2月开学,与首届不同的是第二届采取考试录取的办法,面向中南、华东、西南等三个地区的一些大城市招生。

两校的图书馆学函授教学取得了较好的成绩,据统计,至1964年上半年,两校先后在38个大中城市招生,设立辅导站,所招学生达1253人,授予证书者390人,当时在校函授生还有376人[④]。

除了上述两校外,另有一些学校也招收了不同层次的函授学员,如苏州市在1960年时举办图书馆干部业余夜校,"吸收了70余名中等以上学校图书馆干部和市区公共图书馆的干部参加学习,以及数名远地图书馆干部为函授生"[⑤]。在为农村服务的进程中,"海淀区文化馆在最近举办了一个艺术函授学校,设立了图书管理系"[⑥],对招生对象的文化要求是脱掉文盲帽子到高小毕业者,主要目的是为农业社造就一批业余图书管理员。其教材委托北京大学图书馆学系代编,首期函授于1958年8月20日开学。鞍山地区图书馆学专科学校针对路途较远,交通不便的学员,单独组成一个函授班,以自学为主,定期布置作业和不定期集中辅导

---

① 武汉大学图书馆学系.武汉大学图书馆学系函授班开始招生[J].图书馆工作,1960(2):14.

②③ 武汉大学图书馆学系函授工作组.我系第一届函授工作[J].廖延唐,执笔.图书馆,1963(2):20-21,31.

④ 徐家麟,黄宗忠,陈光祚.十五年来我国图书馆的干部培养工作[J].图书馆,1964(3):13-17.

⑤ 冯盘泉.苏州市举办图书馆干部业余夜校[J].图书馆工作,1960(4):47-48.

⑥ 虞山.海淀区文化馆举办农村图书室管理员函授训练班[J].图书馆工作,1958(10):47.

为辅①。

第三节 图书馆学业余学校

大量培养图书馆在职干部,举办各种不同类型的业余学校,多途径、多层次地培养干部,"这是我们今后培养干部工作中很重要的一种方法"②。这一方法,一直为图书馆界所重视。据 1959 年上半年的不完全统计,"全国共有图书馆业余学校九所,其中大学程度的四所,中等专业学校程度的五所,共有学员 1500 人"③,其中如长春市图书馆干部进修学校、西安图书馆学业余大学、北京第一中心图书馆委员会主办的红专夜大学等是其中的代表。

一、业余进修学校

长春市图书馆从新中国成立初期就开始组织全市图书馆大力开展图书馆业务学习与研究工作。1950 年 7 月,以长春市图书馆为核心,成立了有公共图书馆和中学图书馆等 21 个图书馆参加的"图书馆业务研究小组",年末,又扩大至各高校和原东北科学研究所的图书馆,在研究小组的组织下,定期开展业务讲座、经验交流会、业务座谈会等小型多样的活动,不断提高在职工作人员的业务水平。1953 年,在研究小组的基础上,升格成立了由长春市图书馆等十个单位组成的图书馆业务研究委员会④。委员会下设阅览、采购、分类编目等小组,主要解决各馆业务问题方面的学习与探讨,以及相互参观学习交流等问题。为更好地提高在职干部的业务素质,该委员会提议成立"长春市图书馆业余进修学校"。1955 年上半年,"长春市图书馆业余进修学校"正式成立,学校委托长春市图书馆担任全部教务工作,招生对象以公共图书馆、高校图书馆和专业图书馆的在职人员为主,以北大图专讲义为基本教材,计划用 80 多个学时的业余时间,较为系统地学习图书馆学理论知识。课程设置有:绪论、图书补充、

---

① 鞍山市图书馆. 鞍山地区图书馆专科学校工作总结[J]. 图书馆工作,1960(4):3-8.

② 继续高举总路线的红旗进入1960年[J]. 图书馆学通讯,1960(1):1-2.

③ 胡耀辉. 建立一支又红又专的图书馆工作者队伍[J]. 图书馆学通讯,1959(12):5-8.

④ 利用图书,提高干部业务水平来为科学研究服务:怎样提高干部业务水平[J]. 图书馆工作,1956(5):10-13.

分类、编目、阅览典藏等①。该校的首批学员于1957年4月27日召开结业典礼,胜利完成了第一期的教学工作。本年8月底招收第二期学员,所招对象以中小型图书馆馆员为主,以讲授图书馆基础知识为主,并开设部分文化课。

在西安各高校图书馆和陕西省图书馆的共同努力下,1957年10月正式成立了陕西地区图书馆干部业余进修学校。第一期学员80名,旁听生40余人,学员主要来自各高校图书馆、各科研单位图书馆和省图书馆的在职干部,有50余人修完全部课程。主要课程有图书馆学概论、图书馆藏书补充与组织、图书馆目录等②,并聘请在图书馆学方面素有研究者担任教学或辅导工作,如蒋一前、何金锋、伍一飞等③。1958年,在上级领导机关的支持下,西安地区各图书馆在原图书馆业余进修学校的基础上,共同筹建了西安图书馆学业余大学,设有图书馆学系、图书馆学进修班、图书馆技术训练班等三个系(班)。该校受陕西省文化局和西安中心图书馆委员会的双重领导,图书馆学系于1958年10月12日正式开学,有60余名学员,主要来自于高校图书馆和省图书馆。在课程设置方面,主要参考北京大学和武汉大学图书馆学系的业务课程计划进行教学,拟开设的图书馆学进修班,将招收各馆担任具体工作的人员参加,针对实际问题,进行短期深入的学习和研究。拟开设的图书馆干部训练班,则将分期分批训练基层图书馆工作人员,面向县、市公共图书馆、公社图书馆、工会图书馆(室)及其他小型图书馆(室)的工作人员,以便他们通过短期学习掌握图书馆工作的基本业务知识。1959年5月,该校又开办了中等专业班,学习期限一年,以培养中等技术学校图书馆和厂矿技术图书馆的在职人员为主。在办学过程中,他们十分重视师资的培养,有计划地从现有的"专业班"和北京大学图书馆学系的函授生中挑选优秀学员逐步补充师资队伍,并计划通过各种研究班、专业会议、学术活动提高师资业务素质,"必要时,还拟派人直接到北大、武大的图书馆学系进行短期进修"④。

1958年9月,北京市图书馆中等业余学校开办,1960年改名为北京市图书馆干部进修学校,学员主要来自于北京地区的公共图书馆及工

---

① 长春市图书馆干部进修学校.长春市图书馆业余进修学校第一期工作总结[J].图书馆学通讯,1957(6):62-65.

② 陕西省图书馆方法研究部,西安图书馆学业余大学教研组.西安图书馆学业余大学的成长[J].图书馆学通讯,1959(12):36-39.

③ 金泯.陕西地区图书馆干部业余进修学校诞生[J].图书馆学通讯,1957(6):65.

④ 鼎铭,金泯.谈谈图书馆干部业余教育中的几个问题[J].图书馆学通讯,1960(4):2-5.

会、中学等系统图书馆的在职人员,学习课程内容包括政治时事课、图书馆业务课和书籍知识课三个部分,"第一期已于 1963 年初胜利完成了教学任务"①。该校利用每周星期六上午上课,4 年共组织学习 172 次,累计学员人数达 575 人。每年周期学员名额一般 220 人左右,再适当吸收新学员参加,其中坚持学习 4 年者为 53 人,坚持学习 3 年者为 58 人,"这些长期坚持学习的学员人数占每年同期学员总人数的 46% 弱"②。

1959 年 3 月,吉林省中心图书馆委员会正式成立,不久,该委员会即筹办成立了吉林省图书馆干部进修学校,并于是年 7 月 2 日正式开课,学员近 200 名,"主要是培训中型图书馆业务干部,期限为一年"③。学员来源于长春市公共图书馆、科研图书馆、高校图书馆、政府机关图书馆、厂矿图书馆、中学图书馆和军队系统图书馆等 7 个系统。其他如设在四川省图书馆的成都地区图书馆在职干部业务进修学校于 1957 年 3 月 4 日开学,等等。

二、图书馆红专夜大学

此类学校通常于 1958 年开始陆续开办。北京全国第一中心图书馆委员会决定于 1958 年开办图书馆红专夜大学,先由几个主要成员馆和有关单位代表组成校务委员会,负责制定每期的教学和招生计划,并由北京图书馆主持和派人担任日常教务工作。"经过一个多月的筹备,于 10 月 3 日正式开学。到 1959 年 11 月中旬已胜利地完成了全部教学计划。"④课程有政治、科学基础知识和图书馆业务等三个方面,授课时数达 215 小时,另有 52 个学时包括讨论、课内复习、参观等。在实际授课过程中,政治课学时 44 小时,占总课时的 19.2%(原计划 20%),科技基础知识课共讲授了 28 门学科,分为工程、医药两个班,这部分课程共用 101 个学时,占总学时的 47.1%(原计划为 50%),图书馆业务课共讲了 27 个专题,共用 79 个学时,占总学时的 34.5%(原计划为 30%)。开学时有学生 154 名,另有旁听生 50 名,"至结业时有正式学员 121 名,旁听生 10

①②　靳秀学.北京市图书馆干部进修学校四年的回顾[J].图书馆,1963(2):14-16.

③　刘宗儒.长春市图书馆干部业务学习的概况及其体会[J].图书馆学通讯,1959(11):37-40.

④　北京全国第一中心图书馆委员会图书馆红专夜大学.北京全国第一中心图书馆委员会图书馆红专夜大学工作总结[J].图书馆学通讯,1960(2):5-9.

名"①。该校共招收 5 期学员,第二期于 1960 年 2 月 26 日正式开课,第三期于 1961 年 11 月 3 日开课。前三期招收了在北京的各种类型的图书馆、资料室、书店等 100 个左右的单位,763 名学员参加学习,坚持到期终毕业者有 502 人②。第四期于 1963 年 4 月开学,学员有 276 名,第五期于 1964 年 9 月 4 日开学,学员有 250 名。

辽宁省图书馆和沈阳市图书馆在辽宁省文化局红专大学中筹办了一所图书馆分校,内设本、预两科,主要培养沈阳地区各系统图书馆的在职人员,其中"本科学习三年,在业务课方面要求达到大学图书馆学专修科毕业的水平;预科一年,达到中等图书馆专业学习毕业的水平"③。该校首届学员于 1959 年 3 月 1 日正式开课,学员共 250 名,其中本科 150 名,预科 100 余名④,校内的教师、管理人员等都是兼职,成立了由 9 名人员组成的校务委员会,以讨论、确定分校发展中的主要问题,其教学目标是培养沈阳地区又红又专的图书馆学专业人才。为达到"学以致用""用得适当"之目的,在各个教学阶段还通过召开座谈会、分组讨论,根据实际布置作业并要求学员写出心得,在学习业务课程的过程中,按照各馆的类型和学员的具体工作分组进行参观、访问,并讨论各馆的工作经验和教训。在学习分类编目课程时,尤其注重实习活动,为取得实习的好效果,分组进行。通过边讲、边做、边解释、边纠正的方法进行,并针对有些课程的特点,如书史课程,除讲课外,强调了阅读参考资料的重要性。针对许多学员对中国古籍不够熟悉的状况,组织了小型展览作为辅导的重要组成部分。1960 年夏,辽宁省文化局红专大学图书馆学分校改名为"沈阳图书馆学业余专科学校",原定本科学习 3 年改为 2 年,在学习课程中增加了专题政治报告和"科技概论""文学史"两门文化课⑤。

中国科学院兰州分院图书馆,在分院红专大学内开办了图书馆学系,并于 1958 年 11 月开学。该系学习年限为 2 年,学习图书馆学专业课程 9 门,每周学习时间为 4 小时,教学方法采讲课、讨论和实习三结合之形式,

---

① 北京全国第一中心图书馆委员会图书馆红专夜大学. 北京全国第一中心图书馆委员会图书馆红专夜大学工作总结[J]. 图书馆学通讯,1960(2):5-9.

② 洪援达. 一所培养图书馆在职干部的"红专大学"在成长中[J]. 图书馆,1963(2):11-13.

③ 辽宁省文化局红专大学图书馆分校. 辽宁省文化局红专大学图书馆分校一年来的工作[J]. 图书馆学通讯,1960(1):30-33.

④ 白学典,刘中. 辽宁省文化局红专大学图书馆分校开学[J]. 图书馆学通讯,1959(4):46.

⑤ 陈源蒸,张树华,毕世栋. 中国图书馆百年纪事:1840—2000[M]. 北京:北京图书馆出版社,2004:177.

招收的学员主要是该馆的工作人员和兰州地区各研究单位的图书室工作人员[1]。

自1958年开始的短暂的若干年间，红专大学作为一个新生事物，发展很快，一些农村地区也举办了红专大学。1958年，在我国历史上产生了首个农村红专大学图书馆学系，它是在昌黎县红星人民公社龙家店诞生的。该公社是当时北京大学图书馆学系的实习基地，他们在实习的过程中开设了图书馆员训练班，以培养农村图书馆（室）的工作人员，红专大学图书馆学系即是在此基础上组建的，"主要以培养本公社各营各连的图书馆员为主，并兼顾培养工厂图书馆、红专大学图书馆（室）和科学研究机关的馆员，还负有总结与研究人民公社图书馆工作经验的使命"[2]。学习内容主要是图书馆和图书馆员的基本知识、图书采购和管理及图书流通和图书宣传。政治课由公社党委负责讲授，业务课则"依据缺啥补啥、要啥给啥的精神，在第一次教学活动时，由该系图书馆学基础教研室编写'图书馆学基础教材'一份"[3]。红专大学一般时间都不很长。

三、其他类型的业余学校

如业余大学、业余学校、业余专科学校、工人业余学校、夜校、业余中专等。图书馆学业余大学或学校，由各省中心委员会筹办的较多，如广东省中心图书馆委员会举办的图书馆学业余大学，"自1961年3月开办以来，一共招收了两期学员，共164人；第一期学员已结业，第二期学员103人，目前正在学习中"[4]。四川省中心图书馆委员会举办成都地区图书馆干部业务学校，1964年2月开学，第一期学员有107人，设中文图书业务、外文图书业务两个班，每周星期四在省图书馆授课，每期300个学时。一些边远地区也开办图书馆业余学校。乌鲁木齐地区的图书馆业余学校于1960年成立并招生开课，"有39个各类型的图书馆和资料室的93名在职干部

① 赵友保,梁鳣如. 中国科学院兰州分院图书馆开办图书馆学系[J]. 中国科学院图书馆通讯,1959(3):22.

② 昌黎县红星人民公社红专大学图书馆学系. 我国第一个人民公社红专大学图书馆学系诞生[J]. 图书馆学通讯,1958(6):52.

③ 北大图书馆学系五六级昌黎实习队. 昌黎县图书馆事业发展简史[M]. 手刻油印本. [出版地不详]:[出版者不详],1959:16.

④ 徐家麟,黄宗忠,陈光祚. 十五年来我国图书馆的干部培养工作[J]. 图书馆,1964(3):13-17.

参加业余学校的学习,年龄最大的 60 余岁"[①]。学校的学制为 1 年,每星期四上课 1 天,学习内容包括政治课、文化课和图书馆业务课三部分。

许多地市积极筹办图书馆学校,为本市大力培养图书馆专业人才。鞍山地区图书馆学专科学校于 1959 年 4 月正式开学,其目的是:"在三年内把全市一般的专职图书馆员的业务水平提高到图书馆专修科毕业的水平。"[②] 为了在教学过程中更好地结合不同学员的实际情况,将学员编成三个班:甲班为研究组,学员都是一些具有实践知识、文化程度较高的人员和具有一定图书馆学理论知识的人员,要求该班学员不仅要自己学好,而且要担任全校的教学辅导任务。该校将一些缺乏图书馆工作实践知识的新从事图书馆工作者,但具有一定文化水平的人员,以及虽然从事图书馆工作年限较久,但缺乏系统的业务理论知识的同志,编为乙班,以便加强业务理论知识的教授,并通过参观、实习、召开现场会等形式巩固所学知识。

通过夜校培养图书馆专业人才。1962 年 11 月,西安地区成立了西安夜大学图书馆学专修科,该科面向社会招生,主要招收城市中的高中毕业生,是当时为数不多的面向社会招生的业余学校之一。该校学制 2 年,1964 年时共有学生 104 人,是年首届学生有 53 人毕业。根据特点,"这些学生每周有五个晚上上课,共 10 小时,白天还参加西安地区图书馆的一些工作。做到边学习,边工作"[③]。

《社会主义图书馆学概论(初稿)》发表后,苏州市图书馆组织全市中等以上学校图书馆干部学习,并组织了全市学校图书馆活动辅导网,设立了"苏州市学校图书馆辅导委员会"。根据要求,辅导委员会讨论并筹建苏州市图书馆夜校事宜,制定了教学计划,拟通过 8 个月的学习,学完《社会主义图书馆学概论(初稿)》和北京大学图书馆学系编写的相关图书馆学讲义。夜校于 1960 年开始上课,首批学员是 70 余名中等以上学校图书馆干部和市区公共图书馆的干部[④]。

面向工矿与农村的图书馆学业余学校也大量产生。1958 年,湖北省图书馆与武昌工人文化宫合办了一所武昌工人业余图书馆专科学校,专门培养产业工人图书馆员,学习期限为半年,第一期于是年 8 月 31 日开学,

① 方正.乌鲁木齐地区图书馆业余学校开学[J].图书馆学通讯,1960(4):41-42.
② 鞍山市图书馆.鞍山地区图书馆专科学校工作总结[J].图书馆工作,1960(4):3-8.
③ 徐家麟,黄宗忠,陈光祚.十五年来我国图书馆的干部培养工作[J].图书馆,1964(3):13-17.
④ 冯盘泉.苏州市举办图书馆干部业余夜校[J].图书馆工作,1960(4):47-48.

至 1959 年 2 月底毕业 [①]。招收的 80 名学员来自武昌地区 26 家工厂,每星期天上午由省馆及文化宫干部授课 4 小时,其课程主要由 3 方面组成:①工会图书馆方针任务。②图书馆基本业务,包括图书选购、登记、分类、编目、流通、读者辅导、图书宣传、群众工作等。③图书基本知识,包括马列主义、哲学、新文艺、科技等基本知识的介绍。

根据国家号召"大办教育"的精神,江苏省文化局十分重视农村中的教育建设问题,经研究委托六合、兴化、高邮、宝应等 4 县文教局开办 4 所文化艺术学校。其中兴化县文化艺术学校,在校内设置了图书馆班,抓住有利时机,充分利用北京图书馆下放干部和南京图书馆下放干部的有利条件,适时在校内开设了图书馆学班,"全班学员 80 余人,多来自各市、县。学校中贯彻了边学习、边劳动,结合到广大农村实际应用的教学方法" [②],学习期限 3 个月。

第四节　短期培训

自新中国诞生之时起,我国图书馆事业就开始快速发展,大量新建立的图书馆和已有的图书馆急需大批具有新时代特征的图书馆专业人员。大力创办图书馆短期培训班是时代要求之使然。新中国办理图书馆干部训练班之举,始于东北图书馆。

一、大力开展短训班活动

针对最先大片解放的东北地区,其文化教育事业迅速发展,走在全国之先,加强图书馆干部的培养与教育,已成为当时文化教育中的迫切问题之一。1950 年 8 月 1 日,东北图书馆举办了图书馆工作人员暑期实习班。为更好、更有计划地培养本地区的图书馆干部,东北人民政府文化部决定在其属下文物处附设图书馆干部训练班,并制订出计划,计划在 1951 年举办 3 期短期培训班,学员主要是省、市图书馆,较大的文化宫、市、县文化馆图书室,及机关学校图书馆的在职人员。根据对图书馆工作经验的不同,学习期限定为:在职的已有一定图书馆业务知识者培训 1.5 月,以前没有图书馆工作经验者培训 3 个月,大致培训 100 名人员。1951 年举办了 1

---

① 昌少千. 武昌工人业余图书馆专科学校成立[J]. 图书馆工作,1958(11):52-53.

② 姚静蒨. 兴化县文化艺术学校设图书馆班[J]. 图书馆工作,1958(11):53.

次培训班,时间为 10 月 10 日至 12 月 8 日,地点在东北图书馆,训练班名称为"东北区公共图书馆干部训练班",学员共 43 名,分别来自公共图书馆、文化宫、厂矿、机关、大学图书馆[①]。培训班上的讲义"以东北人民政府文化部东北地区公共图书馆工作会议上通过的公共图书馆方针任务与办法为基础"[②],其业务课程主要有:中国图书馆事业的历史、图书分类法、图书编目法及图书采购、图书登录等内容。因种种原因,本培训班只举办了一次。

浙江省开展有计划地培训图书馆在职干部的工作也较早,和东北地区类似,亦是由上级领导机构指定而办的。根据当时形势发展的需要,浙江省文教厅决定培养图书、科普领域具有骨干作用的中级干部,为此,"省文教厅特令省立图书馆及省立西湖博物馆,分别开办图书馆干部训练班及科学普及工作干部训练班"[③]。根据指令,浙江省立图书馆开设了图书馆干部训练班,并于 1951 年 10 月 3 日开课,学员 12 人[④],学习期限 6 个月,学习方法是边学习、边工作,以求理论与实践相结合。在课程方面,只设业务课,教材主要是根据北大图专和文华图专所设置的课程,结合浙江省图书馆的需要拟成草案后,经浙江省文教厅审核通过后设立的。课程内容包括采购登录、分类编目、阅览出纳、资料管理、检字法、索引法、工具参考书使用法、推广辅导等,另有图书馆学的特约讲演、参观、总结等。后又于 1953 年举办了两次。根据第一次培训班的经验,这两次精简了课程,缩短了理论课的时间,加强了分类编目的实习,采取了边学理论边实习的教学方式,尤其是第 3 期业务学习基本结束后,全体学员参加了约半年的省馆实际工作,夯实了图书馆实践的基础,真正达到了培养具有骨干作用的中级干部的目的。

这一时期,部队图书馆培训班也较多地开展起来,如华北军区政治部文化部于 1951 年 10 月举办首届由 60 名学员组成的图书馆干部训练班,学习期限 50 天,内容"以图书整理、使用及图书馆的基本工作为重点"[⑤],进一步明确了把过去机关式的图书馆变为深入连队、面向战士的活的图书

---

① 东北区公共图书馆干部训练班讲义(草稿)[M]. 手刻油印本.[出版地不详]:[出版者不详],1951:封2-3.

② 东北文化部文物处附设图书馆干部训练班计划大纲[J]. 文物参考资料,1951(9):76-78.

③ 本省创办图书馆工作干部与科学普及工作干部训练班[J]. 浙江省立图书馆通讯,1951,2(11):12.

④ 黄景行. 参加图书馆干部训练班工作的一点体会[J]. 文物参考资料,1954(6):80-85.

⑤ 华北军区举办图书馆干部训练班[J]. 文物参考资料,1951(12):136-137.

馆的服务宗旨与目标。苏北军区于 1951 年 9 月举办了由各分区团级以上机构及扬州市直属单位图书馆在职人员的图书馆训练班,学员 20 余人,时间为 2 周,并通过在军区图书馆的实习,加强学员的图书馆实践管理能力,并请有关单位作业务报告,以加强图书馆理论和实践知识的培养。

随着图书馆训练班的迅速增长,应该如何把握住训练班的质量,其中一个十分关键的问题即是训练班的计划与内容的确定。为此,刘国钧翻译了苏联于 1952 年公布的有关苏俄部长会议文化教育机关事务委员会、苏联列宁图书馆科学方法研究室制定的苏联农村图书馆工作人员两个月训练班图书馆事业课程教学计划与教学大纲,及区图书馆工作人员一个月进修班图书馆事业课程教学计划与教学大纲,这两份译文刊载于 1953 年《文物参考资料》第 10 期上,对我国举办面向基层图书馆的训练班有很好的参考价值。在"17 年"中,我国举办了大量面向中小型图书馆、工矿企业图书馆的训练班,通过省市图书馆(以市级图书馆为主)与工会组织相结合,以及工会系统本身的努力,为工会系统培养了大批在职图书馆员。通过公共图书馆的指导,全国各地举办了大批面向农村图书馆(室)的图书馆人员训练班,以此尽力满足我国快速发展的图书馆事业的需要。这些图书馆训练班以短期为主,从几天到几周不等,主要是解决对图书馆工作的基本性质与任务的认识,从而明确图书馆的服务宗旨与目标,将以往死的图书馆变成今天活的图书馆,为工农兵服务,为广大人民大众服务。

二、提高培训班的质量

各个图书馆系统开始举办本系统全国性的训练班,这是图书馆事业发展高潮形成的一个重要标志之一。新中国最早开展这一性质训练班的是公共图书馆系统,1954 年,"我国首次举办的公共图书馆工作人员训练班于八月十日在北京开学。训练班是由中央人民政府文化部社会文化事业管理局、北京大学、北京图书馆联合举办的"[①],有 84 人参加,其主要目的是根据当时我国公共图书馆事业的快速发展情况,为使图书馆更好地为国家过渡时期的总任务服务,提高公共图书馆阅览、推广、辅导部门负责人的政策水平和业务能力。因此,其学员主要是我国省、市以上公共图书馆的阅览和推广部门的负责人和规模较小的图书馆馆长。这期训练班的核心问题是进一步解决我国公共图书馆的发展方向问题,解决为谁服务,如何更

---

① 公共图书馆工作人员训练班开学[J]. 文物参考资料,1954(8):102.

好地服务等问题。

随着党中央在 1956 年"向科学进军"号召的发起,赋予了我国图书馆事业新的历史使命。为此,根据 1956 年 7 月召开的全国图书馆工作会议上的动议,在 1957 年由"中央文化部社会文化事业管理局与北京图书馆、江苏省文化局、南京图书馆、北京大学图书馆学系、武汉大学图书馆学系等六单位,联合举办'省市图书馆工作人员进修班'"[1]。该期训练班的学员规格亦较高,都是各省市图书馆中的业务骨干和各方面水平较高的干部,"其中有馆长、部组负责干部、研究员等 78 人,文化程度大多数是大学、高中程度,工龄大多数是在五年至十年之间"[2]。该进修班于 1957 年 3 月 15 日开学,至 5 月 18 日结业,共有 65 天学习时间,78 名学员来自全国各省市 45 个公共图书馆,其课程有:采访工作(陈鸿舜)、地方文献(杜定友)、科学新发展及科技书刊介绍(袁翰青)、古典文学(陈中凡)、现代文学(陈瘦竹)、分类原则与省市图书馆分类法问题(杜定友)、省市图书馆目录制度与目录组织问题(刘国钧)、普通目录学(王重民)、书目、索引编制法(吕绍虞)、参考工作与参考书(邓衍林)、马列主义目录学(李枫)、三大系统协调(汪长炳)、联合目录(钱亚新)、馆际互借(李钟履)[3],苏联专家雷达娅亦为学员做了专题报告。这是一次破除以往培训特征而具有研究性质的进修活动,除学员的学习内容外,还组织学员分组集体撰写相关研究性成果,内容包括有关省市图书馆的采购图书的参考意见、藏书实习研究报告、目录制度与目录组织方法、图书著录规则、必备的中外参考工具书简目、专题书目研究的实习报告、期刊联合目录实习报告、专题推荐书目、现代文学参考资料目录等研究性成果,一些学员还作了结业论文[4]。从全国性的、具有研究性质意义上来讲,"这次省市图书馆工作人员进修班不仅在解放后是第一次,即在我国图书馆历史上也是第一次"[5],标志着我国图书馆学理论研究进入到了新的历史时期。

1956 年 12 月,高教部召开了全国高等学校图书馆工作会议,会议上认为目前最迫切要解决的问题是图书馆工作人员的培养与提高,并决定于翌年开办高校图书馆工作人员进修班。高教部对进修班的开办十分重视,成立了以北京大学、中国人民大学、清华大学、北京师范大学、北京农业大学等

---

① 纪维周.南京举办"省市图书馆工作人员进修班"[J].图书馆工作,1957(4):49.

② 李钟履.省市图书馆工作人员进修班点滴[J].图书馆工作,1957(6):38-40,21.

③⑤ 李钟履.第一届全国省市图书馆工作人员进修班开学[J].图书馆学通讯,1957(2):58.

④ 张遵俭.省市图书馆工作人员进修班纪事[J].图书馆学通讯,1957(3):45-47.

5 个高校图书馆的负责人和北京大学图书馆学系的教授们组成的筹备委员会,以此委员会来指导并解决图书馆进修班的一切工作;并成立了办公室,人员由北京大学、中国人民大学、清华大学、北京地质学院及北京石油学院等图书馆相关人员组成,负责具体办理日常生活和教务方面的工作。进修班于 1957 年 7 月 18 日开学,高校图书馆中有 108 人参加,代表 59 个高校图书馆和 6 个省市高教局;另有部分军委系统的 9 个和科学院系统的 5 个部门参加,正式进修学习的人员共有 122 人[①]。另外还发了 198 张旁听证,课程中突出 3 方面重点:藏书采购与组织、图书馆目录、工具书与参考工作,并设置了 11 个专题报告,参观了 6 个大型图书馆,苏联专家雷达娅在临回国前一天还为进修班作了有关苏联高校图书馆的报告。进修班按高校性质分成 8 个学习小组,每一课程都以教授、讨论、参观等紧密结合,还为进修班设有小型图书报刊阅览室,以助学员深入学习与研究。中国科学院系统也于 1959 年至 1960 年在武汉、上海等地,与武汉、上海分院图书馆合作举办过 5 期训练班。

随着我国图书馆事业快速发展,在培训的过程中突出重点,加强基层馆长的培训工作得到进一步加强。河南"省文化局决定于今年三月初至四月中旬举办一期县、市图书馆馆长训练班"[②],主要的学习内容是政治理论、文化工作方针政策、图书馆业务三大部分。该训练班于 1959 年 3 月 2 日正式开学,学员达 75 人。黑龙江省、湖南省、安徽省等省图书馆,分别于 1963 年举办了市、县图书馆馆长训练班,学习内容都由上述 3 大部分组成,不同的是政治理论和文化工作方针政策都紧密结合了当时的形势加以教育与学习,如进行阶级教育和国内外形势教育、图书馆如何为农业生产服务等。

以培训班的形式大量培养图书馆在职人员,从培养的人员数量方面而言,这是"17"年中主要的形式之一。据统计,大致到 1959 年的上半年,我国图书馆界通过培训班的途径所培养的人员,"到目前为止,全国总共训练了大约三十万人次"[③],充分说明了这一时期在图书馆在职人员的培训过程中,培训班起着快速实用培养人员的主渠道作用。

① 于声.高等教育部图书馆工作人员进修班介绍[J].图书馆学通讯,1957(4/5):70-71.

② 增简.河南省举办县市图书馆馆长训练班[J].图书馆学通讯,1959(4):46.

③ 胡耀辉.建立一支又红又专的图书馆工作者队伍[J].图书馆学通讯,1959(12):5-8.

第五节　业务学习与研究

与举办培训班类似,开展有组织的业务学习活动,东北地区走在全国前列。在对图书馆的整理工作过程中,长春市学校图书馆系统深感各图书馆(室)必须加强联系,图书馆中的图书不断增加,管理方法却较混乱,尤其是对分类问题深感棘手,各学校没有较为成熟的图书分类法可使用,有的学校图书馆采用新华书店的图书目录,有的按书刊到馆日期编排,时间越长,书越多,结果是越做越乱,问题的解决已迫在眉睫,"于是在一九五〇年七月八日正式成立了业务研究小组"[①],开始了有组织有计划的业务学习活动,并迅速取得了效果。如在分类问题上,讨论了东北图书馆的分类法,为使用该分类法打下了坚实的基础。在讨论过程中,认为小学校的图书室不适用此法,于是又编了分类简表,并分发到各小学及工厂,以满足小型图书馆的分类需求。是年,该业务研究小组扩大,"十二月间各大专学校参加了,现有单位30个,分成4组,大专9校,中学11校,小学10校"[②]。这一时期,各地方都逐步行动起来。"开封市中等学校图书馆工作者的学习组成立到现在已经整整两个年头了,它完全是自己组织起来的自学组织。"[③]这是一个以个人为主体的群体性自学组织,刚成立时有11至12人参加,后增加到25、26人,成员主要由中小学图书馆员组成,他们通过业余时间,学习了"中国人民大学图书分类法"和苏联专家克连诺夫著的"图书馆技术"。

一、有组织有计划地开展业务学习活动

图书馆界在业务学习与研究的过程中,主要是通过本馆有组织有计划地展开。1951年下半年,西北师范学院图书馆制订了学期业务学习计划,规定每两周召开一次业务学习讨论会,并选出3位学习委员,在每次讨论会前,由学习委员确定讨论题,并通知到全体与会人员,事前作好充分准备,"我们最近的学习材料是以《文物参考资料》、华西里青科著《苏联图

---

①② 长春市图书馆如何组织市内图书馆工作者的业务研究[J]. 文物参考资料,1951(9):43-46.

③ 高耕民. 开封市中等学校图书馆工作者的学习组[J]. 图书馆工作,1956(1):98-99.

书馆事业概观》、刘国钧编《图书馆学要旨》、洪有丰编《图书馆组织与管理》等为主,另外酌加其他有关文件"①。

由新华书店苏北分店和苏北图书馆等单位发起组织的"扬州市图书馆工作者协会筹备会",在1951年5月成立了图书馆业务研究组,参加者有6个单位22人,包括苏北中苏友协和新华书店苏北分店合办的联合图书馆、苏北图书馆、苏北文联资料室、扬州师范学院图书馆、苏北工农速成中学图书室、苏北分店读者服务科等②。该组通过图书馆业务的学习,互相帮助解决各馆、室在工作中存在的难题。根据需求,学习组分为推广组和采编组两个小组,以《文物参考资料》为主要学习参考资料,至是年11月,"现参加学习的有苏北图书馆等十余单位,组织了学委会,定出一个月的学习进度表"③。根据参加单位与人员的实际情况,又加设了学校图书馆小组,学习时间为每星期六上午7时至9时。抚顺市友协、文化宫、文化馆等7个单位,于1951年成立了图书工作者业务研究小组,全体参加人员学习情绪高涨。"淄博市图书馆协同市工会宣传部,先后在博山、张店、洪山、昆仑等区建立了业务学习小组,有34个厂矿图书馆的专兼职管理员参加学习"④;培养了厂矿图书馆员,促进了厂矿图书馆工作的深入开展。在一些图书馆中,尤其是高校图书馆和大型图书馆中,开展了计划性好、针对性强的学习方法。兰州大学图书馆于1954年上半年组织了系统的业务学习,学习内容由5部分组成:高校图书馆的任务和图书馆员的责任,采购与登录,分类与编目,阅览与推广,总结。通过以自学为主、中心发言及讨论为辅的学习方法,以及有针对性的指导工作,激发了全体馆员的学习激情。"四川省图书馆从一九五四年第一季度设立了业务学习委员会,拟定了正规的学习计划,建立了学习制度"⑤,按照馆员的业务水平分成两班,学习取得了实实在在的效果。

二、广泛深入地开展业务学习活动

1957年以后,图书馆界的业务学习与研究的活动更加深入广泛地开

① 西北师范学院图书馆概况[J].文物参考资料,1951(10):63-66.

② 倪国本.新华书店苏北分店和苏北图书馆等成立图书馆业务研究组展开学习[J].文物参考资料,1951(8):146-147.

③ 王同人.扬州图书馆工作者学习业务[J].文物参考资料,1951(11):122.

④ 钱爱生.介绍淄博市厂矿图书馆业务学习组[J].图书馆工作,1956(1):91-93.

⑤ 张德芳.提高在职干部的业务水平,四川省图书馆正式开展业务学习[J].文物参考资料,1954(6):85.

展了起来,学习形式、方法、内容也更加多样化。北京图书馆针对本馆实际情况,于 1957 年举办为期 1 年的业务学习训练班,并于 2 月 6 日正式开始上课。该训练班有学员 68 人,参加者大多有初中以上的文化水平,但缺乏全面系统的业务知识。该班每周上课 1 次,第一讲即是由北京图书馆副馆长丁志刚讲授的"我们的任务是什么? 怎样才能保证完成? "[①]一年中所授课的主要内容有:图书馆学概论,目录学概论,图书补充,图书登记和统计,图书分类与图书目录,图书保管,图书流通,图书宣传,阅读辅导,参考工作,书目工作,善本特藏工作等,并有如图书馆建筑等选修课[②]。同时北京图书馆还组织全馆人员开展政治理论学习、文化学习、外语学习、业务专题学习和研究。参加业务专题学习和研究的人员,以图专毕业生并在图书馆工作多年的人员,或文化程度较高,且具有一定研究能力的干部组成,他们根据本职工作或本馆的工作,选择研究专题,如"各类型图书馆怎样编制图书补充计划""改进目录组织的研究""图书与资料的区分及如何整理以配合科学研究工作""显微影片在图书馆工作范围内的生产和使用"[③],等等。湖南省也在是年组织了专题研究小组。他们"先将自己认为适合本身具备条件的选题选定,作出个人规划,拟出纲目,提出小组研究"[④]。广东省图书馆自 1957 年 3 月起,组织本馆人员开展业务学习班活动,以推进馆内正规业务学习,"准备在一年的时间内使全体干部得到有系统的全面业务知识"[⑤]。研究组是由业务水平较高且具有一定的研究能力的人员参加,该组人员需要提出个人研究计划,对图书馆学或目录学进行独立的研究。其他人员则按照实际情况分为甲乙两个班,甲班由没有图书馆业务工作基础者参加,乙班则由具有一定业务知识和工作经验者参加。东北人民大学图书馆与此类似,于 1957 年根据每个馆员的不同条件,将全馆人员的业务学习分为初级组、中级组和研究组等 3 个组进行[⑥]。

有些地区,则充分利用本地区的人才资源,组织介于集中学习的知识班和日常业务学习两者之间的业务讲座。如广东省中山图书馆和广州市

① 李博达. 北京图书馆业务训练班进行情况[J]. 图书馆学通讯,1957(4/5):73-74.

② 白露. 北京图书馆举办干部业务学习训练班[J]. 图书馆学通讯,1957(1):45.

③ 仲吕. 北京图书馆开展业务专题学习和研究工作[J]. 图书馆学通讯,1957(1)43.

④ 刘伯谦. 对湖南省图书馆1957年业务学习计划的几点建议[J]. 图书馆学通讯,1957(2):56-57.

⑤ 金敏甫. 广东省中山图书馆组织正规业务学习[J]. 图书馆学通讯,1957(3):47.

⑥ 李树权. 东北人民大学图书馆关于提高馆员业务水平的办法和体会[J]. 图书馆学通讯,1957(4-5):72-73.

图书馆工作者联谊会联合举办图书馆业务系列讲座,于 1957 年 6 月 23 日在中山医学院举行首次讲座,内容是"图书馆学概论",由中山医学院图书馆副主任崔慎之主讲,听讲者达 130 余人。组织者决定,暑假以后,从 10 月份起按月举行一次,其内容包括:目录学概论、图书补充、图书发行、图书分类、图书编目、书目索引、图书参考工作、图书流通、图书典藏、期刊管理、资料整理等[①]。湖南省图书馆工作者联谊会与湖南省中山图书馆亦于 1957 年 3 月 4 日开展了业务讲座活动,参加者达 150 余人,讲座过程中"并提出了三十几个研究专题以供大家参考"[②]。鞍山地区图书馆工作委员会举办专题业务研究会,组织鞍山、辽阳、海城地区的冶金系统、医药系统、农业科研单位、大专学校和厂矿专业图书馆 43 个单位 64 人参加[③],以提高业务研究水平。为加强日常业务学习的开展,许多馆都有计划、检查、总结等环节,如"青海省图书馆现已成立了学习核心组,负责业务学习的计划、领导与检查工作"[④]。公共图书馆通过辅导网加强基层图书馆(室)工作人员的业务学习与实践工作的指导,如"重庆市图书馆十年来,到目前为止,据不完全统计,由我馆负责辅导的川东、川南地区已经成立了县、市图书馆 13 个,并通过各种方式培养了图书馆员 1604 人次(到 1959 年为止)"[⑤]。徐州市图书馆界则成立了学校图书馆辅导网,开展了大量的业务辅导工作。

　　一些图书馆还开展了"短期脱产轮训"活动[⑥]。北京师范学院图书馆即以此办法于 1963 年逐期逐批地组织馆内部分干部进行业务学习活动,主要是从理论研究上提高全馆人员的研究水平,以理论指导快速发展的图书馆工作实践。

　　在大力推进图书馆为科学研究服务的进程中,对图书馆员文化素质的要求不断提高。为此,图书馆界较为广泛地开展了提高文化素质的学习活动。这一活动在 20 世纪 50 年代前期即在少数图书馆开展。中国人民大学于 1954 年开始邀请本校专业教研室的教师讲授相关科学知识,"我馆于一九五四年曾陆续组织了工业经济、国民经济计划、统计学、财政信贷、

---

① 敏甫. 广东省中山图书馆与广州市图书馆工作者联谊会联合举办图书馆业务讲座[J]. 图书馆学通讯,1957(4/5),74.

② 陈淑云. 湖南省图书馆工作者联谊会与湖南省中山图书馆联合举办图书馆业务讲座[J]. 图书馆工作,1957(5):47.

③ 唐世坤. 鞍山地区图书馆工作委员会举办专题业务研究会[J]. 图书馆,1964(2):71.

④ 陈超. 青海省图书馆积极开展干部业务学习[J]. 图书馆学通讯,1960(3):48.

⑤ 重庆市图书馆是怎样进行业务辅导工作的[J]. 图书馆工作,1960(8):22-25.

⑥ 沈青. 北京师范学院图书馆组织干部"短期脱产轮训"学习业务[J]. 图书馆,1963(2):24.

簿记核算、贸易经济专业课的学习,由教研室的教员担任讲授"[1],提高馆员对专业知识的了解程度。中国科学院图书馆"自1955年起,即组织了外国语文的学习"[2]。1957年以后,这一工作在图书馆界就较为广泛地开展起来。

三、开展外语和古汉语的业务学习活动

有组织地、长期坚持业余文化学习的图书馆,以南京图书馆、中国科学院图书馆等单位的做法较为典型。以南京图书馆而言,"我馆组织工作人员参加业余文化学习是从1953年开始的"[3],并一直坚持。到1956年时,南京图书馆在规划中要求馆内干部的文化程度达到高中毕业文化水平,当时未能达标者,一律要参加文化学习。除一些特殊情况外,要求在3—5年内要达到高中毕业水平[4]。经过8年的努力,至1960年时,由原来文盲或半文盲文化水平提高到小学毕业文化水平的有5人,由原来小学文化水平提高到高中文化水平的7人,提高到大学文化水平的2人,原来高中文化水平提高到大学文化水平的12人。在此基础上,南京图书馆对文化学习的要求又作了进一步的安排:对于还没有达到大学文化程度的馆员,"要求今年除二个同志仍在高中业余文化学校学习外,其余干部全部进入业余大学学习,这样就在馆内基本上普及了高等教育"[5]。1962年开始,南京图书馆又进一步加强了文化学习和研究工作,要求具有大专文化水平者"分别组织成图书馆学、中国历史、中国文学、科学知识、古籍知识、外语等六个小组进行学习"[6],同时采取措施,鼓励学习,"每周安排4小时作为干部业余学习时间,本馆资料在不影响流通情况下可从宽借阅,本馆没有的参考资料可向友馆借用或复制,学习中遇到难题时聘请馆内外专家解答释疑,参加本市有关研究单位举办的学习活动,代购学习用的书刊、报

---

① 中国人民大学图书馆办公室. 中国人民大学图书馆如何为教学和科学研究工作服务[J]. 图书馆工作,1955(3):35-44.

② 中国科学院图书馆第一个五年计划期间工作总结[J]. 中国科学院图书馆通讯,1958(7):1-6.

③⑤ 南京图书馆. "四抓"、"三字诀",八年如一日——略谈南京图书馆的干部业余文化学习[J]. 图书馆学通讯,1960(4):13-15,9.

④ 利用图书,提高干部业务水平来为科学研究服务:怎样提高干部业务水平[J]. 图书馆工作,1956(5):10-13.

⑥ 南京图书馆辅导部. 南京图书馆进一步贯彻"双百"方针为科学研究服务[J]. 图书馆,1962(1):63.

纸、卡片等等"①。

中国科学院图书馆根据业务需求,大力开展相关文化知识培训学习工作。1956 年 12 月中旬起,该馆举办考古训练班学习,主要学习石器时代考古、殷周考古、秦汉考古、魏晋、隋唐考古、考古学史和田野考古方法等知识。该馆尤其重视外语能力的提高,组织部分有基础的馆员参加北京外国语学校和外语夜校学习,更多的则是通过在馆内开办英文、俄文、德文、法文、日文、西班牙文等业余学习班,以达到掌握外语及提高水平的目的。这是一种有计划、有步骤的学习活动,例如:"学习班的学习时间暂定为2.5 年,每周上课 3 小时。"② 该馆还举办过英文突击班等,"现在又开了捷克文班"③。

总体而言,图书馆界对馆员文化水平的提高主要是从文化知识和外语水平等两个方面入手。在文化知识的提高方面,很多图书馆都是根据本馆的特点而开展。如湖南医学院图书馆,他们根据馆员对医学知识掌握较薄弱的特点,针对性地加强了全馆人员关于医学知识的学习,采取定期约请各教研组负责同志到馆作有关课程的概要报告,内容包括 4 个部分:本门课程的基本内容介绍、新近发展与趋势介绍、常用的中外文书刊简介、图书馆如何能更好地为该专业的教学医疗和科研服务。"这一学习从 1962年 10 月开始,原则上一周或二周进行一次,至今已有 12 个教研组和教务处科室来馆作了报告。"④ 该馆在组织馆员进行行业业余外语学习时,以学习英语、日文等为主要内容。湖南医学院图书馆在 1962 年起陆续开办了英语甲班和乙班的学习,先请外语教研组的老师教授,后又采用"小先生"办法,自教自学。在学习中,学员先学习基础英语教材,在学员具有了一定的英语基础后,即转入医学专业的英语学习。这一学习内容与形式很受欢迎,"除图书馆干部之外,院内其他单位也有多人参加学习"⑤。

太原地区中心图书馆委员会在山西省图书馆创办了业余外语学习夜校,采取个人自愿与单位保送相结合的办法,招收图书馆界和科技人员免费入学。"目前暂设有英语、德语、日语三班,皆利用业余时间教学,每周授

---

① 南京图书馆辅导部. 南京图书馆进一步贯彻"双百"方针为科学研究服务[J]. 图书馆, 1962(1):63.

② 中国科学院图书馆业务处. 我馆干部业务学习的情况和我们的体会[J]. 图书馆,1963 (2):22-24.

③ 中国科学院十年来的工作[J]. 中国科学院图书馆通讯,1959(8):4-13.

④⑤ 为了提高工作,提高服务,图书馆正在加强业务学习[J]. 湖南医学院图书馆简报,1963 (24):15-16.

课四小时,一学年结业"①,要求学员在结业时能借助字典阅读并笔译相关资料。先行开课的英语、日语班的学员达 180 余人。湖北省科学技术情报研究所于 1963 年举办日文训练班,来自武汉地区 24 个单位共有 34 名学员。陕西省科学技术情报所于 1962 年 5 月 17 日至 12 月 8 日开办日语学习班,其中授课 23 次,课堂辅导 5 次,等等。可见,在 60 年代前期,情报机构的图书资料部门对日文的学习是十分重视的。

第六节　师徒式的"传帮带"

在工作中"传帮带"是任何工作、研究领域一直十分重视的方法,尤其在一些技术领域,师徒式的传授根深蒂固。这一传授形式,在"17 年"中的图书馆领域,仍然起着重要的作用。

一、大力开展师徒"传帮带"活动

1950 年,东北图书馆组织了图书馆暑期实习班,实习班十分重视以往一些好的经验总结,如讲授图书整理过程中的经验,学员们相互间交流经验,苏联图书馆的先进经验以及我国老解放区图书馆的经验,这种起着相互间传帮带作用的实习班,在当时收到了很好的效果。

师徒式的传授方式,在 20 世纪 50 年代中后期起,很受业内重视。1954 年,东北图书馆通过"住馆实习"的办法来加强对图书馆干部的培养工作,并认为"住馆实习是给新建图书馆培养干部的较好方法"②。这一经验为一些图书馆吸收,甘肃省图书馆为了较好地提高县级图书馆干部的业务水平,"省文化局决定分期轮流抽调县馆干部来省馆实习"③,第一期从 1957 年 1 月 2 日开始,为期 2 个月,有 8 个县馆的 8 人参加,拟在是年举办 4 期。这种学习方式,彻底打破了课堂讲授为主的方式,而是采用以实习为主,讲课为辅的方式进行。同时,讲课内容也是针对性很强的内容,如根据第一期学员及所在图书馆的具体情况,确定以图书整理工作的讲授为重点。其过程是:先按各部门工作程序进行讲解,然后进行实习,在晚上安排讨论和理论学习,从而对学员而言,获得工作实践经验是第一位的。这

---

① 刘革新. 太原地区中心图书馆委员会成立业余外语补习夜校[J]. 图书馆,1964(4):63.

② 东北图书馆工作概况[J]. 文物参考资料,1954(12):136-145.

③ 王涛. 我对举办县图书馆干部实习班的几点体会[J]. 图书馆学通讯,1957(2):58-59.

一工作,具有明显的师徒传授的特征。此外,这种实习工作是结合理论学习而开展的,在实习中所遇到的问题,可以在晚上理论学习中得到及时解决。

这一培养干部的方式,在很多县图书馆中也得到运用。"常宁县图书馆从去年(1958)12月中旬开始至今元月二日,先后训练了公社图书馆干部12人:即采取分批轮训,以实习为主,效果很好"①,通过轮训,使学员较快地掌握了采编、借阅等工作程序与方法。

1956年前后,一些图书馆旗帜鲜明地开始总结"师徒制"的成绩。当时在上海图书馆工作的李芳馥就在座谈会上说:"培养干部,过去我们主要是采用师傅带徒弟的办法。"②该馆在图书馆学理论研究过程中,倡导具有一定研究水平的馆员开展理论研究,提出研究专题,在一定的时间内写出论文或研究报告。在研究过程中每位师傅要带好1至2名徒弟,并采用了高级干部带中级干部,中级干部带初级干部的方式,广泛地开展理论研究工作。这就表明了在"17年"中,我国图书馆界无论是从理论研究上还是在实际工作中,都将"师徒制"作为培养干部的重要途径之一,并认为"这是当前提高在职干部业务水平不可忽视的一个优良办法"③。

在"17年"中,将图书馆界师徒式培养干部的形式推向高潮的是北京图书馆。1959年底,该馆召开了全馆拜师大会,这是一次至今仍然是最大规模的拜师大会,师徒共有200多人参加,"有211人建立了师徒教学关系。其中老师90人,114人次;徒弟有121人,164人次(又师又徒的有38人)"④。他们打破年龄界限,能者为师,有的徒弟已50多岁,有的老师却是20多岁的小伙子、小姑娘。一些学成归国的留苏学生,他们虽有较高的理论研究水平,但由于实践经验缺乏,照样虚心拜师。当然,理论水平较高的馆员,在理论研究方面则是老师,通过丰富多彩的教学活动,如在教学内容上,有图书馆学、目录学、业务知识、各科知识、中外语文等,并且重视打字、印刷、装订、照相等实践工作。在教学方式上,则采用个别手把手指导、小组或个别的口授与讲解、自学辅导,以及不定期的系统讲座和专题讲座等方式。

---

① 陈务英. 常宁县图书馆采取来馆实习的办法分批轮训公社图书管理员[J]. 图书馆工作, 1959(4):47.

② 利用图书,提高干部业务水平来为科学研究服务:怎样提高干部业务水平[J]. 图书馆工作,1956(5):10-13.

③ 张有葳. 带徒弟是培养图书馆技术人员的好办法[J]. 图书馆通讯,1957(4/5):69-70.

④ 本刊记者. 先进工作者运动在北京图书馆[J]. 图书馆学通讯,1960(2):2-3.

二、古籍修补的"传帮带"

通过较长期的培训班形式,用师徒"传帮带"的方式进行培训者,主要体现在一些具有特殊要求的技术性很强的工作上。在图书馆界最具代表性的是古籍修补技术的培训,"近几年来,先后在上海、北京组织了几批古书修补学习班,由各地图书馆选派青年同志向有经验的老同志学习"[①]。这类培训班,亦是文化部统筹安排之结果。根据当时我国大量古籍受到各种人为灾害和风吹、日晒、鼠咬、虫蛀、水湿、霉变、火燎、烟熏等破坏,损失严重的状况,1961年北京图书馆根据文化部指示,于7月起开办了一个古籍修整训练班,这一训练班"自1961年7月中旬开始经过二年零一个月的时间,已于今年7月胜利结束"[②]。这一训练班的学员十分精干,有来自北京、甘肃、吉林、黑龙江和湖北等地的8名学员组成(其中有一名因故中途退学,有7名学员按期结业)。

这次培训班完全是按照修整古旧书籍的手工技术的特点进行。在全程的学习过程中,采取了师傅带徒弟、边教边学、边学边做的方法,以实践为重,同时结合理论,以力争较好地达到实践和理论相结合的目的。他们先从基本技术入手,先学会配旧纸、修补书页、裱糊、喷水倒平、折书页、衬纸、捶平、压平、齐栏、订本、裁切、磨平、上皮、扣皮、打眼和制作特制糨糊等技术,然后再学习冲水洗秽、包书角、接书背等问题。在操作上,先修整破烂的普通书,再进一步修整包背装、蝴蝶装、金镶玉装等古书籍。学员们在平时学习过程中都学有专师,因此技术掌握的进展既扎实又深入。同时培训班十分强调理论的学习,除了定期请有关技术人员讲解我国书籍发展史、装订形式变化、历代版本的区别和专用名词、怎样使用材料等专业知识外,还要求学员积极参加红专大学古籍知识班学习,以加强对我国古籍的系统了解。

在实际教学中,师傅们根据个人长期工作的经验,参考相关资料,如《版本图案》以及一些有代表性的善本古籍,还请善本特藏部的赵万里讲授"我国善本书在文化遗产上的重要意义""怎样装修善本书"等课程。通过严格科学的培训,"目前学员们基本上都达到这些预期的要求,表现在后阶段他们装修的六百余册善本书,大部分都质量优良"[③]。

---

① 徐家麟,黄宗忠,陈光祚. 十五年来我国图书馆的干部培养工作[J]. 图书馆,1964(3):13-17.

②③ 文华."装修古旧线装图书技术人员训练班"胜利结业[J]. 图书馆,1963(3):63-64.

第七节　情报界的人才培养

"1956 年中国科学院建立了科学情报研究所,标志着中国科技情报事业的开始。"[①] 我国情报界的人才培养具有后发之优势,在情报事业构建 2 年后,即成立了"中国科学情报大学",以培养情报界高级人才,包括偏向于情报专业知识的图书馆界人才。除中国科学情报大学科技情报学系(后中国科技大学科学情报系情报专业班)的本科专业高层次培养外,其他各种业余教学途径也较高效地建立起来。

一、大力开展业务学习和讲座活动

情报界根据本专业的特征,十分重视日常的业务学习,并大量采用集中学习、讲授的形式,促进各单位的业务学习。1963 年 9 月中旬,鞍山市科委组织各生产企业、研究单位的专职和兼职情报人员共 161 人进行业务学习,其内容包括情报工作概况,情报工作基本环节,情报资料的收集、整理、贮存、检索、传播报道、保密与交流以及国际十进分类法及其他分类法的介绍[②]。1962 年 10 月起,成都地区卫生系统组织了专业科技情报工作干部每月一次的集体业务学习活动,以中心发言和讨论研究相结合,参加人员包括"成都地区的省、市、院校、部队及铁道部的卫生系统约 20 余个单位的情报人员"[③]。自贡市科委于 1965 年 5 月起组织了每月一天的集中业务学习活动,以更好地提高情报干部的业务能力,其学习内容主要包括:科技文献的服务工作,检索工具的使用,内部资料的整理、分类、利用和保管等[④]。

情报界的各种讲座活动也广泛地开展起来,许多讲座都具有规模大、听讲人员多等特点。黑龙江省科委情报处于 1963 年组织了情报讲座,参加单位有各市科委、省直有关厅(局)、省市图书馆、大专院校、研究所(院)、工矿企业等 146 个单位的科技情报干部和部分工程技术人员,人员共计

---

① 武衡. 情报学[M]//中国大百科全书出版社编辑部,中国大百科全书总编辑委员会《本卷》编辑委员会. 中国大百科全书·图书馆学　情报学　档案学. 北京:中国大百科全书出版社,1993:14.

② 徐志. 鞍山市科委举办情报业务学习班[J]. 科技情报工作,1963(11):27.

③ 廖德荣. 成都地区卫生系统组织情报业务学习活动[J]. 科技情报工作,1963(9):22.

④ 刘希一. 自贡市科委组织情报干部学习业务[J]. 科技情报工作,1965(8):28.

400 余人,讲授者为一机部情报所的丁柯、李宪章。鞍山、沈阳、抚顺等三市科委,于 1964 年相继举行科技情报报告会,主讲人员是杨沛霆、赵连城,报告后还分别组织了几次小型座谈会,解答听者提出的问题,"这次报告,进行了 10 次,参加的人数约 3500 人"①。吉林省和长春市科技委员会于 1964 年举办科技情报讲座,由中国科技情报研究所袁翰青、许恒泰主讲,"参加听讲的除长春市大专院校、工矿企业和研究单位的专职、兼职情报员、以及部分领导干部和科学研究人员外,还有省内其他地方的部分科技领导干部和情报人员约一千二百余人"②。

情报界在大力开展讲座的过程中,花费了很大的精力与时间开设面向读者的"怎样利用情报资料"方面的讲座。黑龙江省科委于 1963 年组织了面向工程技术人员的、由丁珂主讲的"科技文献的查寻"学术报告会,参加者达 1200 余名③。其报告内容主要有:科技文献在研究工作中的作用、文献查寻的必要性、文献查寻工作的内容、检索工具的特性及其选择、常用的文献查寻方法、查寻规划及辅助工作等。煤炭科学研究院抚顺研究所于 1964 年举行全所学术报告会时,向全所科研人员作了"国外专利和特种文献的查找"的报告。陕西省科技情报所和图书馆联合组成的陕西科技文献服务部,在成立后即举办诸如"查找文献的方法""各国专利介绍及如何查找和利用"讲座,听讲者有 200 余人。另外,情报界十分重视分类法、外语的学习,并组织相关的参观学习。

二、大力开展培训班活动

情报界自 1959 年起,开始较广泛地开展培训班活动,主要是专业图书馆要为科学研究服务的历史使命所驱使。是年,我国举办了首次全国性科技情报训练班,直接将情报界的干部培训活动推向高潮。1958 年,全国科技情报工作会议对中国科学技术情报研究所提出了培养全国科技情报干部的要求。经过筹备,"全国科学技术情报干部训练班"于 1959 年 7 月 15 日开课,这次训练班的学员共有来自全国各省、市、自治区的情报机构的 196 位情报资料工作人员组成,至 9 月 29 日结业,学习内容包括:我国

---

① 马庆礼,李竞. 鞍山、沈阳、抚顺举办科技情报学术报告会[J]. 科技情报工作,1964(2):24.
② 陈模豪. 长春市科委举办情报学术讲座[J]. 科技情报工作,1964(5):36.
③ 刘国华. 黑龙江省科委情报处组织情报业务讲座培训干部[J]. 科技情报工作,1963(11):26-27.

科技情报工作的方针政策、我国国民经济发展情况、国内外科技情报工作概况、科技情报工作的方法和技术、参观与实习，并安排了现代科技专题报告和我国十年来科技成就报告①。是年，建筑工程部技术情报局、山东省科学技术情报研究所、沈阳市科委等单位，也都举办了训练班，随后在全国范围内也较为广泛地开展起了举办训练班的活动。

与图书馆界不同，情报界所举办的训练班主要是要满足情报工作中的需求，因此，其内容具有鲜明的情报特征，主要是科技情报工作的方针与概况、科技情报工作基本知识、开展情报工作的技术及方法途径等。如根据一段时间内我国情报界对国际十进分类法的引入与运用的特征，迅速举办了许多有关分类法的训练班，其内容以国际十进分类法的讲解为主，如科技情报工作中的检索问题、国际十进分类法在检索工作中的作用、分类学概论、号码系统分析和国际十进分类法类表、号码的组配、检索工具的组织等，从而迅速培养出了大批能够掌握和运用十进分类法的专业人员。根据咨询服务的需求，中国科学技术情报研究所于 1963 年 4 月 15 日至 5 月 21 日举办了第一期咨询服务训练班，学习内容主要有：了解文献服务情况和若干环节、了解文献的查找方法、了解专利和产品样本及其查找方法等，使学员们认识到咨询服务工作的重要性、特征与一些难点，丰富了咨询服务的理论知识，掌握了开展该项工作的基本方法②。

在培训工作中，一些主要的情报机构将开办培训班作为一项长期的任务，制订了培训规划，有步骤、有计划地开展这项工作。中国科学技术情报研究所自 1959 年举办首届全国性的科技情报培训班后，及时总结经验，继续开展这项工作。至 1964 年上半年又开办了第六期培训班，"这一期学习时间仍为二个月，预计五月底结束"③，并预计"第七期训练班约在六月上旬开课，估计年内还可举办两期"④。"广东省科技情报研究所自 1964 年 5 月以来，先后举办了十一期情报干部训练班，培训情报干部 430 余名。"⑤该所举办的训练班时间为 15 至 30 天，为更好地收到学习效果，每期都是按不同专业举办，如机电、化工、轻工、医学、建工等。

一些高校也从偏重情报的角度，开展科技情报业务知识训练班。1963

---

① 第一期全国科技情报干部训练班胜利结业：黎雪副所长讲话[J]. 科学情报工作，1959（10）：9-11.

② 第一期咨询服务训练班学习结束[J]. 科技情报工作，1963（6）：11.

③④ 本刊资料组. 第六期文献服务训练班已经开课[J]. 科技情报工作，1964（5）：23.

⑤ 广东省情报所方法组. 广东省第十一期情报干部训练班结业[J]. 科技情报工作，1965（12）：40.

年,四川医学院团委和科技情报研究所利用暑期,共同举办了针对中年级以上学生的科技情报业务知识训练班。通过学习,使同学们了解了医学文献的检索工具,熟悉文献查阅方法,初步学会文献整理、分类、编目、打字、制卡及编写文摘等工作方法,"在实习中,同学们编制了本院大部分科学研究题目卡片"[①],并编写了一些医学期刊的专题索引。

在"17 年"中,图书馆界一直将培养干部问题作为一个十分重要的问题加以研究与解决,通过各种方式、各个层面加快图书馆界专门人才的培养:①通过面上的业务学习,使全范围的图书馆工作人员结合工作实际,学习相关的图书馆业务知识,掌握和提高管理图书馆技术。②通过大力开展培训班、讲座等形式的学习形式,有针对性地提高部分馆员的业务理论与技术水平,培养出大批一线工作的业务骨干,解决或缓解了当时图书馆界迅速发展的需求与业务技术管理间的矛盾。③通过大力培养研究型的馆员工作,培养出许多图书馆界理论与实践相结合的研究型骨干,从而推进了图书馆界的理论与实践的深入发展。这方面由两个不同途径组成,其一是通过高校图书馆专业学生的培养教育,形成了图书馆界一支基础理论知识扎实、视野较宽、研究能力较强的以基础理论知识研究为基础的"学员派"人才队伍;其二是通过研究型的培训班、函授、夜校等业余学习为主的途径,培养出大量既具有较扎实的实践基础,又具有理论知识的研究型人才,他们共同组成了图书馆界中高级人才队伍,仅通过培训班这一途径培养出的人员至 1959 年时已达 30 万人次以上,尤其是 20 世纪 50 年代末起,随着我国情报学的兴起,培养图书情报界人才的活动更是广泛地开展了起来,为这一时期深入开展各种文献服务活动提供了人才方面的保证。

---

① 廖德荣.四川医学院举办情报业务训练班[J].科技情报工作,1963(12):22.

附表:1949—1966年中国图书馆建设情况统计表

表1　1949—1966年三大系统图书馆数量统计表

年　份	公共图书馆(个)	高校图书馆(个)	科学院系统图书馆(个)
1949 年	55	132	17（科研系统）
1950 年	63	132	
1951 年	72	132	
1952 年	83		
1953 年	93	134	
1954 年	93	165	
1955 年	96	194	56
1956 年	375	225	67
1957 年	400	227	
1958 年	922		104
1959 年	1011		
1960 年	1093		
1961 年	873		
1962 年	541		
1963 年	490		
1964 年	540		
1965 年	573	434	
1966 年	477		

表2　1949—1957年公共图书馆和高校图书馆藏书数量统计表（单位：万册）

年　份	公共图书馆	高校图书馆
1949 年		690
1950 年		794
1952 年	1672	
1953 年	2352	
1954 年	2779	
1955 年	3109	3278
1956 年	10663	3729
1957 年		4000

表3　1952—1957年公共图书馆和高校图书馆工作人员统计表

年　份	公共图书馆	高校图书馆
1952 年	2208	
1953 年	2864	
1954 年	2944	
1955 年	2978	
1956 年	3714	3568
1957 年	4144	

　　以上数据来源：①肖希明.中国图书馆史：现当代图书馆卷[M].北京：国家图书馆出版社,2018:附录.②本书主要参考文献中摘录.

思 想 篇

第六章　思想迅速转变的 1950 年

中华人民共和国的成立,是两千年来未见之大变局。在这时代巨变的时刻,中国共产党领导下的人民政府,以《中国人民政治协商会议共同纲领》(以下简称《共同纲领》)为根本大法,以马列主义、毛泽东思想为指导,以为人民服务为宗旨,带领全国各族人民向既定目标前进。此时在思想领域最紧要和最根本的问题是实现人民大众思想认识的转变。为此,党和国家在有组织、有计划、有步骤地组织广大人民大众对各项事业接管、维持的过程中,全面深入地开展了一场政治学习运动。在一年之内,广大人民大众在思想上得到了彻底的转变。

第一节　对两个概念的认识

图书馆是文化事业中的重要组成部分,一定的文化是一定社会的政治和经济的反映。经济是基础,政治是经济的集中体现,文化又给予政治与经济以强大的影响和作用。在新中国的文教政策中,决定了包括图书馆事业在内的文化事业的发展方向,"中华人民共和国的文化教育为新民主主义的,即民族的、科学的、大众的文化教育。人民政府的文化教育工作,应以提高人民文化水平、培养国家建设人才、肃清封建的、买办的、法西斯主义的思想、发展为人民服务的思想为主要任务"①。这一划时代的文教方针,明确了新中国当时的文教发展方向与目标,这也是图书馆事业的发展方向。如何正确、坚定地贯彻落实这一方针、政策? 必须首先在思想上搞清楚两个基本概念:其一,新中国成立之初仍是新民主主义社会之概念,其二,"人民"之概念。对这两个概念的理解,于当今的阅读者或研究者而言,是十分必要的。

---

① 中国人民政治协商会议. 中国人民政治协商会议共同纲领[M]. 北京:人民出版社,1952: 15.

一、新中国成立初仍是"新民主主义社会制度"

如果不在这方面有专门的关注、学习与思考,通常 1950 年及以后出生者将会认为中华人民共和国一经成立,就标志着社会主义制度在中国的确立。如果以这种观点去研究解放初的问题,既不符合史实,又会产生激进式"左"倾的错误观点。在新民主主义社会中,还允许中小资本家的存在,还需要这一群体为社会做出应有的作用与贡献,这是以毛泽东同志为首的中国共产党在长期的革命斗争中逐步总结发展出来的。毛泽东同志在 1939 年的《青年运动的方向》一文中就明确指出:"我们现在干的是资产阶级性的民主主义的革命,我们所做的一切,不超过资产阶级民主革命的范围"①,因为"在这个人民民主主义的制度中,还应当容许资本家存在"②。毛泽东同志以"五四运动"为界,将"五四运动"后的民主主义革命称之为"新民主主义革命",新与旧的民主主义革命区别的核心问题,即是一个领导权的问题,旧的民主主义革命时期,是在资产阶级领导下进行的;而新民主主义革命时期,则是在无产阶级领导下进行的。

1945 年,毛泽东同志在《论联合政府》一文中,提出了建立新民主主义国家制度的蓝图:"我们主张在彻底地打败日本侵略者之后,建立一个以全国绝对大多数人民为基础而在工人阶级领导之下的统一战线的民主联盟的国家制度,我们把这样的国家制度称之为新民主主义的国家制度。"③这一国家制度的实现,是由解放区逐步扩大成为一种全国性的国家制度的过程,"我党的全部新民主主义的纲领已经在解放区实行了并且有了显著的成绩"④。《共同纲领》总纲第一条中明确规定:"中华人民共和国为新民主主义即人民民主主义国家,实行工人阶级领导的、以工农联盟为基础的、团结各民主阶级和国内各民族的人民民主专政,反对帝国主义、封建主义和官僚资本主义,为中国的独立、民主、和平、统一和富强而奋斗。"⑤

《共同纲领》明确了新中国成立初是一个新民主主义制度的国家,这一国家制度是中国共产党领导下的、在各解放区广泛开展、建立、奋斗的社会制度的继续,新中国的建立使我们有条件将这一社会制度在全国范围内

---

①② 毛泽东. 青年运动的方向(1939年5月4日)[M]//毛泽东. 毛泽东选集(一卷本). 北京:人民出版社,1966:549-557.

③④ 毛泽东. 论联合政府(1945年4月24日)[M]//毛泽东. 毛泽东选集(一卷本). 北京:人民出版社,1966:1029-1100.

⑤ 中国人民政治协商会议. 中国人民政治协商会议共同纲领[M]. 北京:人民出版社,1952:2.

广泛的确立起来。因此,我们要从新中国成立之初是一个新民主主义国家制度的实际情况去认识、去研究。当然,随着我们认识的不断深化,后来将新中国成立初期列入到了"过渡时期",即由新民主主义社会向社会主义社会的过渡时期。但是,"我们党在立国之初,要搞一段新民主主义,是真心实意的"①。

二、新中国成立初"人民"之概念与范畴

"人民"在不同的国家和各个国家的不同的历史时期,有着不同的内涵。在新民主主义革命阶段中,对于"人民"的认识,也是一个不断深化的过程。1926年,毛泽东同志在《中国社会各阶级的分析》一文中,提出了中国革命的敌友的阶级分界,认为工业无产阶级是革命的领导力量,一切半无产阶级、小资产阶级都是革命阵营最接近的朋友,而中产阶级中,左翼可能是我们的朋友,从而构建出了中国革命阵线的范围,为团结广大民众开展统一战线工作提供了理论依据。上述革命阵营的朋友,大致可视作"人民"的范畴。抗战初期,又明确了无产阶级、农民阶级以及其他阶级中一切愿意反帝反封建的人,都属革命力量,这些力量即构成了"人民"的范畴。随后,进一步明确了无产阶级、农民、知识分子和其他小资产阶级是决定国家命运的基本力量,这部分人大致构成了"人民"的范畴。

新中国成立前后,"人民"的范畴又有了些许变化,"在中国,在现阶段,是工人阶级,农民阶级,城市小资产阶级和民族资产阶级"②。在《共同纲领》中,则又增加了"其他爱国民主分子"一项,由此而形成了建国初期"人民"之范畴。

国家的性质和"人民"的范畴,决定着对图书馆事业的发展方向和服务对象等的根本问题的回答,这是对上述两个概念加以讨论的根本原因。

第二节　彻底转变思想观念

在社会转折关头,图书馆事业如何跟上时代的步伐,以交出人民满意的具有时代历史意义的答卷? 根本的、最积极的因素是人,要使人们广泛

---

① 薄一波. 若干重大决策与事件的回顾:上卷[M]. 北京:中共中央党校出版社,1991:31.
② 毛泽东. 论人民民主专政:纪念中国共产党二十八周年(1949年6月30日)[M]//毛泽东. 毛泽东选集(一卷本). 北京:人民出版社,1966:1473-1486.

地、坚定彻底地转变以往的旧思想,而自觉自愿地为践行新民主主义社会的方向与宗旨服务,在思想认识问题上主要有三个方面的问题急需解决。

一、解决立场问题

这是要解决是否完全站在无产阶级和广大人民大众的立场上的问题。在图书馆界,如 1949 年 1 月 31 日,北平和平解放,国立北平图书馆于 3 月 23 日成立职工学习会筹委会,组织政治与业务学习[①]。南京江苏省立国学图书馆从 1949 年 5 月开始组织学习,先是集体学习,至 9 月开始分组学习,学习时根据指定的文件,先由各人阅读,再根据提纲,分组讨论,再集中讨论,相互交流学习心得体会,学习时间为每日 1.5 小时,"以学习新民主主义论著及马列主义专著等,为必修书籍,随时补充时事文件,及业务有关各种资料"[②]。1949 年 8 月 28 日,江西省立中正图书馆交南昌市人民政府领导后不久,就组织了全体员工的集中学习,以帮助他们提高政治思想觉悟和业务工作能力,树立为人民服务的思想,至年底集中学习告一段落,改由省文化厅领导,更名为江西省立人民图书馆。重庆图书馆于 1950 年 2 月起集中精力组织全馆职工的学习与改造,迅速成立了学习委员会,出墙报,学习《新民主主义论》《人民民主专政》《社会发展史》等文献,以帮助职工更快地树立为人民服务的思想。由于新中国公共图书馆服务对象的转变,因此公共图书馆的工作人员一般都较早地进入到了学习状态。他们通过学习,提高了思想觉悟,坚定了立场,明确了"为谁服务"的问题。相对于公共图书馆,高校图书馆的学习则要略微滞后些。如原金陵大学李小缘先生,解放初时到北京出差,"朋友告诉我北大学习情况,很热烈,很严肃,很有成绩"[③]。后又到清华、燕京去访朋友,都谈学习之事,而此时南京高校还未动。1950 年春节一过,金陵大学也组织了一个月的集中政治学习,图书馆与研究所共 11 人组成一个小组,经批准开始了学习。这一时期,主要以图书馆为单位组织学习,主要在公共图书馆和高校图书馆中展开。

根据形势发展的需要,在第一轮学习的基础上又开展了新一轮的学习。高校是知识分子集中的地方,是政治学习、思想改造的重点行业之一。1951 年暑期,北京大学校长马寅初联合教授中有新思想者,首先在北京大

---

① 李致忠. 中国国家图书馆百年纪事:1909—2009[M]. 北京:国家图书馆出版社,2009:38.

② 南京江苏省立国学图书馆概况[J]. 文物参考资料,1951(7):48-67.

③ 李小缘. 李小缘先生思想实录:1950年代[M]//南京大学信息管理系. 李小缘纪念文集. 南京:南京大学信息管理系,2008:302-312.

学发起了政治学习运动。这一运动对促进学习者树立"为人民服务"的思想起到了很好的作用,受到党和政府的高度重视。于是,这一经验在全国高校、中等学校推广开来,广大的学生和教职员工受到了一次深刻的教育,并逐步扩大到文艺界、科技界乃至整个知识界,形成了一个对全国知识界的思想改造和教育运动。1952年秋季,这一学习运动基本结束。通过学习,图书馆界的工作人员在思想上又有了很大的进步,进一步认识到图书馆的工作与以往有很大的不同,是一种革命的政治工作,因此"图书馆工作者,必须加强学习革命理论,确立革命人生观,才能完成历史的使命"①。这种通过学习以更好地改造思想,树立起正确的世界观、人生观以适应新时代要求,已成为绝大多数图书馆员的自觉行动。

1951年,东北人民政府文化部文物处召开了东北区公共图书馆工作会议,总结了当时东北地区图书馆工作,全面阐述了公共图书馆工作的方针,进一步强调了公共图书馆的一般方针,即是要"为了普及新民主主义文化,提高人民文化水平,公共图书馆应以推广新文化书籍为主,大力宣传马列主义、毛泽东思想,培养读者爱祖国、爱人民、爱科学、爱劳动、爱护公共财物的国民公德和国际主义精神"②,进一步明确了图书馆工作是一个文化的、思想的、政治的宣传教育工作,要做好图书馆工作,馆员必须要树立起新文化、新思想、新政治、新人生观。通过学习,在图书馆界形成了主流共识:"新的图书馆的任务是宣传马列主义和毛泽东思想,它的工作内容是要提倡民族的、科学的、大众的文化,反对帝国主义、封建主义、官僚资本主义的文化。"③

二、解决态度问题

立场问题基本解决后,随之就是态度问题。主要是对新旧图书馆的看法和如何以实际行动积极地投入到新时代图书馆的建设中去的问题。在20世纪20年代起,尽管图书馆界深刻地批判了"藏书楼"思想,其中最具代表性的是李小缘的《藏书楼与公共图书馆》一文,文中对当时的藏书楼思想进行了最为激烈的批评,将清末民初的"公共图书馆"也当成官办藏

---

① ③ 新图书馆的工作与任务[J]. 文物参考资料,1950(7):19-21.

② 王修. 把公共图书馆的工作向前推进一步——东北文化部文物处王修处长一九五一年四月十日在东北区公共图书馆工作会议上的报告[J]. 文物参考资料,1951(9):12-22.

书楼而作为严厉批评的对象①。但是,直至新中国成立之初的政治学习和思想改造运动兴起之前,这种藏书楼思想仍然在图书馆界根深蒂固。因此,在思想观念上的转变关键是要进一步深入批判藏书楼思想,树立起新图书馆思想,进而树立起这样的观念和态度,"图书馆是应该真心诚意为人民服务的,要改革旧的,不合理的,藏书楼式的,摆架子的作风;要建立新的作风,要深入群众,办宣传,搞展览会来吸引群众,而且要有重点地接近群众"②。这种认识与态度成为广大图书馆员的共识。

三、解决为谁服务的问题

立场和态度问题基本解决后,最后就是如何落实工作对象和如何开展服务的问题。因为"为什么人的问题,是一个根本的问题,原则的问题"③,所以这一问题是检验前两个问题的试金石,从根本上来说,即是"为谁服务"和"如何服务"的问题。在全国性的新民主主义社会建设起始之时,就必须解决好为人民服务和如何为人民服务的问题,必须"拿出主人翁的态度来为祖国服务"④,为人民服务。此时,"为人民大众为工农兵服务,为社会主义建设和社会主义改造事业服务"⑤,已成为图书馆界的行动目标。中南区为更好地贯彻执行文教政策,贯彻执行发展全国图书馆网,深入工厂农村部队,大力开展为工农兵服务的方针,专门成立了图书馆委员会,并制订出《中南区图书馆暂行条例》,大力开展为广大人民、尤其是为工农兵服务的方针政策。1950年12月22至23日,苏南人民行政公署文教处在无锡苏南文管会召开苏南各级图书馆座谈会,出席者主要是省市、县立图书馆馆长,会上指出了当前图书馆工作的方向任务是:"必须向工农兵开门,为工农兵服务,争取主动,以书就人。"⑥此时的苏南图书馆,工作已不再局限于馆内,已由"以人就书"进入到了"以书就人"阶段。图书馆界在实践过程中,正确地处理了普及与提高的问题。

藏书楼是不讲"普及"的,衙门式的工作作风与方法,将广大人民群众排除服务对象之外,只有新中国的图书馆,才真正开始了为广大人民群

① 李小缘. 藏书楼与公共图书馆[J]. 图书馆学季刊,1926,1(3):375-396.
② 新图书馆的工作与任务[J]. 文物参考资料,1950(7):19-21.
③ 毛泽东. 在延安文艺座谈会上的讲话(1942年5月)[M]//毛泽东. 毛泽东选集(一卷本). 北京:人民出版社,1966:849-880.
④ 王重民. 图书馆工作者在今天的骄傲[J]. 文物参考资料,1951(2):25-29.
⑤ 重庆图书馆. 重庆图书馆史:1947—2007[M]. 北京:北京图书馆出版社,2007:9.
⑥ 苏南图书馆座谈会概述[J]. 文物参考资料,1951(1):29-30.

众服务。由于当时广大人民群众中文盲众多，"从百分之八十的人口中扫除文盲，是新中国的一项重要工作"①。在人民大众文化水平还较低的情况下，普及的东西要简单浅显，容易为当时广大人民群众所迅速接受。普遍开展识字教育后，图书馆事业迅速适应广大人民群众对新文化的迫切要求，主动开展文化普及工作。在服务方式上，彻底改变学院式的、消极等待的服务方式，主动地将图书送上门去，做好"以书找人"工作；配合各种时事宣传举行展览会，开办时事阅览室；通过开展朗读和讲故事的活动，吸引识字不多的人和大量的儿童；通过辅导工作，提高读者的阅读能力和思想认识，亦培养了基本读者和阅读积极分子；通过读者座谈会和联欢会等活动，吸收读者对图书馆的意见，以便更好地改进图书馆工作；通过流动车、流动图书馆等方式，扩大图书馆的图书流通范围，将图书馆的服务深入到街头、街区、工厂、农村；通过黑板报、剪报和问答栏目等，及时宣传和解答读者的疑问，并引导读者的阅读兴趣；通过宣传推荐和介绍图书，提高图书的阅读流量等。图书馆界通过主动的服务工作，践行着为人民服务的宗旨。这些服务工作的开展，也是图书馆员自觉地践行"与工农相结合、主动积极地改造世界观"的实际行动。

第三节　图书馆学理论研究上的思想转变

将图书馆学理论与实践相结合，迅速转变思想观念之举，最早体现在图书分类法的编制工作中，并做出了很大成绩。这一工作最早在东北图书馆开展，其成果即是《东北法》，还有随后的《苏北法》《山东法》等。文化部文物局于1950年6月2日及时召开了全国性的图书分类法座谈会，讨论新型分类法的编制原则、立场、思想性、科学性、实用性的问题，讨论统一分类法编制等问题。例如马列主义毛泽东书籍是按性质各入其类还是集中，用十进法还是用新十进法，自然科学与应用科学是分列还是并为一类，宗教有无必要单列一类等，从而拉开了编制新型的、统一的分类法工作的帷幕，在一个较长时间段内开展了一场多阶段的关于分类法编制理论与实践的讨论。

---

① 毛泽东.论联合政府（1945年4月24日）[M]//毛泽东.毛泽东选集（一卷本）.北京：人民出版社，1966：1029-1100.

一、对新型分类法的认识与态度

新中国成立之初之所以对分类法问题如此重视,这是因为"图书馆是新民主主义的文化教育的重要事业之一,今后必定要大量的发展,无论在量上或在质上。如果新的图书分类法不搞好,图书馆的业务是无法开展的"[①]。1950 年第 8 期的《文物参考资料》上发表了杜定友的《新图书分类法刍议》一文。该文可称作是新中国对分类法研究的最早的、深具影响力的论文,它从唯物史观出发,运用了马列主义、毛泽东思想对新分类法的发展方向提出了深刻的建设。杜定友运用毛泽东同志对知识的论述,提出了人类知识的科学体系,并提出了以人类社会发展进程为序确定分类法次序:自然科学,社会科学,哲学,这一次序不能颠倒;同时根据图书的特征,再加上"总类",以括群书,并将总类置于分类法前[②]。杜定友的这一论述,开创了新时代图书馆界对科学知识的认识,开创了对新时代分类法体系的排序的新认识,也是新时代"部类"概念的滥觞。通过进一步思考,他又于翌年第二期上发表了《图书分类法意见》一文,进一步提出了自己的观点:分类法的大纲应该按照马列主义、毛泽东思想、唯物辩证法而确定,并提出了编制新型分类法的步骤,再一次提出了新型分类法的排序应该是四大类,即总类,自然、应用科学,社会科学,哲学,这四个大类就是分类大纲,就是分类法的第一级[③]。

二、对图书馆学理论的进一步理解

通过学习研究,这一时期图书馆界在刊物上发表有关思想认识以及对方针政策的理解与实践的文章,大致有以下四方面的内容:

其一,翻译自苏联的相关论著。以苏联图书馆为榜样,翻译如《苏联的图书馆》《大众图书馆的任务和图书馆员的作用》《站在更高的思想水平——教授图书馆的分类》《图书馆的群众工作》《我们是怎样对读者服务的》《苏联政府关于图书馆工作一般问题的各种基本规定》等作品。通过翻译工作,及时地向国内介绍苏联图书馆界的读者服务宗旨、要求以及做法,图书馆开展读者服务的心得与体会,帮助了我国馆员对图书馆宗旨、为谁服务和如何服务等问题的深入认识。

---

① 郑振铎.图书分类法问题研究资料:前言[J].文物参考资料,1950(8):1-3.
② 杜定友.新图书分类法刍议[J].文物参考资料,1950(8):63-69.
③ 杜定友.图书分类法意见[J].文物参考资料,1951(2):57-60.

　　其二,相关会议、讲话等的介绍与刊载。通过对1950年全国分类法座谈会和首次图书分类法委员会会议介绍,使全国图书馆界明确了新中国图书分类法的主体发展方向、要求和需要讨论解决的主要问题等。通过对东北区公共图书馆工作会议的介绍和对领导同志在会上的报告的刊发,明确图书馆的宗旨和对图书馆发展的要求,从而使馆员在思想上明确图书馆工作的意义与方向,使馆员在实际工作中有了明确的目标。

　　其三,制订规章制度对馆员的思想、行为进行规范。如《中南区图书馆委员会暂行条例》(草案),通过条例的形式加强规范整个中南区图书馆界的思想认识、行为规范和组织结构、工作标准等。在思想规范与要求中,明确规定了《共同纲领》中的文教政策即是现时图书馆的宗旨。图书馆的服务宗旨即是要为工农兵服务,为广大人民群众服务,要深入到农村、工厂、部队中去服务。这些规定和要求,是对当时图书馆界通过学习和思想改造后所产生的结果的总结,亦是对图书馆界取得思想认识的进步以及服务理念、图书馆宗旨变化的真实写照。

　　其四,通过学习与思想改造所取得的体会与经验。就刊载的文章而言,这是主要的组成部分,如《新图书馆的工作与任务》《东北图书馆的读者服务工作概况》《图书馆工作者在今天的骄傲》《在伟大的爱国主义运动中图书馆的任务和工作》等。这些文章反映出图书馆界首先从思想上认识到了图书馆的工作具有思想性、阶级性,从而明确了新中国图书馆要突出马列主义毛泽东思想的论著和新文化著作的必要性,明确了政治方向;进而通过"为人民服务"宗旨的贯彻,明确了服务方向和目标,明确新型图书馆的任务;通过新旧图书馆的主要特点的对比,明确了将图书馆工作作为纯技术性工作对待的错误性;通过图书馆在新时代的地位与作用的研究,产生出图书馆员工作的自豪感,从而在各项工作中发挥出更大的积极性与主动性。

　　在时代巨变的历程中,最重要、最根本的问题是人的思想观念转变的问题。要使图书馆全体人员同心协力地为新中国建设事业多做贡献,没有一个正确的思想认识和世界观是不可能实现的。新中国确立的社会制度,获得了绝大多数人民的拥护,党中央因势利导,在转变观念、确立正确的世界观、人生观的过程中,及时开展"自上而下"的政治学习运动,学习马列主义毛泽东思想和辩证唯物史观,以《共同纲领》作为基本大法,使绝大多数的人民群众迅速转变思想,确立为人民服务、为社会主义革命和建设服务的理念,并贯穿在工作实践中。通过积极调动广大人民群众的积极性和自觉性,自下而上地、自发地组织各项学习活动,积极主动地将图书资料的服务工作深入到馆外,深入到基层,同时从实践中提炼理论,总结经验,利用各种方式进行学习交流。图书馆界从"为人找书"过渡到"为书找人"的全新历史阶段,真正体现出了图书馆是科学的、民族的、大众的文化教育场所。在短短的一年时间中,通过学习使绝大多数图书馆员"都彻底的认识了自己的任务的重大,彻底的消除了过去的不正确的观点和消极的、被动的态度,全心全意,为人民大众服务"[①]。在党的领导下,新中国图书馆事业翻开了历史性的一页。

---

① 郑振铎.一年来的文物工作[J].浙江省立图书馆通讯,1950(5):1-4.

第七章 图书馆界学术研究的高潮和三个阶段

20世纪,中国图书馆界产生了3次学术研究高潮。这一次高潮的酝酿起于20世纪50年代初期,至1957年进入高潮发展期,其标志是刘国钧发表的《什么是图书馆学》一文。该文在图书馆学术界产生了很大的影响,并开展了讨论、研究和商榷,成为中国现代图书馆学术史发展过程中的核心事件之一。这一标志性事件的出现,是与社会政治、经济、文化的发展紧密相关的。

1956年发生了许多事件,加快促成了图书馆学研究高潮的到来,主要是:①1956年初,中央召开了关于知识分子问题的全国性会议,提出了"向科学进军"的号召,充分调动了知识分子的积极性。在周恩来总理的主持下,国务院科学规划委员会制定了《全国图书协调方案》,促进了图书馆事业的发展。②举行了多层次的学术研讨会,主要有:5月,北京大学图书馆学专修科召开1955—1956年科学讨论会,有4篇论文进行大会交流,160余人参加研讨;12月底,在南京图书馆召开第1届图书馆学科学论文讨论会,提交论文15篇,参会代表100余人,代表60多个单位;③拟订并公布了《1956—1967哲学社会科学规划草案(初稿)》,图书馆学科列入到了发展规划中,并确定了重点研究学科和出版的重点著作。④召开全国图书馆会议。7月,文化部在京召开全国图书馆工作会议,进一步明确了图书馆工作的发展方向与任务。12月,高教部在京召开全国高等学校图书馆工作会议,会上颁发了《中华人民共和国高等学校图书馆试行条例(草案)》等文件,明确规定了高校图书馆是为教学和科研服务的学术性机构。⑤7月,在北京图书馆举行中国图书馆学会发起人座谈会,10余人参会。这些事件扎实地奠定了图书馆事业发展和学术研究的社会、制度、政策基础。

第二次图书馆学术研究高潮的形成,主要是由中国三代学者共同贡献、相互映辉的结果。目前对于第三代学者的研究,较有代表性的是徐引篪、霍国庆的阐述,他们分析了第三代学人的主要社会特征,以及对留苏、国内培养和实践中成长起来的图书馆学人的学科背景等的定性分析①。这次研究高潮,最基本的和重要的是要在这一时期学术成果统计分析的基础上进行深入的定量研究,并得出以数据为基准的结论。笔者通过发表在当时的 6 种主要刊物上的学术论文进行统计,开展对第二次图书馆学术研究高潮的研究。

第一节　统计数据

统计数据的选取,决定了研究对象的科学性的根基是否扎实、可靠。笔者将在这一时期主要的图书馆学期刊上发表的论文作为统计对象,并以这一时期发表的学术专著为补充②,通过对统计结果的概括与分析,厘清了这一时期主要学者的学术贡献。

一、学术文献统计源

《浙江省立图书馆通讯》

1950—1954 年。内部刊物,1950 年 7 月起为月刊,1954 年改为季刊。其刊物名称变更情况是:1950—1952 年,刊名为《浙江省立图书馆通讯》,1953 年更名为《图书馆通讯》,仍是内部刊物,但全国订购、发行。1954 年根据文化部的宏观调控,又更名为《浙江图书馆馆刊》。

《文物参考资料》

1950—1954 年。该刊初创时为内部刊物,第 7 期后改为公开发行的不定期刊物,1953 年起改为月刊③。这一时期该刊内容包括图书馆、博物馆、考古等学科领域,是当时国内图书馆学领域中唯一的一份全国公开发行的刊物。1955 年起,将刊内有关图书馆学的内容划出。

《图书馆工作》

1955—1960 年。全国公开发行。随着图书馆事业的快速发展,图书馆学科的研究内容从《文物参考资料》中分出,单独成刊。《图书馆工作》即是分开后产生出的一份期刊,是新中国第一份纯图书馆学领域的公开发行的杂志。1955—1956 年为双月刊,1957 年后改为月刊,共出版 54 期。

---

① 徐引篪,霍国庆. 现代图书馆学理论[M]. 北京:北京图书馆出版社,1999:114.
② 统计数据来源为:卓连营,李晓娟. 中国图书馆学著作书目提要:1909—2009[M]. 北京:国家图书馆出版社,2012。
③ 贾骏. 介绍《文物参考资料》[J]. 文物参考资料,1953(7):119-122.

《图书馆学通讯》

1957—1960 年。全国公开发行。本刊是为了适应图书馆学术研究的需要而诞生的一份图书馆学理论研究的期刊,其目标任务与《图书馆工作》相辅相成。1957—1958 年为双月刊,1959 年改为月刊,共出版 30 期。

《图书馆》

1961—1964 年。全国公开发行,季刊。为贯彻落实当时文教政策:"调整、巩固、充实、发展",《图书馆工作》和《图书馆学通讯》两刊停刊后组成《图书馆》杂志。先后出版 16 期。

《中国科学院图书馆通讯》

1956—1966 年。内部刊物。1956—1960 年,刊名为《中国科学院图书馆通讯》,1961—1966 年更名为《图书馆工作参考资料》。

另有《武汉大学人文科学学报:图书馆学专号》:1959(7),1960(2)。

二、学术文献与成果统计概况

在统计的过程中,笔者对统计源中的学术论文及其作者进行了全面的统计,其他如报道性的、纯工作性的总结与经验介绍、大会发言、简讯、译文、一般性的工作体会、评论员文章、书评、团体作者等类型的文章,不在本次统计范围之内。尽管对于文献学术性的认定上,不免会存在不同的界定,但是不会影响本项统计的总体趋势。例如,根据《图书馆学通讯》于1982 年发表的一篇文章的统计,其中《图书馆工作》《图书馆学通讯》和《图书馆》杂志在 1955—1964 年共发表了专题学术论文 380 余篇[1],笔者对这 3 种刊物同时期的"学术论文"进行统计后的结果是 451 篇,比前者的认定略多。经作者统计整理的论文为 700 篇,其年度分布如表 7-1 所示。

表 7-1　1950—1966 年图书馆学学术论文统计

年份	1950	1951	1952	1953	1954	1955	1956	1957	1958	1959	1960	1961	1962	1963	1964	1965	1966	总计
论文篇数	8	15	23	35	9	6	19	120	74	111	36	30	64	53	60	28	9	700

---

[1]　本刊特约评论员. 回顾1955—1965年北京图书馆主编的三个专业刊物[J]. 图书馆学通讯,1982(3):58-62.

表 7-1 中所有论文的第一作者有 336 人。按照论文第一作者出现的篇(频)次统计,其结果如表 7-2 所示。

表 7-2　1950—1966 年图书馆学学术论文第一作者统计

篇(频)次	人　数	占比(%)	篇(频)次	人　数	占比(%)
28	1	0.298	6	2	0.655
25	1	0.298	5	6	1.786
18	1	0.298	4	10	2.98
13	1	0.298	3	40	11.90
10	3	0.893	2	53	15.77
9	3	0.893	1	210	62.50
8	1	0.298	合计	336	100
7	4	1.190			

三、三代学人的学术贡献

为详细了解图书馆界三代学人所做的学术贡献,依据数据来源对这方面的情况作了统计。统计过程中,主要以上海图书馆《全国报刊索引》数据库平台作为数据来源进行核查。由于对少量存在"交叉"的"代际"人物的判断,会有差异,如对孙云畴的划分,徐引篪、霍国庆将其纳入第三代图书馆学人中的留学海外者,笔者则将其划入第二代学人。实际上,这也引起了关于"代际"判定标准问题的思考。到底是以年龄、工作经历为主要依据,还是根据学术成果产生的年代为标准,这些问题都涉及学术与感情上的矛盾冲突。将老一辈学人因成果发表得晚而将其列入晚辈之列,若基于其学术成果来判定该结论可以成立,但若综合考虑年龄与工作等因素又显得不太合适。因此,笔者在遇到此类情况时,加上了"年龄"与"工作经历"这一因素,大致将 1920 年以前出生、并具有工作经历者列为第一、二代学人。以孙云畴为例,1917 年出生,1935 年考取北京大学政治系攻读国际关系,1942 年进入金陵大学图书馆工作。1947 年赴美国哥伦比亚大学图书馆学院攻读图书馆学硕士学位[1],1950 年归国参加北京大学图书馆学系工作。有如此经历,尽管其公开发表论文的时间均在 50 年代,但笔者

---

① 党跃武. 拳拳之心报祖国——记图书馆学家孙云畴教授[J]. 图书馆工作与研究,1991(2):8-12.

仍然将其归入第二代学人之列。关于三代学人在第二次图书馆学术研究高潮中发文的情况如表7-3所示。

表7-3　发文2篇（频）次及以上者

篇（频）次	一、二代	三代	总计	篇（频）次	一、二代	三代	总计
28	1		1	7	2	2	4
25	1		1	6		2	2
18	1		1	5	4	2	6
13	1		1	4	4	6	10
10	1	2	3	3	10	30	40
9	1	2	3	2	9	44	53
8	1		1	合计	35	91	126

表7-4　作者发文篇（频）次统计表

发文篇（频）次	姓　名
28	刘国钧※
25	杜定友※
18	金天游※
13	刘子亚※
10	顾家杰※　白国应　佟曾功
9	蔡国铭※　李　枫　鲍振西
8	李钟履※
7	金敏甫※　张秀民※　胡耀辉　阎立中
6	高敏学　赵继生
5	吴尔中※　胡道静※　张遵俭※　王重民※　黄宗忠　武宁生
4	程长源※　毛　坤※　陈光汉※　袁翰青※　徐恭时　王恩光 彭斐章　史永元　赵　琦　朱天俊
3	陈鸿舜※　李兴辉※　钱亚新※　瞿光熙※　汪长炳※　徐家麟※ 袁涌进※　孙云畴※　刘汝霖　廖延唐※　赵燕生　陈霖生 丁克刚　管一丁　黄景行　贺　璋　纪维周　冀淑英　静　文 鞠占屏　李树权　卢中岳　王熙华　汪家熔　喻子兵　于　声 张树华　王永厚　蒋光奎　曹联璞　陈沛霖　方　珍　龚　正 郭永芳　罗淑静　孟广均　彭湘源　王　勖　陈光祚　谢灼华

续表

发文篇(频)次	姓　名
2	皮高品※　毛春翔※　邓衍林※　赵万里※　陈子彝※　刘铭恕※ 桂质柏※　向　达※　施廷庸※　王红元　宏　钧　江　风 韩承铎　张德芳　佟贵功　罗焕文　曾梦阳　温福安　纪国祥 铁　丁　朽　予　潘天祯　潘皓平　齐力典　张琪玉　常柏华 杨承祺　喻季姜　潘文坤　李连馥　韩宇骐　苗惠生　徐　美 穆春芳　马　晓　曾仕任　李光的　何绍熹　林秉机　强一宏 周文骏　薛　汕　王　鸿　李博达　项弋平　郝燕飞　萤　泉 李哲民　马龙璧　郑莉莉　张允侯　程德清　符志良

注:※ 者表示为第一、二代学人。

第二节　学术高潮的发展

高潮原指在潮汐的一个涨落周期内,水面上升所达到的最高位置。在其他地方引用"高潮",一般用于比喻事物在一定阶段内发展的顶点。

20 世纪,我国图书馆界产生了 3 次学术高潮。第一次产生于 1917 年,是一场由建立"美国式图书馆"到创建具有中国特色的图书馆(学)的"新图书馆运动"。"这一高潮期,大致从 1924 年到 1936 年。"[①] 那么,中国图书馆学研究于何年进入第二次高潮? 笔者认为应该是 1957 年。我国图书馆学研究第三次高潮则产生于 1977 年[②]。

一、第二次高潮期

一次学术高潮的形成,对其判断的标准主要可有 3 条:①学术成果是否有"井喷"之现象;②参加研究的学者是否有"井喷"现象;③学术园地是否坚实与丰富。根据统计显示,学术论文发表数量较高的年份(超过 50 篇)者有 6 年,分别是 1957—1959 年以及 1962—1964 年。在 1957—1959 年的三年中平均每年超过 100 篇,其中 1957 年和 1959 年两年都超过 100 篇,1958 年达 74 篇,是这一阶段发表学术论文数的第三高年份,这三年是这一阶段发表学术论文数最高的三年。从学者发文分布来看,这一阶段首次发表学术论文者亦集中在 1957—1959 年的三年中。从学术

① 吴稌年. 论"新图书馆运动"的高潮期[J]. 图书馆,2007(2):6-9,16.
② 王子舟. 20世纪中国图书馆学发展的三次高潮[J]. 图书情报工作,1988(2):1-5,33.

园地来看,1957—1960 年,有 2 份公开发行的图书馆学专业杂志,即《图书馆学通讯》和《图书馆工作》,这是在"17 年"中,全国公开发行的图书馆学专业杂志数量最多的一个时间段,尤其是 1957 年创刊的《图书馆学通讯》,更是一个全面反映新时期图书馆学理论研究的专业学术期刊。上述三方面都明显反映出了第二次图书馆学术研究高潮的形成年份是 1957年,学术高潮期则是 1957—1959 年。

二、第二次学术高潮的发展过程

第二次图书馆学术研究高潮的形成,按照学术发展之规律,可分为酝酿期、高潮期和衰落期。1950—1956 年可说是酝酿发展期。学术研究的园地,主要是《浙江省立图书馆通讯》(包括改刊名的《图书馆通讯》和《浙江图书馆馆刊》)、《文物参考资料》(1950—1954)、《图书馆工作》(1955—1956)。这一时期的特征是:以第一、二代学人为研究主体、新生代开始成长。新中国的图书馆界最早开展的学术研究活动是关于分类法的理论与实践的研究。《文物参考资料》在 1950 年第 8 期上专门刊载了对于各种主要分类法的介绍,文化部也专门组织专家召开了统一分类法问题的座谈会议,并成立了相应组织,成为这一时期理论研究与实践问题研究的开始。1950—1951 年的学术研究,主要围绕这一问题展开,《讨论图书分类法问题》(卢震京先生来函)、《图书分类意见》与《图书分类法底理论体系》(杜定友)、《索书号码的组成》(金天游)、《中、小型图书馆图书分类简表》(刘子亚、黄金印合拟)等成果的发表集中表明了这一点。

最初两年,在全国有影响力的专业期刊很少,正式出版的期刊有《文物参考资料》,内部发行的期刊则有《浙江省立图书馆通讯》,两者关注的学术研究重点是一致的,刊载的研究性文章不多,主要作者有杜定友、刘子亚、金天游、王重民、陈光汉等人。他们都是一、二代的学人。新中国图书馆学的学术研究,首先是由老一辈学者开始的,尤其是一、二代的代表人物,仍然承担着这一时期学术研究的开创者和研究者的主要角色,充分说明了学术研究的连续性、承继性。

1953—1955 年,是以老一辈学人为主体,新生代崭露头角之时期。在这一时期,《图书馆工作》于 1955 年创刊,图书馆的学术研究逐渐被重视起来。随着新时期图书馆事业的大力发展,研究的主题又增加了为工农兵服务的方向性问题的研究。各类型的图书馆服务、阅读指导、服务方式、开架服务的探讨、简化借书手续、合适的分类、编目的探讨、书目提要等工作,成为新的研究重点,主要作者有刘子亚、杜定友、金天游、陈光汉、刘国钧、王重民、程长源等,新生代的作者有周文骏、纪维周、黄景行、李枫、王会元、张琪玉、王鸿等人,他们也加入到了图书馆学术研究的队伍,从而开始了中国图书馆学界学术研究的"三代同堂"之局面。

1956 年,随着党对知识分子政策的调整以及"向科学进军"号召的提出,图书馆如何配合科学研究工作,成为新的研究亮点。是年,图书馆学的基础理论的研究与普及工作十分被关注,在《图书馆工作》上连载"图书馆员基本业务知识讲话",分别由刘国钧、陈鸿舜、张树华、朱天俊、万希芬、孙冰炎等人主笔,在图书馆界兴起了一个学习图书馆学基础理论、掌握基本业务知识的高潮,也标志着新生代学人开始确立学术研究的"半壁江山"。

1957 年,图书馆学界出现难得的"百花齐放、百家争鸣"的局面,学术成果丰富多彩,新老学者纷纷登场,期望为新时期的图书馆学研究领域贡献出自己的一份力量。图书馆学研究的范畴逐渐扩大,许多在新时期中没有被重点关注的问题,开始被提了出来,如图书馆学基础理论问题,随着刘国钧《什么是图书馆学》一文的发表,立刻成为热点。尽管在刊物上开展研讨要延迟一些时间,但是在北京大学、武汉大学等专业研究者中,却已形成了热烈的研讨、争鸣的态势。这一态势的发展,影响了随后几年甚至第三次学术研究高潮的发展。在图书馆学史方面,出现对人物、事件的研究;在文献学方面,出现对雕版印刷等的研究;在规范化建设方面,出现对学术术语的规范研讨、分类、编目的规范研究,图书馆建筑、书目研究、地方文献组织、拒借率、图书馆员的培训、图书馆学会的筹备、图书馆的建设、留苏学生对苏联图书馆事业的观察、思考与体会等问题,也都被列入到研究的范畴。

1958 年,随着《中小型图书馆图书分类表草案》的公布与在图书馆界的广泛应用,我国图书馆界统一分类法的问题获得了实质性的突破。《〈中小型图书馆图书分类表草案〉基本大类讨论经过》(韦莫)、《对〈中小型图书馆图书分类表草案〉的初步探讨》(徐恭时)、《对各馆使用中小型图书馆分类表提出的问题的一些说明》(李兴辉)、《如何以〈中小型图书馆图书分类表草案〉的理论来指导分类》(佟贵功)等文章,集中地开展了对这一标志性成果的研讨,表明我国图书分类法理论与实践已进入到一个新的历史阶段。在这一新的历史阶段中,最基础的工作即是要普及分类法理论。因此,《图书馆工作》连载了刘国钧的《图书分类浅说》,夯实了分类理论学习、研究的基石。主题目录的编制问题也被提了出来。

1958 年,也是新生代学者快速成长的标志年份。武汉大学和北京大学的图书馆学系各自成立了多个以学生为主体的批判小组,撰写并发表了多篇批判"资产阶级学术权威"的学术思想的文章,如《批判杜定友先生图书馆学资产阶级学术思想》《批判皮高品和徐家麟先生的资产阶级教育思想》《批判刘国钧先生的"什么是图书馆学"》《批判"中国图书分类法"的几个问题》《对刘国钧编"中国图书分类法"批判的开端》等,形成了一股批判旧学术权威的风潮。根据统计分析,1957年,在"17年"发表过两篇以上论文的作者,大多是在1957年开始发表自己的第一篇学术论文。这一年,一、二代的学者有14人在新时期首次发表研究论文,第三代的学人有23人。至1958年时,第一、二代的学人仅有1人在新时期首次发表研究论文,第三代的学人则达15人。老一辈学人进入理论研究新领地的人员急剧减少,1959年时这一态势继续扩大,一、二代学人仅为1人,第三代学人则为18人。第二次学术高潮兴起后,新生代学人迅速占据了学术研究领域的主要位置。

1959年,可说是新生代学人创建具有中国特色的图书馆学理论体系标志性的一年。文化学院图书馆研究班发表了《社会主义图书馆学概论(初稿)》。该书的编写,"是我国图书馆界的一件新事情,它标志着,在这门科学方面,我们已经开始在系统地建立自己的理论体系"①。该书的刊行,对当时我国图书馆界影响很大,在图书馆学期刊上给予其很大的关注,发表了较多这方面的研究文章和信息报导,许多图书馆都专门进行了学习、讨论。该书除首先在《图书馆学通讯》上连载外,还由编辑部出了单行本,并很快进行修改后由出版社正式出版。这是在"17年"中,图书馆界影响最大的一部学术著作。它的影响,不完全体现在学术方面,更多地体现在政治方面,指明了这一时期学术研究过程中的方向性问题。

这一时期在论文方面具有标志意义的是《略谈"人民公社图书馆"》(黄宗忠)一文,是文的发表,也引起了界内广泛的关注和讨论。它及时地总结了人民公社图书馆这一新生事物的相关问题,并将其提升到理论的高度,拟创建一个"人民公社图书馆"的研究体系,内容包括人民公社图书馆的性质、方针、任务;人民公社图书馆的组织领导;图书来源;图书管理;图书流通;指导读者阅读;业务辅导和干部培养等问题。《图书馆学通讯》编辑部为该文作了"编者按",认为"如何建立和办好人民公社图书馆是目前我国图书

---

① 《图书馆学通讯》编辑部. 编后语[J]. 图书馆学通讯,1959(1):23.

馆工作中的新问题。文中某些论点和提法,如关于普及与提高问题,颇值得注意和研究,希望大家展开讨论"①。随后,编辑部发表了《对"略谈人民公社图书馆"一文的意见》(柏森)、《对"略谈人民公社图书馆"一文的商榷》(喻子兵)等文章,对人民公社图书馆的相关问题展开了研讨。这期间,一方面是新生代学人的论著不断诞生,标志着新生代学人的学术思想不断成熟;另一方面图书馆界继续展开对老一辈学者的学术批判,加快了其学术研究的衰退步伐。

第三节　主要代表人物

在第一次学术高潮中,图书馆学者一经进入研究领域,通常都能全程参加,而在第二次学术研究高潮的形成与发展过程中,却并非如此,有些第一阶段时并未参与或刚开始参与,有些则在第三阶段时退出。因此,"主要人物"这一说法是针对"17年"这一全过程而言,将这一时期发文篇数多者列为这一时期的学术研究主要人物。而代表人物则是针对这一时期在各个阶段中的主要人物,他们的成果在某一阶段中具有一定的代表性意义,但是在另一个发展阶段中就可能不在代表人物之列,尽管他们仍然可称是"17年"中的主要人物,但不是另一个发展阶段中的代表人物。有些主要人物则同时是各个阶段的代表人物,"17年"这一阶段的领军人物则出自这部分人。

一、学术研究的主要人物

本次统计共有第一责任人336人,笔者将有4篇(频)次以上的作者设定为"17年"时期参加学术研究中的主要人物,则有33人(主要人物约占10%),分别是:刘国钧(28)、杜定友(25)、金天游(18)、刘子亚(13)、顾家杰、白国应、佟曾功为10篇(频)次,李枫、鲍振西、蔡国铭为9篇(频)次,李钟履8篇(频)次、胡耀辉、金敏甫、张秀民、阎立中等7篇(频)次,高敏学、赵继生6篇(频)次,吴尔中、黄宗忠、胡道静、武宁生、张遵俭、王重民等5篇(频)次,徐恭时、王恩光、程长源、毛坤、陈光汉、彭斐章、史永元、袁翰青、赵琦、朱天俊等为4篇(频)次。

---

① 《图书馆学通讯》编辑部. 编者按[J]. 图书馆学通讯,1959(1):37.

另，根据著作数量统计，"17 年"中出版的有关图书馆学的著作有 70 部，作者 55 人，其中刘国钧 9 部，杜定友 5 部，周文骏、皮高品等 2 部，刘子亚、李希泌、程长源、郑振铎、王重民、李钟履、洪焕椿、汪长炳、陈鸿舜等 51 人各一部。笔者将既有论文，又有著作且亦达 4 部篇者作为这一时期的主要人物，则主要人物中应增加皮高品、陈鸿舜、汪长炳、周文骏，如此则主要人物共有 37 人。

二、各阶段的代表人物

在"17 年"的学术思想发展过程中，大致经历了 3 个不同阶段，各阶段的代表人物则主要是指的在这 3 个不同阶段中的学术代表人物，他们有的在某一阶段中是代表人物，而在其他阶段可能就淡出了，有的则历经 3 个阶段都保持着代表人物的地位。在这一过程中，各阶段的代表人物的学术趋势，越来越向"专家"的方向发展。

1. 1950—1956 年的酝酿期

这一时期的代表人物不多，主要有刘国钧、杜定友、金天游、刘子亚、李枫、陈光汉等人，其中仅有李枫属于新生代学人。这些人中杜定友、金天游、刘子亚和陈光汉等 4 人，在新中国成立后，相对开展学术研究较早，在 1950—1951 年时，就有研究论文发表，并以《浙江省立图书馆通讯》为研究基地。而刘国钧 1951 年调入北京大学专职图书馆学教学工作后，立刻投入到了研究中去，并于 1953 年起，陆续开始发表研究论文。新生代学人中成长最快的是李枫，他于 1954 年开始发表研究论文，并以多篇学术成果很快成为这一时期新生代的代表人物。

这一时期代表人物的学术成果特征，已形成了代际的不同。一、二代学人研究领域较宽，范围较广，其所关注的研究方向包括：文献基础知识、服务思想与方式、采编工作、书目工作等内容，既关注现实问题，亦注重学术的理论性、承继性，如刘国钧的《书是怎样生长起来的？》(1953)、《图书馆员基本业务知识讲话》(1955，包括开场白以及一、三、四讲的图书馆工作与图书馆员的任务、分类、目录等内容)；杜定友的《图书分类意见》(1951)、《关于人民图书分类表的修订》(1952)、《明见式目录》(1953)、《目录的体系》(1953)等。金天游的《怎样确定选购图书的分配比率》(1951)、《增订版"图书馆基本工作简本"的自我修正》(1952)、《对于"中小型图书馆分类表"的意见》(1952)、《本馆图书分类的历史回顾和前瞻》(1953)等。刘子亚的《走向人民队伍的浙江省立图书馆》(1950)、《中、小型图书馆图书分类表》(1951 年合拟)、《图书馆工作的新方向》(1952)、

《开展图书馆群众工作》(1953)、《学习过渡时期总路线有关文艺作品书目介绍》(1953)。陈光汉的《向苏联学习争取图书馆事业的光荣》(1951)、《把编制书目提要工作重视起来》(1953)等。

作为新生代学人,他们此时主要关注的是现实问题,并突出思想性,如《对目前我国图书馆群众工作的几点意见》(李枫,1954)、《图书馆如何加强对青年的阅读指导》(李枫,1955)、《在读者分类目录中要更好地宣传马克思列宁主义》(李枫,1956)等。新生代学人的成长,是以学术批判精神为基础的,他们生长在政治运动不断的时代,其研究必然深刻带着时代的烙印,如《反对图书馆学研究中的资产阶级的唯心观点》(李枫,1954)一文,就深刻地代表了这一点,这一特征,亦适用于以后产生的新生代学人的代表人物。

这一时期,浙江省图书馆对于学术研究做出了很大的贡献,《浙江省立图书馆通讯》于 1953 年改名为《图书馆通讯》后的一年中,成为当时刊载图书馆学研究论文的主要园地,尽管仍然是"内部发行",但已开始全国征订,这一期刊在当时图书馆界产生了较大的影响。后来根据要求,该刊于 1954 年又改名为《浙江图书馆馆刊》,并于年底终刊,此时期的金天游、刘子亚、陈光汉等 3 位代表人物,主要依托的是这一份学术性期刊,他们占据酝酿时期代表人物的"半壁江山"。这一刊物停刊后,3人就逐步淡出学术研究领域,其中金天游和刘子亚还于 1957 年发表过论文。"南杜北刘"则活跃于整个"17 年"时期,其中刘国钧一直保持着学术创新,可以说在图书馆界具有"领衔"之地位,是无可争辩的核心代表人物。杜定友则于 1957 年后逐渐淡出,以后在 1959、1962 等年份中偶有论文公开发表。李枫于 1948 年毕业于清华大学社会系,同年随北京军事接管委员会文物部接管国立北平图书馆,至 1959 年前曾任文化部文物局科长、群众文化局科长等职[①],并于 1958 年后淡出图书馆学术研究领域。

2. 1957—1959 年的高潮期

刘国钧的《什么是图书馆学》一文点燃了中国图书馆界第二次学术高潮的烽火,进而产生出了一批新时期的代表人物,一、二代的学人中,除刘国钧、杜定友外,此时李钟履、陈鸿舜、顾家杰、金敏甫、张遵俭、毛坤、吴尔中、王重民、程长源、汪长炳、皮高品、蔡国铭等老前辈,加入到这一队伍中。

---

① 麦群忠,朱育培. 中国图书馆界名人辞典[M]. 沈阳:沈阳出版社,1991:335.

新生代学人中许多人则快速成长加入代表人物的队伍中,除了李枫外,还有如鲍振西、武宁生、彭斐章、史永元、赵琦、白国应、佟曾功、阎立中、高敏学、徐恭时、赵继生、朱天俊、黄宗忠、周文骏等人。

高潮期中,图书馆学人开始较多地进入专业领域的研究,形成了学术研究的"专业性"特征,其研究领域开始相对固定,并不断向纵深发展,组成了特色鲜明的学者群体。图书馆学基础理论方面,以刘国钧、周文骏、黄宗忠等为代表;图书馆事业的发展方向、服务精神方面,以胡耀辉、蔡国铭等为代表;图书分类领域,以刘国钧、杜定友、皮高品等为代表;编目、藏书方面,以金敏甫、陈鸿舜等为代表;图书馆建筑方面,以杜定友、顾家杰等为代表;目录、书目方面,以李钟履、毛坤、朱天俊、赵继生等为代表;图书馆史方面以张遵俭等为代表;消化、吸收、创新苏联图书馆学理论与实践经验方面,以佟曾功、鲍振西、彭斐章、赵琦等为代表,这些学者共同奋起构建新时代图书馆学研究体系。一些学者虽然在各阶段中都未被列入代表人物之中,但这一时期他们在自己的专门研究领域也已取得了一定的研究成果,并引起界内学界的重视,如徐家麟、李兴辉、钱亚新、冀淑英、陈光祚、邓衍林、张树华、谢灼华等。

3. 1960—1966 年 5 月的衰落期

衰落期的形成,从宏观上看主要由两方面的因素所决定:一方面,反右运动的扩大化,以及"插红旗、拔白旗"运动的开展,加强了对所谓"资产阶级图书馆学思想"的批判,很多一、二代老学者受到冲击和批判,有些还被定为"右派分子",严重地打击了他们的积极性,直接影响了他们学术研究的正常开展,由此而导致大量的老学者、老专家退出研究行列,只有少数人仍然继续开展研究工作。另一方面,由于"大跃进"中的决策失误,随之而来的三年困难时期,促使国家对国民经济建设做出了"调整、巩固、充实、提高"的"八字"方针。这一方针贯彻在国民生产的各个领域中,图书馆界不能例外。自 1960 年始,随着"八字"方针的贯彻,图书馆界进行了大量调整工作,力争通过调整,加以巩固与充实,在此基础上进行提高。在调整过程中图书馆学界的专业期刊也受影响,1960 年《图书馆工作》《图书馆学通讯》停刊,1961 年创刊的《图书馆》杂志又于 1964 年停刊。当时很有影响的《中国科学院图书馆通讯》也于 1961 年更名为《图书馆工作参考资料》,学术性大幅降低。

在渐行的衰落期中,较为活跃的代表人物,在图书馆事业、基础理论研究方面,主要以刘国钧、顾家杰、胡耀辉、黄宗忠等为代表;在图书分类方面,以白国应,刘国钧为主,杜定友虽亦有成果,但开始淡出;在图书馆工作方面,主要有蔡国铭、高敏学、赵继生、王恩光、袁翰青等;在目录索引方面,主要有刘国钧、金敏甫、阎立中、彭斐章、朱天俊、钱亚新、张琪玉等人的文章也引起了界内的关注;读者工作方面主要有佟曾功等;图书馆史研究方面主要有张遵俭、谢灼华、卢中岳等人的文章引起了界内的关注;图书及印刷史方面有张秀民、胡道静、王重民等;干部培养方面,徐家麟的文章具有代表性;对苏联图书馆学理论的创新研究方面有鲍振西等。这一时期开始出现纪念性文章,以刘国钧、顾家杰回忆洪有丰、陶孟和等人的文章为代表,开辟了这一时期的一个新的研究领域。这一时期,孟广均、王熙华等人的研究成果也得到学界的关注。

随着国民经济的好转,全国各行各业也开始恢复并大力发展,图书馆界在 1962—1964 年开始了新一轮的发展,研究工作也有所回升,这一势头到 1965 年又受到遏止,研究工作再次进入低潮,1966 年 5 月"文化大革命"开始后,图书馆界的学术活动完全停止,这一历史时期的研究定格于"文革前的 17 年"上。

第四节　学术研究的主要特征

第二次图书馆学术研究高潮的兴起,具有鲜明的时代背景和特征,它是在"国体与政体彻底变革,人民大众当家做主"的全新时代兴起的,其主要特征有:

一、三代同堂,此消彼长

1950 年 6 月 2 日,文化部文物局召开有关编制图书分类法的座谈会,开始草拟新型的图书分类法,并成立图书分类法工作小组[①],是年 7 月 25 日,召开"图书分类法委员会第 1 次会议",讨论了分类法学科的思想性及分类号码表的排列问题,第 8 期《文物参考资料》集中介绍了一批中外近现代图书分类法,此举拉开了新中国图书馆学术研究的帷幕,使新时期的中国图书馆学术研究进入到一个新的历史时代,同时也标志着中国图书馆第二次学术高潮进入了酝酿期。

在这一酝酿期中,学术研究完全以第一、二代图书馆学人为主体,研究

---

① 图书分类法座谈会记录摘要[J]. 文物参考资料,1950(8):107-110.

成果主要分两大部分:①以北京大学、武汉大学图书馆学系的教学和各种科学研讨为主体,通过教学要求与实践,大力开展对新时期的图书馆学科的科学性、理论性和现实、实用性等的研究,推动了学术研究的发展,此时他们的影响主要是以本校、本地区为主,许多质量较高的学术论文,都在校内研讨会上开展,教学讲稿还没有成型,以手刻油印为主,对外发表的论著数量不多,他们的历史性贡献突出地表现在培养出了新一代的图书馆学人。②公开发表展开研讨的主要园地是《文物参考资料》和《浙江省立图书馆通讯》及1955年创刊的《图书馆工作》。《中国人民大学图书馆图书分类法》的出版,是这一时期学术研究的重大成果,它开创了以马列主义、毛泽东思想为指导的图书分类编制思想和原则,它所运用的理论和立类原则,为后来图书分类编制的专家学者所重视并应用。这一阶段,新生代的学者开始出现,如周文骏、李枫,以及王红元、张琪玉、赵继生、朱天俊、张树华等人,他们开始在图书馆学术研究领域崭露头角。尤其是李枫,开始在图书馆学术界有了一定的影响力。1957年,即第二次学术高潮兴起之时,亦是三代学人同堂的大盛时期。此时,一、二代学人在党的知识分子政策的鼓舞下,意气风发,全身心地投入到社会主义建设中,投入到图书馆事业及图书馆学的研究中去。第三代学人也已开始涌现,他们在新社会完成学业,接受了马列主义毛泽东思想和社会主义革命与建设的教育,具有新时期的思想基础,他们从新的时代特征去观察、研究问题,从而开始了具有鲜明时代特征的研究工作。

反右运动后,由于社会政治环境的变化,挫伤了许多一、二代学人的研究积极性,成为老前辈学术研究"此消"之起点,亦成为新生代学者"彼长"之起点,另有年龄等问题,亦是造成"消长"之重要原因之一。当然,这些并不是绝对的,如刘国钧等人,一直保持着学术研究的核心地位,王重民即使在政治上受到了不公正的对待与处理,仍然坚持研究,体现了一个长者和学者的风范。

二、以老带新,学术传承

在第二次学术高潮进程中,一、二代学人起着核心、引领的关键作用,他们用自己的学术思想和经验体会,培养出了大批新型知识分子,无论是在哪个研究领域,他们都起着引领学术发展的作用。在1956年开展的"图书馆员基本业务知识讲话"的活动中,由刘国钧、陈鸿舜等带领张树华、朱天俊等人展开。在图书馆史研究中,由张遵俭等人首先开始研讨。刘国钧等人大力开展图书分类等的普及、研究工作。杜定友带领梁国权开展图书馆建筑研究,刘国钧、史永元撰写《我国图书分类法发展的情况》,刘国钧、顾家杰、史永元、纪国祥等人展开的"基本功"笔谈,刘国钧、关懿娴带领学生曾澹一、金恩晖、朱育培、邵国秀、张玉藻、葛仁局、潘维友撰写的《我国十年来图书馆事业》一文等,在20世纪60年代初的一批教材编写过程中,老学者亦起到了重要的作用。

三、凝练方向,规划指导

新中国成立初期,图书馆学理论研究主要是结合实际,以解决实际中的问题为主而展开。较早在全国范围内展开的学术研究主要集中在对分类法的研究上,还有如目录、书目、分编、服务思想与服务方式、服务对象、文献基础知识、阅读指导等方面的研究。此时的研究力量十分薄弱,研究的方向比较分散。如何能够结合社会主义新中国的实践,做到理论结合实际,又能较为集中研究力量,突出重点做好研究工作,以重点带动一般,加速我国图书馆学理论与实践的研究工作。这一问题在1956年时获得重大突破。《1956—1967哲学社会科学规划草案(初稿)》(以下称《规划草案(初稿)》)的公布,在图书馆学的发展历史上具有重要的意义,它标志着我国图书馆界的学术研究开始纳入到了国家的哲学社会科学研究的整体规划中,图书馆学研究也要根据国家需要和我国哲学社会科学研究力量的现状开展工作,这也是这一时期图书馆学术研究的重要特征之一。

《规划草案(初稿)》鼓励人们对各种问题开展专题研究,提倡"百家争鸣",明确了今后几年内的主要研究方向,即五大重要问题。同时,明确了研究目标,从七大方面提出了在这一时期内应该完成的重要著作[①]。我国图书馆学第二次学术研究高潮的发展,较好地落实了《规划草案(初稿)》的要求与目标。经过一年多的实践,根据实际情况,国务院科学规划委员会于1958年7月发布了《一九五六——一九六七哲学社会科学规划纲要(修正草案)》(下称《规划纲要(修正草案)》)。针对《规划草案(初稿)》,"一年多来根据现实生活的发展,及有关方面提出的意见,于1958年2月作了部分修改"[②],并经过3月科学规划委员会第五次会议审议,原则通过后正式发布,主要是适当调整了重要问题的次序、进一步明确了一些专题

---

① 哲学社会科学规划办公室. 1956—1967哲学社会科学规划草案(初稿)[Z]. 北京:哲学社会科学规划办公室,1956:48-50.

② 国务院科学规划委员会. 一九五六——一九六七哲学社会科学规划纲要(修正草案)[Z]. 北京:国务院科学规划委员会办公室,1958:说明.

研究的方向以及重点开展对社会主义阵营国家和一些诸如英国、美国、日本、印度等主要国家的图书馆学理论与实践的研究。在重要著作中,进一步明确了有关图书馆学专门问题和各种专著的名称等。《规划草案(初稿)》和《规划纲要(修正草案)》,成为我国图书馆学术研究第二次高潮中的纲领性文件,指导了这一时期图书馆学术研究的方向和主要目标。

四、政治运动左右学术研究

新中国成立后,在思想文化领域中最早开始的批判运动,是对电影《武训传》的批判,这场运动发生在1951年,也是政治运动左右学术研究的开始。由于图书馆事业正在创建过程中,图书馆界并没有参与这一批判运动。

图书馆界开始加入公开的政治批判运动,大致是在1954年底。是年第12期的《文物参考资料》上发表了李枫撰写的《反对图书馆学研究中的资产阶级的唯心观点》一文,该文通过批判红楼梦研究中的错误观点,展开了对资产阶级唯心论的批判,文中并以杜定友为批判对象,认为杜定友采用改头换面的方式阐述资产阶级图书馆思想[①],并呼吁要反对图书馆学中的投降主义,深刻认识资产阶级唯心观点的危害性。

1955年全国开展批判"胡风反革命集团"运动,图书馆界配合政治运动,开展了大量的文献宣传活动。这些政治运动,在图书馆界的发展相对比较平稳,主要是配合政治运动开展文献服务、宣传活动。在随后的整风反右运动、"大跃进"、"上山下乡"运动、"社会主义教育运动"等,图书馆学术研究主要表现为服从政治运动发展,大量学术论题较难深入研究,第三代学者的批判意识虽然很强,但"破"有余而"立"不足成为这一时期第三代学人在学术研究中的主要特征之一。

五、人员组成多种途径

在第二次学术高潮的整个发展过程中,"三代同堂"是显著的特征,三代学者各自的特征形成了这一学术研究过程中的人员组成特征。第一代学人以"留学"人士为主体,他们人数不多,但基础知识扎实,具有深厚的"国学"基础,又具留学的经历,学术视野开阔,研究的面广且深入。第二代学人主要是在第一代学人的培养、教育、影响下成长起来的,求学经历主

---

① 李枫. 反对图书馆学研究中的资产阶级的唯心观点[J]. 文物参考资料,1954(12):122-129.

要以"国产"为主,他们中大部分的人的经历没有第一代学人丰富,学术研究的面不如第一代学人宽,但是在大量分支研究领域开展了卓有成效的研究工作,两代人共同创造了第一次学术研究高潮的繁荣。

第三代学人是在新中国培养教育下成长起来的,他们中的大部分人是第一、二代学人的学生,具有留学经历者不多,少部分人的经历要丰富些,如较早开始学术研究的周文骏、李枫等人,他们都有参加社会主义革命和建设的经历,以后在图书馆界工作。大部分人则在大学毕业后直接留校或参加图书馆工作,如张琪玉、朱天俊、张树华、史永元、白国应、项弋平、黄宗忠、陈光祚、谢灼华等。还有是留苏学生,如彭斐章、佟曾功、鲍振西、赵世良、郑莉莉、赵琦等。另外有自学成长的学人,如左恭、胡耀辉、丁志刚、阎立中等,这部分人中有许多担任着行政职务。

六、学术阵地不多,研究成果较少

这一阶段,公开发行的图书馆学杂志不多,先后加在一起总共才4份,分别是《文物参考资料》《图书馆工作》《图书馆学通讯》和《图书馆》。最多时同时有2份在刊,出版时间为1957—1960年,分别是《图书馆工作》与《图书馆学通讯》。内部出版的全国发行的主要刊物有2种,分别为《浙江省立图书馆通讯》和《中国科学院图书馆通讯》,时间分别为1950—1954年和1956—1966年(两刊中途都有更换刊名之经历)。其他还有一些馆刊性质的刊物,如桂林图书馆编的《桂林图书馆馆刊》、广西图书馆推广辅导部编的《广西图书馆简讯》、北京市立图书馆编的《图书流通站通讯》、甘肃省图书馆中心委员会主编的《甘肃省地区图书馆简讯》、湖南医学院图书馆编的《湖南医学院图书馆简报》、江西省图书馆编的《图书馆通讯》、宁夏图书馆编的《宁夏图书馆业务资料》等,这些刊物分别短暂自办过,主要的学术研究论文都刊载在前面6种刊物上。从文章数量上来看,不及第一次学术高潮,更不用说第三次学术高潮了。

学术期刊与学术研究曲折前行又戛然而止,这是第二次学术高潮过程中的又一大特征,即使在第一次高潮结束之时,亦未如此,当时还有核心期刊《中华图书馆协会会报》等刊物的出版。学术期刊的中断,造成了学术研究阵地的缺失,这对学术研究的连续性造成了很大的影响。

第二次学术高潮由酝酿期、高潮期和衰落期3个阶段组成,时间段分别为:1950—1956年,1957—1959年和1960—1966年5月,整个过程较为短暂,其中高潮期更是短暂。高潮期后曾有过一个恢复期,但还没完全恢复即开始了"社教运动",直至后来的"文化大革命"。

这一次高潮,是从分类法的研究开始的。这一问题一直是第一次高潮中的核心问题之一,在第二次高潮中仍然是核心问题之一,所不同的是,在第二次高潮中已取得了全国统一分类法的关键性的成果,以《中小型图书馆图书分类法》和《科图法》为代表,在其他各个研究方向,都取得了成绩。但是,总体而言,在基础理论研究方面的研究层面还不高。最具典型的事例,即是引起第二次高潮产生的《什么是图书馆学》一文,仍然要从图书馆学的 ABC 的研究开始。当然,这并非是对第一次高潮中研究的重复,而是在此基础上有所提高的研究起点与构筑的研究平台。由于受政治运动的影响,这一问题没有深入研讨,因此影响了第三次学术高潮产生的起点问题。这是造成中国图书馆学理论研究在一段时间内没有重大突破之主因。

第八章　苏联图书馆学理论与实践的影响

从 20 世纪上半叶至 50 年代,共有 3 次全面学习国外图书馆理论与实践的过程,分别为"以日为师""以美为师"和"以苏为师"阶段。中华人民共和国的诞生,彻底改变了中国的国体与政体,人民当家做主,以苏联为首的社会主义阵营开始形成。在这一时代背景下,全国各行各业形成一种"以苏为师"的氛围,图书馆界很快就迈入"以苏为师"的历史阶段。

1949 年 10 月 5 日,中苏友好协会总会成立,刘少奇同志在成立大会上的讲话中指出:"苏联的文化完全是新的文化,吸收苏联新的文化作为我们建设新中国的指针是中国人民目前的迫切任务。"[①] 这一讲话,为我国制订文教政策奠定了基础。1950 年 2 月 14 日,《中苏友好同盟互助条约》签订,苏联展开了对中国的全面援助,同时也为新中国全面学习苏联模式提供了重要的政治前提和保障。"人民民主国家图书馆事业的发展,主要是依据苏联所开拓了的道路,及被社会主义建设诸项任务所决定了的道路。"[②] 这些指导思想对我国图书馆事业的发展起到了重大的指导推进作用。

1948 年 8 月 15 日,东北图书馆在哈尔滨开馆,这是我国解放区中最早新建的大型图书馆,后迁入沈阳于 1949 年 2 月 1 日重新开馆,1955 年改名为辽宁省图书馆。当时由于缺少工作经验,图书只限于馆内阅览,"读者对象也不够明确,工人、战士来馆很少"[③]。尽管图书馆已认识到为工农兵服务的重要性,但是在工作中还摸不到门径。在此紧要关头,通过学习列宁有关对图书馆事业的论述,以及相关的苏联资料,图书馆明确了前进的方向。看一个图书馆成绩的标志,不是看它有多少珍贵的馆藏,主要

---

① 转引自:北京图书馆交换组. 四年来北京图书馆与苏联图书馆的书刊交换[J]. 文物参考资料,1954(3):93-94.

② 拉齐柯娃. 人民民主国家图书馆工作的新任务[J]. 李哲民,译. 文物参考资料,1952(3):16-19.

③ 成仁中. 认真学习苏联图书馆的先进经验[J]. 图书馆工作,1957(11):5-8.

是看它满足读者的程度,吸引读者来馆率,不断提高的服务质量,并且学习苏联图书馆主动服务的精神和方法。东北图书馆"在 1950 年 2 月开始了在工厂、部队进行建立流动图书站的工作"[①]。这是我国图书馆界最早学习苏联的典型事例。我国图书馆界在转型过程中,都直接或间接地经历了这一过程。

第一节　主要的译者与译介成果

根据卓连营、李晓娟主编的《中国图书馆学著作书目提要:1909—2009》(2012)统计,从 1949 至 1959 年,我国正式出版的苏联译著有 45 种,内容分别为:图书馆学、图书馆学综论、读者工作、藏书建设、分类编目、各种类型图书馆、世界图书馆事业等 7 个大类。其中,1956 年空缺;1949—1951 年分别出版 1 种;1952 年 2 种;1957、1959 年分别有 4 种;1953 年 5 种;1954、1955、1958 年各有 9 种。最早出版的是由舒翼翚翻译的《苏联图书馆事业概观》(1949),书中论述了苏联图书馆事业发展简史。在出版的译著中,首先关于"苏联图书馆事业"主题的出版物最多,达 16 种,可见,这一时期中国图书馆界迫切需要了解苏联图书馆事业发展的全貌,以便能很好地学习借鉴。其次是分类编目和各类型图书馆,各有 9 种,这表明在图书馆的业务工作中,对于既有理论性又有实践性的分类编目工作,是这一时期主要关注和研究的业务。同时大力介绍苏联各类型图书馆工作,这也说明在这一时期我国图书馆界无论是从宏观上还是微观上,无论是大政方略,还是具体工作,都急需学习苏联的经验。

此时的图书馆界,形成了一个翻译工作的群体,翻译的责任者(以第一责任者计,团体责任者不计在内)达 24 人,其中翻译 1 种者 17 人、2 种者 3 人、3 种至 5 种者各 1 人、8 种者 1 人,形成了以 7 人为主体(2 种或以上)的翻译群体。其中苏大悔 8 种、舒翼翚 5 种,两者成为界内公认的翻译大家。另有李哲民、杜定友、金初高、刘国钧等人,各有特色。例如,舒翼翚主要以翻译有关苏联图书馆事业的内容为主,苏大悔以图书馆工作与技术等为主,李哲民以图书整理保护等为主,杜定友主要是图书馆藏书组织、建筑设备,金初高是流动图书馆和农村图书馆工作,刘国钧则是集中在分类编

---

① 成仁中. 认真学习苏联图书馆的先进经验[J]. 图书馆工作,1957(11):5-8.

目方面。

在论文译介方面,以 1950 年《文物参考资料》第 8 期上的集中刊载苏联的相关译文为标志,这是侧重于对分类法的研究与介绍工作。是期集中刊载了 5 篇译自苏联的译文,其中苏大悔与张全新合译的 3 篇,分别是《十进分类法的缺点》《图书分类的本质和意义》《托罗帕甫斯基改订的分类表》等,苏大悔个人翻译 1 篇《站在更高的思想水平上——教授图书馆的分类》,舒翼翚和刘瑞祥合译 1 篇《苏联大众图书馆适用十进分类法》。分类法成为最先集中引进的研究课题,这一引进是全方位的,从分类指导思想、原则、意义到具体的类目编排等。论文的译介,同样形成了一个群体,这一群体的主要代表人物由苏大悔、舒翼翚为核心,包括何纪华、金初高、武宁生、李哲民、范先翔、刘国钧等人。此时,如刘国钧、李哲民、郭庆芳等人,除自己译介外,还做了许多校稿工作。同时,许多青年学者也开始加入译介队伍,如张琪玉、白国应等人,一些留学苏联的学子,还直接撰文介绍图书馆的有关情况,如彭斐章、鲍振西、赵琦、汪长炳、赵世良等。

第二节　学习苏联的图书馆服务精神与图书宣传

苏联图书馆事业的建设,是在列宁的关心、指导下进行的,贯彻着列宁图书馆建设的基本精神。据统计,1918 至 1958 年,苏联先后用 62 种各民族的语言和 26 种外国语出版列宁著作 7701 次,印刷了 3 亿多册[①]。列宁著作传入我国,"是从一九一九年开始的"[②],是年 9 月 1 日,《解放与改造》的创刊号上刊载了列宁的《俄国的政党和无产阶级的任务》一文的部分译文。新中国成立后,"总计从一九四九年十月到一九六二年底这十三年间,用汉文出版的列宁著作(包括《列宁全集》在内),共一百五十九种,一千九百七十五万册"[③],马列主义、毛泽东思想指导着新中国前进的方向。"列宁关于评价图书馆社会作用的主要标准在于劳动人民利用图书财富的规模这一原则"[④],也成为新中国图书馆事业建设的宗旨。

图书馆的服务工作,到底向苏联学习什么?"苏联图书馆的工作约分为二方面,一方面是技术性的工作,另一方面是教育性的工作。后者是苏

---

① 李哲民. 列宁著作在苏联[J]. 图书馆学通讯,1959(9):47.

②③ 张允侯. 列宁著作在中国的出版和传播[J]. 图书馆,1964(2):18-24,39.

④ 柯拉得金娜. 苏联的社会主义图书馆[J]. 赵世良,译. 图书馆界,1989(4):45-50.

联图书馆员主要的工作。"① 宣传图书,组织读者利用图书,成为苏联图书馆员的主要工作,这一点同样指导着我国图书馆事业的发展。为更好地构建新时期的图书馆服务体系,我国开始大力译介苏联有关图书馆事业的论著,大力引进对事业的"担当"和"使命"观,及时译介苏联"图书馆员"社论——"文化教育工作也像其他各项社会活动一样,要求人们把全部思想和精力都放在他所担当的事业上。这不仅仅是职业而且是使命"②。

一、译介苏联图书馆服务精神与实践

为了更好地向苏联学习图书馆服务精神与实践,图书馆学人译介了许多有关苏联各类型图书馆的服务工作的内容,以做借鉴与指导,如针对公共图书馆、大学图书馆、中学图书馆、儿童图书馆、工会图书馆、流动图书馆、农村图书馆、分馆服务等,介绍了苏联图书馆如何全力做好读者工作,大力吸引读者到馆利用文献,大力发展新读者,利用目录宣传图书,通过与读者的接触加强宣传图书,指导阅读工作,使读者人数"仅在 1955 年就增加了 2105,000 人,达到 24,754,000 人,占全部居民 22.3%"③。苏联图书馆通过读者座谈会、读书会、展览、辅导阅读、图书馆宣传画、讲演会、朗诵会、图书评介、图书馆晚会等各种方式,积极宣传图书,指导阅读,拓展工作,吸引读者。同时结合重大事件开展工作,如积极组织读者参加政治活动,当苏联人民共同讨论新宪法、选举最高苏维埃时,"所有图书馆,都以书籍供应各选区,在居民中进行群众工作,又都曾组织了关于实行选举和居民参加选举的程序,关于社会主义建设及许多其他问题的演讲和报告"④。通过各种形式大力宣传苏联的"五年计划",经常宣传伟大工程的进展,大力宣传英雄事迹,使之家喻户晓,"这就是全体文教工作队伍——包括图书馆员在内的光荣的责任"⑤。据统计,1956 年,苏联大众图书馆组织了 104 万次展览会,25 万余次文艺晚会和读者会议,近 57 万次的书目宣传会⑥。这一数据,从一个侧面充分反映了苏联图书馆读者工作深入、广泛、扎实开展的基本情况。这些经验的及时引进,大大地推动了我国图书馆事业的发

① 胡耀辉. 我所看到的苏联图书馆宣传图书工作[J]. 图书馆工作,1958(4):24-26.

② 顽强和主动性能够战胜困难[J]. 群力,译. 图书馆工作,1955(2):14-16.

③ 察列格拉德斯基. 根据什么指标来判断图书馆工作[J]. 王名超,译,苏梦华,校. 图书馆学通讯,1958(4):16-20.

④ 陈光汉. 向苏联学习争取图书馆事业的光荣[J]. 浙江省立图书馆通讯,1951,2(11):5-7.

⑤ 积极宣传第五个五年计划的工作[J]. 玉权,译. 图书馆工作,1955(4):12-17.

⑥ 赫连科娃. 苏联图书馆建设的伟大成就[J]. 何政安,译. 图书馆学通讯,1959(11):4-10,3.

展。全国公共图书馆开始学习苏联的先进经验后,大力开展创新性工作,大力开展图书馆的群众工作。在宣传党的方针政策、法令法规、结合中心任务配合各项政治运动与国际重大事件和纪念活动等方面,我国图书馆充分发挥了主观能动性,并发挥了积极的作用,"根据不完全统计,一九五三年度下半年在国内八十七个公共图书馆中就举行了展览会716次,参加人数1,312,215人;报告会166次,参加人数61,049人;座谈会308次,参加人数9552人"[1]。这些活动的开展,将我国图书馆服务工作推向了一个崭新的阶段。

在图书馆为科学服务的进程中,图书馆学人及时译介了许多苏联图书馆为科学服务的论著。苏联"图书馆员"社论中指出:"国立公共图书馆、科学图书馆、省立图书馆、技术图书馆和高等学校图书馆必须积极帮助科学工作者。推荐书目的工作、报道苏联和外国书籍的工作,都应得到更广泛的发展。"[2]我国进入第一个5年计划,这一工作在图书馆界广泛地开展了起来。

二、介绍为读者服务的实践

图书馆界及时引进了苏联列宁图书馆开展的"帮助读者"工作,他们编制阅读计划和推荐书目计划,以吸引读者,引导读者去重视各种现实问题,并帮助他们养成系统的阅读习惯。这种辅导阅读的工作,一直是苏联图书馆读者工作中最重要的和不可缺少的部分。我国图书馆界及时大力引进苏联图书馆辅导阅读的工作方法——"近来我国有些公共图书馆已经开始试行为读者编制阅读计划,进一步提高了为读者服务的作用"[3],在实践中取得了很好的成效。

要使图书馆事业生机勃勃地向前发展,图书馆及图书馆员之间必须要有担当意识,要有使命感、责任感,同时也要有竞争意识。列宁早在1919年就阐明了这一点:"图书馆事业(当然包括'农村阅览室'、各种阅览室等)最需要的是发动各省之间、各团体之间、各阅览室等等之间的竞赛。"[4]在克鲁普斯卡娅的积极组织下,1935年7月15日,苏联宣布了关于组织

---

① 李枫. 对目前我国图书馆群众工作的几点意见[J]. 文物参考资料,1954(8):110-113.

② 苏联共产党第十九次代表大会的决议与图书馆的任务[J]. 李申,译. 图书馆通讯,1953(5):1-7.

③ 陶振纲. 介绍列宁图书馆的"帮助读者"——关于阅读计划和推荐书目[J]. 文物参考资料,1954(8):117-121.

④ 列宁. 致教育人民委员会[J].苏大梅,译. 文物参考资料,1954(1):71-72.

图书馆事业模范地区的全苏竞赛,并组成以克鲁普斯卡娅为主席的委员会,大力开展竞赛活动。以后"在许多苏联加盟共和国里都颁布了'功勋图书馆员'的专门称号"①,许多优秀的图书馆员都获得了荣誉奖状、优异工作证章与奖状和各种类型的表彰。这一做法被我国广泛引进。通过各种评比活动,我国图书馆界开始推出大量全国性的、各地区、各省市的、各馆的、各系统的先进工作者和劳动模范,大大地促进了我国图书馆事业的发展。

　　在为读者服务的工作中,开架服务还是闭架服务,不仅是一个工作方法的问题,更是一个服务理念的问题。图书馆界的开架服务并非是一个新问题,国外许多图书馆早就不同程度地开展了这项服务。我国图书馆界也在20世纪30年代就开始开架服务的研究与实践。解放初,我国图书馆界在部分图书馆中开展了部分开架服务工作,但是,这一工作如何开展才能适应新时代的要求? 为此,我国图书馆界及时译介了苏联的经验。20年代末30年代初,开架服务在列宁格勒的大众图书馆中曾很流行。为进一步探讨这一工作的得与弊,"一九三四年至一九三七年间,列宁格勒的基洛夫文化宫图书馆以试验的方式实行书架公开,并多方考虑而始终如一地采用了这个形式"②。但是,这一工作在苏联图书馆界一直存在着争议,赞成者认为开架服务能养成读者独立选书的习惯与能力,能方便读者利用藏书,这是图书馆基本工作任务之一。反对者认为开架服务必然削弱阅读指导工作,并造成图书混乱、图书丢失率提高等情况。直到50年代初期至中期,在苏联图书馆界,对大规模地开架持反对意见仍为主流。这一情况直接影响了我国开架工作的开展。我国图书馆界以苏联为榜样,在50年代初中期讨论开架问题时,向苏联学习,反对全面开架之声为主流。但由于管理的不断完善,开架服务真正意义上的服务精神得到不断体现,因此,在50年代末,在苏联图书馆界开架服务成为绝对的主流思想——"在所有的图书馆,藏书开架,即使是部分开架,都是绝对可能和需要的,因为这样可以改进为读者服务的工作"③。这是在许多图书馆开展新时期的开架服务的经验之上的总结而提出的指导性的意见,也是与社会进步相协调的——"开架借阅并非图书馆追求形式上革新的一种臆造,而是我们读者

---

①　加甫得罗夫.四十年来的苏联图书馆事业[J].苏大梅等,译.图书馆学通讯,1957(4/5):1-5.

②　克留格尔.开放书架的借书制度[J].张琪玉,译.图书馆工作,1955(4):77-78.94.

③　萨哈罗夫.开架式的组织原则[J].范先翔,译.图书馆工作,1959(7):29-32.

文化巨大增长的必然结果"①。

1959年,《图书馆学通讯》第9期开设了"关于图书开架借阅问题的讨论"专栏,刊载了《对图书开架借阅问题的管见》和《也谈图书开架借阅问题》两篇文章,对开架问题做了进一步的探讨。这一时期,图书馆界总体上对开架问题给予了肯定,这主要是由苏联的经验加以支撑,同时也是由我国许多图书馆开展不同规模与范围的开架服务的实践做支撑的结果,"从开架后的情况来看,开架借阅的优越性是很显著的"②。苏联的读者工作的理论与实践经验的引入,加快了我国读者工作建设的步伐,其发展的教训,也使我国读者工作的开展少走了许多弯路。

第三节　分类理论的引进与指导

新中国成立后出版的首部强调思想性的分类法是略经改进、修订后的《东北法》,它的体系仍是在旧分类法的基础上修改而成,因此具有旧分类法的框架。但是,它列有特藏类目"泽东文库",列在所有类目之首。这一处理,充分体现出了当时欲强调的思想性问题的必然趋势。为能更好地编制出适合新中国的分类法,图书馆界较多地译介了苏联相关文献,以做参考。1950年《文物参考资料》第8期出有专刊,刊载了国内外较有影响的图书分类法和有关理论,其中刊载的译自苏联专家的文章和分类法,是新中国成立后最早批量引入的苏联图书馆学论著。这一结果,充分说明了图书分类在图书馆工作中所起的关键作用,"关于应当根据什么样的方法进行图书分类问题,是一个特别重要的问题"③。以苏联编制分类的指导思想为指针——"关于图书馆的分类学,我们首先提出意识形态上性质的要求,而后才是纯正技术的要求。……这种分类必须要以马克思列宁的理论为依据,并且应该完全符合社会主义建设的实际任务和需要"④,我国图书馆界明确了编制分类法的指导思想。通过介绍当时苏联主要使用的分类法,我国图书馆界对苏联图书分类法有了感性与理性的认识,进而为我国分类法的编制起到了深刻的指导意义。1951年,《东北图书馆图书分类法》的

---

①　兹洛特尼科夫.实行开架的第一步[J].武宁生,译.图书馆学通讯,1959(6):21-24.

②　柳成子,张怀安.对图书开架借阅问题的管见[J].图书馆学通讯,1959(9):17-18.

③　克连诺夫.图书分类的本质和意义[J].张全新,苏大悔,译.文物参考资料,1950(8):3-8.

④　杜定友.图书分类法底理论体系[J].浙江省立图书馆通讯,1951,2(12):1-3.

修改本,进一步把马克思、恩格斯、列宁、斯大林的著作和毛泽东著作合在一类,作为特藏类目,列于分类法的首位,并且包括了有关他们生平事业的图书。"泽东文库"和"马恩列斯毛著作"类目的出现,在我国分类法的历史上做出了重大的贡献①。1952 年 10 月,《中国人民大学图书馆图书分类法》(简称《人大法》)的问世,是我国分类史上的划时代的标志事件之一,"它为我国编制完全以马克思列宁主义思想体系为基础的新分类法,奠定了可靠的基础"②。在 1953 年 8 月出的增订第二版、1957 年出的精装第三版及以后的各版,每版都有较大的修改和补充。"在编制过程中,我们学习了托罗帕甫斯基和克列诺夫的图书分类法,还学习了国内山东省立图书馆和东北图书馆图书分类法及国内专家先进的著作,如:杜定友同志的'图书分类法底理论体系'、刘国钧同志的'图书怎样分类'及其它多人的著作。"③

一、引入苏联图书分类法草案

苏联图书馆界在 1951 年出版了国立列宁图书馆所编的新苏维埃图书分类法草案的讨论稿。这一草案,"无论是苏维埃图书分类法的基本序列或是它的进一步分数和复分,都根本不同于外国的分类法。这种差别明显地表现在社会科学的类目中"④。这一分类法的编制,不是要解决哲学的、理论的问题,而主要是解决实际用途问题,是按照马克思列宁主义科学分类的原则加以构建分类体系。在编制分类法的实践过程中,如何贯彻马列主义的分类原则,这一问题在社会科学类目中要远比自然科学的处理来得复杂。在社会科学中,文艺书的处理又比其他一些类目要来得复杂。在苏联分类法草案中,建议和以往的分类法一样,将文艺作品和关于文学史及文学批评的书籍合并在该民族文学类内即是一例。因为这样的归类,是不能适用于大众图书馆工作条件的。如何处理好这一类的图书归类,亦是我国分类法编制中的一个必须解决、攻关的问题。为此,我国图书馆界及时译介了安巴祖勉所著的《文艺书籍分类法》,因为"他不仅解决了许多关于文艺书籍分类方法的问题,也揭示了许多关于图书分类法的一般原则。新中国图书分类法,说来是极其富有意义的"⑤。刘国钧在译完该文后及时将

①② 刘国钧,史永元. 我国图书分类法发展的情况[J]. 图书馆学通讯,1959(12):15-19.

③ 张照. 中国人民大学图书馆图书分类法初稿问题商榷[J]. 文物参考资料,1954(5):41-52.

④ 杰斯林科. 论苏联图书分类法草案[J]. 范文津等,译;刘国钧,中国人民大学图书馆,校. 图书馆工作,1955(1):30-49.

⑤ 刘国钧."文艺书籍分类法"译后记[J]. 文物参考资料,1954(5):58-60.

一些心得体会发表出来,强调了一些原则的正确性,这些原则是必须在以后的分类法中坚持的,如"文学作品分类原则应该是依民族(国家),再依时代,再进而依作家分。这无疑地是马克思列宁主义的应用"①。但是,原作者并没有涉及"总集"问题,刘国钧认为大概是苏联文学中这类书较少的原因,故而未加以论述。但是,这一类书在我国是非常的多,内容也是各式各样,《杜威十进分类法》将这类图书归入"丛著",和文学理论书籍混在一处,有人又认为可按总集编纂人分入相应的时代等。这些处理方法都不适合,因此我国图书馆界提出了在中国文学类目中设立一个"总集"类的建议。

苏联图书馆界通过讨论、商榷,"在最近的方案中,关于基本序列我们采纳了下面的顺序:马克思列宁主义;关于社会的科学;关于自然界的科学;总类"②。这一部类的次序,亦为我国分类法所吸收。1956 年,由文化部和北京图书馆组织专家编制的《中小型图书馆图书分类表草案》中,即借鉴了苏联国立列宁图书馆新分类法草案,《中国科学院图书馆图书分类法》在编制过程中,亦参考了"苏联图书分类法草案"基本大类和巴祖勉夫等编的图书分类法。但是,在苏联图书馆界关于图书分类法中的大类排序问题,一直存在着争论。苏联最初统一图书分类法的方案,是将自然科学列在社会科学之前的。1953 年的方案,又将社会科学提到自然科学之前,其后在图书馆界就有了广泛的争议。这一时期,也正是我国开始编制《中小型图书馆图书分类表草案》(简称《中小型法》)、《中国科学院图书馆图书分类法》(简称《科图法》)等的阶段。1958 年,"苏联科学院主席团图书馆委员会已于今年 6 月 11 日基本上同意了提交他们审核的苏联图书馆图书分类法的基本序列"③。这一基本序列,即又将自然科学列于社会科学类之前,将整个分类法分为四大部分:关于自然界和社会普遍规律的学科,即马克思列宁主义;关于自然界的科学;关于人类影响自然界的方式的科学,即技术、农业和医药科学;关于社会的科学,将综合性图书和哲学类归于此,并将"综合性图书"列于最末,将"哲学·心理学"列于综合性图书之前。这一基本类序同样在我国产生了很大的影响。当时我国图书馆界正在编制《大型图书馆图书分类法草案》(简称《大型法》),《图书馆学通讯》及时发表了有关讨论文章,如袁涌进执笔的文章认为,关于哲学、自然科学、社会科学这三大部类中,哲学类应列于前位,这一点,在我国图书馆界已取得了完

---

①② 刘国钧."文艺书籍分类法"译后记[J]. 文物参考资料,1954(5):58-60.

③ 俄罗斯联邦文化部通过苏联新图书分类法的基本序列[J]. 刘国钧,译. 图书馆学通讯,1959(9):封三页.

全的一致,作者认为,"我们的主张就是自然科学应该在社会科学之前"①。
武宁生也发表文章,认为"在科学分类的总系列中,自然科学列于社会科
学之先是无可质疑的"②。大量的讨论商榷,最终使我国图书馆界统一了思
想,并形成了具有中国特色的五大部类的分类序列。

二、苏联分类理论影响我国的三个阶段

苏联图书分类法的理论与实践,对我国 20 世纪 50 年代编制分类法起
到了极大的促进作用。中国图书分类法在向苏联学习的过程中,大致经历
了三个发展阶段:

（1）1950—1953 年:大量译介相关论著,以供学习、指导。这一阶段,
形成了由衷的"以苏为师"特点。在这一阶段,我国过渡性的《东北图书
馆图书分类法》(简称《东北法》)《山东省立图书馆图书分类新法》(简称
《山东法》)等在当时较有影响的分类法,突出马列主义毛泽东思想,形成
了新旧分类法思想指导的分界。尤其是《人大法》的编制并出版,第一次
在我国将"马列主义毛泽东思想"列为基本大类,并冠于分类法之首,突出
地显示出了分类法的指导思想,从而在分类法的理论与实践层面,完成了
"以苏为师"的转折。

（2）1954—1958 年:吸收、消化、创新阶段。在攻坚克难的过程中,重
点是在社会科学方面,通过对苏联分类思想与体系的了解与掌握,并在这
一基础上,我国全面开始了具有中国特色的分类法的研究编制阶段。刘
国钧通过对苏联文艺书籍的分类原则思想构建的翻译,并在此基础上,根
据我国社会文化和文献出版的特征,提出了深刻的见解,这是构建中国特
色分类法的代表。这一阶段,通过对毛泽东同志关于知识划分的理论为
依据,我国建立了文献分类体系,主要代表是《中小型法》和《科图法》。
1956 年开始,文化部社会文化事业管理局和北京图书馆召开了编制中小
型图书馆图书分类法的研讨会,对编制原则、方法、体系结构和标记符号
等问题展开了研讨,并成立了分类法编辑组。1957 年完成并在全国中小
型图书馆中普遍使用,完成了统一分类法的飞跃。这部分类法首次构建了
"五大部类"之结构,并按学科内容进一步展开为 21 个基本大类。《科图

---

① 袁涌进. 论大型图书馆图书分类法的基本序列:自然科学应列于社会科学之前[J]. 图书
馆学通讯,1959（7）:4-7.

② 武宁生. 对于自然科学和社会科学在图书分类法基本序列中先后问题的商榷[J]. 图书
馆学通讯,1959（9）:10-12.

法》于 1954 年开始编制,1957 年 4 月完成自然科学部分的初稿,1958 年 3 月完成社会科学部分的初稿,1958 年 11 月出版了第一版,它侧重于自然科学的内容。这两部分类法构建了中国现代图书分类统一化的主体,辅之以《人大法》和特殊的古籍分类法等,标志着中国图书分类法进入了开创具有中国特色的新时代。

必须指出的是,这一阶段的特征亦存在于第一阶段中。1950 年 6 月 2 日,文化部文物局召集部分专家在京召开"图书分类法座谈会",讨论研究了"要怎样一个性质的分类法?""马列主义毛泽东思想的书籍是集中还是分散""用十进分类法还是用新十进法?""自然科学与应用科学分列还是合并为一类""宗教有无单成一类的必要?"等方向性问题。讨论中许多关键之处都以苏联的处理和表达来阐述。如在讨论新十进法时就认为:"苏联对十进展开式称为新十进法,即用附加号的方法,这样可破十进的限制。"[1] 要学习苏联大众图书馆图书分类法的批判精神,对资本主义的、不正确的观点的书籍进行批判等观点。可以说,我国在开始构建图书分类法之时,已经将创建具有中国特色的分类法作为终极目标。第一阶段中的《人大法》开始,已用毛泽东关于知识划分的理论为依据构建体系结构,并突破了十进之束缚,采用新十进法,将整个文献分类体系划分为四大部类,各部类又按学科内容进一步展开为 17 个基本大类。但是,总体而言,第一阶段是以"学苏"为主,创新为辅。只有进入到第二阶段时,这种具有特色的创新特征才逐步成为主流。

(3)1959 年:深入发展阶段。1959 年,为进一步解决大型图书馆文献分类问题,在文化部和教育部的领导下,《中国图书馆图书分类法》编辑委员会成立,开始《大型法》的编制工作。可以说,这时又处在中国分类法到底向何处去的关节点上。1958 年 7 月 2 日和 10 日,苏联国立列宁图书馆学术委员会举行了两次关于图书分类法问题的会议。在后一次会议上,各专家就分类法基本序列进行了辩论,主要观点有三:其一,自然科学位于社会科学类之前;其二,社会科学列于自然科学类之前;其三,由各馆根据具体情况而由各馆自行决定。最后,"学术委员会同意了下列的次序:马克思列宁主义—自然科学、技术科学—社会科学—总类"[2]。刘国钧[3]迅速将

---

① 图书分类法座谈会记录摘要[J]. 文物参考资料,1950(8):107-110.

② 苏联关于图书分类法的重要决议[J]. 苏大悔,译. 图书馆学通讯,1958(6):21.

③ 俄罗斯联邦文化部通过苏联新图书分类法的基本序列[J]. 刘国钧,译. 图书馆学通讯,1959(9):封三页.

这一基本序列译出,以供参考。《图书馆学通讯》于 1959 年第 7 期刊载了蒋一前的《图书分类表五分法中社会科学在自然科学之前的看法》和袁涌进执笔的《论大型图书馆图书分类法的基本序列自然科学应列于社会科学之前》,两文观点相左,论点都较充分。在该刊第 9 期上,又专列栏目"关于图书分类法基本序列与标记符号问题的讨论",载有武宁生的《对于自然科学和社会科学在图书分类法基本序列中先后问题的商榷》一文,文中断言自然科学应列于社会科学之先。可见,当时认为在图书分类法的基本序列中,应将自然科学列于社会科学之先的呼声还是较高的,这些学术观点的采用与否则将影响中国图书分类法的基本序列的构建。最终,编委会仍然坚定地采用了毛泽东关于知识划分理论为依据的体系结构,将社会科学列于自然科学之前。这一过程,充分说明了中国图书分类法问题已找到了一条适合国情的正确道路,并坚定而有信心地不断完善。

第四节　从目录体系到目录学

在图书馆工作实践中,分类编目工作紧密结合、不可分割。新中国成立初,在分编方面,中国图书馆界最迫切需要解决的是分类问题,由此对苏联先进经验的介绍过程中,目录问题的译介工作要略晚于分类问题。1952年,《文物参考资料》开始专门刊载有关苏联图书馆界目录、书目方面的译介文章,主要是"书目提要"问题。

一、书目工作的译介

苏联的出版事业发展迅速,参考工具书的出版亦随之大增,"在一九四九年内,俄罗斯联邦省立图书馆、边区图书馆和自治共和国图书馆所发表的文艺作品参考书籍中,书目提要手册极占优势"[①]。这一趋势,得到了我国图书馆界的重视,在 1952 年第 3 期的《文物参考资料》上,集中刊载了 4 篇译介文章:柯连捷尔著的《论省立图书馆的书目提要手册》、伊凡诺娃著的《关于编制介绍性的书目提要的工作经验》、巴实采夫著的《书目提要本质的研究》和萨哈洛夫、佛拉德琪娜合著的《论苏联国立列宁图书馆的工作》。其中,柯连捷尔提出了书目提要(手册)的基本要求:"至

---

① 柯连捷尔. 论省立图书馆的书目提要手册[J]. 文物参考资料,1952(3):73-78.

少要推荐一些书籍,资料的清楚分类,简短的评注,正确地阐明书籍的内容——这些,是对于书目提要手册的基本要求。"[①] 伊凡诺娃指出,编制介绍性的书目提要,是书目工作中的一种复杂形式,需要编制者具有各种专门知识,同时需要花费许多精力,关键要解决好书籍的选择问题,进而要直接地认识所选图书,"应当深入地研究本提要的结构问题,应当在一定次序中配置所介绍的书籍"[②]。伊凡诺娃论著的工作经验的介绍,引起了我国图书馆界对这一工作的重视,促进了工作的开展。

学习苏联的书目工作,最根本的是要学习其书目工作的宗旨、原则等方向性问题,"苏联书目的发展,反映着社会主义文化的丰富和它的真正民主的性质"[③]。它的任务紧密地与具体的社会主义建设任务相结合,贯彻着布尔什维克的党性、科学性、政治性,这些指导思想,为我国书目工作指明了发展的道路。

苏联图书馆界十分重视推荐书目编制工作,认为对于提高广大人民群众的政治和文化教育方面有着巨大的作用和意义。苏联在19世纪60年代,开始发展推荐书目[④]。20世纪40年代末50年代初,运用各种参考书目提要,编制推荐目录,向读者报道新书、印发节录和进行书报评述,并同图书宣传的各种形式结合起来,如朗读、文艺晚会、读者会议、图书展览等。图书馆员在借书处和阅览室内与读者进行个别交谈,向读者推荐他们所需要的图书。在一些实行开架服务的图书馆中,针对新的特点,"特别重要的是要进一步发展和改进'小型的'推荐书目——供读者直接使用的手册、书目单和读书计划"[⑤]。开始编制形式多样的具有推荐、专题书目性质的目录。在苏联社会主义建设过程中,许多关于革命运动史的最重要的问题开始包含在历史文献目录里,对此而编制了许多这方面的书目提要,包括马克思、列宁学说中论国家和法律的书目提要、论国民经济、五年计划、新建工程、社会主义竞赛等的书目提要,丰富和促进了书目工作的发展。1959年2月9至12日,在国立列宁图书馆,苏联图书馆界举行了"苏联书目工作的现状和任务"的讨论大会。"这次会议的主要任务是,根据苏共二十一次代表大会所提出的关于发展国民经济的七年计划,以及关于思想

---

① 柯连捷尔. 论省立图书馆的书目提要手册[J]. 文物参考资料,1952(3):73-78.
② 伊凡诺娃. 关于编制介绍性的书目提要的工作经验[J]. 苏大梅,译. 文物参考资料,1952(3):69-72.
③ 阿利舍夫. 苏联书目的性质和基本原则[J]. 周文骏,译. 图书馆通讯,1953(1):1-2.
④ 目录学[J]. 张先模,译. 文物参考资料,1954(11):111-117.
⑤ 格努切娃,等. 论推荐书目的几个任务[J]. 范先翔,译. 图书馆学通讯,1959(9):30-33.

工作和发展科学文化的宏伟任务,来讨论苏联书目工作的现状及任务。"①
我国图书馆界部分留苏学生参加了会议,如彭斐章——"我有机会参加这
次讨论会,感到很幸运"②,并及时对会议的基本情况做了报道。随后,彭
斐章专门撰文《苏联省图书馆书目工作的组织》,阐明了"省馆书目部的重
要任务之一,是编制和出版推荐书目和科学辅助书目"③。同时阐明了省馆
书目部的分工原则。我国图书馆界,在书目工作前进的道路上,不断借鉴
苏联的书目工作理论与实践的经验,并结合我国的实际情况,使书目工作
不断向前发展。

二、编目工作的译介

在 1952 年的译介工作中,编制目录的问题受到大家的重视。"目录具
有为读者服务的重要任务。现在,为读者编制目录的问题,是一切图书馆
界人士所注意的中心问题。"④在新的历史条件下,迫切需要产生一种新的
编目理论与实践,"这种编目形式能使读者通过阅读来贯彻我们政治上的
正确领导和党的领导"⑤。这是苏联图书馆界都在摸索创造改善目录新方
法中的首要问题,同时要力求选择图书和分类问题的正确性。通过对苏联
国立列宁图书馆的工作情况的译介,既使我国图书馆界了解苏联图书馆在
目录工作中的发展现状与趋势,又使我国图书馆界找到了差距,明确了方
向。例如,通常在一些社会主义国家政权成立初期,会"令人感觉不出对
新任务的明确的理解,甚至还崇拜美国图书馆事业的组织方法,不充分地
学习苏联的经验。有的还醉心于图书工作的纯技术观点"⑥。因此,在图书
馆界还较为普遍地存在着"超政治"的思想,这些论述都极有针对性。同
时,还介绍了拟开展的印制国家文化教育出版局注解卡片、开展统编目录、
开展联合目录等的工作介绍。可以说,开始提出了目录工作中的许多具有
指导意义的问题。在这一历史背景下,杜定友根据他在图书馆工作的实践
经验和理论研究的体会,及时提出了"明见式目录"问题,用以指导图书馆
界的编目工作。

明见式目录是杜定友在 1936 年提出的,主要是针对编目和查检目录

---

①② 彭斐章.关于苏联最近召开的书目工作会议的报告[J].图书馆学通讯,1959(5):36-37.

③　彭斐章.苏联省图书馆书目工作的组织[J].图书馆学通讯,1960(2):19-22,18.

④⑤ 萨哈洛夫,佛拉德琪娜.论苏联国立列宁图书馆的工作[J].文物参考资料,1952(3):
　　79-88.

⑥　拉齐柯娃.人民民主国家图书馆工作的新任务[J].李哲民,译.文物参考资料,1952(3):
　　16-19.

困难之问题而提出的解决办法。当时他仅提出了问题,但没有开展实验和推广,在新的历史条件下,杜定友认为再次提出并实践的时机已成熟,并认为:"明见式目录是现代最进步的编目形式。'明见'就是'明白看见',也就是'直观'的意思。"① 他认为这是一种将书本式目录和卡片式目录相结合的一种新型的目录,是组合了两者的优点而克服了两者缺点的一种目录。但是,这一目录形式在有些馆的应用过程中,产生了较多的不足,因而无法进一步实践与推广。

此一时期,主要的还是对苏联先进经验的译介,并以此作为指导。1955 年《图书馆工作》第 1 期发表编辑部社论,社论中认为:"我们还必须学习苏联先进经验。我们的许多工作,是从苏联图书馆的先进经验和理论获得了启发和帮助。这不仅是方法上的,而且更重要的是方针上的,原则上的。"② 这是经过前几年的工作实践后,在当时条件下得出的一个方向性的结论,新中国的图书馆事业的道路,必须坚持马列主义毛泽东思想,坚持社会主义道路的方向,坚持向苏联学习,在此基础上建设具有中国特色的图书馆事业的实践与理论。这一时期,最根本的问题仍然是要解决目录工作中的思想性问题,以及目录工作的方针、任务等问题。"苏联图书馆工作的成功大部分系决定于目录的状况,它的思想方针及组织。"③ 这表明了图书馆目录最主要的任务之一,是要宣传马列主义,提高人民群众的政治和文化水平,进而在目录中充分揭示马列主义经典著作、科学文化知识。中华书局于 1957 年出版了《图书馆目录》一书,其上册"介绍了六篇苏联有关图书馆目录的文章。内容涉及图书馆目录的作用、性质、体系等方面,特别着重介绍了字顺目录的编制方法和存在的问题"④。

苏联的目录体系,十分重视分类目录的编制与组织工作。50 年代初,苏联图书馆界对分类目录问题进行了大讨论:"我们认为最重要的一件事,乃是首先研究与分类目录组成工作的各项基本原则有关系的几个问题,就是那些至今远未被弄清楚的问题。"⑤ 苏俄文教委员会图书馆管理局在颁

---

① 杜定友. 明见式目录[J]. 图书馆通讯,1953(2):1-5.

② 进一步开展群众性的图书流通工作,积极地为国家过渡时期总任务服务[J]. 图书馆工作,1955(1):3-8.

③ 基霍米洛娃,费尔索夫. 俄文图书编目图例[M]. 李申,译;刘国钧,校. 北京:中华书局,1955:前言页.

④ 克列诺夫. 苏联图书馆目录体系[M]刘国钧,译//北京图书馆. 图书馆目录:上册. 北京:中华书局,1957:23-52.

⑤ 安巴祖勉. 争取图书馆目录的高品质[J]. 苏大梅,译. 文物参考资料,1953(2):88-94.

布的《公共图书馆技术最低标准》中规定：每一个图书馆都应以分类目录作为主要目录。苏联目录学专家根据当时苏联图书馆界的实际情况，认为"绝不能忘记：在极大多数大众图书馆中，主要的并且往往是惟一的一种目录，就是分类目录"①，图书馆在编目工作中，"首先是从编制系统的（即分类的——译者注）和字顺的（按字母顺序——译者注）目录以及报刊论文卡片目录开始的"②。苏联图书馆界坚持分类目录的主导性作用，即"苏联图书馆的主导目录乃是一切类型的图书馆都应编制的读者分类目录"③。同时，对字顺目录的编制法亦同样加以译介。在目录组织中，如何能最大限度地发挥出目录的作用，"帮助这个目的的实现，最重要的应当是图书分类方法，标题的一贯性，书籍的公式化，和目录的编排"④。从而保证目录组织的计划性、一贯性、规范性，由此，著录原则与条例的问题被及时地提了出来。根据借鉴、消化、吸收等问题，伍宗华提出了《图书编目工作中的几个基本问题》，认为著录原则必须是："一切图书馆的著录，都必须服从于编目的目的和任务——宣传马克斯（思）列宁主义，指导读者阅读。著录的方法，必须是符合辩证唯物主义和历史唯物主义观点的。"⑤

为产生新时代的文献著录条例作准备，刘国钧译介了苏联学者华西里夫斯卡娅责任编辑的《出版物著录统一条例》。原书于1957年译成，1959年出版。为坚持质量第一，译者译完后，"在最后付印之前曾用沈祖荣教授译稿校订一次，并征得沈教授同意，在某些地方采用他的译文，使本书质量有所提高"⑥。该条例由苏俄文化部文化教育管理局图书馆管理处颁布，是苏联各种出版物著录中必须遵循的规则。书中有大量的著录条例，对各种出版物著录都一一做了详细的规定与说明。这些译介，对提升中国目录质量起到了很好的促进作用。

①④　富立德. 论大众图书馆分类目录组织方法的问题[J]. 苏大梅，译. 文物参考资料，1953（2）：104-110.

②　格特曼诺娃. 一个区图书馆的参考书目提要工作[J]. 谢健亚，译. 文物参考资料，1954（8）：103-105.

③　达布罗沃里斯卡娅. 字顺目录编制法[M]刘国钧，译//北京图书馆. 图书馆目录：上册. 北京：中华书局，1957：53-84.

⑤　伍宗华. 图书编目工作中的几个基本问题[J]. 文物参考资料，1954（5）：61-68.

⑥　华西里夫斯卡娅，哥尔法钦斯卡姆，聂姆钦科，等. 出版物著录统一条例[M]. 刘国钧，译. 北京：商务印书馆，1958：译者的话.

三、目录体系的译介

这一时期,目录体系的组织与建设,已提到了议事日程,为借鉴苏联图书馆界目录体系建设的经验,我国图书馆界翻译了一批有关目录体系方面的文章,首先是明确目录体系的要求是什么? 何纪华及时翻译了苏联目录学家克列诺夫的《论大众图书馆目录的体系》一文,提出了 4 项要求:要揭示图书馆关于政治和科学方面藏书的内容,读者目录在体系中要起主导作用;全国图书馆网建设中的目录体系和读者服务的任务要一致;要多途径地反映馆藏,分类目录要起到馆藏主题揭示的主要作用;维护好目录,并与图书馆的书目参考工具相适应。为更直观地了解苏联图书馆目录建设,刘国钧译介了《莫斯科大学图书馆的目录体系》一文,介绍了该学校目录体系,由字顺目录、分类目录和主题目录组成,系图书室的藏书情况反映在字顺目录中,通过字顺目录将建立整个莫斯科大学图书馆全部藏书的联合字顺目录。通过针对分科的、有区别的读者服务工作的建设,产生了分科服务的可能性,同时提出了分类目录和主题目录的编制集中在一个单位的问题,进而可以保证目录体系的完整性、连续性和稳定性,明确了莫斯科大学近期目录建设的方向——"如果说,我们从前基本上是从事于编制单独和各种目录,那么,在今天弄清楚组织整个目录体系的一系列困难问题的时候已经到来,并且接近于解决了"[①]。杜定友在《目录的体系》一文中,自觉地以苏联目录学专家祁西列娃等的理论为依据,对图书馆目录体系问题加以研究,认为"'目录的体系'就是图书馆各种类型目录的序列并表明其内容和彼此的相互关系"[②]。杜定友提出了目录体系建设过程中的组织形式、著录形式、卡片形式、序列形式和装备形式等五大部分,从而在理论上、规范上阐明了这一问题,在借鉴苏联经验的基础上,创建具有中国特色的目录体系问题上迈出了坚实的步伐。

四、目录学理论的引进

在 20 世纪 40 年代末 50 年代初,苏联图书馆学界鉴于目录学的专业性和重要性,在教学过程中将其作为一门独立课程教学:"图书馆目录问

---

① 维廉斯卡娅. 莫斯科大学图书馆的目录体系[J]. 刘国钧,译. 中国科学院图书馆通讯,1956(9):13–17.

② 杜定友. 目录的体系[J]. 图书馆通讯,1953(9):33–43.

题,由于他们的特殊性,已分出作为一门独立的课程。"①《苏联大百科全书》(1950版)将目录学提到了战略高度,"布尔什维克党和苏联国家把目录学视为最重要的国家事业"②。目录学的任务,亦是我国图书馆界急需搞清楚的关键问题之一。"目录学是编制和研究出版物的索引、目录、评述的方式方法的一知识部门。目录学的任务是查明、记载、揭露和鉴定出版物。"③苏联目录学的基本特点是科学性、思想性,为苏联社会主义建设而服务。目录学的发展,取决于国民经济、科学、文化以及对广大人民群众开展社会主义教育和建设的需求,这是目录学发展的基础。这些问题,对于我国目录学的建设具有指导意义。

在20世纪50年代中后期,苏联图书馆学界对目录学的讨论,关键是对研究对象与任务的分歧。一种意见认为,目录学的研究对象是研究书目资料,大多数人认为"目录学理论的对象应当是书目实践工作"④。许多目录学的理论问题还未定论,这也说明了目录学理论研究的紧迫性和复杂性。

第五节　引入图书馆学教学体系

新中国成立初期的教育领域,大致是全面照抄照搬苏联模式,从教育理论到制度,直至教学计划、课程设置、教材设计等,都搬用苏联的经验。苏联教育家凯洛夫的《教育学》理论,在一段时期内成为中国教育的最高理论权威。1952—1953年,中央政府全面调整了整个高等院校的院系设置,其目标模式即是学习苏联高等教育的模式。在这一院系调整中,文华图专于1953年并入武汉大学,成为"武汉大学图书馆学专修科"。在全面学习苏联的氛围中,高校教材是必须要优先考虑解决的,"为学习苏联先进科学技术经验,改革教学内容,提高教学质量,有计划、有步骤地翻译苏

---

① 莫斯科国立莫洛托夫图书馆学院,列宁格勒国立克鲁柏斯卡娅图书馆学院."图书馆学"
　　教学大纲[M].油印本.北京大学图书馆学专修科,译.[出版地不详]:[出版者不详],1951:
　　序言页.

②③　目录学[J].张先模,译.文物参考资料,1954(11):111–117.

④　范先翔.苏联图书馆学界开展关于目录学理论问题的讨论[J].图书馆学通讯,1959(3):
　　48–49.

联高等学校教材,已是刻不容缓的艰巨工作"①。由此,开始了翻译苏联高校教材的热潮。由于解放初期图书馆界还不具备人力集中翻译教材的条件,因此,基本上仍因袭旧的教材,较早翻译的是与此密切相关的图书馆学教学计划和图书馆训练班大纲。这是事关新中国图书馆学如何制订课程计划的大事。

一、引入苏联图书馆学课程教学计划

1951 年 7 月 5 日,经苏俄部长会议同意,文教机关事务委员会学校教育处批准了苏联的"图书馆学课程教学计划,并由苏联国营文教图书出版局于是年出版。这一教学计划,立刻由北京大学图书馆学专修科、教研室翻译后出油印本,作为北京大学图书馆学专修科制订图书馆学教学计划的依据之一。这一教学计划,明确了苏联图书馆学教学的任务:"是研究图书馆一切现象中的苏联图书馆制度,研究积极促进广大人民群众文化政治高涨的苏联图书馆的多方面活动。"② 计划中将目录学课程另外列出,图书馆学课程内容包括普通图书馆、图书馆藏书、读书指导、苏联图书馆组成等 4个方面。"图书馆学"课程教学计划的译介,为我国制订新时期的图书馆学教学计划提供了指导和借鉴。

1951 年,东北地区率先开始在全地区开展图书馆干部培训班。由于没有新的培训教材,仍然使用旧的教材。基础课程教材以"中国图书馆事业的历史"替代,还有"图书分类法""图书编目法"的讲义。随着全国各地区纷纷开办图书馆干部训练班,其教学大纲、教材就成迫切需要。在此背景下,刘国钧于 1953 年及时地翻译了苏联的《区图书馆工作人员一个月进修班图书馆事业课程教学计划与教学大纲》,以及《农村图书馆工作人员两个月训练班图书馆事业课程教学计划与教学大纲》。办理区图书馆工作人员进修班的目的与宗旨是:"以提高图书馆员的政治思想和教育水平并扩大他们的专门知识以便有效地对读者进行共产主义教育为目

---

① 教育部关于各高等学校组织翻译苏联教材制订计划时应注意的事项的指示(1952. 11. 27)[M]//何东昌中华人民共和国重要教育文献:1949—1975. 海口:海南出版社,1998: 183-184.

② 莫斯科国立莫洛托夫图书馆学院,列宁格勒国立克鲁柏斯卡娅图书馆学院. "图书馆学"教学大纲[M]. 油印本. 北京大学图书馆学专修科,译. [出版地不详]:[出版者不详],1951: 序言页.

的。"① 农村工作人员培训班的教学计划与大纲,其"目的在从有中等学校程度的人员中,培养农村图书馆工作人员"②。"'教学计划'、'教学大纲'是从俄语中直接翻译过来的。"③ 大纲中详细地规定了培训班的时间、对象、课程、要求等内容。这两个教学计划与大纲,对新中国图书馆学教学事业的起步亦起到了很大的作用,无论是对计划与大纲的目的、宗旨,还是教学计划的制订、安排、课程的设置等内容,都起到了指导性的作用。1954年,高教部颁发试行了第一份专业分类目录《高等学校专业目录分类设置》,其中有"207 图书馆学",设在语言科学类下,成为当时中国对高等学校专业进行分类、设置与布点的基本依据。

二、图书馆界人员交流

随着中苏交流的深入发展,两国间在各个领域开始了频繁的交流活动。新中国成立后,在留学生的派遣方面,我国规模向苏联派出留学生是在 1952 年就已开始,"留学苏联预备学校于今年暑假派遣 187 人出国;暑期再招生 1144 人,准备 1953 年暑期派选出国"④。图书馆界则于 1955 年批量派出留苏生,前往苏联莫斯科图书馆学院学习。是年 8 月,佟曾功、鲍振西、赵琦、彭斐章、郑莉莉、赵世良等 6 人共赴苏联留学。是年 7 月,苏联政府派遣图书馆学专家雷达娅来中国工作。雷达娅来中国两年,她是直接投入新中国图书馆事业建设的最重要的外国图书馆学专家。她在苏联莫斯科图书馆学院担任书史等课程的教学任务。来华后,自 8 至 12 月,主要在北京活动,开始大力介绍苏联图书馆事业,分别于 8 月 18 日做了"关于苏联图书馆网及其藏书情况的介绍",11 月 23、29 日,12 月 13 日,在北京图书馆座谈会上连续做了"苏联的儿童图书馆工作"的报告,还做了"在社会文化事业管理局关于北京市建立市区图书馆问题的谈话"(1955 年12 月 12 日)以及"关于苏联工会群众文化工作的几个问题"的报告。这

---

① 苏俄部长会议文化教育,苏联国立列宁图书馆科学方法研究室. 区图书馆工作人员一个月进修班图书馆事业课程教学计划与教学大纲(1952年公布)[J]. 刘国钧,译. 文物参考资料,1953(10):16-27.

② 苏俄部长会议文化教育,苏联国立列宁图书馆科学方法研究室. 农村图书馆工作人员两个月训练班图书馆事业课程教学计划与教学大纲(1952年公布)[J]. 刘国钧,译. 文物参考资料,1953(10):27-33.

③ 朱晓刚. 我国大学课程观的反思与建构[D]. 武汉:华中科技大学,2007:66 .

④ 教育部1952年工作计划要点(1952,9,5日)[M]//何东昌中华人民共和国重要教育文献:1949—1975. 海口:海南出版社,1998:166-168.

些报告,分别介绍了苏联图书馆事业的建设和发展情况,对我国图书馆事业的发展具有十分重要的借鉴、指导作用。此外,是年她的主要任务是帮助北京大学图书馆学系进行学科建设。

是年8月,雷达娅首次到北京大学,刘国钧等人在北京大学临湖轩迎接雷达娅。当时北京大学图书馆学科正处于进行积极的教学改革阶段,大量的事情处于摸着石头过河时期。雷达娅言简意赅地介绍了莫斯科图书馆学院的情况后,就谈了她来华的任务以及如何在北京大学讲课的计划。"在她的指导和帮助下,我们拟定了三年制的教学计划,各门主要课程的教学大纲,明确了课堂实习、教学实习、生产实习、课堂讨论等教学形式的任务、内容和运用方法。她对于我们从未开设过的'图书馆学引论'、'读者工作'、'专科目录学'等课程给了许多切实的指示。"[①]在这一段时间,她几乎每个星期都要到北京大学图书馆学系进行报告、讨论,对图书馆学科进行全方位的指导,包括图书馆学教育的任务、教学计划、教学大纲、业务中的具体问题、教学方法各环节的衔接、运用等,都做了详细具体的讲解,必要时还进行和老师的个别交流。她和刘国钧交流书史课程时,特别指出:"书史的任务首先在于说明图书的社会作用,在于说明图书在社会历史各个时期中的作用……"[②]

雷达娅的论述,对刘国钧而言,"这真是一针见血的议论,给我莫大的启发"[③]。在雷达娅的帮助指导下,北京大学图书馆学系拟定出了新的教学大纲,调整了课程设置,如将分类编目两课程合并,随后,又感觉到图书馆的目录和图书馆藏书的采购与组织有密切的联系:目录是揭示藏书的工具,而藏书是目录的对象。因此,又把目录和藏书合并为一个学程,名为"藏书与目录",并编写了《图书馆藏书与目录讲稿》。在图书馆学概论、普通图书馆学讲稿的基础上,首次开设了《图书馆学引论讲稿》课程,等等。武汉大学图书馆学系的教改也做了调整,"在教育方针指引下,引进和借鉴苏联图书馆学教育经验,大力改革了课程体系和教学内容"[④]。增改了"列宁论图书馆"的教学内容,用"图书馆藏书与目录"课程统摄原先的"采、分、编、典、流"的基本内容,设立普通目录学、马列主义专科目录学、中国文学目录学等一系列专科目录学课程。

在1956年至1957年7月,雷达娅奔波于中国各省市,进行理论的和

①②③　刘国钧.回忆雷达娅专家[J].图书馆工作,1958(1):29-32.

④　詹德优.八十年回顾——从武昌文华大学图书科到武汉大学信息管理学院[M]//马费成.世代相传的智慧与服务精神:文华图专八十周年纪念文集.北京:北京图书馆出版社,2001:190-201.

具体业务的指导工作,仅在图书馆专题方面,至少做了30多个专题、40多场的报告,其内容主要是关于公共图书馆、高校图书馆、工会图书馆、少儿图书馆、馆员建设、采访分编参考工作、图书馆科学方法研究、苏联对科技书的宣传、在北京大学和武汉大学图书馆学系所介绍的教学方面的内容,另外还有有关博物馆、出版、文化馆、群众艺术馆等方面内容的报告。

关注图书馆学专业人员的培养问题。1956年6月,雷达娅在全国图书馆工作会议上做了有关"苏联图书馆如何为科学研究服务"的长篇报告,其中谈到了"图书馆干部培养问题",认为"图书馆为科学服务工作的好与坏决定于图书馆干部一般文化水平同专业水平的高低以及工作经验是否丰富"[①]。谈到了苏联国立图书馆学院和图书馆技术学校每年都培养出3000多名具有高等或中等专业水平的年轻专家,在苏联各专业学校里都成立了函授班,用以培养在职干部,广泛利用训练班和学徒制来培养现职干部等。此时,在苏联的我国留学生也较多地将所见所闻及亲身体会,及时地介绍到国内。如鲍振西在1957年第11期的《图书馆工作》上撰文《学习·生活·友谊》,其中就介绍了莫斯科国立图书馆学院的课程设置,这些课程分为3大类:①政治理论课,包括苏联共产党历史、政治经济学、辩证唯物主义与历史唯物主义。②图书馆学和目录学专业课,包括图书馆学概论、图书馆目录、图书馆藏书组织、阅读指导、图书馆事业史、普通目录学、专科目录学等。③文化基础课程,包括俄国文学、世界文学、苏联历史、世界历史、教育学、心理学、工业生产基础、农业生产基础、外国语等[②]。同时,及时译介苏联的相关文献以供参考。在1959年,苏联"有莫斯科、列宁格勒、哈尔科夫等三所国立图书馆学院和七个附设于个别加盟共和国的大学和师范学院内的图书馆系科。各个国立图书馆学院给国家培养了13,000名具有高等教育水平的专家。现时在这些学院各系、科学习的学生总人数为11,000人"[③]。同时还有大量的中等技术学校,1957年中等学校图书馆学专业的学生达15,000人,其中8500人是函授学习。已有130多名图书馆专家获教育学副博士称号,"1957年,在莫斯科和列宁格勒图书馆学院有45名研究生在学习,其中19名是函授生"[④]。通过这些介绍,我国图书馆学教育界了

---

① 中央文化部社会文化事业管理局. 苏联图书馆学专家雷达娅同志关于图书馆工作报告集[M]. 北京:北京图书馆出版社,1958:1-14.

② 鲍振西. 学习.生活.友谊[J]. 图书馆工作,1957(11):34-36.

③④　赫连科娃. 苏联图书馆建设的伟大成就[J]. 何政安,译. 图书馆学通讯,1959(11):4-10,3.

解了苏联图书馆学专业培养人才的现状,更使中国图书馆学教育比较出了差距,由此,为制订人才培养计划方面作为依据而得以借鉴。

三、创建中国化的课程内容

在学习苏联图书馆学课程体系的基础上,开始创建具有中国特色的课程内容。社会主义图书馆学最早产生于苏联,初创于 20 世纪 20 年代,形成于 30 年代,成熟于 40—50 年代,繁荣于 60—70 年代[①]。这门高等学校课程在设置和教学方面的经验,反映在 1960 年出版的由丘巴梁著的《普通图书馆学》一书中,它是在苏联社会主义事业建设的实践中形成的,在"人类与书籍"和"图书馆与社会"这两个综合性概念中,图书馆"正是在这个基础上,形成了苏联图书馆学理论的研究对象,它包括图书流通和图书馆过程的各种复杂课题,而主要是从它们的社会意义上进行研究"[②]。

1959 年,中国图书馆学界也诞生了《社会主义图书馆学概论》,书中突出了马列主义毛泽东思想,突出了图书馆学具有的阶级性——"我们认为社会主义的图书馆学,是以马克思、列宁主义作指南,用马克思、列宁主义与中国革命实践相结合的理论作基础,研究我国社会主义的图书馆事业的发展规律的科学"[③]。它标志着中国图书馆学已开始在系统地建立自己的理论体系。

20 世纪 50 年代末 60 年代初,图书馆学教学工作快速发展。1961年《高等学校工作条例》颁布,提出了统一编写教材、充实教学内容。1961 年,由北京大学、武汉大学和文化学院三单位的老师集体编写了《图书馆学引论》《图书馆藏书与目录》《读者工作》《目录学》等统编教材,全方位地构建了中国图书馆学理论大厦。在编写过程中,参考吸收了苏联关于图书馆学教材的最新成果,"目前,我们几个图书馆学系正集中力量分别编写教材,为了便于学习苏联的先进经验起见,特将这三本教科书的主要内容及其结构扼要地介绍如下"[④],这三种苏联教材分别是《图书馆学概论》《图书馆藏书与目录》《读者工作》,由俄罗斯苏维

---

① 徐引篪,霍国庆. 现代图书馆学理论[M]. 北京:北京图书馆出版社,1999:79.

② 丘巴梁. 普通图书馆学[M]. 徐克敏,郑莉莉,周文骏,译. 北京:书目文献出版社,1983:8.

③ 文化学院图书馆研究班. 社会主义图书馆学概论(初稿)[J]. 图书馆学通讯,1959(1):1-23.

④ 鲍振西. 苏联最近出版了三种图书馆学教科书[J]. 图书馆,1961(2):封三页,封四页.

埃联邦社会主义共和国文化部学校及干部局推荐,专供图书馆学院的学生使用。

这一时期,构建图书馆学教学体系、开展图书馆学教学改革的过程大致经历了三个阶段:第一,1949—1953年,亟待建立图书馆学课程体系阶段。这一阶段的特征是百废待兴,还来不及建立社会主义历史时期的图书馆学教学体系。教学内容亦以因袭旧教学内容为主。这一阶段,通过全国院系调整,我国高教架构已确定,最紧迫的任务是通过引进苏联教学体系、结构和内容。刘国钧所译介的有关苏联图书馆学教学计划和教学大纲,正是这一阶段中迫切需要的体现。第二,1954—1958年,以苏为师,构建体系阶段。1954年,高教部在高校专业目录分类设置中明确了"图书馆学"学科,1955年,开始了中国图书馆学的教学计划、教学大纲的制订,这一过程,是在苏联专家及苏联文献的指导下完成的,可以说大致套用了苏联的体系与计划。但教学内容等方面,则逐步体现出具有中国特色的特征,尤其是1958年进入"大跃进"时期,开始了"群众性"的大搞科研的状况,通过大量调研而开始编写出具有中国特色的教材与理论研究。这一阶段的教学人员,从以一、二代专家学者为主逐步过渡到三代学者同堂的局面,第三代学者都是新中国成立后国内培养出来的接班人,同时第一、二代专家学者逐渐开始退出教学舞台,如在武汉大学图书馆学系任教的、1930年文华图专第八届毕业生陈颂,即于1958年退休①。第三,1959—1966年,初步构建我国的图书馆学体系,具有标志意义的是:"'社会主义图书馆学概论'(初稿)一书的编写,是我国图书馆界的一件新事情,它标志着,在这门科学方面,我们已开始在系统地建立自己的理论体系。"②1961年三校合编的"统编教材"的诞生,标志着初步构建出了中国化的图书馆学体系。

第六节　馆际互借与国际交换

新中国的图书馆事业,在与苏联实行文献的馆际互借与国际交换过程中,取得了许多宝贵的实践经验。

---

①　黄宗忠.武汉大学图书馆学系的风雨历程[M]//马费成.世代相传的智慧与服务精神:文华图专八十周年纪念文集.北京:北京图书馆出版社,2001:90-107.

②　《图书馆学通讯》编辑部.编后语[J].图书馆学通讯,1959(1):23.

馆际互借,是满足不同的馆、不同的地区和不同国家间读者对文献需求的一种重要的途径。随着我国社会主义建设高潮的到来,许多读者对文献的需求越来越迫切。打破各馆、各地区借书壁垒,沟通借书渠道,成为图书馆界亟须解决的问题。这一问题大致在 1954 年时初步开始解决。

如何开展"馆际互借"? 图书馆界开始了解、学习苏联的相关经验。苏联在十月革命前,对馆际互借是不重视的,1916 年,原来的鲁勉采夫博物馆中的图书馆,通过馆际借书方式总共才借出了图书 51 册[①]。1917 年,革命导师列宁对馆际互借的指示,极大地促进了苏联图书馆界的这一工作。列宁认为:"(一)公共图书馆(前皇家图书馆)应当迅速地同彼得格勒和省内的一切社团图书馆、公立图书馆以及国外图书馆(芬兰、瑞典等国的)进行图书交换。(二)从一图书馆寄递书籍到另一图书馆,应当依法宣布免费。……"[②] 这一项工作很快就成为苏联图书馆业务上的重要组成部分,促进了图书的流通,扩大了读者范围。1933 年 10 月 8 日,联共(布)党中央委员会发布了《关于改善自修问题》的决定,决定中认为:"各图书馆都应当组织馆际互借。联共(布)党中央委员会很久以前就已指出:'要建立图书馆的互助规则,各图书馆不仅限于用自己现有的书籍供应读者,同时,如果需用的书籍是自己馆内所没有的,可以从其他图书馆暂时借用'。"[③] 馆际互借已在苏联成为一种图书馆服务读者的普通方式,至 1949年,国立列宁图书馆的馆际互借的图书已达 11.4 万册,其中各城市的借书为 5.3 万册[④],农村读者的比例也越来越大。

一、开展国际馆际交换

1953 年 10 月起,北京图书馆在学习苏联先进经验的基础上,为了满足全国各地读者的需求,促进图书交流,开始了重点地办理全国各省市公共图书馆间的邮递互借工作,该馆在吸收苏联相关互借办法的基础上,制订出了《北京图书馆建立馆际互借办法》,"今后,通过馆际互借,将使远在深山里勘查祖国富源的地质工作人员和居住在边疆的读者,都可以读到北

① 鲍振西. 列宁图书馆馆际借书工作——国立列宁图书馆外借部访问记[J]. 图书馆学通讯,1959(6):38-40.

② 列宁. 论彼得格勒公共图书馆的任务[J]. 苏大梅,译. 文物参考资料,1954(1):73.

③ 烈文荪. 馆际互借的组织和技术[J]. 李希泌、李哲民,译. 文物参考资料,1954(3):75-90.

④ 萨哈洛夫,佛拉德琪娜. 论苏联国立列宁图书馆的工作[J]. 文物参考资料,1952(3):79-88.

京图书馆的藏书"①。为了广范围地引起对馆际互借的重视,《文物参考资料》于1954年第3期上刊发了译自苏联的文章,如《馆际互借的组织和技术》《苏联科学院的馆际互借》等,并刊载了《学习苏联先进经验,北京图书馆建立馆际互借办法》一文。此时苏联国内的馆际互借工作也得到空前的发展,"在目前几乎没有一个地区的图书馆没有和列宁图书馆建立了馆际借书关系。去年(1957)共有2904个各种类型的图书馆与该馆建立了馆际借书关系",共借出图书76,006册②。这些介绍,促进了我国图书馆界的馆际互借工作的开展。

国立列宁图书馆于1955年开始国际借书工作,是年有11个国际借书单位,"而到1958年9月份止已经有了二十四个国家135个借书单位。1957年借出了图书2372册,显微胶片681部"③。这些工作的介绍,揭示了我国图书馆界服务工作的差距,激励着我国图书馆界奋发向前。

中苏两国官方的图书交换始于1845年(道光二十五年),因俄国沙皇的索要,"经道光皇帝批准,清政府将藏于北京雍和宫的经卷800余册赠与了俄国,为答谢清政府,俄国政府回赠了357种700余册俄国图书"④。"列宁图书馆的国际书刊交换工作是从1862年开始的。"⑤解放初,我国图书馆界迅速与苏联开展了这一业务工作。"山东省图书馆从一九五〇年春就与苏联列宁图书馆、苏联科学院图书馆建立了交换关系。"⑥浙江省立图书馆于1950年4月5日寄函给苏联科学院社会科学图书馆,发出交换图书请求函。是年7月,接到回函,该馆十分高兴开展交换书刊工作。回函写明已与我国多家图书馆实行了交换工作:"苏联科学院图书馆与以下各中华人民共和国的图书馆有书籍交换的关系,如:沈阳东北行政研究院、长春东北大学、天津南开大学等处图书馆。"⑦并附有交换书刊的目录1份。浙江省图书馆收到回函后,即刻由推广部按照目录开始了交换活动。是年12月,即收到苏联社会科学图书馆寄出的159册图书。

①　学习苏联先进经验:北京图书馆建立馆际互借办法[J].文物参考资料,1954(3):95.

②③　鲍振西.列宁图书馆馆际借书工作——国立列宁图书馆外借部访问记[J].图书馆学通讯,1959(6):38-40.

④　段洁滨.俄罗斯书刊国际交换的早期形成与发展[J].四川图书馆学报,2015(1):92-96..

⑤　李哲民.苏联列宁图书馆与世界各国交换书刊日趋频繁[J].图书馆学通讯,1959(9):47.

⑥　林凤五.我们是怎样学习苏联的[J].图书馆工作,1957(11):8-12.

⑦　本馆与苏联科学院社会科学图书馆交换图书,均已寄出[J].浙江省立图书馆通讯,1950(4):10.

北京图书馆在新中国成立之初就和苏联及各人民民主国家的图书馆建立了书刊交换关系——"1949 年我馆与这几家单位建立交换关系后,当年就收到他们寄来的俄文图书 1209 册"①。苏联科学图书馆,"在一九五一年中,我馆赠送五十九个国家的一千二百个学术机关的书籍杂志共 126,210 册,收到国外的书籍杂志共 50,496 册"②。苏联列宁图书馆在 1953 年就与 36 个国家的 470 个图书馆及科学机关进行了交换,至 1954 年达 40 个国家 602 个机关。1954 年一年中,列宁图书馆向各国寄出及由各国收到的各种出版品就有 39.9 万册③。

通过国际交换工作,我国图书馆界向苏联学到了许多宝贵的经验,也获得了很大的成果。北京图书馆在 4 年中,"从交换开始到现在,我们已收到苏联书刊四万七千余册,照片二百余张"④。这些书刊在我国的经济和文化建设中起到了很重要的作用。例如,《钢筋混凝土桥梁》一书,为我国完成了标准的拱桥设计发挥了决定性作用。北京图书馆同苏联国立列宁图书馆、莫斯科学院图书馆、苏联科学院社会科学基本图书馆等开展了交换活动,交换的书刊范围不断扩大。1957 年,北京图书馆通过国际交换而获得的书刊达 7 万多册,科学院图书馆 33,254 册,北京大学图书馆 3156 册,中国人民大学图书馆也有 1000 多册⑤。

二、我国馆际交换的 3 个阶段

就馆际互借和国际交换工作而言,我国大致在 50 年代亦经历了 3 个阶段:其一,初创阶段 1950—1953 年。在国际交换方面,主要是一些高校图书馆、研究所图书馆和北京图书馆、少数省图书馆开展这一项工作,有些是主动联系得以建立交换关系。北京图书馆在刚开始进行国际交换工作时,尚无专人负责,工作场所则在一间简陋的地下室。1951 年正式成立书刊国际交换组,逐步健全了该项工作制度。1953 年,北京图书馆学习苏联经验,开始了国内馆际互借工作,这一时期属初创阶段。其二,广泛开展阶段,1954—1958 年。1954 年,译介了苏联馆际互借的组织和技术、苏联

---

① 段洁滨. 书刊国际交换工作回顾与探索[J]. 图书馆论坛,2002(4):20-23.

② 辙波达略夫. 苏联科学院的国际书刊交换工作[J]. 周进楷,译. 图书馆通讯,1953(1):2-4.

③ 苏联图书馆及其藏书的数量发展[J]. 双文,译. 图书馆工作,1957(1):36.

④ 北京图书馆交换组. 四年来北京图书馆与苏联图书馆的书刊交换[J]. 文物参考资料,1954(3):93-94.

⑤ 于声. 论图书馆事业的共产主义协作[J]. 图书馆学通讯,1958(6):3-9.

科学院图书馆馆际互借工作经验与规章,北京图书馆制订了馆际互借办法,标志着我国馆际互借工作步入了规范化的阶段。在国际交换方面,北京图书馆总结了与苏联开展国际交换工作的成绩和方法,"四年来,中苏之间的图书交换工作,对两国人民文化的交流和友谊的巩固起了很大的作用,使我国人民更进一步的了解了苏联人民的革命历史和建设成就"①。至1958年,北京图书馆已与90个国家1908个单位建立了交换和赠送关系,当年全年寄出图书170,488册,收到图书有87,000册②。至1956年,中国科学院的国际交换工作统一由院图书馆开展交换活动。1956年后,各研究所及学会开始自己对外交换书刊,"到1959年7月止,我馆已和全世界56个国家的1290个单位建立了交换关系。通过交换收到的书刊共计261,741册,寄出的书刊共计136,265册"③。其三,起伏阶段,1959—1966年。1959年,通过译介苏联相关文献信息,掌握苏联国际交换之动态,找出差距,迎头赶上。苏联科学院图书馆,在"1959年向国外寄出的科学图书总数达16万册以上,从国外的科学机关及图书馆收到的科学图书将近10万册"④。并已与87个国家的2100多个机构建立了交换关系。为加强这一工作,中国科学院图书馆自1958年至1959年上半年,主动发出征求建立交换关系的信函5489件,新发展交换单位644个,迅速缩小了与苏联科学院图书馆的国际交换的差距。但随着中苏关系的破裂,图书交换也进入了低谷。

新中国成立初期,大致从1949年10月至1955年,中国经历了"以苏为师、全面学习"的阶段,主要是国家体制、经济建设、社会主义改造等全方位的学习。尤其是经济建设,从实现工业化的基本方针,到各种经济政策;从如何制订国家计划到设立管理部门等无不以苏联为榜样。在教育战线上,通过全国院系调整,同样进入了全面学苏的阶段。这一时期,我国翻译出版了数千种苏联书籍;报纸杂志上发表了大量的译文和诸如社论、评论、通讯等文章,以介绍苏联各条战线的成就和经验,阐述学习苏联的重要性、必要性和重大意义;大量组织各种报告会、演讲会、展览会,等等。

---

① 北京图书馆交换组. 四年来北京图书馆与苏联图书馆的书刊交换[J]. 文物参考资料, 1954(3):93-94.

② 李致忠. 中国国家图书馆史:1909—2009[M]. 北京:国家图书馆出版社,2009:187.

③ 中国科学院图书馆十年来的工作[J]. 中国科学院图书馆通讯,1959(9):4-13.

④ 苏联科学院图书馆与国外的图书交换[J]. 徐文绪,译. 图书馆学通讯,1960(5):43.

图书馆界和全国各条战线一样,大量译介苏联有关图书馆事业的成就与经验,以此指导我国图书馆事业的发展。1956 年,《1956—1967 哲学社会科学规划草案(初稿)》确定了图书馆学要研究的重要问题和在这一阶段应出版的重要著作。随之召开图书馆全国大会,召开图书馆界全国性的学术研讨会等,开始从"全面学习"阶段转入"以苏为鉴"阶段,通过学习苏联的经验,明确其教训,结合我国实际情况,构建图书馆理论与实践的大厦。20 世纪 60 年代开始,由于中苏关系破裂,我国完全进入了独立自主、自力更生的历史阶段,但是,苏联的许多做法,其痕迹仍然大量存在。

第九章　图书馆学基础理论成果研究

所谓基础理论,是指一门学科的基本概念、范畴、判断与推理,是对这门学科系统化了的理性认识,它是图书馆学发展的起点或根本。在"17年"这一历史阶段,图书馆学科的系统性的基础理论,主要是在以"图书馆学概论"这一类著作中体现出来的。因此,本书主要阐述这一时期的图书馆学概论的发展概况。"图书馆学概论"是一个类名,是"概论""引论""导论""通论""普通图书馆学"等的统称。

"图书馆学概论"阐述的是图书馆学基础理论。何谓"基础"?基础是"事物发展的起点或根本"①。可见,图书馆学概论作为图书馆学的一门基础理论课程,承担着图书馆学理论研究的"起点或根本"的作用。因此,它是学生入学后接受的第一门专业基础课,它的特点是要向学生展示图书馆学理论、图书馆事业和研究的任务、对象、范畴、体系、方法和学科的发展趋势等,是学生较为系统地掌握图书馆学的基本理论和基本知识、明确图书馆学和图书馆事业发展的规律、明确图书馆性质和职能的变化、图书馆组织与工作体系、图书馆科学管理和现代化发展等问题的启蒙之学。

每一门学科,都有其特有的研究对象和方法。图书馆可以作为图书馆学的研究对象,但作为研究图书馆学起点的图书馆学基础理论,其研究对象并不是图书馆,而应以产生图书馆的起点的事物为对象。综观图书馆的历史发展,"文献"是最初产生图书馆的基本要素,因此,图书馆学基础理论的研究对象是"文献",这也是研究图书馆的逻辑起点。"'文献'是图书馆现象领域最简单、最抽象的元素形式,是包含图书馆现象领域中的'一切矛盾胚芽'的细胞形态。"②以文献为研究对象,主要的并不是要研究文献的发生、发展的规律,而是研究与图书馆的有机联系,以文献这一要素构建起的图书馆和图书馆事业的发生、发展的规律,以此来构建图书馆学基

---

① 夏征农,陈至立. 辞海:2[M]. 6版. 彩图本. 上海:上海辞书出版社,2009:1005.
② 何长青. "文献"是图书馆学基础理论的逻辑起点[J]. 图书馆杂志,1992(3):18-19.

础理论研究的根基。

"图书馆学概论"这一课程,是建筑在对图书馆学基础理论研究的基础上的。中国于1904年产生真正意义上的图书馆,进入20世纪20年代,产生了具有中国特色的图书馆学,因此,在中国产生图书馆学这门学科之前,是不可能产生出"图书馆学概论"这门课程的。但是,有关图书馆学基础理论的研究步伐并未停止,相关成果迭出,不断催生着图书馆学的产生,最终形成了"图书馆学概论"这一类的学术成果,为开设"图书馆学概论"课程打下了坚实的基础。

第一节　基础理论研究的起步阶段

清末民初,"公共图书馆运动"在中国学界的展开,打开了国人的视野,在"教育救国"的时代背景下,使国人开始对属于"大教育"范围中的重要组成部分的图书馆事业加以关注。最早对图书馆进行全面阐述,具有"概论"性质的著作是由孙毓修撰著的《图书馆》,它在《教育杂志》的"名家著述"栏目中加以连载,"是早期学者对图书馆进行系统论述的第一部专著"①。

谢荫昌的《图书馆教育》译自曾在东京通俗图书馆服务过的日本图书馆学者户野周二郎所著之《学校及教师与图书馆》一书。该书第一章即为"图书馆之要旨",阐述图书馆的性质与作用,并抄译了美国达那氏[即美国图书馆学家达纳(John Cotton Dana),1856—1929]对"公立图书馆之对于社会"问题的看法②。

在20世纪10年代前期,介绍国外图书馆学基础理论的编译之作开始出现,具有典型意义的,一是章锡琛发表在《东方杂志》1912年第9卷第5期上的《近代图书馆制度》一文。二是王懋镕翻译的《图书馆管理法》(1913)一文。进入10年代的下半叶,图书馆界又有多部翻译自日本的图书馆学概论性的著作问世,如翻译自"日本图书馆协会"的《图书馆小识》。朱元善的《图书馆管理法》(1917)一书,作为"教育丛书"第三集第十一编出版。

① 范并思.点评《图书馆》[M]//中国图书馆学会,《建筑创作》杂志社.百年文萃:空谷余音.北京:中国城市出版社,2005:13.
② 户野周二郎.图书馆教育[M].谢荫昌,译.奉天(沈阳):图书发行所,1911:1-7.

1918 年,顾实著的《图书馆指南》由上海医学书局出版,书中阐明了图书馆之必要、性质、种类、管理方法等。"然察其内容,除首尾二章外,标目悉与《图书馆小识》同,稽其实质,又复相似。"① 上述可称为图书馆学基础理论研究成果的第一时期。

1919 年,当刘国钧还是一名在校生时,开始全身心投入学习和学术研究,大量发表其早期的学术研究成果,其中就有《近代图书馆之性质》一文。该文的发表,标志着中国近代图书馆学家正式投入对图书馆学基础理论研究的洪流中。

这一时期之初,主要还是大量引进欧美图书馆学理论的转折时期。在著作方面,系统而综合地对包括日美欧等国和地区在内的研究成果加以编译和论述的图书馆学基础理论研究代表作当属杨昭悊的《图书馆学》。

真正意义上的中国图书馆学者撰著的图书馆学概论性的专著,始于洪有丰的《图书馆组织与管理》一书。作者认为:"本编权衡轻重为立言之标准。故篇目之分合。叙述之繁简。与他种译著本颇不同。"② 以后较有代表性的有 3 部:杜定友的《图书馆学概论》、金敏甫的《中国现代图书馆概况》以及刘国钧的《图书馆学要旨》。

这一时期,作为我国近代唯一长期坚持图书馆学教学的文华图专,并不设"图书馆学概论"课程③④。尽管在诸如上海国民大学图书馆学系设有"图书馆学概论"课程⑤,金陵大学图书馆学系设有"图书馆学大纲"课程⑥,江苏省立教育学院民众教育学系图书馆组和国立社会教育学院图书博物馆学系都设有"图书馆(学)通论"课程⑦,但因举办时间都较短,这一课程总体在中国近代图书馆时期,影响并不很大,这也与理论研究的需求密切相关。

---

① 刘国钧. 现时中文图书馆学书籍评[J]. 图书馆学季刊,1926,1(2):346-349.

② 洪有丰. 图书馆组织与管理[M]. 上海:商务印书馆,1926:凡例页.

③ 谢灼华. 中国图书史与中国图书馆史[M]. 武汉:湖北省高等学校图书馆工作委员会,武汉大学图书情报学院,1985:334.

④ 彭斐章. 文华图专和中国图书馆学教育的发展[M]//马费成. 世代相传的智慧与服务精神:文华图专八十周年纪念文集. 北京:北京图书馆出版社,2001:15-26.

⑤ 金敏甫. 中国现代图书馆教育述略[J]. 国立中山大学图书馆周刊,1928,2(4):1-5.

⑥ 袁涌进. 金陵大学图书馆系概况[N]. 世界日报·图书馆周刊,1935-10-30(13).

⑦ 顾烨青. 植根民众教育造就专业人才——苏州大学图书馆学教育前身(1929—1950)历史贡献述评[M]//南京大学信息管理系,中华图书资讯学教育学会. 第十届海峡两岸图书资讯学学术研讨会论文集. 南京:南京大学信息管理系,2010:152-163.

第二节　新中国成立后的发展

中华人民共和国的诞生,开创了中国图书馆事业发展的新纪元,国体和政体的根本变革,标志着人民大众翻身当家做主,图书馆的服务理念与服务对象也必然随之做本质上的转移。尽管近代图书馆时期强调从欧美等国传来的免费、公开、公共、自由地为读者利用的思想,但由于我国广大劳动人民深受压迫和剥削,他们主要面对的是生存问题,因而对于图书馆的利用,则无力顾及,此时服务的对象主要是知识分子群体以及官僚资本阶层。但新中国成立后,图书馆的服务对象要转变为为人民大众服务,也是图书馆基础理论研究的基础。

解放初,图书馆学概论的教学需要用新思想、新理论、新方法加以指导,必须与新的国体与政体相吻合。由于刚解放时,全国性的图专只在北大和文华两个学校中设立,由于文华图专不设"图书馆学概论"课程,因而,北大图专就成为刚解放时全国唯一设立"图书馆学概论"课程之学校。

需要指出的是:另有1951年创办西南师范学院图书博物馆专修科,1952级图书馆组二年制课程标准中有"图书馆概论"(周学时3),1952级图书馆组一年制课程标准里有"图书馆通论"(周学时3)。在图博科任教的汪应文教授承担了图书馆学通论等课程和图书馆实习的指导任务。1954年6月停办[①]。"它能在国内与北大、文华共同负起训练新中国文化战士的艰巨任务,实在是无上的光荣。"[②]

北大图专"成立于去年八月"[③],附属于北京大学文学院,图专主任是王重民(兼代国立北京图书馆馆长)。"它的课程:一年级是以介绍图书馆普通知识的'图书馆学概论'和泛论目录为原理的'目录学概论'二课程为主。"[④]其教师,大都是北京各大图书馆和各大学图书馆的馆长。可见,与近代图书馆学教学不同,新中国成立后,一开始就十分重视图书馆学基

---

①　邓小昭. 西南师范学院图书博物馆专修科办学述评[J]. 图书馆论坛,2011,31(6):306-312,356.

②　西南师范学院图书博物专修科. 西南师范学院图书博物专修科概况[J]. 图书馆通讯,1953(6):30-35.

③④　介绍北京大学博物图书馆学专修科[J]. 文物参考资料,1950(7):30-32.

础理论课程的教学,将"图书馆学概论"设立为一专门课程,以便新生入校后,即能学习图书馆学的基础理论与基础知识。文华图专并入武汉大学后,亦较快地开设了"图书馆学概论"的课程。

一、对图书馆学概论的探索阶段

在新中国成立初期,人们还在摸索"图书馆学概论"的教学内容,因此,对于刚解放时北大图专开设的"图书馆学概论"课程还不能完全适应社会的变化和学生的需求,迫切需要这方面的师资。1950 年 7 月,孙云畴同其他 9 名中国留美学生离开美国,经 40 天后到达天津,"回国不久,他就在北大担任分类编目和图书馆学概论等课程的教学工作"[①]。他在授课过程中,较多地赞美美国的图书馆事业,后于 1952 年时调离北大而任哈尔滨工业大学图书馆主任。因为当时"图书馆学概论"教学中的探讨性很强,必须及时对新图书馆的工作与任务加以总结、归纳,从理论上加以提升而引入教学。关于这一时代的要求,在当时北大图专的相关讲演中,就有这方面的论述。当时认为图书馆是有阶级性的,"他的工作是要切合劳动人民的需要,做到真正的为人民服务"[②],明确图书馆任务应是传播马列主义毛泽东思想的地方,图书馆员应加强革命理论的学习,确立革命的人生观,以便完成历史使命。这一阶段的核心问题是转变世界观和人生观,树立为人民服务的观念,明确"图书馆事业在现阶段的基本任务,是向工农普及文化"[③],并以此而构筑新的历史条件下的图书馆学理论。

由于图书馆不断增多,图书馆办理的理论与实践知识急需加快普及,在实践工作中,不断加深了对新时期图书馆学理论知识的需求。在此情况下,浙江省立图书馆出版了由金天游编写的《图书馆基本工作简本》(1950年)。该书针对现阶段的图书馆产生的新的问题,如图书选购的标准、新旧文化图书的界限、分类编目和排架、分类原则和标准、推广工作的一些新方式等问题做出阐述,主要是针对应用性的知识。此书深受欢迎,翌年经增润后再度出版。值得注意的是该书在前言中,增加了对图书馆工作的理论研究,论述了图书馆工作的步骤、过程和方法,强调在阶级社会中,图书

① 党跃武. 世为书香家,行为图林范——著名图书馆学家孙云畴教授传略[J]. 大学图书馆学报,2015(2):113-122.

② 新图书馆的工作与任务[J]. 文物参考资料,1950(7):19-21.

③ 文物局图书馆处. 全国图书馆事业的问题与展望[J]. 浙江省立图书馆通讯,1951,2(9):1-4.

馆是有阶级性的,新的图书馆应向工农兵开门,为工农兵服务,要批判地吸收和保存旧有的书籍,积极推介马列主义毛泽东思想的著作,使图书馆由静的变为动的,由死的变为活的,并从社会意义上说明了图书馆是文化领域内的群众工作,"今后的重点是:健全与扩充图书馆业务,以提高人民政治觉悟、文化水平和推广科学普及运动"[①]。该书明确阐明了新时期图书馆的定义:"图书馆,乃是搜罗一切或一些人类文化在科学、技术、艺术和文学各方面所创造出来的精华之记载,用最科学、最经济的方法,整理它们,保存他们,以便利广大群众使用,并进而主动地完成新社会建设事业所必需之知识的文化中心。"[②]由图书馆实践知识需求而产生出了对图书馆学理论的需求,金天游对新中国图书馆事业的图书馆学基础理论进行了一些探讨,预示着我国新的图书馆学基础理论的研究将因需而加快发展起来。

根据周文骏、王红元的研究,解放后最早系统讨论图书馆学的著作是北大图专的舒翼翚编写的《图书馆学引论讲稿(1955—1956 年度第一学期用)》[③]。全书分为绪论、我国过渡时期的文化教育政策与图书馆工作、图书馆工作的基本原则、图书馆的类型及其工作、苏联图书馆事业的制度等 5 章,该书力图以马列主义、毛泽东思想为指导,以苏联图书馆学为范本,提出并回答了:"什么是图书馆学? 图书馆学是研究有关图书馆工作组织、工作内容和工作方法的知识部门。"[④]该书认为图书馆学的内容与范围包括 6 个部分:图书事业史、图书馆建设原理、读书指导和图书宣传、藏书的补充和组织、藏书的编目和分类、图书馆房屋的建筑和设备。

1956 年 10 月,武大陈颂完成讲稿《图书馆学引论》,全书有 11 章;1958 年修订后书名改为《普通图书馆学讲稿》,全书分为 9 章,由导言、图书馆的作用、工作内容和方针任务、图书馆建设的基本原则、图书馆的类型、公共图书馆、科学图书馆、儿童图书馆和学校图书馆,以及工会、农村图书馆(室)、军队图书馆等组成,书后附有《文化部关于加强与改进公共图书馆工作的指示》(1955 年 7 月 20 日)。该书前三章是理论部分,随后是实际的部分。作者认为图书馆学的研究对象是"图书馆",图书馆学是一门科学。这可从其对图书馆学下的定义中明确:"图书馆学是研究图书

①② 金天游. 必须做好图书馆基本工作——"图书馆基本工作简本"前言[J]. 浙江省立图书馆通讯,1951,2(11):1-2.

③ 周文骏,王红元. 中国图书馆学研究史稿(1949年10月至1979年12月)[M]. 北京:北京大学出版社,2011:13.

④ 舒翼翚. 图书馆学引论讲稿:1955—1956年度第一学期用[M]. 手刻油印本. 北京:北京大学图书馆学专修科,1955:5.

馆事业的一门科学,以图书馆作为对象,概括它们在实践上客观规律的知识体系,它研究图书馆事业的发展历史、建设原理、工作方法,以及组织与领导各方面的问题,是图书馆赖以进行工作的全部理论知识和专业技能。"①该书提出,图书馆学的研究范畴由图书馆事业史、图书馆事业组织、图书馆工作的组织、读者工作、图书馆整理工作或称图书馆技术等部分组成,明确了图书馆学的阶级性,认为与图书馆学具有密切相关的科学是马克思列宁主义、教育学、目录学、图书学等,并论述了图书馆学的任务。

这一阶段的图书馆学基础理论课程突出了图书馆学的阶级性,这是由图书馆为谁服务问题而来,是从理论上总结了在阶级社会中,图书馆学的研究决不能脱离社会特征而进行"超阶级"的研究,这是在新社会图书馆学研究过程中的方向、立场问题,从而强调了马列主义毛泽东思想论著的宣传和推介,甚至将"马克思列宁主义"作为与图书馆学密切相关的学科而加以认识。图书馆学界开始从无产阶级的立场出发,研究、概括图书馆学的定义,并深具初始研究阶段的特征——已有了大量的实践经验,但还不能简练地、一针见血地概括出定义的内容。

1958年,北京大学图书馆学系的函授急需要新的有关"图书馆学概论"方面的讲义,也是为应对教学改革的需要,当时在"图书馆学引论"和"读者工作"两门课程的基础上新建"图书馆学基础"这一核心课程。图书馆学系组织了20人通过10天时间调查了120多个各种类型图书馆的经验与成绩,仅用5天时间就编写出了《图书馆学基础讲义(初稿)》,全书包括引言、结束语在内,共分9章,在引言中论述了"什么是图书馆""什么是图书馆学",认为"图书馆学是一门研究图书馆事业建设和图书馆怎样运用图书馆向劳动人民进行共产主义教育的科学"②,并从"时间的"和"分科的"两部分,构筑了图书馆学范畴,论述了图书馆学的相关学科、图书馆学研究的基本任务、研究方法、学科属性等问题。该书认为"图书馆学所要研究的是一种社会现象,所以它是一门属于社会科学范畴内的科学,它是一门具有阶级性的科学"③。在"导言"中探讨研究了图书馆学基础理论问题。导言由周文骏执笔,他在随后出版的《图书馆学基础》(北京市图书

①　陈颂.普通图书馆学讲稿(武汉大学讲义)[M].手刻油印本.武汉:武汉大学图书馆学系,1958:052-8.

②③　北京大学图书馆学系."图书馆学基础"讲义(初稿)[M].北京:北京大学图书馆学系,1958:3.

馆中等业余学校讲义)中特别指出了这一点:"本讲稿第一章'图书馆与图书馆学'与北京大学'图书馆学基础'讲义'引言'同……虽则都是我自己写的,但也应该告诉大家一下。"① 此时对图书馆学基础理论的研究已较前一阶段深入了一步。

二、构建新时期图书馆基础理论研究平台

新中国经过国民经济恢复阶段和整顿巩固、重点发展、提高质量后进入稳步、跃进发展阶段,强调为工农兵服务的过程中,根据社会主义经济、科学、工农业等各领域的快速发展的需求,全国范围内及时提出了"为科学服务"的论题。图书馆界与新中国发展同步,及时提出了"为科学研究服务"的论题。全国成立了图书小组,建立中心图书馆。1956 年 1 月 14—24 日,中共中央召开了全国知识分子问题会议,肯定了知识分子的重要作用,极大地提高了知识分子的积极性。该年,《1956—1967 哲学社会科学规划草案》发布并出版,其中包括图书馆学等 15 个学科。在规划中,图书馆学理论被认为是最先要解决的主要问题之一,由此开始了全国性的图书馆学基础理论研究的高潮。这一高潮兴起的代表人物是刘国钧,代表作是《什么是图书馆学》。

《什么是图书馆学》一文发表于 1957 年的《中国科学院图书馆通讯》第 1 期上,发表的主要目的是针对当时对图书馆学认识的不足,当时认为图书馆学谈不上是一门科学的观点还大有人在。刘国钧在理论上阐述了究竟什么是图书馆学,为什么要研究它,它的组成范围等问题,从研究对象入手,构建出图书馆学体系,阐述了图书馆学研究方法,并以一般科学相类比,夯实了图书馆学是一门科学的理论基础,并阐述了图书馆学的相关学科,从而进一步建立和规范了图书馆学基础理论研究中的核心问题。"这篇文章已经成为 20 世纪图书馆学的经典文献……一个没有读过刘先生此篇文章的图书馆学本科毕业生,根本不能说是'科班出身'。"② 该文的历史功绩可归纳为:①开一代研究风气。从理论层面上最先提出新的历史时代下的图书馆学体系,起着承前启后的历史作用,继承和发展了近代要素说的理论;推陈出新,发展了要素的研究方法,开辟了新时代下深具价值的研究领域,创立了一种研究范式;其论点和结论掷地有声,用哲学的、科学

---

① 周文骏.图书馆学基础(北京市图书馆中等业余学校讲义)[M].手刻油印本.北京:北京市图书馆中等业余学校,1958:一点说明页.

② 王子舟.学术创新必先从学术史研究入手[J].图书情报工作,2007(3):5.

的理论基础构筑出了经典的地位。②构筑了新时期的研究平台。在理论研究比较薄弱、实践管理知识突飞猛进、图书馆事业快速发展的时代背景下，及时地构筑了一个具有较高水平、符合社会发展的理论研究平台，从而排除了大量不必要的争论，提升了学术研究的水平。在"提供参考"的目的下，该文使新中国图书馆学基础理论研究的水平在一个较高的水平上开展了起来。③开理论研究高潮之先风。该文发表后，起先主要是在北京大学图书馆学系及北京地区部分同行间展开了热烈的讨论，产生出学术商榷与争鸣，从而形成学术研究高潮的主要特征之一。此时并没有在全国图书馆界展开争鸣，主要原因大概是：图书馆还处于大量实际问题的产生期，其大量精力要放在解决实际问题上；具有专业基础理论知识的群体的体量还较小，大量新参加工作的馆员还不具备对图书馆学基础理论深入研究的条件；由于《什么是图书馆学》一文具有较高的理论水平，一些具有一定理论知识的馆员，还在消化、思考、总结的阶段，在短期内无法有新的理论创见。在全国范围内开展"争鸣"则是在 1 年以后，此时不是争鸣，而是批判。批判的过程，极大地扩散、宣传了该文的思想与观点，使该文越显重要，经典之风范已显露。

由于政治运动不断，学术批判展开，大量经历过旧社会的学者、专家受到了冲击，如王重民等德高望重的专家被打入"右派"，刘国钧、杜定友、徐家麟、皮高品等被认为是"资产阶级学术权威"，其思想和理论均受到批判。在"插红旗、拔白旗"的运动中，他们通常被认为是"白旗"而受到不公正的对待。在"否定旧权威""否定旧有理论"的进程中，如何创建新的学术理论，以满足社会发展进程的需求，成为当时亟待解决的关键问题。

三、对图书馆学基础理论的新探索

《社会主义图书馆学概论》是 1958 年在文化学院学习的"图书馆研究班"，为了向 1959 年元旦献礼而突击集体编写而成的。初稿写成后即在 1959 年《图书馆学通讯》的第 1、2 期上连载发表，北京图书馆又印行单行本，受到学界的广泛重视。1959 年夏季，经原编著者的主要成员和北京市若干个图书馆的负责人做了较大的修改补充后，于 1960 年正式出版。全书共分 6 章，并有绪论和结束语两个部分。绪论主要阐述了图书馆学的基础理论问题。该书以图书馆的理论为指导思想，以此为立论之基础。批判为先，创立在后，欲从根本上创建出新时代的图书馆学理论体系，其书名中的"社会主义"一词，即深具这一特征。书中大力批判了"超阶级"性，"我们对于'图书馆学'的许多问题，跟资产阶级的图书馆学者在看法上和说法上都不一样，这就是因为我们是站在无产阶级的立场，用的是辩证唯物主义与历史唯物主义的观点和方法的缘故"①。该书以毛泽东思想为指南,研究内容主要是:图书馆事业如何贯彻执行基本方针任务;图书馆事业的建设原则;图书馆的各项工作(读者工作、图书工作、业务辅导工作);图书馆的分工与协作等。并运用理论与实践统一的方法作为图书馆学的研究方法。社会主义图书馆学是一门科学,要研究图书馆事业发展规律、如何利用图书来为宣传马列主义、向人民进行共产主义教育和为社会主义革命和建设事业服务,用马列主义的立场、观点、方法研究图书馆的各项业务工作规律,"它所要研究的对象,应该是整个图书馆事业如何贯彻基本方针、基本任务以及图书馆事业的建设原则,各项业务工作等"②。

该书的主要贡献有:①具有强烈而贯穿全书的批判精神、醒目的书名、突出马列主义毛泽东思想的指导、集体参与、在很短的时间内抢编而成等特点,使人们在研究该书时会更加关注当时的历史条件与背景的发展概况,促使研究者从社会背景层面去更准确地理解。②具有明显的过渡性的特征。在新中国刚开始进入图书馆学理论研究的高潮时,人们最先要探索、解决的是学科发展的性质和方向问题。由于当时的阶级社会阵营中,资本主义、帝国主义阵营对社会主义阵营强烈的敌对性,国内政治运动的不断开展,因此,以"阶级斗争"的观念来领衔该书的组成,影响了理论研究的深度,突出政治第一、理论第二的理念,促使该书成为理论研究中的过渡性产物。③在理论上提出一些新的看法,如将图书馆学的研究对象确定为"图书馆事业",确定了图书馆学的范畴,认为由研究图书馆事业的基本方针任务、建设原则、读者、图书、业务辅导和分工协作等各项工作组成,研究方法则是理论与实践统一的方法等。这些研究,为以后图书馆学者的进一步研究提供了参考。该书的出版,在当时的图书馆界获得了极好声誉,这是在20世纪60年代以前的中国图书馆界获得认可度最大的一部著作。这也深刻地说明了,当时人们对图书馆学理论的迫切需求,对适应社会发展需求,尤其是跨入现代图书馆阶段后产生出的具有理论特征的成果的关注和认可。这一点在以后中国社会转入以经济建设为重点的新时代的图书馆学理论的转型过程中,提供了借鉴与参考。

不应被遗忘的《图书馆学引论》。20世纪50年代末60年代初,图书馆学教学工作得到较快的发展,除全日制的在校学历教育外,函授教育、业余教育也得到较快发展,另有大量各种短训班等形式的业余、短时脱产等

---

①② 文化学院. 社会主义图书馆学概论[M]. 北京:文化学院出版社,1960:6.

形式的教育,此时规范而较为权威的教材就越加显得重要。图书馆界及时组织人力,开展"统编"教材的研究、实践工作。在"图书馆学概论"的教材编写过程中,图书馆界集中了当时北大、武大、文化学院等三校该门课程的主要师资力量,组成了《图书馆学引论》编写小组。该小组由6人组成:陈光祚、周文骏、黄宗忠、李枫、关懿娴、沈继武。这一群体都是新中国成立后投入图书馆事业的新生代的代表人物。他们主要在北大、武大原有教材,以及文化学院出版的《社会主义图书馆学概论》的基础上,发扬"百家争鸣、百花齐放"的精神,集体讨论,统一思想和认识,分头执笔,允许保留个人意见,以便留待日后继续探讨、研究、商榷。《图书馆学引论(初稿)》于1961年8月编写完成,全书分为6章:图书馆与图书馆学、图书馆的方针和任务、我国图书馆事业建设、各类型图书馆、图书馆工作组织、图书馆员的修养与培养等。第一章集中阐述图书馆学的基础理论,主要是对图书馆的性质和作用、工作内容及图书馆学的对象和任务的论述,阐明图书馆的定义,认为图书馆学的研究对象是"图书馆事业和图书馆工作",认为图书馆学的研究内容由图书馆学基础理论、藏书与目录、读者工作、业务辅导工作、工作组织、图书馆建筑与设备、图书馆事业史等7部分组成,指明了在当时历史条件下的图书馆学研究任务。该书在研究的过程中,贯彻"百花齐放、百家争鸣"的方针,正确对待图书馆学遗产,厚今薄古、继承和革新相结合,具有坚持实事求是的态度。

《图书馆学引论(初稿)》的编就印行具有若干历史意义:①是首部集中全国该课程的主要师资力量编写的教材,奠定了许多概念、论点、文字描述的"统一"基础,构筑了"统一"的教材平台。这一举措,对于新生的教学工作极为重要,在一定程度上避免了概念、论点和文字描述的混乱。人们在研究的过程中,可以提出不同的观点,可以商榷,但不能忽视这些主流思想的存在,从而为活跃和深入理论研究提供了基础。②参加编写教材的师资,都是在新中国成立以后加入图书馆学教学工作的,主要是由新中国自己培养出来的骨干力量,也包括了留学归国人士,如关懿娴,于1948年赴美密歇根大学研究生院攻读英国文学,1952年又赴英国伦敦西北理工学院图书馆学系攻读图书馆学,1955年归国,1956年起在北京大学图书馆学系任教。由这一群体承担具有全国"统编"特征的教材,标志着新生代的图书馆学人已成为图书馆事业和研究的核心群体。③时代特征明显。对于图书馆定义的概述,突出地反映出当时阶级斗争观念、政治思想挂帅的状况,认为"社会主义图书馆是收集、整理、保藏图书,并通过借阅流通、图书宣传、阅读辅导和提供图书资料等方式,满足读者自学和研究中对于图书的需要,为读者服务的一种社会文化教育机构……"①。该定义的字数达 180 余字,强调了我国的"社会主义图书馆学"的特征,强调了收藏等功能和为读者利用的功能,强调了图书的思想功效,强调了图书是政治思想的宣传武器和促进生产建设与科学文化发展的工具。④基本上完全秉持"厚今薄古"的态度,对古近代图书馆基本不加论述,仅在少数地方一笔带过,由这一特征决定了该教材的"完全现实主义"的编写指导思想,也表现出当时这门课程的现实主义态度,以及对历史的研究、积淀不足的特征。

"图书馆学概论"的研究成果,从 20 世纪 10 年代至 60 年代的发展,经历了 3 个不同的发展阶段。在 10 年代,主要是通过译介日本的相关论著,形成了这一阶段的主要特征。译介的作者通常是报界的编辑,他们在"教育救国"理念的指导下,关注图书馆领域,为我国学人输入图书馆学理论知识,为我国近代图书馆事业的发展起到了积极的作用。在 20 到 30 年代,初期由"以日为师"转为"以美为师",进入 20 年代中期,随着我国图书馆学的代表人物的崛起,开始了对具有中国特色的图书馆学基础理论的研究,洪有丰开创了这一研究的新时代。在这一阶段中,刘国钧的《图书馆学要旨》最具代表性,标志着中国图书馆学基础理论的研究已位于世界之前列。进入新中国时期后,出版或油印了多部具有新中国时代特色的相关教材。由文化学院出版的《社会主义图书馆学概论》,开始构建出了新中国图书馆学理论研究的体系。三校合编的《图书馆学引论(初稿)》,成为这一时期最具有代表意义的合编教材。

---

① "图书馆学引论"编写小组. 图书馆学引论(初稿)[M].[出版地不详]:[出版者不详],1961:1.

第十章　中国书史研究

书史研究,即对图书的发生、发展历史的研究。图书的历史可谓源远流长,图书对人类文明的发展产生着巨大的作用。然而,作为"书史"这一专门术语,在西方产生于 19 世纪 60 年代。当时书史的研究范畴,大致从文字的历史到古书的形式,欧洲中世纪的图书,15 世纪的图书印刷,以及后来的印刷术成就等[①]。

在我国学界的专著中产生"书史"一词,则是 1931 年。显然,书史的研究与我国图书悠久的历史是不相适配的,"据最新出版的《中国古籍总目》估算,仅现存中国 1911 年以前制作的具有古典装帧形式的图书就有 20 万种左右"[②]。这些丰富的图书,是我国书史研究的宝库。

第一节　中国书史发展分期

关于书史的发生与发展,刘国钧在 20 世纪 50 年代就将中国书史划分为若干时期:①从远古到 1 世纪末(远古到东汉初年),大致是纸发明前这一阶段;②从公元 2 世纪到 8 世纪(东汉初到唐代中叶),大致是印刷术未发明前的写本卷轴时期;③ 9 世纪到 19 世纪中叶,大致是唐代末叶至清鸦片战争印刷术发明后手工业印刷术时期;④ 19 世纪中叶至 20 世纪 50 年代(机械化印刷时期),并在第 4 阶段中又分为"五四"前、"五四"后到新中国成立,以及新中国成立后 3 个阶段[③]。王余光则于 20 世纪 80 年代将中国近代书史划分为 4 个历史时期:1840—1898 年;1898—1924 年;1924—1937 年;1937—1949 年[④]。这是对中国书史发展的分期观点,主要

---

① 周文骏. 书史研究浅议[J]. 图书馆杂志,1983(4):24-27,9.

② 姚伯岳. 全球视野下的中国书史研究——由何朝晖译《书史导论》说开去[J]. 山东图书馆学刊,2013(4):109-111,122.

③ 刘国钧. 中国书史讲稿(初稿):1956年级用[M]. 北京:北京大学图书馆学系,1956:7-8.

④ 王余光. 浅论中国近代书史研究中的几个问题[J]. 图书情报知识,1984(2):56-59,64.

是从图书的发生、发展角度出发而划分。

中国的书史研究,则起于书史论著成果产生之时。在20世纪90年代,有学者认为我国的书史研究大约经历4个发展阶段:①以叶炽昌的《藏书纪事诗》和叶德辉的《书林清话》为代表的萌芽期;②以孙毓修的《中国雕版源流考》,王国维的《简牍检署考》《两浙古刊本考》《五代两宋监本考》,向达的《唐代刻书考》、叶长青的《闽本考》(简称六考)为代表;③以陈彬龢、查猛济的《中国书史》、刘国钧的《中国书史简编》等为代表;④以来新夏、谢灼华、郑如斯等为代表的发展期。这一分期,充分说明了我国早期的书史研究,是和文献编纂学、目录学、校勘学、版本学、藏书史等结合在一起的,并且,就以其中一个主要方面的研究成果作为对书史研究的起始。例如,《藏书纪事诗》对中国历史藏书的研究做出了突出贡献,作者从正史方志、笔记文集和目录藏书表中,辑录出大量历史上藏书家的活动资料,"集中展示了我国自印刷术普及应用以来直至清末的739位藏书家的藏书成就及其文化学术史贡献"[1]。这是我国书史中的重要组成部分,但其内容还未能达到较为完善的"书史"之要求,因此,目前学界通常是将叶德辉所著的《书林清话》作为我国书史研究的开始期。

《中国书史》于1931年出版,作者是陈彬龢、查猛济。作者认为,偶发的、孤立的断灭的事实不在这"史"的范围内,因为所谓"史",必然和许多其他另种事实有联系,如此,深感要写一部"书史"是一件"任重而道远"之事,着手很难。一方面,大量图书产生之前和发展过程中的史料已很难甚至无法搜集;另一方面雕版盛行后的史料,甚至烦琐到不堪整理。"我们一方面虽然感到这部份工作的困难;一方面又感到学术界要这部'书史'的迫切。于是把许多关于'书'的片断事实勉强联贯起来,使读者从事实和事实的中间得到一些'历史'的趣味。"[2]这是我国首部以书史直接命名的较有系统的著作,按历史顺序,全书从导论、文字的创造到清代藏书家的盛况,共分20章阐述,较为系统地阐述了我国图书发生发展的过程,使史料系统化了,"在我国书史研究领域中,它标志着我国书史研究已进入比较系统的时期"[3]。该书以版本的罗列研究为主线。

中国书史的范畴,"包括中国文献产生、发展所经历的出版、印刷、流

---

① 范兴华.《藏书纪事诗》的特点及成就[J]. 商业文化(学术版),2008(12):191.
② 陈彬龢,查猛济. 中国书史[M]. 上海:商务印书馆,1931:1.
③ 查启森. 中国书史研究纵览[J]. 图书情报知识,1983(4):53-59.

通、收藏、传播与交流诸方面"①。自20世纪以来,随着西方的一些学者对中国纸和印刷术的研究引起了国内外学者的广泛重视,由此而产生了许多中国书籍出版和印刷史的论著。"书史"的研究范畴扩大,多学科内容交织,在40年代初,产生了一部集书史学、图书馆学、目录学等多个领域的综合性工具书,书名是《图书学大辞典》,由卢震京编撰。新中国成立后,卢震京拟对《图书学大辞典》进行删改、修订,计划分3大主题进行,即图书馆学辞典、目录学辞典、书史学辞典,后于1958年出版了《图书馆学辞典》后,其余2种辞典未见出版。

第二节　"17年"中书史研究的代表人物

新中国成立后,关于"书史"的课程,最早是由北京大学图书馆学专修科的王利器开设的。当时北大和武大两校办有图书馆学专修科,根据谢灼华教授的研究,1929年时文华图书科的课程中并未开设"书史"课程②。又据高炳礼回忆,他于1952年入学武昌文华图书馆学专修科时,所学课程中亦无"书史"课程③,而北京大学图书馆学专修科则在解放初即开设了"中国书史"课程,"解放后最早的一部书史著作,是由王利器先生编写的《中国书史》一书。它是北京大学图书馆学专修科在解放初期(1950—1951)的一份油印教材"④。

王利器于1940年毕业于四川大学中文系后考入北京大学文科研究所,1943年毕业后应邀参加母校川大有关工作,协助办理文科研究所,并任研究所干事,同时被聘为中文系讲师,开设过"读书指导"课程。1946年又应邀回北大执教,被聘为高级讲师⑤,开设过"校勘学"⑥,并讲授《史记》《庄子》《文心雕龙》等专书,"王先生知识面广,他于校雠、目录、版本、文字训诂兼通。对经史子集四部涉猎殆遍,又兼及佛道二藏"⑦,从而为他

---

① 谢灼华. 中国图书和图书馆史[M]. 3版. 武汉:武汉大学出版社,2011:前言页.

② 谢灼华. 特点和影响:20世纪上半叶的文华图书馆学专科学校[J]. 图书情报知识,2009(1):125-129.

③ 高炳礼. 我在武昌文华图书馆学专科学校的回忆[J]. 图书情报知识,2007(2):105-108.

④ 查启森. 中国书史研究纵览[J]. 图书情报知识,1983(4):53-59.

⑤ 刘石. 有高楼杂稿[M]. 北京:商务印书馆,2003:366-374.

⑥ 张树华. 早期的北大图书馆学系[J]. 黑龙江图书馆,1987(5):64-66.

⑦ 钟肇鹏. 业精于勤持之以恒——纪念王利器先生[J]. 中华文化论坛,2000(3):120-123.

开设"书史"之课程打下了坚实的基础。

1950 年,王利器因教学之需而开设"书史"课程,并编有讲义。由于此讲义未正式出版,流传不广,目前已很难找到。但是,该书之特点在他的学生如周文骏等的脑海中印象深刻。书中采用广征博引的方法,对书史上的有关专题做了考据式的介绍,书中材料丰富,有关书史的某些基本资料都有论述。"缺点是说理、立论较少,没有把图书的发展放在一个广泛的社会背景下来考虑。"①

比北大图书馆学专修科开设书史课程略晚些,西南师范学院图书馆博物馆专修科也开设了"书史"课程,该科"于一九五一年秋季,开始在西南师范学院筹设图书馆博物馆专修科"②。课程设置是根据当时西南的实际需要,参考武大、北大图书馆学专修科和北大历史系考古专业所设课程,酌拟而成。其中在图书馆组中就包括了"书史学"课程。由于该专修科不久即停办,因此有关该科"书史"课程方面的资料已很难寻觅。

新中国成立后,对于书史课程的开创之功是王利器,其主要特征是运用了目录学、校雠学等内容。"一九五二年以后,随着全国高等教育的改革,北大图专亦开始进行教学改革。"③在系统学习苏联经验的基础上,开展了从教育制度、教学组织、教学内容、教学方法等方面的全面性改革,这也是图书馆界全面贯彻执行党的方针、政策,全面树立为人民服务,尤其是为广大工农兵服务的思想的彻底转变的要求。在历史的关键时刻,需要有人出来承担新时期的开创、奠基书史课程之艰巨任务,这一任务历史性地落在了刘国钧的身上,刘国钧亦成为这一时期研究中国书史的代表人物。

刘国钧长期从事图书馆的实践与理论研究工作,他于 1951 年调入北京大学图书馆学专修科专职任教。1953 年,王利器奉命调到人民文学出版社工作,"中国书史"这门课程的教学任务便由刘国钧承担。当时,中国书史的课程设在一年级第一学期,是一门基础课。刘国钧在《中国书史简编》一书的"序"中说道:"由于缺乏现成合用的教材,我不得不自己勉力编著本书以便应用。自 1953 年开课以来,曾在教学进程中修改了三次。"④

实际上,刘国钧对书史的兴趣由来已久,对书史的研究始于 1951 年,

① 查启森.中国书史研究纵览[J].图书情报知识,1983(4):53-59.

② 西南师范学院图书博物专修科.西南师范学院图书博物专修科概况[J].图书馆通讯,1953(6):30-35.

③ 北京大学图书馆学专修科介绍[J].图书馆工作,1955(4):73-76.

④ 刘国钧.中国书史简编[M].北京:高等教育出版社,1958:序言页.

即奉命调入北大后即开始了这一工作。他在研究图书馆学理论与实践的过程中,十分留意图书、目录、印刷、出版、纸张等方面的资料搜集,通过对这些资料的积累,"今年夏天(1951)将它们整理为这本简单的书"①。这一"简单的书",指的是《可爱的中国书》。该书于 1951 年 11 月完稿,1952 年 7 月由北京建业书局出版。书中以科普的形式阐述,通俗易懂,饶有兴趣,并使读者在阅读过程中产生对中华民族的自豪感。同时使读者感到我国各时代中"书"的可爱,因此就将是书名定为"可爱的中国书"。该书共分 8 章,第一章是"书也有历史",作为概论,第 2—6 章分述了从甲骨到雕版印刷时代的图书,第 7 章是活字印刷的发明及发展,第 8 章是现代的纸、印刷和书。该书出版后,很快就售完,1953 年 2 月再版,从而开创了新中国有关中国书史的研究历程。1955 年,在《可爱的中国书》的基础上,刘国钧又出版了《中国书的故事》,主要是告诉读者书的形成和纸、印刷术发明后的书的变化、现代书的印刷、书的传播和社会中的作用等。修补了一些关于著书、藏书等的事迹,该书对《可爱的中国书》的第 1、8 章进行了重写,将原第 8 章的内容分成 2 章阐述,其目的是将中国图书发展历程中的若干高潮凸显出来,在科普的形式下,让广大读了了解中国劳动人民的伟大创造对世界文化的光辉贡献,以便为祖国灿烂的文化而自豪,并更好地以实际行动投入社会主义革命和建设中去。

　　《中国书的故事》是一部深受国内外读者欢迎的好书,自 1955 年 6 月由中国青年出版社出版后,即成为中国图书史对外文化传播事件中罕见的现象:翌年 9 月,香港日新书店亦印行了该书,1957 年被译成俄文出版,1958 年被译成英文、日文出版,1963 年由青年出版社出第 2 版,1979 年出第 3 版,1983 年出日文修订版,1985 年又出英文版,1988 年出德文版,1989 年出法文版,1990 年由北京外文出版社出英文版,2010 年出阿拉伯语版等。

　　1956 年,根据书史课程的进展,刘国钧编写了《中国书史讲稿》,供 1956 级授课之用。1958 年,高等教育出版社出版了《中国书史简编》一书,这是一部正式公开出版的教科书。该书又于 1982 年由郑如斯订补后由书目文献出版社出版。1962 年,北京中华书局出版了刘国钧的《中国古代书籍史话》一书。是书又于 1972 年由香港中华书局分局出版,该局于 1973 年再版。刘国钧成为这一时代中国书史研究最具代表性的人物,这方面最具影响力的专著是《中国书的故事》,另有《中国书史简编》《中国古代书

---

① 刘国钧. 可爱的中国书[M]. 北京:建业书局,1952:前言页.

籍史话》等,亦有较大影响。

第三节 "17 年"中研究中国书史的三个阶段

新中国成立后,研究中国书史问题主要是在北大、武大和图书馆领域专刊上开展的,包括了一些其他报纸杂志,在研究过程中,大致形成了以下三个研究阶段。

一、揭露帝国主义的掠夺,宣传普及中国书史:1950—1955

在公开刊物上开展对书史的研究,主要是通过揭露帝国主义对我国古书及其他文物的罪恶起步的。1950 年至 1954 年,图书馆界的唯一一种公开出版的专业刊物是《文物参考资料》,该刊在 1950 年第 11 期上发表有 4 篇相关文章:《论美帝劫购我国古书》(王重民)、《美帝刧夺中国文物》(侯垿)、《记美帝所攫取的中国名画》(王世襄)、《中国古代铜器怎样到美国去的?》(陈梦家)。其中,王重民之文用马克思主义的观点,深入分析帝国主义掠夺成性的本质,并论述我国广大人民在反文化侵略、掠夺中的情形,揭露帝国主义的掠夺成性的本质。同时,揭露美帝劫购我国古书的恶劣行径。"经过'劫购'的不正当手段流到美帝去的古书比流到任何国家都多几十倍,就我所知道的约有三千来种分藏在六个图书馆内。"[①]这些都是善本,还有 4500 种的地方志,近 2000 种的家谱,数量极大的近百年来的包括报纸、杂志、小册子在内的各种史料。

1951 年《文物参考资料》主要发表了有关永乐大典的散失、敦煌文物的流失等文章,如:《美帝偷劫敦煌壁画的阴谋》(陈万里,第 1 期)、《永乐大典的散佚》(第 1 期)、《敦煌文物被盗记——并论其在学术上所造成的损失》(王重民,第 5 期)、《斯坦因第三次中亚考古盗去我国文物简述》(傅乐焕,第 5 期)等。王重民之文痛斥了帝国主义分子偷盗我国敦煌国宝之罪恶,及有识之士的痛彻心肺之感:"爱国学者陈寅恪先生曾借用别人的口吻说:'敦煌者,吾国学术之伤心史也!'没有研究过'敦煌学'的人不能了解他这话的悲痛。"[②]王重民对研究敦煌学深有体会,这种悲痛他深深

---

① 王重民. 论美帝劫购我国古书[J]. 文物参考资料,1950(11):92-105.

② 王重民. 敦煌文物被盗记——并论其在学术上所造成的损失[J]. 文物参考资料,1951(5):135-143.

地体会到了。由于篇幅关系,原拟定的"中国四部书""佛经""其他古宗教""俗文学""艺术品"等 5 个方面的论题,分论被劫对我国文化事业所造成的重大损失而没有成文。这一时期,王重民是在公开刊物上研究书史相关内容的代表人物之一,他通过帝国主义掠夺、劫购我国古代宝贵文献入手,用大量事实揭露并痛斥了这些罪恶行径,并在此基础上论述了这些古书的学术价值,以及在我国学术研究上所造成的重大损失,其最典型的事例即是敦煌文献的被盗。

这些研究,很好地配合了中华人民共和国成立伊始颁布的相关法令法规。如 1950 年 5 月 24 日,我国颁发的《禁止珍贵文物图书出口暂行办法》中,明确规定革命文献及实物,甲骨刻辞,书板之雕刻,古代金、石、玉、竹、木、砖、瓦等有铭记者,具有历史价值之简牍、图书、档案、名人书法及珍贵之金石拓本等,都在禁止出口之列。1950 年 6 月 16 日,又颁发了《中央人民政府政务院征集革命文物令》,从而,在国家的最高层面上做出了保护征集文献的法令法规。图书馆界配合这些法令法规,揭露以往帝国主义对我国的文化掠夺,激发广大人民群众对帝国主义侵略行径的愤慨,从而使人民群众更加积极、自觉地投入保护祖上留下的珍贵遗产的斗争中去。

1951 年下半年起,宣传、普及书史阶段开始。这一阶段主要是各种宣传活动、展览和发表科普性的书史论著。在这一过程中,图书馆界纷纷展出相关藏书,以广泛宣传。为迎接第三个国庆节,北京图书馆特举办"中国印本书籍展览",于 1951 年 9 月 29 日开幕。展览会分 2 个陈列室,共展出中国古代和现代印本书千余种,包括木版雕刻、活字印本、石印和铅印本,自印刷术未发明以前的甲骨刻辞、简牍文字,一直到清末所印的科学书籍。"这些印本一方面表现中国人民在印刷术上的许多伟大的发明和创造,一方面也说明了中国印刷术在各个时代各个地区的发展历史。"[①] 这也表明了我国所发明的纸张及印刷技术对于整个人类文化的发展所做出的巨大贡献。该展览,更呈现了新中国成立以来所印行的大量出版物的突出品质,并且历史雄辩地说明了"在这个巩固的好的基础上发展起来的出版物,是有无限光明前途的"[②]。

农村扫盲运动的大力展开,使这一扫盲运动逐步向城市延伸,使以往目不识丁的广大劳动人民,通过扫盲逐步识字,更好地参加到社会主义革命与建设的洪流中去,这是人民当家做主的重要组成部分。在这一历史转

---

① 北京图书馆举办"中国印本书籍展览"[J]. 文物参考资料,1952(4):4.
② 郑振铎. "中国印本书籍展览"引言[J]. 文物参考资料,1952(4):1-4.

折阶段,为巩固和提高广大人民群众的文化水平,我国出版了大量的科普文献,其中许多是以"丛书"的形式出版的。例如,"中国历史小丛书"中的《中国文字》,由丁易著,三联书店于 1951 年 10 月出版,其核心思想是"文字是劳动人民创造的",该书通过我国文字的产生与演变,阐明了对于祖国几千年留传下来的文字要尊重它、爱护它,然后要改造它,以便使我国的文字不断焕发出新的生命力。

上述刘国钧的《可爱的中国书》,即是"爱国主义小丛书"中的一种。这些"小书",向广大读者普及了相关知识。公开出版的报纸杂志开始发表较多的介绍性与研究性相结合的文章,与考古成果相结合,刘国钧和一些文物考古界的学者通过对一些考古成果的介绍,加强了对书史的兴趣。过去,在安阳小屯(殷墟)一带发现有甲骨文字,引起了"甲骨热",1953 年 4 月,在郑州二里岗发掘出一件刻在动物肋骨上的字骨片,"经中国科学院鉴定为殷商时代的'习刻字骨'(练习刻字的骨片)"[①]。

1953 年 7 月 20 日,湖南省文物管理委员会于长沙市郊仰天湖工地发现木椁墓一座,出土有大量完整的竹简、铜剑、木漆器、陶器等。其中竹简等深具历史价值。人们结合考古实践,产生了一批相关介绍、研究文章,如《我们最古的书甲骨文——龟册》(懿恭,《文物参考资料》,1954 年第 5 期)、《关于殷墟甲骨的一般知识》(罗福颐,《文物参考资料》,1954 年第 5 期)、《解放后甲骨的新资料和整理研究》(陈梦家,《文物参考资料》,1954 年第 5 期)以及《谈长沙发现的战国竹简》(罗福颐,《文物参考资料》,1954 年第 9 期)等。此时,知识界已开始了新中国成立初期的对书史内容的研究工作。

这一时期,印本书和印刷术的理论研究工作走在前列。赵万里于 1952 年发表长文《中国印本书籍发展简史》,文中从"未有雕版以前的写本""雕版的兴起和唐五代刻本""宋金元雕版概说""活字印刷术的发明和明清活字本""木刻画和彩色套印术""近代印刷术的兴起和发展"等 6 个部分阐述了我国印本书发展简史,在研究书史的过程中,并用马列主义毛泽东思想作指导——"多年来,在新民主主义革命运动中,近代印刷术是传播马克思、列宁主义、毛泽东思想的有力工具。今后,在国家大规模经济建设和文化建设中,将发挥更大的作用"[②]。张秀民在同时发表《中国印

① 河南省郑州、洛阳市郊发掘出大批古物有殷商时代的"习刻字骨"和新石器时代的遗物[J]. 文物参考资料,1953(7):63.

② 赵万里. 中国印本书籍发展简史[J]. 文物参考资料,1952(4):5-19.

刷术的发明及其对亚洲各国的影响》之长文。文中分"雕板""活字版""套板"等3大主题,深入地阐述了我国印刷术的发明、发展以及传播到国外的状况,因为"印刷术中最主要的雕板、活板、套板,都是我们中国最先发明的"[①]。1955年,刘国钧出版了《中国书的故事》,成为这一时期的主要代表作。

二、构建书史体系,扩大研究范畴:1956—1960

1956年后,中国的书史研究进入构建书史体系、扩大研究范畴的阶段。这一阶段的开创,是由北京大学和武汉大学的图书馆学系首先展开的,其代表人物即是刘国钧和皮高品。"由于教学的需要,刘国钧先生搜集、阅读了大量古今文献,进行了整理、归纳、总结,提出了一个以历史发展为背景的中国图书发展史的体系。试图从图书的思想内容和物质形态两个方面比较全面地、辩证地阐述我国图书的产生、发展及其社会作用。"[②]

1956年,根据书史课程的发展,刘国钧编写了《中国书史讲稿》一书,作1956级授课之用。书中认为"研究书史的首要任务就是要了解图书在各个历史时期中的社会政治意义,从而树立有批判地对待文化遗产的态度"[③]。这一著作突破了他以往有关书史著作的"科普"性特点,构建出了一个较为严谨而完整的中国书史体系;同时,对我国书史的发展进行了分期,这是对书史研究与构建体系的一种必不可缺的基本研究方法(他将中国书史划分为4个发展时期)。在此书的基础上,1958年高等教育出版社出版了《中国书史简编》一书。该书于1982年由郑如斯补订后由书目文献出版社再版。

武大图书馆学系的皮高品的情况相同,根据教学要求,于1956年编成《中国图书史》的油印讲义,用作教材。翌年由武大出版社出版,该书"在1964年的印本中,还系统地提出了它的分期理论"[④]。

此一阶段还有林华编著、由上海人民出版社于1956年出版的《书的故事》,作为"学文化补充读物"丛书中的一种出版,书中内容包括:在乌龟壳和兽壳上的刻字、青铜器的书、石头的书、竹书和木书、用绸子做的书、纸的发明和纸卷书、印刷术的发明和线装书等7部分内容。

---

①　张秀民. 中国印刷术的发明及其对亚洲各国的影响[J]. 文物参考资料,1952(4):20-50.

②　刘国钧. 中国书史简编[M]. 郑如斯,补订. 北京:书目文献出版社,1982:再版前言页.

③　刘国钧. 中国书史讲稿(初稿):1956年级用[M]. 北京:北京大学图书馆学系,1956:4.

④　查启森. 中国书史研究纵览[J]. 图书情报知识,1983(4):53-59.

1958年,人民出版社出版了张秀民著的《中国印刷术的发明及其影响》一书,作者针对"雕板印刷到底发明在什么时代"这一当时始终未有定论之问题,概述了古今中外名家学说后,提出了自己的见解。该书是首次对我国发明的并给人类文明发展带来巨大贡献的印刷术进行的系统总结,不仅内容丰富,且考据翔实,成为中国书史的一部重要的参考书。

在图书馆专业公开刊物上的研究,1957年主要是对具体图书的介绍研究,如在《图书馆工作》杂志上就发表有《谈谈"三国演义"》(张荣起,第1期)、《我国的第一部百科全书——永乐大典》(仲笽,第3期)、《谈水浒传》(张荣起,第3期)、《我国最大的一部丛书——四库全书》(王红元,第4期)、《著名的神话小说"西游记"》(张荣起,第5期)、《古今图书集成》(刘汝霖,第6期)、《"封神演义"简介》(张荣荣,第7期)、《吴敬梓的"儒林外史"》(张荣起,第10期)等,主要是介绍了一些经典小说的概况。1958年则主要集中在对杰出的文化名人的成就介绍,如《鲁迅生平和他的文学遗产简介》(王士菁,第1期)、《试谈列夫·托尔斯泰的小说》(高植,第2期)、《莎士比亚生平和他的重要著作》(杨周翰,第3期)、《杰出的作家和战士——茅盾》(刘绶松,第4期)、《高尔基的一生和他主要的著作》(孟昌,第5期)等。这些介绍,将书史研究引入了"人物"研究的层面。其他还有关于书籍装订技术、中国旧书装订修订法、我国优秀的雕版印刷的书籍、中国的活字印刷和版画、什么叫善本书等的研究。此时,还出现了介绍刘向、刘歆父子的专文。因为"'别录'是当时皇家图书馆藏书的书目提要汇编,是关于上古到西汉时期我国所有图书文化遗产的总结性纪录"[①]。可见,此时相对前一阶段而言拓宽了对书史的研究范畴,主要的代表作有《中国书史简编》《中国印刷术的发明及其影响》等。

这一阶段的后期,研究中国书史的理论淡出,政治视角突出。1959年,在《图书馆工作》上主要刊载了一些"书刊介绍",1960年,"最近我们从报纸上得知蒋介石集团已经与美国国立美术馆签订了所谓'合同',准备把解放前蒋帮劫往台湾的大批珍贵文物运往美国展览,并将由美帝军舰劫运去美"[②]。为此,《图书馆工作》发表了"本刊评论员"文章给予严厉的谴斥。同时北京图书馆的372位馆员集体签名,发表了抗议美帝阴谋劫夺

---

① 张遵俭. 中国古代卓越的目录学家刘向、刘歆父子[J]. 图书馆工作,1957(2):13-15,45.

② 本刊评论员. 坚决制止美国政府劫夺我国文物的罪恶行为[J]. 图书馆工作,1960(3):1-2.

我国珍贵文物的抗议书①。

三、深入研究理论阶段：1961—1966

这一阶段，以"书史"为书名的代表作大致有 2 种：其一是刘国钧于 1962 年由中华书局出版的《中国古代书籍史话》一书，该书为"知识丛书"之一。"知识丛书"的出版主要是为满足干部的工作需要，以增强干部的古今中外的丰富知识而促进其所从事的工作和学习理论的基础。根据不同的读者对象，该书并不是作为一本系统的书史著作出版，而是突出我国古代书史上的某些重大事件做一概述。根据丛书之阅读对象，该书提供了这些重大事件发生、发展的社会背景，并概括地谈了书籍产生的过程和奴隶社会时期书籍的情况。"至于十九世纪中叶即鸦片战争以后我国书籍的发展情况，就只有留待另文叙说了。"② 全书分为 10 篇，除了一、二两篇的概论性质和奴隶社会书籍叙说外，其余的基本上是以问题为中心，择要叙述封建社会时期我国在书史发展上的重大事件及概况。这一著作，大致沿用了以前阶段的研究思路、方法。

其二，散文类型的专著，如《书话》。该书由唐弢所著，于 1962 年由北京出版社出版。唐弢是浙江镇海人，现代散文学家、文史研究家。1930 年代起从事创作，以散文、杂文为重。创办过《周报》，主编过《文汇报》副刊《笔会》。出版杂文集、散文集、评论集 20 余种。

"我写《书话》开始于一九四五年的春天，当时抗日战争尚未结束，蛰居上海，有时搜览书籍，随手作些札记。"③ 在新中国成立前，他以"晦庵"之笔名发表了约 100 篇的书史内容的文章。新中国成立后，在《读书月报》上发表了若干篇，后来在《人民日报》上发表了 20 余篇，如此，"北京出版社要我编个集子，我觉得数量太少，旧稿又大都散佚，只能就手头剪存的部分选改十几段，合成四十篇。即使如此，它还是一个名符其实的小册子"④。

《书话》结合了以评论为主和以文献为主的特点，着眼于"书"的本身，偏重于知识，其特征是材料的记录多于内容的评论，掌故的追忆多于作品的介绍。作者的目的，是要让读者将该书作为一本"闲书"，在饭余茶后，或需休息调整之时，随手拿来翻翻。在有时是随笔，有时是札记，有时又带点絮语式的抒情的文章形式中，在不经意间获得些知识。可见，此时对书

---

① 北京图书馆抗议美帝阴谋劫夺我国珍贵文物[J]. 图书馆工作，1960（3）：2.

② 刘国钧. 中国古代书籍史话[M]. 北京：中华书局，1962：前言页.

③④ 晦庵. 书话[M]. 北京：北京出版社，1962：序言页.

史的关注和研究的范畴有所扩大。

这一阶段,对书史的深入研究主要体现在图书馆界的公开刊物上,具体表现在两个方面。第一,参与研究的人物以有名气的专家、学者为主体,如张秀民、刘汝霖、张静庐、胡道静、王重民、顾廷龙、钱亚新、李希泌、潘天祯、王拱璧、吴恩裕、吴世昌、张允侯等。从研究内容上看,包括了图书馆学、目录学、文献学、红学、印刷、史学、出版等领域,有古时刻书地域考、私人藏书研究、对"一书"和人物的研究、活字研究、目录、藏书与书目、毁书、版本、红学、女报、马恩列著作的出版、板画等的研究,其研究内容比前阶段有了明显的扩大和创新,具体如下:

(1)对"女报"的研究。广义的书史研究,当然包括报学史的研究。我国最早的一部关于中国报纸历史的著作,是由戈公振著,于 1927 年由商务印书馆出版的《中国报学史》,这是一部很见功力、影响很大的专著。新中国成立初期,我国对中国报学史的研究仍然十分薄弱。随着新中国"男女平等"的思想不断深入,1962 年《图书馆》杂志上出现了对《女学报》的研究。是年 8 月 18 日,张静庐在《光明日报》上刊发《关于中国近代第一份女报——女学报》的文章,纠正了以往认为中国近代第一份女报是 1906 年由秋瑾创办的《中国女报》的谬误,认为中国近代第一份女报应该是 1902 年陈撷芬创办的《女学报》。是文的发表,立即引起了潘天祯先生的关注,于是撰文《谈中国近代第一份女报——〈女学报〉》,发表于《图书馆》,他认为"根据现有资料,中国近代第一份女报,应是 1898 年上海桂墅里中国女学会主办的《女学报》"[1]。文中用南京图书馆所搜藏的第 2、3 期实物作研究资料,严谨地支撑了自己所提出的论点。随后,杜继琨又发表了更进一步深入研究的文章《再谈〈女学报〉》,文中支持了潘先生的观点与结论,并对《女学报》的出版发行时间、内容、特征等问题做了进一步的研究,"她们提倡民主,相信科学,强调劳动。发表有关纺织与缝纫机、蚕桑与显微镜用处之类不悖'中学为体、西学为用'的图文"[2],劝妇女学医、从事运动、注意健康,还发表了重视中国女工的有历史意义的可贵的纪录等。这方面的文章反映了当时在这一领域研究的程度。

(2)结合红学对书史的研究。20 世纪对《红楼梦》的研究成为显学。有学者将清末民初至 1954 年称作是红学研究的草创期,1954—1978 年则

---

① 潘天祯. 谈中国近代第一份女报——《女学报》[J]. 图书馆,1963(3):57-58.

② 杜继琨. 再谈《女学报》[J]. 图书馆,1963(4):55-56.

是红学作为当代显学的更新转折期①。1963 年,红学家吴恩裕在《图书馆》杂志上发表《结合文献和传说来看曹雪芹》一文。同期,又刊载了陈仲笹的《〈脂砚斋重评石头记〉摭谈》一文。图书馆界学术期刊上同时刊载两篇有关红学的文章之情况确实不多。当然,这些文章都是结合有关"文献"而谈的。前者主要是"利用传说中能够直接或间接说明曹雪芹的为人和思想感情的口头材料为主,并与相关的文字材料相于印证,从而推测:曹雪芹到底是个什么样的人"②。通过许多书本上的记载和口头上的传说互相印证。作为一种研究成果,这是一个十分需要功力和积累的研究方法,对某一问题的专题研究,也就可作为这一问题的"书史"方面研究的一个重要内容。

后者更是通过乾隆年间几部以《脂砚斋重评石头记》为名的传抄本所传抄的年代,以及已知的脂砚斋评阅《石头记》的先后年次等,来研究《石头记》原稿本的一些影子和流传的大致情况。这些在考证 80 回本《红楼梦》的原本是什么等问题、抄本的流传等,本身则又是关于《红楼梦》书史中的一个重要组成部分。

随后,红学家吴世昌又在《图书馆》杂志上刊载《〈红楼梦〉的成分及其年代》一文。这一研究的《红楼梦》稿本是中国科学院文学研究所所藏的 120 回抄本,以前相关的本子从未超过 80 回,因此,这一本子的出现,无疑在《红楼梦》的版本历史上是一件重要的事情。它提供了有关后 40 回的研究资料和这部小说的早期演变历史。吴世昌在文中通过各种本子的研究而提出后 40 回由高鹗后续等问题,并和前辈曹雪芹一样,也是屡次增删修订而成的,印证了关于《红楼梦》书史的研究,是研究红楼梦的重要组成部分。可见,在"问题"研究中,书史的研究都有很重要的位置。

（3）对马恩列著作在中国的出版与传播的研究。这是由张允侯研究撰写的文章。在《马克思恩格斯著作在中国的出版和传播》一文中,从马克思的名字最早由梁启超于 1902 年引入开始,当时对马克思的译名是"麦喀士",并介绍其为日耳曼社会主义之泰斗,是社会主义之鼻祖③。文中对我国介绍出版马恩著作的概况进行了梳理,尤其梳理了刊载对马恩译文的刊物的发展。我国最初刊发马恩译文的是 1906 年 1 月出版的同盟会机关刊物《民报》第二号,该刊刊载了"蛰伸"所撰写的《德意志社会革命家小

①　张锦池.《红楼梦》研究百年回眸[J]. 文艺理论研究,2003（6）:62-68.

②　吴恩裕. 结合文献和传说来看曹雪芹[J]. 图书馆,1963（3）:25-30,14.

③　张允侯. 马克思恩格斯著作在中国的出版和传播[J]. 图书馆,1964（1）:8-14.

传》一文,其中介绍了《共产党宣言》的要点,并节译了《共产党宣言》中的几个片段和十项纲领。1919年5月,《新青年》六卷五号作为《马克思主义专号》出版,同时在《晨报》上开辟了"马克思研究"专栏。1920年4月在上海出版了陈望道译的《共产党宣言》,这是第一个中文全译本。据张允侯统计,从十月革命以后到1949年9月底,30年间,马克思和恩格斯的著作在中国共翻译和出版了94种。从1949年10月到1961年底的12年中,更是出版了马克思著作22种、1,346,000册,恩格斯著作31种、2,468,000册,马恩合著和专题汇编共38种、2,465,000册,另出版了各种少数民族文字的马恩著作[①]。

同样,列宁著作从1919年开始在中国传播,"这一年九月一日,在北京创刊的《解放与改造》一卷一号上,刊载了列宁的《俄国的政党和无产阶级的任务》一文的部分译文。这是目前所见到的列宁著作的最早中译文"[②]。与前文风格相同,文中较为详细地论述了列宁著作在中国的传播历史,包括著作的中译本,更有大量的在各种期刊杂志上的中译文。尤其是新中国成立后,为了有计划、有系统地翻译马克思列宁主义经典著作,党中央决定于1953年2月成立中共中央马克思恩格斯列宁斯大林著作编译局,加快加深了马列主义经典著作在中国的传播。新中国成立后,在列宁著作的出版上,"总计从一九四九年十月到一九六二年底这十二年间,用汉文出版的列宁著作(包括《列宁全集》在内)共一百五十九种,一千九百七十五万册,其中《列宁全集》一至三十八卷共印行了二百二十三万册"[③]。另外还出版了43种23万册的各少数民族文字的列宁著作。

这一研究方向,以人物为主题,以思想著作的传播为核心,以刊载译文译著的杂志和出版情况为依据,综合了文献的出版、期刊刊载的情况和发展,思想著作的传播等多个领域,为书史的研究提供了一个新的研究方向。这一研究方向,将书史研究与国情发展紧密地结合了起来,表明了马列主义著作在中国的传播历史,就是中国人民在中国共产党的领导下学习马列主义并把它胜利地运用到中国革命和建设实践中去的历史,从而在新的历史时期,进一步凸显出了书史研究的重要性和必要性。

学界认为中国书史的研究大致起于叶德辉的《书林清话》时期。1931年,在我国产生了在书名中有"书史"的专著,即《中国书史》,这是近代我

---

① 张允侯.马克思恩格斯著作在中国的出版和传播[J].图书馆,1964(1):8-14.

②③ 张允侯.列宁著作在中国的出版和传播[J].图书馆,1964(2):18-24,39.

国研究书史的代表作。在工具书方面的代表作是由卢震京撰著的《图书学大辞典》，其中内容，包括了图书馆学、目录学和书史学等3大部分的内容。这些代表作和其他一些关于书史方面的论著，组成了我国近代对书史研究的学术研究思想库。

新中国成立后的"17年"阶段，书史研究进入了一个新的历史发展时期。从整体发展分析，这一时期对书史的研究大致经历了3个不同的发展阶段：第一阶段，1950—1955年，是揭露帝国主义对我国文化、书籍的掠夺、劫购和对书史的宣传普及阶段。这一阶段，通过揭露帝国主义的罪恶，提高了人民保护文化、文物、文献的积极性和自觉性。在此基础上，大力普及书史知识，以更好地发挥人民当家做主的"主人翁"精神。第二阶段，1956—1960年，构建书史体系，扩大研究范畴阶段。这一阶段，构建了我国书史研究的体系，进行了书史的分期研究，从而将发展史研究提升到了理论研究的层面。书史作为图书馆学领域中的一门基础课程而为图书馆学的深入发展发挥出了重要作用。第三阶段，1961—1966年，深入理论研究阶段。这一阶段，除了对上述阶段的研究成果"接着讲"外，开辟出了书史研究中的交叉、创新的研究方向，并将书史的研究更加紧密地与社会主义革命与建设相结合，如通过对女报、红楼梦、马克思列宁主义著作在中国的传播等方面，扩大了书史研究的视野，推进了书史的深入研究。值得注意的是，"17年"中对中国书史研究的3个阶段，在后期都有一个共性，即研究的衰减。这一状况主要是通过对当时图书馆界专业期刊：《文物参考资料》《图书馆工作》《图书馆学通讯》《图书馆》等所刊载的相关文章，以及根据卓连营、李晓娟主编的《中国图书馆学著作书目提要：1909—2009》一书中分析得出的。其原因主要有两个：其一与《图书馆工作》在创刊之年的编辑方针与内容有关；其二则与政治运动有关。

"17年"中，开设"书史"课程方面，北大王利器具有开创之功，由于后来工作变动，他并没有在书史领域进一步深入研究。这一时期对书史研究的奠基、开创者是刘国钧，他首先从搜集到的大量资料中，撰写出版了《可爱的中国书》，并且在"17年"中始终引领着书史研究的潮流，出版、发表了许多有关书史方面的论著。尤其是《中国书的故事》《中国书史简编》等著作，成为这一时代书史研究的最有权威的代表作。

"17年"中，对书史的研究主要始于两个方面：其一是从国家层面上颁布禁止珍贵文物、图书出口的，以及对珍贵文物、图书的保护、搜集的相关法令，从而开始了对帝国主义掠夺、劫购我国珍贵文物、图书的批判，拉开了这一时期对书史研究的帷幕。其二，即是在图书馆学专业课程中开设书史课程,开始了对书史较为系统的资料搜集和理论研究。围绕着课程的需求而编制的各种书史教材、讲义,成为"17 年"中系统研究发展史的主要力量,刘国钧、皮高品出版的多部这方面较为系统的教材,都是较领先的著作。随着研究队伍的不断扩大,研究内容的外延、交叉性的研究成为一个重要的特征。以后,谢灼华将图书馆史和书史结合在一起而出版的《中国图书和图书馆史》的教学参考书,即是这一方向的诠释。

第十一章　中国图书馆史研究

20世纪初,湖南图书馆兼教育博物馆创建。这一近代中国最早用"图书馆"命名的省级图书馆的建立,标志着中国进入近代图书馆阶段。进入新图书馆运动时期,中国近代图书馆事业的发展也进入一个发展高潮,图书馆事业发展较快,图书馆学理论研究也逐步达到一个高潮,对于图书馆史的研究,也逐步开展起来。

第一节　"17年"中对图书馆史的研究

中华人民共和国的成立,从根本上决定了图书馆能够真正走上为广大人民群众服务之路。在广大东北地区,较早地沐浴在新政府的阳光下,开展了彻底转变思想、为广大人民群众服务之革命,尤其是广大农村地区,轰轰烈烈地开展农村图书馆的建设,大力吸引广大农民走进图书馆,巩固扫盲成果,与此同时大力发展城市图书馆事业。

一、新中国成立初期图书馆史研究概况

在快速发展的图书馆事业进程中,政府与人民深感图书馆事业的人才缺乏之苦,于是,于1950年8月1日在东北率先开办了短期图书馆实习班。第1期东北图书馆界的图书馆干部训练班,是"采编干部训练班",课程内容主要有:图书分类法;图书采购;图书登录等内容。为了使学员能全面地了解图书馆事业的概况,宋阴毅讲授了"中国图书馆事业的历史"课程,成为新中国成立后最早在图书馆训练班上讲授中国图书馆事业史之举,其指导思想,即是面对图书馆保存的大量文献,要理解"这是我们研究民族历史,批判接受民族遗产的宝贵材料"①。讲稿分为两章:第一章:中国图书文

---

①　宋阴毅.中国图书馆事业的历史[M]//东北区公共图书馆干部训练班讲义(草稿).手刻油印本.[出版地不详]:[出版者不详],1951:1-28.

化的发展。这一章主要论述的是图书史方面的内容,论述了我国拥有丰富的文化典籍,强调了只有学习马列主义毛泽东思想才能利用好民族文化遗产;印刷术与造纸术的发明;图书编纂事业的发展;以及图书学的发展,这一部分强调了分类编目的起源及其发展。第二章专论图书馆事业的发展,主要论述了中国古代图书馆事业的发展;半封建半殖民地时期的图书馆事业;在中国共产党领导革命过程中成长的人民图书馆事业及其现阶段的情况;以及东北的图书馆事业略史等部分。

这一讲稿的特点主要有:①非常简练地论述了中国图书馆事业的发展脉络;②强调了思想性,其指导思想即是马列主义毛泽东思想;③大致将中国图书馆事业史分为古代、近代和现代三个部分论述,承继了用社会发展史的方法对图书馆事业史的研究;④强调了我国分类编目历史的发展,突出了这方面在图书馆事业史中的作用;⑤将图书史与图书馆事业史分开论述,从而说明了两者的不同和紧密的关系。

随着社会主义图书馆事业的快速发展,20 世纪 50 年代前期,我国开始了对图书馆事业的调研工作,并十分注意解放后图书馆发展的总结。例如,1954 年第二季度由社会文化事业管理局组织了对东北图书馆、北京市图书馆和山东省图书馆工作的调研工作,以便通过调研,更好地总结经验,明确不足,以促进我国图书馆事业的进一步发展。1954 年,《文物参考资料》第 12 期上发表了东北图书馆和北京市图书馆的 5 年来的工作调研报告,1955 年,《图书馆工作》第 1 期发表了《五年来的山东省图书馆》一文,成为关注、研究图书馆"当代史"的成果。1956 年,《图书馆工作》第 3 期上发表《四年来的上海图书馆》一文,总结了 4 年来上海图书馆所取得的经验与不足。

1957 年起,图书馆界开始将中国图书馆学史和中国图书馆事业史列入重点研究范畴,并在《图书馆工作》上开始刊载有关文章。这一研究氛围的形成,主要是由《1956—1967 年哲学社会科学规划草案(初稿)》的形成而促成的。在过渡时期社会主义改造任务接近完成,社会主义建设高潮即将到来之时,发挥知识分子的作用,调动一切可以调动的力量,加快社会主义科学技术、经济建设成为重中之重。党中央及时提出"向科学进军"的号召,通过制订 12 年科学规划,召开全国知识分子问题大会,倡导百花齐放、百家争鸣的会议等,营造了空前的学术研究的活跃氛围。

1956 年 2 月初,在党和政府的领导下,开始了哲学社会 12 年规划草案的拟订工作。是年 6 月,初稿问世,其中对 15 个哲学社会科学学科的12 年工作进行了规划,档案学、图书馆学、博物馆学列入其中。根据规划,图书馆学科 12 年中要研究的重要问题有 5 大类,其中列入第二大类的即是"研究中国图书史、图书馆学史、图书馆事业史和目录学史"。在列入 12 年规划中拟出版的重要著作中,其中要求"1960 年以前,写出'中国图书史'、'中国目录学史'。1962 年以前写出'中国图书馆学史'、'中国图书馆事业史'。1967 年以前分别写出上述各种较详细的近代史和现代史"①。在这一东风的鼓舞下,是年 7 月和 12 月,分别由文化部和高教部召开了全国图书馆工作会议和全国高等学校图书馆工作会议,图书馆配合向科学进军则是大会的重点内容之一。是年 12 月 27 至 30 日,在南京图书馆举行了第一届图书馆学科学论文讨论会。会上讨论了 15 篇论文,目录学史方面有钱亚新的《鲁迅和校仇目录学》、张遵俭的《刘向、刘歆在目录学方面的遗产》等,在图书史、书史方面有汪长炳的《对怎样编写中国图书馆事业史的研究》和沈燮之的《明代江苏刻书事业概述》等。界内史学的交流文章占 1/4 以上,由此可反映出,图书馆学术界已对图书馆史方面的研究十分重视。随后在全国公开发行的《图书馆工作》杂志上,于 1957 年第 1 期率先开始发表图书馆史方面的文章,有图书史、印刷史、图书馆事业史、目录学史等方面的内容。

1959 年,是中华人民共和国成立 10 周年,为庆祝这一伟大的节日,是年,《图书馆学通讯》第 5、6、8 期上,刊载了以《图书馆工作》《图书馆学通讯》编辑部为名义的合作征文启事《庆祝国庆十周年征文启事》;随后,《图书馆工作》杂志亦于第 7、8 期上刊载这一征文启事,两刊同时在时年第 10 期出专号,以庆祝国庆 10 周年。北京图书馆科学方法研究部在是年的《图书馆学通讯》第 5、6 期、《图书馆工作》第 5 期上刊载"征求'十年来图书馆工作参考资料'启事",推进了图书馆史的研究。进而,这一研究工作出现了新中国成立以来的首次高潮:①大力总结图书馆的发展史,尤其是新中国成立以来的简史,如《镇江图书馆十年简史(1949—1959)》《丹阳县图书馆建馆三年简史(1956—1959)》《武汉大学图书馆五十年》《北京大学图书馆六十年》《五年来我国图书馆事业的发展和成就》《湖南省中山图书馆十五年》《江西全省图书馆十一年来工作经验汇编》等;②对史料的介绍,如《五四时期期刊介绍》《谈中国近代第一份女报——〈女学报〉》等;③对近代进步图书馆的研究,如《五四运动——第一次国内革命战争时期的上海通信图书馆》《继承和发扬"上海通信图书馆"的革命传统》《抗日

① 哲学社会科学规划办公室. 1956—1967哲学社会科学规划草案(初稿)[Z]. 北京:哲学社会科学规划办公室,1956:48-50.

战争前后的蚂蚁图书馆》等;④近代图书馆史方面的研究,如《论"古越藏书楼"在中国近代图书馆史的地位》等;⑤人物研究,如《祁承㸁——我国图书馆学的先驱者》《鲁迅先生和图书馆》《鲁迅先生与目录工作》《略论章学诚对我国索引工作的贡献》《郑樵与校雠学》《敬悼洪范五先生》等;⑥图书馆事业分期研究:如《对于近代中国图书馆事业史分期问题的一些初步想法》《关于中国近代图书馆事业史的分期问题——与张遵俭等同志商榷》等,另有《十五年来我国图书馆的干部培养工作》《五年来我国图书馆书目工作的回顾》《十五年来我国文献工作的蓬勃发展》等。这一时期的研究讨论,处于起步阶段,因此,还没有系统性,尤其是对一些图书馆史的关键问题,有的还没有被认识、研究、讨论,有的提出后还处于商榷阶段,较有系统的研究,则主要在北大和武大的图书馆学系中展开。

二、北京大学、武汉大学的研究

1959 年 10 月,在《北京大学学报(人文科学)》第 4 期上发表了北大的 7 篇文章,其中 2 篇分别是研究新中国成立以来 10 年中北大和图书馆事业取得的成就的文章,3 篇分别是研究春秋天文学和老子先秦道家哲学、明代北京经济生活的史学文章,1 篇是关于对修改《中国文学史》一书的认识,1 篇是关于美国经济的文章。在图书馆史学术研究领域,应该关注发表在这一期上的《我国十年来的图书馆事业》一文。这是一篇较为全面总结新中国成立 10 年以来中国图书馆事业的发展史,在当时而言,完全是一篇质量上乘的图书馆事业的当代史的研究成果,其署名是"图书馆事业史小组","本文系由图书馆学系刘国钧、关懿娴先生与同学曾濬一、金恩晖、朱育培、邵国秀、张玉藻、葛仁局和潘维友合写"①。全文分为 3 个部分:①十年来图书馆事业的发展,分为 3 个阶段论述,指出了主要的成绩和存在的不足。②图书馆事业目前的情况。通过主要数据的对比,用事实证明了图书馆事业所取得的成就,通过有代表性意义的图书馆发展状况,进一步论证了图书馆事业取得的伟大成就,并认为:"目前,从全国来看,各类型图书馆的规模与联系,已日趋完整与加强。这是形成全国图书馆网的重要条件。"②③图书馆事业十年来的基本经验,论述了 6 条主要的经验,并得出结论:十年来图书馆事业取得的巨大发展,证明了社会主义制度无比的优越性。

---

①② 图书馆事业史小组. 我国十年来的图书馆事业[J]. 北京大学学报(人文科学):庆祝建国十周年,1959(4):93-107.

　　该篇文章的积极意义大致有:①最早从"通史"的角度对新中国成立后10年来图书馆事业的发展进行了理论上的总结;②做出了10年中国图书馆事业的3个历史分期,即国民经济恢复时期(1949—1952)、第一个五年计划时期(1953—1957)、"大跃进"时期(1958—)。确立了研究方法和思想,认为图书馆事业取得的成就,是正确贯彻和执行了党的为无产阶级政治服务、为生产服务、为工农兵服务的文化事业方针的结果。3个发展阶段,都以党和政府的方针政策和文化教育工作的方针为指南:第一阶段,主要是整顿和改造阶段,图书馆明确方针,端正方向,为人民服务。第二阶段,是在"整顿巩固、重点发展、提高质量、稳步前进"的方针指引下发展的。第三阶段,则是在"鼓足干劲,力争上游,多快好省地建设社会主义"的总路线指引下取得的,从而将图书馆事业的发展与社会发展紧密地结合起来。

　　在1959年9月出版的《武汉大学人文科学学报》第7期图书馆学专号上,刊载了谢灼华的《关于图书馆事业史研究的几个问题》一文,这是较早对图书馆史研究中的突出问题研究思考的佳作。文中论述了研究图书馆史的目的、任务,并且论述了编写图书馆事业史的体系问题,认为新中国成立后撰写的图书馆史,在体系上可分为两个大类:一是以工作为纲,以工作为中心展开各个时期,一是以时间为纲,以时间来叙述工作,两者各有优缺点,在撰写图书馆史中,应使两者结合。文中的一大亮点,是对图书馆史的分期,在阐明了分期原则后,将我国图书馆事业划分为四大阶段,各阶段中又划分为若干小阶段:①封建社会的图书馆事业(上古三代—鸦片战争);②旧民主主义革命时期的图书馆事业(1840—1919);③新民主主义革命时期的图书馆事业(1919—1949);④新中国的图书馆事业(1949—)。这一分期,对以后图书馆史研究奠定了基础。

　　根据课程改革计划,大致在1959年进行了教材的新编工作,"从今年(1959)3月份起,我们用了六个月的时间,根据对原教材的'增、减、补、换'的原则,编成了大部分课程的新教材"①,北大和武大分别对中国图书馆事业史原有的教材进行了新编。

　　1959年8月,以"北京大学图书馆学系1957年级图书馆事业史小组"署名,刻印出了《中国图书馆事业史讲稿(初稿)》,作为图书馆事业史的教材。这是一本手刻油印本,由于当时时间有限,除了集体分头撰稿外,在刻

---

① 徐鸿. 关于课程改革的一些问题[J]. 武汉大学人文科学学报:图书馆学专号,1959(7):53-57.

写钢板的过程中,也是多人刻写,因此该油印讲义的字体并不统一,同时,页码起讫也分为 4 个部分,充分说明了当时时间的紧迫性。这些因素,对阅读产生了一些影响,因此,1960 年 3 月重新刻印了该讲稿。

该讲稿的指导思想和目的是:"用历史唯物主义观点来说明我国图书馆事业发生发展过程,阐述图书馆事业为政治服务,并且随着社会政治的发展而发展的根本性质,论证社会主义图书馆事业的优越性,揭露资产阶级关于图书馆事业的'超政治'、'超阶级'的谬论。"[①] 这是一部带着时代局限性的讲稿,深刻地反映出了在社会主义社会中以马列主义毛泽东思想为指导,同时,又受当时政治运动的影响而带着某些青年时期思想的局限而形成的成果。该书从总体上,把中国图书馆事业划分为三大阶段,即封建社会时期、半封建半殖民地社会时期和社会主义建设时期,亦即古代、近代和现代三个阶段。在三大阶段中又划分出若干阶段,从而形成整个中国图书馆事业史。全书分为 8 章,第一章论述中国古代图书馆事业,第二至四章,论述中国近代图书馆事业,第五至八章论述现代中国图书馆事业。

与此同时,北京大学图书馆学系中国图书馆事业史小组在加紧编撰一部在当时较为符合要求、质量较高的中国图书馆事业史教材。这一学术研究团体形成于 1958 年。是年暑假,北大校党委号召并开展暑期 40 天科研运动,图书馆学系组织师生积极投入其中,取得了较为瞩目的科研成果。其中,该小组撰写出的数万字的《建国十年来图书馆事业》的初稿即是其中的佼佼者。为此,系党总支决定把中国图书馆事业史的研究列入 1959 年的科研重点项目,"经过三十天的苦战初步编成了一部长达 20 多万字的'中国图书馆事业史'教材,为我系本科和函授学生提前开出了这门课"[②]。随后,又于 1960 年 2 月对这一教材进行重新编写,经过 6 个月的努力,于 8 月完成《中国近代现代图书馆事业史》的工作,并铅印出版。全书约 42 万字,363 页。该书在编写过程中:①坚持以马列主义毛泽东思想作指导,对图书馆事业史中的许多基本问题做了研究,编出大纲,充分贯彻"百家争鸣"的方针,集思广益,充分征求校内外意见,反复修改。②贯彻"厚今薄古"的方针,同时也为了缩短战线,使研究更加突出重点,全书内容从 1840 年鸦片战争至 1960 年 6 月止。③以唯物史观作指南,将图书

---

① 北京大学图书馆学系1957年级图书馆事业史小组. 中国图书馆事业史讲稿(初稿)[M]. 手刻油印本. 北京:北京大学图书馆学系,1959:编者的话页.

② 北京大学图书馆学系中国图书馆事业史小组. 中国近代现代图书馆事业史[M]. 北京:北京大学图书馆学系,1960:前言页.

馆事业的发展纳入社会发展中加以考察,揭示在不同的历史时期、不同性质的图书馆事业的发生、发展的基本规律及其作用。④史论结合,通过正确的立场、观点、方法,去理解历史,将"论"通过"史"的阐述表现出来,较好地理解和贯彻了先有史实,后有论断的观点,在掌握、分析、条理化史实后,从中引出理论,这几点成为该书的特点。⑤在分期上,按照社会发展史的过程,将图书馆事业的发展与之同步,认为图书馆事业的发展过程和社会的发展过程基本上是一致的。每当社会性质发生重大变化时,在图书馆事业上就会得到或早或迟的反映,"所以,在划分图书馆事业历史的发展阶段时,应当遵循考察某一社会现象必须与整个社会历史过程相联系的辩证方法"①,按照社会发展的阶段来划分、确定图书馆事业史的研究范畴、对象等。

《中国近代现代图书馆事业史》将中国近现代图书馆事业发展划分为3个阶段:旧民主主义革命时期的图书馆事业(1840—1919年);新民主主义革命时期的图书馆事业(1919—1949年);社会主义革命和社会主义建设时期的图书馆事业(1949—1960年)。如果再加上古代之分期,该书实质上将中国图书馆事业发展划分为4个分期。该书"厚今薄古"的原则贯彻得很好,仅从页码的分配上就可见一斑:1840—1919年的80年历史中,有60页,占全书页码的16.58%;1919—1949年的30年的论述有138页,占38.12%;1949—1960年的11年的论述有164页,占全书页码的45.30%。这部著作,成为这一阶段对图书馆史研究的代表作之一。

根据教学要求,1959年,武汉大学图书馆学系亦编写出《中国图书馆事业史(初稿)》,以满足教学之需求。随后又不断扩充史料的搜集,吸收国外图书馆事业史的成果,尤其是重点了解、吸收北京大学图书馆学的研究成果,对初稿进行修改、增补,于1961年1月完成修改初稿任务,又于1962年2月完成修改稿任务,4月定稿并印刷。全书114页,近20万字,主要特征有:①指导思想与目的明确,"就是要在马克思列宁主义的指导下,恰当评价历史人物,恢复历史的真正面目,突出劳动人民在历史上的丰功伟绩,批判反动荒谬的、歪曲历史真相的论调"②。②厘清历史,古为今用。全书从上古写至解放前,达到"总结他们,认识他们,作为今天图书馆

① 北京大学图书馆学系1957年级图书馆事业史小组. 中国图书馆事业史讲稿(初稿)[M].手刻油印本.北京:北京大学图书馆学系,1959:11.
② 武汉大学图书馆学系图书馆学教研室. 中国图书馆事业史(初稿)[M].武汉:武汉大学图书馆学系,1962:5.

事业的借鉴"之目的[①]。③与北大不同,该教材编写任务集中在3位教师身上,由谢灼华统稿。④探讨了图书馆事业史的理论问题,并用唯物史观作指导,阐述和处理群众与个人的关系。⑤明确图书馆事业史的任务,逐步认识和掌握图书馆事业的发展规律,系统地总结各时代的经验教训,做到批判地继承遗产。⑥将图书馆事业活动看作是整个社会生活的反映,以社会物质生产决定社会文化、社会经济的发展决定社会文化发展的观点为指导,进行图书馆事业史的分期。

《中国图书馆事业史(初稿)》为铅印本,将中国图书馆事业史划为4个分期:古代图书馆事业(上古—鸦片战争);近代图书馆事业(鸦片战争—五四运动,1840—1919年);现代图书馆事业(五四运动—中华人民共和国成立,1919—1949年);中华人民共和国成立以后(1949年—)。这一分期和北京大学图书馆学系的分期相同,两者所不同的地方有:①阐述分期各有取舍。北大舍去古代图书馆时期而集中论述了自鸦片战争以来至新中国成立后的历史,武大则舍弃了新中国成立后的一个阶段的阐述,专注于厘清古代、近代图书馆史。②尽管分期相同,但对于分期的名称表述不同。北大分得更为详细些,武大分得粗略些,而且子分期的断代期亦有所不同,主要是由藏书楼和近代图书馆过渡时期的下限略有不同。北大以戊戌变法失败的1898年为下限,武大则以图书馆标志性事件为标准,将设强学会、"奏请推广学校设立译书局报馆折"等的"开大书藏""设藏书楼"内容为下限,体现出了对分期的不同认识。③两者的署名情况不同,一是"北京大学图书馆学系中国图书馆事业史小组编",一是"武汉大学图书馆学系图书馆学教研室编";一个是师生合作的成果,一个是教师合作的成果。北大并没有反映参加编写的人员,而武大则在前言中明确参加编写的3位教师的撰写、统稿的责任者,从中可反映出当时对"人民群众"的强调和对突出"个人"的批判倾向,尤其是在北大,批判所谓的"旧思想"更深入些,避免个人在著作中所起的作用与责任的确定,既是一个思想认识问题,也是一个自我保护方式与措施。这方面的问题,尤其是对于没有经历过当时历史的青年而言,是必须要花些精力和时间去正确认识这一问题的。

为配合学生更好地学习中国图书馆事业史,武大图书馆学系教研室还专门编辑了《中国图书馆事业史参考资料》一书,以供在校学生和函授学生学习课程时做参考之用,共收入27篇文章,分为4个部分:学习历史的

---

① 武汉大学图书馆学系图书馆学教研室.中国图书馆事业史(初稿)[M].武汉:武汉大学图书馆学系,1962:9.

指导性文件;记载古代公、私、书院藏书概况;记述有关近代革命的、进步的图书馆事业的文章;反映清末至解放前历史时期的图书馆事业概貌文章。在当时资料缺乏的情况下,这一参考资料对学习、研究中国图书馆事业史起到了积极的作用。

第二节　主要代表人物与成果

在"17 年"中,我国对图书馆史的研究,主要产生在 1957 年以后的若干年,尤其是 1959 年后的若干年,此时对于图书馆史的研究进入了一个高潮,起先是在北大、武大两校的课程改革中,将其纳入课程体系,并开始编制相关教材,产生出了这一时期具有代表意义的两部各具特色的教材。尤其是公开出版的图书馆专业杂志,较重视刊载有关图书馆史的文章,从而将图书馆史的研究从学校、课堂中推广到全社会,形成了在广度和深度上的结合、重点研究机构与普及性的研究相结合、教学与业余研究相结合、主要研究群体与一般研究群体的结合之局面。这些是图书馆史研究进入高潮的主要标志。这一时期,形成了若干个研究群体,包括:①第一、二代的图书馆学专家为核心。这一群体有着丰富的图书馆实践和理论的经验,经历过近代图书馆时期,因而对中国近现代图书馆事业的发展具有切身的体验,他们用积累的知识很好地贯彻了文化遗产的承继与古为今用的方针,无论是研究视点还是研究内容的深度,都有独到之处。②新中国初期成长起来的图书馆专业人才。这部分人员经历过旧社会,是在新中国的高校中学习、成长起来的。经历了新中国的学生时代和短期的工作阶段,因此对于党的方针、政策贯彻得较为彻底,又具有较扎实的理论基础知识,在老专家的指导下成长很快,具有较敏锐的眼光,敢于提出问题,开展学术争鸣。③在校学生。这部分人员中,有许多干劲冲天、思想敏锐、敢说敢干者,他们勇于突破框框,具有批判意识,在当时政治环境的历史条件下,对图书馆学理论进行审视、批判,但理论基础还不够扎实,又受了当时政治运动的影响,产生出了一些片面的理论研究成果。作为理论研究成果的积淀,主要集中在前两部分人员中,因此,研究这一历史时期图书馆史的代表人物和成果,亦主要集中在前两部分人员中,如刘国钧、钱亚新、谢灼华、张遵俭等。

刘国钧是中国近代图书馆学的核心代表人物之一,进入中国现代图书馆阶段,以其理论研究的广度和深度,尤其是许多开创性的研究成果,继续成为图书馆学的核心代表人物之一,在图书馆史的研究过程中,同样如此。

在新中国刘国钧最早研究的领域是书史和目录学等内容,这既是教学的需要,也是他本人研究兴趣之使然。1952 年,他出版了《可爱的中国书》。他十分重视图书馆史的发展问题的研究,在研究图书馆学理论与实践过程中,十分留意图书、印刷、出版、纸张等的资料的搜集,通过对中国书史发展资料的积累,"今年夏天(1951)将它们整理为这本简单的书"[①]。1955 年,出版《中国书的故事》。1956 年,根据书史课程的进程,又编写了《中国书史讲稿》,供 1956 级授课之用。1958 年,出版了《中国书史简编》,该书按照史学方法,将社会发展和书史发展相结合,进行分期论述,将古时到新中国成立后这一历史阶段,根据图书发展史的情况,划分为 7 个历史阶段,分别加以阐述。这一分期,为更准确地划分图书馆史的分期打下了坚实的基础。

在理论研究过程中,刘国钧自觉运用"历史的方法"加以研究,这一研究方法贯穿于刘国钧的学术生涯。在 1952 年开始讲授《图书馆目录》的过程中,刘国钧自己编写教材,并于 1957 年合编、出版了《图书馆目录》一书。该书内容以论、史、法相结合,"是我国第一部以图书馆目录为研究对象,将描述编目与主题编目有机结合,并对文献特征、读者检索需求进行深入研究,全面体现图书馆技术方法为中心的代表作"[②]。在研究分类法的过程中,刘国钧更是关注分类史的研究,产生出了《图书馆目录》这一标志性的成果。

在对图书馆通史的研究过程中,刘国钧领衔主编了《中国近代现代图书馆事业史》,开始了图书馆通史研究之路。可以看出,这一时期,对于图书馆史的研究,刘国钧主要是结合教学需求而展开的,从通史角度加以研究。需要关注的是,1958 年,他发表的《回忆雷达娅专家》一文,开创了对现实中的图书馆学家的研究。1963 年,他发表的《敬悼洪范五先生》一文,开创了对第一代图书馆学家的追忆与研究,简述了洪有丰的一生的主要经历和功绩,并指出追忆的目的是,"悼念先生,就当学习他那终身热爱图书馆事业的精神"[③]。

---

① 刘国钧. 可爱的中国书[M]. 北京:建业书局,1952:前言页.
② 黄俊贵,邓以宁. 我国现代文献编目理论与实践的开拓者:刘国钧先生对我国图书馆目录发展的贡献[M]//北京大学信息管理系,南京大学信息管理系,甘肃省图书馆. 一代宗师:纪念刘国钧先生百年诞辰学术论文集. 北京:北京图书馆出版社,1999:326-339.
③ 刘国钧. 敬悼洪范五先生[J]. 图书馆,1963(1):51-52.

　　钱亚新是中国第二代图书馆学界的代表人物之一。第二代与第一代代表人物的不同点之一,是以"国产"为主体。1925 年 9 月,钱亚新在杜定友的指引下,于上海的国民大学注册入学,成为图书馆学系二年级插班生。翌年 10 月,考入文华图书科学习,1928 年毕业后一直从事图书馆事业,一生出版了 17 种专著,发表了 166 篇论文,成为 20 世纪 50 年代中期至 60 年代初图书馆史研究的佼佼者。

　　这一阶段,钱亚新对图书馆史研究所做出的贡献,主要是在人物研究方面。在 1956 年 12 月举行的第一届图书馆学科学论文讨论会上,他的论文《鲁迅和校仇目录学》就在大会上进行交流,并得到关注。代表们认为目录学在我国有着悠久的历史和优良的传统,图书馆工作者应该珍视这份文化遗产,用历史唯物主义的观点开展研究工作,将文化旗手鲁迅和目录学研究相结合,成为继承遗产、开创研究新路向的一个研究方向。继而,他将研究目光指向古代图书馆学研究的代表人物祁承爜和章学诚。钱亚新在《祁承爜——我国图书馆学的先驱者》一文中,通过对祁承爜的生平和著述简介,爬梳了他的有关图书馆思想,论述了他的聚书特征与思想、鉴别图书与购求图书,以及对图书的分类编目思想、典藏保管和阅览出借思想等,认为"祁氏对于图书,不论在聚书、读书、鉴别、购求上,不论在分类、编目、典藏、借阅上,都有精辟的言论,独到的见解,新颖的方法,可行的规约"[①],并将其称之为"我国图书馆学的先驱者"。祁承爜的图书活动,在"经世致用"的指导思想下而展开,理论联系实际,不尚空谈,这种学习方法和实践、研究的方向,是应当,也是可以继承的。

　　章学诚诞生在"专攻汉学,不谈义理"的时代,他一生重视著书研究,对我国古代文化史学、学术史学、文学、方志学、校雠学等都具有深湛的研究和丰富的经验。《文史通义》可说是其代表作品之一。他的作品和学术思想,引起了学界的关注和研究。钱亚新则对章学诚在我国索引工作中的贡献做了专门研究。钱亚新梳理了章学诚的索引工作的理论和实践,通过他对索引工作的认识与论述,分析其思想和成就,在史实的基础上,分析了章学诚对索引所做的主要贡献:促进索引工作的发展;建立索引工作的理论基础;创立索引工作的科学方法,明确"构成一条索引,必须具备标目、注释、出处三个部分"[②]。钱亚新等人对代表人物方面的研究,开启了新中国图书馆史研究中的一个方向。

　　① 钱亚新. 祁承爜——我国图书馆学的先驱者[J]. 图书馆,1962(1):45-51.
　　② 钱亚新. 略论章学诚对我国索引工作的贡献[J]. 图书馆,1962(3):27-31.

谢灼华是这一时期新中国培养出来的图书馆学界的第三代代表人物之一。他长于图书馆史的研究。1956 年,他考入武大图书馆学系,1958 年毕业并留校任教。是年,北大、武大图书馆学系都开始了图书馆史的研究工作。"我在这个时候,进入这个领域,这可能是需要吧。"① 他听从党组织对他的安排,着手准备图书馆史研究的准备工作,在查找、研究资料时,马宗荣的《中国图书馆事业史的研究》(马宗荣的原文题名为《中国图书馆事业的史的研究》)一文给了他很大的启发,使他大致搞清楚了图书馆史的研究框架。在编写《中国图书馆事业史》的教材过程中,他对图书馆史的一些问题做出进一步的思考与探索。他将一生的研究方向定位在对中国图书馆史的研究上。因此,产生出了较为系列的、深入的图书馆史方面的研究成果。

在撰写教材的过程中,他感到对图书馆史研究中有几个重要问题是必须首先弄明白的,因此,他在 1959 年《武汉大学人文科学学报:图书馆专号》第 7 期上发表《关于图书馆事业史研究的几个问题》一文。该文从指导思想、图书馆事业与社会发展的关系、如何认识图书馆事业的发展规律,如何用历史唯物主义的观点分析研究图书馆事业史,图书馆研究的任务及中国图书馆事业史的分期等问题展开论述。他是较早从通史的角度对图书馆事业史进行全盘认识和思考的研究者之一。

谢灼华在研究过程中十分关注"事件"的研究,尤其是对近代进步图书馆的研究更是重点关注。在 1960 年的《武汉大学人文科学学报:图书馆学专号》上,他发表了《五四运动——第一次国内革命战争时期的上海通信图书馆》一文,通过对一手史料的搜集与分析,写出了建立在史料基础上的研究性文章,阐述了上海通信图书馆成立的起因、活动、成就、影响、作用,以及因具有革命倾向而受到国民党当局的迫害,以致查封。他特别指出了活动中坚共产党员应修人的作用,以及郭沫若、郑振铎、郁达夫、钱俊瑞、叶绍钧等均在该馆做过事或是忠实的读者。这一图书馆的重大历史意义,在于"第一次在中国图书馆事业史上喊出了为无产阶级政治服务的口号,它真正成为广大进步青年的领导者与组织者,承担着革命的重担……"② 他将这一图书馆的诞生的视点注意在"五四运动"、中国共产党的诞生的历史时期,由此,将图书馆事业史的研究与社会政治文化史的发

① 韩淑举. 老骥伏枥自强不息——访武汉大学信息管理学院谢灼华教授[J]. 山东图书馆学刊,2011(4):1-8.

② 谢灼华. 五四运动——第一次国内革命战争时期的上海通信图书馆[J]. 武汉大学人文科学学报:图书馆学专号,1960(2):84-89.

展紧密结合起来,并紧密地将图书馆史置入社会发展的背景中加以考察,提供了研究图书馆史的一个正确的方向。在武汉大学 50 周年校庆的活动中,武大组织了科学讨论会,图书馆学系积极参与其中,撰写出了一批高质量的研究论文,其中就有谢灼华撰写的《论"古越藏书楼"在中国近代图书馆史上的地位》一文。在西学东渐的进程中,徐树兰仿照东西各国图书馆的章程而办理古越藏书楼,创建的宗旨是"存古"与"开新"。该文分析了徐树兰的藏书楼对社会教育的作用和对文化学术的作用的认识,揭示出了创办古越藏书楼的思想基础和来源,论述了对藏书分类的进步意义、局限性,以及对藏书楼管理方法上的创新等内容。该文明确了古越藏书楼在中国近代图书馆史上的地位和贡献:是它推动了我国藏书楼向图书馆的过渡;"古越藏书楼"是我国学习西方图书馆技术和管理制度的开端;新分类法打破了四库的束缚,开拓了图书分类法的新途径。该文得出结论:"古越藏书楼"的成立是我国近代图书馆事业上的新发展……图书馆事业已经进入一个新的阶段,即由封建藏书楼发展至近代图书馆的时代[①]。

这一时期,谢灼华对中国图书馆史研究的最突出的贡献,即是通过图书馆史研究中的时间、地点、事件、人物 4 大要素的综合研究,提出了藏书楼进入中国近代图书馆时期的标志性事件——古越藏书楼。尽管这一结论值得商榷,但却是开创了中国近代图书馆史的理论研究的新视点,将中国图书馆史的研究推进到了一个新的研究阶段。例如,1961 年纪国祥等发表了《继承和发扬"上海通信图书馆"的革命传统》一文,卢中岳在1963 年发表的《抗日战争前后的蚂蚁图书馆》一文,等等。

张遵俭以研究目录为重。据谢灼华回忆,"那时,《普通目录学》是由张遵俭先生讲授的。他在讲《七略》和《别录》时,结合先秦和两汉的著作来讲解,这就使我们既了解了目录的功用,同时也知道从学术文化史的角度来学目录了"[②]。他在年龄上比钱亚新小 12 岁,并于 1938 年毕业于文华图专,因此,亦是中国图书馆学领域中的第二代人物,后长期从事图书馆工作。解放后,历任武汉文华图专(武大图书馆学系)讲师、中南文化部文物处副科长,湖北省图书馆秘书、副馆长等职。1956 年冬,他出差路过上海,专门用了 2 天时间参观徐家汇藏书楼,翌年发表了《徐汇观书记》一文,阐明了其发展历史,引起了界内对藏书楼研究的关注。

---

① 谢灼华. 论"古越藏书楼"在中国近代图书馆史上的地位[J]. 图书馆,1964(1):22-24.

② 韩淑举. 老骥伏枥自强不息——访武汉大学信息管理学院谢灼华教授[J]. 山东图书馆学刊,2011(4):1-8.

张遵俭于 1957 年发表《中国古代卓越的目录学家刘向、刘歆父子》一文。这是一篇普及性的文章,让人们知道《别录》和《七略》是怎么回事,说明刘向和刘歆何以要称为卓越的目录学家。"《别录》是当时皇家图书馆藏书的书目提要汇编,是关于上古到两汉时期我国所有图书文化遗产的总结"①,类似于现代出版图书做的内容提要工作的性质。《七略》是分类目录。该文认为《别录》与《七略》是我国最早的目录学专著,在 1962 年发表的《目录学初解》一文中,则认为"在我国古代著作中谈到目录的时候,有时指的是图书目录,有时指的是目录学"②。该文说明中国的"目录学"实际在清朝乾嘉时期出现"目录学"名词之前就已存在,18 世纪以后,在朴学家的提倡下,目录学成为显学③。他从承继文化遗产,古为今用的角度出发,指出了当代目录学的任务是,"辨章学术,考镜源流,推荐好书,指引阅读"④,从而赋予了目录学新的时代要求。

张遵俭在图书馆史研究中的重要贡献,主要是提出了具有新意的图书馆史分期的依据问题。1961 年,他发表了《学习札记三则》一文,其中第三则的题名即是"对于近代中国图书馆事业史分期问题的一些初步想法"。当时,对于图书馆近现代史分期的问题,一般认为与中国近现代历史分期一致,但是,张遵俭认为,应该"根据重大历史事件,结合我国图书馆事业发展的特点考虑,来划分阶段,更妥当些"⑤,从而提出了内史与外史结合的分期标准。根据这一标准,他将中国图书馆事业划分为 3 大阶段:1840 年以前时期;1840—1949 年时期;1949 年中华人民共和国成立以后。近代的中国图书馆事业史的断代则以图书馆界的重大事件为标准。在这一阶段,又进一步划分为 3 个阶段:1840—1909 年;1909—1921 年;1921—1949 年,并以南京图书馆和北京图书馆诞生的这些事件,作为 1909 年的断代依据,又将 1921 年中国共产党诞生之时,亦是上海通信图书馆创始之年作为这一断代的依据,"标志着我国图书馆事业为无产阶级政治服务的正式开始"⑥。尽管这些断代结论是值得商榷的,但是,他将图书馆界重大事件作为断代之依据的做法,是很有意义的。

随后,卢中岳发表了与张遵俭商榷的文章。因为卢中岳参与过武大《中国图书馆事业史(初稿)》的编写工作。这部教材对中国图书馆事业史的分期即是按照历史分期划分的,因此,"我是同意'中国历史的分期,基

---

① 张遵俭.中国古代卓越的目录学家刘向、刘歆父子[J].图书馆工作,1957(2):13-15,45.

②③④ 张遵俭.目录学初解[J].图书馆,1962(2):46-47.

⑤⑥ 张遵俭.学习札记三则[J].图书馆,1961(4):48-50.

本上可作为我国图书馆事业发展的分期'这一说法的"①。这里,他同意的是谢灼华的观点,反对的是张遵俭的观点,在进一步的细分中,虽然与张遵俭的断代不同,但是,在这一细分阶段,亦大致采用了图书馆事业中重大事件与内容为断代的依据。内史与外史的结合,成为图书馆事业史分期的发展趋势。

综观近现代对中国图书馆史的研究,20世纪上半叶,我国开始了对中国图书馆史的研究工作,但是,这是一个开创性的时期,很多问题还没有展开讨论、研究。在新中国成立初期。有人开始讲授"中国图书馆事业的历史",但是,其内容并没有大的突破。1949—1956年上半年,这方面的研究很少。1956年制订的《1956—1967哲学社会科学规划草案(初稿)》,是关于研究中国图书馆史的重大突破,该规划是第一次从我国国家学术(学科)研究的战略规划层面,对图书馆史的研究做出了要求,使图书馆史的研究迅速开展起来。1956年12月,在南京召开的第1届图书馆学科学论文讨论会,产生了多篇质量较高的论文。1957年起,图书馆界公开出版物开始较为关注、刊登这方面的文章,进而推动了图书馆史的研究。1959年,诞生了两部"中国图书馆事业史"方面的著作,并作为北大、武大开设这一课程的教材。进入60年代,除了对两部教材做了修改外,开始较多地出现了较有深度、观点鲜明、角度多维的研究性文章,从而对图书馆史中人物、事件的研究进一步开展了起来。在这一阶段中,图书馆史的研究出现了三代同堂、共同研究的局面,分别产生了这一时期图书馆史研究的代表人物:刘国钧、钱亚新、谢灼华、张遵俭等。其中,谢灼华起着承前启后的作用,他除了深入研究和吸收老一辈的学术思想与成果、开启自己富有特色的研究工作外,更是开启了改革开放后对中国图书馆史的研究工作,成为20世纪下半叶我国图书馆史研究最具分量的代表人物。

---

① 卢中岳. 关于中国近代图书馆事业史的分期问题——与张遵俭等同志商榷[J]. 图书馆,1963(2):35-41.

第十二章 图书情报界的"矛盾说"

在 20 世纪 60 年代产生的"矛盾说",是中国现代图书馆学理论进展中的重要一环。任何事物的发展,都是一个充满着矛盾的过程,各种矛盾的形成与解决后,又形成了新的矛盾,如此形成了事物发展的轨迹。

新中国的图书馆事业,经过若干年的发展后,已进入一个新的发展历史阶段。在这一阶段,需要对前一阶段的工作进行总结、分析,以便明确今后的发展路向。图书馆事业快速发展的进程中,也产生了许多新的矛盾,对于这些矛盾,必须迅速加以厘清和解决。1957 年的 5 月 20 和 24 日,文化部两次召开图书馆专家座谈会,主要是座谈图书馆内部存在的矛盾问题。是年,《图书馆工作》也发表了若干篇解决图书馆内部矛盾问题的文章和报道,如《认真地学习和宣传关于正确处理人民内部矛盾的问题》《必须解决图书馆事业的要求与干部配备之间的矛盾》《图书馆事业上存在的矛盾问题》等。这些对图书馆事业发展中存在的问题与矛盾的揭示,为明确图书馆事业的发展起到了较好的作用。这一阶段对图书馆发展中的矛盾的揭示,主要是图书馆事业发展过程中的矛盾,即属于"实践"中的问题与矛盾。

第一节 "矛盾说"的酝酿

"矛盾说"的产生,是在学习毛泽东《矛盾论》这一哲学著作过程中产生的。解放初,在编辑出版《毛泽东选集》过程中,毛泽东对《实践论》和《矛盾论》这两篇哲学著作十分重视。1954 年 4 月 1 日,《人民日报》公开发表了《矛盾论》,此后,全国各大报刊相继推出了一大批高质量的论文,主要是由知名理论工作者,如艾思奇、李达、胡绳等人撰写的。"《矛盾论》从发表到 1956 年,据不完全统计,国内省市级以上报刊共发表学习文章近50 篇,出版学习著作 8 种。其中,李达撰写的《〈矛盾论〉解说》影响最为广泛。"①

这一时期,全国范围对矛盾论的学习主要在理论层面上。由于哲学问题的深邃,此一时期主要是加强理论上对《矛盾论》的普及工作。50 年代末 60 年代初,随着社会主义建设的飞速发展,为解放广大人民群众思想,充分发挥出人民群众中蕴藏着的智慧和极大的积极性,必须打破许多"禁区"和一些不合实情的"权威"和条条框框,《实践论》和《矛盾论》的光辉思想进一步在实践中加以普及与推广。《图书馆工作》杂志曾在 1960年第 3 期上刊载上海第一橡胶鞋面厂的车工王悦夫的《学习"矛盾论"的体会》一文。文中阐明了学习《矛盾论》的体会,阐述了从因知识有限对《矛盾论》中的内容不能理解,到请教能者后受到"学习要理论联系实际"的启发,进而结合工作中产生的难题:生产护肩时经常断线的问题,再抓住产生问题的主要矛盾而加以解决的过程②。这充分说明了当时学习《矛盾论》的普及程度。

将矛盾论的思想运用于图书馆学的理论研究中,大致始于 1957 年。1957 年 2 月 27 日,刘国钧在北京图书馆训练班上做了《图书馆学概论》的演讲,指出图书馆学研究的对象、任务和方法,探讨了图书馆学的研究领域与内容体系,"但《图书馆学概论》的油印刊布时间显然要晚于《什么是图书馆学》"③。在演讲中,刘国钧已关注到文献的保管和流通之间的矛盾问题:"我们要使图书在读者中间流通。一方面要保管,一方面要流通,这中间存在着矛盾,解决这一矛盾是现代图书馆学的任务之一。"④ 刘国钧在 1934 年提出的 4 要素认为:图书是原料,人员是整理和保存这些原料的。1957 年,刘国钧在《什么是图书馆学》一文中阐明了图书是图书馆事业的基础,读者是图书馆服务的对象。他对于图书这一要素在图书馆中的基本位置的思想是一以贯之的,但是,在 1957 年时论述得更加清晰。在人员要素中,4 要素主要指的是馆员,"图书馆人员的研究包括人员养成的方法(如图书馆教育、图书馆学、课程编制等),和图书馆人员资格标准的研究(如人员选择标准的制定、人员等级的区分等)"⑤。5 要素,则专门将"读者"这一要素专列出来,从而更加切合图书馆的发展实情:没有越来越多的图

① 石云霞. 新中国成立以来中国共产党思想理论教育历史研究:上[M]. 北京:中国社会科学出版社,2007:62.

② 王悦夫. 学习"矛盾论"的体会[J]. 图书馆工作,1960(3):15-16.

③ 王子舟.《图书馆学概论》整理说明[J]. 图书情报工作,2007(3):10-11.

④ 刘国钧. 图书馆学概论[J]. 王子舟,整理. 图书情报工作,2007(3):6-10.

⑤ 刘国钧. 图书馆学要旨[M]. 上海:中华书局,1934:13.

书,就不会产生图书馆,没有读者的利用,也就不需要图书馆,从而表明了藏书的保管和流通,是产生图书馆的基本要素,它们之间存在的矛盾,必然贯穿于整个图书馆的发展历史阶段。各个阶段有解决这一矛盾的途径和方法,进入现代图书馆学的发展阶段,藏书的保管和流通的矛盾又凸显出来,成为必须要解决的众多矛盾中的重要方面。同时,这也说明了以后"矛盾说"将从"要素说"的基础上产生出来的逻辑。

运用矛盾论的思想,在图书馆理论上阐述得最为深刻的是黄宗忠,以他为主提出了图书馆学基础理论中重要的"矛盾说"。这一学说的产生,是经过一个发展过程的。1958年4月,全国省、自治区、直辖市文化局(厅)长会议进一步确定了文化工作必须为政治、生产和工农兵服务的方针,号召全国文化工作者坚决执行这一方针。黄宗忠在新的历史条件下及时撰文《坚持图书馆事业为无产阶级政治、为生产、为工农兵服务的方针》,阐明了党对文化、图书馆事业的这一一贯方针。文中阐明了图书馆为什么必须坚决贯彻这一方针和如何贯彻这一方针,阐明了直接服务和间接服务、当前配合与长远配合的关系等问题。针对图书馆事业的发展与国民生产的发展存在着矛盾这一问题,该文大胆提出了解决矛盾的思路。他通过对当时全国文化、经济形势的分析,认为"这个矛盾又是能够统一的","在某些情况下,图书馆事业向生产'让路',不但对生产有积极意义,而且对图书馆事业也有积极意义……因为,向生产'让路',让工农业生产得到发展,图书馆事业的发展就会有坚实的物质基础,就会有更大的发展的广阔前途"[①]。他于1958年在武大毕业的翌年,就开始了对图书馆事业中的"矛盾"的探索,并通过对毛泽东思想与著作的学习,对事物中存在着的矛盾性有了进一步的理解。针对图书馆事业要大干快上的形势,黄宗忠于1960年在《武汉大学人文科学学报》第2期上发表了题为《关于图书馆工作的群众路线》一文,这一文章迅速被《图书馆通讯》转载于是年第4期,题名修改为《学习毛主席著作中的一个重要问题——关于图书馆工作的群众路线问题》,畅谈了"如何在图书馆工作中更好地贯彻党的群众路线,大搞群众运动,这是我们在学习毛泽东思想时要特别重视的问题"[②]。这一文章的发表,充分说明这是他产生"矛盾说"的早期思想的反映,也可说是产生

---

① 黄宗忠.坚持图书馆事业为无产阶级政治、为生产、为工农兵服务的方针[J].武汉大学人文科学学报,1959(7):32-43.

② 黄宗忠.学习毛主席著作中的一个重要问题——关于图书馆工作的群众路线问题[J].图书馆学通讯,1960(4):22-25.

"矛盾说"的准备阶段或称前期思想。

将《矛盾论》的哲学思想用于图书馆学理论研究,开始于 1960 年的上半年。是年《武汉大学人文科学学报》第 2 期上发表了黄宗忠、郭玉湘、陈冠忠合撰的《关于图书馆学的对象和任务》一文。由于这一问题的重要性、商榷争鸣性,学报的编者在文末加有按语:"关于图书馆学的对象和任务问题,目前图书馆学界的意见还很不一致,还需要进行广泛的讨论,使这门科学成为更完整的科学。我们希望图书馆界的同志们,热烈地参加到这个讨论中来。"是文很快被《图书馆学通讯》转载。在转载中声明,完全同意《武汉大学人文科学学报》编辑部按语的意见。这是一篇专论图书馆学对象和任务的较为重要的文献。文中认为:"图书馆学的研究对象是图书馆事业",阐明了对社会主义图书馆学的总的看法。图书馆学的研究内容和范围,包括图书馆事业的建设原理、图书馆工作、图书馆事业史、图书馆的建筑与设备等 4 大方面。尽管在该篇文章中没有提出图书馆学研究对象的"矛盾说",但却是在"矛盾学说"的指导思想下完成的文章:"新生事物同旧的事物总是存在着矛盾的斗争,并且总是在斗争中发展壮大的。而且事物的矛盾,总是不断出现,旧的矛盾解决了,新的矛盾又产生。矛盾的不断出现,又不断解决,这是事物发展的辩证规律。"[①] 这一认识,成为"矛盾说"诞生的逻辑起点,表明以黄宗忠为代表的学者,已开始从矛盾的辩证关系去认识图书馆学的研究对象问题,在新的社会条件与形势下,要用矛盾的辩证方法去解决图书馆学研究对象问题。

第二节　"矛盾说"的产生

1962 年,黄宗忠在《武汉大学学报(人文科学)》第 2 期上发表了《试谈图书馆的藏与用》一文。文中运用马列主义原理和毛泽东在《矛盾论》中阐述的科学对象区分思想,提出了图书馆的"藏用矛盾"问题,这是对图书馆"收藏与利用"的特殊矛盾的分析研究后提出的一种理论,认为"藏与用是图书馆工作的两个方面,构成了图书馆工作的基本内容"[②]。在新的历史条件下,为满足贯彻党的调整、巩固、充实、提高的方针,满足为

---

① 黄宗忠,郭玉湘,陈冠忠. 关于图书馆学的对象和任务[J]. 图书馆学通讯,1960(5):28-36.

② 黄宗忠. 试谈图书馆的藏与用[J]. 武汉大学学报(人文科学),1962(2):91-98.

科学研究和广大读者服务的需要,提高图书馆工作质量,就必须进一步加强图书馆藏与用的工作。藏与用的工作,涵盖了图书馆采访、分编、典藏及流通、阅览、宣传、剔旧等工作过程,藏与用是辩证的对立统一的一对矛盾,"藏是为了用,用时要注意藏。如果片面的强调用而忽视藏,或片面强调藏而忽视用,都是不对的,对实际工作有害的,都会加深与扩大藏与用的矛盾"①,从而辩证地分析了藏与用之间的关系。通过对当时形势的分析,该文提出了既要重视数量,又要重视质量,更需要着重提高质量的切中时弊的观点。要做好这些工作,在"藏"的方面,要保证藏书的政治思想性与科学性相结合、要全面而有重点的收藏、要注意馆藏的系统性与完整性的结合、要不断地整顿藏书。在"用"的方面,要加强对读者需要的调查研究;要区别对待不同需要的读者,以满足不同层面需求的读者的需要;要积极向读者推荐和宣传图书;充分揭示馆藏文献;要逐步开展参考咨询工作;帮助读者查找资料,解答疑难;在读者服务上,必须主动送书上门与积极吸引读者来馆相结合;大力倡导开架问题;要解决好藏与用的矛盾,必须要有制度保证。因此,必须建立各种保藏与使用图书的规章制度,并严格执行。此文一出,标志着藏与用的"矛盾说"的正式诞生。

同年5月,周文骏在北大"五四"科学讨论会上提交了《什么是图书馆? 什么是图书馆的基本矛盾? 》(以下简称《基本矛盾》)一文,文中亦提出了"矛盾说",认为图书和读者这一对矛盾是图书馆的基本矛盾,并从理论上分析了为什么说是基本矛盾,并得出结论:"我把图书与读者之间的矛盾视为图书馆的基本矛盾,想来不至于会有什么谬误的。"②《基本矛盾》提出的论点成了当年北京大学图书馆学系"五四"科学讨论会的中心论题,关懿娴对该论点提出了不同的看法,她在会上的发言稿《试论什么是图书馆和图书馆的基本矛盾》中认为:《基本矛盾》只说出了图书事业的共性,没能突出图书馆自身的特性,同时她明确地提出图书馆的基本矛盾"应该是对图书的保藏与使用——即藏与用——的矛盾",并从图书馆这一词源、图书馆的演变以及图书馆内部工作的相互关系等三个方面论述了这对矛盾的存在和发展,并指出图书馆正在逐渐从"以藏为主"转向"以用为主"这一趋势,但也强调做好图书馆工作要力求"藏与用"矛盾的统一③。

① 黄宗忠.试谈图书馆的藏与用[J].武汉大学学报(人文科学),1962(2):91-98.

② 周文骏.什么是图书馆? 什么是图书馆学的基本矛盾? (1962年"五四"科学讨论会论文)[M]//周文骏.周文骏选集.成都:东方图书馆学研究所,1988:35-45.

③ 关懿娴.关懿娴旧稿旧文集(图书馆学)[M].北京:国家图书馆出版社,2010:1-8.

翌年,黄宗忠、彭斐章、谢灼华又合作撰文《对图书馆学几个问题的初步探讨》,发表于 1963 年《武汉大学学报(人文科学)》第 1 期上。文中对"图书馆学的研究对象问题"亦做了专门的研究。他们运用毛泽东在《矛盾论》中关于"科学研究的区分,就是根据科学对象所具有的特殊的矛盾性。因此,对于某一现象的领域所特有的某一种矛盾的研究,就构成某一科学的对象"的论述为依据,进一步阐明了图书馆学研究对象的特有矛盾是,"图书馆搜集、整理、保藏图书与读者共同使用图书的需要之间的矛盾"①。并进一步从理论上阐明了为什么说这一对矛盾是图书馆事业特有的矛盾,这一特有的矛盾也就形成了图书馆学特有的研究对象。从特有的研究对象出发,给出了图书馆学的定义:"图书馆学是关于图书馆事业发展的科学,说明图书馆搜集、整理、保藏图书并利用图书,供一定阶级的读者共同使用的规律。"② 可以说,此文,夯实了"矛盾说"的理论基础。

在 20 世纪 80 年代中期,黄宗忠在多篇文章中还论述过"矛盾说":"历代图书馆的基本任务是两条:一是收集、整理图书;二是提供使用和传播、交流科学文化知识,交流人们的思想。二条任务是一个完整的整体。"③ 根据发展的情况,将藏与用的范围扩大了,增加了"传播和交流"的思想,由此,更加使矛盾说符合新的历史条件,并且将矛盾说与要素说紧密地结合起来:"在图书馆的发展过程中,藏与用的矛盾是主要矛盾,它的存在与发展,影响着图书馆整体的发展,也影响着各个组成要素的发展……"④

"矛盾说"的诞生,是一个群体共同努力的结果。当然,以黄宗忠为代表。

第三节　"矛盾说"的历史功绩

"矛盾说"的历史功绩主要可归纳为三条:第一,丰富了图书馆学理论研究的方法与途径。在中国近现代图书馆学理论研究的历史过程中,运用科学的方法论研究图书馆学理论,刘国钧是最出色的一位。最有影响力的方面,一是开创了对分类法以进化论的研究方法加以研究与撰述,从而

---

①② 黄宗忠,彭斐章,谢灼华. 对图书馆学几个问题的初步探讨[J]. 武汉大学学报(人文科学),1963(1):104-120.

③ 黄宗忠. 为读者服务是图书馆的根本目的[J]. 图书馆,1984(1):3-8.

④ 黄宗忠. 关于图书馆学研究对象的再探讨[J]. 图书与情报,1985(1):32-37.

形成了一部科学性很强,适合于当时历史发展要求的分类法。二是用"要素"的方法研究图书馆学基础理论,形成了以他为首的"要素说",这一研究方法,直到现在仍然具有强大的生命力。"矛盾说"的诞生,丰富了图书馆界的研究方法与途径,使人们可以进一步从哲学的层面,去辩证地认识、分析、解决问题,从错综复杂的、交织在一起的矛盾中,抓住主要矛盾,并以此为抓手,使问题迎刃而解。

第二,推进了图书馆理论指导实践的发展。在图书馆界,到底是"藏"重要,还是"用"重要,在没有理论支撑的情况下,往往遇到问题时会采取"实用主义"的态度,结果会偏离正确的轨道。"矛盾说"的出现,从理论上解决了这一问题,两者是相辅相成缺一不可的,无论是重藏轻用,还是重用轻藏,都是不正确的,从而解决了当时在实际工作中的许多棘手问题,如收藏方针、加工整理、开架服务、藏书的数量与质量的关系、搜集与剔旧、调拨的关系、加快参考咨询工作的开展、深入开展各项宣传图书的活动、推荐图书、编制书目等工作,通过矛盾的统一体的研究,使图书馆界在藏与用的矛盾中不断找到新的平衡点。

第三,推进了图书馆学理论研究。"要素说"是中国图书馆对世界图书馆学理论的一个重大贡献。只要图书馆的存在,这一理论永远不会褪色,只是要素的组成会有所变化,但要素的原理不会落伍,这就是研究方法魅力之所在。1958年开始,"要素说"遭到了片面的、曲解的指责与批判,在当时的政治氛围下,这一理论已无法进一步深入研究下去。"矛盾说"的诞生,其重要意义即在于融"要素说"而再次在图书馆界兴起了对图书馆学基础理论的研究。周文骏在其《基本矛盾》一文中也认为图书与读者是产生图书馆的前提之要素,"图书与读者这两个基本要素是图书馆整体的两个方面……双方互相联系、互相依存,是图书馆内部的一对矛盾"[①]。他还在文中简要分析了解决基本矛盾的多种途径。这是一种基于刘国钧五要素基础上的理论研究,对各要素加以分析后找出其中的主要矛盾,进而找寻出一对"基本矛盾",其他要素都是为了解决基本矛盾而存在,"所以也可以这样说,图书馆内部矛盾是图书馆要素之间与要素本身的矛盾的总体"[②]。

对黄宗忠提出的"矛盾说"加以分析,这一理论也是在"要素说"的基础上,从中找出主要矛盾而形成的一种理论,这一问题可以在"矛盾说"

①② 周文骏. 什么是图书馆? 什么是图书馆学的基本矛盾? (1962年"五四"科学讨论会论文)[M]//周文骏. 周文骏选集. 成都:东方图书馆学研究所,1988:35-45.

对图书馆学研究内容的构建中找出答案,认为图书馆学研究内容包括 4 个方面:①图书馆学基础理论,其中包括有干部培养等。②图书馆工作,包括有读者研究等。③图书馆事业史。④图书馆建筑与设备。这些内容,都在要素的范畴之中。与刘国钧以"要素说"构建的图书馆学内容相比,除了关于图书的研究和关于工作方法的研究两条外,基本雷同,可说"矛盾说"是对"要素说"的继承和发展,尤其在当时的历史条件下,打破了"要素说"被批判,又提不出新的理论的尴尬局面,促使人们对图书馆学基础理论研究可以正常、深入地继续开展下去。这一特征,黄宗忠在 20 余年后的总结归纳中十分明确:"一个科学的定义应该包括三个环节,即'矛盾'是核心;'组成要素'是构成矛盾运动的基础;'规律'是矛盾运动的必然结果。因此,'要素说'、'矛盾说'、'规律说'则成了构成学科定义的三个环节。"① 黄宗忠和周文骏对"矛盾说"和"要素说"关系的认识,成为人们将"要素说""矛盾说""规律说"归为一类的主要依据之典型表述。

图书馆界"矛盾说"的产生,是在全国人民学习毛泽东《矛盾论》的时代背景下产生的。20 世纪 50 年代中期,图书馆界运用矛盾的哲学辩证思想,分析和厘清了图书馆工作中存在的许多矛盾,以便在实践过程中不断解决这些矛盾,因此,最初这一方法的运用主要是对实际工作而言。但是,此时已开始关注在理论上的运用。

图书馆学界在理论研究上运用矛盾的方法进行研究,早期是刘国钧给予了关注②,但是并没有深入加以研究,可说是为图书馆界提出了一个研究方法的课题。1962 年,由黄宗忠等提出"矛盾说",这一理论的提出,可说是一个群体的智慧结晶,包括刘国钧、黄宗忠、周文骏、彭斐章、谢灼华等人,还有郭玉湘、陈冠忠等。"矛盾说"的提出,丰富了图书馆学理论研究的方法,解决了当时许多实际问题中遇到的难题,促进了图书馆学理论研究的展开。在"要素说"受到曲解、批判,新的研究理论又难以提出的历史条件下,"矛盾说"的提出尤为重要,它以巧妙的方法,继承和发展、丰富了"要素说"的理论和研究方法,对后生的研究提供了范例。

① 黄宗忠.关于图书馆学研究对象的再探讨[J].图书与情报,1985(1):32-37.
② 刘国钧.图书馆学概论[J].王子舟,整理.图书情报工作,2007(3):6-10.

第四节　情报界的"矛盾说"

新中国成立后,我国文化、科技事业快速发展,文摘杂志也陆续出版发行。"从 1953 年起,有生物科学方面的四种文摘杂志,由科学出版社定期出版。"[①] 中国科学院及一些专业研究单位也开始展开了一些情报工作,这一时期,可说是新中国开展情报工作的萌芽期。

1956 年党中央发出了"向科学进军"的号召,并着手编制第二个五年计划,制订《十二年科学技术发展远景规划》。在周恩来总理的关心指导下,将"科学技术情报的建立"列入《规划》中的第 57 项,要求"筹建专门机构,组织力量,从事摘录全世界科学技术期刊上的论文,用快报和文摘的形式编印出版"[②]。并以紧急措施的方式成立了科学情报研究所,"1956 年中国科学院建立了科学情报研究所,标志着中国科技情报事业的开始"[③]。翌年 12 月,《科学情报工作》创刊,标志着我国情报科学研究的开端。进入 1958 年,在"大跃进"的形势鼓舞下,"全党全民大家动手搜集情报和传播情报,其声势的浩大,动员的广泛,是史无前例的"[④]。如何开展情报工作,已成为全党全民共同关心的大事。在此形势下,原国务院科学规划委员会和国家技术委员会于 1958 年 11 月 1 至 12 日召开了全国科学技术情报工作会议,共商情报工作大事。

一、提炼基本规律

如何以情报工作的方针、政策作指导,通过服务宗旨与方法途径的总

---

① 袁翰青,曹昌,朱耀纲,等. 科学技术情报工作讲义:上册[M]. 北京:中国科学技术情报研究所,1963:10.

② 国务院科学规划委员会. 1956-1967年科学技术发展远景规划纲要(修正草案)[R/OL].[2018-07-25]. http://www. most. gov. cn/ztzl/gjzcqgy/zcqgylshg/200508/t20050831_24440.htm.

③ 武衡. 情报学[M]//中国大百科全书出版社编辑部,中国大百科全书总编辑委员会《本卷》编辑委员会. 中国大百科全书·图书馆学　情报学　档案学. 北京:中国大百科全书出版社,1993:14.

④ 武衡. 进一步加强科学技术情报工作:在全国科学技术情报工作会议上的报告[J]. 科学情报工作,1958(10):6-12.

结,提炼出情报工作的理论,以便广泛指导全国范围内迅速开展起来的情报工作,这是推进我国情报工作广泛深入开展的重大课题。1958 年 5 月,国务院批准了《关于开展科学技术情报工作的方案》。该方案规定了科技情报工作的任务和迅速有效地开展科技情报工作的规定,将"中国科学院科学情报研究所"改称为"中国科学技术情报研究所",并规定了该所的职责、建立国内科技情报网等。根据国务院科学规划委员会的指示,中国科学院科学情报研究所于 1958 年 6 月 24、25 和 27 日上午,召集有关单位在情报所举行座谈会,以检查我国科学发展第 57 项任务的执行情况。根据形势发展的需要,情报所提出了资料供应的目标是:有求必应、系统供应和主动推荐,从而构建了这一时期的服务要求。这一要求,对于迅速开展的情报工作的服务有着引领性的作用。这三个方面的服务核心分别是:用户提出什么就供应什么,解决情报服务的针对性;把比较成套的情报资料分送给相关单位,主要是力争解决相关需要单位的资料的"全"的问题;根据单位的需求,主动拣选汇编,供用户参考,解决服务的主动性问题。

随后,便召开了全国科学技术情报工作会议。会议中,武衡在其所做的报告中,确定了我国情报工作的方针和具体任务:"我国的科学技术情报工作要为我国的社会主义建设服务,也就是为多快好省地建设社会主义的总路线服务,它的具体任务是:为生产和科学研究服务。"[①]号召情报工作大力开展"面向生产、面向群众"的工作,指出了情报业务工作的方针是"广、快、精、准",并指出:"方针不一定要注明那一段话,可以明确几条,这就是'广、快、精',一定意义上要准。经过实践一个时期以后,再选出最恰当的话,来概括科学情报的方针。"[②]从中可以看出,情报科学作为一门科学,在我国刚诞生,大量理论问题还没有总结,情报业务工作的方针的提出,还没有成型,需要通过实践,加以理论研究并进一步概括。在这一"四字"方针中,广、快、精是必须要做到的,而"准"则是相对的,这是根据当时大量情报工作人员的工作经验还不丰富,许多人员的业务素质还达不到较高的要求,作为提供情报的内容和时间要准确,情报机构应有鉴别能力,这些要求是要做到的,但不能要求情报人员什么都懂,和专家一样,能够确定哪些情报最好。情报机构推荐的情报,最后要由用户来鉴别,这就是说

① 武衡. 进一步加强科学技术情报工作:在全国科学技术情报工作会议上的报告[J]. 科学情报工作,1958(10):6–12.

② 武衡. 全国情报工作会议的总结报告[J]. 科学情报工作,1958(10):12–18.

在当时的情况下,"准"所要达到的要求和某些相对的要求应共存之。与此同时,情报界在学术研究方面开始寻找科技情报工作的基本规律,"我们认为,这条基本规律,就是供和求的关系,也就是供求规律"①,并提出了服务供应方面的三个问题和开辟情报来源的三个问题。这是我国情报工作初期的理论研究中的一个重要成果,这一规律说,指导着以后情报工作的开展,也是以后情报界的"矛盾说"的基础。

二、突出"供"字带动全局

"科学情报工作是一门年青的科学,又是一项服务性的科学工作。"②实践中,逐步形成了情报工作必须满足生产和科研的需要,边服务、边搜集、边报道的以服务为纲的服务理念。这一服务理念,突出情报的"供应"工作与效率,因为"科学技术情报工作的目的是为了把情报、资料供给有关部门使用。供应工作的好坏是情报工作的最后准绳"③,从而形成以"供应"为主要方面的阶段。在"供应"的带动下,推进整个情报工作的展开,也更加清楚了情报工作的工作环节和范畴,"即搜集、整理、报导、研究和咨询调查工作等"④。情报工作的终极目标,是把国内外各种来源的科技情报系统地加以搜集整理、研究,广快精准地使之广泛地传播交流,提供到有需要的用户手中,由此开始了抓住情报工作的中心环节而展开工作的过程,并深刻地认识到"报导是情报工作的主要环节"⑤,由此抓住了情报工作的重点,从理论上克服一些部门以往将主要精力过多地投入搜集、积累工作上的问题,"而应当把力量解放出来,结合各专业部的中心任务,切切实实作些情报研究工作"⑥。并从理论上阐述情报资料的搜集、报道工作在整个情报工作中的作用与关系——从整体科技情报工作而言,拥有了有系统的情报文献资料后,才有可能构筑出情报工作的坚实的基础,只有将科

① 时生. 解放思想进一步开展全国科学技术情报工作[J]. 科学情报工作,1958(7):6-11.

② 中国医学科学院. 蓬勃发展的医学科学情报事业[J]. 科学情报工作,1960(6):14-18.

③ 武衡. 进一步加强科学技术情报工作:在全国科学技术情报工作会议上的报告[J]. 科学情报工作,1958(10):6-12.

④ 杨沛霆. 科学技术情报工作的基本内容和各工作环节之间的关系[J]. 科技情报工作,1963(4):25-29.

⑤ 袁翰青,曹昌,朱耀纲,等. 科学技术情报工作讲义:上册[M]北京:中国科学技术情报研究所,1963:31.

⑥ 武衡. 国家科委武衡副主任在化工部化工技术情报工作会议上的报告(摘要)[J]. 科技情报工作,1965(9):1-4.

技情报报道出去,满足用户的需求,才是最终发挥了情报的作用[①],并形成"以搜集为基础,以报导为中心环节"的工作方针。

情报界努力将如何做好"供"的工作用法规、标准的形式固定下来,推广开去。如一机部于 1959 年 12 月 1—5 日,召开全国机械系统技术情报与推广工作会议,会上形成了《关于进一步加强机械系统技术情报与推广工作的决议》《关于各级情报与推广机构的任务和工作关系的初步意见》《技术情报与推广工作联系办法(草案)》等文件,使"供"之问题有了规范、标准,推动了情报资料"供"之工作的开展由被动的"供"走向主动的"供"。情报界广泛开展了根据当时国民经济建设的需求,有计划、有步骤地搜集、交流、报道情报资料的工作,进一步深入工农业建设的实践中去了解本专业的基本发展情况,在此基础上掌握用户的需求方向,分轻重缓急加以报道,增强情报供给的针对性。在有条件的情报研究部门,大抓新兴、尖端、空白、薄弱科学的战略情报,广泛搜集、整理、积累情报资料,发挥科技情报工作的"尖兵""后勤"作用。在实践中开始更理性地思考如何抓住工作的主要方面的问题。例如,在情报工作中,主要是抓情报的组织工作还是抓总结推广工作?"我们认为要抓总结推广,也就是以服务为纲来搞好科技情报工作。"[②]

思考和解决如何更好地"供"。为不断提高报道的效率,必须解决如何更好地"供"的问题。"因为情报工作的一切活动都是为了情报的有效利用,而有效利用主要体现在报导与提供情报资料方面。"[③] 如根据用户的需求提供定向服务,通过定向报道和定题介绍,提高情报利用的效率。这一阶段,用户的需求问题提到了一个十分重要的高度,因为这是解决如何更好地"供"的问题的关键因素。许多情报机构大力开展深入一线、广泛了解用户需求的工作。有的突出重点,向课题研究负责人了解情况,以便确定课题所需的情报资料。有的参加制订单位的科研规划,了解研究课题内容,通过参加生产技术会议来了解生产中的重大问题等。同时也做好文献调研工作,力争提供出具有针对性的情报以满足用户的需求,并在实践中总结出一套具有指导意义的工作方法五字诀:了、搜、编、播、交,即了解

---

① 袁翰青,曹昌,朱耀纲,等. 科学技术情报工作讲义:上册[M]北京:中国科学技术情报研究所,1963:40.

② 王颖. 关于开展情报工作的几个问题的看法[J]. 科学情报工作,1959(8):16-17,25.

③ 杨沛霆. 科学技术情报工作的基本内容和各工作环节之间的关系[J]. 科技情报工作,1963(4):25-29.

需要情报情况;搜集情报资料;情报资料的整理和编译;把搜集到的情报资料传播给需要的部门;情报交流[①]。并已开始关注工作中的矛盾的产生与解决的问题。例如,怎样处理好搜集、积累和检索的关系,报道和提供的关系[②],在提供过程中,怎样处理好"需要与可能"的关系[③]。一方面要尽量满足用户的需求,尤其是对当前的中心任务的需求更要注意;另一方面要根据目前财力、人力和其他客观条件许可的范围内能做到的事。如果需要与可能产生矛盾,应首先满足比较重要的需求。至此,情报界的矛盾说即将破土而出。

三、"供求"矛盾说的产生

矛盾说的产生,是在全国各行各业学习包括《矛盾论》《实践论》等在内的高潮中产生的。情报领域同样如此。他们主要是在学习矛盾的存在、主要的矛盾、矛盾的发展、具体问题做具体分析等哲学思想的过程中而产生的。在工作实践中遇到困难时,就认真分析问题,找出主要的矛盾和规律,因为"情报工作是一项新的工作,问题很复杂,矛盾很多。但是,经过分析研究后,是能够找出主要矛盾来的"[④]。在当时大致主要抓住了如下方面的一些主要矛盾:

确定和完成基本任务。在进入第三个五年计划的开局之年(1966年)国民经济将进入一个新的历史发展时期,对科技情报工作的需求将更加旺盛,在这一形势下,要求情报工作完成三项基本任务:一是为赶超国内外先进水平的生产、研究服务;二是为促进科研快出成果,解决生产关键问题和改进教学服务;三是为交流、推广科研成果服务。无疑,要很好地完成这三项任务是十分艰巨的,"国内情报不灵、科技交流不畅,阻碍着这三项基本任务的完成。因此,可以说这一矛盾是当前情报工作的主要矛盾"[⑤]。这是

---

① 席三. 紧密配合生产积极开展技术情报工作[J]. 科学情报工作,1960(5):1-5.

② 杨沛霆. 科学技术情报工作的基本内容和各工作环节之间的关系[J]. 科技情报工作,1963(4):25-29.

③ 袁翰青,曹昌,朱耀纲,等. 科学技术情报工作讲义:上册[M]. 北京:中国科学技术情报研究所,1963:32.

④ 积极组织全面安排1964年地区情报所工作计划:地区情报所第一次计划工作会议在北京召开,国家科委 情报局聂春荣局长作了总结发言[J]. 科技情报工作,1963(12):9-10.

⑤ 聂春荣. 突出政治,用毛泽东思想统帅科技情报工作:国家科技情报局局长聂春荣同志在一九六六年三月四日在湖南地区科技情报干部座谈会上的讲话记录摘要(未经本人审阅)[J]. 科技情报工作,1966(5):1-4,8.

根据当时形势发展的需求,找出了情报工作中近期的主要矛盾。

紧抓"活"与"乱"的主要矛盾。高天生参加了《中国图书馆图书分类法草案(下册)》机电部分的增补、修订工作。通过这一工作,他深刻地体会到,要做好这一工作,首先必须认真学好《矛盾论》和《实践论》等哲学著作,学会运用唯物辩证法。在修订增补的过程中,他感到了这一工作中大量存在的复杂的矛盾,如综合与部门的矛盾、学科与专业的矛盾、"活"与"乱"的矛盾、集中与分散的矛盾、族性检索与特性检索的矛盾、共性复分与个性需求的矛盾、类号助记性与分类号长度的矛盾,等等,总之矛盾无处不在。在众多的矛盾中,只有抓住了主要矛盾后,其他问题才能迎刃而解。经过分析后,他认识到了:"文献主题与检索要求的多面性的矛盾,是一切文献分类法的主要矛盾。也就是说,文献分类的'活'与'乱'的矛盾,是主要矛盾。"[①] 这是在编制情报检索语言工具中对矛盾说的自觉运用。

抓住刊物编制中的主要矛盾。《石油机械译丛》于1964年2月创刊。在创刊初的一段时期内局面比较被动,对于当前的问题到底在哪里,矛盾是什么,主要矛盾是什么等问题意见不能统一。编辑部带着问题反复学习了《矛盾论》《实践论》等著作,经过认真思考和分析后,认识到编辑工作中有六个主要环节,"选题、组稿、校稿、编辑、审稿、发稿",明确了在整个编辑工作上要狠抓选题与组稿两个环节。在此基础上,查找分析工作中存在的主要矛盾:"经过分析研究,我们发现,主要矛盾是译校力量不强"[②]。针对这一矛盾,编辑部狠抓了译校力量的整顿与发展,工作情况迅速得到改变,这是将矛盾论应用在专业刊物上的情况。

抓住工作中的"藏与用"的主要矛盾。在情报工作中,资料的搜集、整理、保管是基础工作,没有有序的资料保证,难以做出深入实际的情报成果,并深刻地认识到:"搜集、整理、保管的最终目的,是为了更好利用,于是我们就紧紧地抓住了利用这个'纲',来开展全盘业务工作,从利用出发去搜集、整理资料,从利用出发来改进管理工作。"[③] 并从中找出了一套处理好"藏与用"矛盾的工作方法。

① 高天生. 在新的一年里要更好地学习唯物辩证法[J]. 科技情报工作,1966(2):27.

② 《石油机械译丛》编辑部. 学习运用毛泽东思想改进编译报道工作[J]. 科技情报工作,1966(5):31-32.

③ 带岭林业科学研究所情报组. 认真学习毛主席著作实现情报工作革命化[J]. 科技情报工作,1966(5):9-14.

上述说明了在当时的社会背景下,情报领域在各个方面都在用《矛盾论》等毛泽东思想指导思想与工作,并在工作中努力寻找分析出存在的主要矛盾而努力解决之。

就整个情报领域中的基本矛盾不会是部门的、近期的主要矛盾,必然是能够满足于整个情报领域的、较为长期存在的主要矛盾,这一主要矛盾即是"供与求"的矛盾。直接提出这一矛盾的时间大致在 1963 年。是年,在地区情报所第一次计划工作会议上,国家科委情报局聂春荣局长在总结发言中明确指出了,"我们要作好文献服务工作,才有可能使情报资料供求之间不相适应的矛盾获得解决"①,提出了"供求"矛盾问题。随后这一问题就作为情报工作的主要矛盾正式提出,即:"当前工作上的主要矛盾是供与求之间的矛盾"②,并指出了三个主要表现方面,其核心是情报服务不能满足科学研究、生产建设和教学工作的要求,直至"17 年"这一历史阶段结束之时,"供与求的关系有所好转,但这一矛盾并没有基本解决"③。这深刻地说明了这一基本矛盾存在的长期性、复杂性。

第五节　图书情报界的"矛盾说"比较

图书馆界的矛盾说的主要代表是"藏与用",情报界的矛盾说的主要代表是"供求说",两者产生的过程既有共同处又有不同点。

一、学科属性不同

任何一门学科的属性都是由学科的本质属性所决定的,由基本属性而产生出基本矛盾,由基本矛盾而引出学科属性、定义、理论体系。我国最早由国家规划层面对图书情报的学科属性的规定,是在 1956 年。是年,《1956—1967 哲学社会科学规划草案(初稿)》将图书馆学纳入其中,将图

---

① 积极组织全面安排1964年地区情报所工作计划:地区情报所第一次计划工作会议在北京召开,国家科委　情报局聂春荣局长作了总结发言[J]. 科技情报工作,1963(12):9-10.
② 交流经验并研究制定1964年工作方向:国务院各专业部(局)情报工作会议在京举行[J]. 科技情报工作,1964(1):4-6.
③ 聂春荣. 突出政治,用毛泽东思想统帅科技情报工作:国家科技情报局局长聂春荣同志在一九六六年三月四日在湖南地区科技情报干部座谈会上的讲话记录摘要(未经本人审阅)[J]. 科技情报工作,1966(5):1-4,8.

书馆学的学科属性规定为社会科学。尽管后来在学术争鸣中有不同的看法，但这一由本质属性规定的学科属性不会改变。同年，在《1956—1967年科学技术发展远景规划纲要（修正草案）》，将情报工作（学）纳入其中，由于我国情报工作开创之时，主要是以科技情报为主，因此，将其纳入科学技术学科范畴中。以后，根据学科的发展，通过学术研究、争鸣，将其纳入综合性的交叉学科之列。

二、研究的深度不同

1957年起，图书馆界开始较为重视用哲学思想指导研究工作，运用唯物辩证法的观点去研究工作中存在的矛盾问题，并从中分析归纳出主要矛盾。图书馆界的"矛盾说"是一个在此时期的基础理论研究中的一个标志性成果，这一成果在理论上已形成一种深具特色的理论体系。

寻找情报工作中的主要矛盾及主要矛盾中的主要方面的工作，大致起于1958年。1963年，情报界提出主要矛盾问题，情报界的长期存在基本矛盾是供与求的矛盾，这是情报界长期存在着的主要矛盾。在实践中，大量情报机构在解决好"供与求"的矛盾过程中，即用"利用"作为桥梁，通过这一桥梁，更好地解决供求矛盾，将利用作为"纲"，进而解决好供求矛盾。尽管情报界在当时找出了主要矛盾，亦找出了解决主要矛盾的一些方法和途径，但从总体上而言，与图书馆界的矛盾说不同，情报界对这一问题的研究工作并没有充分展开，仅是提出了矛盾说这一问题，缺乏理论研究的支撑，因此，并没有形成供与求矛盾的理论体系。这与我国近代图书馆学的形成，自20世纪20年代初至50年代末，已有30多年的发展史不同，我国的情报学此时期则刚开始形成，因此，对于学科基础理论研究上的不足也就必然会反映出来。

三、研究的逻辑起点不同

矛盾说的研究属基础理论范畴，作为图书馆而言，已有较为完整的理论体系，尽管这一理论体系要不断向前发展，但是，图书馆的基本职能是对文献的搜集、整理和提供使用，其社会职能是保存人类文化遗产、社会教育、传递知识情报、开发智力资源等。在这些职能中，文献的搜集就成为图书馆工作的逻辑起点，与之对应的是保存人类文化遗产之职能，正是人类保存文化遗产的需要，才产生了图书馆，以此为起点，进而形成图书馆工作、图书馆学理论的体系。从图书馆职能的形成出发，由对文献的搜集出发，形成图书馆的基本职能，又从基本职能出发，形成图书馆的社会职能，两者紧密相连而不可分割。基本职能是不变的,而社会职能是随着社会的发展而变化的。由基本职能出发而研究其本质属性,"图书馆的本质属性应该是藏与用,即对图书文献的收藏与利用"①。

情报工作逻辑起点与图书馆不同,这一点可从当时对情报工作的定义中看出:"科学技术情报工作是把科学技术知识从创造发明者那里得来,经过有计划有组织的加工整理之后,通过文字的、图形的、胶片的或录音带等形式固定下来,传递给使用者的一项工作。"② 从中归纳出情报具有的基本属性是知识性、传递性和效用性。可见,情报的逻辑起点是有用的知识,通过对知识的有针对性的搜集整理、分析研究,形成用户需要的情报,并通过传递产生情报之效用,由此而形成供求说。

四、矛盾说以要素说为基础

矛盾说是在要素说的基础上发展而来,它是将要素说进行分析,从要素中归纳出图书馆的本质属性,因此,它比要素说更简练,能直接抓住图书馆的本质属性。

图书馆界的藏与用的矛盾说,是由刘国钧最先提出,他通过对图书馆学 30 余年的研究,又充分运用其哲学博士的学科背景,敏锐地揭示出了这一问题。在提出矛盾说的过程中,研究者一边批判要素说,一边在构建矛盾说的过程中又离不开要素说,仅是对要素说的修改。例如,黄宗忠等人在研究图书馆学的研究对象和任务过程中,在批判了要素说后,提出了他们的理论,认为图书馆学的研究对象是图书馆事业,这和刘国钧提出的"图书馆学所研究的对象就是图书馆事业及其各个要素"③ 基本相同,所不同的是简化了"及其各个要素"而已。黄宗忠在构建图书馆学体系时,包括四大部分:图书馆事业的建设原理,包括图书馆学理论基础、图书馆事业建设的基本方针和任务、图书馆事业建设原则和图书馆体系;图书馆工作,包括读者、藏书、业务辅导和组织领导工作;图书馆事业史;图书馆的建筑与设备④,其构成来源于要素说的理论体系,以后黄宗忠构建的图书馆学体系,即以要素说为基础而形成。

---

① 黄宗忠.图书馆学导论[M].武汉:武汉大学出版社,1988:133.

② 袁翰青,曹昌,朱耀纲,等.科学技术情报工作讲义:上册[M].北京:中国科学技术情报研究所,1963:1.

③ 刘国钧.什么是图书馆学(供讨论用)[J].中国科学院图书馆通讯,1957(1):1-5.

④ 黄宗忠,郭玉湘,陈冠忠.关于图书馆学的对象和任务[J].图书馆学通讯,1960(5):28-36.

　　周文骏于 1962 年 5 月亦提出了"矛盾说"。文中完全以要素为基础,在要素的基础上归纳出图书馆的基本矛盾,认为在要素中,"图书与读者这两个要素构成了图书馆的基本矛盾"[①],并且旗帜鲜明地提出:"我们并不批判要素本身,各项要素是图书馆中客观存在的事实,既批判不倒,也回避不了,所以提出我对要素的看法,并用于说明图书馆的特征和分析图书馆的内部矛盾。"[②] 这是要素说与矛盾说之关系的最直接的表述,也显示出了周文骏不畏压力而对学术研究实事求是的追求。

　　我国情报界同样显示出了由要素说而发展为矛盾说的脉络。我国情报事业发展较晚,随着情报工作的快速发展,我国的"情报学在 50 年代末期便作为一门新兴的科学学科在'情报爆炸'中诞生了"[③]。1958 年,情报界提出科技情报工作的一条供和求的基本规律,这就找出了情报学的本质属性。随后,在首届全国科学技术情报工作会议上,根据情报工作的特征,提出了情报工作的方针,即"广、快、精、准",方针不一定要用大段文字来表述,可以归纳为若干条,当精炼之后,亦即形成了与图书馆要素说类似的"要素",如果对这些要素展开研究,即形成了理论上的"要素说"成果。对于情报工作的四大要素,情报界并没有形成一个理论体系,主要是对四个要素进行了适当的解释,如"广"其意,即组织和动员各方面力量要广,服务对象要广;"快"即搜集、整理、报道、供应要迅速及时;"精"则指对情报资料的搜集、整理、报道和供应等应系统地、有选择地、密切结合用户的生产建设和科学研究中心任务;"准"则要求提供的情报资料必须准确无误,这是情报工作过程中的主流要素。还有在工作中总结出来的其他表述,如"调、征、联、搜、看、加、编、供、总"的九字方针工作法,即调查研究、征求意见、主动联系、广泛搜集、加工整理、编写通讯和刊物、主动供应、总结经验等。由于文摘工作是情报报道工作中的主要形式,因此,针对文摘工作的要素的提炼,亦成为重要的研究工作之一。如何做好文摘工作?国家科委情报局聂春荣局长提出了"全、快、便"的三要素,"这三点要素看来是任何国家优秀的文摘杂志都具备的"[④]。情报学界代表人物之一的袁翰青则认为,科学文摘有四个要素,即资料搜集齐全、文摘出版应迅速及时、

①②　周文骏. 什么是图书馆? 什么是图书馆学的基本矛盾? (1962年"五四"科学讨论会论文)[M]//周文骏. 周文骏选集. 成都:东方图书馆学研究所,1988:35-45.

③　严怡民. 情报学概论(修订版)[M]. 武汉:武汉大学出版社,2000:42.

④　聂春荣. 关于调整1962年国外科技文摘编译计划几个原则问题的意见[J]. 科技情报工作,1962(6):1-3.

以最精简的篇幅概括原文的内容、完整的索引,实质上阐述了文摘工作的
"全、快、精、索引"的四大要素。

　　矛盾说是在全国人民大力学习唯物辩证法、大力推行用矛盾方法来分
析、研究、解决问题的时代背景下产生的。图书情报界对于主要矛盾的分
析,既有共同性,例如,都是在对基础理论的探索过程中产生的;都是由要
素出发,对要素的进一步分析归纳后,提炼出的一对主要矛盾;等等。亦有
不同之处,例如,根据研究对象的不同所提炼出的主要矛盾有所不同,一为
"藏用论",一为"供求论";一有理论支撑,最后发展成较为完整的学术体
系,一却只提出了一对主要矛盾,并没有提出完整的一套理论;一为从下而
上,由研究人员在研究过程中提出,最后形成一个界内认同的较为高端的
理论,一为从上而下,由当时的行政领导在会议报告中提出,并逐步得到界
内的认同等。不管如何,矛盾说都成为图书情报界的理论研究中的重要组
成,代表着这一时期界内学术研究的水平,为以后基础理论的研究打下了
坚实的基础。

第十三章　目录学研究进展

在新的历史时期,作为目录学的两大巨轮:分类学和编目学的发展不是同步的,最先得以重点发展的是分类学问题。如何创建一部适合新的历史时期的图书分类法,成为当时图书馆业务中急需解决的关键问题之一,其核心是:如何在马列主义毛泽东思想和辩证唯物主义和历史唯物主义的指导下,形成一部适合新形势下思想性、科学性、实用性、普及性俱佳的文献分类法。为统一思想,便于新型分类法的编制,1950 年 6 月 2 日,中央文化部文物局召开了有关编制图书分类法的座谈会,会上决定成立分类法工作小组,草拟了 5 个分类简表草案。是年 7 月 25 日,向达主持召开了图书分类法委员会第一次会议,讨论了分类法学科的思想性及分类号码表的排列等问题。1951 年起开展了"新的图书分类法"的讨论,1957 年产生出了以《中小型法》等为代表新时期的图书分类法,完成了分类理论与实践相结合的飞跃。

新时期对编目工作的实践,开始于东北地区图书馆。他们在新时期的目录工作中,深切体会到这一工作的重要性与紧迫性,深感大力宣传培养提高编目人员素质之重要,于 1951 年 10 月 10 日至 12 月 8 日,举办了东北区公共图书馆干部训练班,内容包括中国图书馆事业的历史、图书分类法、图书编目法、图书采购等课程。其中图书编目法内容由三部分组成:图书目录与编目法、编目整理技术、资料索引法等。

第一节　编目工作的研究:1950—1955 年

编目工作是传统图书馆事业工作中的核心技术之一,编目工作质量的好坏,决定着藏书组织与利用的质量,因此,编目工作一直为图书馆界所重视。解放初,面对新中国欣欣向荣的图书馆事业的快速发展,开始了大力宣传、培养编目人员的工作。最早开始培训编目人员工作的是东北图书馆。该馆于 1950 年 8 月 1 日举办"图书馆工作人员暑期实习班,"为期 8

周①。翌年,东北文化部文物处决定附设图书馆干部训练班,于10月10日举办第一期干部训练班,除公共基础课程外,其业务课程专门学习图书采编工作。以后,在全国各地都纷纷创办相关的培训班,以加强图书馆界的编目力量。

刊物较多地关注和研究目录问题,始于1953年。主要刊载目录工作研究的刊物有:《图书馆通讯》(1953);《文物参考资料》(1953);《图书馆学通讯》(1957—1960)。最早集中提出这一问题的是杜定友,他于1953年至少在《图书馆通讯》和《文物参考资料》杂志上发表6篇有关目录问题的文章,并且产生了较大的影响。此时,还有袁涌进的关于分类编目是图书馆基础工作的论述、程光汉的重视编制书目提要的论述、程长源的建立统一编目制度的建议、刘国钧的怎样编制分类目录的论述,以及丁牛、向达、纪维周等关于索引问题的阐述。他们组成了一个关注、研究目录工作的研究群体,也成为新中国成立后,对目录问题研究的先行者。这些人员,都是中国图书馆界、史学界第一、二代学者,大多数是学界代表人物,可见,新中国最早开始讨论、研究目录工作者,是第一、二代学人。

一、明见式目录的提出

这一时期,最早研究目录功效者是杜定友,他具有十分丰富的目录理论与实践知识,又长期关注一线工作,对当时目录工作中存在的弊端了解深透,尤其是对读者不了解目录的功效,查检目录难以达到读者找书过程中快速、方便、省时之要求的状况,有深刻的了解。1952年,杜定友用苏联的图书馆事业建设的理论和思想做指导,研究了苏联国立列宁图书馆的工作,以及苏联目录学家萨哈洛夫的相关论述。这对他启发很大:"现在,为读者编制目录的问题,是一切图书馆界人士所注意的中心问题,在我们的实际生活中,迫切需要一种新的编目形式——这种编目形式能使读者通过阅读,来贯彻我们政治上的正确领导和党的领导。"②在这一思想指导下,1953年他发表了《明见式目录》。该文是他根据实践工作的体会和经验总结形成的一种较为新颖的编目方法。他自信地认为:"明见式目录是现代最进步的编目形式。"③它的特点是简单、明了、直观。"它是书本式与卡片式合型的目录,

---

① 周文骏,王红元. 中国图书馆学研究史稿(1949年10月至1979年12月)[M]. 北京:北京大学出版社,2011:67.

② 杜定友. 目录的改造[J]. 图书馆通讯,1953(9):29-32.

③ 杜定友. 明见式目录[J]. 图书馆通讯,1953(2):1-5.

兼有两者的优点,去掉两者的缺点,所谓'两美俱,二难并'。"①

"明见式目录"是杜定友在 1936 年就发表过的观点与做法,可惜当时没有很好地推广。1953 年,作者将其重新提出。这一经验的介绍,对我国图书馆目录建设的转型取得了一定的积极作用。此时人们关注的问题包括目录的作用、编制、目录的改进与目录体系等。

二、对目录宗旨与意义的研究

为什么要大力开展对编目工作的研究? 因为"图书目录乃是图书馆中必要而不可缺少的重要工具"②。图书馆的一切工作的作用,都是在为读者服务的过程中体现出来的,因此,目录的最大作用,即是更好地为读者服务。为达到这一目的,就必须研究有关编目的基本概念和目的意义,在新的历史条件下,编制目录的宗旨和意义应该是:"通过目录,图书馆向读者推荐优秀书籍并把它们的内容简单地介绍给读者。图书馆目录在人民图书馆里应当是宣传图书指导阅读的武器。"③编目工作上承采访,下接阅览、流通,它是图书馆工作中的一个关键工作部门之一,图书馆的工作是一项系统性的工作,绝不是各自为政的分散工作的组合。其中,"目录问题是一项非常重要的问题,图书目录就像一种指南,使读者易于认识图书的内容,认识其图书基藏的财富"④。

三、目录的改进研究

如何改进目录的组织、目录的体系,是这一时期关键问题之一。目录的改造,思想第一,在新的历史条件下,没有正确的指导思想是难以完成目录的历史使命的。新中国成立以后,虽然目录工作已进行了一些改革,但是,主要还限于技术上的、形式上的一些改进,"还没有对于整个编目的体制,提高到原则上和思想上,作深刻的检讨,没有从新的观点立场,来作根本的改革"⑤,明确提出了目录的思想性原则问题。新的历史开创时期,目录工作最高原则是:"通过图书目录,帮助读者提高政治文化水平,为将来文化建设高潮,创造有利条件。"⑥为此,编目工作人员首先必须提高思想理论水平,彻底破除单纯的技术业务的观点和形式主义、目录求大求全的

---

① 杜定友. 明见式目录[J]. 图书馆通讯,1953(2):1-5.

②③④　袁涌进. 图书的分类编目工作是图书馆里有组织作用的基础工作[J]. 图书馆通讯, 1953(9):5-12.

⑤⑥　杜定友. 目录的改造[J]. 图书馆通讯,1953(9):29-32.

观念,要用新的内容、新的形式去改造目录。"新图书目录的内容,以充分反映马克思、列宁主义、毛泽东思想,以及苏联先进科学技术、文学艺术为主要条件。"[①]从而提出了新的历史条件下目录工作的思想性原则。

关于目录的改造问题,是当时我国图书馆界急需解决的问题,杜定友的《目录的改造》抛砖引玉,为如何解决目录改造问题产生了积极的影响。在目录改造过程中,如何建设目录体系工作之问题,又突显了出来。图书馆有各种不同形式的目录,在目录改造过程中,必然也会关注对目录体系的改造问题。"'目录的体系'就是图书馆各种类型目录的序列并表明其内容和彼此相互关系。"[②]为此,杜先生从目录的组织形式、著录形式、卡片形式、序列形式和装备形式等五大部分,深入地论述了目录体系问题,他也是在新的历史条件下最早提出目录体系问题的研究者。

由于当时分类与编目两者混为一谈的问题,影响了对编目工作的深入开展。在新的历史条件下,杜定友率先澄清了这一问题:"分类与编目是有着密切关系的两件事,但不能说是一件事的两面,也不能说有分类必有编目。把两者混为一谈是不对的。"[③]把分类编目问题混为一谈是有着历史原因的。我国古代,编目形式只有"分类目录",直到当时,分类目录一直是图书馆中最主要的目录形式,这也就从历史上长期形成了"分类即编目"之错误观念。杜定友从分类编目的内容、形式、研究对象等问题入手,尤其是分析了分类与编目主要的区别,从理论上厘清了分类与编目的不同,实质上也厘清了目录学中两大主要研究领域的问题,为以后研究目录学理论打下了基础。

四、如何做好分类目录工作

解放初期,我国图书馆界对分类目录的重视,除了具有优良的目录学传统外,亦有向苏联学习的重要因素:"按照苏俄文教委员会图书馆管理局所颁布的'公共图书馆技术最低标准'的规定,每一个图书馆都应以分类目录作为主要目录。所以编制分类目录应是图书馆业务上主要工作之一。"[④]刘国钧及时发表了《怎样编制分类目录》一文,用以指导图书馆界做好这项基础的、重要的工作。该文理论联系实际,以什么是分类目录、分类

---

① 杜定友.目录的改造[J].图书馆通讯,1953(9):29-32.

② 杜定友.目录的体系[J].图书馆通讯,1953(9):33-43.

③ 杜定友.分类与编目[J].图书馆通讯,1953(12):5-7.

④ 刘国钧.怎样编制分类目录[J].文物参考资料,1953(2):47-71.

目录的组成、分类目录的形式等部分,详细阐明了分类目录中一些基本理论和实际加工知识。文后还附有大量的"分类目录卡片格式",通过各种卡片范本,起到指导编目人员正确编制分类目录的作用。这是解放初期公开发表的最为详细的分类目录理论与实践的文章,具有理论指导和工作手册之特征,对促进目录工作起到了较为重要的作用。

五、统一编目问题的提出

百废待兴之时,图书馆界存在的问题很多,"如专业人员太少,缺乏经验等,但特别感到困难的还是编目问题"[①]。由于图书馆事业的快速发展,统一编目成为解决界内编目工作薄弱的突破口。"谈解决编目问题应先研究如何及早推行图书统一编目制度。"[②]可以说,这是一个具有战略意义的重大问题,为此,《文物参考资料》编辑部专门为《建立图书统一编目制度的建议》一文发有"编者按",认为要做好图书馆编目工作,统一编目是完全必要的。"程长源同志提出的建立统一编目制度的建议,是可供参考的。"[③]编辑部希望通过该文的发表,供界内讨论研究,并提出意见,以便更好地开展这项工作。

六、著录原则和方法的研究

新中国的著录原则是什么?"一切图书的著录,均须表达该书的主题思想、和政治目标。"[④]目录工作都必须渗透着政治性、思想性和党性原则,这是社会主义社会目录工作和资本主义社会目录工作的根本不同点,使读者在目录的使用过程中,从政治思想原则和科学内容等方面决定取舍,"对于马克思列宁主义经典著作,尤须在目录中作出全面的、充分的反映"[⑤]。

第二节　编目工作的发展:1956—1966 年

1956 年,第三代的目录学学人开始登上中国图书馆学界的舞台。是年,李枫发表了《在读者分类目录中要更好地宣传马克思列宁主义》一文,他认为"目前我国较大图书馆的读者分类目录中对宣传马克思列宁主义

---

①②　程长源.建立图书统一编目制度的建议[J].文物参考资料,1953(2):83-86.

③　编者.编者按[J].文物参考资料,1953(2):83.

④⑤　伍宗华.图书编目工作中的几个基本问题[J].文物参考资料,1954(5):61-68.

的著作起了一定的作用,但做得不够令人完全满意"①,为此,提出了自己的观点和意见。目录的思想性、推荐性问题,仍然是这一时期关注的重点之一。

普及图书馆学的基本知识,成为当时发展的重点工作。《图书馆工作》杂志社大力开展这一工作,于1956年第2期开始设立"图书馆员基本业务知识讲话"专栏,聘请国内有成就的专家学者撰稿,以刘国钧为主体,通过连续登载一些关于图书馆基本知识的文章,作为业界同人自学的参考。"文章内容将着重于基本理论和基本方法,说明怎样进行各种主要工作以及为什么要这样进行。"②其中有关目录学内容的讨论主要有刘国钧的《图书馆目录》和朱天俊的《推荐书目的编制和使用》。《图书馆目录》一文,进一步阐明了图书馆目录的意义、种类和编制原则、图书著录问题、目录组织问题、编目简化问题等内容,深入浅出地阐明了目录工作的理论意义和实践问题。《推荐书目的编制和使用》一文,阐明了推荐书目在图书馆工作中的作用、推荐书目的编制方法、利用推荐书目辅导读者等问题,认为"推荐书目乃是图书馆员与读者必需的参考资料"③。此时已逐步将前一阶段重点普及如何编目问题过渡到怎样更好地利用目录阶段。

在普及、做好编目工作阶段,集大成的总结性著作以刘国钧、陈绍业、王凤翥等人的著作《图书馆目录》为代表。该书是在讲义的基础上编制而成,按照1957年新拟定的教学计划,图书馆学课程共分为5个部分,"本讲稿是图书馆学讲义初稿的第二部分",由高等教育出版社出版④。该书内容包括编目法和分类法两大部分,主要阐明了图书馆各种目录的性质、作用和编制方法,主要包括:图书馆目录的性质和编制原则,中国图书馆目录发展概略,图书著录法的一般原理和方法,主要著录法,辅助著录法,分类目录及其组织,图书标题法,主题目录及其组织,图书馆中其他形式的目录和儿童图书馆目录,图书馆目录制度,图书馆的编目工作等问题。

在如何做好编目工作阶段中,很快进入如何提高编目质量、提高目录利用率的新的历史阶段。就编制全国性的目录而言,主要是联合目录和书目索引工作两大问题的研讨与实践。

---

① 李枫. 在读者分类目录中要更好地宣传马克思列宁主义著作[J]. 图书馆工作,1956(3):21-25.

② 刘国钧. 图书馆员基本业务知识讲话:开场白[J]. 图书馆工作,1956(2):85-86.

③ 朱天俊. 推荐书目的编制和使用[J]. 图书馆工作,1956(6):76-80.

④ 刘国钧,陈绍业,王凤翥. 图书馆目录[J]. 北京:高等教育出版社,1957:前记页.

一、联合目录的研究与实践

集中提出这一问题的是 1957 年《图书馆学通讯》第 6 期，该期刊载了多篇这方面的文章，包括《试论联合目录》（毛坤）、《编制联合目录的几个基本问题》（邓衍林）、《我们是怎样编制"南京三大系统图书馆外文科技期刊联合目录"的》（熊和，竺陔南）、《编制联合目录的一些体会》（程仲琦，黄贤瑞）、《谈谈联合目录和厂矿图书室问题》（张天骧）等，同时还介绍了有关苏联、英国等国外的联合目录问题，如《苏联的几种联合目录简介》（钱亚新）、《略论"英国期刊联合目录"》（锐）等。这些文章，分别从联合目录的理论和基本问题等内容，加以理论性的研究，又从实践中总结编制联合目录的体会，以及联合目录对图书馆的作用等方面，对联合编目问题进行了从理论到实践方面的研讨，同时还瞄准了国际上先进的理论与实践，加以研究和引入，提高了我国对联合目录的理论和实践水平。

编制联合目录并非是一个新的问题，早在 19 世纪国际上就已开始编制。我国则在新中国成立前亦有联合目录的编制，但数量极少。"旧中国从二十世纪二十年代开始编制联合目录至 1949 年的二十余年期间，总共不过出版了 8 种联合目录。"[①] 如 1931 年，北京各图书馆即编有北京地区各图书馆所藏西文书刊联合目录共 4 册，前 3 册为书籍，后一册为期刊。新中国成立后，1950 年上海新闻图书馆（后并入上海图书馆）调查了上海 56 个图书馆所藏的中外文报纸后，于 1951 年 1 月出版了《上海各图书馆藏报调查录》，成为我国新中国成立后首份出版的联合目录。随后，西南人民图书馆、上海医学院、中国科学院等分别在 1952—1954 年出版了相关的联合目录。这一时期，实践的层面开始编制联合目录，还缺乏理论的指导，缺乏通盘计划的考虑，但为开展全国性的联合目录打下了基础。

1957 年，联合目录的编制工作，被正式列入国务院领导下的相关部门的工作，这是我国联合目录发展史上的里程碑。标志性的事件是：1957 年 9 月 6 日，国务院全体会议第五十七次会议批准了《全国图书协调方案》。该方案中明确了，"在全国中心图书馆委员会下成立一个全国图书联合目录编辑组，附设于北京图书馆内"[②]。这标志着中国图书馆界联合目录的编制工作，在制度、组织等层面上，形成了全国性的组织结构，开始了我国有

---

① 全国图书馆联合目录编辑组. 我国联合目录事业的发展[J]. 图书馆，1964（3）：26-29，61.
② 全国图书协调方案（1957年9月6日国务院全体会议第五十七次会议批准）[M]//国务院法制局，中华人民共和国法规汇编编辑委员会编. 中华人民共和国法规汇编：1957年7月—12月. 北京：法律出版社，1958：489-496.

史以来真正意义上的全国联合目录的编制工作。"所以编制联合目录使书为人知,加上广泛开展馆际互借,使书为人用,就十分必要了"①,这是在新的历史条件下,针对文献信息不畅,各自为政之历史性弊端所开出的良药与必由之路。全国联合编目组于1957年6月由北京图书索引组进行筹备,先后由中国科学院图书馆、清华大学图书馆、军委总参谋部及北京图书馆抽调干部,共同合作。

图书馆界及时对联合目录的一些理论与实践问题进行了研讨,其中有邓衍林的《编制联合目录的几个基本问题》和毛坤的《试论联合目录》。他们深入阐明了联合目录的意义与作用。邓衍林认为联合目录"是充分发挥图书馆资源和潜力,以便更好地为科学研究服务,是为国家总书目工作创造有利的基础条件,是使图书目录事业走向合作化、科学化和国家化的起点"②。全国联合目录的特点,是汇总各个参加馆的全部藏书或部分藏书,使之成为一个统一的目录,由此产生了不同于以往的强大的功效,并阐述了有关联合目录的类型、著录范围、断代编制、分题选印、关于整理旧书问题和建议编印《外文书联合目录通报》等6个问题。毛坤则从5个方面论述了联合目录的理论与实践问题:联合目录的意义和作用、发展术略、组织与方法、编制联合目录中的问题、著录与排列等问题。这些研究,从理论上厘清了联合目录的意义、作用、特点、组织、方法、著录、排序等问题,指导了联合目录工作的开展。

"联合目录工作的核心是联合目录编辑组。"③联合目录编辑组的职能,主要是负责计划、指导、协调、总编等方面的工作,在工作初期,对目录的要求不能过高,而更要注意的是将这项工作快速开展起来,以便达到迅速编制、供众使用的目的。它要掌握全国目录编制的情况,推动、检查编制工作。

1957年11月,全国联合目录编辑组正式成立,"该组有工作人员15人,主要由北京图书馆、中国科学院图书馆、清华大学图书馆、中国医学科学院图书馆、北京师范大学图书馆、北京大学图书馆学系等单位组成"④。11

① 全国图书协调方案(1957年9月6日国务院全体会议第五十七次会议批准)[M]//国务院法制局,中华人民共和国法规汇编辑委员会. 中华人民共和国法规汇编:1957年7月—12月. 北京:法律出版社,1958:489-496.
② 邓衍林. 编制联合目录的几个基本问题[J]. 图书馆学通讯,1957(6):7-13.
③ 图书组. 国务院科学规划委员会图书组第一次(扩大)会议记录[J]. 图书馆学通讯,1957(6):48-49.
④ 李致忠. 中国国家图书馆馆史:1909—2009[M]. 北京:国家图书馆出版社,2009:178.

月 13 日,联合目录组邀请在京图书馆专家及中心图书馆负责同志开会,除报告工作外,主要讨论了 3 个问题:其他各专题联合目录如何进行;各图书馆代号;编例繁简问题。这次会议可视作联合编目组的工作正式启动,随之取得了卓有成效的工作:1958 年以来,编制"全国性的联合目录,包括综合性和专科性的,共达 30 个之多。这些联合目录,在收书方面,少则几千种,多则几万种;在参加馆方面,少则几十个,多则百余个、二百余个"①。这些成绩,指的是 1958—1959 年间的工作,可见其工作效率之高。"根据先期刊后图书、先西文后中文的应急原则"②,1958 年春正式开始编制全国西文期刊联合目录。"经过一年半的时间,全部工作结束。共有 167 个馆参加,收录期刊总数为 20,270 种,将分两册出版。"③ 可见,编制联合目录工作之巨。该组从 1957 年成立,至 1966 年 9 年间,共出版全国性和地方性的联合目录 300 余种。

联合目录编辑组为了切实完成计划、指导、协调、总编工作,开展了全国各大图书馆的馆藏文献调查工作。为做到心中有数,"本年(1957)曾向全国各省市级以上公共图书馆、高等学校图书馆、科学院所属各研究所图书馆等三百多单位发出了调查表了解各馆藏书和编目情况"④。有 244 个单位寄回了调查表,从中大致掌握了两大主要问题:全国文献的分布情况和各地联合目录的编制情况。这些图书馆中的馆藏共有 64,496,674 册,其中北京地区藏书最多,以下是上海、南京、沈阳、武汉、广州等地。这些城市分列前 6 位。同时掌握了已编 10 余个地区联合目录,另有近 10 个拟编联合目录。这一调查,为全国联合目录组提供了现实信息,方便了更具针对性的工作的开展,进而,将全国性的和地区性的联合目录工作统一、协调起来发展,相互补充,形成了联合目录全国一盘棋的良好态势。

为进一步促进全国联合目录工作,1962 年公布的《1963—1972 年科学技术发展规划(草案):图书》,对全国联合目录工作提出了进一步的要求。其强调了第一中心图书馆委员会负责协调各系统各地区的联合目录编辑工作,在协调与指导进程中,要进一步改进全国联合目录的编辑工作。"要求 1963 年内,提出联合目录编制的十年规划,1963—1964 年由第一中

---

① 全国图书联合目录编辑组. 在大协作中前进的全国图书联合目录工作:先进集体全国图书联合目录编辑组事迹介绍[J]. 图书馆学通讯,1960(3):28-29.

② 李致忠. 中国国家图书馆史:1909—2009[M]. 北京:国家图书馆出版社,2009:178.

③ 翟宗淑,李佩珍. 联合目录的编辑工作[J]. 中国科学院图书馆通讯,1959(9):34-36.

④ 王树伟. 全国各大图书馆调查概况[J]. 图书馆学通讯,1957(6):50-51.

心图书馆委员会组织编制农业科学技术图书联合目录若干种。十年内,分类编制新书书目汇编。补编和修订期刊和图书联合目录。增编若干种新的专题图书联合目录。"① 从中可以看出,随着社会主义建设的快速发展,除了综合性的全国联合目录的编制外,开始更加重视专题联合目录的编制工作,全国性的联合目录编制工作更加切实地投入社会主义建设的高潮。

二、书目工作的理论与实践进展

在"17年"中,书目索引工作大致经历了3个发展阶段:① 1949年10月—1956年。这一阶段主要是阐述书目索引的重要性与必要性,阐明书目索引工作的阶级性和为社会主义革命与建设及广大人民群众的服务性。实践中,主要编制了具有代表意义的历史伟人、伟大的历史事件等方面的书目,同时也关注图书馆学领域的理论研究工作,也编制发表新中国成立后的图书馆学书目。② 1957—1963年,对书目工作开展理论研究,编制各种书目及对书目工作不断总结的阶段。③ 1964—1966年,书目索引工作作为情报检索工作中重要性的探索。

较早论述书目工作的学人有杜定友、纪维周、王重民等。杜定友率先发表了《书目与提要》一文,认为专题书目的精髓在于"全",而书目提要的核心要求是"精",为更好地揭示藏书,提高藏书的利用率,图书馆的一个重要工作就是要适当地编制各种专题书目,分辑分题编印分发,还可和其他图书馆一起有重点的编印联合目录。编制书目和书目提要的根本目的,就是要改变"等人来"的作风,要把书"送出去"。"彻底打破被动的'看摊子'的作风,使图书馆工作提高一步。"② 杜定友通过对书目工作的论述,从一个方面阐述了新时期的图书馆如何贯彻图书馆为人民大众服务的宗旨,推进了图书馆界彻底转变服务思想与理念的开展。

书目索引工作其根本目的,完全是为了满足社会主义革命和建设的需要,在这方面,苏联的书目索引工作为我国开展这项工作指明了方向。"苏联书目的发展,反映着社会主义文化的丰富和它的真正民主的性质。"③ 在阶级社会中,书目索引工作具有阶级性,列宁揭穿了资产阶级书目虚假的

---

① 中华人民共和国科学技术委员会,中华人民共和国文化部.中华人民共和国科学技术委员会、中华人民共和国文化部1963—1972年科学技术发展规划(草案):图书(1962年12月)[M]//王振鸣.图书馆法规文件汇编.保定:河北大学图书馆学系,1985:140-149.

② 杜定友.书目与提要[J].图书馆通讯,1953(4):1-3.

③ 阿得舍夫.苏联书目的性质和基本原则[J].周文骏,摘译.图书馆通讯,1953(1):1-2.

客观态度,论述了书目工作不可能存在超阶级的不参加"思想斗争"的情况。因此,苏联学者认为:"苏联书目的基础——布尔什维克党性、科学性、政治性现实性,富有目的性,——紧密地与具体的共产主义建设任务相结合。"①这些思想指导着我国书目索引工作的开展。

在我国图书馆界,较早地公开刊载相关的书目,主要是有关历史伟人和伟大的历史事件的相关资料。例如,1953年,斯大林去世,浙江省立图书馆研究部于该年3月刊载了《斯大林著作简目》,这些目录所列出的著作都是中译本,以便人们更好地学习斯大林著作,因为"斯大林同志的一切著作都是马克思主义的不朽的文献"②。1953年5月,《图书馆通讯》上刊载了有关太平天国史料简目。根据中央有关抢救散落在民间的有关革命文物指示的精神,浙江省文物管理委员会通过大量的工作,购得了大批有关太平天国革命史料。这些史料主要是由太平天国革命时期满清官吏吴煦的家中散发出的。当时吴煦任江苏布政使兼苏松太道,组织所谓"常胜军"参与镇压太平天国运动。浙江省人民政府文物管理委员会将1953年2月10—13日分5次购进的文献中有关太平天国史料编成科目而发表,以促进对太平天国的研究。1953年12月,根据当时研究鲁迅的需要,纪维周经过努力,编辑了《鲁迅著作与鲁迅研究的书目介绍》,并加以分类而成7部分:关于鲁迅的著作;鲁迅传、印象记及其他;关于研究鲁迅的书;关于鲁迅的少年读物;纪念鲁迅先生;改编剧本与创作漫画;年谱、书目、注释、手册和索引等。这是一份较为详尽的有关鲁迅著作与鲁迅研究的书目,对研究鲁迅产生了积极的作用。

据不完全统计,1951年至1955年10月,我国图书馆界已出版书目有262种,绝大部分是人文科学方面的。在社会主义建设高潮中,人们急需自然科学、技术科学、农业科学等书目索引,从书目的阶级性、科学性、服务性方面,要求我国图书馆界编制出更多的适合社会主义革命与建设的书目索引。

这一时期,图书馆界内也开始关注图书馆学书目的编制,如浙江省立图书馆研究部于1953年4月,在《图书馆通讯》上刊载了《国内最新出版的图书馆学参考书简目》,将新中国成立后出版的有关图书,分类列于其中,为图书馆界开展研究工作提供了方便。

此时推荐书目工作在图书馆界得到重视。"推荐书目是我们图书馆

---

① 阿得舍夫. 苏联书目的性质和基本原则[J]. 周文骏,摘译. 图书馆通讯,1953(1):1-2.

② 毛泽东. 毛泽东语录[J]. 图书馆通讯,1953(3):封四页.

工作者向读者推荐好书,指导阅读的重要武器之一。"[①] 面对读者的服务工作,应有所区别,对于一般读者和个别读者的服务是不同的,"单就使用推荐书目这个武器来说,对于一般读者应该使用'书目通报';对于个别读者应该使用'读书计划'"[②]。王重民详细地阐述了两者的定义、意义、功用和做法,并认为由于这两者具有灵活性和普遍性,是图书馆对读者开展目录工作的主流,如果忽略了两者工作,则会导致图书馆工作不能起应有的作用之后果。

1956年7月和12月,分别由文化部和高教部在北京召开了全国图书馆工作会议和高校图书馆工作会议。会议上分别明确提出省以上公共图书馆和专业图书馆、高校图书馆应加强书目参考工作,要更多地编制书目和索引,为"向科学进军"的发展战略服务,从而掀起了编制书目索引和理论研究的高潮。许多地区纷纷召开座谈会、交流会、工作介绍会,交流书目索引工作的经验。辽宁省图书馆于1958年8月6—8日,召开了辽宁地区"书目工作专业座谈会",其目的是:①交流各馆书目工作经验,着重研究了推荐书目问题;②解决省内各馆之间,尤其是公共图书馆间的书目协调问题[③],并制订了辽宁省书目工作协调方案。北京图书馆于1958年11月6日举办了一次现场座谈会,邀请北京市20余个大型图书馆的书目工作人员参加讨论有关书目工作问题[④]。中国科学院图书馆更是重视书目索引工作的开展;1959年2月19日,召开了参考书目工作现场经验交流会,到会的有北京地区38个图书馆的72位代表,水利科学研究院图书馆馆长介绍了书目工作的经验和体会[⑤];1959年8月25日,又举行了书目索引编制方法介绍会,到会的有50多个单位,100余人,会上介绍了馆藏书目、馆藏期刊目录、专题书目索引的编制方法[⑥]。

这一时期,联合国教科文组织在书目方面的活动也很频繁。附设于教科文组织下的国际目录学咨询委员会于1955年在巴黎举行了第三次大会。大会通过了计划在1957—1958年附设在各国国立图书馆或以独立机构形式建立的目录学中心的行动纲领。讨论了委员会直接从事的目录学工作进程,制订了填补专题书目系统方面空白点的办法。公布了许多国

①② 王重民.关于试用两种简单推荐书目的讨论[J].浙江图书馆馆刊,1954(1):6-19.

③ 辽宁省图书馆.辽宁省图书馆书目工作专业座谈会的收获和体会[J].图书馆学通讯,1958(5):23-26.

④ 仲侣.北京图书馆举办群众书目工作现场座谈会[J].图书馆学通讯,1958(6):39.

⑤ 简讯:参考书目工作的现场经验交流会[J].中国科学院图书馆通讯,1959(3):21.

⑥ 大圣.举行书目索引编制方法介绍会[J].中国科学院图书馆通讯,1959(9):40.

家目录学事业发展的情况报告书,包括各国的书目中心、国家书目、现代期刊论文目录、年度内出版的旧书专题目录、索引等的情况,以及34个国家的国家书目与联合书目的比较性述评。许多国家在这一时期特别注意专题书目,国际的书目工作进展情况以及发展重点与趋势,为我国进一步深入开展书目工作提供了参考。

1957年起,我国各地编制书目工作进入高潮。南京地区编制了外文科技期刊联合目录,并开展以一个图书馆为基础,联合本地区其他图书馆分类编制各种专题书目,编印新书通报,成立南京地区目录总室,集中所有目录,为全省乃至全国读者服务,为大力协作打下了良好的基础[①]。旅大市图书馆从1958年到1959年9月,共编制了73种书目,"等于五四年到五七年四年总和的4.5倍"[②]。北京图书馆在1958年9月曾号召全馆工作人员编制书目索引,"截止九月底,群众所编书目已达81种"[③],为促进书目工作的开展,特将群众所编的书目和该馆专业部门所编制的书目,布置一个"书目评比展览室",以便于大家相互观摩、相互提出意见,携手并进、共同提高。

在书目工作中,图书馆做好推荐书目的工作,有针对性地为需要的读者服务,取得了很好的效果。吉林医科大学图书馆从1960年5月开始大力开展资料推荐工作和编制最新资料索引工作,"到1961年12月末为止,共已推荐了各种最新资料1167份,据不完全统计,有90%均已被老师们所利用"[④]。一些图书馆为提高书目工作质量,以便产生更大的作用,专门成立了书目参考组。浙江图书馆于1961年新建了书目参考组,初建时有2人,1963年扩至5人,其中3人编制书目、2人负责邮寄借书和解答咨询问题,贯彻为农业生产农业科学研究服务、为生产为科研服务的方针,与本省各图书馆建立了广泛的联系,取得了很好的效果。

配合形势编制书目是书目工作中的方向性工作。进入60年代后,这一特征显得更为突出。1960年10月,《毛泽东选集》第四卷出版发行后,全国掀起了学习毛泽东著作的高潮。图书馆界及时编制了大量相关书目

---

① 江苏省关于积极改进图书馆工作为科学研究服务的规划[J]. 图书馆学通讯,1957(1): 32-34.

② 旅大市图书馆. 书目工作如何为政治、为生产、为工农兵、为科学研究服务[J]. 图书馆学通讯,1960(1):11-14.

③ 仲侣. 北京图书馆举办群众书目要作现场座谈会[J]. 图书馆学通讯,1958(6):39.

④ 吉林医科大学图书馆. 边做边学,对准需要,积极开展多样化的书目服务工作[J]. 图书馆,1962(1):8-11.

索引,以配合毛主席著作的学习。在列宁诞生 90 周年之际,书目工作者通过各种书目形式,大力宣传推荐列宁的革命理论与著作,配合全国人民开展反对现代修正主义斗争的工作。为庆祝伟大的中国共产党诞生 40 周年,各地图书馆编制了许多相关的书目索引。

三、科学情报书目的提出

20 世纪 50 年代中期,我国开始关注情报工作的发展。1956 年,中国科学院建立了科学情报研究所,"着手翻译苏联的科学文摘,并出版了几种科技快报"①,这标志着我国科技情报事业的开始。1958 年,全国科技情报工作会议召开,首次提出科技情报工作的"广、快、精、准"的指导方针。图书馆学与情报学最为密切的关系在何处?在书目工作中。1960 年,陈光祚在吸收苏联图书情报工作发展的理论成果与实践经验基础上,提出"科学情报书目"的概念、范畴、类型等问题,从理论上对科技情报书目工作进行了探讨。当时,我国还鲜见"科技情报书目"一词,通常把这一类书目称为"参考性书目"等。术语的规范与统一,已引起人们的重视,"苏联的同志们认为,'科学情报书目'这一名称,对于这一类型的书目来说,是比较确切和概括的。我们也是同意这种看法的"②。"科学情报书目"是当时苏联目录学界在讨论书目种类划分问题的争论中提出的新术语。苏联目录学理论界在对目录学理论问题的争论过程中,趋向于把书目资料划分为"统计登记性书目""推荐性书目"、和"科学情报书目"三种类型。科学情报书目的主要特征是:仅著录与生产建设和科学研究有关的文献,即具有针对性(科学、生产)的服务,它的类型,主要有文摘、书报、文献目录和索引、文献评述,是传播科学文献的主要工具。关于这一问题,并没有在我国图书情报界引起讨论,因此,这一术语并没有得到统一,但是,书目情报工作一直没有停止。例如翻译工作,"希望大家大力发展科技文献工作和科学文献翻译工作,要设法使所有入藏的书刊发挥它们应有的作用"③。大力开展的翻译工作,并大力做好翻译文献的书目情报工作,为我国社会主义建设者提供了大量的情报。

四、索引工作的研究与实践

我国对索引工作的研究,在 20 世纪 20 年代起就取得了较大的成绩,

---

①② 陈光祚. 谈科学情报书目[J]. 武汉大学人文科学学报:图书馆学专号,1960(2):66-74.

③ 陶孟和. 回顾与展望[J]. 中国科学院图书馆通讯,1959(9):3-4.

出版了较多的索引著作,主要是为了满足读者古籍的查检、使用和研究的需要,同时,许多综合、专科的论文索引也大量地编制了出来,满足了读者对新文化知识、科学技术知识的迫切需求,"其中如《二十五史人名索引》的编制,不仅为《二十五史》一书具备了检查、使用的工具,而且扩充了《史姓韵编》的范围和补正了它的缺点"①。

新中国成立初,文化部科学普及局曾编印了《通俗科学期刊篇目索引》,报道了当时国内出版的大约50种比较通俗的科技期刊论文资料,在1950年出版两期后,因故停刊②。这是新中国成立后最早专刊出版的索引期刊。1953年,中国科学院图书馆开始编制《自然科学期刊索引》,报道1951年6月以前国内科技期刊上发表的论文,是《通俗科学期刊篇目索引》停刊后的延续③。这一时期,以索引的形式开展书目工作,以中国科学院图书馆为代表,如"自1951年1月起,和中国科学技术情报研究所合作,编辑出版了'电工专利索引'和'机械专利索引'两种月刊"④,还出版了不定期的《土木建筑和水利工程专利索引》等。

1953年,向达撰文发表《论"索引"的需要》一文,讨论了索引的组成,包括专门书籍或论文的目录,或专书的重要人物、地方以及重要问题或项目的索引,"前者可成专书,后者可成专书,也可以附在本书的后面"⑤。其重点讨论了读者对索引的需求,要创造各种有利的、好的条件,使读者能方便、省时、精准地找到所需的文献,"如其《毛泽东选集》能附有一个包括重要的人名、地名、以及重要问题和专项的详细索引,这对于我们学习毛泽东思想将会有多大的帮助!"⑥与此同时,纪维周提出了评价索引编制问题。通过努力,他发表了《地图评价资料索引》和《字典、辞典的评论索引》。

1955年,索引工作开始较为规范地发展起来,上海市报刊图书馆开始编印了《全国主要期刊资料索引》双月刊。1956年,索引工作较快地发展起来。据当时北京图书馆的调查,新中国成立以来,"截止1957年底,全国各类型图书馆已编有单行本书目索引2364种"⑦。书目索引工作,尤其是专题书目索引工作得到快速发展的根本原因,主要是满足了读者参考研究的需求,"由于它能够提供这一专题范围内有关的主要文献,它就满足了

① 钱亚新. 略论章学诚对我国索引工作的贡献[J]. 图书馆,1962(3):27-31.

②③④ 赵继生. 中国科学院图书馆的书目情报工作[J]. 中国科学院图书馆通讯,1959(10):2-6.

⑤⑥ 向达. 论"索引"的需要[J]. 图书馆通讯,1953(2):9-11.

⑦ 李钟履. 从一些统计数字来看八年来的书目索引工作[J]. 图书馆学通讯,1958(3):22-30.

参考工作的要求,达到了参考工作最高的成就"①。

在对索引工作的理论研究中,对历史人物的研究取得了突破性的进展,主要体现在钱亚新的《略论章学诚对我国索引工作的贡献》一文的发表。我国索引工作,并非起自章学诚,但对索引工作既有理论,又有实践者,章学诚则是标志性的人物。1792年,章学诚撰成《历代纪年经纬考》和《历代纪元韵览》。后者就是前者的索引②。在这部索引中,章学诚对我国索引工作的贡献主要有3点:促进索引工作向前发展,他最先倡议编制诸史列入人名的综合索引,编制群书中名目的综合索引,亦推章学诚为滥觞;建立索引工作的理论基础,并认为编制索引,不只是一种编辑工作,还是一项撰述工作;创立索引工作的科学方法。对章学诚在索引工作中的贡献的研究,推进了我国对索引工作的理论工作的开展。

将书目索引工作作为情报检索工具,纳入情报检索中加以研究,较早的是张琪玉。他在1962年6月至1976年9月在吉林市图书馆工作时,开始了对多种分类法和主题法性能比较的研究,1964年编写出了《国际十进分类法》(由吉林市科委刊印)的讲课题纲。1964年,在《图书馆》季刊第4期上发表《目录的特征——谈谈充分发挥书目检索工具的作用》一文,对索引工作进行了创新研究。在实践中,他感到读者很需要"目录的目录"这种工具,因此,"本文想就书目检索工具的特征,谈谈'目录的目录'(卡片式的和书本式的)编制方法的改进问题"③。该文的核心内容是提出用组配索引法组织索引的主要方法和应用途径,显示出我国这一新颖工具的灵活性、科学性、精准性的特征,读者可以在这一途径中迅速完成检索任务,从而有助于充分发挥书目检索工具的作用。

第三节　目录体系的理论研究

1957年起,目录学的理论研究越来越受到界内学者的重视,在前一时期大量的实践基础上,开始了较为集中的理论研究问题的探索。较早集中研究的问题是关于目录体系的问题。这方面的主要研究论文有:《关于专

①　赵继生. 对编制专题目录索引的意见[J]. 中国科学院图书馆通讯,1958(1/2):1-5.

②　钱亚新. 略论章学诚对我国索引工作的贡献[J]. 图书馆,1962(3):27-31.

③　张琪玉. 目录的特征——谈谈充分发挥书目检索工具的作用[J]. 图书馆,1964(4):48-49.

业图书馆目录体系的初步研究》（武宁生，1958）、《科学图书馆的目录体系》（顾家杰，1961）、《图书馆目录体系的探讨》（刘国钧，1961）、《图书馆目录体系中的几个现实问题》（方春耕、何善祥，1961）、《建立上海图书馆藏书目录体系的探讨》（李芳馥，1962）等。

　　对目录体系的研究，是在对图书馆目录工作的大量实践基础和理论总结的基础上展开的。1957年，图书馆界对图书馆目录工作与理论进行总结，总结出新中国成立以来目录学理念与实践工作中第一批具有标志意义成果的年份，这一具有代表意义的成果。该成果主要由北京大学图书馆学系等人所提供，以刘国钧为核心。同年，北京大学图书馆学教研室编写《图书馆藏书与目录讲稿：第一部分》，明确了图书馆目录的基本任务"就是披露出图书馆藏书内容来向读者宣传、推荐优良图书，并辅导他们选择所需要的图书"①。这一阶段在图书馆目录中最具代表意义的专著《图书馆目录》一书于1957年由高等教育出版社出版，这是新中国成立以后第一本具有权威性的图书馆目录著作，其影响深远。书中认为目录学的研究对象"是图书馆各种目录的性质、作用和编制方法。包括着著录方法、分类方法、标题方法和组织方法"②。同年，刘国钧在省市图书馆工作人员进修班上专门讲了《关于目录的几个问题》，全面讲述了：统一图书著录法及重要性、目前图书著录法的现状、拟解决的问题、外文编目规则、合作编目与集中编目、目录制度的重要性、各种目录的作用及其相互联系、建立目录体系的先决条件、省图书馆目录体系问题、改编目录问题等内容。可见，刘国钧在"17年"中，对目录的研究是十分详细、深入的代表人物之一。1961年，由武汉大学图书馆学系、文化学院和北京大学图书馆学系三单位联合编写了《图书馆藏书与目录讲稿》。尽管这是我国目录学领域有史以来最早的一部全国性的统编教材，其内容的广度和深度没有超出前者。这一时期，对目录体系的研究，加深了目录实践与理论的研究工作，从而将个体图书馆的目录工作，以及根据需要而采取各自为重的目录工作与建设，提升到一个标准的、规范的、具有体系性、系统性的高度的建设阶段。

　　较早公开论述图书馆目录体系问题的是武宁生，他针对当时专业图书馆中目录体系的研究很少有人关注的现象，专门撰写了《关于专业图书馆

---

①　北京大学图书馆学教研室. 图书馆藏书与目录讲稿：第一部分[M]. 北京：北京大学图书馆学系，1957：4.

②　刘国钧，陈绍业，王凤翥. 图书馆目录[M]. 北京：高等教育出版社，1957：引言页.

目录体系的初步研究》。他认为专业图书馆和普通公共图书馆不同,专业图书馆的读者对象主要是科研工作者、工程师、技术员、高校老师等。根据读者对象的不同,"我认为,专业图书馆应该具备这样几种目录:分类目录、著者目录和主题目录"①。为什么在专业图书馆中的目录体系,列入主题目录,而舍弃书名目录呢? 作者认为在专业图书馆中,书名目录的作用较低,认为书名目录的局限主要是读者要明确知道书名后才能快速、准确地利用书名目录,而主题目录在专业图书馆中作用更大,它不受知识体系的局限,能使分散在不同学科中的同一主题的文献集中于一处,这一点为专业研究者带来了很大的便利,并认为在"专业图书馆无需区分读者目录和公务目录,在图书馆目录中将藏书全部反映出来"②。武宁生从自身实践的体会中加以理论提升,抽出了专业图书馆目录体系问题,他思考的并非纯理论意义上的专业图书馆目录体系问题,突出了工作中的实用性,突出了在图书馆中重要的、必要的目录的配备。根据服务对象的不同,组成一个利用效率较高的实用性强的目录体系,其指导思想是:重点满足读者需求,节省馆员工作强度,以突出重点地开展好目录工作。他的观点,引起了界内学者的重视与思考。1961年,是图书馆界较为集中地研究目录体系的一年,顾家杰、刘国钧和方春耕、何善祥等人都发表了较高质量的研究论文。

中国科学院图书馆副馆长顾家杰根据对科学院图书馆和各专业图书馆的理解和在实践与理论上的思考,撰文《科学图书馆的目录体系》。他将"科学图书馆"理解为中国科学院系统的图书馆、政府及产业部门、企业机构、高校图书馆等主要为科研服务的图书馆。与武宁生研究的角度不同,他是从科学图书馆目录体系的理论和整体性的角度来研究这一问题的,分别从专业性的和综合性的两种图书馆论述。阐明了图书馆目录的意义与作用,集中论述了目录体系的建立和目录体系的设计两大问题,这两个问题即是目录体系的核心,必须要解决好的。他论述了目录体系可由分类目录、主题目录和字顺目录包括著者、书名目录、分析款目、参照款目等按文字检索系统组织起来的目录。当时在我国图书馆界,关于著者目录和书名目录分合的问题是有分歧的,各有自己的理由,但是,"从读者使用和目录组织上看,书名目录与著者目录分开排列,还是比较方便和切合我国实际的"③。

---

①②　武宁生.关于专业图书馆目录体系的初步研究[J].图书馆学通讯,1958(4):31-35.

③　顾家杰.科学图书馆的目录体系[J].图书馆,1961(1):38-44.

顾家杰认为图书馆的各种目录应该形成一个完整的体系,要根据各图书馆的性质、任务、读者对象和要求、服务方式等,建立一个合适的目录体系,以提高服务质量,方便读者查检,并提出一个完备的专业科学图书馆的和综合性图书馆目录体系,各馆可根据自身的特点而有所选择。例如,是否要设立主题目录、地区目录、特种目录,是否在专科阅览室中专设相关目录,等等。同时要发挥书本式目录的作用。要力求目录体系的完备、合理和使用方便,注意修订和维护工作,大力宣传目录使用方法。这是论述专业图书馆目录体系较为完备的研究成果。

对图书馆目录体系的认识与争论,引起了刘国钧的关注。他在 20 世纪 20 年代中期就十分关注图书馆分类编目问题,尤其在解放初又在北京大学图书馆学系经过多轮的目录课程的教学工作后,对这一问题有了更深刻的认识。因此,他于 1961 年 5 月北京大学图书馆学科学讨论会上做了《图书馆目录体系问题的探讨》的专题发言。这篇发言被《图书馆》杂志及时刊载,编辑部认为这一问题在我国图书馆界有过探讨,刘国钧的发言具有相当的理论和实践意义,发表的目的是请界内继续研讨。刘国钧开篇即说:"图书馆的目录体系问题是当前我国图书馆事业中迫切需要解决的问题之一。"[①] 该文旗帜鲜明地点明了这一问题的重要性与解决这一问题的紧迫性,着重从理论上探讨这一问题,规范了图书馆目录体系的范畴——"指的是图书馆所编各种馆藏目录通过它们之间的互相关系和互相联系而构成完整体系"[②],研究图书馆目录体系的核心问题,即图书馆应具备的目录种类和职能及各种目录间的关系,进而在理论上界定了图书馆目录体系的意义、定义、职能、范畴等。通过论述图书馆目录的种类、目录之间的关系和联系,该书提出图书馆目录体系建设的原则。这是一篇研究图书馆目录体系理论深度较高的佳文,对这一问题的研究起到了理论指导作用。这标志着我国对图书馆目录体系问题的研究,突破了前一阶段以专业图书馆这一研究对象为主的状况,进而过渡到对整个图书馆界图书馆目录体系的研究,从个体、局部走向一般,亦标志着对这一问题的研究更加成熟。

对图书馆目录体系在理论上的研究进入了一个新的阶段,但在实践中还有许多问题需要解决和探索。《图书馆目录体系中的几个现实问题》就对图书馆目录体系建设中的现实问题进行了研究,主要探讨图书馆目录的

---

①② 刘国钧. 图书馆目录体系问题的探讨[J]. 图书馆,1961（2）:24-31.

范围和目录体系、读者目录、专题目录的性质、功能、任务、指导思想,并分析如何更好地组织宣传和利用图书馆目录等问题。该文对于图书馆目录的范围和目录体系问题,和刘国钧的观点基本一致,认为通过十余年的发展,许多图书馆根据读者的需求和图书馆业务工作的需要,分别编制了能系统反映馆藏的读者目录和公务目录,从而形成了一个图书馆目录体系。同时,根据读者需求,大力开展为科研服务,编制了大量的书本式目录索引,如新书通报、推荐目录、专题参考目录索引等,也开始形成一个辅助目录索引体系。两个体系逐渐构成图书馆目录的整体,使我国图书馆目录进入了一个新的阶段。"面对着这个事实,我们研究图书馆目录体系的问题,就不能再局限于几套卡片式的馆藏基本目录了。"[①] 这一在实践中总结出来的理论性的研究,比纯理论探讨来得更有说服力,"图书馆目录体系就是图书馆用以完成其任务的各种类型目录间的科学的辩证的内在联系和关系,也就是说各种类型目录间是一个统一的有机整体"[②]。从这一时期开始,图书馆界将图书馆中的各种目录工作纳入一个有机整体加以考察、研究,突破了解放初图书馆目录范围主要包括几套卡片目录的情景,开始将各种辅助目录、索引的理论与方法与卡片目录的理论与方法统一起来,从而将割裂的若干方面形成了一个统一体,提升了图书馆目录体系理论与实践的研究深度与广度。

在目录体系的建设过程中,上海图书馆的馆藏目录体系建设具有代表性。该馆在1958年开始,抓住历史机遇,通过机构调整,根据馆藏情况,调整馆藏布局,改组馆内机构,编制了各种类型的读者、公务目录,初步形成一个较为完善的、能够基本满足读者需求的目录体系。由于馆藏大量的古代、近代、现代文献,各种类型的图书、连续出版物、特种文献,以及各种文字的文献,上海图书馆通过按语文、按出版时代、按学科、按特种图书类型分别组织目录系统,进而从各种途径满足读者的需求,产生的读者目录;除了传统的分类、著者、书名等目录外,还开展了主题目录和主题索引的编制、各专题阅览室的相关目录的编制等工作,公务目录、总目录、书本目录等都被纳入目录体系。例如,上海图书馆针对馆藏大量线装古籍和旧平装图书,分别编印书本式分类目录,各附以书名和著者索引,既满足了读者需求,也满足了图书馆充分揭示文献的需求。

既然图书馆目录体系是一个整体,就必然有相互的关联问题要解决

---

①② 方春耕,何善祥.图书馆目录体系中的几个现实问题[J].图书馆,1961(3):45-49.

好,因为"在分立的目录系统之间如果没有合理的联系,读者将感到目录多头的不便"①。根据我国目录发展的实际情况,分类目录是读者目录的主干,因此首先要解决好各系统分类目录之间的相互联系,此外要加强中外文目录间的联系,如解决读者查对原书或选读译本等问题,同时要编制必要的引见卡。

第四节 对主题目录的研究与争论

在建设图书馆目录体系的过程中,是否要建立主题目录,什么样的馆应该建立主题目录,如何建立主题目录等问题,引起了界内的关注与争论。近代我国图书馆界对主题目录关注始于20世纪20年代,当时翻译中有"主题""标题"等不同名称。沈祖荣撰文《中文编目中一个重要的问题:标题》(1929),这是较早全面介绍主题目录的专文,内容分为10个部分:名称之商榷、标题之意义与目的、标题在编目上之位置、标题选择之标准、L.C.与A.L.A.标题总录之比较、采用西国标题总录应增改之事项、引照法、标题之排列、指导卡、标题之使用等。随后,金敏甫发表《标题目录概述》(1929—1930)。进入30年代,孙培西发表《标题目录学概论》(1935)、《汉译标题表》(1935—1936)。1937年,沈祖荣翻译出版了《标题总录》一书。

在我国近代图书馆界,对主题目录的关注,是以沈祖荣为核心而形成的一个研究群体。进入新中国成立初期,较早关注这一问题的是毛坤。在向科学进军的过程中,图书馆需要及时精准地为读者提供文献资料。图书馆反映馆藏资料的途径很多,"它们各有各的功用,但我以为在现在标题目录更觉有用"②。主要原因是:当时的分类法已跟不上形势,而且分类目录本身有其特点,对于精准揭示专业文献方面有所不足,主题目录即可补其之短。科学发展迅速,分类表之滞后,许多主题在分类法中难以及时反映,限制了分类目录对主题的深度精准揭示。主题目录直接对文献的核心内容加以揭示,方便专业人员直接查询,如此,"我写这篇短文的目的是希望在今后有更多的图书馆进行标题目录的编制"③。毛坤通过标题目录的历史、标题目录与其他目录的关系、标题的概念与形式、选制标题应注意之点,标题的应用、标题的参照、细目形式及名物标题之应用等内容,阐述了

① 李芳馥. 建立上海图书馆藏书目录体系的探讨[J]. 图书馆,1963(1):18-22.

②③ 毛坤. 标题目录与科学研究[J]. 图书馆学通讯,1957(2):22-25.

主题目录的历史、功用、方法、应用等问题,为完善我国新时期目录体系做出了贡献。

1958 年,在《图书馆学通讯》第 3 期上同时发表了有关主题目录的文章:《谈谈专业图书馆的主题目录》(黎盛荣)、《我对于编制主题目录的意见》(程长源)及《要不要编制主题目录?》(光则)。这些文章对如何编制主题目录进行了探讨,同时也引起了对编制主题目录问题的争议。

关于编制主题目录,这一问题主要在专业图书馆中得到响应,因为"主题目录是为科学研究服务的重要手段,是图书馆目录体系中比较复杂的一种目录"①。从其功能而言,它是一种参考性目录,和其他目录一样,是指导读者阅读的工具,这一目录,对于科研工作者而言更具针对性。因此,在专论主题目录中,主要是针对专业图书馆而言。黎盛荣的文章即是如此,他从实际工作的体会出发,从主题目录的意义和作用、主题目录的原则、主题目录的组织等 3 个方面,阐述了专业图书馆中主题目录问题。

到底在图书馆是否应该编制主题目录?这一问题是有不同意见的。程长源从图书馆界整体入手,阐述了图书馆界对编制主题目录的意见。他认为,在读者目录中分类目录是基本的,但不应是唯一的,还应有其他辅助目录如书名、著者、主题目录等形成一个目录体系,才会更好地发挥图书馆目录的功能。因此,从目录功能发挥作用的角度出发,主题目录是十分需要的,它是目录体系中重要的组成部分。但现实是图书馆界编制主题目录者很少,这有很多原因,但其中就有认为没有必要编制的思想因素。针对当时多快好省地建设社会主义的方针大略,有些同志就机械地认为编制主题目录是违反了这一方针。程长源对这一认识提出了批评,并从学术的角度阐明了主题目录与其他目录的区别,深入地阐明了编制主题目录的对象、关于具体编制主题目录的几点意见、对主题标准表的意见等问题,深化了对主题目录的研究。

反对编制主题目录者,以光则等为代表,他旗帜鲜明地认为:"讲主题目录的专著,中外都有。但从我国当前各馆情况的需要和可能上看,应当不应当搞主题目录呢?我以为是不应当的,也是不必要的。"②他列出 4 条反对的理由:①不符合"多快好省"的方针,在当时历史条件下,要想办法精简编目手续,在分类后再选主题,就影响了工作进程;②由于缺统一的主题词表,又处于汉字改革的阶段,认为这时不能发挥主题目录的独特功能;

---

① 黎盛荣.谈谈专业图书馆的主题目录[J].图书馆学通讯,1958(4):29-30,42.

② 光则.要不要编制主题目录[J].图书馆学通讯,1958(4):28.

③读者最爱使用分类目录;④组织编排方法上并不优越。对于提高目录质量问题,"我以为应当多从专题目录方面去考虑,而不应当在主题目录上考虑"①。可见,他提倡从主题方面去揭示馆藏,但是,反对编制主题目录,而提倡专题目录,并从不同类型的图书馆出发,认为公共图书馆应配合形势,多搞专题推荐目录,无论是卡片式或书本式。专业图书馆除配合中心任务外,要编制包括图书期刊子目的专题目录和提要目录,如此加强主题方面的文献揭示。这一不同的看法,适应了当时社会主义建设的方针,因此,在一个短时间内较有影响,同时也促进了界内更深入地去研究主题目录的功用、主题揭示的途径,以及主题目录在各图书馆类型的适用性等问题。

1962年,金敏甫针对主题目录问题进行了理论研究,并发表《试论主题目录》一文。他从理论和实践意义阐述了主题功能和特点、作用、在目录体系中的地位及主题目录编制的技术问题。这是一篇较为全面、深入的研究文章,阐明了在目录体系中主题目录的必要性,因为"主题目录就是以它的特殊功能,辅助分类目录并配合其他目录来完成图书馆任务的"②。同时他认为提倡专题目录而反对主题目录具有片面性,因为专题目录与主题目录是有所不同的目录,两者都应考虑,而根据不同的目的要求,进行必要的分工。同时反对"一刀切",不是任何图书馆都建主题目录,而是根据实际需要,主要在大型公共图书馆、专业图书馆和高校图书馆中开展这项工作。大型公共图书馆,首先应为地方文献编制主题目录,以达到更好地为本地区的科学研究服务、为社会主义事业服务的目的。对于专业图书馆来说,由于主要任务是向读者提供在科研、生产中必需的文献资料,因而对主题目录的需求更具迫切性和广泛性。高校图书馆,应配合学校教学、科研的要求编制主题目录,以满足教学、科研之需要。该文阐述了主题目录的收录范围:应包括所有类型的馆藏文献资料,中外文文献资料应集中在一个主题目录内,应编制主题目录的分析卡,主题目录亦应全面反映馆藏。同时亦提出分期分批逐步建立主题目录的有效措施。

对高校图书馆读者而言,"他们既要求查找图书文献的'直接、迅速',更注意同一个主题的图书文献的'全面、集中'"③,因此,他们是十分欢迎主题目录的。由于高校图书馆体系的特殊性,有总馆和院系分馆、资料室

① 光则. 要不要编制主题目录[J]. 图书馆学通讯,1958(4):28.

② 金敏甫. 试论主题目录[J]. 图书馆,1962(4):18-24.

③ 黄万新. 试论高等学校图书馆编制主题目录的几个问题[J]. 图书馆,1963(3):42-44,45.

等组成,因此不应把"分类目录是主体"的一般提法绝对化,对于某专业的
辅助藏书或直接为科研服务的科学参考研究的藏书,就应以主题目录是主
体的概念来加以目录的编制与组织。高校图书馆的主题目录,可先从各院
系资料室的辅助藏书开始编制,逐步扩大,为图书馆编制总的主题目录打
下基础,阐述了主题目录在高校图书馆的必要性。

刘国钧则于理论上探讨了分类、主题目录问题,深入地分析了两者的
共同与不同的特征,由此产生了两种从不同角度、用不同方法揭示图书内
容的目录。"可是在现代图书馆实践中却发生了一种很有趣的现象;这就
是,在标题法中含有分类法的因素,在分类法中含有标题法的因素。"[①] 正
是这一现代特征,影响了一些学者对主题目录的判断。刘国钧从理论研究
出发,阐述了分类二元论问题,他赞同由杜定友提出的分类二元论的观点,
"这在图书分类法编制技术上是一种新颖可喜的主张,是值得深入研究的
一个问题"[②]。对此,杜定友仅提出了问题,没有展开深入研究。实际上,关
于分类主题如何一体化的问题,在这方面国外已有许多实践经验。英国图
书馆学家布朗在 1906 年发表的《主题分类法》,就是以"主题表"和"范畴
表"两部分组成的。由于坚持一个主题只能有一个位置,坚持在分类法中
把同一主题的图书资料集中一处,紊乱了科学的分野,给读者查检带来了
困难,因此,他实际是提出了一条很有意义和价值的探索编制分类法的道
路,其具体成果却并没有受到广泛欢迎。阮冈纳赞的《冒号分类法》,即是
在"分面分类"理论的基础上提出的,从而将这一研究推向了一个高度。
刘国钧的观点,加深了人们对分类、主题的认识,使人们清楚了两者的发展
以及两者一体化发展的方向,拓宽了对主题目录研究的思路。

第五节　目录学基础理论研究与争鸣

20 世纪 50 年代,中国全方位向苏联学习。就目录学理论的研究,苏
联图书馆界在以往的一个时期并没有真正重视起来,主要重视的是目录体
系和实践问题的研究,包括目录的思想性、推荐性等问题。进入 50 年代,
苏联图书馆界展开了一次研究目录学理论的高潮。当时参加研究的主要
群体有 10 余名知名图书馆学者、专家。他们从研究"苏联的目录学理论

①②　刘国钧. 分类、标题和目录[J]. 图书馆,1962(4):13-17.

是否发展了"开始,总结了现实研究目录学理论的问题,并以此为基础,进一步深入研究目录学的基础理论问题。在研究过程中,他们对于"目录学有没有自己的理论"问题展开了争论,进而延伸为对目录学理论体系的研究。1957年,苏联图书馆学院出版了《普通目录学》教科书,对许多争论问题开展了研究,并给出了一些结论。当然,这并非是统一的、标准的结论,因为当时苏联图书馆界还没有论述普通目录学的基本理论著作,但是,必须研究目录学的理论问题、历史问题和方法问题已成为共识,"因此新编的'普通目录学'教科书中对于现代苏联目录学理论所包含的各种问题的范围,就提出了一个近似的概念"①。该教材主要研究目录学的研究对象、任务、原则、功用、目录学和其他科学的关系、目录学的体系、目录学史等问题。

在20世纪50年代,我国图书馆界一直密切地关注着苏联图书馆事业和理论的发展,苏联图书馆界对目录学理论研究的现状,促进了我国图书馆界对目录学理论研究的重视。新中国成立后,我国图书馆界对目录学基础理论的研究,以朱天俊发表的《对于列宁的"马克思主义参考书目"的初步研究》为引子。"马克思主义参考书目"是列宁作为《卡尔·马克思》一文的附录发表的。尽管列宁的这一论著在我国有许多译本,但通常都把"参考书目"忽略了。1940年,董秋斯的译本,却把该文所附的参考书目完整地译出,并题名为"马克思主义参考书目"。"实际上,对于研究马克思及马克思主义的人来说,这一部分的重要性是不下于前面文字的。"②朱天俊用列宁的论著作为突破口,阐明了参考书目的重要性,同时也强调参考书目的思想性、科学性与宣传性,阐明了目录学的科学性与思想性的原则是不可分的,从而为研究目录学的基础理论打下了思想基础。

1959—1964年,是我国研究目录学基础理论的一次高潮,以朱天俊、陈光祚、王文杰、周学浩、张遵俭、王熙华等为核心,主要研究了目录学的研究对象、任务、学科体系与其他学科的关系、目录学的思想性、目录学史等,研究的核心问题是目录学的研究对象,产生出了一批理论性和探索、争论性较强的文章,如《目录学的对象和任务》(陈光祚,1959)、《目录学初解》(张遵俭,1962)、《目录学的研究对象问题商榷》(王熙华,1963)、《目录的

---

① "苏维埃目录学"编辑部. 关于苏联目录学的几个理论问题[J]. 陈光祚,杨绍光,李平杰,译;刘麟,校. 武汉大学人文科学学报:图书馆学专号,1959(7):1-10.

② 朱天俊. 对于列宁的"马克思主义参考书目"的初步研究[J]. 图书馆学通讯,1957(1):26-31.

本质问题——答孟昭晋同志》(王熙华,1964)、《试论目录学的研究对象》(王文杰,1964)等。这些文章,形成了目录学基础理论研究的主干。

为何在目录学基础理论研究中,研究对象被作为重中之重的首要解决的问题?因为根据研究对象的特性,它是对目录学研究、观察或思考的客体,也是行动的目标,因此,研究对象的确定,是具有对学科研究的方向性、可操作性的根本性问题。任何一门学科,如果连它的研究客体都不能确定,连行动的目标都模糊不清,如何开展工作!

实际上,对于目录学的研究对象,在我国近代图书馆时期,直至20世纪50年代中期,都有学者论述过,但是并没有在这方面开展过大范围的讨论、商榷。例如,容肇祖在1934年时就将目录学的研究对象定义为"图书";在50年代中期,徐家麟等就认为研究对象是"目录",朱天俊、王重民等认为研究对象是"图书","更确切地说,目录学应该是一门编制和研究印刷品的索引、目录和评述的理论和方法的科学"[①]。还有的认为其研究对象应超越这两者,不能仅限于图书或目录的研究,还包括书目活动等。

1959年,《武汉大学人文科学学报》第7期是"图书馆学专号",集中刊出了3篇有关目录学研究的文章,其中1篇是译作、2篇是理论研究文章。其中陈光祚的文章是专论目录学任务,该文转载于新编的《目录学》讲义第一章。陈光祚认为目录学是在长期的文献生产和读者需求之间存在的矛盾和解决矛盾的过程中产生的,现代的"目录学是研究用书目索引的方式向读者通报图书和宣传图书的规律的科学"[②]。从而,他用新的历史角度揭示了目录学的定义,并开始从哲学中关于矛盾的角度去研究和考虑这一问题。新中国的目录学的任务,要用马列主义毛泽东思想为指导,去探讨和掌握用书目索引的方式通报图书和宣传图书的规律,该文阐述了目录学由4大部分组成,即目录学基本理论、书目史料学、书目编制法和书目查考法,从而简练地解答了"什么是目录学"的问题,并在此基础上,寻找目录学的研究对象的答案。

从古到今,我国许多目录学家,都将"图书"作为目录学的研究对象,古时,可以郑樵、章学诚等为代表,认为是"辨章学术、考镜源流"的学问。近代和解放初,则可以容肇祖、刘国钧等为代表,苏联于1957年出版的目

---

① 王重民. 普通目录学(省市图书馆工作人员进修班讲稿). 武昌:湖北省图书馆翻印, 1957:2.

② 陈光祚. 目录学的对象和任务[J]. 武汉大学人文科学学报:图书馆学专号,1959(7):11-16.

录学教科书亦将目录学的研究对象确定为"出版物的研究"。陈光祚的文章在列举3种主要观点并进行简述后,提出了自己的观点,即"目录学所要研究的是:'用书目索引的方式通报图书和宣传图书的规律'"①。他认为图书、读者和书目索引三者构成了紧密的联系,任何时候都不能将其中某一项抽出作为目录学的研究对象,是否图书、读者和书目索引三者共同构成了目录学的研究对象呢? 他是这么认为的,"这仅仅是我们的以及我们所造成的一些看法"②,但是,对这一研究对象的确定还处于探讨之中,并没有最终确定,还需要更深入地研讨、商榷的过程。由此,可以看出,在开始目录学基础理论研究的过程中,其困难是很大的,不确定的因素很多,对研究对象的研究,必须由浅入深,不断深化。

目录学的研究对象到底是什么? 如何来确定目录学的研究对象?"目录学既来源于目录工作实践,则研究目录学的对象问题自应从目录工作实践出发"③。这一观点是完全符合辩证唯物主义与历史唯物主义观的。图书的发展、丰富和复杂化,促使人们对目录提出了更多更新的要求,而对于目录的研究,又促进了人们对图书的研究,如此,研究图书就成为目录工作的重要内容之一。新中国成立后十余年来目录工作的发展,充分证明了这一点。目录工作的基本特征,是由社会职能及特定作用所决定的,目录工作的中心问题是:"如何开展目录的编制、利用、宣传与组织各方面的工作,产生出适合于社会需要的各种性质、类型和功能的目录,并利用目录这一有效的工具,来正确地解决一定的读者对了解一定的图书情况的需求之间的矛盾。"④周学浩在《关于目录学的研究对象问题》一文中,从目录工作的基本特点、任务、内容及与图书的关系,以及实际中对目录检验的基本途径等方面,做了综合的考察后,得出结论:"本人的意见是:目录学的研究对象应该是目录。"⑤这一文章具有较强的说服力,他也成为这一时期研究目录学研究对象的佼佼者之一。

目录学是一门源远流长之学科,任何一门具有较长历史的学科,其研究过程中必须要考虑到传统的传承问题,而决不可割裂历史而仅片面地考虑当今或未来的发展时期,"因此当我们确定目录学的界义问题时,不仅要考虑到这是一个学术问题,也要考虑到这是一个传统问题"⑥。从这一角

---

①② 陈光祚. 目录学的对象和任务[J]. 武汉大学人文科学学报:图书馆学专号,1959(7):11-16.

③④⑤ 周学浩. 关于目录学的研究对象问题[J]. 图书馆,1961(3):50-51.

⑥ 张遵俭. 目录学初解[J]. 图书馆,1962(2):46-47.

度出发,"当代目录学的任务是'辨章学术、考镜源流、推荐好书、指引阅读'"①,这就清楚地表明了目录学的研究对象是图书和目录。辨章学术、考镜源流近乎学术史的任务,但是,"学术研究的对象是学科、学派、学者;目录学研究的对象是图书与目录"②,从推荐好书、指引阅读的要求出发而编制出目录,这是目录学任务中包括"辨章学术,考镜源流"的根本所在,也是与学术史研究中对学科、学派、学者进行"辨章学术、考镜源流"要求的不同点。

关于目录学研究对象的确定,当时主要有图书、目录,以及图书和目录等3种观点,学界从事物的本质研究出发对这3种观点进行了商榷。"由于三种说法都把目录学和目录方法混同了,把探索规律的问题误解为怎样记录好图书的问题"③,因此,必须从研究目录学的规律入手,这种规律,即是事物的本质关系或本质间的关系。实际上这提出了一种研究目录学的"规律说",可说是图书馆学研究对象"规律说"提出的前奏。既然要从本质入手,就不能以图书或目录等这类感性的具体事物为研究对象,而应以目录的本质关系为研究对象。如果抽去各种目录的记录方法,抽去这种具体的记录图书、具体的效用,各种目录的共同的特征就仅有记录图书的方式,如此反映出的目录材质,仅是记录图书和利用图书的关系,即"揭示与利用"之关系。图书馆的基本矛盾,是图书的"藏与用"的矛盾,而目录学的矛盾,则是对图书的"揭示与利用"的矛盾,因此,目录学,"它的研究对象既不单是图书或目录,也不是图书和目录,而是记录图书和利用图书的关系"④。这种从事物的规律出发,寻找其本质,通过本质来确定目录学的研究对象的方法,从方法论的角度推进了研究的深度和广度。这一研究方法,立刻受到界内学者的关注,一些学者十分赞同这一研究方法,但对其结论有不同看法,即有进一步商榷的必要。例如,孟昭晋,他十分慎重,专门将有关疑问至信王熙华,并明确表示拟开展争鸣之态度,主要是目录、记录图书和利用图书、记录图书的方式、目录的本质等之间的关系问题提出了3点疑问,"以上三点,希望您能公开答复,再作一次阐述解说"⑤,同时,对于"记录图书""利用图书"的含义也希望能一并说明。为此,王熙华从"目录"与"目录的本质"的关系,"记录图书和利用图书"与"记录图书方式"的关系,"记录图书"和"利用图书"的含义等3个方面做了公开的答复,

---

①② 张遵俭. 目录学初解[J]. 图书馆,1962(2):46-47.

③④ 王熙华. 目录学的研究对象问题商榷[J]. 图书馆,1963(2):32-34.

⑤ 孟昭晋. 孟昭晋致王熙华信[J]. 图书馆,1964(2):46.

从而推进了这一问题的研究。同时也可以反映出，当时商榷的态度是比较严肃认真的，是真正意义上的学术商榷。对某些观点有不同看法，但在领会不同观点之时又遇到了一些疑问，为了坚守学术争鸣之原则而先行提出原作者解疑，以便商榷者能真正领会原作者的原意，而不至于理解出错，甚至将推论建立在猜测之上，这种学术研究的态度，是无论何时都应坚守与发扬的。

　　目录学的研究对象是目录学领域的基本理论问题，50 年代末 60 年代初开展的对目录学研究对象的讨论，为建立目录学的理论打下了基础。进入 60 年代，关于目录学的研究，在图书馆界已成为一个学术研究的核心问题之一而受到空前的重视。北京大学图书馆学系在 1961 年 5 月连续举行了三次学术研讨会，讨论的题目是：图书馆目录体系、目录学研究对象和提高藏书建设质量等 3 个问题[①]。这些研讨会影响很大，参加研讨会的有武大图书馆学系在京参加编写教材的教师，以及北京图书馆、首都图书馆、清华大学图书馆、北京大学图书馆等单位的代表，当时唯一全国公开发行的图书馆学杂志——《图书馆》刊载了研讨会上发言的 3 篇文章。其目的是"请大家继续研究讨论"[②]，从而使北大的研讨会迅速影响至全国。其中朱天俊的《目录学对象浅探》一文在界内受到学者的重视。作者在目录学的教育实践中，深深地感到一些理论问题必须得到很好的解答，如目录学的研究领域是什么？其作用如何？其体系又如何组成？目录学成为图书馆学系的一门课程，应该如何建设？等等。这些问题解答的基础，即是明确目录学的研究对象是什么。他通过目录学的发展历史，阐明了不同的历史阶段对目录学的不同理解，如古时的目录学家，有的重在辨章学术，考镜源流，提要钩元，指导治学；有的重在辨别真伪，校雠异同，考订版本，收藏鉴赏；有的在重序跋，广集纳，述而不作，为读者提供参考；有的重纲纪群籍，厘部类，便于查考[③]。发展至现代，目录学的内容必然会随着时代的变化而变化。因此，"目录学的内容应该包括目录学基本理论的研究，记录图书的原则、及其利用的研究"[④]。朱天俊还研究了目录学基础理论的范畴、目录学和各科之关系及对目录学研究对象的评述，提出了目录学的研究对象是，"记录图书和利用图书之间的这种关系，就构成

---

①　北京大学图书馆学系通讯组. 活跃学术空气　提高教学质量——北大图书馆学系举行传统的"五四"科学讨论会[J]. 图书馆，1961（2）:20-23.

②　编者. 编者按[J]. 图书馆，1961（2）:24.

③④　朱天俊. 目录学对象浅探[J]. 图书馆，1961（2）:32-35,23.

了目录学的对象,从而使我们确认,目录学是以利用图书为目的来探索记录图书的规律的一门学科"①的论断。这一研究,从藏书与利用的矛盾入手,深化了这一问题的研究。

针对目录学研究对象的各种观点,王文杰认为,研究这一问题的基础是必须回答什么是目录?目录学所研究和考察的实际现象是什么等问题。目录学理论产生于目录工作实践,目录工作的基本对象和基本特征则主要是查寻图书、鉴别图书、著录图书、部次图书,并开展图书的宣传报道,构成一个互相联系的整体。"在这个完整体系中,图书是目录工作的中心和基本对象;查寻、鉴别、著录、部次是贯串在目录工作中的一条线索,是目录工作的基本特征;目录、索引和文摘方式是目录工作的成果和表现形式。"②因此,目录学的研究对象即是查寻、鉴别、著录和部次图书③。在此基础上提出的目录学的定义是:"目录学是通过考察目录工作及其成果,研究查寻、鉴别、著录和部次图书规律的一门科学。"④

尽管对这一问题仍有争议,但逐步趋于一致的是从目录学的基本矛盾出发,去研究目录学的本质,进而确定目录学的研究对象的路径与方法。这一点,在1993年出版的《中国大百科全书·图书馆学　情报学　档案学》中表达得十分清楚:对于目录学研究对象主要有5种不同的观点,而第5种"认为目录学是研究目录工作形成和发展一般规律的科学,它的研究对象应当是目录学领域中最基本的矛盾,这一基本矛盾就是科学地揭示与有效地报道文献与人们对它的特定需要之间的矛盾。这一论点逐渐为多数目录学研究者所赞同"⑤。

第六节　对目录学是否是一门独立学科的争论

人类社会中,图书馆学的知识都是在文献整理,尤其是在文献编目的基础上积累发展起来的。例如,古巴比伦王国的寺庙废墟附近所收藏的大批泥板文献就是按主题排列的。亚述巴尼拔皇宫图书馆的泥板文献上刻

---

①　朱天俊.目录学对象浅探[J].图书馆,1961(2):32-35,23.

②③④　王文杰.试论目录学的研究对象[J].武汉大学学报(人文科学),1964(2):57-65.

⑤　彭斐章.目录学[M]//中国大百科全书出版社编辑部,中国大百科全书总编辑委员会《本卷》编辑委员会.中国大百科全书·图书馆学　情报学　档案学.北京:中国大百科全书出版社,1993:288.

有主题标记,其目录被刻在收藏室的门旁和墙壁上。我国殷墟甲骨的入藏,排列都有一定的次序和方法。西汉刘向、刘歆父子的校书编目工作,建立了中国古代图书馆工作的一个基本模式,他们对于图书的搜集、整理工作,成为图书馆学与目录学同根之源。我国古代目录发达,编制了大量有关目录著作,"有一书之目录,有群书之目录"①。由于古代每一次大规模的书目工作都是和整理图书和进行校勘考证分不开的,因此,古时的目录学成为"校雠学"中的一个组成部分。直至清代目录学家章学诚,仍否定目录学的存在,主张以校雠学包举之,这一思想对我国近代目录学的发展也产生了较大的影响。

进入近代,目录学的研究主要是按照单独学科加以研究。目录学、版本学、校勘学等都已分别发展成独立的科学。校勘学主要的任务是比较各书本的文字与篇章的异同,确定原稿的真相或接近原稿的真相;版本学则主要是确定图书的出版情况和书本来源。目录学的主要任务即是对文献的揭示与利用。姚名达在我国近代以来第一部以《中国目录学史》命名、全面、系统研究中国目录学发展历史的学术专著中,把目录学作为独立学科加以研究与阐述,总结和代表了学界的观点,同时,也代表了图书馆界的学术观点。例如,当时《国立北平图书馆书目》就将"图书学""图书目录""图书馆学"作为三种各自独立的学科内容加以区分。

解放初,较早引入苏联目录学研究的学者如张先模,他翻译自《苏联大百科全书》1950版的"目录学"词条,发表在《文物参考资料》1954年第11期上。苏联学界对目录学这一门学科的研究,对我国产生了很大的影响。在50年代末以前,我国图书馆界都将目录学作为一门独立的学科,除了在北大、武大各自设立教研组,各自按不同的学科要求开展教学工作外,在1956年制订的《1956—1967哲学社会科学规划草案(初稿)》中,其内容也清楚地反映出这一点。在重要问题的研究中,都分别列出图书馆学和目录学的研究要求,如①图书馆学、目录学的理论研究;②研究中国图书史,图书馆学史,图书馆事业史和目录学史等。在重要著作的出版规划中,亦是如此,如1960年以前写出《普通目录学教科书》和《图书馆学教科书》的初稿,并写出中国目录学史,1962年以前写出《专科目录学教科书》的初稿;等等。

随着对目录学、图书馆学的理论研究不断深入的情况,在50年代末

① 姚名达. 中国目录学史[M]. 严佐之,导读. 上海:上海古籍出版社,2002:1.

60 年代初,我国产生了认为图书馆学应包括目录学的学术争论。较早公开这一争论的如陈光祚,他在 1959 年发表的《目录学的对象和任务》一文中,针对目录学和其他科学的关系问题的阐述,反映了这一争论。"有些人认为目录学是图书馆学的一部分;另有一派意见认为目录学和图书馆学是两门关系很为密切同时又有区别的科学。"① 作者肯定了后者,认为无论是目录学或图书馆学,这两门科学的研究对象、发展历史及研究范围等都应该是两门平等的科学,这是一种主流的学术观点。

与此不同的观点则以黄宗忠等为代表,他们从矛盾论出发,研究图书馆学的研究对象,开始提出"藏"与"用"的矛盾问题。根据研究,他们认为图书馆学应该含目录学,因为以往提出的目录学的研究对象,完全包含在他们所提出的图书馆学的研究对象中,因此,"目录学与图书分类学、编目学等并列(平行)关系,但它们都包含在图书馆学里,作为图书馆学的组成部分"②。由于图书馆学的研究对象和任务研究的重要性,《武汉大学人文科学学报》编辑部专门在黄宗忠等的《关于图书馆学的对象和任务》一文的文后,加上"编者按",提出要求:"我们希望图书馆界的同志们,热烈地参加到这个讨论中来。"③ 随后,这一观点也引起了争鸣。朱天俊在专论目录学对象的文章中,进一步阐明了目录学的研究对象,认为"目录学是以利用图书为目的来探索记录图书的规律的一门学科"④。这一定义,与图书馆学的定义有密切的关系,但又具有明显的不同。因此,"从两门学科各自研究对象和历史发展来看,它们实是各不相同,各自独立,但又相辅相成,相互促进的"⑤。他认为目录学并入图书馆学中的观点是错误的。以王文杰为代表,他通过深入地研究目录学的研究对象后,阐明了目录学和图书馆学是两门不同的科学的问题。王文杰认为研究目录学的研究对象问题,其重要的基础是要解答什么是目录学、目录学所研究和考察的实际现象领域是什么等问题;并通过目录学和目录工作的密切的、不可分割的关系,找出目录学的研究对象。

目录工作的基本对象和基本特征是:查寻图书,鉴别图书,著录图书,部次图书,从目录工作分析出的基本对象和特征,亦成为目录学的研究对

---

① 陈光祚. 目录学的对象和任务[J]. 武汉大学人文科学学报:图书馆学专号,1959(7):11-16.

② 黄宗忠,郭玉湘,陈冠忠. 关于图书馆学的对象和任务[J]. 武汉大学人文科学学报:图书馆学专号,1960(2):27-38.

③ 编者. 编者按. 武汉大学人文科学学报:图书馆学专号,1960(2):38.

④⑤ 朱天俊. 目录学对象浅探[J]. 图书馆,1961(2):32-35,23.

象,同时也进一步希望界内加以争鸣。"当然,我们所说目录学对象是查寻、鉴别、著录和部次图书,能否概括目录学研究领域的真正本质,还有待大家的讨论。"① 基于这一研究,王文杰明确表示,将目录学、图书馆学等学科合并是错误的。在现代要建立起一个研究图书一切方面的工作和学问是不可能存在的,许多工作和学科都是通过不同的角度去研究图书的,如版本学、校勘学、图书馆学、目录学等即是如此。历史的发展,学科的进展,由总而分是规律之一。这些研究与讨论,大致厘清了图书馆学、目录学等相关学科的关系,使我国目录学理论和图书馆学理论进一步向前发展。

这一时代,在目录学基础理论研究过程中,主要的争论即是有关目录学的研究对象和目录学是否为一门独立的学科两者的争论,至于对于目录学的研究范畴、体系的构建、各学科间的关系等问题,则没有开展大范围的争鸣。

"17年",在历史的长河中仅仅是一瞬间,但其特殊意义将永载史册。这是一个历史大变革的时代,是人民大众开始当家做主的历史时代。在这一时代中,中国目录学进行了脱胎换骨的变革。首先确立了分类与编目的思想原则和目录工作的宗旨和意义,大力开展编目理论与实践的工作,在大量取得实践工作经验的基础上,开展了理论研究工作。

在编目实践中,主要是经历了两个发展时期:其一,1949年10月至1955年,这是一个全面转型时期,基本建立了目录工作的规范,确立了指导思想和服务宗旨,奠定了新时期目录实践工作发展的基础。其二,1956年至1966年5月,这是目录工作的发展、总结和高潮期,尤其是联合目录、集中编目、主题目录等的理论与实践的发展,积累了这一时期具有的重大成果。书目索引工作的广泛、深入的开展、科技情报书目的提出,标志着目录学理论与实践已紧密结合情报工作,并深入发展。这一时期,构建出的目录工作规范,在很大程度上决定着我国目录工作的发展方向。

在理论研究方面,对目录体系的研究与探讨,构建出了与新时代要求基本相符的目录体系,对主题目录的研究与争鸣,巩固和加强了目录体系的研究成果。通过目录学的基础理论的研究与争鸣,构建出了新时代的目录学理论基础与体系,从而,无论在实践层面,还是在理论层面,初步构建出了具有中国特色的目录学理论与体系。这一时期取得的成果,成为目录学史上一笔宝贵的遗产。

---

① 王文杰. 试论目录学的研究对象[J]. 武汉大学学报(人文科学),1964(2):57-65.

第十四章　统一的图书分类体系的构建

　　图书馆业务工作的核心任务是知识组织。这一任务的完成,主要依靠图书分类体系,因而,从古至今,关于图书分类体系成果的体现——图书分类法,一直是图书馆理论与实践中的核心内容之一。在中国古代图书馆(藏书楼)时期,从《七略》到《四库全书总目》,形成了深具中国特色的图书组织管理之理论与实践。近代以来,尤其是国外图书分类法理论与实践的输入,在 20 世纪 20 至 30 年代,形成了编制图书分类法的一次高潮,这是中国图书馆界知识组织迈向现代化的一个重要阶段。

第一节　早期的探索:1948 年—1950 年上半年

　　对新时代的图书分类体系的探索,起于 1948 年 6 月。是年,在哈尔滨开始筹备东北图书馆,这是人民民主专政时期最早的省级公共图书馆。尽管离中华人民共和国成立还有 1 年有余,但是,其性质已属于新民主主义社会下的新型图书馆。因此,东北图书馆对图书分类体系的研究与实践,亦成为新的社会制度下的最早者。

　　东北图书馆于 1948 年 8 月在哈尔滨开馆,当时该馆由东北行政委员会教育委员会责成委员王修领导。在整理过程中,该馆着手对图书的分编工作,"但当时所有的旧的图书分类法,对于我们今天已不适用,遂于一九四八年六、七月两个月,以现存的材料为基础,自己编制了一个暂时的图书分类法"①。《东北图书馆图书分类法》仍采用十进法,并采用杜威的十大类,但次序排列有所变化。它最大的历史贡献,即是"首先创造了比较合理的方法来容纳马克思列宁主义书籍并在目录中推荐他们,这在当时情

---

　　① 东北图书馆图书分类法说明及分类大纲[J]. 文物参考资料,1950(8):18-23.

况之下是起着一定的推动图书馆事业的作用的"[1]。在归类中,凡属马列主义、毛泽东思想及一般新文化书籍为题者,都有系统地排列在先,表示新旧之区别。在第一版专门设立了"泽东文库"和"鲁迅文库"两个特藏类目,并列于整个分类法之首,有关介绍马恩列斯毛生平的图书也包括在该类内,开创了设立该部类并列于分类之首的路向。这是一部解放初我国最早出版且又较为流行的一部图书分类法。1948 年至 1950 年上半年,"曾经先后付印三次,共印刷七百册,分赠各处。据了解,在东北各地公共图书馆和学校图书馆大部采用本分类法"[2]。

1950 年产生了多部新型分类法,如《新时代应用图书分类法简表》《新图书分类法草案》《山东法》《苏北法》,教育部图书馆集体草拟的《中央教育部教育图书分类法》,等等,都对新型的分类法做了积极、有益的尝试。其中,教育部图书馆在分类法指导思想方面,吸收了恩格斯有关分析科学运动形态,进行科学分类,依它所固有的秩序进行分类、排列的指导,构建了图书分类体系。杜定友在《文物参考资料》1 卷 8 期上发表的《新图书分类法刍议》一文中,更是将毛泽东关于"甚么是知识"的观点作为新图书分类法的指导思想,对应生产斗争知识的"自然科学"类,对应阶级斗争知识的"社会科学"类,以及该两类知识的结晶——哲学类。这是笔者目前所见资料中最早将毛泽东同志关于"知识"问题作为图书分类体系的指导思想者。从中可以看出,至 1950 年,我国研究和实践新型分类法的指导思想之观点,主要有两个:一个是思想性问题,即突出马列主义经典作家之地位,将其独立置于分类法之首,这一问题即解决了分类法思想性的主要矛盾方面。这一问题解决得较早的是《苏北法》,它将"革命文库"置于分类法之首,并在这一大类中分设了"马克思著作""马恩合著作""恩格斯著作""列宁著作""斯大林著作""毛泽东著作"等类目。另一个则是图书分类体系构建的指导思想,采用恩格斯的相关思想,尤其是对以后很有影响的是采用毛泽东的知识分类思想,形成了哲学、社会科学、自然科学等基本大类。这两大观点,都为以后的分类法的发展所采用,并不断完善。

①② 刘国钧,陈绍业,王凤翥.图书馆目录[M].北京:高等教育出版社,1957:232.

第二节　新型分类法的酝酿与形成：
1950 年下半年—1956 年

中国图书分类法之路到底如何走？这是新中国成立后图书馆界在理论与实践工作中必须尽快确定之事，此事受到中央政府的高度重视。为此，文化部文物局于 1950 年 6 月 2 日在文物局会议室召开了图书分类法座谈会，会议主席是文物局局长郑振铎，记录是崔叔青，出席者有于光远、王重民、向达、吕叔湘、徐特立、陈鸿舜、程德清等 19 人。这是一次决定新中国图书分类法路向之会，会议讨论了若干方向性问题：①要怎样一个性质的分类法？会议认为拟定新分类时一定要有阶级立场，新的分类法首先应具有科学的思想体系，结合具体，并照顾实际藏书情况。②马列主义毛泽东思想书籍是独立成类（文库）还是按性质各入其类？③是用十进分类法还是突破而用新十进法，即突破十大类，其次序如何排。④自然科学与应用科学是并为一类还是分列。⑤宗教有无单成一类的必要？会上决定并成立了一个委员会和研究小组，开始了全国统一分类法研究的征程。

翌月 25 日，图书分类法委员会召开了第一次会议，由向达任会议主席，崔叔青任记录，出席者有于光远、王重民、吕叔湘、陈鸿舜、程德清等 8 人，列席者有胡耀辉、戚志芬、崔叔青等 11 人。会议讨论的问题有：①学科思想问题；②分类表号码及排序问题；③今后的工作步骤等问题。会议认为应邀请各方专家与图书馆工作者共同讨论出分类纲目，然后再请各有关方分别研究各类细目，最后再共同讨论拟制出分类法草案，"有了草案，就有讨论的对象，作为将来搞出比较完善的分类法的开始，同时也就有了基础"①。这一新的分类法，必须是采取集体创作的方法，集合各方面的智慧与经验。会后，工作小组立即行动，邀请科学院和其他专家、学者与图书馆工作人员讨论，拟制分类纲目，并刊印分类问题的专号，向全国各地专家和有经验的图书馆员征求意见，收集材料制订大纲，"整整三个月，我们不曾停止过工作"②。至"1950 年 9 月 27 日该局主持的座谈会上曾初步决定图书应分总类、哲学、社会科学、自然科学、技术、语言、文字、艺术、史地等九

---

① 图书分类法座谈会参考资料：说明[J]. 文物参考资料，1950（8）：105-107.

② 郑振铎. 图书分类法问题研究资料：前言[J]. 文物参考资料，1950（8）：1-3.

大类"①。从而,按照预定计划,有了一个可供人们讨论的草案。可见,此时的草案大致倾向于十进分类法。随后开始了对草案的大讨论。《文物参考资料》于1951年第2期上发表了2篇具有代表意义的文章。一篇是讨论分类法问题的《卢震京先生来函》,这是卢震京写给郑振铎局长的信。信中认为:"这次新的图书资料分类法的制定应该不仅是容纳过去,适应现在,更需要罗致未来。"② 这一希望分类法能够一步到位的观点与当时许多人主张先编出中小型图书馆适用的、比较科学的合理的分类法,以应急需,然后在此基础上再编出更完备的大型分类法的观点不同。另一篇是杜定友的《图书分类法意见》一文。这一文章代表了当时图书馆界分类法问题的主流意见,文中强调了新的分类法要以马列主义、毛泽东思想为指导,以唯物辩证法指导并确立学科体系,其步骤是:根据马列主义毛泽东思想确定大类;确定各类一二级内容;考虑标记制度;由百类表而制成千类表,千类表即应适用于中小型图书馆的使用;再做细分,以应大规模图书馆之用。这一新图书馆分类法的研究步骤,为研制中小型分类法所采用。此后,为应急需,图书馆界形成了一个研究、探讨、编制新型分类法的过程,许多个人、团体纷纷推出所编分类法,中国科学院图书馆于1951年6月9日召开该院图书馆的图书分类委员会第1次会议,该委员会受科学院院长郭沫若之委托,由科学院副院长兼图书馆馆长陶孟和主持召开,可见其重视程度非同一般。会上对编制图书分类法的指导思想和体系结构进行了讨论,这是拟编制《科图法》的开端。另有如刘子亚、黄金印合拟的《中、小型图书馆图书分类简表》、杜定友编的《人民图书分类表》、金天游编的《图书分类表(草稿)》、范世伟编的《图书分类法》,等等。其间还产生了一些商榷,推进了我国图书馆界整体上对图书分类法的研究。这一阶段产生了对中国图书分类法的发展影响很大的《人大法》,即《中国人民大学图书馆图书分类法》。

《人大法》是中国人民大学图书馆集体编著的一部工具书,它是新中国第一部比较完整的新型图书分类法。它的诞生,是我国图书分类史上新的里程碑。该法的编制始于1951年,中国人民大学图书馆组织了编制分类法的队伍。在大量学习的基础上,邀请本校教员和医院的医师提出有关学科类目,"然后编成初稿。中央文化部了解后,要求印出400份,发至全

① 中国科学院科学图书分类工作进行情形[J].科学通报,1951(8):874.

② 卢震京.讨论分类法问题:卢震京先生来函[J].文物参考资料,1951(2):60-63.

国各地图书馆和图书馆学专家,征求意见"[①]。翌年春,根据各地反馈意见,组织修改,于1952年10月完成分类法草案送校审阅,并进一步开展全国性的研究,同时在馆内试用。它开创了我国分类法基本序列(或称部类、基本大类)的概念与运用,将图书分类体系分为总结科学、社会科学、自然科学、综合类等4大部类,其历史功绩主要是:①首先提出社会主义图书分类法的编制原则,掌握思想性,将马列主义、毛泽东著作列于分类法之首。②首次采用了马列主义、毛泽东思想关于知识的理论构建分类体系。③打破了十进制,将全部图书分为17个大类,强烈地显示出了辩证唯物主义的立场、观点和方法。

这一阶段,苏联的图书分类法对我国图书分类法的发展影响很大。就以《人大法》而言,"这个分类法是根据苏联托罗帕甫斯基著:'苏联大众图书馆十进分类法',克列诺夫著:'苏联小型图书馆适用十进分类法',以及人民大学具体情况和工作需要在集体研究和讨论,并同人民大学各教研室业务课程有关的教授,教员,等研究商量而编制的"[②]。从部类设置而言,此时苏联的图书分类法则将社会科学放在自然科学之前,这一排序为《人大法》引入,从而对以后我国分类法的类序排列提供了一个实际的范例。1954年苏联《苏维埃目录学》(论文资料汇编)刊载了苏联列宁图书馆主任馆员、哲学硕士杰斯林科的《论苏联图书分类法草案》一文,阐述了作为统一的图书分类法的《苏联图书馆分类法草案》的编制经过、基本原则和基本分类、进一步的划分和复分、各类型图书馆适用的分类表以及全国图书馆藏书的重新分类等问题,对我国正在进行的全国统一分类法《中小型法》等分类法的编制,很有启发。该文由范文津等人翻译,刘国钧、中国人民大学图书馆校,译文刊载于1955年《图书馆工作》第1期。该期是《图书馆工作》的创刊号,可见,图书馆界对该文之重视。译文中认为图书分类法的指导思想与理论基础,是马克思列宁主义关于科学分类的思想与原则,是根据这些科学所研究的对象的分类,"我们要解决的不是哲学的,理论的问题,而是要在创制一种实际用途的分类法。这个目的制约着我们不作关于基本分类序列的哲理研究"[③]。这一草案的4个部类的次

① 白国应.《中国人民大学图书馆图书分类法》的历史、功绩、问题和展望[J].图书情报论坛,1998(3):2-16.

② 皮高品."中国人民大学图书馆图书分类法"评介[J].武汉大学人文科学学报,1956:281-306.

③ 杰斯林科.论苏联图书分类法草案[J].范文津等,译,刘国钧,中国人民大学图书馆,校.图书馆工作,1955(1):30-49.

序是:马克思列宁主义;关于社会的科学;关于自然科学的科学;总类。

为什么要将社会科学放在自然科学之前? 这是由新的分类法特征决定的。由于新分类法把马克思列宁主义这一基本类目置于分类法之首,如果按照人类社会发展顺序列类,将自然科学基本类目列于社会科学之前,则会将马克思列宁主义部类与社会科学部类隔开长长的一串类目,因此,在新的分类法中,"最适当的解决方法就是把所有社会知识部分置于马克思主义后面。这种解决方法即不影响到社会和自然科学两部份内部的逻辑,我们以为这是完全可以容许的,而且对于图书分类法说来,是具有许多优点的"[①]。这些思想,对于当时我国类序的排列,是有着指导意义的。而且,打破十进法已成为趋势。在历史上,如布利斯就给了 26 个基本大类,美国国会图书馆给了 23 个大类,《苏联图书分类法草案》则撰写了 20 个大类。这些思想,对于以后我国编制分类法过程中有着很重要的借鉴意义。

1956 年,是新中国历史上关于统一图书分类法问题的关键之年。4月 16 至 26 日,文化部社会文化事业管理局和北京图书馆召开了中、小型图书馆图书统一分类法座谈会,应邀出席的有中国人民大学图书馆、中国科学院图书馆、北京市图书馆、北京大学图书馆学专修科、上海图书馆、辽宁省图书馆等 19 个单位的代表,以及杜定友、刘国钧、皮高品、钱亚新等,还有列席人员,共计有 40 余人。其座谈会和编制中小型分类法的指导思想即是:"以马克思列宁主义理论为基础,以科学系统为根据,以苏联先进经验为榜样并结合我国特点"[②] 而编制。座谈会讨论了 4 大问题:中小型图书馆图书分类大纲和次序;二级类目和次序;复分表和分类号码;大型图书馆图书分类法问题等。尽管会上争辩激烈,对一些问题还存在着不同的看法和意见,但仍然在讨论、大致统一的基础上产生出了分类简表。为更好地开展工作,会后组织了一个工作组,并聘请了若干专家为顾问。根据讨论结果和工作组的努力,于 6 月印出了《中、小型图书馆图书分类法草案初稿》,分寄各图书馆征求意见,夯实了我国新型的统一分类法基础。

---

① 杰斯林科. 论苏联图书分类法草案[J]. 范文津等,译,刘国钧,中国人民大学图书馆,校. 图书馆工作,1955(1):30-49.

② 李钟履. 中、小型图书馆图书统一分类法座谈会纪要[J]. 图书馆工作,1956(3):19-20,54.

第三节 《中小型分类法》的诞生、发展期：1957—1959 年

《中小型分类法草案初稿》于 1956 年 6 月拟出后，在其后的 1 年中，进行了广泛的试用和座谈会，曾有广东、湖北、浙江、陕西、上海、南京、重庆等 7 个省市图书馆组织当地图书馆学专家和图书馆员举行座谈、研究。湖北、山东、南京等 3 个省图书馆曾在举办过的图书馆员训练班上进行讲授、实习和试用，数十个中学图书馆、中等技术学校、工会图书馆、县、区图书馆等的新建馆，曾予以试用①。期间，分类表工作小组不断归纳各方面搜集来的修正意见，于 1957 年 1 月，乘南京图书馆召开的图书馆学科学讨论会之便，组织了第二次分类法座谈会。根据各方提出的意见，最后又拟定了一个修订原则和办法，并提出一个修订草稿，继续征求各方意见。4 个月后，又一次在南京图书馆，若干图书馆学专家聚集于省市图书馆工作人员进修班授课之时，召开了第三次座谈会，最后规定了 21 个大类。关于马克思列宁主义类单独立类，并置于分类法之首，这一点较早就得到统一，对于十类法问题，经过多次座谈讨论研究后，亦较为统一，对部类的设置，是四部分类还是五部分类，以及社科在前还是自科在前等问题，还存在着不同的争议，其他有争议的地方，尤其是一些细节问题的争论还较多。由于现实中迫切的需要，不能长期等待，在一些问题没有统一之前，出席座谈会者同意按原草案所拟，加以修订，并要求尽快将确定后的草案印出。如此，1957 年 8 月，文化部社会文化事业管理局公布了《中小型图书馆图书分类表草案》，并由北京图书馆内部出版，"标志着我国图书分类法的编制和研究走上了一个有领导、有组织集体编制的道路。为全国统一的大型分类法的编制，奠定了基础"②。

另，经过多年的努力，《中国科学院图书馆图书分类法》亦于 1958 年 11 月由科学出版社出版，并于 1959 年 1 月交由新华书店公开发行。全表分为五大部类 25 大类。出版后深受欢迎，又于 1959 年 2 月底再次印刷，共印 4800 份，交由新华书店发行。自此，确立了我国三大分类法使用的

---

① 李兴辉. 中小型图书馆图书分类表草案编制经过[J]. 图书馆学通讯，1957(3):42-43.
② 北京大学图书馆学系中国图书馆事业史小组. 中国近代现代图书馆事业史[M]. 北京:北京大学图书馆学系，1960:331.

格局。

1957 年，在《中小型图书馆图书分类法草案》讨论期间，刚创刊的图书馆界理论刊物《图书馆学通讯》在第 2 期发表皮高品的《编制图书分类法的几个基本问题》一文。该文阐述了分类法体系问题、一般基础知识的问题、图书分类法组成部分的问题等 3 大问题，提出个人对编制图书分类法的看法。张德芳的《论编制图书分类法的基本原则》一文，阐明了图书分类与学术分类、客观原则、发展原则和对于大型分类法理论上的要求等问题，提出了对分类法主要原则的看法。史永元的《关于马克思列宁主义经典著作在分类法中集中归为一类的意见》，提出把马列主义毛泽东思想著作单独立类的 5 个原因。该文的积极意义还体现在：从分类的意义和作用，对马列主义思想在分类体系中的体现、目录制度以及一些具体问题方面做了研究，从而进一步在理论上确立了"马列主义毛泽东思想"类的理论基础与在分类体系中的作用，论述了马列主义毛泽东思想如何体现在分类法中，在分类目录中如何更好地宣传马列主义的经典著作等问题。

"根据目前的需要和要求，现在拟将'中小型图书馆图书分类表草案'加以修订并扩充为'大型图书馆图书分类表草案'。"① 为此，1959 年 4 月 1 日，大型分类编辑工作临时领导小组成立了。小组成员由文化部、教育部、北京图书馆、北京大学图书馆学系、中国科学院图书馆、北京大学图书馆、清华大学图书馆、中国人民大学图书馆、北京师范大学图书馆等 9 个单位组成，下设综合工作组和专业工作组。综合工作组协助领导小组研究分类法和编制原则、方法等问题，专业组由同性质的专业图书馆组成，负责分工范围内专业类目录的编制工作②。为更加有计划地开展好工作，大型分类编辑工作临时领导小组起草了《编辑大型图书馆图书分类法工作简要计划（草案）》，组织讨论并确定了 5 项编制原则，并组织各专业单位进行专业分类表的起草工作，共有 76 个单位参与这项工作，以高校图书馆、中国科学院各研究所图书馆为主体。

经过 5 个半月的努力，小组完成了大型分类法草案底稿，并发往全国相关单位征求意见。经过 1 年多时间，收到各类意见 4000 余条，至此，正式编制《大型图书馆分类法》的条件已经成熟。1960 年 2 月 15 日，文化部和教育部批准成立"大型图书馆图书分类法编辑委员会"，同时，该日起

---

① 征求对于中小型图书馆图书分类表意见和补充资料启事[J]. 图书馆学通讯，1958（6）：21.

② 李致忠. 中国国家图书馆馆史：1909—2009[M]. 北京：国家图书馆出版社，2009：196.

至 3 月 18 日在北京召开"大型图书馆图书分类法会议",到会者有来自全国各地 11 个地区 26 个单位的专家、学者 32 人。会议主要讨论了如何体现毛泽东思想对分类法的指导意义、基本序列、基本大类及关于大类范围及体系、标记符号、附表编制等问题。会上大家畅所欲言,观点碰撞加融合,有些问题争辩激烈,最后取得比较一致的意见,保证了《大型法》的思想性、科学性、实用性的具有中国特色的特征。1960 年 7 月,完成《大型法》,并铅印,随后开始在部分图书馆试用,广泛征求意见,为进一步修改做准备。

《大型法》的诞生,是我国图书分类法的编制原理与编制技术趋于成熟的标志,它的出版,将我国图书分类学研究进一步推向了高潮。

在制定《大型法》的过程中,《图书馆学通讯》开展了质量较高的讨论与商榷。1959 年第 7 期上,发表了 6 篇文章,内容涉及《大型法》的社会科学与自然科学的次序问题、宗教在大类中的位置及归类问题、采混合号码的意见及采数字制的意见等。从整个讨论过程来看,对《大型法》的思想性问题较为统一,包括马列主义毛泽东思想的单独立类及放在首序,以及在整个分类体系中对思想性的贯彻等。对于科学性问题争议颇大,为首者即是部类中社会科学和自然科学的次序问题,当然包括各类列、标记符号、辅助表等的排序、给号等问题。关于实用性问题,则在前述两大问题统领下,不难解决。

在部类次序中,该期刊载了具有代表意义的两篇观点相左的文章,蒋一前执笔的《图书分类表五分法中社会科学在自然科学之前的看法》一文,以及袁涌进执笔的《论大型图书馆图书分类法的基本序列自然科学应列于社会科学之前》一文,都用充分的理由阐明了观点。值得注意的是,两篇文章的署名都是"执笔"者,可见,文章的责任者应是"群"之概念。随后,该年《图书馆学通讯》第 9 期在关于图书分类法基本序列与标记符号问题的讨论之栏目中,刊载了武宁生的《关于自然科学和社会科学在图书分类法基本序列中先后问题的商榷》一文,以及温福安执笔的《对于大型分类法所采取的标记符号的意见》一文。武宁生在商榷文章中,认为"在科学分类的总系列中,自然科学列于社会科学之先是无可质疑的"[①]。这一问题在《中小型法》确定社会科学与自然科学先后次序的过程中,就有许多专家学者认为该法对这一问题的排序有所不妥,这些争论、商榷,很

① 武宁生. 对于自然科学和社会科学在图书分类法基本序列中先后问题的商榷[J]. 图书馆学通讯,1959(9):10-12.

好地反映出了这部分专家学者的学术观点。

　　实际上,社会科学和自然科学先后次序问题,亦是一个世界性的难题。在近现代分类史上,都有不同排序的分类法产生。在解放初期,苏联的图书馆学对我国影响很大,而苏联图书馆界对这一问题也争论已久,而且多次修改。在最初的统一分类法方案中,将自然科学列在前面,在1953年的方案中又将社会科学列在前面。这一方案,对我国形成《中小型法》有很大的影响。但是,在苏联图书馆界开展了广泛的讨论后,在1957年达到争论的高潮。于1958年,俄罗斯苏维埃联邦社会主义共和国文化部委员会同意了苏联国立列宁图书馆、国立萨尔蒂柯夫·谢德林公共图书馆、苏联科学院图书馆、苏联科学院社会科学基本图书馆和全苏出版物登记所提出的苏联图书馆图书分类表的基本序列,并报审待批。苏联科学院主席团图书馆委员会于1959年6月11日基本上同意了他们提交审核的苏联图书馆图书分类法的基本序列。对于这一变化后的决定,刘国钧及时进行了译介,以供参考。该基本序列是:关于自然界和社会普遍规律的科学(列有马克思列宁主义一个基本大类)、关于自然界的科学(列有5个大类)、关于人类影响自然界的方式的科学(列有技术、农业等大类)、关于社会的科学(列有12个大类)。由此可见,《大型法》能在基本大类上取得大致的统一、并与《中小型法》得以连贯,确实不易,更加体现出了具有中国特色的学术风格。

　　20世纪50年代,我国图书分类法的研制以及在理论上的研讨,是这一时期图书馆学理论研究中的极重要的组成部分。新中国成立后,图书馆学理论研究就是在分类法理论研究中开始的。这一过程,亦是图书馆界思想观念、指导思想、服务宗旨等发生根本转变的真实反映。对于分类法的编制,由个人的力量或局部团(集)体为主过渡到集体编制、图书馆领域举国之力编制之时代。据刘国钧等人统计,解放后至1957年,"各类型图书馆的新分类法很多。我们见到的已有三十几种"①。这些分类法在编制力量上大多属前种类型。对新分类法的编制,开始于《东北法》,较为出色者有《人大法》和《科图法》,核心的且一直是主线者即是《中小型法》至《大型法》的编制,以后又成为"中图法"系列。《人大法》《科图法》《中图法》分类法成为全国统一分类法的优秀成果,并被广泛接受。

　　在分类法的研制方面,解放后,新型统一的分类法之路开始于1950

① 刘国钧,陈绍业,王凤翥.图书馆目录[M].北京:高等教育出版社,1957:234.

年分类法座谈会的召开。《人大法》的出版,奠定了全国统一法的基础,这是我国统一法过程中最早的产品。《中小型法》至《大型法》之路程,即突出地代表了我国在全国统一分类法上之主流,《科图法》的产生,更是丰富了全国统一分类之成果。《大型法》的诞生,标志着我国统一分类法已基本成熟,这些分类法较好地体现出了分类法的思想性、科学性和实用性。这些具有中国特色的理论成果,成为这一时代的标志之一而载入史册。

第四节 情报界分类法的应用

我国情报事业开创之初的基础非常薄弱,主要是"筹建专门机构,组织力量,从事摘录全世界科学技术期刊上的论文,用快报和文摘的形式编印出版"①。

当时我国在情报工作的开展方面,主要面临着两大紧迫任务:①快速开展情报的搜集与报道工作;②尽快解决一种能够适合于情报工作资料标引的工具书,即研究和确定分类法(主题法)的问题。与图书馆界不同,情报界要求对情报部门类分文献资料,其重点在于报道和检索。选择何种分类法? 当时国内还没有一部详尽的、合适的分类法可用,即使在《科图法》诞生以后,其详尽程度仍然与开展情报工作的需求差距很大。根据当时我国文献资料工作薄弱、混乱等情况,1958 年,丁珂、刘国钧、董建生等人提出建立比较完善的资料分类编目的主张,"丁珂等人认为,当时应用的图书分类法是不合适的,自编符合当时需求的大型分类法又需要很长时间,于是提出使用国外已应用几十年的《国际十进分类法》(UDC)"②。这一建议立即得到情报界的热烈响应,界内立即将关注点集中于UDC。《科学情报工作》很快就集中发表了多篇相关内容的文章,并发有"编者的话",认为:"据我们所知,国际十进分类法是目前比较完备的一种分类法,尤其是自然科学和应用科学部分,类目比较详细。"③

① 国务院科学规划委员会. 1956—1967年科学技术发展远景规划纲要(修正草案)[R/OL]. [2018—07—25]. http://www. most. gov. cn/ztzl/gjzcqgy/zcqgylshg/200508/t20050831_24440. htm.

② 中国科学技术信息研究所. 中国科技信息事业55年(综合卷)[M]. 北京:科学技术文献出版社,2011:76.

③ 编者. 编者的话[J]. 科学情报工作,1958(5):1.

这一分类法在国际上较为流行,并且在社会主义阵营中,苏联的全苏中央书局,民主德国、捷克、波兰、匈牙利等国家的图书馆和情报机构也多采用这一分类法,这也为我国采用这一分类法找到了依据。采用 UDC 就成为当时情报界的主流,《科学情报工作》杂志上最初发表的这类相关文章,主要是介绍 UDC 的历史、结构、使用方法和 UDC 的优缺点,实际上开始了一个宣讲、普及的工作,并加快引进 UDC 的步伐。1958 年,中国科学院科学情报研究所就影印了 1957 年最新英文版的 UDC 的简本,供各图书馆和各机关企业的资料管理部门参考使用。当然,在全版引进的过程中,根据国情,我国图书馆情报界认为在 UDC 反映资本主义社会意识形态和学术思想内容是不能接受的,是应当批判的,尤其是其中社会科学部分,是不能全盘接受,并应加以批判的,"但其中自然科学和技术科学部分则是可以参考的,事实上有些情报资料单位已经采用或准备采用"[①]。此时,在情报领域已基本达成运用 UDC 作为检索工具之共识,因为:①该表类目十分详细,在自然科学和应用科学方面能够满足我国当时情报工作的需求;②认为自然科学和技术科学部分并不存在意识形态问题[②],苏联等社会主义阵营中的国家也在使用;③ UDC 具有国际性,又有稳定的修订工作的开展。在此共识下着手翻译 UDC,以便在情报界广泛推广,这也是许多情报机构强烈要求的。

为了尽快将情报工作有序地开展起来,科技情报研究所迅速组织人力,于 1958 年翻译了 UDC 简表中的自然科学和技术科学部分,随后,又组织力量,于 1959 年开始翻译完整的 UDC 的自然科学和技术科学部分。当时全国 50 多个单位的科学家和工程师分别进行翻译,用了 10 个月时间,完成了 UDC 详表的翻译工作,全表 15 万多个类目,约 80 多万字,几乎包括了所有现代科学技术名词。由此,我国情报界中许多单位相继采用 UDC 作为基本检索方法,形成了科技情报界在这一时期的较为短暂的时间内以 UDC 为主流的较为统一的局面。例如,铁道科学研究院技术情报研究所,自 1958 年开始采用 UDC,在图书、资料、编制建立检索卡片等工作中一直坚持采用 UDC。1959 年 5 月,铁道部召开全国铁路系统的科技情报工作会议,会议期间开展了检索方法的讨论。经讨论意见趋向一致,大家都同意采用 UDC。为进一步规范工作,还制订了相应的

---

① 编者. 编者的话[J]. 科学情报工作,1958(5):1.

② 黎雪. 中国科学技术情报研究所建所三年来工作跃进再跃进[J]. 科学情报工作,1959(10):1-8.

规定[①]。这是当时情报界采用 UDC 的一个缩影。为普及相关知识,《科技情报工作》开始刊载相关文章,以达到研究和普及之目的。出版社及时出版相关图书,如第一机械工业部及时出版了《国际十进分类法》(机械电工及其有关部分)、《使用国际十进分类法的参考资料》《国际十进分类法机械电工及其有关类目索引》等,举办 UDC 学习班,开展业余学习和研究活动,等等。

第五节　图书情报界共同确定主流检索方法与途径

20 世纪 50 年代末 60 年代初,无论是在国际还是在国内,检索工作都处于一个被十分重视的历史阶段。1958 年 11 月,在美国华盛顿召开的第二次国际科学情报会议上,把文摘和索引刊物列入会议的第二项议程,主要讨论文摘刊物对查寻文献和帮助科学技术工作者掌握世界先进科技水平的问题。此时期文摘杂志刊物大量出版,通过索引工作的理论研究和实践运用,促进了文献检索工作的深入开展。这一时期我国在翻译文摘方面已取得了较大的成绩,开展这一工作的核心机构——中国科学技术情报研究所从 1956 年开始翻译苏联机械制造文摘和冶金文摘,到 1961 年翻译出版的苏联文摘增加到 50 种(分册),约占苏联出版文摘的一半。一些行业科技情报研究院(所)也较多地翻译一些国外科技文摘,如铁道科学研究院翻译英、美、德、日、荷兰等国家的文摘,出版了《铁道文摘》[②]。为了弥补翻译出版苏联文摘不够及时的不足,中国科学技术情报研究所还从 1958 年起出版《期刊论文索引》,至 1961 年出版了 30 种,选用国外期刊达 600 余种。1961 年召开的第二次全国科学技术情报工作会议,提出了我国的文摘工作必须由翻译国外文摘逐步过渡到以自编为主的号召,"有些专业,少量的自编文摘已经从 1961 年下半年先后编入翻译苏联相应专业的分册内出版"[③]。由此,我国的文摘工作开始逐步进入一个以自编为主,以翻译为辅的历史发展时期。

在历史性地跨入逐步向自编文摘过渡阶段的过程中,就检索工作而

---

① 铁道科学研究院技术情报研究所. 我们采用国际十进分类法的情况和体会[J]. 科技情报工作,1963(4):15-18.

②③ 第一机械工业部技术情报所. 科技文摘、索引等检索工具概况[J]. 科技情报工作,1962(7):6-14.

言,索引工作如何能够规范地、适合我国国情地尽快高质量、高效率地开展起来,就成为情报界必须要尽快解决的关键问题。以索引工作而言,刚跨入这一阶段时,其工作情况较为混乱,这也是一个必然要经过的"阵痛"期。大量翻译的国外资料,其自身就带有不同的检索语言,在翻译过程中,又会采取不同的方法加以处理而形成一些不同的检索问题。尤其是在自编文摘工作中,并没有一个统一的检索方法做指导,又会产生出各种不同的检索方法与途径。因此,从1962年开始,情报界开始研讨"如何开展检索工作"的问题。①开展了文摘工作的讨论,有的认为应以索引工作为基础,逐步建成我国的文摘系统。有的提出了建立我国检索系统的三个发展阶段,即以现阶段的以翻译为主进入索引阶段,这一阶段大致需2—3年;再由索引阶段进入简介阶段,这一阶段大致需要3—4年;最后当积累到以文摘为多数之时,即可全面进入文摘阶段。②开展文摘工作的讨论。主要讨论的问题有:如何建立统一的检索系统;如何普及检索方法;如何展开检索工作,充分发挥翻译文献资料的作用;检索工作如何与科研工作更密切地结合;一些专业领域开展检索工作的初步经验介绍等。一些学者在提出建立我国检索系统的过程中,亦提出切实可行的方案,"可以考虑在几个大区及若干专业部门建立地区的和专业的检索中心,逐渐充实检索工具,使科学研究及生产技术人员在需要科研文献资料时,能够在检索中心查到线索,看到文献"①,进而彻底扭转国外文献利用率不高的情况。一些学者大力呼吁要普及检索方法。由于我国情报工作还属开创初期阶段,大量补充新人员,即使以前开展过这类工作的"老同志",大多也仅对一种或数种检索工作较为熟悉,对国际上复杂的检索工具体系还缺乏深入的、广泛的了解。因此,普及检索方法,一方面是图书情报界的迫切需求,更是广大科技工作人员的迫切需求。在我国还没有建成科技文献检索系统的现实情况下,广大科技工作者查询文献资料的较佳工具即是文摘、索引类刊物,通过这些刊物上的分类或主题等途径,较好地去粗取精,找到具有实际参考价值的文献资料,这就进一步凸现了当时文摘、索引工作的重要性。

这一时期,一方面文献资料增长至"爆炸"之势,但我国检索系统还没有建立,检索工具与方法还很不完善,还处于较为混乱的阶段。例如,在我国情报部门,使用的资料分类法种类较多,有的利用现成的图书分类法,

---

① 陶江益.开展检索工作,充分发挥国外文献资料的作用[J].科技情报工作,1962(7):1-2.

有的则是根据本单位情况而自编的分类表,有的采用专业分类标准,许多机构采用 UDC,也有较少部分则利用主题法等。另一方面,在情报资料的积累方面,我国情报界从 1956 年时的"一穷二白",发展到 1963 年时,据不完全统计,已拥有国外科技期刊 8000 余种、专利文献达 250 万件、产品样本说明书 40 余万份、各种技术标准资料 8 万余件,以及各种特种文献 47 万余篇①。同一时期,我国检索类出版物中,正式出版的文摘和索引就有 150 多个分册,1963 年的报道量达 80 余万条②。至 1963 年底,我国科技文摘的累积量已达 134 万条,"但绝大多数刊物没有检索工具,缺少科学的检索方法,查用起来很不方便,致使我国所搜集的国外科学技术文摘,不能广泛交流与利用"③。由此,文献资料检索方法这一问题再一次被提到议事日程上来,成为图书情报界共同普遍关心的重大问题,亦成为此时情报工作中的中心问题之一,"这个问题归结为文献检索工具的组织,而后者又归结为采用什么方法问题"④。因此,确定全国科技情报检索类出版物的检索方法与途径,是当时迫切需要解决的问题。

1963 年,情报界对检索方法、工具的研究,进入理论上的实质性的研究、实践中加以采用的关键阶段。这是一个欲全面规划、提升、统一、标准化的全新建构的时代。在理论研究方面,充分研究检索语言中分类法和主题法的特征,并以这些特征去与文献资料的发展、加工、整理以及读者需求进行整体性的研究,从而找出具有理论的研究结果,用以指导实践中对检索工具应用的指导。在实践工作中,已到了决定选用何种检索方法,或以何种检索方法为主体的时刻,即是分类法还是主题法的问题。由于当时我国的分类法都不足以承担文献资料类分、检索之重任,已编制出的分类法距离科技文献分类与检索的要求差距很大,亦就没有了考虑的余地。针对我国当时的国情,科技文献的分类法的采用,只有《国际十进分类法》一种选项。因此,在我国必须做出采用分类法还是主题法时,实质上就变成了到底是采用 UDC 还是采用主题法的选择问题。

1963 年 2 月 19 日至 3 月 7 日,国家科学技术委员会组织召开了全国

---

① 武衡. 国家科委武衡副主任在全国科学技术情报工作第三次会议上的报告(记录稿)[J]. 科技情报工作,1963(3):2-12.

② 刘国钧. 应当认真贯彻执行检索类出版物采用检索方法的建议[J]. 科技情报工作,1964(5):21-23.

③ 聂春荣. 聂春荣主任委员在中国国外科技文献编辑委员会第二次年会上的总结报告[J]. 科技情报工作,1963(8):1-6.

④ 董建生. 分类法,还是主题法[J]. 科技情报工作,1963(2):7-13.

科学技术情报工作第三次会议,会议讨论了《全国科学技术情报工作十年规划(草案)》和《图书工作十年规划(草案)》等文件,并草拟了若干文件(草案)。在如何完成科学技术情报工作的十年规划的问题上,提出情报界要重点抓好的十项工作,其中就有"研究并制订文献分类和检索的方法,逐步在全国范围内推广应用"①的要求。这一问题已提升到全国情报工作的战略层面。"科学技术情报工作涉及某些学术问题,如文献资料的分类、检索方法等,因此在会议初期还约请专家作了有关主题索引和国际十进分类法的报告。"②会上,袁翰青与丁珂各执一法,百家争鸣之气氛鼓舞了专家、学者的热烈讨论。丁珂的报告,将UDC与字顺标题做了深入的比较,并认为"在我国,以往的传统和目前的情况较利于采用十进类号"③,因而,提出了检索工具应运用UDC,或以UDC为主,以主题法为辅,他是以文献的标引和索引工作为对象而提出的这一问题。这一观点代表了许多情报工作者的心声,其主要条件有:① UDC已有汉译本,中国科技情报研究所和第一机械工业部技术情报所已翻译刊行了十本详本,简表亦已再版,其科技部分类目能够基本满足我国情报检索的要求;②几年来对于UDC所做的工作不仅是谈得多,而且实际工作中也用得较广,如铁道系统的情报研究机构,"目前无论是图书资料的编目、文摘、索引的编制,还是检索卡片的建立,全所统一采用了UDC"④;③几年对UDC的学习、宣传,使情报界对UDC的理解有了较好的基础,通过各类学习活动、训练班、座谈会等,创建出一批使用UDC的基本队伍。一些学者,在研究的过程中,也十分重视对UDC的不足的分析,如UDC的结构和用法的复杂性,既是推广的阻力,也是造成分类不一致的重要原因。因此,如果要推广使用UDC,必须解决我国使用UDC的标准问题。在当时的情况下,无论是UDC还是主题法,都各有优点,许多学者还是认为"对于综合性大型情报机构它(UDC)还是唯一可行的方法"⑤。

　　袁翰青则在报告中专门论述文摘中的主题索引问题,实质上,这亦是

①　武衡. 国家科委武衡副主任在全国科学技术情报工作第三次会议上的报告(记录稿)[J].
　　科技情报工作,1963(3):2-12.
②　全国科学技术情报工作第三次会议在京举行:会议明确了近两三年的工作安排和科学
　　技术情报工作十年规划[J]. 科技情报工作,1963(3):1.
③　丁珂. 国际十进分类法与字顺标题的比较[J]. 科技情报工作,1963(3):17-23.
④　铁道科学研究院技术情报研究所. 我们采用国际十进分类法的情况和体会[J]. 科技情报
　　工作,1963(4):15-18.
⑤　董建生. 分类法,还是主题法[J]. 科技情报工作,1963(2):7-13.

一个主题法在情报界的使用与推广运用问题。这一问题的提出,主要是针对分类法在使用过程中的弊端日益突出,一些文献资料工作者对系统分类的思想感到运用上的不便,转向了较为灵活、直接的主题法。同时,越来越感觉到国际上的文摘索引,主要采用主题索引,有的文摘在运用UDC的类号后,在卷末索引中仍还采用主题途径。但是,这一方法在我国应用不广,主要是有一些图书馆的西文图书备有主题目录,文摘的主题索引则运用得很少。但是,他感觉到科技的飞速发展,主题索引将是今后文摘索引的主要方法的趋势将会加快。因此,在采用检索方法的过程中,"我认为钥匙中的一把是主题索引"[①],并呼吁,文摘杂志必须附主题索引,从检索效率而言,主题法亦要比UDC略为高些。在主张采用主题索引或主张采UDC的一些专家学者中,也提出了一些采用主题法的不利因素:①主题法在我国采用不多,基础性较差;②采用主题法则意味着工作量大幅加大,这在当时人员十分紧张的情况下,这是一个十分不利的因素;③缺乏合适的主题词表,程长源的标题表和美国国会图书馆的主题表,都达不到符合当时我国国情的科技文献工作的要求。这一问题引出了一些专家学者的建议:可翻译苏联文摘杂志上的主题索引,以构成一个完整的主题索引系统,并在使用过程中不断加以修改、补充,直至形成一部适合我国情报界使用的主题词表的要求。

在情报领域的检索工作中,到底主要是采UDC还是采主题法这一方向性的问题,在第三次情报工作会议上进行了较为充分的讨论,但还是难以决断,会后这一问题继续在情报界展开讨论。但时间不等人,不能在长期的争论中而难以决断,进而影响我国情报工作的深入开展。值此时期,建立我国科技情报检索类出版物的检索系统,成为我国科技情报工作的当务之急。1963年6月25日至7月5日,中国国外科学技术文献编译委员会第二次年会在北京召开,会议也开展了关于我国科技情报刊物采用何种检索方法的讨论。中国国外科学技术文献编译委员会主任委员聂春荣在发言中建议采用UDC[②],委员会根据实情,经认真讨论后认为UDC作为我国检索类情报出版物的基本检索方法是比较现实可行的。"会后曾组织国内分类法专家讨论并起草了《关于科学技术情报检索类出版物检索方法

---

① 袁翰青. 文摘的主题索引是科技情报工作中的一把重要钥匙[J]. 科技情报工作,1963
(3):14-17.

② 中国科学技术信息研究所. 中国科学技术信息研究所大事记(1956—1996)[M]. 北京:科
学技术文献出版社,1999:10.

的建议》。"①

刘国钧在会上专门做了发言,由此而产生了我国图情领域首次学术研究的紧密合作、共同探讨检索语言与检索方法的应用问题。

刘国钧在发言中首先提出对于组织资料的检索工具到底是采用分类法还是主题法。这是一个长期争论不决的问题,他从检索者对检索工具的要求谈起,对分类法和主题法进行了深入的比较,突出地说明了两者各有所长,各有所短。强调了合则两利、离则双伤的思想,并从国内外运用分类法和主题法的情况,阐明了"我国一向使用分类的检索工具,因而感觉到它的不足之处,而想采用标题法。可是一向以标题法为主的美国,近来反而有重视分类的趋势"②,从而提出一条分类主题一体化的道路。他认为,在我国采用的检索工具中,应该继续采以分类为主的方法,但应该用主题方法去弥补分类的不足,"一条比较切合实际的路就是分类目录加字顺主题索引,将两者合成一套检索工具。这就是以分类法为主,以标题法为辅的一种方式"③。他的这一思想是综合了图书馆界长期以来对这一问题的探讨、思考后,在新时代、新形势下的反映。这一分类主题一体化发展的思想,既是他对国际检索工具的发展趋势与方向的一种回应,更是为了在我国科技事业和图书情报事业快速发展、在新形势下而研究出的最新思想之反映,从而将图书馆界的最新发展及形成的理论成果引入情报界,以共同对这一问题的研究。他的以分类法为主,"分类目录带主题索引是目前编制直接检索工具的较好的办法"的思想,获得了大多数专家学者的认可,并对我国接下来促进检索工具应用的决策直接起到了较好的作用。

第六节　图书情报界共创我国统一的分类检索语言

1963 年 12 月 31 日,国家科委批准了《关于科学技术情报检索类出版物采用检索方法的建议》,"这一建议,是我国科学技术情报工作中的一件大事。它是经过长时间的讨论研究后,提出来的"④。自 1964 年起,我国各

---

① 中国国外科学技术文献编译委员会办公室. 贯彻国家科委批准的《关于科学技术情报检索类出版物采用检索方法的建议》的意见[J]. 科技情报工作,1964(3):11,13.

②③　刘国钧. 分类法与标题法在检索工作中的作用——在检索方法座谈会上的发言[J]. 科技情报工作,1963(6):18-24.

④ 本刊编辑部. 认真贯彻执行检索类出版物采用检索方法的建议[J]. 科技情报工作,1964(2):10-11.

学科的文摘杂志开始编制年度 UDC 索引和作者索引由此,统一了我国情报检索类出版物的年度检索途径。这一举措,很好地促进了我国对科技信息的利用。为此,《科技情报工作》专门发文《认真贯彻执行检索类出版物采用检索方法的建议》(以下简称《建议》);中国国外科学技术文献编译委员会办公室刊发《贯彻国家科委批准的〈关于科学技术情报检索类出版物采用检索方法的建议〉的意见》;刘国钧也发表《应当认真贯彻执行检索类出版物采用检索方法的建议》,他认为"这一建议的基本精神,是为了使我国任何一种检索工具都能为其它任何科技部门在有需要时共同使用,从而扩大每种检索工具的服务效率,便于查找资料的线索,便利文献的交流和利用"[1]。这一认识对于建议的精神的领会、贯彻、宣传、落实具有深刻的引领作用。文中对一些"存疑"进行了"释疑":①指出贯彻落实建议的目的和意义;②阐明《建议》提出以 UDC 作为共同的年度检索方法,是切合当前我国实际情况的方法;③为什么不用标题法作为统一方法,简述了当时我国在标题法上还存在着不成熟的若干方面,表明了在当时还难以用标题法作为统一方法的原因。从而简练地解答了为什么要用UDC 作为我国当时检索类出版物的统一的年度检索方法的问题。同时,根据自己学习的体会,他进一步地进行了"释疑":针对是否"一刀切"的问题,认为"据我个人体会,并不是要求一切检索类出版物都用国际十进分类法组织他们的正文"[2],根据《建议》要求,对于我国科技情报类检索出版物应以 UDC 作为检索的基本方法,"但对于个别学科,由于某些特殊原因,亦可采用标题法或者习惯专业分类法"[3]。这是对一些特殊的学科具有的特殊原因而言的。同时,对于这类刊物的正文并没有规定统一检索工具,因为"正文还是可以按专业的需要来组织的,要求的是备有国际十进分类法编制的年度索引"[4],如此,亦就厘清了日常运用的方法和采用UDC 方法之间的关系和要求,为促进使用统一检索方法指明了正确的实际路径。

这一加快我国科技文献利用方法的重大举措,在全国贯彻不到一年,即戛然而止,其主要原因是"以阶级斗争为纲"后的结果。"一九六四年十一月二十七日国家科委向国务院各有关部(局)技术司,研究院(所)以

---

①②④　刘国钧. 应当认真贯彻执行检索类出版物采用检索方法的建议[J]. 科技情报工作,1964(5):21-23.

③　中国国外科学技术文献编译委员会关于科学技术情报检索类出版物采用检索方法的建议[J]. 科技情报工作,1964(2):9.

及各省、市、自治区科委等单位,发出关于停止使用《国际十进分类法》的通知。"① 其原因主要是UDC不仅有严重的政治性错误,而且也有严重的学术性错误,"我们认为,对待《国际十进分类法》态度如何,赞成还是反对,乃是一场兴无灭资的阶级斗争"②。最先在思想上进行检讨的是《科技情报工作》编辑部,该刊在检讨中认为:"自1962年到1964年5月为止,我们陆续发表了23篇文章加以宣传。在宣传方式上,我们采取了撰写言论,介绍经验,发表消息,推荐学术研究论文以及通俗讲话等等,进行一系列错误的宣传。"③1965年1月,中国科学技术情报研究所召开座谈会批判UDC,从而将批判UDC推向了高潮。

在批判的过程中,主要是以思想领域中的批判为核心,例如在情报研究所召开的座谈会上,"批判了《国际十进分类法》贬低和歪曲马列主义、抹杀阶级斗争、宣扬唯心主义、帝国主义和资产阶级的思想观点和生活方式等一系列的反动实质"④,核心问题是批判UDC的"超阶级"思想。在这种情况下,"各情报资料单位,除《国际十进分类法》外,过去用过什么分类法的,还可以继续采用,如主题法、图书分类法或其它分类法等,用什么方法由各单位自行决定,暂不作统一规定"⑤。从建立一种统一的年度科技文献检索方法到突然的批判、废止,使我国图书科技情报界共同努力而初步形成的良好局面一朝崩毁,给我国科技情报事业带来了很大的损失。同时,在困境中又带来了尽快产生出具有我国特色的情报检索语言的期望。

就在停用UDC的通知下达后的翌月,中国科学技术情报研究所举行了一次《中国图书馆图书分类法草案》的专题讲座,中国科技情报研究所及重庆分所、上海、辽宁、四川等7个地区的情报所的有关人员参加听讲。这一讲座由北京图书馆的李兴辉主讲,他讲述了这部分类法的编制经过、编制原则、类目划分及使用方法等,参加者还进行了初步练习,为今后使用这部分类法创造了条件。

实际上,统一全国文献检索方法一直是图书情报界努力的方向,只是在特定的历史条件下,统一的步伐更坚定且加快了。由于UDC的停用,

---

① ⑤　国家科委发出关于停止使用《国际十进分类法》的通知[J]. 科技情报工作,1964(12):1.

②　本刊编辑部.《国际十进分类法》为什么不能使用[J]. 科技情报工作,1964(12):2-6.

③　本刊编辑部.本刊编辑部关于《国际十进分类法》宣传工作的错误的检讨[J]. 科技情报工作,1964(12):7-8.

④　中国科学技术情报研究所召开座谈会:全面批判《国际十进分类法》的反动本质[J]. 科技情报工作,1965(1):17-18.

明显地加快了图书情报界统一使用中图法的需求与步伐。尽管在 1963 年诞生的《中国图书馆图书分类法草案》（以下简称《中图法草案》），"大体解决了图书资料的分类问题,但有些类仍感简略,不能满足资料分类的需要"①。对《中图法草案》进行增补、修订的工作受到了相关部门、专家和情报界的高度重视。1964 年 12 月 25 日,中国科学技术情报研究所邀请中央各专业部情报单位负责同志开会,对增补、修订工作的基本原则、分工、步骤与时间安排进行讨论,确定了 6 项基本原则和分工等问题。并要求于 1965 年 1 月底完成增补修订的初稿,2 月中旬开始在全国相关单位征求意见,经综合整理后于 6 月中旬前完成增补、修订稿。在增补、修订过程中,全国组成 50 个专业工作组参加这一工作,其中中央各部（局）27 个、高校 7 个、科研单位 16 个②。至 1966 年春,增补修订第一稿已完成,类目增加到 8 万余条,形成了当时新中国成立以来第一部最为完整、详细的新型图书资料分类法,初步满足了文献情报工作的需求,这一成果也成为以后编制中图法和资料法的基础。

值得关注的是这一重大成果,是在我国图书情报界共同努力下完成的。实际上,这一工作形成了我国图情领域合作攻关的第二次重大行动。图书馆界,随着《中小型法》的逐步推广,逐步形成了图书馆界向统一分类法发展的趋势。《中图法草案》的完成和公布,弥补了《中小型法》的不足,初步满足了大型图书馆的文献与检索的需求。我国情报界迅速弃用 UDC,为以后尽快使用《中图法》创造了良好的机会。值此时机,图书情报界迅速动员、行动起来,以尽快创建一部适合我国国情的检索工具为宗旨,在理论、实践、人才培养等方面多管齐下。进入 1965 年,随着《图书馆》杂志的停刊,我国图书馆界在当时已没有全国公开发行的正式刊物,图书馆界在《科技情报工作》杂志上发表的不多的文章中,以《中图法草案》的编制介绍和使用为主,如李兴辉的《中国图书馆图书分类法草案》简介（连载）,俞克恭和关家麟合著的《使用〈中国图书馆图书分类法草案〉（下册）的初步体会》,江乃武的《试用〈中国图书馆图书分类法草案〉（下册）组织农业期刊论文目录的情况与体会》,宫继祥的《使用〈中国图书馆图书分类法草案〉（下册）类分科技图书资料的几点看法》等,他们共同推进了《中图法》草案在我国图书情报界的使用。

---

① 兴辉.《中国图书馆图书分类法草案》简介[J]. 科技情报工作,1965（2/3）:41-47.

② 《中国图书馆图书分类法草案》（下册）增补修订工作在积极进行[J]. 科技情报工作,1965（6）:34.

我国图情领域在对分类法的研制过程中,于 20 世纪 60 年代初开始了对主题词表的研究工作。1964 年,《航空科技资料主题词表》诞生,这是我国新时代的历史条件下产生的首部专业主题词表,它是一部先组式的主题词表,由"分类主题表""主标题汉语拼音字顺索引""(子标题)副表"组成,为以后编制我国大型的、综合性的汉语主题词表打下了基础、积累了经验。

"17 年"这一历史阶段,是我国人民当家做主,改变国家"一穷二白"现状,各行各业奠定坚实基础的重要发展阶段。就检索语言发展之路而言,图书馆界在近代分类语言的研究、发展的基础上,自"17 年"之初,即迅速进入编制适合我国国情的统一分类法的历史阶段中。《中小型分类法》至《中图法草案》的诞生与运用,实现了我国分类语言历史性的突破,开辟了全国统一分类法之路。情报界,主要在 20 世纪 60 年代短短的几年中,通过艰难、曲折的发展,迅速找到了一条符合国情的统一分类语言之路,通过图情领域的通力合作,结出了中图法草案的增补修订版这一历史性的硕果。这些成果,以及在这些成果获得过程中的经历、经验和挫折,为以后中国检索语言的发展奠定了坚实的基础。随着"文化大革命"的开始,我国"17 年"文献检索语言的发展定格在了历史的画面中。

第十五章　代表人物

图书馆学术界的"代表",是图书馆学者的典型人物,在"17年"中,图书馆学术界的代表人物是一个群体,这一群体是由三代学人共同组成的。因此,研究这一时期的代表人物的学术思想,必然要由三代学人的代表所组成。笔者选取了四位代表人物,其中刘国钧是第一代学人的代表,金天游是第二代学人的代表,黄宗忠和周文骏则是第三代学人的代表。第三代学人选取二人,则考虑了"17年"中的学术研究特征,第三代学人在20世纪50年代后期开始成为学术研究者的主体。在四位代表人物中,仅有刘国钧在三个阶段中都是代表人物,他是"17年"学术研究中的领军人物。

第一节　不断创新的刘国钧

刘国钧,字衡如,在他早期的学术研究成果中,以刘衡如或衡如署名者居多。先生于1899年生于南京,1920年毕业于南京金陵大学。在校期间,他在洪有丰的引导下,参加了校图书馆的勤工俭学工作,因此,在毕业之时对图书馆工作已略知一二。他毕业留校后投身图书馆事业,之后又主编《图书馆学季刊》,分别担任过金陵大学图书馆馆长和国立西北图书馆馆长等职,为中国近代图书馆事业的发展做出了较大的贡献。他的深邃而不断创新的学术思想得到充分的展现,在近代时期其代表作如《儿童图书馆和儿童文学》(1922)、《美国公共图书馆概况》(1923)、《现时中文图书馆学书籍评》(1926)、《中国图书分类法》(1929)、《中文图书编目条例草案》(1929)、《社会科学的几条基本假定》(1931)、《图书馆学要旨》(1934)等,构建出了具有特色的图书馆学体系,较好地解决了当时困扰我国图书馆界的分类与编目的两大难题,全面地介绍了美国的图书馆概况,尤其是指出了美国图书馆界潜在的危机,对构建我国的图书馆学体系和事业具有很好的借鉴价值。他把哲学的思想引入我国图书馆界,促进了我国图书馆界的理性思考和图书馆学的发展,成为活跃于我国近代图书馆界的主要代表人物之一。新中国成立后,先生于1951年下半年调任至北京大学图书馆学专修科任教。在"17年"中,他克服困难和干扰,以极大的精力投入图书馆学理论的建设中,坚持理论联系实际,坚持理论创新,又创造出了多项深具特色的学术成果,成为这一时期为数很少的、贯穿于"17年"中的活跃者和带头人,再一次成为图书馆界学术研究的主要代表人物之一,保持着引领我国图书馆界学术研究的势头。

一、开创新时代的中国书史研究

新中国成立后,刘国钧最先载于刊物上的学术研究成果是1950年第八期的《文物参考资料》中的《中国图书分类法简表及其理论》一文。但是,该文是因分类工作需要,从当时成立的一个委员会和研究小组收集的参考资料中,择其重要者而刊载出来,供界内研究之需而用。刘国钧新中国成立后最早正式出版的学术研究成果是《可爱的中国书》。该书于1952年由北京建业书局出版。该书成为《爱国主义小丛书》中的第一种。这标志着刘国钧的学术研究又有了创新,他开辟了新中国的书史研究之路。

我国学界在近代对书史的研究一直十分薄弱,尽管我国古籍汗牛充栋,但对书史的研究明显地与书籍发展不相适配。目前学界通常将叶德辉所著的《书林清话》作为我国书史研究的开始。《书林清话》写成于清末,后经三次修改而刊于1920年春。是书以版本学知识为主,以我国公私目录为主要史料,以书史为研究对象,提供了关于古代雕版书籍的专门知识,它在图书馆学上的突出成就是在版本的鉴别和考订,在史学上的主要价值是对我国书史的研究。1931年,我国历史上首部以《中国书史》为名的著作出版,其责任者是陈彬龢、查猛济。他们通过搜集到大量相关资料,把许多关于"书"的片断事实勉强串联起来,按历史顺序,较为系统地阐述了我国图书发展的过程,其主要特点仍然是以版本的罗列研究为主线,此时期产生了一些有关书史研究的论著。

刘国钧编制中国书史的著作,并非一时之念,而是有着坚实的历史积淀与现实的需求之举。他早在1919年所发表的首篇有关图书馆学内容的论文的开篇中写道"图书馆专管收藏书籍的时代过了。收储有用印刷物的时代到了"[1]。这一观点明确了图书是图书馆的物质基础。至1922年,他

---

① 刘衡如. 近代图书馆之性质[N]. 时报·教育周刊·世界教育新思潮(第32号),1919-09-29.

进一步表达了图书对图书馆的重要性:"一个完善的儿童图书馆必定要有三种要素:合法的设备,适宜的管理员,和正当的书籍。三样之中尤其是书籍要紧。"[①] 其具有这种重要性的本质原因是"图书是原料"[②],图书、人员、设备和方法则是图书馆的4大要素[③]。一门图书馆学的体系结构,就是由这4大要素组成,分别对这4大要素的研究,就成了各自的专门之学。对图书这一要素的研究,由3方面组成:研究图书的实质,即研究图书的形式、制作、原料等内容;研究图书中的内容,针对书中的文字内容进行研究,主要包括版本学、目录学、校勘学等;研究图书的收藏史,从中可以总结古代著作或存或亡之原因以及其如何流传。有时针对一些特定图书的研究甚至可以成为一门专门的学问,如敦煌学。刘国钧认为,图书研究,除了研究图书的制成方法(印刷术、装订术)、图书的原料(纸、墨、颜料等)外,一个十分重要的方面就是要研究图书制度的发展历史,"即图书如何达到今日的形式,这可称为图书史"[④]。刘国钧深具哲学学科背景,善于运用要素的方法、历史的方法、归纳演绎的方法研究问题。研究图书馆事业史、图书馆学史、图书史等是他心仪之事,为此他开始了搜集相关资料的工作,直到新中国成立初期才得以有机会初步完成其中国书史著作出版之成果。

1951年,刘国钧调入北大任教时,图书馆学专修科中就有中国书史这门课程,尽管当时有人在教授这门课程,但是,当时没有这方面较为成熟的教材,这一状况激发了刘国钧的创作动力。新中国刚成立不久,急需要进行爱国主义教育,以激发全国人民对新生的社会主义中国的忠诚和热爱。1951年北京建业书局拟出一部爱国主义丛书,刘国钧充分利用暑期之时,"我在若干年的图书馆工作中,搜集了一些关于中国图书发展历史的资料,今年夏天将它们整理为这本简单的书"[⑤],书名为《可爱的中国书》(1952)。中国的书史研究,是很可以激发大家对祖国的热爱、鼓舞人们精神的,因为现代图书成型的主要条件——纸、雕版和活字都是我们的祖先最先发明的,然后传播到世界各地,这是我国古代劳动人民为世界文化事业做出的伟大贡献,"叙说这部历史是可以激起人们对于中国书籍的爱好,鼓舞人们对于产生这样优秀劳动人民的祖国的非常热爱的"[⑥]。是书共有8章,书末附有"中国书籍制度发展简表",从文字的起源、各种载体的古书的产生,

---

① 刘衡如. 儿童图书馆和儿童文学[J]. 中华教育界,1922,11(6):1-7.

② 刘国钧. 图书馆学要旨[M]. 上海:中华书局,1934:11.

③④ 刘国钧. 图书馆学要旨[M]. 上海:中华书局,1934:12.

⑤⑥ 刘国钧. 可爱的中国书[M]. 北京:建业书局,1952:前言页.

到纸、印刷本的发明与发展,以现代的纸、印刷和书结束,简明扼要地阐述了中国书产生与发展的主要过程,并主要突出了几个高潮的发展。为此,刘先生特意申明:"这不能算是中国书的发展史,而只是这部过程中几个高潮的简单报告"①。这是一部通俗读物,其知识性、趣味性、通俗性风格,深受读者喜爱。是书于1952年7月发行,印数5000册,不久就售罄,于7个月后的1953年2月再版,印数达4.5万册,可见其欢迎程度颇高。

1952至1953年,我国进行了全国性的高校调整,我国高校的分布、专业的设置等开始向合理化布局发展。1953年全国综合性大学会议召开后,为了给即将到来的全国图书馆事业快速发展准备条件,高教部决定将北京大学图书馆学专修科的年限由2年改为3年。同时,这一阶段我国进行了全国性的对苏联经验的系统学习,全面开展教育制度、教学组织、教学内容、教学方法上的改革。在这一历史背景下,刘国钧于1953年起又承担了中国书史这门课程。一方面,《可爱的中国书》出版后他认识到,这一领域的研究工作不能中断,由此而带来完善该书的动力。另一方面,由于课程的要求,他必须更广泛地搜集、整理资料,以便将书史这门课程讲出质量来、讲出新意来。所以他开始了对《可爱的中国书》一书的补充修订工作,并于1955年出版了《中国书的故事》一书。

《中国书的故事》是以《可爱的中国书》为基础,对其第一章和末章几乎进行了重写,其余各章也都有一定的增删。书中阐述了中国书籍的发生、发展的历史,告诉读者古书是怎样的,书的形式变化的经过,书是怎样印制的,书的传播和历代统治阶级对待书的态度,以及书在人类社会中所产生的作用等。"这番改动虽然把本书叙述的范围放大了一些,但仍不能算是中国图书发展史,只能作为发展过程中几个高潮的简单报告。"②全书共有9章,并有附录"中国书籍制度发展简表"。

《中国书的故事》是一部普及性的通俗著作,但又有学术著作中的一些特征。我国学界的一些学术研究论著和史料著作中,就引用有此书中的内容或观点,因此,这是一部带有史料、学术性的通俗读物。它以趣味、通俗的故事形式,为读者娓娓道来,使读者在轻松阅读的过程中增长了书史知识。因此,出版后需求量很大,中国青年出版社接连重印,出版社并于1961年向刘国钧提出补充材料以便再版的要求。为此,刘先生亦深受鼓舞,进行了修正增补,于1962年秋完成再版稿,再版书于1963年正式出版。

---

① 刘国钧. 可爱的中国书[M]. 北京:建业书局,1952:前言页.
② 刘国钧. 中国书的故事[M]. 北京:中国青年出版社,1955:前记页iii.

之后其又在郑如斯的协助下,于1979年出了第三版。

《中国书的故事》一书可谓是我国书史界的经典之作,它广为国内外学术界所重视,成为研究中国书史的学者所必备的参考用书。它在境外传播的范围之广也是学术研究中不多见的。是书于1956年又由香港日新书店印刷发行,于1957年起开始走出国门,作为书史中的代表著作被翻译成多种语言,如俄文版(1957)、英文版(1958、1985)、日文版(1958、1983)、德文版(1988)、法文版(1989)、阿拉伯文版(2010)等,向世界人民很好地宣传了"我们中国劳动人民对世界文化最有光辉的贡献"[①]之主旨。

随着教学改革的深入,书史课程的教科书被提上了议事日程。1956年,刘国钧根据需要,编著了《中国书史讲稿(初稿)》讲义,供1956年级的学生使用。是年9月,北京大学图书馆学系油印了这一讲义。这一讲义于1958年由高等教育出版社以《中国书史简编》之书名正式出版。此书也因此成为我国首部正式出版的书史方面的教科书。是书"自1953年开课以来,曾在教学进程中修改了三次"[②]。这是一部学术专著,其风格与《中国书的故事》大有不同,它从学术的角度,以论理的方法,较为严谨地阐述了我国图书发展过程。"图书的主要作用在于传播知识,帮助我们去征服自然界,改造社会关系,使生活变得更丰富美满。"[③]该书从辩证唯物主义和历史唯物主义观点出发,阐明了在具有阶级性的人类社会中图书作为一种工具而具有阶级性的基本观点,并以马列主义立场、观点、方法来阐述中国图书发展的过程。"图书史是图书馆学的一个课题,也是文化史的一个课题"[④]。该书的"序"提道,我国具有辉煌的图书历史,书史的材料也十分丰富,但这方面的著作却寥寥无几。以往的此类书史方面的著作具有明显的不足,如史料的堆积,而使这些书大致成为史料集而难以说是发展史。书中通常关注书籍的形式外表、生产技术和艺术,忽略了书籍在社会发展过程中所起到的作用,但这恰恰是图书史中的一个十分重要的方面。而且,此前书史著作通常仅着眼于印刷术发明后的图书,因此缺少对图书发展过程的整体性的认识。《中国书史简编》从学术要求出发,形成了一条贯穿于全书的主线:"在旧的环境中,新因素怎样萌芽,怎样成长,终于怎样代替了旧因素而成为主流。这将是我们在以后各章中所企图阐明的主要

① 刘国钧.中国书的故事[M].北京:中国青年出版社,1955:前记页iii.

②④ 刘国钧.中国书史简编[M].北京:高等教育出版社,1958:序言页.

③ 刘国钧.中国书史讲稿(初稿):1956年级用[M].北京:北京大学图书馆学系,1956:3.

之点。"[①] 该书提出了书史研究所要完成的 3 大任务：批判性地继承文化遗产；认识到各类型、各科目的图书是在各个历史时期中产生出来的；揭示图书的文字、材料、形态和制造方法的发展过程。全书按照史学研究范式，将中国书史的发展划分为 4 个历史时期：从远古到公元 1 世纪末（远古到东汉初年），这是纸发明前的历史时期；从公元 2 世纪到 8 世纪（东汉初期至唐中叶），这是印刷术发明前的定本卷轴时期；公元 9 世纪到 19 世纪中叶（唐末至鸦片战争时期），这是印刷术发明后手工业印刷术时期；19 世纪中叶以后（鸦片战争以后），这是机械化印刷术时期。这一阶段又可被划分为五四运动前、五四运动后、中华人民共和国成立后等 3 个阶段，"这几个时期大体上是和我国历史发展的分期相当的"[②]。由于这是一部面向大学一年级学生的课本，书中内容不能太专，中国书史的课程仅上一个学期，不能阐述得过于详细，这就是为什么这部书名为《中国书史简编》的原因。

　　20 世纪 60 年代，《知识丛书》编辑委员会负责编辑出版一套知识丛书，其内容包括哲学、社会科学、自然科学、历史、地理、国际问题、文学、艺术和日常生活等知识，刘国钧的《中国古代书籍史话》就作为历史内容之一而于 1962 年出版，第一次印刷量就达 34,500 册，这也说明了出版社对这一课题的读者需求的自信。是书主要是对我国封建社会时期书史上的一些重大事件加以概述，这是我国发明纸、雕版印刷和活字印刷的历史阶段，该书也兼顾了我国奴隶社会书籍的发展情况。全书分为 10 篇，除第一篇具有概论性质，第二篇是奴隶社会书籍发展情况外，其余都是封建社会中图书的发展情况，内容以问题为中心而展开。书中为书籍下有定义，并提出由古至新中国建立前，我国图书史发展的 5 个阶段，这一学术观点，与他在 20 世纪 50 年代的图书分期的观点基本一致。

　　刘国钧还通过知名报纸，大力宣传中国书史。如 1953 年 5 月 20 至 27 日，他就在《工人日报》上分 6 篇连载《书是怎样生长起来的？》。1962 年 2 月 17 至 24 日，又在《光明日报》上分 4 篇连载《中国古代书籍制度史话》，还刊载过《造纸和印刷术——中国人民对世界文化的两大贡献》[③]，于 1960 年在上海人民出版社出版了《中国的印刷》一书。刘国钧是新中国图书史研究的开创者，这一评价应该是恰如其分的。

---

①②　刘国钧. 中国书史讲稿（初稿）:1956年级用[M]. 北京:北京大学图书馆学系,1956:8.

③　刘国钧. 造纸和印刷术——中国人民对世界文化的两大贡献[J]. 人民中国,1954(12):19-21.

二、对图书馆学基础理论研究的贡献

1956年,我国图书馆学界开创了图书馆学理论研究的新局面,这一局面是在新中国成立后若干年的积累与创新的基础上取得的。

1955年,我国已有县以上的公共图书馆96所,文化馆图书室2413个,高校图书馆194所,科学院系统图书馆56所①。1956年初,党中央向全国各族人民发出了"向科学进军"的号召,图书馆界要大力加强为科学研究服务的问题被及时地提了出来,图书馆界的重要任务之一即是要加强业务辅导工作,提高图书馆科学研究水平,大力开展图书馆的科学方法工作。由于当时我国图书馆学研究的基础还很薄弱,与我国图书馆事业发展需求形成了越来越大的矛盾,难以满足其对图书馆工作提出的要求,"必须要根据国家文化工作的总方针、结合本地区图书馆事业的中心任务,有计划有步骤地开展这项工作"②。在这一时代背景下,图书馆界及时开展了基本业务知识讲话,以提高界内人员之业务素质,以后又专门在此基础上开展了有关基本功的讨论。

1. 基本知识与基本功的宣讲

1956年,《图书馆工作》编辑部开辟了"图书馆学基本业务知识讲话"栏目。该栏目主要分别讨论图书馆工作中的一些重要的课题,包括:图书馆的工作和图书馆员的任务、图书馆藏书、采购和组织、图书分类、图书馆目录、图书馆的图书流通工作、图书馆的群众工作、图书馆的参考咨询工作、推荐书目的编制和使用等。这些文章都由当时的北京大学图书馆学科的相关老师提供,主要的目的是帮助初学图书馆业务的馆员及时掌握图书馆业务知识。这一栏目的内容虽然偏重于图书馆技术,但是对于如何熟悉图书、组织图书、推荐图书方面也十分重视,其目的便是要馆员在掌握图书馆基本业务的基础上去加快熟悉图书,做好宣传、推荐图书的工作,这是检验馆员业务素质与能力的关键所在。这一"讲话"内容由刘国钧组织。他在8讲业务讲话中撰写了3讲内容,还专门撰写了介绍该"讲话"的目的意义的"开场白"及简短小结该"讲话"的"结束语",可见刘先生对这一"讲话"关注的程度是很高的。

这一"讲话"具有的历史意义主要有:①提出了开展图书馆工作和图

---

①② 文化部社会文化事业管理局. 明确图书馆的方针和任务为大力配合向科学进军而奋斗:文化部社会文化事业管理局向全国图书馆工作会议提出的报告[J]. 图书馆工作,1956(4):3-16.

书馆学研究的指导思想与科学方法:"学习图书馆业务必须同时重视学习马克思列宁主义理论,只有掌握了马克思列宁主义这一放诸四海而皆准的普遍原理,只有掌握辩证唯物主义的世界观,我们才能真正地学会运用并创造新的图书馆学理论和方法,才能真正地搞好图书馆业务。"①刘国钧指出理论必须来自实践,新的理论必须来自于经过实践检验的创新方法与途径。②强调了图书馆工作一盘棋与整体性的理念。图书馆中的工作是多种多样的,图书馆的类型也是多样性的。馆员的工作可以有分工的不同,但是决不能孤立地去对待自己的工作,而必须要具有整体观念。因此,"在'讲话'中我们将要注重于图书馆各部门工作之间的紧密联系,图书馆工作的整体性。"②这种对图书馆的整体性以及对图书馆学研究对象的整体性的认识,是刘国钧一贯的研究思想,也是他本身对年轻学者的要求。③指明了馆员提高工作能力的标志与途径。在这一"讲话"中,根据工作实际要求与效果,对馆员的要求划分为两个层面。第一层面主要是指图书馆的一些技术性工作,诸如藏书的建立和组织,图书的分类与编目,图书馆目录的基本知识,读者指导,图书宣传、阅览推广等方法,这是图书馆业务工作中的基本要求。在此基础上,建立第二层面的要求,即要熟悉图书,了解读者需求,进而主动地向读者宣传、推荐图书,做好辅导读者阅读的工作,这是进一步提高馆员工作能力的途径和要求。④明确向苏联学习的正确态度,认为苏联图书馆事业的先进经验是我国图书馆事业发展的重要依据之一,同时也强调了反对机械地照搬苏联的先进经验,学习苏联先进经验时必须根据我国的实际情况而加以具体的分析、深入的研究,有选择地吸收。⑤提出正确对待我国的图书馆事业遗产。"我们也要严肃地批判地对待我国过去时代的图书馆学和目录学。"③我国的图书历史悠久,管理图书的经验也十分丰富,尤其是目录学方面的知识,我国的遗产十分丰富,要反对两种不正确的思想和做法:其一,紧抱着旧的一套而不愿正视新生事物,这种思维在当时还具有相当的市场。其二,对过去的图书馆学、目录学的内容与经验一概否定,认为其毫无价值,尤其在当时我国即将全面进入社会主义建设时期,这一想法也具有较大的市场,在研究图书馆工作和图书馆学的过程中,"研究、分析我国过去的图书馆学理论和方法而予以科学的鉴定和批判的接受也应当是我们学习业务时应注意的问题"④。⑥这一"讲话",是新中国成立后最早刊载在图书馆学专业刊物上的对于图书

---

①②③④ 刘国钧. 开场白[J]. 图书馆工作,1956(2):85-86.

馆工作和图书馆学主要内容的全面的介绍,开启了我国全社会全领域图书馆学理论知识和实践经验学习与交流之大门。

20 世纪 60 年代初,在图书馆基本业务知识的讨论和学习的基础上,图书馆界又开展了图书馆基本功问题的讨论。1961 年,张遵俭在《图书馆》杂志的第 4 期上,发表《学习札记三则》一文,其中第一则是"什么是图书馆工作者的'基本功'",他认为"图书馆工作者熟悉图书知识,是业务训练的'基本功'"①。图书馆基本功问题的提出引起了界内学者和馆员的共鸣,全国各地的读者纷纷向《图书馆》杂志编辑部去信、投稿,以提出自己不同的看法。由于这一主题具有十分重要的意义,它关系到馆员的培养和图书馆工作的提高,为此,《图书馆》编辑部于 1962 年的第 2 期上专门开辟一个"基本功"的笔谈栏目,刊载了刘国钧、顾家杰和纪国祥、史永元的 3 篇具有代表性的稿件。在此过程中,全国许多图书馆工作和教学机构还专门召开座谈会交流这一问题,如北京大学图书馆学教研室、南京图书馆、广东图书馆学会筹备小组等。

刘国钧对图书馆基本功的理解,是我国图书馆界具有代表意义中的一种。他从通才的角度去理解,从图书馆工作的整体去发现,从中抽象概括出整个图书馆界应有的基本功,并充分地将图书馆理论与实践紧密结合,认为"图书馆工作者的基本功也就是图书馆学研究者的基本功"②,从而揭示了先有图书馆后有图书馆学这一深刻而又简单的道理,他对图书馆基本功的内容较为全面地进行概述。他认为乐于服务和善于服务的精神、浏览图书的技能、精确细致处理事务的能力、运用中文表达自己思想和总结工作的能力,这是基本功的第一层面。第二层面即要更好地为读者服务,还要具有图书馆学的基本知识,本国历史的基本知识,本国文学史的基本知识,使用基本工具书、参考书的知识。由于图书馆事业的快速发展,读者的需求不断专业化和综合化,因此,在图书馆中承担较高要求任务的高级馆员、参考咨询服务者、开展图书馆学科学研究者的基本功,还应增加一些内容,如一至两门外语、现代科学技术概论、世界历史和地理知识、目录学知识、一门专门科学知识。

无疑这些对馆员的基本功要求是较高的,在实际中也的确成了一种较高的要求与标准。尽管在以后的讨论中,有许多人不完全赞同刘国钧的观点,但是,他对基本功要求的深刻揭示,指明了我国图书馆员培养的方向:

---

① 张遵俭.学习札记三则[J].图书馆,1961(4):48-50.
② 刘国钧.也谈谈图书馆工作者的基本功[J].图书馆,1962(2):20-21.

①图书馆学理论研究者必须从实践中来,到实践中去。任何脱离实际的理论,即会陷入不合实际的夸夸其谈或陷入经验主义、教条主义之歧途。②将工作态度和工作作风列入基本功之首,这是刘国钧具有深刻的远瞻能力的生动体现。在讨论过程中,许多学者都不同意这一观点,这也是刘国钧此前就估计到的。而刘先生却指出,"我认为既然谈的是图书馆工作就得重视工作态度和作风,这才是真正的基本"①,他将工作态度和作风看作是一个服务的方向问题,是一个基本问题。如果没有这一点,一个馆员即使具有丰富的知识,也不可能做好符合社会和时代要求的工作。③通过对馆员提出若干层面的基本功要求,区分出了一般的、共性的要求和特性的更高要求的不同标准,从而很好地体现出了图书馆内不同的工作性质对馆员的不同要求。

2. 对图书馆学基础理论的研究

刘国钧以其深邃的哲学思想为指导,他在图书馆学领域最早的成果是《近代图书馆之性质》一文。可以说,刘国钧早期研究兴趣是图书馆学基础理论问题。1922 年,刘国钧又在前期研究的基础上,以全新的面貌发表了《近代图书馆之性质及其功用》一文。是年,他还在《儿童图书馆和儿童文学》一文中阐述了建立儿童图书馆必须具备的 3 要素,从而将当时我国图书馆学基础理论的研究提升到了一个新的高度。1934 年,刘国钧又较为全面地阐述了图书馆学理论,出版了《图书馆学要旨》一书。他的研究成果,成为我国近代图书馆学基础理论发展的重要标志之一。20 世纪50 年代,刘国钧又再次发力,于 1957 年发表了《什么是图书馆学(供讨论用)》这一经典之作。是年,他又为北京图书馆训练班授课,《图书馆学概论》的讲稿(油印本)亦流传、保存了下来。该油印本与《什么是图书馆学》一文相得益彰,相互支撑、补充,形成了我国现代图书馆学经典研究成果。

在"17 年"中,对刘国钧的《什么是图书馆学》一文的研究大致经历了 2 个阶段:①肯定与开展研究、商榷阶段。这一阶段通常认为是文发表及时,"具有极大的现实意义"。在讨论商榷中,一些学者对是文的内容作了补充,一些学者提出了一些不同意见进行商榷。这一阶段十分短暂,仅经过短短的若干个月。②批判、否定阶段。这一阶段大致经历近 10 年,尤其是 1958—1961 年,我国图书馆学研究脱离了学术争鸣的方向,曲解了

---

① 刘国钧. 也谈谈图书馆工作者的基本功[J]. 图书馆,1962(2):20-21.

刘国钧的学术本意,以阶级斗争为纲的味道浓厚,这对学术研究造成了较大的损失。改革开放以后,对该文的研究又进入到了还其本来面目的阶段和深入研究阶段。

《什么是图书馆学》一文主要的历史意义有 3 点:①它是开一代新风之作。它从理论层面最先提出了在新的历史条件下图书馆学的研究体系,创立了一种研究范式,构筑出了经典的地位。同时,刘国钧开创了新时期的理论平台,他及时地构筑了一个水平较高、富有中国特色的理论研究平台,从而可以排除大量不必要的争论和大量低水平重复的研究,形成了我国图书馆学理论研究具有一个较高发展平台之局面。是作开创了新的历史时期的理论研究高潮。②新时期的奠基之作。是文针对当时界内外对图书馆学是否是一门科学的怀疑,用严谨的、科学的态度,无可争辩地回答了这一问题。它将人们的思路从图书馆日常的图书借借还还及一些琐碎的日常工作中解放出来,通过被人们广泛认可的科学及其研究对象的对比,说明了图书馆学是同样有研究对象和研究体系。这一研究体系,即由图书馆的 5 要素组成,它们包括许多科目的科学,包括了对整个图书馆事业的研究,如图书馆史、图书馆建设原理、各类型图书馆的专门研究等,以及图书、读者、领导和干部、建筑与设备、工作方法等的研究,为新中国图书馆学理论的发展奠定了坚实的基础。③方法论之作。用世界观去指导认识世界和改造世界,就是方法论。方法论指的是人们用什么样的方式方法去观察事物和处理问题,世界观主要解决世界"是什么"的问题,而方法论则主要是解决"怎么做"的问题。进入 20 世纪 50 年代,刘国钧用科学的方法论来统一其理论研究,力图将图书馆学的研究方法纳入世界科学研究方法体系中统一加以考察。他归纳出一套图书馆学研究方法,"研究方法可以分为四个步骤:观察、分析、假设和检验。无论什么科学所用的方法都可以分这四个方面,这主要是逻辑上所说的归纳法"[①]。对于形成图书馆学的 5 要素体系,同样需要运用这 4 个步骤加以研究。

刘国钧在《什么是图书馆学》一文中主要是集中解答了图书馆学是否是一门科学的问题,他对图书馆学的研究对象、研究内容和其学科体系的构成等方面做了精彩的解答。然而,对于这些问题刘国钧并未停止思考,随之在《图书馆学概论》中除了进一步强调图书馆学的形成和学科体系构成、研究对象、研究内容等基本问题外,又从图书馆学的社会性、图书馆

---

① 刘国钧.图书馆学概论[J].王子舟,整理.图书情报工作,2007(3):6-10.

任务及图书馆的主要矛盾、图书馆学的学科属性、图书馆学的研究方法等方面进一步阐述了图书馆学的理论问题,运用马列主义、毛泽东思想与辩证唯物主义和历史唯物主义观点分析、观察图书馆学,从社会发展历史角度出发,明确提出了"图书馆学是一门社会科学,它具有社会科学所特有的性质,图书馆学是有阶级性的"①。刘国钧除了明确图书馆学的学科属性外,还深刻地认识到了图书馆在一定的社会历史条件下具有的阶级性,这一阶级性突出地反映在"图书馆为谁服务"的问题上。图书馆在解决了这一根本问题的基础上,必然要进一步地解决"如何服务"的问题,从而引出了现代图书馆保管图书和流通图书两者存在着矛盾的看法。这一矛盾说的提出,开创了我国新的历史时期运用辩证法和矛盾说来理解和构建图书馆学的基础理论的框架:"我们要使图书在读者中间流通。一方面要保管,一方面要流通,这中间存在着矛盾,解决这一矛盾是现代图书馆学的任务之一。"②20 世纪 60 年代初,我国在图书馆学基础理论上的标志性成果"矛盾说"的产生,其源头即来自刘国钧。刘国钧的图书馆(学)的理论研究从来就是将其作为一个整体而开展的,在《图书馆学概论》中,他进一步明确并强调了这一点:"图书馆工作的整体性是图书馆学基本原则之一。"③刘国钧在这一时期关于图书馆学基础理论研究的成果,对繁荣我国新时期图书馆学理论研究起到了很好的促进作用,他的这些理论的构建,奠定了我国新时期图书馆学基础理论研究的基础。

3. 开创新时代图书馆史的研究

我国图书馆事业有着悠久的历史,尽管前人为我们留下了图书馆事业活动的丰富资料,但是至 20 世纪 50 年代中期,我国还没有一部系统的中国图书馆史的专著。尽管在新中国成立前有过一些这方面内容的论著,但是都达不到一部中国图书馆史专著的要求。1956 年,如何以马列主义、毛泽东思想为指导,以历史唯物主义的观点全面系统地研究中国图书馆史的课题,被提到了日程上来。是年制订的《1956—1967 哲学社会科学规划草案(初稿)》提出了图书馆学的 5 大重要问题,其中之一即是"研究中国书史,图书馆学史,图书馆事业史和目录学史",并要求在 1962 年以前写出"中国图书馆学史""中国图书馆事业史"。此时在界内首先开展了翻译苏联图书馆史的工作,如《莫斯科图书馆学院二十五周年》[图书馆工作,1956(6)]、《四十年来的苏联图书馆事业》[图书馆学通讯,1957(4-5)]。

①②③　刘国钧.图书馆学概论[J].王子舟,整理.图书情报工作,2007(3):6-10.

北京大学图书馆学系在开展科学研究的过程中,分别成立了由学生组成的1957年级图书馆事业史小组和由师生组成的图书馆事业史小组等科研团体,分别在1959年迎接新中国成立10周年前拿出了向国庆献礼的成果,开启了我国较为系统地研究中国图书馆史的征程。其中,图书馆事业史小组取得了不俗的成绩。

1958年暑假前夕,北京大学党委提出了利用暑假"苦战四十天,向科学研究大跃进"的号召。图书馆学师生积极呼应校党委的号召,充分利用暑期大搞科研活动,写出论文12篇,编写教材4部,编写《新中国图书馆事业史(初稿)》专著1部①,这是在我国图书馆界最早形成的一部中国现代图书馆事业史。这一成果是在刘国钧等人的指导下完成的。

1959年,全国各行各业大力开展迎接建国10周年纪念活动,北京大学学报(人文科学)将第4期作为"庆祝建国十周年"专刊。是期刊载了图书馆学系图书馆事业史小组所著的《我国十年来的图书馆事业》长文,"本文系由图书馆学系刘国钧、关懿娴先生与同学曾濬一、金恩晖、朱育培、邵国秀、张玉藻、葛仁局和潘维友合写"②。是文开创了我国在图书馆学专业期刊上系统研究现代中国图书馆史之先,将新中国图书馆事业的发展大致划分为3个阶段:1949—1952年的整顿、改造阶段,进行了明确方针、端正方向、大力改善藏书内容与质量、开始改革和废除不合理的规章制度、落实团结教育改造旧知识分子的政策、清除极少数反革命分子、充实新鲜血液、配备好骨干,从而奠定了我国图书馆事业发展的基础。1953—1957年5月,这一时期正处于第一个五年计划时期,我国图书馆事业快速发展,具有了一个初步规模的图书馆事业。1957年5月以后,进入进一步确立图书馆事业的社会主义方向和图书馆事业大跃进阶段,图书馆界将《图书馆学通讯》的第10期作为"庆祝建国十周年"专刊。是期刊载了北京大学图书馆学系图书馆事业史研究小组的《十年来的图书馆事业》长文,并总结出了6条基本经验:党的领导、群众路线、开门办馆、勤俭办馆、大协作精神和学习苏联。

这篇文章的内容与北京大学学报上刊载的文章的内容相同,从而将全面研究图书馆史的课题推向了全国学术界。与此同时,北京大学图书

---

① 史永元. 苦战四十天,向科学研究大跃进——记北大图书馆学系暑假科学研究工作[J]. 图书馆学通讯,1958(5):13-15.

② 图书馆事业史小组. 我国十年来的图书馆事业[J]. 北京大学学报(人文科学):庆祝建国十周年,1959(4):93-107.

馆学系党总支在北京大学图书馆学系于 1958 年获得的成果基础上,决定把中国图书馆事业史列入 1959 年科研重点项目,于是,一部达 20 多万字的《中国图书馆事业史》教材诞生,以供北京大学图书馆学系的本科生和函授生使用。1960 年 2 月起,北京大学图书馆学系图书馆事业史小组对原有教材重新编写,考虑到人力与时间问题,以及我国主要的图书馆事业发展历史,集中力量编写出近代和现代部分,并于 8 月基本完成《中国近代现代图书馆事业史》教材。在刘国钧的领衔、指导下,我国图书馆学重镇北京大学图书馆学系与武汉大学图书馆学系一起,开创了我国社会主义历史早期的图书馆史研究(北大侧重于近现代,武大侧重于古近代)。1964 年,刘国钧、张树华、纪国祥合著的《五年来我国图书馆事业的发展和成就》一文发表。是文总结了 1958 年至 1963 年的我国图书馆事业的发展概况,从而将我国图书馆事业史的研究延伸至 1963 年,总结出了这一时期开展图书馆工作的 6 条经验是:正确贯彻党对图书馆事业的方针任务,是做好工作、取得成绩的根本前提;必须做到革命干劲与科学精神相结合;做好基础工作是做好服务工作的先决条件;重视调查研究,从实际出发,是做好图书馆一切工作的重要方法;总结协作经验,进一步发扬协作精神,是更好地为生产和为科学研究服务的重要手段;互相学习,开展比学赶帮运动,是促进图书馆工作革命化的有效方式。这些经验,至今仍有重要的借鉴意义。

在社会主义历史阶段的图书馆史研究过程中,刘国钧还开创了图书馆界对人物的追忆性、传记性的研究专题。1955 年 7 月至 1957 年 7 月,苏联图书馆学专家雷达娅女士来我国指导图书馆工作。她在这两年中,奔波于我国各地,以报告、学术论文、现场指导、座谈会、答疑等形式,大力宣传苏联图书馆事业,指导我国图书馆事业的理论和实践工作,对我国图书馆事业的快速发展起到了较好的作用。她对我国图书馆、文化馆事业的发展规划、业务改进、干部培养等方面给予了热情而无私的帮助,并提出了很多宝贵的建议。她几乎参与了这时期我国图书馆事业的所有重大活动,如1956 年 6 月在全国图书馆工作会议上做报告,并做关于图书馆业务问题的答疑报告。7 月在中小型图书馆图书分类法会议上做报告。是年 12 月,在南京图书馆第一届图书馆学科学论文讨论会上做报告,在高教部举办的高校图书馆工作会议上做报告。1957 年 5 月在省市图书馆工作人员进修班上做报告,6 月在高校图书馆工作人员训练班上做报告,7 月在图书馆科学方法研究工作讲习会上做报告。在北京大学、武汉大学图书馆学系指导工作、参与讨论会,大量深入各图书馆做指导报告、参加座谈会。"为了感谢雷达娅同志对我们的帮助,并传播她所介绍的苏联图书馆的先进经验与业务上的一些重要建议,特出版本集。"①在文化部出版的《苏联图书馆学专家雷达娅同志关于图书馆工作报告集》主要收录了她在全国性图书馆工作会议上、各种图书馆工作座谈会上、进修班讲习会上所做的报告与问题解答。她在北京大学、武汉大学图书馆学系所介绍的教学方面的材料并未编入专集。但是,这些内容对于我国图书馆学建设却有着重要的作用。

为了弥补这一遗憾,刘国钧在1958年的《图书馆工作》第1期上发表了《回忆雷达娅专家》一文,是文的主要特点有:①开创了我国在社会主义历史阶段对现代图书馆学专家的研究,实际上开创了图书馆界对现代人物和现代学术思想史研究之先河。1956年公布的12年哲学社会科学规划草案,提出了包括研究图书馆学史、图书馆事业史、目录学史和中国书史的重要方向,对任何历史包括学科史在内的研究中,时间、地点、事件、人物是4大要素,而事件因人物而立,地点、时间因人物与事件而定,因此,在研究图书馆史的过程中,对人物的研究是其重点之一。从近代到现代,我国对图书馆史的研究很薄弱,对人物的研究更是薄弱。刘国钧通过对苏联图书馆学专家雷达娅的回忆,开创了我国社会主义历史阶段对图书馆界现代人物研究之先河。②留下了苏联图书馆学专家帮助中国图书馆事业建设和图书馆学科建设的珍贵的历史资料。20世纪50年代,是我国反对帝国主义阵营围攻、封锁,全面转向学习苏联的时期,刘国钧回忆雷达娅在中国的活动,真实地记载下了这段历史中的一个篇章,从而使学术界能够通过这一人物,感受到当时苏联专家对我国图书馆事业建设的无私奉献,为我国方针政策和学术思想史研究,都提供了珍贵的一手资料。它从一个侧面揭示出了新中国成立之初图书馆学科的发展情况。

进入20世纪50年代后,我国图书馆学的发展经过了多次教学改革,处于摸着石子过河阶段,"那时我们正处在积极进行教学改革的阶段,许多事情摸不清头脑"②。雷达娅自1955年8月起至是年底,以帮助北京大学图书馆学系的发展为重点,几乎每个星期都到图书馆学系或做报告或开展讨论,报告与讨论的主要内容包括图书馆学教育任务、教学计划、教学大纲乃至业务中的许多具体问题、教学方法各环节的组织等,"在她的指导和帮助下,我们拟定了三年制的教学计划,各门主要课程的教学大纲,明确了

---

① 中央文化部社会文化事业管理局.苏联图书馆学专家雷达娅同志关于图书馆工作报告集[M].北京:北京图书馆,1958:出版说明页.

② 刘国钧.回忆雷达娅专家[J].图书馆工作,1958(1):29-32.

课堂实习、教学实习、生产实习、课堂讨论等教学形式的任务、内容和运用方法"①。③指出了我国及国际的一些图书馆学研究的课题。在这一时期，我国图书馆界和其他各领域一样，对国际的学术研究状况缺少了解，雷达娅使我国许多图书馆学专家及时了解了一些国际的发展动态和研究方向。雷达娅在她的各种报告、座谈会和指导工作过程中，向我国图书馆界提出了许多科研课题，如：目录学的研究对象到底是什么？目录学和图书馆学之间的关系如何？图书分类法中是自然科学在前还是社会科学在前？图书分类标记采用何种方法为好？如何克服教学过程中的形式主义等，"她说：苏联的专家正在热烈地讨论这些问题，你们也该展开热烈的讨论，因为这是图书馆学这门科学中的共同问题"②。在以后的若干年，这些课题都是我国图书馆界研究的重点问题。

　　1963 年 1 月 27 日，我国早期图书馆界的代表人物之一的洪有丰先生去世。刘国钧十分悲痛，为追忆、纪念洪有丰，他及时撰写了《敬悼洪范五先生》一文，并发表于是年 3 月 20 日出版的《图书馆》杂志第 1 期上。因为"这是我们图书馆界一件重大的损失，不能不引起我们深深的哀悼和回忆"③。这一文章的主要意义有：①开创了新中国对我国图书馆界代表人物的追忆。我国图书馆事业经过第一、二代前辈的努力，初步构建出了图书馆事业和理论的大厦。在 20 世纪 50 年代，又有第三代新生力量的产生，他们共同对我国图书馆事业的发展做出了贡献。随着岁月的流逝，一些老一辈代表人物进入暮年并开始离去。对他们的及时敬悼，也成为图书馆学术思想史中的重要内容。刘国钧开创了新时代对这一课题的研究，是文也成为新中国成立后首篇在图书馆学专业刊物上刊载的悼念在这一时期去世的我国图书馆学代表人物的文章。②是文是我国图书馆史研究的重要史料之一。是文通过对洪有丰的评介以及他在历史上为图书馆事业做出的贡献的记载，成为我国对图书馆史研究中的较为重要的史料之一。"洪先生是二十世纪二十年代我国新图书馆运动的重要活动家之一，是我国开始吸收西方资产阶级图书馆学时期的有数的先驱者之一。"④ 这一评介是十分中肯并较为到位的，其意义完全超出了对洪有丰个人的评介，而是介绍了我国近代产生的"新图书馆运动"以及我国近代图书馆发展的高潮期。回忆洪先生在中央大学和清华大学的事迹，使读者了解洪先生是如何"使得这两个大学图书馆具有近代的规模，成为当时高等学校图书馆中

---

①②　刘国钧. 回忆雷达娅专家[J]. 图书馆工作,1958(1):29-32.

③④　刘国钧. 敬悼洪范五先生[J]. 图书馆,1963(1):51-52.

出色的榜样"[①]的,这些都成为不可多得的宝贵的史料。③对《图书馆组织与管理》的评价。洪有丰的著述不多,但是他于 1926 年出版的《图书馆组织与管理》一书影响颇大,在我国图书馆学术史中具有一定的地位。"这部书不是西方图书馆学的翻版,而是从我国图书馆实际出发,结合近代图书馆要求而写出的一部方法指导书"[②],这部著作可成为我国创建具有中国特色的图书馆学的征程中的标志性事件之一。21 世纪初,界内专家更是评介其为"由于这部著作第一次超越了前人图书馆学著作的'编译'痕迹,它被后人高度评价为中国图书馆学的处女作"[③]。这些内容是中国图书馆学术思想史中的重要而宝贵的史料。④弘扬图书馆精神。人物研究的目的何在? 其根本的目的是要实事求是地阐明和评介被研究者的事迹,找出被研究者在时代中的特色和主要的成绩(或不足),以供后人研究、学习,进一步弘扬图书馆精神。这篇文章,使读者了解到了洪有丰对中国图书馆事业所做出的主要贡献与特色。无论在事业、研究、培养关怀后辈及待人的真挚、和蔼、诚恳的态度,"至于他做事时的风格,不慕虚名,不图近功,实事求是,稳扎稳打,更是我想学而未能的"[④]。悼念洪有丰则是为了让后人能继续为建设具有社会主义特色的中国图书馆事业而加倍努力,更好地学习他终身热爱图书馆事业的精神,这也是研究图书馆史的目的。

三、大力引进苏联图书馆实践与理论

在我国图书馆界由全面学习欧美转向全面学习苏联的战略转型、引进苏联图书馆理论与实践的进程中,图书馆界的苏大悔、舒翼翚、刘国钧等人做出了较大的贡献。刘国钧在引进苏联图书馆理论与实践的过程中,其最大的特点就是针对我国图书馆界的重大课题而及时引进苏联图书馆界在这方面的先进经验与体会,以便用来指导我国图书馆事业的发展。因此,刘国钧译介苏联图书馆的理论与实践,主要是从我国图书馆事业的发展战略层面加以考虑的。

在我国近代图书馆转型过程中,刘国钧就充分运用自己的专业知识、留美经历和对我国图书馆事业发展的战略考虑,译介了许多欧美图书馆的理论和实践,他的学术生涯就是开始于对国外学术、政治、社会发展的理论

①② 刘国钧. 敬悼洪范五先生[J]. 图书馆,1963(1):51-52.

③ 范并思. 点评《图书馆组织与管理》[M]//中国图书馆学会,《建筑创作》杂志社. 百年文萃:空谷余音. 北京:中国城市出版社,2005:53.

④ 刘国钧. 敬悼洪范五先生[J]. 图书馆,1963(1):51-52.

的译介、引进。新中国成立后,刘国钧根据国际和国内形势的剧变,意识到了学习俄文的重要性,因此及时刻苦地自学俄语,很快就达到了熟练笔译俄文资料的程度,并于1953年开始翻译相关俄文论著。从1953年至1959年,他所译介的俄文论著的内容主要有:

1. 目录组织与体系

1953年,我国图书馆界经过接受、整顿阶段后,进入了创建具有社会主义特色图书馆的阶段,此时,图书馆界已将改革目录组织提到议事日程上。这是一项我国图书馆界新的工作,少数图书馆已开始实践摸索,"由于它密切地关联着澄清目录的混乱状态,反对客观主义地对待目录的看法,正确地反映藏书,及向读者推荐图书等问题。所以工作比较复杂,而意义极其重要的"①。刘国钧及时翻译了《关于大众图书馆读者目录的组织》一文,介绍了苏联图书馆界用目录作为指导读者阅读的重要工具以目录的种类、为读者目录选择图书的基本原则、读者目录的组织、各图书馆应有的最低限度的目录,以说明苏联目录制度精神。针对我国大量引入苏联书籍,而苏联共产党存在名称更改的状况,为使著录统一,他及时翻译了《关于苏联共产党第十九次代表大会资料的著录法》。为了全面地了解苏联图书馆目录体系的状况,刘国钧译介了《苏联图书馆目录体系》一文,介绍了苏联图书馆目录体系的史略、目录的主要种类及相互关系、图书馆目录体系与书目参考设备、各类型图书馆的目录体系的特点等内容。

2. 高校图书馆工作的开展

我国高校图书馆经过若干年的发展后,已到了深入开展服务的阶段。高校图书馆的任务突出地表现在为读者的普遍服务和为科研服务两大方面,既要培养出合格的社会主义事业接班人,又要养成学生的独立工作与研究的能力,不断扩大他们的眼界,"图书馆的这种辅助教学和辅助科学研究的性质在目录体系上,应该体现出来"②。为此,刘国钧及时译介了《莫斯科大学图书馆的目录体系》一文,其目的则是使读者了解到莫斯科大学图书馆是如何将图书馆目录组成一个严密体系,通过目录正确地表达图书馆的意图和揭示馆藏,并满足其读者多方面需求。明确建立这种优质的目

① 卡夫塔雪耶娃. 善于大众图书馆读者目录的组织:苏俄部长会议文化教育机关事务委员会图书馆管理局(一九五一年七月三十日公布)[J]. 刘国钧,译. 文物参考资料,1953(9):46-54,编者按.

② 维廉斯卡娅. 莫斯科大学图书馆的目录体系[J]. 刘国钧,译. 中国科学院图书馆通讯,1956(9):13-17.

录体系的基础是图书馆的任务、读者的服务工作的特点、藏书结构及馆舍分布。明确分类目录是图书馆的主要目录,主题目录应是分类目录的辅助,其他的目录亦应是分类目录的辅助。如何开展高校图书馆的工作呢?苏联喀山大学图书馆所开展的工作具有指导、借鉴意义。该馆认为最明显、最灵活的图书普及方式是书展。该校图书馆每年都要公开展出较多的图书,通过图书选取、新书通报,及时让读者了解新到馆的图书和一些专题图书。其他图书普及方式包括:为学生开展书评活动,1954年该馆就举行了19次书评活动,评论了420种图书;组织学生参观图书馆,组织新生参观图书馆后,至三、四年级时,再次组织他们参观图书馆,以加深学生对图书馆作用、功能的理解;通过书目参考资料编印、学生座谈会、图书馆学课程普及图书馆和目录知识;通过书目编制法、怎样在目录里查找所需资料、书目对学生的帮助、古代世界史书目、物理学书目等内容的讲授,提高学生利用图书的技能。

3. 全面介绍苏联的图书馆事业

为了全面地介绍苏联图书馆事业的发展,刘国钧等8人的译作《苏联图书馆事业四十年(论文集)》由北京图书馆出版。书中详细地介绍了苏联图书馆建设的基本问题,全面介绍了苏联各个图书馆系统、各种类型图书馆的丰富经验,以供我国图书馆工作者和理论研究者的学习、研究。

4. 图书分类基本序列介绍

新中国成立后,研究、编制图书分类法一直是热点,其中《东北法》的运用,《人大法》《中小型法》《科图法》的编制,使我国对图书分类法的研制不断产生高潮,商榷、争论不断。例如,对于图书分类法的基本序列的问题,即是其中争论激烈的问题之一。1959年,俄罗斯苏维埃联邦社会主义共和国文化部委员会听取并讨论了斯提干诺夫(文化部副部长)关于编制苏联图书馆图书分类表的现状和问题的报告,委员会同意了苏联图书馆界提出的图书馆图书分类表的基本序列。是年6月11日,苏联科学院主席团委员会基本同意了这一基本序列。刘国钧及时译介了《俄罗斯联邦文化部通过苏联新图书分类法的基本序列》一文,介绍了苏联图书馆图书分类表的基本原则和基本序列,供我国正在编制的《大型法》参考、借鉴。

5. 教学计划与大纲的译介

随着我国图书馆事业的快速发展,培养新一代的图书馆专业人才成为图书馆工作中的瓶颈之一。刘国钧针对我国状况,于1953年及时译介了苏联最新的《区图书馆工作人员一个月进修班图书馆事业课程教学计划与教学大纲》,以及《农村图书馆工作人员两个月训练班图书馆事业课程教学计划与教学大纲》，这两个文件都是由苏俄部长会议文化教育机关事务委员会、苏联国立列宁图书馆科学方法研究室制定并于 1952 年公布的。这两个文件的及时译介，对我国大力开展图书馆教学、培训工作起到了十分积极的作用。

四、分类、目录理论的 3 部代表性著作

1. 开一代新风的《图书怎样分类》

刘国钧经过近代 20 余年的学术积累，已具有了深厚的学术底蕴，他在分类编目上的造诣是其深厚的学术底蕴中的重要组成部分。早在 20 世纪 20 年代末，他就通过《中国图书分类法》的编制，突破了当时我国分类法上的桎梏。其一，以哲学知识体系为指导，以学科体系为基础，以图书为研究对象，组成了一部深具哲学思想的、科学的、实用的分类法。其二，指出了经学的实质，"盖以类例言，所谓六经实一丛书也"[①]，从而为较好地处理经学问题奠定了理论基础，较好地实现了当时历史条件下的容纳古今中外图书之愿望。在业务方面，分类编目是新中国成立后图书馆的核心技术工作，刘国钧迎难而上，出版了《图书怎样分类》一书，为新时代的图书馆事业的发展做出了贡献。

这是一部开一代新风之作，其主要特征和意义有：其一，开创了新时代图书分类规则之路。他主要通过对图书分类条例（草案）的揭示，阐明了图书分类的基本原则、一般原则和各科图书的分类规则，共有 307 条，"每一条规则就是解决一个问题的办法"[②]。同时，这也是一部逻辑性、理论性和针对性很强的、不可多得的著作。导言论述了图书馆的目的与任务、图书为什么要分类、新旧图书分类法之不同与要求、中国现阶段的图书分类问题、图书分类工作的意义、怎样做好图书分类工作、图书分类规则的必要性等问题，阐明了图书分类的理论基础、指导思想，图书分类的目的、宗旨、意义和要求，以及我国分类法及分类工作的现状等理论问题，在我国新时期图书馆界首次较为完善地、系统地介绍图书分类规则。刘国钧的这一著作发表后，"其他人写的图书分类教材与专著，关于图书分类规则部分都以该书为范本"[③]。其二，对我国图书馆性质、任务认识上产生飞

① 刘国钧. 中国图书分类法[M]. 南京：金陵大学图书馆，1929：导言页.

② 刘国钧. 图书怎样分类[M]. 北京：中华书局，1953：导言页，15.

③ 张琪玉. 一部影响深远的图书分类著作——纪念刘国钧教授《图书怎样分类》出版50周年[J]. 图书与情报，2003（1）：75-76.

跃起了推动作用。刘国钧通过新中国成立初期的政治学习,尤其是通过思想改造运动,又从原有的基础上,进一步运用马列主义、毛泽东思想和历史唯物主义的辩证法去研究和理解新中国图书馆的性质和任务,充分地认识到在新的历史条件下,图书馆的性质首先是要服从于全心全意为人民服务这一根本原则,同时也深化了对编制新的图书分类法的认识:在新编制的图书分类法中,基本类的范畴与次序,必须要符合马列主义宇宙观,类目体系必须符合辩证发展原则,不违反逻辑规律等①。刘国钧对图书馆性质的理解,代表了当时图书馆界的先进水平,这是先生在这一时期开一代新风之重要标志之一。其三,解决好为谁服务问题。"为什么人的问题,是一个根本的问题,原则的问题。"②新中国成立后,刘国钧与广大图书馆界人士一样,在迅速转变立场、观点、态度问题后,迅速解决了"为谁服务"的问题,他以极大的热情投入到了"为人民服务"的热潮中。《图书怎样分类》一书的出版,深刻地说明了这一点。其四,该书奠定了统一分类法之理论基础。刘国钧在书中提出了自己对编制新分类法的看法,认为新型分类法的编制,应在政府的主管部门领导下的委员会开展。要集全体图书馆界之智慧,确定分类法的基本原则,依据马列主义、毛泽东思想的宇宙观确定分类法的范畴和大类次序;请各专家拟定细目,经集中讨论后由委员会负责整理、统一为一个完整的图书分类体系;组织实验论证;在实验中不断修订、完善。刘国钧同时提出了编制原则,可归纳为思想性、科学性、普遍性、发展性、实用性。这些原则,在以后一直指导着我国分类法的编制与修订。

2. 奠定新中国目录教材基础的《图书馆目录》

我国系统地出版图书馆学教材,开始于最初的社会主义建设掀起高潮的阶段。新中国成立后,我国图书馆教学事业在学习苏联图书馆学教学事业的先进经验过程中,积极探索具有中国特色的中国图书馆学教学体系。在新中国成立初期的初步探索的基础上,在苏联专家雷达娅的指点下,1955年北京大学图书馆学专修科拟定了新的教学大纲,对原有的教学大纲做了较大的修改。例如,将原来分属两门课程的分类法和编目法合并为一门课程。后在教学实践和对图书馆实践认识的基础上,认识到图书馆目录与图书馆的藏书(尤其是图书采购和组织)的密切联系。因为"目

---

① 刘国钧. 图书怎样分类[M]. 北京:中华书局,1953:导言页,6.
② 毛泽东. 在延安文艺座谈会上的讲话[M]//毛泽东. 毛泽东选集(一卷本). 北京:人民出版社,1966:849-880.

录是揭示藏书的工具,而藏书是目录的对象"①,又将图书馆目录与藏书合并为一个课程,随后又根据苏联莫洛托夫图书馆学的新教学计划,将图书馆学课程组成一个整体的经验,北京大学图书馆学专修科亦进一步将课程修改为五大部分:图书馆学引论、图书馆目录、图书馆藏书采购与组织、图书馆对待读者工作、图书馆工作组织等。《图书馆目录》的出版,具有的意义主要有:①创图书馆界统一教材正式出版之先。我国近代图书馆界,向来无教材统一(编)之说,图书馆学教材,主要是由老师各自选定,其中大多以欧美的相关著作中的内容作为教学内容。新中国成立后,随着我国计划经济体系的建立,以及全国院校大规模全范围的调整基本结束,由中央到地方的全国统一的教学计划形成,由此,在图书馆界由以往各校、各专业老师自编油印教材向全国统编教材过渡。《1956—1967哲学社会科学规划草案(初稿)》明确了"1958年以前写出可供图书馆学院用的《图书馆藏书与目录教科书》初稿"②,可见,从国家层面确定了我国图书馆学界应该自1958年起逐步跨入全国通用教科书的时代。《图书馆目录》因其较好的成熟性成为我国图书馆学界的全国统一教材的开创者,成为刘国钧等人引领新风的又一具有标志意义之事件。②奠定了新时代图书馆目录基础。我国从20世纪20年代末起,就开始出版了多部有关图书馆目录的专著,当时主要是以"图书编目法"为名,可见其主要目的是为解决编目问题,出版的图书主要有:《简明图书馆编目法》(沈祖荣译,1929)、《中国图书编目法》(裘开明,1931)、《图书编目法》(何多源,1933)、《普通图书编目法》(黄星辉,1934)、《现代图书馆编目法》(金敏甫译,1937)、《图书编目学》(金敏甫,1946)、《中文图书编目法》(楼云林,1947)等。新中国成立后,亦有多部内部出版者,如《图书馆目录讲义》(第一届公共图书馆工作人员训练班编,1954)、《图书整理与目录讲义》(刘国钧,1954)、《关于图书馆目录的几个问题》(刘国钧,1957)、《图书编目基本知识讲授提纲:北京全国第一中心图书馆委员会图书馆红专大学第三期讲义》(1962)等。上述著作中的近代著作,主要以实用为目的,缺乏系统的理论性。新中国成立后的若干部著作,由于都是内部发行,是针对当时特定的任务与需求而作,如针对训练班、业余大学等的特定对象,因此内容具有特定性和针对性。《图书馆目录》一书则较为系统地阐明了相关理论与实践,它对于普

---

① 刘国钧,陈绍业,王凤翥.图书馆目录[M].北京:高等教育出版社,1957:前记页.

② 哲学社会科学规划办公室.1956—1967哲学社会科学规划草案(初稿)[Z].北京:哲学社会科学规划办公室,1956:49.

及目录知识,培养编目人才,促进图书馆目录的发展和之后的目录教材编写,具有深远的影响。③创建了图书馆目录的理论体系。是书将图书馆目录纳入整个图书馆学理论体系中加以考察,针对的特定研究对象,即图书馆各种目录的性质、作用与编制方法。在阐述过程中比较强调图书馆目录的理论,同时对著录方法、分类方法、标题方法和组织方法做了阐述。全书包括了原理方面和方法方面的内容,并由总而分,先从图书馆目录的性质和编制原则入手,再论述中国图书馆目录发展概略、图书著录法的一般原理和方法。随后再分别阐述各种图书对象的著录等方法。根据当时课程要求,对图书分类的原理与方法也进行了阐述,因此本书成为当时我国理论与实践相结合的代表性著作之一。④时代特征鲜明。"政治思想性、计划性和适当的形象性是图书馆目录编制的三条原则。"①这三条原则,既总结了我国传统的目录理论和方法,又反映了目录理论的新认识、新成果,还吸收了苏联等国目录理论和实践的精华,批判了欧美认为目录仅是"查阅图书的工具"、是图书馆藏书的"清册"的思想,其核心思想是"图书馆目录是揭示图书馆藏书内容、宣传图书、辅导阅读的重要工具"②。这是我国最早正式出版的秉承这一核心思想的图书馆目录著作。同时,将三条原则的"政治思想性"原则确定为基本原则,提出了图书馆目录的一些新的理论:如著录标目、合作编目、集中编目、统一著录规则的意义和作用、多语文图书的处理原则、目录体系建立理论等,较为全面地阐述了从目录组织到目录制度,从编目工作的程序和步骤到编目工作机构的组织和编目员的修养等图书馆目录的理论和方法。具备了基本理论、技术方法、历史性、现实性、比较性、概括性、重点与一般相结合等全要素特征,较好地改进了编写体例,具有较好的体例编排的科学性。

3.全面反映欧美主要图书分类法的《现代西方主要图书分类法评述》

1957年,我国出版了《中小型图书馆图书分类表草案》,随后又开始了对《大型法》的研制工作。在研究的过程中,我国图书馆界除了需要更加深入地理解、吸收、借鉴苏联的经验外,也亟须做好对西方图书分类法的理解、吸收、借鉴工作。此时刘国钧开始更加深入、细致地研究西方的主要分类法,并在20世纪60年代初在北京大学图书馆学系开设了"西方图书分类法介绍"的专题课程。后经修改补充,这些讲稿于1964年交北京图书馆编辑出版。后因"文革"而中止,直至1980年才由吉林人民出版社正式出版。

---

① 刘国钧,陈绍业,王凤翥.图书馆目录[M].北京:高等教育出版社,1957:22.

② 刘国钧,陈绍业,王凤翥.图书馆目录[M].北京:高等教育出版社,1957:1.

《现代西方主要图书分类法评述》分别介绍了西方杜威十进分类法（DC）、克特展开制分类法（EC）、美国国会图书馆图书分类法（LC）、国际十进分类法（UDC）、主题分类法（SC）、冒号分类法（CC）、布利斯书目分类法（BC）等7部主要分类法，"对于这些分类法，都分别首先介绍它的发展经过，然后分析一下它的基本思想、类表结构和使用方法"①，最后还找出它们的优缺点。当时论述外国图书分类法的中文论著还很少，而将西方主要分类法集中进行介绍、分析、评述的著作还匮缺，因此，"这部专著是我国图书馆学研究、尤其是图书分类理论研究中的一部重要著作，是著者力图按着毛泽东同志关于洋为中用的思想，客观地介绍、科学地分析和实事求是地评述现代西方主要图书分类法所取得的重要科学研究成果"②。这些分类法中，DC、EC、LC、SC在20世纪初期就陆续传入我国，UDC、CC、BC则在新中国成立后也日渐为我国图书馆界所关注，其中DC在我国影响最大、流行最广，而UDC则在我国情报事业兴起后，就成为关注的重点，在1960年前后，成为我国图书情报界最为关注的西方图书分类法。这7种分类法从其体系结构看，可分为十进法系统、展开法系统和主题法系统，从编制方式来看，又可分为将所有类目组成一个列举式的等级系统、组配式的分布体系和介于两者之间的折中形式三种。它们各自的特点，对于我国编制《大型法》有着重要的借鉴作用。同时，《现代西方主要图书分类法评述》通过现代图书分类法的哲学上的知识分类体系、教学上的学科划分以及过去时代的图书分类体系的阐述，阐明了要研究以往的分类法或研制新型的分类法，"首先要研究它的实质，即它的类目和体系的理论基础、它的指导思想、它的阶级立场和政治、哲学观点，以及它所要解决的主要问题"③。随后要分析它的继承和创新关系、研究它的编制技术等。

刘国钧自20世纪10年代末开始研究图书馆学，自20年代中期投入图书馆学研究与实践后，一直没有停止对国外图书馆学的学术进行跟踪研究。20世纪50年代起，科学技术的迅猛发展和科技情报工作的勃兴引起了图书馆界的巨大的变革，其中，根据科技和社会的发展从根本上改造和

① 刘国钧. 现代西方主要图书分类法评述[M]. 长春:吉林人民出版社,1980:写在书的前面页.

② 金恩晖. 洋为中用的科学研究成果图书分类理论的重要专著——读刘国钧教授《现代西方主要图书分类法评述》一书有感[J]. 吉林省图书馆学会会刊,1980(1):13.

③ 刘国钧. 现代西方主要图书分类法评述[M]. 长春:吉林人民出版社,1980:11.

研制新型分类法,以及提出图书分类的新理论、新方法,成为当时欧美图书分类法的显著特征。《现代西方主要图书分类法评述》较好地达到了介绍这些特征的目的,从而使我国图书馆界及时地了解到了欧美等国在分类法研究上的制高点。

此外,刘国钧还投入了巨大的精力,去描述西方图书分类法的历史,从起始到发展的各阶段,这是使读者"知其然,知其所以然"的极重要的组成部分。在刘国钧于 1964 年提交北京图书馆出版的《现代西方主要图书分类法评述》的原稿中,第一章的内容是"现代欧美图书分类法的渊源",后因当时其内容尚需补充核查,所以抽出。这是刘国钧十分看重的内容,直至他生命垂危之时,刘国钧还念念不忘对其修改,由于此时刘国钧已体力不支,又缺乏必要的参考资料,未能如愿。后其弟子侯汉清教授参酌有关资料,对文章加以订正译误、修润文字后,于 1990 年将其发表于《图书情报工作》第 6 期上。这是一篇研究西方图书分类法渊源的权威性论文,亦是对西方知识学、学术史的研究。古代东方帝国巴比伦、亚述等早在 2600 多年前就已经有图书的粗略分类,"但是东方帝国的图书分类对西方后世似乎没有什么影响。西方图书分类法的直接祖先是希腊"①。该文将西方古近代图书分类法的发展历史分为 4 大分期。首先,古代东方及希腊罗马时期产生了最早的图书分类和知识分类体系,对西方最早的图书分类法影响最大的是知识分类。中世纪是西方图书分类的第二个历史阶段。这一时期主要以罗马著作家卡西奥多尔创立的"三艺""四学"的知识体系为主要特征,再加上神学作为基础,但自然科学如力学作为一个大类的知识分类方法已产生,体现了当时学术上的新发展。文艺复兴时期是西方图书分类法的第三个阶段。1548 年《世界书目》这部分类目录产生,它反映了16 世纪中叶欧洲学术的面貌。该部分类目录将科学按照学习程序划分为21 个大类,第一次使学术分类同图书分类相结合,为近代图书分类法开辟了道路。17 世纪到 19 世纪 70 年代是西方图书分类法发展的第四个阶段。在这一阶段,培根的知识分类为近代图书分类法的诞生产生了巨大的动能。M. 杜威运用美国圣路易市公共图书馆馆长、黑格尔唯心主义派哲学家哈利斯的"倒装培根体系",创新出了 DC,成为现代图书分类法的前驱。刘国钧是我国第一个系统地研究西方图书分类法历史发展过程并产生重要成果的学者。

---

① 刘国钧. 现代欧美图书分类法的渊源[J]. 侯汉清,整理. 图书情报工作,1990(6):1-9.

五、对情报领域的贡献

刘国钧在情报领域所做出的直接的、深度的贡献,主要是在 1963 年至 1965 年这 3 年。这一阶段他对情报领域所做出贡献的内容主要是检索语言的功能与选用的研究。我国的情报事业起步于 1956 年,起初以翻译文摘为核心工作,之后过渡到自编文摘为主。我国社会主义建设事业的快速发展,使文献、情报需求量剧增。随着情报的巨量积聚,高质量地组织、揭示情报就成为图书、情报事业中的一项战略性任务。对情报的揭示、组织,到底是以主题法为主还是用分类法为主? 由此引发情报界激烈的学术争论。正是在这一背景下,刘国钧深度地介入这一争论中。

1962 年,杜定友在《学术研究》杂志上发表了《图书分类主词目录的建议》一文。文中提出了 "类" 中有类质与类素的新概念,进而提出了分类二元论、分类有限论、分类字顺制、主词标题制的新建议,其核心思想是提出了一种分类主题一体化的方法,其目的是要保持分类目录和主题目录的优点而弥补两者各自的缺点。针对这一观点,刘国钧在是年的《图书馆》杂志上发表了《分类、标题和目录》一文,对杜文进行了商榷。刘国钧在文中深入分析了分类与主题目录的特征及其各自的优点,并将杜定友分类二元论与布朗的《主题分类法》和阮冈纳赞的《冒号分类法》及分面分类学说相比较,由此得出结论:"杜先生的分类二元论和他的分类主题目录是不调和的。"[①] 由于这一理论与实践的不统一性,这一理论的提出就存在着先天的缺陷。那么,如何才能较好地在理论与实践中不断做好、完善分类主题一体化工作呢? 这就是刘国钧深度加入情报界对分类还是主题的问题的讨论的学术背景。

1963 年,我国情报界对分类还是主题的问题的争论达到高潮,已到了必须决断以便在情报界规范、推广之关键时刻。以情报学家袁翰青为代表的观点认为打开情报大门的钥匙是主题索引,他于 1963 年 2 月 20 日在第三次全国科技情报工作会议上做了《文摘的主题索引是科技情报工作中的一把重要的钥匙》的学术报告。报告论述主题索引的特征,认为主题索引能反映全文所包含的主题单元,"为长远着想,必须建立自己的文摘——主题索引检索系统"[②]。以情报学家丁珂为代表的观点,则认为我国

---

①　刘国钧. 分类、标题和目录[J]. 图书馆,1962(4):13-17.

②　袁翰青. 文摘的主题索引是科技情报工作中的一把重要钥匙[J]. 科技情报工作,1963
　　(3):14-17.

采分类检索系统为宜。他通过《国际十进分类法与字顺标题的比较》的学术报告,分析了检索工作对所用标识系统的基本要求、两种标识系统的构成方式、两种标识系统满足检索要求的程度的比较、两种标识系统在实际工作中应用的比较等,多方面地分析比较了分类法和主题法的特点与实践中的应用情况,尤其是根据我国特点,提出了自己的看法:"在我国,以往的传统和目前的情况较利于采用十进类号,而造成这种情况的基本原因也由于汉字的检字困难。"①

为更好地听取各方意见,是年情报界召开了检索方法座谈会,以便进一步深入分析、研究分类和主题检索方法的利弊。在这次座谈会上,刘国钧做了重要的学术报告,"分类法和主题法是组织资料检索工具的两种传统方法。究竟以哪一种为较好呢? 一直是各国图书馆工作者和文献工作者争论不决的问题"②。这一报告就是为了解答这一问题而做。刘国钧从检索者对检索工具的要求入手,指出读者需要准确、精当、完整、迅速地查找到所需资料,进而深入分析、比较分类和主题法两者的共同点与不同处,从而指出了单用一种方法只会暴露其弱点的结论,这就产生出了检索工作中的"围城"现象:"我国一向使用分类的检索工具,因而感觉到它的不足之处,而想采用标题法。可是一向以标题法为主的美国,近来反而有重视分类的趋势。"③究竟应该怎么办? 刘国钧根据两者检索工具的特色,结合我国的实际情况,认为以分类目录为主的分类主题一体化是当时解决问题的上策,即"分类目录带主题索引是目前编制直接检索工具的较好办法"④。他的观点,促进了我国当时检索工作以分类为主的决策的形成。

1964 年初,国家科学技术委员会批准中国国外科学技术文献编译委员会提出的《关于科学技术情报检索类出版物采用检索方法的建议》,这是科技情报工作中的一件大事,也是经过长时间讨论研究后才提出的。这一建议的总方针是:"我国科学技术情报检索类出版物,应以国际十进分类法作为检索的基本方法,但对于个别学科,由于某些特殊原因,亦可采用标题法或者习惯专业分类法。"⑤对书本式的检索类出版物,除了以国际十进分类法作为检索方法外,还必须编制年度索引。针对情报界的这一重要事

---

① 丁珂. 国际十进分类法与字顺标题的比较[J]. 科技情报工作,1963(3):17-23.

②③④ 刘国钧. 分类法与标题法在检索工作中的作用——在检索方法座谈会上的发言[J]. 科技情报工作,1963(6):18-24.

⑤ 关于科学技术情报检索类出版物采用检索方法的建议[J]. 科技情报工作,1964(2):9.

件,刘国钧迅速撰文《应当认真贯彻执行检索类出版物采用检索方法的建议》,积极地为这一事件鼓与呼。他认为我国以国际十进分类法作为共同的检索方法,是切合当时实际情况的方法,"就目前来说,国际十进分类法是在科学技术方面比较详细、比较能反映最新科学发展情况的一种综合性分类法。它比较能够反映出细小专深的文献的主题,而这是现代科学技术情报工作的首要任务"①。他在文中简要地回答了为什么不用主题法统一的问题:第一,科学技术名词的统一工作还未完成。第二,标题结构的规范化还没有着手。第三,汉字排检问题还未解决。因此,用主题法统一检索方法还不够成熟。同时提出希望中国科学技术情报研究所能拟订出一个关于国际十进分类法的公式,以便更好地贯彻"统一"的问题,更好地促进我国科技事业的发展。

1965年,我国情报学家丁珂开始进行相关主题词的规范工作,写有《检索工作名词及其涵义(第一部分)(草案)》一文。是文广征博引,对有关检索和检索系统的最常用名词进行了系统而详尽的讨论,并提出了自己的建议,对我国情报专业名词术语的规范化、标准化工作起到了较好的作用。刘国钧拜读了是文后,欣然动笔,对是文提出了一些修改意见,并就有关检索的若干常用名词进行了详尽的讨论,充分体现出刘国钧对情报工作的关心、爱护②。他深度地介入情报界的理论建设的精神,以及所表现出来的深厚的专业素养和人文素养,成为图书情报界的佳话。

第二节 金天游对图书馆学术的贡献

金天游是我国图书馆学家,1898年生,原名金步瀛,字仙哉,号孤鸿子,浙江兰溪人。1922年毕业于浙江省立甲种蚕业学校,1925年经朱显邦校长介绍,任职浙江省立图书馆,直至1966年病故,享年68岁。

---

① 刘国钧. 应当认真贯彻执行检索类出版物采用检索方法的建议[J]. 科技情报工作,1964(5):21-23.

② 丁珂的《检索工作名词及其涵义(第一部分)(草案)》一文直到其去世后才在1982年的《情报科学》第四期上公开发表,而刘国钧的回信意见也以遗作的形式直到1990年经其弟子侯汉清提供,于当年第六期的《情报科学》上刊发,题名为"关于《检索工作名词及其涵义》一文致丁珂的信",原文落款时间为"11.15",刊发时编者加了注释:"原信只署月、日,未署年份。因丁珂先生的文章写于1965年,估计刘先生的信件也写于1965年,1966年后文革开始,已不可能作这样的通信。"

金先生入馆后任掌书,于 1927 年在杨立诚馆长任上,升任编纂,又于陈训慈馆长任上,于 1932 年升任编目主任。1939 年,应浙江省农业改进所蚕种制造场之聘,任该场文书。他从所学专业的角度对蚕业进行研究,因此有相关论著出版。是年 9 月,经陈训慈介绍,任国立浙江大学浙东分校(后改为龙泉分校)图书馆干事。翌年,应聘英士大学图书馆,至 1941 年 8 月止。是年 9 月 11 日回浙江省立图书馆复职,任采编部主任(并兼任一段时间的阅览部主任),直至 1965 年。

金先生 30 岁以前喜爱雕刻、摄影、吟诗、弹琴,"性好静恶动,寡言笑,少交游"①。他进入图书馆后,便开始埋头研究分编之学,心无旁骛,不事游戏。"金先生操履高洁,淡泊超逸,一向不以学者、长者自傲"②。

一、20 世纪 50 年代对图书馆事业的贡献

在图书馆任职时期,金天游勤勤恳恳、踏踏实实,一步一个脚印地积累工作经验,他虽然没有经过正规的图书馆学专业学习与培训,但由于对工作的热情、负责任的态度,将自己的工作生涯全身心地投入到图书馆事业的建设中去,以浙江省立图书馆为基地,始终如一地开展对分编工作的研究与实践工作。

中华人民共和国的诞生,开创了中国图书馆事业的新纪元。政权性质的根本性转变,促使广大人民从思想上、观念上取得彻底的转变,在新的历史条件下认识到新政权的特征和核心关系后,能自觉地为建设、巩固新政权去奋斗。因此,图书馆界和全国各个领域一样,迅速掀起了提高认识、转变观念的学习热潮。这一学习运动,自人民政府接管图书馆初期即开始。浙江省立图书馆于 1950 年"自七月六日起学习整风文件,由教厅领发'学习资料'一种,本馆各小组即展开学习,在曝书期间,暂定每日下午四时半至五时半开会讨论"③。除了组织馆内工作人员学习外,还外派人员学习,是年 7 月 20 日,俞友青、朱理干、李德润、陈素素等 4 人在浙江干部学校学习结业返馆,并在全馆大会上报告了学习的经验与心得。

这一系列的学习与讨论,在思想上解决了"为谁服务"的根本问题。作为采编部主任的金天游,深知身上担子之重,他迅速制定了采编部有关工作规程,力争使工作能高效、科学地全面展开。如《采编部图书征购编

---

① 金初升. 金天游传[J]. 图书馆研究与工作,2000(4):6-7.

② 赵达雄. 春蚕到死丝方尽——记金天游先生[J]. 图书馆杂志,1988(2):59.

③ 馆闻[J]. 浙江省立图书馆通讯,1950,1(2):3.

送程序》,制定了"采购图书之准备工作"等 8 条,"购买图书之手续"3 条(8 小条),"征赠图书之手续"4 条,"登记编目之手续"2 条(8 小条),从而针对当时图书来源较复杂的情况,制定相应的制度,为有条不紊地开展工作奠定了基础。采编部在接受、整理、改造的阶段做出了很大的贡献。在 1950 年 4 至 6 月,即初步整理"伪行政学会图书馆图书 2 万余册,整理由公安局移交来馆的图书 6 千余册,编就了余氏寒柯堂捐赠的书画、碑帖、书本的草目等"①。至 11 月底,大致完成了第一阶段待编旧书的整理工作,取得了阶段性的胜利。

完成这些工作实属不易,金天游投入了全身心的精力,他在出席馆内的多种议事、决策会议中贡献出了智慧。在 1950 年 8 月召开的"图书采集审查委员会"会议中,他撰写本月购书经费分配比率,并决定 9 月份的购书比率调整为:参考书 50%、应用科学 20%、推广书籍 15%、旧籍及善本 5%、其他 10%,并决定加强采访工作②。从而,把控住了新书与旧籍、自然科学与社会科学、研究性图书与普及性图书等的较为合理的购书量,较好地适应了读者的阅读需求。在 1950 年 7 月,馆内召开了"编目工作会议",决定放宽特藏尺度,重订编目条例和新书编目条例及分类表,决定小册子暂不编目,陈列后再行入库典藏③。这表明采编部的关于接受、整理的第一阶段工作已大致完成,即将全面转入"改造"阶段。是年 9 月,开始进入"改造"阶段,"分类编目委员会在九月份开会两次,展开分类编目方面各重要问题的讨论,为审慎周详起见,尚须广泛征求意见,再作综合的研究"④。

1. 整理旧书

至 1952 年上半年,浙江省立图书馆"接收馆内旧藏未整理图书九万五千多册,接收馆外图书约七万多册,其中大部分是线装书"⑤,至 1953 年,"本馆在去年上半年还累积二十万册以上的图书,不能及时作有计划的整理"⑥。旧书的积压和新书的不足,严重地影响了"为人民大众服务"的宗旨,以至这一情况引起了省文化局领导的重视:"曾经着重指出:

① 本馆一九五○年六月份工作报告摘要(从五月廿一日到六月二十日):关于采编的[J]. 浙江省立图书馆通讯,1950(1):1.

② 馆闻[J]. 浙江省立图书馆通讯,1950,1(3):12.

③ 馆闻[J]. 浙江省立图书馆通讯,1950,1(2):3.

④ 馆闻[J]. 浙江省立图书馆通讯,1950,1(4):18.

⑤ 本馆采编部业务座谈会纪录汇报[J]. 浙江省立图书馆通讯,1952,3(6):13-16.

⑥ 采编部. 本馆旧书清理工作[J]. 浙江图书馆馆刊,1954(4):20-32.

清理旧书为本馆主要工作之一。"①1953 年 7 月 3 日开始,该馆开展了突击式的整理工作。在 1 年又 4 个月的过程中,平均每天有 6 人参加这一工作,除去节假日和学习开会、曝书等,实际工作时间仅 10 个月,参加整理者又大多是新手,经过努力,完成整理工作的书籍有:6895 册善本古书送特藏书库,流通性较强的杂剧、传奇、章回小说、鼓词等古典文学,省志、府志、县志、乡镇志等地方志,金石书画、图书目录、字典辞典等 1.4 万余册送达阅览室借阅,经初步清理后归架的线装书 8.7 万余册,平、精装书近 4 万册,合计 227,356 册②。基本完成了对所有积存的古今图书的分编工作,这一工作走在了全国图书馆界的前列。至 1956 年,在"向科学进军"号召之初,全国公共图书馆近 3 千万册的图书中,"有 1000 万册还没有整理"③,高校图书馆"没有整理的还有 517 万册"④,科学院系统中,仅是中国科学院图书馆,由于书库紧缺问题一直没有得到解决,"有近 20 万册的图书被堆积在走廊下和篷帐中"⑤。

由此可见,浙江图书馆⑥在整理旧籍过程中的工作是十分出色和足有成效的,这一成绩,是在金天游带领下,采编部的全体人员以及相关人员付出了大量的心血而得到的。金先生抓得紧、落得实,措施得力,根据馆领导的工作意图和馆务委员会、图书采审委员会等会议的精神,不断地创新工作,不断地研究、讨论工作,并及时制订出切实可行的工作计划,推进了工作的进程。

2. 提出和实践"车间制"的分编流程

1952 年是浙江省立图书馆的分编工作取得突破性进展的一年,金先生在解决加快分编速度、保证分编质量方面找出了一条可贵的途径——实行按分编工序的流水作业,即金先生称之为"车间制"的工作方法。这一工作法是在金先生的策划、制定下而规范地开展起来的,从而使不同年龄、

---

①②　采编部. 本馆旧书清理工作[J]. 浙江图书馆馆刊,1954(4):20-32.

③　文化部社会文化事业管理局. 明确图书馆的方针和任务为大力配合向科学进军而奋斗:文化部社会文化事业管理局向全国图书馆工作会议提出的报告[J]. 图书馆工作,1956(4):3-16.

④　刘皑风. 高等教育部副部长刘皑风关于高等学校图书馆更好地为教学和科学研究服务的讲话[M]//《图书馆学基础理论》教学小组. 图书馆学基础理论研究资料选编:上. 武汉:武汉大学图书馆学系,1980:161-174.

⑤　光明日报. 充分利用现有科学图书资料[M]//《图书馆学基础理论》教学小组. 图书馆学基础理论研　究资料选编:上. 武汉:武汉大学图书馆学系,1980:144-146.

⑥　浙江省立图书馆于1953年6月起更名为"浙江图书馆",并于是月12日正式启用新印. 见:本馆通告[J]. 图书馆通讯,1953(6):45.

不同工作经验、不同学科背景、对分编工作熟练程度不同的采编部门全体工作人员，都能按照不同条件，分别在不同的工作流程中承担胜任的工作，将采编部集中成"一个拳头"："本馆自从六月五日在三反胜利结束的基础上正式恢复采编工作后，我们就把采编部的全部工作，分析归纳、建立采购、编目两个车间，划分十八个工段"①，从而大大地提高了工作效率，由原来每人每天平均分编约 20 种图书，提升到每人每天平均 43.6 种，正是在大力提高工作效率的基础上，才有可能和力量去承担以后的旧籍整理的工作。在建立车间制的过程中，相应地建立了责任制，从而将每一项工作落实到个人，使工作前后衔接、科学展开。

为及时总结这一新生事物的经验，推广、巩固这一成果，在金先生的安排下，"本馆采编部全体工作同志业务座谈会，自（1952 年）十月十四日至十八日，每天上午九时至十二时，连续举行了五次"②。在 14 日召开第一次会议时，金先生就在会议上首先指出了会议的意义和内容，认为采编部工作蓬勃发展之势，一是由于大家提高了思想觉悟，工作态度认真，一是由于车间制的建立，"这一制度建立，非但分工明确，而且操作过程丝毫不乱，打下了合理化的基础，节省了人力物力和缩短了加快整编时间"③。

3. 起步改进目录体系

在各种宣传图书工作还较弱的新中国成立初期，图书目录成为图书馆宣传图书、引导阅读的主要方式。加强目录工作、方便读者查阅就成为转变服务理念、为工农大众服务的重要工作之一。直至 1950 年上半年，浙江省立图书馆在目录建设方面还十分薄弱，"本馆旧藏已编目的图书，只有分类卡片目录，未有书名卡片目录，为便利读者检查起见，补编书名卡片目录，似不可缓"④。这一工作，在金天游的极力推动下，很快就取得了显著成效。

1950 年 8 月 28 日，浙江省立图书馆第 8 次馆务会议通过了《浙江省立图书馆分类编目委员会简章》共 5 条，其任务主要是：商定分类编目之原则与方法，解决分类编目之疑难问题，商定编印各种目录事项及其他有关分编事项。"本会由馆长就各部遴聘七至九人为委员，以采编部主任为

---

① 金天游. 本馆采编工作试行车间制的情况[J]. 浙江省立图书馆通讯,1952,3（3）:13-15.

②③ 本馆采编部业务座谈会纪录汇报[J]. 浙江省立图书馆通讯,1952,3（6）:13-16.

④ 本馆一九五○年七月至十二月工作总结摘要[J]. 浙江省立图书馆通讯,1951,2（1）:38-40.

主任委员"①,每月开会 1 次,如有需要可临时安排,均由主任委员召集。为慎重起见,该简章还上报省教育厅备案,若要修改时程序相同。在金先生的主持下,是年下半年,对分编的新书开始增加书名卡片,根据读者的阅读、查卡需求,同时还编了一份新文化书籍目录卡,"凡以马列主义的基本精神,辩证唯物论与历史唯物论的观点与方法所写作的各类书籍,都视为新文化图书"②,这类图书是当时读者最需的,该馆为这些图书专门制作了一份卡片,以达到方便读者之目的。

4. 对本馆目录体系的完善和规划

在金天游领导下,采编部完成中日文图书书名目录的补制,为西文图书增加著者目录和标题目录,加强书本式目录的印制工作,完善目录,加制互见卡、分析卡。这一工作自 1951 年 2 月起全面展开,包括单行本书名卡、丛书书名卡、丛书子目分析卡、合订书书名卡、合订书名分析卡、附刻书名卡、附刻书名分析卡等。同时,增加专题目录,编制"新书简报"等。这一系列的改进使该馆的目录形成了一个较有系统的、质量较高的体系。同时,通过编制书本式的专题目录等,加强图书推荐、宣传工作。这类目录,以某一专题为单元,单独成册,并被作为编目工作的重要任务之一,其目的即"应多做些补充目录,即适合于工农大众使用的目录和各种专题的参考目录,把馆藏各种图书资料加强推荐给需要研究它的读者,实在是目前所迫切需要的"③。为此,编有马、恩、列著作与马列主义研究,斯大林著作与斯大林研究,毛泽东著作与毛泽东研究,高尔基著作与高尔基研究,鲁迅著作与鲁迅研究,荣获斯大林奖金苏联文艺作品简目,馆藏中国地方志书目等。

5. 修订分类表

1950 年下半年,浙江省立图书馆的藏书,包括编目和未编目的、旧藏和新中国成立后接管及收受的,已达 40 多万册。如何使分类法能够适应新形势发展的需要,同时又要满足本省各小型图书馆对新型分类法的强烈需求?就分类法而言,制定一个新型的分类法当然是一个最佳的选项,但是,时间和人力不允许这样做,于是该馆决定自 1951 年 1 月起,开始修订原用的分类法,经修订后准备重印。这一工作以金先生为主,

---

① 浙江省立图书馆. 浙江省立图书馆分类编目委员会简章(1950年8月28日第8次馆务会议通过)[J]. 浙江省立图书馆通讯,1950(3):10.

② 馆闻一束[J]. 浙江省立图书馆通讯,1950,1(1):3.

③ 本馆采编部业务座谈会纪录汇报[J]. 浙江省立图书馆通讯,1952,3(6):13-16.

在他的安排和参与下,上半年对于哲学、语言、艺术及文学种类修订并应用,并改定"总论复分"表,其他需修订者则在下半年完成。在修订分类法的过程中,坚持边修改分类法,边修改卡片目录和书标等工作,从而使分类编目的修改工作一气呵成。例如,在是年3月的工作中,"哲学、艺术两类的分类表,本月份经过修订,哲学类需要改正的底卡293张、目录卡586张、书657册,均已逐一改正,并重新缮贴各该册书的书标、书卡及书袋等"①。

对索书号的改进设想:以往,浙江省立图书馆的索书号主要由分类号 + 著者号组成,针对著者号的使用是否实用、简便,金先生产生了"何不改用标题来编制这一号码呢"的想法,以便使书次号担负起分类号同样的任务而可在实际使用中简化分类号而便利出纳②。这既是一个实际问题,又是一个学术问题,这一问题,直至在20世纪90年代还深入地讨论过。

6. 小册子处理

小册子是较难处理、加工的一种出版物。新中国成立之初,许多图书馆难以处理小册子。小册子虽然篇幅不大、页码不多,但具有较强的学术性、专业性,较强的时效性,非正式出版较多,实用性较强,较好的普及性等特征,由此加大了对小册子处理加工的难度。首先是如何区分小册子,小册子一般是指页数不多的书,但究竟多少页,各国的规定不一。当时苏联大百科全书上说出版工作和书中凡不满48页,普通大小开本的书籍,就称为小册子,但"苏联从1952年起规定在图书馆中小册子与书作同样处理"③。可见对于小册子的界定和处理加工存在着一定的难度。

新中国成立初,因形势所需,我国出版业出有较多的小册子,例如"中华全国科学技术普及协会自去年(1952年)11月起至今年6月底,已出版了通俗科学小册子19种"④。对于小册子的处理加工,即使在21世纪初,人们仍然在探索中。如《公共图书馆地方文献的小册子整理》(2001)、《对小册子的管理初探》(2007)等。金天游在1951年《文物参考资料》第6期上发表有《小册子的处理》一文,是文解答了小册子的定义,属于小册子范畴的5种对象,从而明确了"何谓小册子"的问题,又因为它的价值,图

① 本馆一九五一年三月份工作报告:采编(自二月二十一日起至三月二十一日止)[J].浙江省立图书馆通讯,1951,2(4):4.

② 我们怎样进行分类编目工作[J].浙江图书馆馆刊,1954(2):65-75.

③ 鲁文.什么叫小册子[J].图书馆工作,1956(5):51.

④ 中华全国科学技术普及协会.中华全国科学技术普及协会出版通俗科学小册子[J].科学通讯,1953(7):102-103.

书馆应将它与一般图书等量齐观而不能忽视它,"不过书本薄小,如果和普通图书混合排架,寻检困难"[①],因此要用特殊的办法来加以处理。是文较为系统地阐述了处理小册子的办法。由于这一问题是当时迫切需要解决的问题之一,《浙江省立图书馆通讯》于是年第 9 期转载了该文,并写有"编者按":"小册子如何处理,是目前各图书馆室急需研讨解决的问题,而各县市乡村图书馆室,及文化馆图书部门的工作同志,不见得都能看到'文物参考资料',所以把它转载本刊,供各友馆参考。"[②]文中阐明了普通小册子、通俗读物、儿童读物、宣传品、印成本的或单张的目录的处理方法。普通小册子可以和普通图书混合排架,通俗读物、儿童读物、连环画、普通小画本等可用颜色位置序列法处理,另外排架;宣传品等,可用合订、制匣或小册子缀等方法处理,或单独分入一处;印成本的或单张的目录及各种小册子,可用小册子夹来处理。这些论述与处理,对当时小册子的处理很有指导作用。

7. 积极培训图书馆馆员

根据浙江省文化厅的要求,浙江省立图书馆于 1951 年开始,开办全省图书馆工作干部训练班,首期培训班于 10 月 1 日开学,10 月 3 日开始上课,学员 17 人。金天游负责的采编部,承担了采购登记、分类编目、检字法等课程的教学任务。在金先生的统筹安排下,训练班圆满地完成了任务,并积累了人员培养的经验。

在大力搜集加工旧籍、新书的过程中,为了拓展图书来源,浙江省立图书馆主动和苏联社会科学院图书馆建立图书交换关系,"自本馆和苏联社会科学院图书馆建立交换图书关系以后,两年来,收到了数千册的俄文图书"[③]。这充分说明了在金先生领导下的采编部门的工作热情和采访、编目图书的任务之重。

金天游经历了两个不同时代的工作,可以看出,他的工作态度与热情,始终如一,但是,在不同时代的工作有许多不同的特征,其中根本的一条是随着图书馆的服务宗旨的变化,金先生自觉地将自己融入集体中,工作中事事处处以集体利益为重,从不突出个人的作用,兢兢业业、一丝不苟,根据领导的意图,努力地把采编部门的工作合理、科学、高效地安排、协调好。

①② 金天游. 小册子的处理[J]. 文物参考资料,1951(6):55-61.

③ 本馆采编部业务座谈会纪录汇报[J]. 浙江省立图书馆通讯,1952,3(6):13-16.

二、20 世纪 50 年代初《图书馆基本工作简本》的贡献

20 世纪 50 年代早中期是金天游学术思想的喷发期,他经过理论与实践知识的积淀,大力开展理论研究工作,并以理论指导实践,取得了瞩目的成果。此时金先生的研究与实践的主要领域依然是分类,但其关注、研究的领域已扩展,包括流通、出纳、读书小组的组织、目录组织、图书馆的基本工作的论述、图书馆学的基础理论研究等,研究几乎涉及整个图书馆工作领域。他的研究成果,对 20 世纪 50 年代的图书馆界理论与实践的进展起到了较大的作用,其影响面较大,针对性较强,实践中效果较好,他成为名副其实的这一时期的图书馆学学术研究的主要代表人物之一。这一时期引起界内关注的最早的研究成果,是《图书馆基本工作简本》一书的出版。

新中国成立后,经过接收、整理和有关学习阶段后,各图书馆明确了新时期的图书馆的性质、主要的服务对象和服务宗旨,积极性得到极大提高,图书馆事业发展很快。在这一时代背景下,大量发展的小图书馆及缺乏专业人员的图书馆,需要业务指导,急需一本实用、有效的“工作手册”。此时的浙江省,“由于解放以来本省图书馆事业之逐渐发达,而若干新近参加工作同志,颇有感于暗中摸索之费时,于是本馆乃有编印这方面手册之拟议”①。这一艰巨的任务就交给了金天游。馆内领导对这一工作十分重视,1950 年《浙江省立图书馆通讯》的首期就报道了“图书馆基本工作简本已编著脱稿”②之消息。是年第 3 期上,又跟进报道:“本馆辅导丛刊第一种《图书馆基本工作简本》(金天游编)已经编辑出版委员会审查通过,并由馆请款会印,约在十月中旬可以出版。”③后因需而略有提前,于 9 月出版④。可见,此时图书馆界对这类“工作手册”之需十分迫切。“简本”按照图书馆的各个工作过程与步骤,论述了一些必要的原则和方法,为求最大的实用效果,以条款的形式加以表达,使用者在使用过程中,可以十分方便地、极有针对性地查找到所需条款而资参考。为取得最大的指导效果,搜集了浙江省立图书馆所用的全部图表式样和各种卡片的缮写格式作为附录,以供使用者有针对性地参考、选用。该书“虽是一册简本,却是从实际

---

① 本馆即将出版“图书馆基本工作简本”[J]. 浙江省立图书馆通讯,1950(4):10.

② 本馆一九五〇年六月份工作报告摘要(从五月廿一日到六月二十日):关于采编的[J]. 浙江省立图书馆通讯,1950(1):1.

③ 馆闻[J]. 浙江省立图书馆通讯,1950(3):12.

④ 金天游. 图书馆基本工作简本(增订版)[M]. 杭州. 浙江省立图书馆,1951:出版者按页.

工作出发,以解决实际问题为依归的"①。

该简本分为4章:采购一章阐述选购、征求、寄存、交换、传抄、登记等;整理一章阐述分类、编目、典藏;使用一章阐述出纳、参考、推广;图表卡片一章则列有全部该馆使用的各种图表与卡片式样。全书划分为182个问题加以阐述。根据当时的需求和浙江省立图书馆的任务,是书以赠送给浙江省内各大图书馆及本省各县市图书馆、文化馆为主,亦通过推广部向外销售。

出乎编者和出版发行者的意料,该书的初版发行后,很快就赠售完了,"而各方来函征索继续不绝竟无以应,则又使我们深深地感到歉帐"②。于是,浙江省立图书馆很快就落实再版事宜。在再版中,金先生略为加以增润。在增润过程中,金先生强烈地感到,必须说清楚新时代图书馆的宗旨、定义、意义和工作方针、工作重点和工作态度等问题,解决好"干什么""怎样干""为谁而干"等问题。于是,补充了"前言"一篇。"前言"起着提纲挈领之作用,金先生的图书馆学术思想也由此得到提升:"图书馆,乃是搜罗一切或一些人类文化在科学、技术、艺术和文学各方面所创造出来的精华之记载,用最科学、最经济的方法,整理它们,保存它们,以便利广大群众使用,并进而主动地帮助他们接受为完成新社会建设事业所必需之知识的文化中心。"③

正因为"前言"之重要,《浙江省立图书馆通讯》专门提前在是刊上发表该"前言",这一定义阐明了图书馆的4个层面:①图书馆是社会之文化中心;②图书馆要对人类知识进行保存、整理;③要方便广大群众使用;④要主动地为广大群众服务。这一定义明确了新中国图书馆事业的根本转变所在,明确了主动为广大人民群众服务的宗旨,金天游是在新的历史条件下,较早、较深刻地阐明图书馆定义,具有时代意义和历史性贡献。图书馆的工作,有其规律,有其特定的步骤、过程和方法,这些都是在图书馆服务宗旨的指导下进行的。因此,金先生在此时已彻底地转变了旧时期的思想、观念,而将自己的言行真正地融入新的时代,因为他已彻底认识到为人民服务的重要性和必要性,图书馆的根本目的就是为人民服务,其他的工作都是手段。他把图书馆工作划分为三大块:图书采购、图书整理和

---

① 本馆即将出版"图书馆基本工作简本"[J].浙江省立图书馆通讯,1950(4):10.

② 金天游.图书馆基本工作简本[M].增订版.杭州.浙江省立图书馆,1951:出版者按页.

③ 金天游.必须做好图书馆基本工作——"图书馆基本工作简本"前言[J].浙江省立图书馆通讯,1951,2(11):1-2.

图书利用,他们的关系是:"图书的作用或流通,是办理图书馆的目的;采购与整理,是达到这目的的手段。"① 从而自觉地将如何提高图书利用效率放在首位,他对采访、分编工作的研究,都是建立在这一基点之上的,因为"新的图书馆工作,所有采购和整理,都应为着'使用或流通'这一目的而搞"②。

金先生在《图书馆基本工作简本》中以理论指导实践,从理论上厘清了当时在图书馆界内许多工作人员模糊之处,例如,再次提出分类的8字要领:"明义、辨体、致用、互著,这八字,是图书分类的金针。"③ 提出的图书选购原则是:"以'大众的方向、科学的内容、民族的形式'三者为选购标准,适量地搜罗和选购'提高与普及统一'的图书。"④ 之后,还针对当时图书馆界许多人的误解,指出了分类和编目不是一件事:"分类是一件事,编目又是一件事,两者不能混为一谈,而我国历来的著录家,却常有认分类编目为一件事的,这个看法应该纠正。"⑤ 在图书使用方面,指明出纳、参考、推广等工作间的关系。认为出纳是图书利用的主渠道,参考工作提高了图书使用的"质",推广工作提高了使用的面与量,"质的改进是提高图书的使用,量的增加是普及图书的使用"⑥,图书馆对图书使用的工作,要抓住主渠道,在提高中普及,在普及中提高。这些论述,对于图书馆工作具有指导性意义。

如何做好图书使用的工作? 金先生从实践工作中体会到,提倡开架是推进这一工作的极好的路径与突破口。由于当时小型图书馆大量产生,读者的阅读需求以数量级上升,这得益于新中国的国策,得益于扫盲运动的及时展开。当时全国大力推广祁建华创造的"速成识字法",这一识字方法于1950年试验成功,1951年在西南军区大力推广。是年10月,中国人民解放军总政治部宣传部又会同华北军区司令部在若干连队做了实验,后由解放军总政治部、国务院文化教育委员会等对祁建华进行奖励,并推广其识字法。中华全国总工会也于1952年5月6日发出关于在工人中推行"速成识字法"的通知。随着广大人民群众扫盲运动的大力开展,文盲

①② 金天游. 必须做好图书馆基本工作——"图书馆基本工作简本"前言[J]. 浙江省立图书馆通讯,1951,2(11):1-2.

③ 金天游. 图书馆基本工作简本[M]. 增订版. 杭州. 浙江省立图书馆,1951:16.

④ 金天游. 图书馆基本工作简本[M]. 增订版. 杭州. 浙江省立图书馆,1951:3.

⑤ 金天游. 图书分类编目的意义——图书馆基本工作漫谈[J]. 图书馆通讯,1953(8):13-21.

⑥ 金天游. 图书馆基本工作简本[M]. 增订版. 杭州. 浙江省立图书馆,1951:46.

越来越少,对文化阅读的需求越来越大,形成了阅读需求的持续快速增长的态势。面对这一态势,金天游提出了大量组织读书小组,以满足和积极引导读者的阅读需求,认为"有计划有步骤有重点地在读者大众中,即分别在工人、学生、店员、职员中,通过工会和青年团的协助,着手组织广泛的读书小组,是非常需要的,也是主动地争取群众教育群众的革命工作路线"[①]。他认为,在当时积极组织读书小组,是图书馆工作的重要组成部分,图书馆可根据各不相同的读书小组的文化程度和阅读需求,把适合于各个不同读书小组阅读的图书主动地送去,并简化借书手续,采取以小组为单位的借书方法,由小组长承担并负责借书、还书任务等,并推广了山东省立图书馆读书小组组织办法,以便更好地推广这一工作。

针对当时借书手续较为烦琐,影响读者利用图书的情况,金先生提出了开架服务的思想与方法。较早对开架式开展研究的龙永信于 1931 年在《武昌文华图书科季刊》上发表了《图书馆开架式流通制度研究》一文,是文研究了开架式制度的意义及其沿革,开架式制度的得失,开架式的馆员要求与职责,读者应尽的义务等内容,是我国近代图书馆专门研究开架服务的代表性论著之一。另有如《培正中学图书馆馆刊》1934 年第 2 期上有关于《开架式和闭架式二制度的利弊》的研究文章。在我国图书馆界的开架问题,仅在近代图书馆时期有过少量的试验性实行,并有一些粗浅的研究,且通常针对于一些小图书馆或分馆而言,可以说彼时的开架服务影响不大。

在新的历史条件下,为了更好地贯彻落实为广大人民群众服务、为工农兵服务的方针政策,金先生大胆、及时地提出了在小型图书馆中实行开架服务的问题。在小图书馆中,工作人员少、设备不全,图书馆学专业人员稀缺,要能够很好地为读者服务,简化出纳手续是一条十分有效的途径。根据他自己的经验和研究,金先生在 1951 年《文物参考资料》第 6 期上发表《小型图书馆怎样简化出纳手续》一文,文中认为"我们以为开架式把书库公开,是小型图书馆应当采取的一种方式"[②]。并论述了小型图书馆实行开架的可行性和优缺点。金先生是在新中国成立后较早倡导开架服务者之一,他的这一服务思想对我国图书馆事业的发展起到了较好的推动作用。由于这一思想的重要性,《浙江省立图书馆通讯》很快在是年 9 月出版的第 9 期上转载了此文,由此而加大了开架服务思想的宣传推广的力度。1952 年,在馆长杜定友的组织下,广东省图书馆最初整理出了 2.5 万

---

① 金天游. 读书小组怎样组织[J]. 浙江省立图书馆通讯,1951,2(4):23-24.

② 金天游. 小型图书馆怎样简化出纳手续[J]. 文物参考资料,1951(6):61-62.

册图书率先实行开架服务。翌年,还专门编印了《开架式阅览室》的小册子送各地图书馆,以资推广。这一工作在 1952—1954 年期间,总体获得好评,并有镇江图书馆等有关开架服务体会的文章发表。大致在 1954 年底至 1958 年期间,我国图书馆界对开架方式的态度转变为总体否定、局部肯定,开架服务方式遭到了批判。大致在 1959 年开始,开架服务方式又得到肯定,实现了否定之否定的过程,这其中苏联的影响较大。但是,我国图书馆界全面的开架服务直到 20 世纪 90 年代才真正展开,追踪溯源,新中国成立后,包括金天游在内的开架服务思想和实践,较好地引领了我国开架制度的发展。

金天游长期在图书馆界工作,其特点十分明显:①从年龄上而言,跨越了两个时代,从工作经历上看,跨越了两个服务宗旨完全不同的图书馆时代,因此,对于不同时代的图书馆工作都有着非同寻常的体会,只有新中国才给他带来了全力发挥智慧与作用的时机,使他能将个人的智慧与力量融入建设社会主义新图书馆事业的洪流中,因此,他自觉地将"小我"纳入整个图书馆事业的"大我"中,为新中国初期的图书馆事业做出了较大的贡献。②他是第二次图书馆学高潮的代表人物之一。金天游 1925 年参加图书馆工作,是年正是中华图书馆协会成立之年,中国的图书馆事业的发展进入第一次高潮期。金先生沐浴在此高潮中,积累了相关丰富的经验与知识,并于 1936 年前后崭露头角。由于抗战,金先生没有来得及发挥而将辉煌顺延至第二次高潮。在第一次高潮中产生了二代学人,金先生的特征与第二代学人的主要特征完全相符。但是,因当时他的研究成果还达不到"代表人物"的状态,因此,可称其为第二代学人而不能称为代表人物。由于他在 20 世纪 50 年代研究成果的"喷发",他成了名副其实的中国图书馆学第二次高潮中的学术代表人物之一。第二次图书馆学高潮始于 50 年代初,形成于 1956 年,终于 60 年代中期,在第二次图书馆学高潮的形成过程中,第一、二代学人如刘国钧、杜定友、金天游等代表人物做了出突出贡献,又由于第三代学人的迅速成长,终于形成了我国第二次图书馆学高潮。在这一过程中,金天游是主要代表人物之一,功不可没。③自学成才。在第二代学人中,产生了许多长期从事图书馆事业而未受过图书馆学专业教育的实干家,金天游即是其中之一。只有长期扎根图书馆事业,自觉将图书馆事业看成是自己值得终生奋斗的事业,才有可能达到一个较高的水平与境界。④专注于采访、编目领域的研究。他将实践经验而上升为理论知识,并用理论知识指导实践知识,取得了"专深"的佳效,他扎根于浙江图书馆,放眼整个图书馆事业,以本馆的学术刊物为主要研究园地,其成果的发表较少兼及其他刊物,这更显示出了他对本馆的热爱、信任。⑤品质优秀,踏实肯干,不事张扬,淡泊超逸,不计较名利得失,奖掖后进,积极主动为年轻人授业解惑。

对于像金天游这一第二次图书馆学高潮的代表人物,至今对他的研究还十分匮乏。笔者在"知网"数据库中(2016年5月17日)以"金天游"一词在篇名途径中搜索,仅搜到一篇有关的纪念文章:《春蚕到死丝方尽——记金天游先生》[赵万雄,图书馆杂志,1988(2)];在超星期刊数据库中用同样的途径搜索,另搜到《金天游传》[金初升,图书馆研究与工作,2000(4)]及《金天游先生对图书分类法的贡献及其分类思想:纪念金先生诞辰九十周年》[黄景行,图书馆研究与工作,1989(1)]。另有一些文章中简略地提到片断。从史料的角度看,《金天游传》一文具有较强的权威性,其作者金初升是金天游的次子,"本馆金天游同志的次子金初升,现年十八岁(1951年),在兰溪县立中学肄业。于本年七月间,在兰溪参加军事干校。特此补志,以示表扬"①。《金天游传》中列出了金先生的简历,全文引载了1945年7月陈博文馆长呈请浙江省教育厅的奖励报告书,并列有27种著述目录②。

对于一名第二次图书馆学高潮的代表人物研究的缺失,更表明了图书馆史研究工作任重而道远。

第三节 "矛盾说"的代表人物黄宗忠

黄宗忠生于1931年10月13日,逝于2011年10月30日。他是新中国培养出来的优秀的图书馆学大家,他在旧社会遭受到了人间苦难。1949年8月,湖南和平解放,黄宗忠求学心切,先后报考了中国人民解放军中南军政大学湖南分校、中国人民解放军十二兵团干部学校、湖南革命大学等三所学校,"结果被三所学校同时录取,我选择了中国人民解放军中南军政大学湖南分校"③。在学期间,他加入了中国共产主义青年团,并于1950年6月学习结束后,于是年12月21日奉令参加广西剿匪,期间工作积极,

---

① 馆闻[J].浙江省立图书馆通讯,1951,2(8):12.

② 金初升.金天游传[J].图书馆研究与工作,2000(4):6-7.

③ 韩淑举.高山仰止　景行行止——访武汉大学信息管理学院黄宗忠教授[J].山东图书馆学刊,2012(1):1-13.

不怕苦和累,荣立三等功。后于1954年4月在湖南衡阳文化速成中学学习期间,他成绩优秀,被评为校优秀共青团员,并加入中国共产党。1955年他参加全国统一高考,考入武汉大学图书馆学系,从此,与图书馆事业结下了不懈之缘。

在武汉大学学习期间,他担任学生团总支书记、系党总支委员、学生党支部书记[①],于1958年毕业留校任教后,即被任命为图书馆学系党总支副书记,1960年起接任总支书记工作。由于他工作十分出色,于"1960年4至6月我被评为学校、省、全国文教先进工作者(全国劳模),并出席1960年全国文教群英会"[②]。"黄宗忠同志是一面鲜艳的红旗"[③],他的事迹,由武汉大学图书馆学系党总支委员会整理后,发表在《图书馆工作》(1960年第7期)上,成为图书馆界学习的榜样。从20世纪80年代起,他的生平与传记又先后被英国剑桥大学国际传记中心编制的1988年版《世界名人录》、美国传记研究所编的《国际卓越领导人词典》(第二版)及书海出版社出版的《中国现代社会科学家大辞典》等20余种中外工具书与史料书所收入。他几十年如一日,探索于茫茫学海,取得了丰硕的成果,"其研究时间近40年。在国内外发表论文200余篇,出版著作10多部……平均每年发表论文5篇"[④]。他在离休后出版2本著作,平均每年发表论文4篇以上,合计73篇。他兼任过《图书情报知识》主编(1987年7月至1993年3月),主讲过多门本科生的主修课,直接培养出33位图书馆学基础理论方向和图书馆管理学方向的研究生,是全国学界为数极少的集战士、全国劳模、学者经历于一身者。

黄宗忠是中国图书馆学第二次高潮中的代表人物之一,是第三次图书馆学高潮中的领军人物之一。中国第二次图书馆学的研究高潮酝酿于20世纪50年代初,1957年起进入学术研究高潮。他在新民主主义革命向社会主义过渡阶段参加高校图书馆学学习,在全面进入社会主义建设阶段参加图书馆工作。第一、二代中国图书馆学人经历过中国近代图书馆时期,他们中的一部分人,在新的历史阶段继续深入研究理论与实践,奠定

① 黄宗忠. 环境、自我是成功的关键因素[M]//俞君立,黄葵,罗武建,等. 中国当代图书馆界名人成功之路. 武汉:武汉大学出版社,1996:81-93.

②④ 韩淑举. 高山仰止　景行行止——访武汉大学信息管理学院黄宗忠教授[J]. 山东图书馆学刊,2012(1):1-13.

③ 中共武汉大学图书馆学系总支委员会. 那里有困难,那里就能看到黄宗忠同志[J]. 图书馆工作,1960(7):39-40.

了第二次学术研究高潮的基础,尤其以刘国钧、杜定友、金天游、刘子亚等人为代表,他们在高潮兴起之前大量撰文,形成了这一时期的主要研究群体。但是,这一群体中许多人在高潮兴起之后,即隐于学界,如金天游、刘子亚等人即是如此,他们之后的研究很少在公开刊物上露面。但是,又有少数人担任了这一高潮时期的领军人物,如刘国钧,直至去世,一直承担着这一历史重任。第三代学人的主体,是在第二次高潮兴起之后快速成长起来的,因此,他们在这一阶段的学术成果总体而言是在高潮产生后形成的。又由于他们一般都在校或在工作岗位上经历了社会主义思想教育、思想改造等阶段,因此,其学术成果能很快地与社会主义革命与建设阶段的思想、方向相结合,从而形成了与第一、二代学人不同的学术特征。最重大的不同,即是他们具有批判的精神、怀疑的精神,以破为先,以立为旨。黄宗忠在这一时期的学术思想,具有代表性。纵观他早期(1959—1966年)的学术思想,主要是坚持一个方向、落实两个基本点。

一、坚持社会主义图书馆学的发展方向

1958年,黄宗忠毕业后留校,9月,即被校党委任命为系党总支副书记。此时,他由一名学生转变为一名光荣的人民教师。角色变了,思考问题的角度也要随之而变,承担的任务也多了。他通过对当时图书馆学课程的学习、思考,认识到了社会主义图书馆是唯一正确的发展方向,但是,对于其内容、方法等问题仍然感受不深。如何承担"社会主义图书馆学概论"的课程,成为他教学工作中的一大艰巨的任务。此时,社会主义革命和社会主义建设迅猛发展,人民公社化运动给他带来了极好的机遇。

1. 对人民公社图书馆的研究

1958年夏,全国逐步进入人民公社化运动的高潮。1958年8月17日开幕的北戴河政治局扩大会议,将关于人民公社的问题作为会议的议题之一。由于会前一些省已掀起了大办人民公社的热潮,因此,与会同志希望扩大会议能通过一份相关的正式文件。于是,在是月29日《中国共产党中央委员会关于在农村建立人民公社问题的决议》产生,其指导思想是"建立人民公社首先是为了加快社会主义建设的速度,而建设社会主义是为了过渡到共产主义积极地作好准备"[①]。9月10日,《关

---

① 中国共产党中央委员会关于在农村建立人民公社问题的决议(1958年8月29日)[M]//国务院法制局,中华人民共和国法规汇编编辑委员会. 中华人民共和国法规汇编:1958年7月—12月. 北京:法律出版社,1959:1-5.

于在农村建立人民公社问题的决议》公开发表,人民公社化发展极其迅速,"到9月29日止,全国农村已基本实现了公社化。除西藏外27个省市区建立人民公社23,384个,入社农户占总农户的90.4%"①。至12月10日,中国共产党第八届中央委员会第六次全体会议通过《关于人民公社若干问题的决议》,决议认为人民公社化运动的发展很快,从1958年夏季开始,只经过了几个月时间,全国74万多个农业合作社即改组成了2.6万多个人民公社,"参加公社的有一亿二千多万户,已经占全国各民族农户总数的99%以上"②。人民公社制度,被认为是一条我国农村逐步走上工业化道路,农村中的集体所有制逐步过渡到全民所有制的道路。人民公社是我国社会主义结构的工农商学兵相结合的基层单位,同时又是社会主义政权组织的基层单位,"要加强对于公社的领导,整顿和巩固公社的组织,确定和健全公社的制度,更好地组织公社的生产和生活"③。

　　正是在这一时代大背景下,1958年11月17日,黄宗忠受校党委的委托,带领100多名师生到湖北浠水县进行劳动锻炼,同时进行科学研究和教学活动,实现三结合教育计划,于翌年2月3日返校,在浠水县锻炼3个月有余。他们除了劳动外,主要的任务是帮助创建、巩固人民公社图书馆,并培养出一批图书管理人员,在图书馆方面夯实人民公社的基础。师生们在浠水的工作是紧张的,斗志是高昂的,成绩是较大的。他们一边参加劳动,一边进行科学研究和教学工作,功课照常进行,在帮助建立公社图书馆网方面,帮助建立和巩固了3个公社图书馆、9个大队图书室、39个生产队阅览室、90个食堂阅览室。他们在浠水的活动,得到中央有关部门的关心,12月11日,时任文化部副部长的钱俊瑞同志参观了由武汉大学图书馆学系二、三年级学生办的浠水县十月公社人民公社图书馆和食堂阅览室,肯定了他们的成绩,并勉励他们进一步将浠水县的人民公社图书馆办好,给师生们以极大的鼓舞。

　　为进一步巩固和发展这些成果,他们及时举办了25次训练班,培养和训练公社图书馆网各级图书管理人员226人④。他们通过从建馆、发展读者

① 薄一波.若干重大决策与事件的回顾:下卷[M].北京:中共中央党校出版社,1993:749.
②③ 关于人民公社若干问题的决议(1958年12月10日中国共产党第八届中央委员会第六次全体会议通过)[M]//国务院法制局,中华人民共和国法规汇编辑委员会.中华人民共和国法规汇编:1958年7月—12月.北京:法律出版社,1959:23-44.
④ 谢灼华.武大图书馆学系举办"下放浠水展览会"[J].图书馆学通讯,1959(5):48.

到培养馆员的一系列工作,在短时期内,形成了浠水县的公社图书馆网,及时满足了社员对图书文化的需求。在科学研究方面,亦取得了很大成绩,系统地总结了人民公社图书馆的工作,写出相关论文 230 篇,编成《人民公社图书馆丛书》5 本,分别是《人民公社图书馆》《人民公社图书馆基本书目》《人民公社图书馆员》《人民公社图书馆分类法》《人民公社图书馆参考资料集(2 种)》。这些都是黄宗忠亲自带头,领导师生们写出的成果。其中,《人民公社图书馆》一书最早脱稿,书中论述了图书馆事业发展的前途,公社图书馆的性质、方针、任务,公社图书馆的工作内容、领导与组织系统等。

大力创办人民公社图书馆,这是一个全新的课题。新中国成立前,由于服务对象的不同,统治阶级根本不会考虑广大农村的阅读问题。新中国成立初期,虽然农村建立了大量的图书馆、室,但是,对于如何办好这些图书馆、室,还没有找到一个有效的方法。图书馆学的研究主要是对省市级以上的图书馆加以关注。随着人民公社的广泛建成,如何能解决好 80% 以上人口利用图书的问题,成为坚持社会主义图书馆事业发展方向中的重大问题。黄宗忠正是站在社会主义图书馆发展方向这一高度,通过在农村图书馆的实践而及时地研究了这一具有重大现实意义的课题。

1959 年 1 月 10 日,黄宗忠著的《略谈"人民公社图书馆"》一文在《新文化报》上发表,并很快在《图书馆学通讯》第 1 期和《图书馆工作》第 2 期上转载。是文的发表,在图书馆界引起了较大的反响,"柏森"发表了《对"略谈人民公社图书馆"一文的几点意见》一文,"集思"发表了《关于人民公社图书馆性质问题的商榷》一文,"喻子兵"发表有《对"略谈人民公社图书馆"一文的商榷》一文,等等。除《社会主义图书馆学概论(初稿)》一书外,这是在当时图书馆界最引起人们关注的一篇学术研究论文。是文论述了人民公社图书馆的性质、方针、任务,人民公社图书馆的组织领导,人民公社图书馆图书的来源,人民公社图书馆的图书管理,图书的宣传与流通,指导读者阅读,以及业务辅导和干部培养等内容,初步构架了人民公社图书馆的理论、组织结构体系。

人民公社图书馆办馆方向是为无产阶级政治服务,为生产劳动服务,开门办馆,勤俭办馆,普及与提高相结合,这决定了人民公社图书馆的性质和主要任务。人民公社图书馆是当时我国图书馆工作中的新问题,如何办好人民公社图书馆,其组织结构是关键之一。由于人民公社是一个政社合一的组织,"人民公社图书馆的组织系统,一般应该是和人民公社的行政适应"①。因此,应形成由县馆—公社图书馆—大队分馆—中心图书站—图书阅览站(即食堂阅览室、田间阅览站、农忙阅览亭)组成的公社图书馆网,形成一个有人的地方就有书,读者有时间就可看到书的一种新型的图书服务局面。为此,除各固定图书馆(室)外,在食堂、田间、行人较多的路旁、会场、集市等村民集中之地设立阅览站,是农村图书馆网中的重要一环。

随着对人民公社图书馆的不断思考,他又撰写《试论人民公社图书馆的建立与发展》一文,对人民公社图书馆建立的意义及其作用,人民公社图书馆产生的条件,办好人民公社图书馆的几个关键,人民公社图书馆的发展远景等4个部分加以论述。此时,人民公社图书馆的发展速度令人瞠目,"据1958年9月的初步统计,全国有农村图书馆、室41万个"②,黄宗忠还以浠水县为例,该县至1958年底,已建立人民公社图书馆8个,管理区图书馆61个,生产队图书室600多个,图书站2250个,形成了一个较为完整的浠水县图书馆网。人民公社图书馆的大力发展,为图书馆学研究增添了新的内容。如何服务于五亿农民,满足他们的需求,成为图书馆事业和图书馆学研究的新任务,"因此办好人民公社图书馆将成为图书馆学的中心。人民公社图书馆也给全国图书馆工作者指出了方向,这个方向就是五亿农民需要图书,我们怎样来满足这一要求"③。

公社图书馆的建立,是一个非常规的过程,许多地区的公社图书馆是依靠群众、白手起家,在不花公社一分钱的基础上先由群众自发建立的。这是一个从无到有、由简到繁、由小到大、由土办法逐步向正规化发展的过程。没有现成的经验,在"鼓足干劲、力争上游、多快好省地建设社会主义"总路线的鼓舞下,人民公社图书馆犹如潮水般地涌来。人民公社图书馆的发展方向,就是要为无产阶级政治服务,为工农兵服务,为生产斗争服务,因为"任何社会的图书馆,都要为自己的阶级服务,没有'超阶级'的图书馆事业"④。面对发展迅猛的人民公社图书馆,黄宗忠似乎看到了我国社会主义图书馆发展的一条广阔的路径,照此发展,"人民公社图书馆就会成为我国图书馆事业的基础和主体,人民公社图书馆学也将成为图书馆学的主体"⑤。

---

① 黄宗忠.略谈"人民公社图书馆"[J].图书馆学通讯,1959(1):34-37.

②③④⑤　黄宗忠.试论人民公社图书馆的建立与发展[J].武汉大学人文科学学报,1959(3):16-19.

2. 对图书馆学概论课程的教授

1957—1958年,是我国教学改革史上比较重要的一年,是开始强调阶级斗争的时期的一个转折。党的八大刚开完一年多,接着党的八届二次会议修改了我国主要矛盾的结论:"在社会主义社会建成以前,无产阶级同资产阶级的斗争,社会主义道路同资本主义道路的斗争,始终是我国内部的主要矛盾。"[①] 对国内主要矛盾的修改,主要有国内外的因素。国际上,波兰、匈牙利事件爆发,尤其是匈牙利事件,这是一个由群众和平游行而引发的武装暴动。这一事件,对党中央的影响和震动巨大,党中央开始思考在我国是否也存在着这种危险。国内少数资产阶级右派分子利用帮助党整风的机会发动进攻,加重了这种危机感。由于偏重于从阶级斗争的角度去观察问题,所以无产阶级和资产阶级的矛盾已经基本解决的论断便不妥当了,进而形成了新的国内矛盾的论述。

这一指导思想在全国各个领域得到贯彻、执行。图书馆界亦不例外,开始批判"资产阶级学术权威"和"资产阶级知识分子"的思想,图书馆界比较集中在对刘国钧、杜定友、皮高品、徐家麟等老专家的学术批判上,其中核心的一条即是批判"超阶级"的思想。黄宗忠也积极地用社会主义的立场和观点,用阶级斗争的观念开展了批判。批判刘国钧关于图书馆事业的五要素说,认为刘国钧避而不谈阶级性、不谈党的领导,不谈图书馆为无产阶级政治服务、为社会主义建设服务;批判皮高品于1934年出版的《中国图书十进分类法》,认为其把国民党的党义捧为特藏列于全书之首等[②]。为贯彻执行党的方针政策,在这样的时代背景下,图书馆学急需要一批能体现时代精神、符合党的方针政策的教材,以使图书馆学的教学内容能够坚持社会主义方向,坚持为社会主义革命和建设服务的方针。在教育改革的过程中,黄宗忠承担了"社会主义图书馆学概论"的课程和相关教材的编写任务。为了编好讲稿,黄宗忠放弃了节假日,大量阅读参考资料,尤其重视毛泽东著作和相关文件的阅读,以保证讲稿的思想性、科学性。同时广泛征求他人意见,还积极帮助其他几位新开课的助教也完成了任务。

图书馆学概论这门课,具有高度的思想性和科学性,是图书馆学最主

---

① 刘少奇.中国共产党中央委员会向第八届全国代表大会第二次会议的工作报告(1958年5月5日)[M]//国务院法制局,中华人民共和国法规汇编辑委员会.中华人民共和国法规汇编:1958年1月—6月.北京:法律出版社,1958:5-39.

② 黄宗忠.坚持图书馆事业为无产阶级政治、为生产、为工农兵服务的方针[J].武汉大学人文科学学报,1959(7):32-43.

要的基础理论课。在武汉大学图书馆学系，"过去一直是一位老讲师讲的，同学们都反映观点性的错误很多"①。黄宗忠很快就接手了这一课程。他吸收了对人民公社图书馆的学术研究成果，更是全方位地研究了图书馆事业的发展，在讲课内容上突破了以前的一些局限，始终坚持社会主义图书馆学的方向，把握住时代发展的脉络，大力贯彻理论联系实际的原则。除课堂教学外，他经常组织学生开展参观、讨论，做到深入浅出、突出重点，得到一些老师的肯定："一个刚刚毕业不久的青年助教，白手起家，开了这门课，真不简单。"②这一阶段，他对于坚持社会主义方向的理解，即是大力贯彻党对文化事业、对图书馆事业的一贯方针："坚持图书馆事业为无产阶级政治、为生产、为工农兵服务的方针。"③这是他"社会主义图书馆学概论"讲稿中最重要的思想观点。为此，他开始全面研究社会主义图书馆学。他认为，社会主义图书馆的属性是社会科学范畴，它是一门有强烈的阶级性和实践性的科学，"它是研究图书馆事业的全部活动及其发展规律的科学；它是随着人类社会的演变、发展并且适应人类社会各个历史时期的实际需要而产生和发展起来的"④，因此，图书馆的定义是："图书馆是通过收集、保管、流通和宣传图书资料为一定的阶级利益和一定的政治路线服务的一个文化教育机关。"⑤他提出了"图书馆学的研究对象是图书馆事业"的观点。由于当时对图书馆学的研究对象和任务问题的意见还很不一致，急需要进行广泛深入地讨论，为此，《武汉大学人文科学学报》编辑部在发表《关于图书馆学的对象和任务》时还发了"编者按"，由此，图书馆学界在以后的研究中，进一步深入研究和构建了图书馆学体系⑥。

1961年，北京大学图书馆学系、武汉大学图书馆学系和文化学院部分老师协作编写《图书馆学引论（初稿）》，黄宗忠参与了第二、四章的编写工作，他在第二章"图书馆的方针与任务"中，旗帜鲜明在指出："为工农兵服

①② 中共武汉大学图书馆学系总支委员会. 那里有困难，那里就能看到黄宗忠同志[J]. 图书馆工作，1960（7）：39-40.

③ 黄宗忠. 坚持图书馆事业为无产阶级政治、为生产、为工农兵服务的方针[J]. 武汉大学人文科学学报，1959（7）：32-43.

④⑤ 黄宗忠，郭玉湘，陈冠忠. 关于图书馆学的对象和任务[J]. 武汉大学人文科学学报：图书馆学专号，1960（2）：27-38.

⑥ 黄宗忠，彭斐章，谢灼华. 对图书馆学几个问题的初步探讨[J]. 武汉大学学报（人文科学），1963（1）：104-120.

务、为社会主义事业服务,这是图书馆工作的唯一的政治方向。"① 他认为为人民服务和为社会主义事业服务两者是统一的,其内容是极其丰富的,其内容也是随着时间的变化而变化的。为工农兵服务是广义上的,除了直接为他们服务外,还包括为社会主义的国民经济、科学技术、文化教育服务。这些都是社会主义、工农兵的事业,是符合他们的根本利益的,为它们服务,都是为工农兵服务,包括了为各行各业的人民大众服务。

黄宗忠坚定地贯彻执行党发展图书馆事业的方针政策,坚持走社会主义图书馆事业的发展道路,思想明确、目标清楚、排除干扰、坚定不移。从20 世纪 50 年代末起,我国图书馆界逐步统一对开架的认识,50 年代对开架的认识沿着总体肯定—总体否定、局部肯定—总体肯定、谨慎发展的轨迹发展。此时,有些界内人士产生了对开架问题的过度解读和认识,认为开架是社会主义图书馆的方向,从而混淆了工作、服务的方式方法与图书馆发展方向的问题,黄宗忠针对这些模糊认识,及时撰文加以厘清:"有人说:'开架是社会主义图书馆的方向',这是不正确的。我们社会主义图书馆的方向,就是为广大人民群众服务,为社会主义事业服务。开架是为他们服务的一种方式。"② 他从 1959 年发表图书馆学理论研究的首篇论文,至 1964 年分别在《武汉大学学报(人文科学)》和武汉大学图书馆学系编的《函授辅导通讯》第 3 期上发文,这一时期成为他早期的学术思想研究阶段的成果发表期。随后他就全身心地投入社会主义教育运动中。他在1964 年发表的文章中,又清楚地表明:"为工农兵服务,为社会主义服务,是图书馆唯一正确的政治方向。"③ "正确的"三字的增加,说明这一时期他对方向问题的理解更加深刻、精准,这是他这一阶段一贯的指导思想,也是他研究具有中国特色的图书馆学的世界观的基础。

二、落实图书馆"群众路线"和"基本矛盾"的两个基本点

黄宗忠的世界观的形成,决定了他坚持中国图书馆学的社会主义发展方向的一贯性。在方向问题解决以后,重要的是对解决方向问题的基本点的落实。

---

① "图书馆学引论"编写小组. 图书馆学引论(初稿)[M]. [出版地不详]:[出版者不详],1961:11.
② 黄宗忠. 试谈图书馆的藏与用[J]. 武汉大学学报(人文科学),1962(2):91-98.
③ 黄宗忠. 加速图书馆队伍的革命化,进一步提高和改进图书馆工作[J]. 武汉大学学报(人文科学),1964(3):73-87.

1. 图书馆的群众路线

群众路线是党的生命线和根本的工作路线,密切联系群众是党的"三大作风"之一。它是中国共产党人在长期的革命实践中关于辩证唯物主义和历史唯物主义的深刻认知和实践的体会。

从新中国成立到 1956 年社会主义改造基本完成,是党的群众路线在新的历史条件下的转变时期,这一时期全面贯彻执行了群众路线,党坚持发动群众、依靠群众、组织群众,取得了对敌斗争、社会主义改造、经济建设等各个领域的巨大胜利。在这一过程中,图书馆事业获得了空前的发展,图书馆界在贯彻落实群众路线的过程中,紧密发动和依靠全体图书馆工作人员,大力开展主动为读者服务的工作,完成了图书馆的接管、维护、清点、改造的工作,通过思想改造和政治学习,及时转变观念,确立为人民服务、为广大读者服务的思想。通过大力创办农村图书馆(室)、部队图书馆(室),以及加强制度建设、人才培养,开始关注图书馆学理论研究活动,又经过了整顿巩固、重点发展、提高质量、稳步前进的阶段,进一步深化图书流通与借阅,大力开展图书调剂与工作竞赛。通过大量的讨论、报告会、展览会等形式,各级宣传图书,加强图书征集与目录索引编制,大力培养专业人才,通过群众路线,加大贯彻全国图书馆工作会议精神,加快了为科学研究服务的步伐。

在这一时代背景下,黄宗忠从思想上和实践中,更加深了对党在新时期的群众路线的理解。当然,这种理解是带着深刻的时代烙印的。作为一位学生时代的共产党员、共青团总支书记、学生党支部书记,毕业后又很快被任命为党的基层组织的负责人的黄宗忠,以朴素的阶级感情,在实际工作中不断去深刻领会群众路线的内涵,不断去实践群众路线的开展。在刚走上工作岗位的 1958 年暑假期间,在学校党委的领导下,他参与了图书馆学系 100 多位师生参加的突击活动,在短时间内把馆内经常流通的 23 万册图书进行了改编。因为"我们图书馆的同志们愈来愈感到不拔掉分类法上的白旗,不用新分类法改编图书,就无法从根本上改进图书馆工作,以适应大跃进形势的要求"[①]。在这一工作中,黄宗忠起到了骨干作用,整个改编过程也成为一个充分走群众路线、相信群众、发动群众、组织和培训群众的过程。在此基础上,武汉大学图书馆学系提出了组合本校、全馆的力量编制一部新时期的分类法的设想,并很快付诸行动。图书馆学系在改编

---

① 李爱珠,陈德芝. 改编图书的几点体会[J]. 武汉大学人文科学学报:图书馆学专号,1959(7):58-61.

图书的过程中积累了大量的素材,进行了周密的准备工作,进一步搜集资料、讨论、开誓师大会,进行了充分的群众动员、发动工作,从 1958 年 9 月 8 至 15 日,经过 8 天就编成了《红旗图书分类法(草案)》,随后将草案发送到全国图书馆界广泛征求意见,并于翌年由湖北人民出版社正式出版。出版时改名为《武汉大学图书分类法》。

毕业后,黄宗忠从思想上、行动上全面贯彻执行党的群众路线。作为留校的老师,他可以住在教工宿舍,但他要求并坚持和学生住在一起,以便于和学生同吃、同住、同劳动。因为"这样做能更好地接近群众,了解群众,对自己深入工作,会更有利些"①。这一精神和行动贯穿在黄宗忠的这一时期。1958 年冬和 1959 年上半年,他带领 56、57 级学生和部分老师,前往浠水县农村和湖北省黄石市的工厂和图书馆展开社会实践与调研,通过群众路线的践行,大力帮助基层图书馆工作,尽全力为所在地的读者服务,深受工人、农民的欢迎。1959 年 7 月,在黄宗忠等人倡议下,广泛发动、全系师生集中力量编写出了一部 50 余万字的《图书馆学简明辞典》。这些经历,对黄宗忠的思想产生了很大的影响,他深刻地认识到图书馆在工作中能否始终不渝地贯彻执行群众路线,是社会主义图书馆发展方向的落实基点之一。他从全局观念出发,认识到了"坚持党的领导,贯彻群众路线,是我们一切工作取得胜利的根本保证"②,并及时在武汉大学学报上发表了《关于图书馆工作的群众路线》一文。当时图书馆界的理论性杂志《图书馆学通讯》对该文做部分删改后,将论题改为《学习毛主席著作中的一个重要问题——关于图书馆工作的群众路线问题》加以转载。

这是一篇比较重要的文章,它试图从思想、政治的高度和辩证唯物史观的认识论出发,较全面地认识群众路线是社会主义图书馆所走的必由之路,如果人民群众不享有图书馆,不参加图书馆的建设,就根本谈不上是社会主义图书馆。图书馆工作必须全面贯彻落实群众路线,"这是社会主义图书馆与资本主义图书馆的根本区别点。社会主义图书馆是紧密联系群众,依靠群众,一切为了群众,一切相信群众,人民也把图书馆事业当成自己切身的事业"③。图书馆贯彻群众路线,必须使图书馆领导与广大图书馆工作者相结合,图书馆专业机构与广大人民群众相结合,图书馆与图书馆间相互结合,由此形成一个全社会紧密相连的图书馆工作、服务网络。只

---

① 中共武汉大学图书馆学系总支委员会. 那里有困难,那里就能看到黄宗忠同志[J]. 图书馆工作,1960(7):39-40.

②③ 黄宗忠. 关于图书馆工作的群众路线[J]. 武汉大学人文科学学报,1960(2):1-7.

有这样,才能解决好一切为了社会主义事业、一切为了读者,从读者中来、到读者中去的方针。"群众路线是党的一切工作的生命线,只有认真贯彻党的群众路线,党的总路线和党对图书馆事业的方针、政策的贯彻才有保证,我们工作的胜利才有把握。"[①]在图书馆事业发展进程中,"服务态度是一个根本性的问题,也是社会主义图书馆学与资本主义图书馆重要区别之一"[②]。要贯彻好群众路线,必须做到热心为读者服务,想读者所想,急读者所急,做为读者所做,做到工作细致、态度和蔼、百问不烦、百拿不厌。这是"17 年"中,图书馆界对党的群众路线最深刻的理解,这一思想成为中国特色的社会主义图书馆学理论中的重要组成部分之一。

毋庸讳言,这一时期的黄宗忠对党的群众路线的理论研究与社会实践,是带着强烈的时代特征的。图书馆界在开展"插红旗、拔白旗",批判资产阶级学术权威的过程中,利用大鸣大放、大辩论、大字报的形式,不切实际地批判了一些老专家,将一些学术问题大致提到两条道路斗争的高度,给图书馆界的正常的学术研究带来了不良的影响,甚至造成了一种"不破不立、先破后立"的模式。一些在"左"的思想影响下的人士,把中国近代图书馆学中取得的理论与实践的成绩,一律视为"资产阶级"的,视为旧东西,统统都在打破之列,宁愿先破不立,也要打破。在"大跃进"、人民公社的群众运动中,做出了一些不切实际的做法,在思想上和行动上将党的群众路线与群众运动加以混淆。群众路线的实践检验,应该是一切为了群众利益,当时的一些群众运动貌似轰轰烈烈,群众战天斗地、热情高涨,起到了充分发动群众的极佳的效果,但许多问题却在实践中反而损害了群众的利益。这些问题,也是必须直面的。

2. 图书馆的特殊矛盾基本点的构成

图书馆学界的"矛盾说"的诞生,是时代的产物,它与《矛盾论》的发表与对《矛盾论》等的哲学著作的群众性的学习运动是密切相关的。因此,要研究黄宗忠对提出图书馆学界的"矛盾说"的历史贡献,对于《矛盾论》产生的历史与学习矛盾论的时代背景的理解,是必不可少的。只有这样,才能把握住"矛盾说"产生的史实。

《矛盾论》产生于 1937 年上半年,"1937 年 4 月至卢沟桥事变前,毛泽东应抗日军事政治大学的请求,向学员讲授唯物论和辩证法,共 110 多

---

①　黄宗忠. 关于图书馆工作的群众路线[J]. 武汉大学人文科学学报,1960(2):1-7.

②　黄宗忠. 加速图书馆队伍的革命化,进一步提高和改进图书馆工作[J]. 武汉大学学报(人文科学),1964(3):73-87.

个学时"①。当时,这一讲稿经红军总政治部整理,并经毛泽东本人同意,油印发给了学员,其书名为《辩证法唯物论讲授提纲》,最早油印本封面注明的日期是 1937 年 9 月印。矛盾论是第三章"唯物辩证法"的第一节,原标题是"矛盾统一法则"。当时这一部分内容已不再是"提纲",而是完整的论文。至新中国成立,该提纲至少印刷出版过 10 次,因此,在我党和人民军队的高中级干部,尤其是知识分子干部中,已得到较为广泛的传播。

新中国成立初期,在编辑出版《毛泽东选集》的过程中,毛泽东对《实践论》《矛盾论》这两篇哲学著作十分重视,并指示可先期发表。由于对《矛盾论》的原稿需进行补充、删节和修改,因此,《矛盾论》的公开发表要晚于《实践论》。1952 年 4 月 1 日,人民日报公开发表时即将原稿中的"矛盾统一法则"改为《矛盾论》,在随后的 4 月 10 日的《毛泽东选集》第二卷出版时,即采用《矛盾论》这一题名。

《矛盾论》在新中国公开发表后,在全国理论界引发了学习高潮。全国各大报刊也相继推出一大批高质量的论文。这些论文的作者,主要是党内的理论工作者,如艾思奇、李达、胡绳等理论家。据不完全统计,《矛盾论》自发表至 1956 年,"国内省市级以上报刊共发表学习文章近 50 篇,出版学习著作 8 种。其中,李达撰写的《〈矛盾论〉解说》影响最为广泛"②。这一时期对矛盾论的理论研究工作达到了一定的深度,但并没有形成一个全国性、各行业的学习氛围,其研究主要是在理论界。但是,由于普及工作得到重视,人民大众可以在通俗性、普及性的宣讲资料中学习和认识过去认为较为高深的、玄秘的哲学问题。李达撰写的《〈矛盾论〉解说》一书之所以影响最广泛,即是这一道理。

《矛盾论》除了帮助大家更好地理解当时中国社会的主要矛盾等问题外,其重要的现实意义是对知识分子的改造。因为"旧知识分子的一个最大弱点,就是看不出事物的矛盾,尤其不善于解决矛盾。而发现矛盾和解决矛盾,特别是发现矛盾的特殊性,以及用不同的方法解决不同质的矛盾,乃是推动思想进步与社会发展的根本关键"③。《矛盾论》的现实社会意义主要宣传关于矛盾的特殊性的思想,提高知识分子的思想觉悟,提供思想改造的方向、方法与路径,以推进整个思想改造运动的发展。

---

① 吴珏.毛泽东发愤之作《实践论》、《矛盾论》诞生始末[J].湘潮(上半月),2011(7):4-7.

② 石云霞.新中国成立以来中国共产党思想理论教育历史研究:上[M].北京:中国社会科学出版社,2007:62.

③ 石父.学习"矛盾论",推进思想改造[J].文史哲,1952(3):1-3.

对《矛盾论》《实践论》的群众性学习运动,产生于"大跃进"时期。"上海市的求新造船厂是工人学哲学的先锋"①,1958年6月5日,《工人日报》对他们学哲学的事迹进行报道后,迅速在上海形成了声势浩大的群众性学哲学的高潮。在农村的全民学哲学运动是从河南登封县开始的。该县东风人民公社三官庙红专大队从1958年2月起就开始了这一运动。他们从"一块石头砸开了哲学的大门"开始,迅速形成了敢想敢干的"大跃进"精神,抛开烦琐的哲学名词、概念,破除哲学神秘化观念,在实际中需要什么就学什么,形成了大谈哲学的群众运动②。他们的做法,在全国形成了很大的影响,被作为典型经验而在全国加以宣传、推广。

最有说服力的是大庆油田。他们在1960年初的大会战之时,领导人员首先学习《矛盾论》,进而在4月10日做出了会战后的第一个决定:学习毛泽东同志所著《实践论》和《矛盾论》。他们"两论"起家、"两分法"前进,"大庆精神的形成与《矛盾论》思想具有内在的逻辑关联"③。

矛盾学说,在图书馆学界于1957年初开始就有所论述,这是和社会大环境密切相关的。1956年末,毛泽东开始在多个重要场合讲述辩证法问题,是年11月15日,他"在中国共产党第八届中央委员会第二次全体会议的讲话"中认为,对问题必须做全面分析,对问题的处理都要按照辩证法,对立统一关系、列宁主义学说发展了马克思主义的主要的两个方面。他强调了社会的矛盾性:"世界充满着矛盾。民主革命解决了同帝国主义、封建主义、官僚资本主义这一套矛盾。现在,在所有制方面同民族资本主义和小生产的矛盾也基本上解决了,别的方面的矛盾又突出出来了,新的矛盾又发生了。"④1957年1月27日,毛泽东在省市自治区党委书记会议上做了讲话。在国际问题上,运用了辩证法的对立统一法则,深刻地揭示了帝国主义、社会主义、中苏关系等问题,并认为"统一物的两个互相对立互相斗争的侧面,总有个主,有个次"⑤。随后,在2月27日最高国务会议第十一次(扩大)会议上做了"关于正确处理人民内部矛盾的问题"的讲话。他科学地运用唯物辩证法科学地分析了社会主义社会的基本矛盾,正确地

①② 贾艳敏.20世纪50年代末的全民学哲学运动[J].石家庄学院学报,2008(1):93-97.

③ 张文彬,刘晓华.《矛盾论》:大庆精神特质形成的重要理论渊源[J].知与行,2015(5):10-14.

④ 毛泽东.在中国共产党第八届中央委员会第二次全体会议上的讲话(一九五六年十一月十五日)[M]//毛泽东.毛泽东选集(第五卷).北京:人民出版社,1977:313-329.

⑤ 毛泽东.在省市自治区党委书记会议上的讲话(一月二十七日的讲话)[M]//毛泽东选集(第五卷).北京:人民出版社,1977:339-362.

提出和阐述了社会主义建设中的一系列重大问题。在随后开展的整风反右斗争中,更从两个阶级的矛盾的强调上着力,从而,"矛盾学说"很快在广大人民群众中传播。在 1958 年起,群众性学哲学运动开始后,矛盾学说成为人们在社会、生产中认识问题的主要方法。在图书馆界,较早运用辩证法、矛盾观进行分析研究的学者有刘国钧等。

1957 年初,刘国钧发表了《什么是图书馆学》一文,这是一篇经典性的文章,"一个没有读过刘先生此篇文章的图书馆学本科毕业生,根本不能说是'科班出身'"①。这篇文章发表后,刘先生再对一些图书馆学的理论基础问题进行思考研究,并在 1957 年 2 月 27 日起,为北京图书馆干部业务学习训练班授课,内容为"图书馆学概论"(油印稿)。是篇文稿,后由王子舟教授整理后发表于 2007 年《图书情报工作》杂志的第 3 期上,并有《〈图书馆学概论〉整理说明》一文。刘先生在讲稿中开始运用事物的矛盾观来论述图书馆的矛盾:"现在图书馆也保管藏书,但不是主要任务。我们要使图书在读者中间流通。一方面要保管,一方面要流通,这中间存在着矛盾,解决这一矛盾是现代图书馆学的任务之一。"②尽管刘先生在这里并没有明确指出保管与流通是图书馆的主要矛盾,但是,分析其意愿应该是将这一问题作为主要矛盾处理的,因为图书的流通状况是衡量图书馆办得好坏的主要标准和主要任务,他同时指明了矛盾的主要方面是图书的流通,而非保管。除了要研究保管和流通矛盾外,"我们还应该分别深入研究图书馆的各个要素"③。可见,此时的刘先生已开始考虑在"要素说"的基础上,深入其中去找出主要的矛盾问题。

在图书馆学杂志的文章中,最早在题名中出现"矛盾"一词的是"静文"的文章:《认真地学习和宣传关于正确处理人民内部矛盾的问题》一文,这是一篇毛泽东同志《关于正确处理人民内部矛盾的问题》一文的学习认识,因为"认真地学习和宣传毛主席关于正确处理人民内部的问题,这是当前每一个工作同志的迫切任务"④。这一时期,关于矛盾学说的运用,主要是在图书馆界工作中的矛盾的揭露和改进方面展开的。在整风运动中,文化部于 1957 年 5 月 20、24 日两次召集图书馆学专家,座谈图书馆界存在着的矛盾问题。讨论的问题主要有:对文化部与社管局领导图

---

① 王子舟.学术创新必先从学术史研究入手[J].图书情报工作,2007(3):5.

②③ 刘国钧.图书馆学概论[J].王子舟,整理.图书情报工作,2007(3):6-10.

④ 静文.认真地学习和宣传关于正确处理人民内部矛盾的问题[J].图书馆工作,1957(6):1-2.

书馆事业的意见、干部问题、图书问题、对图书馆重视不够问题、图书馆学会与图书馆学书刊的出版问题、对北京图书馆的意见等[①]。这一时期主要是涉及工作中的矛盾揭示而展开。

真正开始在图书馆领域中运用矛盾关系对基础理论进行研究的是在全民学习热潮中开始的。上海市于 1959 年 5 月开始兴起了以学习马列主义、毛泽东著作为主要内容的红旗读书活动，"在红旗读书活动中，广大职工和青年在配合党的中心工作中，热烈和认真地学习了毛主席的'矛盾论'、'实践论'、'关于正确处理人民内部矛盾的问题'、'改造我们的学习'、'纪念白求恩'等著作"[②]。《图书馆工作》编辑部除及时转载文汇报的文章外，还于 1960 年第 3 期开始，刊载了学习毛泽东著作体会的文章，其中有两篇是关于工厂中的生产活动运用矛盾论思想指导生产，抓住主要矛盾使生产中的困难迎刃而解，这两篇文章都是当时学习毛泽东著作、学习矛盾论的先进单位上海第一橡胶鞋面厂的作者所撰写的。这些学习活动的介绍，推动了图书馆界的学习活动，促进了图书馆界基础理论研究的展开。

最早在图书馆界开展用"矛盾论"的思想探讨研究对象的并非图书馆学领域，而是目录学领域。最早提出目录学研究对象的"矛盾说"的是陈光祚。陈先生浙江人，1935 年 10 月出生。1954 年考入北京大学图书馆学系，师从王重民、刘国钧等先生，主攻目录学专业。1957 年 8 月毕业后入武汉大学图书馆学系工作。陈先生勤奋好学，积极参加教学、科研工作，1959 年发表《目录学的对象和任务》一文。文中充分运用世界的矛盾性规律，力图找出目录学研究对象的主要矛盾，认为目录学是由于人类社会中的图书和读者对图书的需求"存在着矛盾和解决这个矛盾的需要而产生发展起来的"[③]。只有认识书目索引的方式是解决这一矛盾的手段，才能够揭示出书目索引通报图书和宣传图书这种方式的规律，这就是目录学所要研究的规律。"这个规律就是：随着书目要解决的这个矛盾的两个方面——图书财富方面和人们对图书的需要方面，以及这两方面之间的关系的发展变化，书目索引的方式、书目索引的种类、形式、编制方法和使用方法，也随着变化发展。"[④]由此而开展了图书馆界的"矛盾说"的研究。但是，他对目录学的定义却并没

①　文津. 图书馆事业上存在的矛盾问题：文化部召开的图书馆专家座谈会纪要[J]. 图书馆工作, 1957(7): 9-15.

②　我们要认真学习毛主席著作[J]. 图书馆工作, 1960(1): 5-6.

③④　陈光祚. 目录学的对象和任务[J]. 武汉大学人文科学学报：图书馆学专号, 1959(7): 11-16.

有明确这种矛盾,而是"隐形"地用"规律"加以概述:"目录学是研究用书目索引的方式向读者通报图书和宣传图书的规律的科学。"①

这一观点,引起了图书馆界的关注和重视。1961 年,北京大学图书馆学系连续 3 次举行学术研讨会,其中讨论议题之一就是目录学研究对象问题,参加研讨会的除本系师生外,还有武汉大学图书馆学系在京参加编写教材的教师,北京图书馆、首都图书馆、清华图书馆、北京大学图书馆等单位的代表②。有的人认为"记录图书和利用图书的矛盾"构成了目录学研究的特定领域,有的人认为目录学的基本内容,就是要研究图书与读者需求的发生发展规律。陈光祚亦参加了研讨会,他坚持己见,认为"'记录图书和利用图书'不是现实的矛盾范畴,图书的增多与人们利用它的一定目的和要求之间所产生的矛盾,才是目录学领域中的特殊矛盾"③,形成了一种争鸣之态势。随后,这一问题继续公开争鸣、讨论。周学浩认为产生出适合社会需要的各种目录,来解决读者的需求之间的矛盾,这是目录工作的中心问题④,产生了一种"记录图书与利用图书"的矛盾说。王熙华则直接清楚地表明:目录学的研究对象是记录图书和利用图书的关系⑤。由于这一时期对目录学定义中"矛盾"表述的模糊性,在界内,一般认为陈光祚最先阐述了目录学中的"矛盾说",但真正意义上的目录学"矛盾说"则产生在 20 年后。1979 年由武汉大学、北京大学图书馆学系编制的《目录学讲义》(油印本)中提出:"目录学的对象是研究以目录工作为手学段,解决众多的图书资料与人们对它所特定需要之间的矛盾。"这一论述,被称为我国目录学研究对象中第一个矛盾说——广义矛盾说⑥。翌年,彭斐章、谢灼华发文,阐述了他们的观点:"我们认为揭示与报道图书资料与人们对图书资料的特定需要之间的矛盾,构成了目录学领域里诸矛盾现象中最基本最主要的矛盾,也就是目录学研究的对象。"⑦他们提出了"目录揭示与图书利用"的"矛盾说"。之后又有目录学中"文献的无序(混沌)与有序之间

① 陈光祚.目录学的对象和任务[J].武汉大学人文科学学报:图书馆学专号,1959(7):11-16.

②③ 北京大学图书馆学系通讯组.活跃学术空气提高教学质量——北大图书馆学系举行传统的"五四"科学讨论会[J].图书馆,1961(2):20-23.

④ 周学浩.关于目录学的研究对象问题[J].图书馆,1961(3):50-51.

⑤ 王熙华.目录学的研究对象问题商榷[J].图书馆,1963(2):32-34.

⑥ 刘国华.对矛盾说批评与反批评的综述[J].图书馆界,2004(3):1-5.

⑦ 彭斐章,谢灼华.关于我国目录学研究的几个问题[J].武汉大学学报(哲学社会科学版),1980(1):90-96.

的矛盾"的论说①,等等。

目前,通常将黄宗忠提出的"藏用关系"的矛盾作为"矛盾说"的起始,作为对一个理论较完整的提出的认定,这是符合史实的。因为1962年的《试谈图书馆的藏与用》一文,分析了图书馆的藏与用的辩证关系,明确了"藏"与"用"各自的范畴,解析如何正确处理藏与用的关系,分析在"藏"的过程中存在的矛盾,以及数量与质量的矛盾关系,并指出了在当时这一矛盾的主要方面是在于提高质量。分析了在"用"的方面的内涵与外延,由此而包括的方面,并提出了服务的方式方法问题,如对开架问题的看法。开架容易乱架、丢失图书与方便读者利用的矛盾,这也是当时关注的重点之一。该文还明确要加强藏与用的协作,建立各种相关制度以保证藏与用矛盾的不断解决。这一较为完整的基础理论,对我国现代图书馆理论建设起到了很大的促进作用。但是,这一学术成果不是一蹴而就的,是经过许多的思考而形成并不断向前发展的。例如,周文骏于1956年开始对图书馆学进行研究并在后来有所论述,"一九六二年,当时受到许多报刊上讨论机床内部矛盾问题的启发,我在《什么是图书馆? 什么是图书馆的基本矛盾? 》一文中提出了'图书馆的基本矛盾'这个命题,探讨了图书馆的特性和矛盾发展规律"②。该文从要素的分析出发,运用物质矛盾法则来分析图书馆矛盾运动,认为图书馆的特殊性即是"让人使用图书","让人共同使用图书的组织充满着各种各样的矛盾,其中读者与图书的矛盾是基本矛盾"③。这是一篇1962年北京大学五四科学讨论会上的论文。据周先生说明,当时由于某种原因这篇文章未能发表,其中大力肯定"要素说"可能就是主因之一。因为该文认为图书、读者、工作(包括科学工作方法)、建筑设备、领导与干部是图书馆的要素,"图书与读者这两个要素构成了图书馆的基本矛盾,其他要素都是为解决基本矛盾而存在"④,由此可见,这一时期在思考、研究"矛盾说"的绝不是某个人,而是一个群体。

就黄宗忠个人而言,他对"矛盾说"的认识,也绝非突然而至,而是有一个思考、发展的过程。黄先生开始发文之初,共有4篇文章公开发表,

① 刘国华.评研究对象"矛盾说"——兼论目录学研究对象[J].图书情报工作,1999(3):22-27.

② 周文骏.周文骏选集[M].成都:成都东方图书馆研究所出版,1988:序言页.

③ 周文骏,王红元.中国图书馆学研究史稿(1949年10月至1979年12月)[M].北京:北京大学出版社,2011:23.

④ 周文骏.什么是图书馆? 什么是图书馆学的基本矛盾? (1962年"五四"科学讨论会论文)[M]//周文骏.周文骏选集.成都:东方图书馆学研究所,1988:35-45.

在《坚持图书馆事业为无产阶级政治、为生产、为工农兵服务方针》一文中,他就已开始了对事物矛盾问题的思考。根据当时社会与经济发展的需要,提出了"争先与让路"的问题,即对工农业生产上的建设问题,应该争先,"图书馆事业不能向生产争地位,必要时还须向生产让路"①。因为图书馆事业属于上层建筑,图书馆事业的发展不能超越生产发展的水平,"图书馆事业的发展与生产的发展,是存在着矛盾的,但是这个矛盾又是能够统一的"②。由此,他结合实际,提出了图书馆事业发展过程中的矛盾的对立统一观,在某种条件下,图书馆事业的"让路"是为了以后更好地发展。1960年,他进一步运用实践论、矛盾论的哲学思想,指导对图书馆学基础理论的研究。在3人合著的《关于图书馆学的对象和任务》一文中,他提出了图书馆学的研究对象是"图书馆事业"的观点,对于图书馆学定义的认识,则是"社会主义图书馆学是研究社会主义图书馆事业的全部活动及其发展规律的科学"③。用实践论中的辩证唯物论的认识论去认识图书馆事业,图书馆必在不断实践的基础上,不断去总结提高,在实践中发现和坚持真理。"新生事物同旧的事物总是存在着矛盾的斗争,并且总是在斗争中发展壮大的。而且事物的矛盾,总是不断出现,旧的矛盾解决了,新的矛盾又产生。矛盾的不断出现,又不断解决,这是事物发展的辩证规律。"④由于此时"矛盾说"已开始在图书馆界出现,又在学习毛泽东哲学著作的高潮中,运用哲学思想来研究图书馆学基础理论,已成为黄宗忠学术研究中的一个关键性的突破口。从他文章中的论述可知,他对目录学中产生的还不成熟的"矛盾说"是有些看法的,因为他构建了图书馆学的学科体系,明确了图书馆学研究的基本任务,而在这一体系中,目录学应包括在内:"目前,在图书馆学界存在着两种对立的意见:一种意见是图书馆学应包含目录学,两者是从属关系;一种意见是图书馆学不能包含目录学,两者是平行(并列)关系。我们同意前一种看法。"⑤从中我们似乎可以察觉到黄宗忠力争要构建一个在新的矛盾发展历史条件下的"矛盾说"的决心已定。

　　黄宗忠提出的"矛盾说",之所以具有我国新的历史时期的标志性成果之意义,根本原因则是这一理论并非是在书斋中苦思冥想而出,而是经过火热的现实生活,通过大量的调研、实践后,在实践中提炼、总结出来的,

---

① ②　黄宗忠. 坚持图书馆事业为无产阶级政治、为生产、为工农兵服务的方针[J]. 武汉大学人文科学学报,1959(7):32-43.

③ ④ ⑤　黄宗忠,郭玉湘,陈冠忠. 关于图书馆学的对象和任务[J]. 图书馆学通讯,1960(5):28-36.

它与时代的发展密切相关,是一个能够揭示与指导现实图书馆事业的理论。"1962 年我利用暑假自费到上海、大连、鞍山、沈阳、长春、哈尔滨等地的大型公共图书馆、高校图书馆、科研图书馆进行了二个月调查,并写出《图书馆藏与用》,提出藏与用是图书馆的主要矛盾(矛盾说)"[①],他共调查了 60 多个图书馆,获得了大量的一手数据资料,通过对以前学术研究的总结,以及对调查资料的归纳分析,集中在一点即是当时图书馆界广泛存在的共性问题是:图书的收藏与利用之间的矛盾没有解决好,于是,就有了《试谈图书馆的藏与用》一文的产生。此文的开篇首句,"藏与用是图书馆工作的两个方面,构成了图书馆工作的基本内容"[②],精辟地概括了他以前的研究思想和大量调研数据的结果,在这一指导思想下,他构建出了"藏用矛盾说",力图将图书馆界存在的主要矛盾揭示出来,在此主要矛盾下,构建出图书馆学体系。黄先生辩证地论述了藏与用的关系:"藏必须根据一定的目的与需要来藏,不能脱离用;用又必须以藏为基础,以一定的藏书为先决条件。"[③] 根据不同的历史条件,藏与用中的这对矛盾的主要方面会转化,是一对充满着对立统一的矛盾。在全面论述藏与用的各方面要求的基础上,他提出了数量与质量兼顾,在当时条件下更应着重提高质量的论断。无论是在藏的方面,还是在用的方面,都要更注重提高质量,力争将这一矛盾提升到一个更高的实践平台,以便更好地满足为社会服务、为工农兵服务、为生产劳动服务的方针。并要固化许多好的思想和做法,要加强藏用协作,建立相关有利于解决藏用矛盾的规章制度,以便将藏用矛盾说落到实处。

黄先生提出的"藏用矛盾说",主要是解决了图书馆学基本矛盾的论述问题,这是在宏观上的论述,图书馆学研究对象上的"矛盾说"则产生在 1963 年。目前界内通常笼统地认为"矛盾说"是 1962 年正式产生的,这种观点是有缺陷的。因为"藏用矛盾说"主要是论述关于图书馆事业中"藏"与"用"的系统性问题,即图书馆的"藏用矛盾",1963 年"矛盾说"才被明确提出。这也是黄宗忠本人的观点:1963 年,他与人合写的《对图书馆学几个问题的初步探讨》一文,发表在《武汉大学学报(人文科学)》第 1 期。他在文章中说,图书馆的特有矛盾是"图书馆搜集、整理、保藏图

① 韩淑举. 高山仰止　景行行止——访武汉大学信息管理学院黄宗忠教授[J]. 山东图书馆学刊,2012(1):1-13.
②③ 黄宗忠. 试谈图书馆的藏与用[J]. 武汉大学学报(人文科学),1962(2):91-98.

书与读者共同使用图书的需要之间的矛盾"①。这是对藏用矛盾的较为精准的阐述。如果细分,可说 1962 年"藏用矛盾说"主要针对图书馆中矛盾而论述,是从实践中来,经过理论提升后直接指导实践的理论,其目的与宗旨是工作中的以用为主。

黄宗忠感到仅将"藏用矛盾说"作为图书馆事业方面的研究与表述是不够的,必须在图书馆学的基础理论中加以进一步的深入研究,以夯实理论基础。1963 年的《对图书馆学几个问题的初步探讨》一文,其中就对图书馆学的研究对象问题做了专门研究,从理论上进一步提出了图书馆学研究对象中的"藏用矛盾说",其理论依据即是毛泽东同志的《矛盾论》。该文从事物具有的特殊矛盾性出发,通过分析、归纳,提出了图书馆学研究对象的特殊矛盾,即是"藏与用"的矛盾,认为"图书与读者是构成图书馆的两个基本要素"②。在此基础上,构建出图书馆学体系。可以说,1963 年的"藏用矛盾说",主要是图书馆学基础理论方面的研究,是在实践中提升出的基础理论的基础上,力图使其成为具有更为普遍性的理论,其目的与宗旨主要是构建图书馆学理论的基础,它标志着一个较为成熟的新图书馆学基础理论的诞生。

黄宗忠将矛盾的研究方法不断地深入运用。例如,在 1964 年的《加速图书馆队伍的革命化,进一步提高和改进图书馆工作》一文中,就用矛盾分析的方法深入阐述了红与专、政治与业务等的关系。认为这是对立统一的矛盾,不是并列的联系,而是斗争的关系,"政治是统帅业务的,红是统帅专的,红是最根本的东西,专是为红服务的"③。所谓的红,就是要彻底树立为社会主义服务,为工农兵服务的思想,因为这是图书馆唯一正确的政治方向。藏书质量,必须做到"五性一色",即藏书要有"政治思想性、科学性、系统性、完整性、实用性;藏书要有地方特色"。图书馆在用的方面,要实行开架,"图书馆实行开架,这是图书馆为读者服务的一条必由之路,是一种受到读者欢迎的好形式"④。这是 1984 年黄宗忠对开架问题的再认识,同时归纳出历史上图书馆的基本任务即是:"一是收集、整理图书;二是提供使用和传播、交流科学文化知识,交流人们的思想。二条任务是一

---

① 黄宗忠. 关于图书馆学研究对象、定义、功能的新思考(上)[J]. 图书馆论坛,2003(6): 4-12,25.

② 黄宗忠,彭斐章,谢灼华. 对图书馆学几个问题的初步探讨[J]. 武汉大学学报(人文科学),1963(1):104-120.

③ 黄宗忠. 加速图书馆队伍的革命化,进一步提高和改进图书馆工作[J]. 武汉大学学报(人文科学),1964(3):73-87.

④ 黄宗忠. 为读者服务是图书馆的根本目的[J]. 图书馆,1984(1):3-8.

个完整的整体。"①在此基础上,他进一步开展了对图书馆学研究对象的探讨,进一步加强了"矛盾说"的理论基础,认为"矛盾说"是研究科学对象的理论基础。一个科学定义应包括三个环节,"即'矛盾'是核心;'组成要素'是构成矛盾运动的基础;'规律'是矛盾运动的必然结果"②,进一步阐明了图书馆的藏与用的矛盾是图书馆发展过程中的主要矛盾。

"矛盾说"是"17年"中形成的具有代表性的、具有中国特色的图书馆学基础理论,它的诞生具有里程碑意义,标志着图书馆学界运用哲学思想和理论来构建图书馆学理论又进入到了一个新的历史时期。中国图书馆学界,在新的历史时期以马列主义毛泽东思想为指导,开始构建具有中国特色的社会主义图书馆学理论体系,对这一学说的认识,还需有两个基本点:

其一:"矛盾说"是一群体成果。具有里程碑意义的"矛盾说"与"要素说"一样,不是个人的成果,而表现出了这一成果的群体性。中国近代图书馆学时期,在基础理论上的标志性成果是由群体创新而出的,由刘国钧"集大成"。自1918年戴志骞提出了"管理要素论"后,刘国钧与1922年提出了办好儿童图书馆的3种要素,以后又分别在1934、1957提出了"四要素"和"五要素"问题。随之,杨昭悊提出了3要素,梁启超提出了图书馆的2个要素,杜定友提出3要素、4要素和要素的"三位一体"问题。期间,陶述先亦提出了3要素,徐旭和赵福来、俞爽迷也分别提出了3要素,桂质柏在自编的讲义中也提出4要素问题,等等③。

"矛盾说"的形成同样如此。较早开始关注图书馆界的矛盾问题的是刘国钧。他在提出新的历史时期对"什么是图书馆学"的认识后,从图书馆存在着的要素中去寻找这些要素中存在着的共性问题,并明确了图书的保管和流通中间存在着矛盾,现代图书馆学的任务之一就是要解决这一矛盾。由于随后刘先生的学术思想遭到了不切实际和不公正的批判,以致先生没有在这方面继续研究下去,造成了对图书馆学术思想研究的损失。

在开展"矛盾说"的基础理论研究方面,目录学领域早于图书馆学领域,陈光祚为先,随后引起了学术的讨论与争鸣,周学浩、王熙华等都参加了讨论、争鸣。北京大学图书馆学系等还专门组织了学术研讨会,以讨论这一问题。在图书馆学领域中,最早提出"矛盾说"的是黄宗忠,研讨这一

① 黄宗忠. 为读者服务是图书馆的根本目的[J]. 图书馆,1984(1):3-8.

② 黄宗忠. 关于图书馆学研究对象的再探讨[J]. 图书与情报,1985(1):32-37.

③ 吴稌年. 要素说的"体用合一观"[J]. 图书情报知识,2010(5):60-66.

学术思想的还包括周文骏、彭斐章、谢灼华等人。进入 20 世纪 70 年代末以后,其研究之群体明显增大,其中,以黄宗忠为集大成者。他全面归纳、总结了"矛盾说"体系,这方面的论述,成为他的专著《图书馆学导论》中的闪光篇之一。通过图书馆是矛盾统一体、矛盾运动是图书馆发展的根本原因、藏与用是图书馆的特殊矛盾的论述,以及对图书馆学研究对象的评述、图书馆学定义的论述,他系统地阐述了"矛盾说"的理论问题,成为最具权威的"矛盾说"的代表人物。

其二,"矛盾说"是对"要素说"的继承与发扬。与"要素说"类似,学界的"藏用说"提出之始即是针对图书馆事业这一研究对象的,藏与用构成图书馆工作的基本内容,在图书馆中,"藏是用的条件,用是藏的目的,没有藏就谈不上用"①。将"矛盾说"运用于图书馆学研究对象的研究中,就必须要说清什么是图书馆学,图书馆学的研究对象是什么,它的研究内容有哪些等基本问题。"矛盾说"在 1963 年提出了图书馆学"它的研究对象是图书馆事业"。它的研究内容包括四个部分:即图书馆学基础理论,图书馆工作(藏书与目录、读者工作、业务辅导、图书馆工作组织),图书馆事业史,图书馆建筑与设备。这一概括,明显地表明了对"要素说"的继承和发扬。该学说的基本理论是找出"图书与读者是构成图书馆的两个基本要素"②。将这两个要素上升为图书馆学的特殊矛盾或主要矛盾,进行特殊到一般的研究,进而涵盖整个图书馆学体系的研究。这一点,可从他们对图书馆学下的定义中体会到:"图书馆学是关于图书馆事业发展的科学,说明图书馆搜集、整理、保藏图书并利用图书供一定阶级读者共同使用的规律。"③到底是"矛盾说"还是"规律说"?在 1988 年版的《图书馆学导论》一书才完善了"矛盾说",包括对图书馆定义的表述:"图书馆学就是研究图书馆收集、加工、整理、保藏、控制图书与一定社会读者利用藏书之矛盾产生和发展规律的科学。"④"矛盾说"与"要素说"一样,都是在实践过程中不断研究、不断总结、不断完善的理论。

关于"矛盾说"与"要素说"的关系,早在"矛盾说"刚产生之时,周文骏就已十分明确,他在 1962 年将"图书与读者"这 2 个要素定义为图书馆的基本矛盾。图书馆的其他要素都充满着矛盾,"总之,图书馆中的矛盾

---

① 黄宗忠.试谈图书馆的藏与用[J].武汉大学学报(人文科学),1962(2):91-98.

②③ 黄宗忠,彭斐章,谢灼华.对图书馆学几个问题的初步探讨[J].武汉大学学报(人文科学),1963(1):104-120.

④ 黄宗忠.图书馆学导论[M].武汉:武汉大学出版社,1988:28.

举不胜举,纵横交错,而这许多矛盾的存在都是以图书与读者之间的矛盾为前提的,没有它,其他矛盾就不会存在"①。5要素中图书与读者构成了图书馆的基本矛盾,基本矛盾和其他要素之间又构成矛盾,它们本身又包含有矛盾,"所以也可以这样说,图书馆内部矛盾是图书馆要素之间与要素本身的矛盾的总体"②。在当时"要素说"遭到批判之时,周先生提出这些观点是十分可贵的,因为"各项要素是图书馆中客观存在的事实,既批判不到,也回避不了,所以提出我对要素的看法,并用于说明图书馆的特征和分析图书馆的内部矛盾"③。周文骏在1957年的一段时间内,也参加了对"要素说"的批判,但在批判的过程中越来越感到"要素说"的客观性与学术性,在此基础上,通过对"要素说"的批判、吸收、继承而提出了"矛盾说",这是一种学术研究飞跃的表现。在当时的历史条件下,黄宗忠采取的主要是回避"要素说"的研究方法,突出了图书与读者这两个要素,将其提升为"藏与用"的理论构建的基础。然而,在通过实践和理性思考后,确认了"要素说"是"矛盾说"的基础性问题,在20世纪80年代的研究中,他以"图书馆是矛盾的统一体"的观点统领"矛盾说"。图书馆"它是由藏书、读者、建筑设备、技术方法、人(馆)员、管理等要素组成。这些要素既是相互矛盾,又是相互依存的"④。"藏与用"这一主要矛盾影响着其他要素的存在和发展。由此可见,将"矛盾说"作为是"要素说"的承继和发展,是符合史实的。因为"矛盾"与"要素"的密切关联性,不仅仅是存在于图书馆学领域,在其他学术研究领域都是如此。学界在研究矛盾学说和系统观点时,就有学者认为:"系统的整体性能和系统从一种结构到另一种结构的转化,是其各个要素(子系统)的'协同效应',或'共同合作'的结果。"⑤各种要素间有矛盾,具有斗争性,正是由于这种矛盾的对立统一,才成就了"协同效应"和"共同合作"。在研究大庆精神特质的过程中,有学者认为"从某种意义上来说,任何事物的存在都不是由单一要素构成的,而是互相对立的各个方面"⑥。矛盾双方始终存在着互相对立的一面,也存在着维持其现存状态的统一面。这种矛盾与要素之间的关系,是学界的广泛认同。

其三,"矛盾说"和"要素说"是一种哲学的研究方法。只有从方法论

①②③ 周文骏. 什么是图书馆? 什么是图书馆学的基本矛盾? (1962年"五四"科学讨论会论文)[M]//周文骏. 周文骏选集. 成都:东方图书馆学研究所,1988:35-45.

④ 黄宗忠. 图书馆学导论[M]. 武汉:武汉大学出版社,1988:20.

⑤ 马清健. 矛盾学说和系统观点——纪念《矛盾论》发表50周年[J]. 哲学研究,1987(9):3-10,67.

⑥ 张文彬,刘晓华.《矛盾论》:大庆精神特质形成的重要理论渊源[J]. 知与行,2015(5):10-14.

的角度去认识"要素说",才会了解与掌握其意义,才能不断接近"要素说"的"真实感"。以此为基础,才会更深入地理解"矛盾说"。要素的研究方法,具有深厚的哲学来源,是图书馆学中的本原论,是对道教和老子哲学的领悟和吸收①。"要素说"又来源于实用主义哲学流派,来源于古希腊亚里士多德的哲学思想②。民国初期,是一个广泛运用要素方法的时代,学术代表人物如严复、梁启超、鲁迅等人就运用要素方法研究问题。尤其是杜威来华讲演 2 年有余的时期中,"要素"一词成为高频词之一。刘国钧是哲学博士,对这一研究了如指掌,而且他在杜威、罗素来华讲演和之后的时期,都十分关注此两人的学术动向,尤其是翻译了杜威、罗素的代表作,对他们思想更有深入的理解。这一研究方法的运用境界较高,要真正理解其意,必须学习哲学中的本原论、亚里士多德、实用主义哲学等相关论著,必须学习道教、老子等相关思想与对其的研究,"要素说"其理论无论是在当时、现今及未来,仍然具有很大的意义。

对于"矛盾说"的理解同样如此,必须从哲学的研究方法角度去理解,同时必须掌握产生"矛盾说"的时代背景和矛盾形成的来龙去脉,以及毛泽东的《矛盾论》《实践论》《关于正确处理人民内部矛盾的问题》等论著,因为这是产生"矛盾说"的主要理论依据来源。全国人民大力学习毛泽东哲学著作的群众运动,则是产生"矛盾说"的社会背景。批判资产阶级学术权威,批判"要素说"等学术思想的开展,是产生"矛盾说"的重要动因。"矛盾说"即是在处理大量的社会矛盾、图书馆界的矛盾、图书馆学基础理论中的矛盾的过程中产生而发展的。

"矛盾说"与"要素说"的一个很大的不同是其在产生过程中的地域性问题,"矛盾说"主要是在两校的研讨过程中产生的。在北京大学图书馆学系中,刘国钧已意识到并提出了图书馆界存在的矛盾问题。周文骏则对此问题开展了理论研究,提出了一个兼容"要素说"的"矛盾说"。这一观点当时仅限于图书馆学系的研讨会上交流,因一些原因而没有公开发表,因此,在当时其影响的范围不大。真正使"矛盾说"理论产生全国性影响的是武汉大学图书馆学系,他们由目录学切入,产生了初期的目录学领域的"矛盾说",这一学说公开发表并引发商榷,在界内造成了重大的影响。在对图书馆事业和图书馆学基础理论研究的过程中,产生了图书馆学领域的较为成熟的"矛盾说"。这一学说,引起了界内的更大关注,从而,在"矛盾

<hr />

① 吴稌年.关于"要素说"的哲学思考[J].图书馆理论与实践,2006(6):9-10,35.
② 吴稌年.论"要素说"的哲学来源[J].图书馆理论与实践,2006(5):9-10,26.

说"的形成过程中,以武汉大学图书馆学系为主体、核心,以北京大学图书馆学系及其他个别人员为辅助、补充,产生出了新时期中国图书馆学基础理论研究中的一颗明珠。

造成这一显著特征的原因主要有3点:

(1)由对图书馆学基础理论知识要求之使然。基础理论的突破需要积累、厚积薄发,需要研究氛围,对提出新观点的研究者要求很高。刘国钧能提出"要素说",进而在新时期"百花齐放、百家争鸣"之时提出图书馆界中的"矛盾"问题,这是他积几十年之实践与学术经验之结果。周文骏则是站在前人的肩膀上,对"要素说"融会贯通而提出新时期的"矛盾说"。武汉大学图书馆学系则积几十年之教学、研究之经验,年轻学者与大批老专家、学者朝夕相处、潜移默化,提出并构建了"矛盾说",是深厚的学术积累和科研的氛围产生出了这一新时期的新理论。

(2)这一理论以武汉大学图书馆学系为主体,这是时代的必然。"矛盾说"是对"要素说"的继承和发展,而当时"要素说"又在批判之中,任何赞同"要素说"的观点的论文,都极难公开发表。北大在一段时期内对"要素说"开展了大力批判,结果把"要素说"批得"实体化""庸俗化"了,尽管周文骏提出的"矛盾说"符合从"要素说"走向"矛盾说"的客观规律,但是这种明显的肯定"要素说"的观点很难公开发表。武汉大学图书馆学系则不同,当时他们批判的是徐家麟、皮高品等人的学术思想,更重要的是在提出目录学中的"矛盾说"时,完全避开了要素问题。在构建图书馆学"矛盾说"时,也基本避开了对"要素说"的论述,仅有图书与读者是构成图书馆的两个基本要素等的阐述,更是在所下定义中完全避开了"要素"一词的出现,结果使人迷糊了:到底是"矛盾说"还是"规律说"? 只有在拨乱反正后的"矛盾说"的构建中,才从真正意义上的阐述、理解了从"要素说"走向"矛盾说"的规律。

(3)这一理论由新生代学人提出,亦是历史之必然。"矛盾说"是在1959年开始提出的,这一时期,老教授、老专家的学术思想受到批判,许多人在此时已失去了创作、研究的条件,与此相反,新生代学者正满怀激情,投入到了社会主义图书馆事业和图书馆学研究中去。他们敢想、敢说,敢于突破前人的思想范畴,在火热的生活中汲取营养与学术灵感,黄宗忠从构建人民公社图书馆学到构建社会主义图书馆学,再到提出"矛盾说"的历程,则是此时期新生代迅速苗壮成长之典范。

"矛盾说"的研究再一次地说明,"继承遗产、承前启后、继往开来",是学术研究中的不二法门。

第四节　周文骏的学术思想

周文骏公开发表首篇图书馆学论（译）文是在 1952 年,以后笔耕不辍,至今已有近 70 年,其早期的学术生涯是指 1952 年至"文革"前的这一段时期。周先生在这一时期段中的研究基础扎实,也很有特点,以《小型图书馆图书管理法》（1956 年）、《我国图书馆学的对象和内容管见》（1957年）和《什么是图书馆学？什么是图书馆的基本矛盾？》（1962 年）等论著为代表,成为中国第二次图书馆学术高潮中的代表人物之一。在他的早期学术研究时期,可从三个发展阶段加以研究。

一、夯实基础,以译为主:1952—1956 年

周文骏出生于 1928 年的医生家庭,自小喜欢文学艺术,天资聪慧、才思敏捷,在高小一年级时就在当时的《中国儿童报》上发表题为《我们是国家的主人翁》的诗。有学者研究,先生在小学期间,共发表了十四五篇诗歌、散文作品[①]。先生于 1948 年 7 月高中毕业,"1949 年,我开始进入北京大学图书馆学专修科学习"[②]。这是新中国成立后中央人民政府教育部最早成立的图书馆学专修科,招收高中毕业生。刚开始修业期限为两年。在全国高校合并、教学大改革的 1953 年,高教部决定将北京大学图书馆学专业修业年限改为三年[③]。

周文骏深受前辈的教育与影响。1949 年底,他完成了入校后的首篇作业,这是有关目录学方面的作业,由王重民老师布置。王先生批改作业时十分认真,对周文骏的作业批改后做了评语,认为他很适合搞图书馆工作和研究,这一评价"现在已经 50 多年了,作业上有很宝贵的批示,我一直珍藏着。王重民老师是改变我生活道路的老师"[④]。王重民有一间单独的办公室,他将办公室的钥匙交给学生,鼓励他们到里面看书学习。"在那

---

① 每文. 教书育人励精图治——记北京大学图书馆学情报学系周文骏教授[J]. 晋图学刊, 1992（3）:28-31.

② 许欢. 博导系列访谈:周文骏教授[J]. 高校图书馆工作,2005（4）:6-10.

③ 北京大学图书馆学专修科介绍[J]. 图书馆工作,1955（4）:73-76.

④ 周文骏. 五十年从业感怀[J]图书馆建设,2003（6）:3-5.

里我发现了《国学论文索引》,我惊异于图书馆还有这样有趣的东西"①,从而知道了通过索引,可以将研究的问题的相关材料的信息集中在一起,可以将问题排列开来,以方便读者看书、研究者研究问题,他开始了对图书馆学的理性认识过程。

当时王利器老师欲校点《水浒》,想找些学生参与。周先生知道后十分感兴趣,因为有关《水浒》的研究论文的信息,在《国学论文索引》中就有。但是,由于担心出生于浙江的周先生对《水浒》中的方言了解不透,王利器老师没选上他,"这件事使我意识到研究和整理图书不是一件容易的事"②,只有认真学习、坚持积累、勤于思考、不畏艰难,才会在学术上有所成就。于是,他根据自身特点,选择突破口,从图书馆学的基础理论入手,从图书馆的大政方略的翻译方面去突破,密切结合当时发展态势,而使学术研究对实际研究、工作有所帮助。在老专家的帮助、关心下,他发表了自己在图书馆学领域的第一篇译自苏联的《文化建设的重要讲话部分》一文。

翻译苏联的相关论著,最起码的一个条件是俄文要过关,周文骏是怎样具备这一基本条件的呢? 原来,1950 年时,周先生因个人经济困难,选择去哈尔滨飞行学院学俄语,因为该校就读是免费的。但是一名南方出生的学子不适应哈尔滨的气候,所以读了一年后就又回北京大学继续学习图书馆学专业,这也是原来 3 年的学业上了 4 年的原因。这一年的学习应该是收获很大的,在他的苦读下,俄文的笔译大致过关。于是,在全面学习苏联的氛围中,他选择了翻译苏联的相关图书馆学的理论,一是可以提高俄文水平,二是可以更直接地理解苏联图书馆界的有关理论,三是可以推荐给国内读者,有利于我国的图书馆事业的发展。

首篇文章的选择是十分重要的,周先生认真选择了苏联《真理报》上的有关权威性的文章,这篇译文是在当时任教的舒翼翚老师的指导下完成的。舒先生是当时图书馆界翻译苏联论著的大家。可见,周先生在成长的道路上得到了许多前辈的关心、爱护和指导。周先生发表的这一文章是一篇关于苏联社会主义图书馆事业发展方向的宏观性的文章,这类文章对当时我国图书馆事业的发展具有很重要的指导、借鉴意义。文中主要论述了:①图书馆是社会主义文化事业中的基地;②苏联图书馆事业发展十分迅速,1951 年与革命前相比,图书馆的数量增加了 20 倍;③社会主义苏联

---

①②　周文骏.五十年从业感怀[J].图书馆建设,2003(6):3-5.

的图书馆的服务宗旨是为人民服务,其任务是满足居民们日益增长的政治、文化需要;④图书馆工作的好坏标志不是藏书的多少,而是读者利用的情况,以及图书馆主动服务的精神和读者对图书馆的评价;⑤要大力、合理地组织培训图书馆工作者,以提高他们的思想觉悟和业务水平、推广先进经验①。周先生通过不断阅读和加深对图书馆事业的大政方略的理解的基础上,开始了对一些专题的译介工作。由于周先生对书目工作的兴趣浓厚,在阅读了有关书目工作的论著后,又及时译介了《苏联书目的性质和基本原则》一文。这是一篇关于书目工作的方针大略的译介文章,主要介绍了苏联图书馆界对书目问题的方向性的看法:书目的基本原则,是有阶级性的,书目工作要有布尔什维克党性原则,"列宁揭穿了资产阶级书目虚假的客观态度,并论证了超阶级的,不参加'思想斗争'的书目存在的不可能性"②。这一思想性原则对我国图书馆界具有普遍的指导意义,在20世纪50年代中后期,我国图书馆学界开展的对资产阶级学术思想的批判过程中,这是带有一种"权威的""无可争辩"的原则性问题。推荐书目是宣传政治的、科学的、艺术的图书的最重要的形式,书目是做好咨询工作的重要工具。这些论述的译介,亦为我国书目工作的发展指出了方向。

针对当时我国土改工作的顺利进行,农村对文化的高涨的需求,以及我国大力兴办农村图书馆的情形,周先生及时译介了苏联《关于组织农村图书馆的工作》一文。苏联农村图书馆主要服务于所在地的乡村居民,经过集体农庄的大力发展和合并后,苏联广大的农村迅速在所有集体农庄中组织图书工作。为更好地为居民、农庄庄员服务,开始较多地设立分馆和流动图书馆的工作,并取得了十分显著的效果。苏联农村图书馆的发展方向是值得我国图书馆界吸收借鉴的,因此,须及时地介绍农村图书馆分馆的组织和工作、农村流动图书馆的工作、图书递送制度、图书馆业务工作如何组织等苏联农村图书馆的具体工作方式方法。与此同时,对当时快速发展的、深受读者欢迎的"手册"进行了普及性的介绍。在《试谈"手册"》一文中,通过手册是什么、手册的特性、手册的参考作用、手册的选择等方面,对手册进行了通俗易懂的介绍,促进了人们对手册的作用、内容的理解,进而也促进了相关读者对手册的认识与利用。

周文骏在北京大学学习期间,共在报纸、杂志上发表了5篇文章,其中3篇是译文。在发表的文章中,1篇发表在《光明日报》上,1篇发表在《文

---

① 文化建设的重要部分[J].周文骏,译.浙江省立图书馆通讯,1952(8):2-3.

② 阿利舍夫.苏联书目的性质和基本原则[J].周文骏,摘译.图书馆通讯,1953(1):1-2.

物参考资料》上,3 篇发表在《浙江省立图书馆通讯》(1953 年改名为《图书馆通讯》)上。他在 1952 年 12 月发表首篇图书馆学译文至 1953 年 5 月这一年半时间里,集中地在 3 种报刊上发表了 5 篇图书馆学译著,在当时的历史条件下,在图书馆界是少见的。当时北京大学图书馆学专修科开设课程的内容很丰富,对于毕业生的要求是:具有马克思列宁主义的立场观点和方法;具有广博的文化基础知识;具有图书馆学专门业务的基本知识①。由此,周文骏构建了较为扎实的学术研究基础,在 1953 年 2 月,还被《图书馆通讯》杂志聘为首批通讯员②。

　　在毕业前夕,周先生坚持研究、翻译,并于 1953 年《文物参考资料》的第 8 期上发表译文:《流动图书馆组织经验》,署名"周折"。这是笔者见到周先生论著中的唯一一篇署此名的文章。何以署名"周折"?大概是与当时毕业分配的过程有关联。根据先生回忆,毕业后,先生被分配到团城文物事业管理局。应该说,这一分配在当时是符合专业需要的,因为当时文物、博物馆和图书馆是由同一行政系统管辖。但是,因单位不需要,而仅过几天周先生回到北大等待重新分配,后来他被分配到太原。但接待人员因当时太原只有一个图博馆筹备处而又将先生调往临汾,后又调到曲沃在一中学教书③。

　　当时北大学生的分配去向主要是 3 个方向:市级以上图书馆、高等学校图书馆及机关图书馆的干部,图书馆学校师资,以及在科研基础上编译图书馆学校的教科书及教学参考资料④。当十分珍惜图书馆学人才的王重民得知此情况后,十分着急,认为周先生的分配是学非所用,应及时给予调整。他与校方沟通,后来中央人事部发出调令,将先生调回北大文学研究所。这一调整,又一次地改变了周先生的生活、学习和研究之轨迹。这一过程,确实是一波三折。

　　《流动图书馆组织经验》译文,介绍了苏联图书馆界在大力开展为农村读者主动服务的情况,"目前图书馆的任务是以图书为居民服务,使得在每个集体农庄中、工作队中、居民点中都能获得图书馆的图书"⑤。为完成这一任务,苏联组织了广泛的流动图书馆网,仅坡列协省卡利可菲契区图书馆就组织了 33 个流动图书馆,加强了为全区读者服务。该文介绍了

---

①④　北京大学图书馆学专修科介绍[J].图书馆工作,1955(4):73-76.

②　通讯员[J].图书馆通讯.1953(2):11.

③　周文骏.五十年从业感怀[J].图书馆建设,2003(6):3-5.

⑤　流动图书馆组织经验[J].周折,译.文物参考资料,1953(8):133-136.

一些图书馆通过流动图书馆积极为读者服务的情况与经验。随后还分别有《评几种关于图书馆学的书籍》(光明日报,1953,11,3 日)、《列宁图书馆》[新观察,1954(2)]、《世界最大图书馆》(大公报,1954,2,25 日)等文章的发表。

1955 年,周文骏调入北京大学文学研究所,主要负责研究所的图书资料工作。尽管在研究所仅工作 1 年左右时间,但是这段经历对周先生以后的学术研究影响很大。通过 1 年的工作,他掌握了图书馆的各个基本工作要求,因为在这 1 年中,他要完成图书资料的一条龙的搜集、加工、整理、保管、服务的全套工作。以后在研究理论的过程中,这一实践过程每每对他的研究产生了不小的作用。正如他自己所说,"这一年在文学研究院的工作,对我影响重大"①。包括以后具有的学术成果,如《小型图书馆管理法》《图书馆工作概要》《文献交流引论》等,都和这 1 年的实践工作密切相关。

此外,他还受当时研究所学者的熏陶。当时所长是何其芳,研究员有钱钟书、卞之琳、李健吾、余冠英等人②,他们对图书的需求、研究方法,甚至在学习讨论中的情形,都在周先生的思想上产生了影响。在这一岗位上,周先生认真、负责、踏实、主动地干好本职工作,并思考着"如何将工作做得更好"的问题。很快,他就将理性的思考成果《怎样把借书处和阅览室的工作做得更好》一文发表于 1955 年 4 月 7 日的《工人日报》上。1956 年,北京大学文学研究所归并到中国科学院时,王重民又将周文骏留下,由此,周先生正式进入北京大学图书馆学系开展教学科研工作。开始时他协助舒翼翚讲授《图书馆引论》,很快就独立教授此课程。是年 1月,他出版了《小型图书馆图书管理法》一书。是书以普及图书馆知识为宗旨,是学习小型图书馆图书管理法的入门读物。书中共分 9 章,从管理图书的意义开篇,循序渐进地讲述了各种图书管理办法和步骤,包括对报纸、杂志的管理,以怎样做阅览室工作一章收尾。是书结构紧凑,通俗易懂,实践指导性很强,全书虽仅 4.3 万字,但完整地论述了小型图书馆的管理方法,极有现实意义。是书一经出版,即深受读者欢迎,第一次印刷了10,070 册,因需求不减,又于 1958 年第二次印刷了 10,025 册,2 次共印刷了 21,095 册。

这一时期是周文骏早期学术生涯的积累期,通过在北京大学图书馆专修科的专业学习,基本掌握了图书馆学的基础、专业知识,在学习的同时,

---

①② 许欢.博导系列访谈:周文骏教授[J].高校图书馆工作,2005(4):6-10.

积极地开展学术研究工作,其突破口选在翻译苏联图书馆事业的理论与实践上。通过翻译,他更好地了解和掌握了苏联图书馆事业的指导思想、方针政策和发展趋势,从而为我国的图书馆事业做指导、借鉴。在译介过程中,他夯实了许多图书馆知识的基础。他通过在北京大学文学研究所的工作,实践了图书馆工作,积累了图书馆学的实践知识,从而为以后的理论联系实际的研究工作带来了很大的便利。这一时期的代表作是《小型图书馆图书管理法》一书,这是他对前阶段译介苏联相关文章和参加图书馆工作在理论和实践上进行总结的结晶。尤其是进入北京大学图书馆学系后,又为先生构建了一个新的学习、研究的平台。此时,他开始关注、研究中国图书馆事业的发展,开始了具有中国特色的图书馆理论的研究,预示着先生的早期学术生涯将跨入新的高度。

二、批判为先,先破后立:1957—1961 年

在图书馆界,北京大学有着深厚的学术研究传统与氛围。在新的历史条件下,图书馆学系十分重视教学过程中的课堂讨论与研究。如 1955 年10 月 22 日,"北京大学图书馆学专修科一年级同学举行了第一次图书馆学的课堂讨论,事先同学们都作了充分的准备"①。如此,研究氛围日趋浓厚。尤其是在 1956 年知识分子政策的贯彻落实,双百方针的贯彻执行过程中,北京大学图书馆学专修科更是在这一大搞科研的春天里,开始了深入研究图书馆学理论的征程。

在新的历史时期,图书馆界召开较广范围人员出席的学术研讨会,始于北京大学图书馆学专修科。1956 年 5 月 5 至 6 日,他们召开了 1955—1956 学年科学讨论会,出席这次研讨会的有北京三大系统的图书馆代表,图书馆界的杜定友、李小缘、钱亚新等,以及山东、上海、湖北等图书馆在京参加中、小型图书分类法座谈会的代表等,计 160 余人。文化部社会文化事业管理局的领导也出席了 5 日的讨论会。会上交流论文 4 篇,参会代表发言 9 人,这不仅是北京大学图书馆学专修科而且也是整个图书馆学界科学研究的良好开端,之后,武汉大学图书馆学专修科也召开了学术研讨会。1956 年底,南京图书馆召开了具有全国性特点的图书馆学学术研讨会,加快了图书馆学界科学研究的步伐。1957 年初,刘国钧发表了具有里程碑意义的《什么是图书馆学》一文。此文一出,中国图书馆界进入

---

① 王永厚. 北京大学图书馆学专修科讨论图书馆在社会主义革命事业中的地位与作用[J].
图书馆工作,1955(6):92,74.

到了第 2 次学术研究高潮。为加快对图书馆学基础理论的研究,北京大学图书馆学专修科于 5 月 25 日举行了 1957 年科学讨论会,专门研讨刘国钧的《什么是图书馆学》问题。

这次研讨会邀请了中国人民大学图书馆、清华大学图书馆、中国科学院图书馆、高教部科研司、文化部社会文化事业管理局、北京大学图书馆的有关专家、领导出席,苏联图书馆学专家雷达娅也参会并做了发言。会议召开了 7 小时,自始至终洋溢着诚恳、热烈、自由争辩的氛围,体现出了百家争鸣的学术精神。会上主要讨论了 3 个问题:图书馆学的性质,图书馆学的研究对象、内容、范围,图书馆学与目录学的关系。为便于讨论,会前还散发了关懿娴、周文骏、张树华、何善祥等人的发言稿全文 ①。与会代表一致认为刘国钧的《什么是图书馆学》一文写得很及时,具有很大的现实意义,周文骏等在肯定了刘先生的学术成果的基础上,对图书馆学的研究对象、内容和范围等问题提出了一些不同看法。在此基础上,周文骏投稿《学术月刊》,发表了《我国图书馆学的对象和内容管见》一文。是文标志着周先生脱离了纯基础积累阶段而进入到了理论研究的阶段。文中认为:"图书馆学的对象是图书馆事业" ②,并将中国图书馆发展历史分为藏书事业时期和图书馆事业时期两个发展时期,分别论述了这两个不同的历史时期的主要特征和工作内容,认为在藏书事业时期对图书馆学研究的论述以明祁承㸁的《澹生堂藏书约》和清孙庆增的《藏书纪要》为代表,反映了以藏为主的保存图书的功能,主要工作归纳为校写、分类编目和保管 3 项。近代图书馆则着重于科学的管理图书馆,由提倡"用"而开拓了图书馆读者服务的内容。他在列出了刘国钧的观点后,提出了一些不同的看法,认为刘先生提出的图书馆学内容太庞杂,其论据有缺点,主要有 2 点:"首先,要素提法不尽妥当,它只能说明图书馆事业不能缺少什么,却不能说明图书馆事业是什么。其次,意味着把图书馆学统一的对象——图书馆事业割裂成许多部分,并孤立进行各部分的研究。" ③ 在这一基础上,他提出了图书馆学的研究范畴可由 2 方面组成:图书馆事业建设,可由 4 项任务组成;图书馆工作,亦由 4 项任务组成,从而构建了他这一时期的主要学术观。

在这一阶段中,周文骏除了上述论文外,还翻译苏联的《关于字顺目录的问题》和《俄罗斯联邦共和国图书馆事业的四十年》,另外主要是在

---

① 朱天俊. 北京大学图书馆学系1957年科学讨论会上关于"什么是图书馆学"一文的讨论情况[J]. 北京大学学报(人文科学),1957(3):102-105.

②③ 周文骏. 我国图书馆学的对象和内容管见[J]. 学术月刊,1957(9):61-63.

编著教材中反映出其学术思想。如他参与编写了 1957 年北京大学图书馆学系《图书馆学引论》讲义,1958 年北京大学图书馆学系《图书馆学基础》,1961 年北大、武大、文化学院三校合编的《图书馆学引论》讲义。另外在 1958 年编著了《图书馆学基础》(北京市图书馆中等业余学校讲义)等。周先生在这一时期的理论研究并没有什么突破,主要是有所修正。当 1957 年提出图书馆学研究对象和图书馆学体系等问题时,其理论还比较粗糙,之后有所修改、完善,如对图书馆学的研究对象,由原来的"图书馆事业"修正为"图书馆学的对象就是图书馆事业和图书馆工作"①,如此描述,则认为包括了图书馆事业的全部活动。在图书馆学体系的构建中,他摆脱了图书馆事业建设和图书馆工作研究两大块的划分,把原来图书馆事业建设中的 4 个方面基本归入"图书馆学基础理论"这一方面,对于原来对图书馆工作 4 方面的划分做了一些调整和细化,分别为:藏书和目录、读者工作、业务辅导工作、工作组织、图书馆建筑与设备等 5 个方面,另外将"图书馆事业史"单独列出,形成图书馆学体系的一个组成部分②。此外,在这一阶段中的一个变化,即是"斗争哲学"的加强,这是一个在特殊的时代背景下的一个共性的问题。

中国图书馆学第二次学术高潮,是在刘国钧的《什么是图书馆学》一文发表后形成的,可以说,这次高潮的基础,即是建立在这一经典论文之上的,对图书馆学基础理论的研究,就是有针对性地通过对此文的研究、思考而逐步形成的。首先是理解其内容,然后是找出其中存在的问题,即进行一定程度上的学术批判,在此基础上构建自己的学术思想。

这一时期,周文骏的代表作是《我国图书馆学的对象和内容管见》,也可以说是一篇学术争鸣的论文,他的思想观点,就是建立在对刘国钧学术质疑、批判的基础之上的。他认为刘国钧构建的图书馆学体系是有缺点的,是值得商榷的,并指出了其中的不足,当然这是周先生个人的认识和观点。在学术批判的基础上,推出了周先生自己的图书馆学体系。因此,这一阶段周文骏的学术思想就明显地表现出"批判为先,先破后立"的特征。只是在大环境下,这一特征后来逐渐地偏离了学术研究、商榷的轨道。反右运动后,紧接着的"插红旗、拔白旗"运动,使政治批判思潮又一次兴

---

① "图书馆学引论"编写小组. 图书馆学引论(初稿)[M]. [出版地不详]:[出版者不详],1961:7.

② "图书馆学引论"编写小组. 图书馆学引论(初稿)[M]. [出版地不详]:[出版者不详],1961:7-8.

起,北京大学图书馆学系举办教学中资产阶级教学思想的展览会,用大字报、讲稿、笔记、图片和说明等不同形式,"明显而生动地反映了图书馆学系在教学上两条道路上斗争"[①],主要批判了党性原则方面存在的问题、厚古薄今颂古非今、脱离实际和向谁学习等问题。参与者大力贯穿"不破不立""大破大立"的思想,将"破"的对象主要落实在老教授、老专家身上。刘国钧是被进行学术批判的主要人物之一,其中《什么是图书馆学》中的"要素说"即是重点批判内容之一。受其影响,周文骏在学术研究过程中,在其成果中亦加强了批判力度,使"批判为先,先破后立"的特征更加明显,由一开始是针对学术研究、商榷的学术讨论问题,发展至站在政治立场上,用政治的眼光和观点对学术问题的批判。

这一阶段,包括整个图书馆学界在内的学者最值得反思的是什么? 在图书馆学术研究上为什么会产生低水平的重复? 其中原因有很多,如:①脱离了学术研究规律的学术批判,在许多场合用政治思想批判的方式替代学术批判,造成了学术思想的混乱;②学术遗产的批判和继承方面形成偏差,扩大了批判范围,甚至将过去的学术思想都作为"资产阶级学术思想"批判;③打击了一大批老学者、老专家的学术研究积极性,以"先入为主"的、甚至是有些居高临下的姿态去对待他们的学术思想,许多是先有结论,再有批判,先有破,再有立,甚至只破不立也在所不惜。另外还可以找出许多时代原因,但是,有一条学术规律中的根本原因始终还没有关注,即辩证的、唯物的方法论的研究问题。最具典型的事例则是对"要素说"的批判。用要素的方法对事物进行研究,这是一个自古至今的哲学研究方法,是一个在各个领域中都不断应用的方法论。正是对这一问题从方法论上加以否定,而将这一方法论问题看作是实际工作中的实用方法、工作方法,从而将本可以高起点研究的问题一下子降低至研究的初始阶段,这一过程又充满着"居高临下"之势,不容分辩,不容商榷,"天生正确",时至今日仍有后患。

三、理性反思,继承创新:1962—1966 年

1962 年,周文骏进入了学术生涯的一个重要阶段,即"理性反思、继承创新"阶段。这一阶段的代表作是《什么是图书馆学? 什么是图书馆学的基本矛盾? 》一文。在这一文章中,通过哲学的批判、理性的反思而在要

---

① 王永厚. 必须消灭图书馆学教育中的资产阶级教学思想——记北大图书馆学系教学中资产阶级教学思想展览会[J]. 图书馆学通讯,1958(3):16-18.

素的基础上,提出了基于要素为基础的"矛盾说"。"矛盾说"是"17年"图书馆学基础理论研究的标志性成果,这一成果是通过反思与哲学批判而取得的。

反思,既是一个古老而深奥的名词,又是一个哲学认识论的名词。哲学的反思,本身就已预示着一种批判,或者就是一种批判,它要以对反思对象的深究和改进为目标来指明方向。要深究,就得对对象的历史和逻辑的前提进行考察,这就必然要进行批判。学术批判中的"批判"一词,是一个中性词,在学术领域中的批判,即是一种"批评、争论、争鸣",体现的是对学术的一种科学的求实、求真、求证、反省、否定及超越的内在本性。学术本身的内涵就是在批判的基础上不断探索,因此,学术批判具有继承性、创新性和普遍性之特征。

周文骏通过学术批判,全面反思了对"要素说"等的批判,从而将"要素说"的学术批判划分为两个方面去理解。其一,从思想上对图书馆学术进行一次对资产阶级图书馆学的立场、观点、方法的清算,从而提高人们的思想觉悟,以便自觉地摒弃那些模糊的、不讲阶级的思想,这一点在社会主义建设过程中是十分必要的;其二,在学术上,对"要素说"进行基本肯定的基础上加以创新、提高,因为"我总觉得,我们并不批判要素本身,各项要素是图书馆中客观存在的事实,既批判不倒,也回避不了,所以提出我对要素的看法,并用于说明图书馆的特征和分析图书馆的内部矛盾"[①]。周文骏提出了"矛盾说",与黄宗忠的研究方向一致,这种研究,体现出了对我国图书馆学研究的"接着说"的研究方向。

"接着说",无论是自然科学还是人文社会科学,都是一种方向性的研究方法,它要通过对以前理论的研究、批判,找出以前理论体系中的精华加以继承和发扬,找出原有理论体系中的不足和糟粕,加以纠正、摒弃,在继承、扬弃的原则上而加以创新、发展。爱因斯坦的相对论就是建立在巨人的肩膀上,对牛顿力学等经典理论体系"接着说"而诞生的,它批判了洛伦兹变换等,从经典力学的绝对时空观发展到相对时空观。冯友兰在20世纪30年代初,完成了两卷本的《中国哲学史》,在40年代又完成了"贞元六书",构建了他的哲学体系。其中"贞元六书"中的首书《新理学》开头就说,此书"是'接着'宋明以来底理学讲底,而不是'照着'宋明以来底

---

① 周文骏. 什么是图书馆? 什么是图书馆学的基本矛盾? (1962年"五四"科学讨论会论文)[M]//周文骏. 周文骏选集. 成都:东方图书馆学研究所,1988:35-45.

理学讲底"①。新中国成立后,冯友兰的"贞下起元"思想又发展为"旧邦新命"的提法。1980 年,《中国哲学史新编》第一册出版,他在自序里说:"新中国成立后,我时常想,在世界上中国是文明古国之一,其他古国现在大部分都衰微了,中国还继续存在。不但继续存在,而且还进入了社会主义社会。中国是古而又新的国家。《诗经》上有句诗说,'周虽旧邦,其命惟新',旧邦新命,是现代中国的特点,我要把这个特点发扬起来。"②这些都是"接着说"的典范。

刘国钧的"要素说",本身在图书馆界亦是一个"接着说"的典范。中国藏书楼文化时期,藏书楼以藏书为特征,管理藏书者以"治目录学者"而著称。刘先生在构建图书馆学体系的《图书馆学要旨》一书中明确"这部书想特别说明图书馆的目的在于图书的运用;表明图书馆和所谓'治目录学者'的不同。所以先从参考和阅览说起"③,明确表示了要对藏书楼文化的"接着说"。又因为西学东渐,当时介绍西方的图书馆学概论一类的书已有多部,"对于图书馆的各方面工作都有讨论,可以不必重复了,所以本书秖就图书馆学的基本原理加以说明,而不一一讨论各种琐碎的地方"④。这又明确表明了对近代图书馆学理论的"接着说",从而构建出了一个新颖的图书馆学要素体系。

1957 年,刘国钧发表的《什么是图书馆学》一文,标志着在新的历史时期的"接着说",无论是对于图书馆学的定义,图书馆学的研究对象,以及图书馆的组成要素、图书馆学的科学性、图书馆学的相关学科等,都做了科学的"接着说",尤其是"图书馆学所研究的对象就是图书馆事业及其各个组成要素"的论述,成为刘先生"接着说"的核心问题。在因社会原因之下,诸如刘国钧等老一辈学者、专家难以"接着说"之时,图书馆学领域"接着说"的重担历史性地落在了敢于担当、勤于思索、不畏艰难、突破权威者身上,周文骏就成为"接着说"的佼佼者之一。

周文骏通过学术批判,通过哲学思想的学习,突出地学习矛盾的哲学观,主要是:两个对立面的统一和斗争的问题,以及一般与特殊、共相与殊相的关系问题,从中找出突破而对"要素说"接着说,提出了"什么是图书馆?""什么是图书馆的基本矛盾?"的问题。这两个问题本身

---

① 冯友兰. 中国现代哲学史[M]. 北京:生活·读书·新知三联书店,2009:185.

② 冯友兰. 中国现代哲学史[M]. 北京:生活·读书·新知三联书店,2009:出版前言页.

③ 刘国钧. 图书馆学要旨[M]. 上海:中华书局,1934:例言页.

④ 刘国钧. 图书馆学要旨[M]. 上海:中华书局,1934:1.

就是哲学问题,因为它们是提出的一种普遍概念。对于花朵,这一朵是"美的"那一朵是"美的",每一朵花都是特殊的、经验的,而"美的"这一属性却是花朵的普遍属性,于是人们摆脱了每一朵花美不美的经验性问题,而提出了"美是什么"这样的基本问题。同样,这一个图书馆有其特性,那一个图书馆有其特性,在这种经验性的个体图书馆的基础上,人们提出了一种"图书馆"的普遍概念。在研究图书馆的过程中,人们不再主要着眼于个体图书馆的经验性的特性,而是提出了"图书馆是什么?""图书馆学是什么?"等这样的普遍性问题,并概括出了图书馆普遍存在着的若干要素,以深入对"图书馆"这一概念进行研究。由于这些概念的普遍性、真实性,因此,无论对其如何批判,只要是实事求是的、学术性的批判,都会令人感觉到这些概念的真实性和学术性,因此,"我认为图书馆就是让人使用图书的组织"①。这一特性的揭示,是和刘国钧的"用种种方法以谋使用图书的便利"② 之说,一脉相承。所不同的是,周文骏通过在阶级社会中的图书馆,亦必然表现出图书馆服务的方向性,社会主义图书馆是为广大工农兵服务的,是为广大劳动人民群众服务的,这一图书馆服务中方向性问题的把握,明确了社会主义图书馆时期的服务方针,从根本上说,现阶段的图书馆,主要是为广大人民群众服务和利用的。这是一种在阶级社会中的阶级观念的反映,是符合时代历史潮流发展的。周先生从这一基点出发,认为"图书馆要想发挥让人使用图书的社会职能,本身必须具备两个要素。这就是图书和读者"③。他将这两个要素称之为"基本要素",接着,他从矛盾的普遍与特殊关系的角度出发,认为这是图书馆内部的一对矛盾。图书馆的矛盾很多,但是,这是一对基本矛盾、主要矛盾。在这一对矛盾中,读者往往是这一对矛盾的主要方面。在这一对基本矛盾下,还存在着业务工作及其方法与建筑设备之间的一系列矛盾,产生了干部与业务工作及方法之间的矛盾,又会产生诸如藏书工作与读者工作之间的矛盾,采访与流通、藏书的集中与分散等的矛盾,而各种矛盾如果细分,又存在着各种不同的下位矛盾。矛盾与矛盾之间,又会不断变化,构成一对对新的矛盾,"图书馆中的矛盾举不胜举,纵横交错,而这许多矛盾的存在都是以图书与读者之间的矛

---

①③　周文骏.什么是图书馆?什么是图书馆学的基本矛盾?（1962年"五四"科学讨论会论文）[M]//周文骏.周文骏选集.成都:东方图书馆学研究所,1988:35-45.

②　刘国钧.图书馆学要旨[M].上海:中华书局,1934:4.

盾为前提的"①。

找出基本矛盾的目的,是为了更好地解决这一矛盾,因此,需要找出解决这一对矛盾的途径,这些途径即是图书馆的要素,包括领导与干部、工作方法、建筑设备等,这是一个在要素基础上进一步找出其中主要矛盾的研究方法,"我粗浅地说明了图书馆的特征,图书馆的基本矛盾,并且认为图书、读者、工作(包括方法)、建筑设备、领导与干部是图书馆的要素,图书与读者这两个要素构成了图书馆的基本矛盾。其他要素都是为了解决基本矛盾而存在的"②。从中可以看出,周文骏的这一"矛盾说",是对要素的"接着说",是运用哲学中的对立统一规律和矛盾的普遍与特殊性关系的论述。由要素的研究方法进而到使用矛盾的研究方法,这是一种方法论上的转变,而这一转变,则完全是建立在要素说基础上的。

对于"矛盾说"的提出,周文骏并非个例,而是有一个群体,而且较早开展"矛盾说"研究的是目录学领域,如陈光祚、周学浩、王熙华等,都参加了学术的研究、讨论和商榷。在图书馆学基础理论领域中,黄宗忠、彭斐章、谢灼华等人也进行了研究,其中,黄宗忠的《试谈图书馆的藏与用》一文的公开发表引起了界内的广泛关注与重视,并成为"矛盾说"产生的标志。研究的方法论上的突破形成了一种富有哲学基础的高质量的研究成果,这一成果被作为一个时代的代表而载入史册。周文骏的率直、求真的"接着说"的研究成果,作为"矛盾说"中的主要组成之一,奠定了这一时期学术研究的基础。

周文骏是我国图书馆界第三代学术代表人物之一,他是新中国培养出来的图书馆学者中最早投入学术研究者之一。在"17 年"中,他的学术成长的道路具有图书馆界的代表性与共性。通过 3 个不同的成长阶段,终于突破原有理论而创新出新的图书馆学理论。与许多学者的成长道路又有不同,在积累资料、夯实学术基础阶段,他主要是发挥自己在语言上的特长,通过译介苏联的有关图书馆事业的论著,进而达到对苏联图书馆事业发展的了解,以此为借鉴,思考中国特色的图书馆事业的发展问题。尤其是经过图书馆实践工作的锻炼和思考后,将实践经验提升到了理性的高度,开始投入到图书馆学理论研究中去。

在如何建立具有中国特色的图书馆学理论体系的过程中,开始运用学

---

① ②　周文骏. 什么是图书馆? 什么是图书馆学的基本矛盾? (1962年"五四"科学讨论会论文)[M]//周文骏. 周文骏选集. 成都:东方图书馆学研究所,1988:35-45.

术批判的工具,投入到对图书馆学基础理论的争论、商榷中去。这一阶段以批判为先,先破后立的特征明显,提出了对要素说等理论的质疑并指出其不足之处,意欲在批判的基础上构建出一种新的理论。但是,"破"易而"立"艰,使他进入了一个学术的徘徊期:理性反思的痛苦期。这一时期在苦苦地思索着以前对"学术批判"的合理性、准确性、创新性等问题。经过反思,终于进入了第三个发展时期:经过理性反思后的继承创新时期。他从个体问题到一般问题的认识、概括,认识到了要素说的合理性,现实中的实际存在性,从而在以前对要素说的学术批判中找出灵感,在阐述要素说中存在的不足的基础上,通过研究方法的转变,找出要素中的主要矛盾,构建出具有他本人学术特征的"矛盾说"观点与思想,这一思想汇入了针对"要素说"的"接着说"的"矛盾说",较早地在继承的基础上创新出了新的思想。这种研究方法,成为这一阶段图书馆学基础理论研究的宝贵财富而载入史册。

第十六章　学术思想批判

　　新中国成立后的前3年,从宏观上而言,要解决的主要矛盾是人民大众同地主阶级、国民党残余势力和帝国主义势力的矛盾,在这一过程中,党和政府十分注意学校和知识分子的思想教育和改造。1950年7月28日,中华人民共和国政务院第43次政务会议,通过《教育部关于实施高等学校课程改革的决定》,明确规定:"全国高等学校应根据共同纲领的第41条和第47条的规定,废除政治上的反动课程,开设新民主主义的革命的政治课程,借以肃清封建的、买办的、法西斯主义的思想发展为人民服务的思想。"[①] 通过开设政治课程的方式,用新民主主义的、科学的、大众的、反帝反封建的文化,用马列主义观点和方法,替代旧有文化中的反动的、消极的成分,培养新时代的人民民主专政时期的接班人。

　　这一时期,另一个十分重要的问题是对知识分子的思想改造问题。新中国成立初期的这一思想改造问题发端于北京大学。1951年暑期,当时北京大学校长马寅初联合教授中有新思想者,首先在北大发起了政治学习运动[②],其目的是希望通过这一行动,积累对教职工的思想改造学习的经验。这一行动,对促进学习者树立起"为人民服务"的思想起到了很好的效果,受到了党和政府的高度重视,教育部随即成立了由主要大学领导和相关代表组成的京津高校教师学习委员会,决定先从京津地区作为试点而开展这一运动。以后在取得经验的基础上,有计划、有领导、有步骤地在全国高校、中学中陆续开展思想改造学习运动。"全国参加这次学习的高等学校教职员占91%,大学生占80%,中等学校教职员占75%。"[③] 这一运动,

---

① 教育部关于实施高等学校课程改革的决定(1950年7月28日政务院第43次政务会议通过)[M]//何东昌中华人民共和国重要教育文献:1949—1975. 海口:海南出版社,1998:48-49.

② 石云霞. 新中国成立以来中国共产党思想理论教育历史研究[M]. 北京:中国社会科学出版社,2007:111.

③ 石云霞. 新中国成立以来中国共产党思想理论教育历史研究[M]. 北京:中国社会科学出版社,2007:112.

通过教育界逐步扩大到文艺界、科技界乃至整个知识界,成为一个对全国知识界的思想改造和教育的运动,进而在知识界初步确立了为人民服务的思想观念的转变。1952年秋,这一学习运动基本结束。

第一节　解放初全国性的学术思想批判

1951年,开展了一场对电影《武训传》的讨论和批判,使人们受到了一次历史唯物主义的教育,在一定程度上澄清了资产阶级改良主义的实质。这是新中国成立后我党发起的第一次思想文化领域中的批判运动,同时也是知识分子思想改造运动中的一个组成部分。此时,新中国的图书馆正在创建过程中,由于自身的条件还不足以直接参与这一讨论和批判,图书馆界主要是探讨图书馆的任务、内容和性质,图书馆员的作用等问题。1952年10月,南京博物院成立"文物参考资料学习小组",以便努力提高理论与实践水平。该小组在学习过程中,发现了刊载在《文物参考资料》杂志上的一些文章存在一些问题值得商榷,并将学习中的体会投稿于该杂志社,也对编辑部中存在的问题提出了批评,"本期发表的'学习《文物参考资料》的体会与意见'一文,是该组应本刊的要求,把他们的学习情况和在学习中所提出的意见等给我们的一封信"[①]。编辑部针对文中对该部提出的一些问题,做了自我批评。该编辑部针对1952年6月24日发表在《光明日报》上的《介绍文物参考资料》一文中所提出的缺点,"如对破坏文物事件的揭发和批评太少,没有做到有计划有系统地组织并指导实际工作者的经验交流,对社会文化事业建设初期中的全部面貌反映得不够,指导作用不大等等"[②]的问题,一并做了自我批评。这反映出了广大读者对学术研究的关注与期望,以及对学术研究方向的把握与指认的实际情况,同时也反映出当时图书馆文博界唯一的一份正式刊物的编辑组织工作与现实需要之间的矛盾,也反映出了无论是读者还是编辑部,其思想认识与觉悟的提高,以及对学术研究的重视。通过开展批评与自我批评,双方都力求正确发展研究方向,提高学术研究的理论水平,以便更好地促进学术研究的深入开展。

1954年10月,毛泽东支持李希凡、蓝翎两位青年文学工作者对《红

---

①②　编者.编者的话[J].文物参考资料,1953(7):123-124.

楼梦》研究问题的批判文章,对这一问题的论争和批判,涉及的问题很广泛,对红学做了一次全面的反思,"但这次批判的真正目标,是扳倒资产阶级学术思想在学术界的权威,确立马克思主义在学术研究领域的主导地位"①。它已走出了红学争论的范畴,最终成为一场以学术为切入点的整肃学术界为目的的政治运动,当时针对俞平伯的"各种层次座谈会、批判会仅 1954 年 10 月 24 日到年底一个多月的时间就有 110 多次,批判文章也有近 500 篇"②,可见火力之猛。

1954 年 12 月 2 日,中宣部周扬副部长的《关于批判胡适问题的组织计划的请示》得到毛泽东的肯定,进而开展了对胡适派的资产阶级唯心论的批判,并随后又开展了对胡风集团的批判。由对《红楼梦》研究的批判开始而转入到批判胡适、胡风等的批判,形成了一个独特的风景:几乎举国文人参与,批判对象更换,学术论战改变了性质。这种批判思潮,亦影响到了图书馆界。

第二节　新中国成立后图书馆界首次对学术权威的批判

1954 年底,出现了由批判《红楼梦》研究的运动而结合图书馆实际加以批判"资产阶级权威"人士的批判性文章,可谓开创了新中国图书馆界的批判思潮之先。是年 12 月出版的《文物参考资料》,在第 12 期上发表由李枫撰写的《反对图书馆学研究中的资产阶级的唯心观点》一文,认为"这次,由批判'红楼梦'研究中的错误观点而展开在学术研究中反对资产阶级唯心论的斗争中,对我来说是具体而深刻的阶级斗争的教育……"③李枫投入这场斗争中,其目的是要肃清资产阶级唯心观在文化学术界、图书馆学界的影响,以捍卫马克思列宁主义的真理,这种斗争,其矛头直指图书馆学界的"权威","就拿杜定友先生来说,他是我国的图书馆学'权威',三十多年来著述约有七十多种,解放以来,尤其近一二年以他个人或广东省人民图书馆名义编印二十种左右论述……"④他认为杜定友采用改头换面的方式阐述资产阶级图书馆思想,"对于他的错误观点,不仅未得到批

---

①②　邹旭东,赵睿. 对毛泽东发动"1954 年《红楼梦》研究批判运动"的当代反思[J]. 蚌埠学院学报,2012(5):91-94.

③④　李枫. 反对图书馆学研究中的资产阶级的唯心观点[J]. 文物参考资料,1954(12):122-129.

判,甚至还有人公开在文章里、通讯中、口头上同情或赞扬他的观点"[①],由于有此蒙蔽性,就更有必要对其资产阶级图书馆学思想进行揭露和批判。例如,在研究图书馆目录方面,杜定友的思想就有许多可批判之处,认为杜定友《明见式目录》一文中的观点即是站在资产阶级的立场,以形式主义和客观主义的观点,用形而上学方法加以研究的,并且在《开架式阅览》一文中,散布资产阶级思想,认为开架思想是杜定友从美国反动势力服务的图书馆学中剽窃来的东西,等等。李枫认为图书馆学中资产阶级思想相当普遍,对图书馆学界形势的评估是:"而作为指导图书馆的图书馆学却主要是被资产阶级思想长久地占领着。"[②]作为当时全国唯一一份公开出版的图书馆学的理论刊物的《文物参考资料》编辑部,不开展思想斗争,在开架问题上表现出了严重的客观主义,呼吁必须反对图书馆学中的投降主义,深刻认识资产阶级唯心观点的危害性。

无独有偶,在1954年第12期同期刊物还发表了王泯虬的《图书馆不能放弃阵地,必须捍卫它——开架制度是图书馆工作方向吗?》一文,除了批判开架制度外,还责疑了《文物参考资料》编辑部在刊载文章方面中的内容矛盾混乱,将苏联《图书馆员》杂志社论《积极促进政治警惕性的教育》和苏联学者卡夫塔雪耶娃的《关于大众图书馆读者目录的组织》一文之间,插上镇江图书馆的《开架式借书的经验》一文,王泯虬主观地认为"此文显然主张不要目录,而用开架式借书制度取而代之"[③],他批判了否定用目录开展教育、宣传马列主义毛泽东思想的做法,从而质疑是刊的办刊方针,"在今天图书馆事业的前进道路上,也反映出有两条完全不同的路线和两种敌对思想的斗争。难道该刊在这条战线的斗争上,也以客观主义的态度出现吗?"[④]

1955年,有关图书馆学的内容从《文物参考资料》中分出,新中国成立后纯图书馆学专业的首份向全国公开发行的《图书馆工作》杂志创刊,标志着这一时期图书馆学理论研究开始进入到了一个新的历史阶段。在创刊号上,李枫、张琪玉直言:"我们认为,'文物参考资料'图书馆部分过去在展开批评与自我批评中做得很不够,期待今后的'图书馆工作'能加强对工作的评述,并以自由讨论的精神,来展开工作的批评与自我批

---

①② 李枫. 反对图书馆学研究中的资产阶级的唯心观点[J]. 文物参考资料,1954(12):122-129.

③④ 王泯虬. 图书馆不能放弃阵地,必须捍卫它——开架制度是图书馆工作方向吗?[J]. 文物参考资料,1954(12):130-135.

评。"①根据部分读者的意见,《文物参考资料》编辑部积极做出回应,就在编辑过程中存在的一些问题做了检讨:认为思想性、战斗性不强;对于存在的某些错误的理论和工作中的缺点,很少批评;没有广泛组织不同意见的讨论;存在着脱离群众、脱离实际的现象,对一些迫切需要解决的具体技术问题,没有及时引起高度重视②;等等。这充分说明了当时编辑部的政治压力是比较大的。

图书馆界有了公开发行的专业期刊,促进了图书馆界对理论与实践工作的讨论与研究,同时,对于学术思想的批判也进入到了一个新的阶段。《图书馆工作》的创刊号刊载了《我们对于公共图书馆某些工作的意见》长文,文中对当时公共图书馆的一些工作做了总结,并从理论层面上加以探讨,进一步深入地研究和阐明了"向工农兵开门"的思想确立之后,公共图书馆界在工作中所带来的巨大变化和取得的一些瞩目的成绩,同时也指出了一些工作中的不足,例如在书目工作中所存在的选题不广、对象不明、推荐性书目选择不严密、质量不够高、选题重复太多等问题。这些意见,对于图书馆今后开展书目工作起到了较好的促进作用。同时,批判了图书馆界的某些"权威"人士的思想,主要是批判杜定友的某些学术思想:第一,批判杜定友的"开架式阅览"思想。在 20 世纪 50 年代初期,我国一些图书馆在探讨开架阅览的过程中,取得了一些经验,至 1954 年底,公共图书馆中开架阅览的做法已较普遍,"在中南地区,江苏省内的大多数图书馆都已实行,成为一种'发展趋势'"③。杜定友所在的广东省中山图书馆较早地开展了开架阅览工作,杜定友还总结了开架的经验,并认为开架式是图书馆管理方法上最理想最进步的制度。然而,在当时的氛围中,这一先进的管理方法被政治化了,一个学术问题、工作方法问题受到了不符合实际情况的批判,李枫、张琪玉认为"杜先生披上马克思列宁主义外衣,把从资产阶级图书馆学中剽窃的东西拿来贩卖,是应该批判的"④。因为他们认为开架的方法存在着重大缺点,主要是:大大地放松或削弱了图书馆对读者的指导作用,抹杀了图书馆的若干工作方法,取消了馆员应尽的管理职责,产生了丢书、乱架等现象。这些较为"粗暴"的观点,在当时还有较大的市场,在若干年中,这种否定开架的观点占了主流。第二,批判杜定友的"明见式目录"。对于这一工作方法,李枫、张琪玉在文中认为"明见式目录使

---

①③④ 李枫,张琪玉. 我们对于公共图书馆某些工作的意见[J]. 图书馆工作,1955(1):65-77.

② 本刊一年来编辑工作的检查[J]. 文物参考资料,1955(3):167-169.

得图书的著录极度简单化,因而阉割了目录的思想政治与科学内容"[①],是削弱图书馆目录的一种主张,批判者将图书馆目录的推荐、指导等的作用,强调到了一个与事实不太相符的程度。

温州市图书馆当时采用了"明见式目录"的方法,但由于没有按照客观规律做,结果引起了一些混乱,工作受到损失,该馆将工作中受到的损失不恰当地与批判资产阶级唯心论加以结合,认为要吸取教训外,"还必须积极地参加对图书馆学研究中的资产阶级唯心观点的斗争,以提高自己的思想认识"[②],结果将主观上对业务工作不熟悉而导致的损失,推向了客观的原因,缺少了一次深刻反思本馆业务提高与管理水平提高的机会。

1955 年 1 月,中共中央宣传部向中央提出了《关于开展批判胡风思想的报告》,要求在批判俞平伯和胡适的同时,对胡风的文艺思想进行公开批判。是年 3 月 1 日,中共中央发出《关于宣传唯物主义思想批判资产阶级唯心主义思想的指示》,认为在各个学术和文化领域中对资产阶级唯心思想代表人物进行批判,是对学术思想界和各个领域中的知识分子宣传唯物主义、推动科学文化进步的有效方法。图书馆界也进入这一时期批判的高潮。上海图书馆举行了《红楼梦》的专题报告会,请复旦大学刘大杰主讲,内容是:红楼梦的思想价值、时代背景和主要人物分析;批判俞平伯的错误观点;深入开展文艺批评,坚决与胡适派的资产阶级唯心论错误的思想观点做斗争[③]。上海市人民图书馆召开读者座谈会,印发资料索引、编辑专题壁报,上海市鸿英、新闻两图书馆联合编辑了报纸、杂志上有关批判《红楼梦》研究中的错误观点的参考资料索引,分发给有关单位和读者。

为更好地在图书馆界批判资产阶级唯心主义思想,《图书馆工作》发出社论,指出:"必须努力学习政治理论,宣传马克思主义唯物主义思想,批判资产阶级唯心主义思想。"[④]湖南省中山图书馆及时制订了学习辩证唯物论的计划,于 1955 年 4 月开始组织学习,分 2 个单元学习。第一单元,理解辩证唯物论和资产阶级唯心论的含义,第二单元,联系实际批判图书

---

①　李枫,张琪玉. 我们对于公共图书馆某些工作的意见[J]. 图书馆工作,1955(1):65-77.

②　韦章. 使用"明见式目录"后[J]. 图书馆工作,1955(3):83-85.

③　应为,虞. 配合批判"红楼梦"研究中的错误观点,上海各公共图书馆展开群众活动工作[J]. 图书馆工作,1955(1):87-88.

④　加强修养锻炼,做好图书馆工作[J]. 图书馆工作,1955(2):1-5.

馆学研究中的资产阶级唯心论,学习时间为3个月①。为更好地组织图书馆界的批判活动,江苏省文化事业管理局于1955年2月12日发出通知,要求全省各文化主管部门及各公共图书馆组织图书馆干部,学习有关批判图书馆学研究中的资产阶级观点的文件,通知认为,资产阶级的唯心观点经常反映到图书馆学中,但不能及时加以批判,并规定了学习内容的主要精神与方面,以及学习的方法②。

武汉图书馆为配合关于辩证唯物主义的学习与宣传,定期举办报告会,计划在半年内每月举行1次,于5月15日开课,主题为:①什么是唯物论? 什么是唯心论? ②为什么要批判胡适、胡风的思想(分2讲);③从历史唯物论来认识群众和个人在历史中的地位和作用;④唯物辩证法的基本知识;⑤怎样自修马列主义③。

图书馆是文化思想战线上的主要阵地之一,大力开展图书活动,深入宣传辩证唯物主义,批判资产阶级唯心思想,则是当时图书馆界的中心工作之一。东北图书馆举办"肃清胡风反革命集团读者座谈会"和报告会,布置"肃清胡风反革命集团专题阅览室"④。山东省图书馆编印"坚决彻底粉碎胡风反革命集团"的报刊索引,举办展览会,陈列相关主题的图书专架,举办读者座谈会,并发出了"山东省图书馆读者会议对胡风反革命集团的声讨书"⑤。武汉大学图书馆举办剪报展览,福建省图书馆展出声讨胡风反革命集团的资料和编绘的漫画,清除相关馆藏著作,设立批判的图书专橱,组织读者撰写批判文章、出墙报等⑥。

《图书馆工作》编辑部收到了大量的批判文章和报道,经整理后在1955年第4期上刊出"坚决肃清胡风集团和一切暗藏的反革命分子"的专门报道,文中报道了北京图书馆、北京市图书馆、上海图书馆、安徽省图书馆、江西省图书馆、广东省中山图书馆、贵州省贵阳图书馆、西康省图书

---

① 朱家训. 湖南省中山图书馆学习辩证唯物论,批判图书馆工作中的资产阶级唯心观点[J]. 图书馆工作,1955(4):87.

② 江苏省文化局发出通知组织干部学习有关批判图书馆学研究中的资产阶级观点的文件[J]. 图书馆工作,1955(2):63.

③ 熊明经. 武汉图书馆举办辩证唯物主义讲座[J]. 图书馆工作,1955(4):86.

④ 东北图书馆配合肃清胡风反革命集团的政治斗争举办各种读者活动[J]. 图书馆工作,1955(4):80.

⑤ 山东省图书馆全面展开粉碎胡风反革命集团宣传工作[J]. 图书馆工作,1955(4):78-79.

⑥ 静夫. 福建省图书馆积极参加粉碎胡风反革命集团的斗争[J]. 图书馆工作,1955(4):81-82.

馆筹备组、甘肃省图书馆、鞍山市图书馆、北大教授刘国钧、北京图书馆研究员赵万里、内蒙古图书馆冀森、哈尔滨亚麻纺织厂图书室管理员陶若华、高密县文化馆图书室、淄博市图书馆尚耀华、锦州市图书馆、抚顺市图书馆、青岛市图书馆、交通大学图书馆等批判胡风集团的情况，还有许多报道和稿件因篇幅关系而没有刊载。主要内容集中在：①各馆初步检查了藏书，提出了胡风集团分子的论著，并停止借阅；②各馆先后举办了报告会、座谈会等，揭露批判胡风反革命集团的罪行；③有些馆还编了资料索引，组织读者的批判活动等。至此，这一阶段的批判活动大致告一段落。

综观这一阶段的批判活动，主要有如下几个特征：①这是一场全国性的思想领域的斗争，相对其他领域而言，图书馆界的批判总体还算平缓，遭受思想批判的对象的面很窄，主要是杜定友的一些学术思想遭到批判；②开始出现了"左"的动向，将学术思想问题政治化，造成了不符学术规律的"专横"的批判，导致了一些副作用的产生；③将业务问题提升至政治的高度，不顾一些合理、科学的做法，仅凭个人判断，并根据某些片面的理论依据，就将开架和一些简化借书的手续作为资产阶级唯心主义的做法而加以批判；④对学术的发展和杂志的作用期望较高，从政治思想领域的角度去要求编辑部，同时也使为数极少的图书馆学杂志更关注政治、思想活动的报道工作，从而削弱了学术研究与探讨的工作；⑤年轻一代的学术研究者在批判运动中成长，从而开始养成了一小部分具有敏锐的"政治"头脑和眼光的"学者"的出现，导致在今后一定的历史条件下，这一问题的膨胀与发酵；⑥由于并没有对一些图书馆学思想与图书馆工作实践开展大量的深入的研究，对诸如开架及明见式目录的方法的批判，"破"了这些被认为是资产阶级唯心主义的做法，"破"了一些"权威"的学术思想，而并没有更多的理论与实践的"立"，从而造成了一定程度的思想上的混乱，对于"什么是图书馆学"等这些基本理论与问题的认识就增加了理解的迫切性，同时也增加了一些认识上的模糊性。

第三节 "鸣"与"放"的开展

新中国的第一个学术研究高潮期是在 1956 年至 1957 年的上半年期间形成的，其根本原因是党的学术政策的"放"与广大学术界努力为建设和探索具有中国社会主义特色的学术研究的积极性的相结合。1956 年初，中央召开关于知识分子问题会议，周恩来总理在大会上做了具有深远历史意义的报告,号召全国人民尤其是广大知识分子"向科学进军"。周恩来的报告,极大地鼓舞了知识分子为社会主义建设的自觉性和自我改造的信心和决心,调动了知识分子向科学进军的革命热情。是年 4 月,毛泽东在中共中央政治局扩大会议上的总结讲话中提出了"百花齐放、百家争鸣"的问题,6 月 8 日,毛泽东对陆定一的《百花齐放,百家争鸣》一文给予充分的肯定,并亲自做了一些修改,使这一方针有了系统的理论形态①。

"双百"方针的提出,在文艺科学界引起了强烈反响,打开了人们的眼界,解放和活跃了人们的思想,使中国科学文化事业呈现出了生机勃勃的景象。在这一时代大背景下,于 1956 年 6 月制定出的《1956—1967 哲学社会科学规划草案(初稿)》成为哲学社会科学领域中纲领性的文件,"规划规定了哲学社会科学各学科的研究工作的任务"②。提出了一些当时最迫切需要的专门著作和教科书撰著,分别规定了完成的期限,提倡在学术研究上的"百家争鸣",充分发挥现有的研究人才的力量和有计划有步骤地培养新的研究人才的关键问题。该规划将图书馆学作为第 14 门学科列入其中,规划了研究的重要问题和重要著作的研究、撰写的时间要求,形成了一个中国图书馆学历史上首个权威的、系统性的、阶段性的研究规划,兴起了新中国成立以后第一个图书馆学研究的高潮。

为构建一个图书馆学理论研究的具有一定水平的研究基础和平台,刘国钧及时发表了《什么是图书馆学》一文,标志着对图书馆学理论研究即将全面展开,发表这一文章的根本目的是:"图书馆学是否一门科学这个问题,在学术界和图书馆工作者之间尚有不同的看法。我们特发表了刘国钧先生的这篇文章供同志们参考,希望展开讨论并提出意见,寄给本刊选登。"③在以后的岁月中,"这篇文章已经成为了 20 世纪图书馆学的经典文献"④。图书馆理论与实践的研究进入到了一个新的历史时期。

1957 年 4 月 27 日,中共中央发出《中国共产党中央委员会关于整风运动的指示》,拟在全党重新进行一次普遍深入的反对官僚主义、反宗派主义、反主观主义的整风运动,并规定了方针政策:"这次整风运动,应该是一次既严肃认真又和风细雨的思想教育运动,应该是一个恰如其分的批评和

---

① 石云霞. 新中国成立以来中国共产党思想理论教育历史研究[M]. 北京:中国社会科学出版社,2007:130.

② 哲学社会科学规划办公室. 1956—1967哲学社会科学规划草案(初稿)[Z]. 北京:哲学社会科学规划办公室,1956:1.

③ 编者. 编者按[J]. 中国科学院图书馆通讯,1957(1):5.

④ 王子舟. 学术创新必先从学术史研究入手[J]. 图书情报工作,2007(3):5.

自我批评的运动"①。从而拉开了全国性的"鸣"与"放"的批评和自我批评的帷幕。全国各地纷纷举行各种形式的批评与自我批评的活动。1957年5月21日，为在图书馆界更好地贯彻党中央有关精神，《图书馆工作》编辑部邀请首都各机关图书馆、资料室的工作者座谈"鸣"和"放"的问题。出席座谈会的有中宣部、人民日报社、新华社等图书馆的工作人员20余人②。与会代表对文化部等领导机关提出了尖锐的批评，认为图书馆学的发展落后于形势发展的需要，文化部、北京图书馆、北京大学等单位都有责任。

5月23日的下午和晚上，北京大学图书馆学系全体教师和同学举行座谈会，高教部综合大学司司长、文化部社会文化事业管理局副局长和图书馆处副处长、北大校长助理等出席了会议，"会上针对高教部、文化部以及校部领导的官僚主义、宗派主义和主观主义提出了尖锐的批评。会议自始自终充满了'知无不言，言无不尽'的气氛"③。

在这一运动中，图书馆界对《图书馆工作》寄予厚望："希望'图书馆工作'能在'争鸣'中更好地发挥作用，改变过去那种不接触实际、主观空谈的作风，要大胆地揭露问题，提出问题，使'图书馆工作'在密切联系群众下能更好地成长起来。"④为更好地开展"鸣放"，《图书馆工作》编辑部于1957年第7期上及时刊载了一些报道性的文章，如《图书馆事业上存在的矛盾问题》（文化部召开的图书馆专家座谈会）、《图书馆教育走向何方》（北京大学图书馆学系师生座谈会）、《机关图书馆工作者首次争鸣》（首都机关图书馆、资料室工作者座谈会）等，并开设了"当前图书馆工作中存在些什么矛盾？"的专栏，刊载了《必须解决图书馆事业的要求与干部配备之间的矛盾》《为什么有些图书馆员不安心工作》《我的要求》和《今后的浙江省图书馆会怎样》等专题文章，其中《今后的浙江省图书馆会怎样》一文主要针对"省的领导不重视""非党馆长有职无权""干部中的两种待遇""领导不懂业务，又不集思广益"等问题做了批评，这些都是积极

① 中国共产党中央委员会关于整风运动的指示（1957.4.27）[M]//国务院法制局，中华人民共和国法规汇编辑委员会. 中华人民共和国法规汇编：1957年1月—6月. 北京：法律出版社，1957：35-39.

② 李博达. 机关图书馆工作者首次争鸣：首都机关图书馆、资料室工作者座谈会纪要[J]. 图书馆工作，1957（7）：19-21.

③ 俊. 图书馆教育走向何方？——记北京大学图书馆学师生座谈会[J]. 图书馆工作，1957（7）：15-18.

④ 静文. 认真地学习和宣传关于正确处理人民内部矛盾的问题[J]. 图书馆工作，1957（6）：1-2.

响应"鸣放"的成果。正当学术界许多人意气风发,准备进一步深入"鸣放"之时,随后出现的反右扩大化问题,扼杀了双百方针的继续贯彻落实,迅速出现了"火药味"十足的批判性文章。

根据形势的发展,一些图书馆界人士对"鸣放"中的一些言行奋起反击,并上纲上线:"'图书馆工作'一九五七年七月号刊登的'今后的浙江省图书馆会怎样?'一文,是一篇有意歪曲、扩大事实,企图在图书馆事业方面恶毒地向党进攻的文章。"①文中对《今后的浙江省图书馆会怎样?》进行了痛批,并且"立场坚定"地质问《图书馆工作》编辑部:"我们不禁要问你们是站在什么立场? 你们准备把全国的图书馆及图书馆员引向何方?"②这样的质问,在当时的历史条件下,是编辑部难以承受的,主编迅速在该杂志的 8、9 合期上做了检讨,以承担主要责任,对读者的来往和来信中提出的批评意见,编辑部表示热诚地欢迎;对于刊登在第 7 期上的某些文章,"这说明我们在政治上很不坚强,存在着严重的右倾思想。我们应该深自检讨,并责成编辑人员具体检查本刊工作和存在问题"③。在接下来的第 10 期上,编辑部迅速进一步做出检查,认为读者对本刊的意见中,认为有些文章是毒草,或者是含有毒素,而对这些文章在刊登过程中没有加以批判,或者不表示态度就发表了出来,衷心接受读者提出的意见,"其中最突出的一篇,就是何述所写的'今后的浙江省图书馆会怎样?'这是一篇明显的有毒的文章。由于我们对于领导重视不重视图书馆工作这个问题,有些与右派分子的谬论起着共鸣。因此毒箭就被我们不加批判的放出去……"④图书馆界开始了对"右派分子"和"右派"言论的批判。

在反右运动中,图书馆界不是避风港,"图书馆界是社会文化工作中的重要阵地,右派分子以及右派言论也是存在的"⑤。此时,在图书馆的专业杂志上的篇名中,出现了"打退右派进攻"的词组,并站在无产阶级的立场上,批判"右派分子"企图推翻党的领导、否定社会主义建设中的成绩,以达到复辟资本主义的愿望,"他们首先在知识分子较多的文教界、艺术界、新闻出版界等方面进行有步骤、有系统、有纲领的反党、反社会主义的活动"⑥。反右是一场全国性的政治运动,根据北京师范大学图书馆编的《北京师范大学图书馆百年馆庆纪念册》记载,1957 年"6—8 月,反右

---

① ② 金天游等十一人. 答"今后的浙江省图书馆会怎样?"[J]. 图书馆工作,1957(8/9):8-12.

③ 主编. 主编的话[J]. 图书馆工作,1957(8/9):53.

④ 本刊编辑部. 我们的检查[J]. 图书馆工作,1957(10):1-2.

⑤ ⑥ 静文. 坚决打退右派进攻积极改进工作[J]. 图书馆工作,1957(8/9):1-3.

派运动开始。我馆全体职工每天全部时间都投入了这一全国性的政治运动"①。在这场斗争中,由于扩大化的原因,许多同志被打成了"右派",尤其是一大批对党忠心、为图书馆事业不断做出贡献的老专家、老教授和知识分子被错打成"右派",对图书馆的发展和图书馆学的理论研究产生了较大的影响。

《图书馆学通讯》杂志也开展了对图书馆界"右派分子"和言论的批判。在 1957 年第 4—5 合期上刊载文章:《谁说'今不如昔'——我国图书馆事业概述》《'危机'从何说起?——驳光明日报'图书馆事业存在着危机'谬论》《决不容许右派分子诬蔑我们的古书保护工作》,通过图书馆界取得的成绩,批判"右派"的唱衰言论。此时的批判,主要是立足于政治,对"右派"言论的批判。新中国成立后第一次在学术理论上的大批判,则大致出现在 1958 年下半年,延至 1959 年上半年的全国性的"插红旗、拔白旗"的运动中。

第四节 在"插红旗、拔白旗"运动中的学术批判

1957 年 10 月 9 日,毛泽东首次在中国共产党八届三中全会上提出"红"与"专"的问题,反对先专后红的说法,要求大家变得又红又专,随后产生了诸如"红旗""白旗""黄旗""灰旗"等的分类。以后,毛泽东又在多种场合谈到了红与专的问题。1958 年 5 月 5 至 23 日,中国共产党第八届全国代表大会在京举行第二次会议,正式阐述并制定了社会主义建设总路线,推进了大跃进的发展。会上毛泽东在几次讲话中,多次讲到了"插红旗、拔白旗"的问题。所谓"红旗"与"白旗",是"大跃进"时期发明的一种形象化的概念,红旗指的是无产阶级和共产主义,白旗指的是资产阶级和资本主义。八大二次会议后,5 月 29 日,《人民日报》发表社论,提出"把总路线的红旗插遍全国",公开了毛泽东插红旗的主张。6 月 1 日,《红旗》杂志创刊,陈伯达任总编辑,其发刊词中指出:"任何地方,如果还有资产阶级的旗帜,就应当把它拔掉,插上无产阶级的旗帜",此后,一场声势浩大的"插红旗、拔白旗"的运动在全国展开。

高校是"拔白旗"的重灾区,因为这里集中了大批的"资产阶级分子"。

---

① 北京师范大学图书馆. 北京师范大学图书馆百年馆庆纪念册[M]. 北京:北京师范大学出版社,2002:56-57.

按照当时的逻辑,资产阶级知识分子走的就是白专道路,"白旗"即是走白专道路的资产阶级知识分子的形象称谓,要称得上"白专"者,是要有"资格"的。这种资格主要有两条:第一,首先是专家,是学有所长之人,如果没有"专"的一面,何来"白专"之说,没有"白专",又何来"白旗"? 第二,由于是"资产阶级分子",因此,通常是新中国成立前接受过旧教育者,并已形成了一套"资产阶级的学术观"。由于思想改造具有的长期性、曲折性、艰巨性的特征,因此,往往"白旗"者就产生于这一群体中,这就是在这一"学术"批判运动中,大批老教授、老科学家、老专家被当作"白旗"而拔出的原因。

在图书馆界,"拔白旗"的重灾区亦在高校,高校中的重灾区在北京大学、武汉大学等高校,这与宏观上的发展是完全相符的。北京大学有在 5 月 4 日举行各种庆祝、纪念活动的传统。1958 年的青年节,北大举行校庆纪念大会,陈伯达在会上讲话,认为:"那些解放前已经有系统地形成一套资产阶级哲学观点的一些教授,例如冯友兰先生、贺麟先生等人,不经过深刻的批判,或者他们没有进一步进行深刻的系统的自我批判,那就不可设想他们能够获得无产阶级的意识"[①],并认为老教授们由于过去受过资产阶级没落时代的教育,又受过中国封建思想的影响,需要丢掉此两大包袱。随后,北京大学组织了座谈会,请了一些知名教授进行座谈,以便他们自我检讨。"与会者纷纷根据陈伯达说的两个包袱对号入座。而被陈伯达点了名的冯友兰,更是作了上纲上线的自我批判。"[②]

这一自我批判,迅速在北京大学开展起来。作为图书馆学系的老专家的刘国钧,当然完全符合存在着的"两大包袱"问题,于是也做了深刻的检查,诚恳地表态:"我就有决心要把我过去的关于图书馆学的著作进行一次彻底批判,清除其中的资产阶级思想,树立以马克思列宁主义为指针的社会主义图书馆学思想。我把这项决心订入了我个人的红专规划。现在就来开始执行。"[③]刘国钧对为 1926 年《图书馆学季刊》所拟的办刊宗旨,图书馆学理论研究中存在着的超阶级的、纯技术的思想和问题,在图书编目问题上存在着的崇古薄今的思想,在分类法中以庸俗的进化论为依据的分类思想,图书馆学研究方法论中存在的问题,图书藏书理论中的问题等方

---

①② 罗平汉."大跃进"中几所高等院校的"拔白旗"运动[J]. 文史精华,2000(1):40-46.

③ 刘国钧. 关于我的资产阶级图书馆学观点的自我批判[M]//北京大学学报(人文科学)编辑委员会. 北京大学批判资产阶级学术思想论文集:科学研究大跃进专刊. 北京:高等教育出版社,1958:357-372.

面,都做了思想认识的剖析。武汉大学同样如此,"8月20日,《人民日报》用较大篇幅报道了武汉大学开展的以整知识分子为目标的'拔白旗、插红旗'运动的情况,并配发了'本报评论员'的文章,号召'拔掉教育战线上的白旗'"①。1958年的暑期,北大校党委组织师生放弃休息,苦战40天,掀起了一场对资产阶级学术思想批判的群众运动。一时间,写出了许多批判资产阶级学术思想的文章,以及具有"红旗"特征的文章。

为了明确资产阶级思想在图书馆学中的反映,"北京大学图书馆学系从(1958年)3月16日开始在民主楼图书馆学教研室举办了一个教学中资产阶级思想的展览会"②。通过展览会暴露出了在当时的形势所反映出的问题主要有:党性原则表现在哪里? 厚古薄今、颂古非今,脱离实际,向谁学习等问题。当时邓衍林在看完展览后留言道:"我在教学中有浓厚的资产阶级思想,你们揭发的还不够,火力还不猛,我身上有毒瘤,请同学们开刀,愈痛愈深愈好。"③8月26日至9月3日,武汉大学图书馆学系进一步开展了一次群众性的课程大检查,组织了"图书史""分类法""图书馆藏书""图书馆目录""目录学""读者指导""普通图书馆学"等7个战斗司令部。"通过这次检查,资产阶级教学体系和教学内容被每个人清清楚楚地认识了。这就使大家进一步明白了我系教学仍须来一个根本的改革。"④

在图书馆界"插红旗、拔白旗"之始,《图书馆学通讯》编辑部于1958年5月26日召开座谈会,由公共图书馆、高校图书馆、科学院图书馆、政府机关专业图书馆、图书馆学教育机构以及文教行政部门等16个单位的代表40余人参加,讨论了兴无灭资;对读者进行共产主义教育;为生产建设服务;开门办馆,一切为了读者;破除迷信;又红又专等问题⑤。这一座谈会的综合报道刊载于《图书馆学通讯》1958年第3期上,其篇名为《拔掉白旗,插上红旗! ——本刊编辑部召开座谈会的综合报导》,此可看作是图书馆界全国性的"拔白旗、插红旗"运动的动员令。该刊在1958年第5期上发表了多篇批判性的文章,编辑部为此撰写了评论员文章,认

---

① 王军."拔白旗、插红旗"运动的来龙去脉[J].文史精华,2002(7):24-28.

②③ 王永厚.必须消灭图书馆学教育中的资产阶级教学思想——记北大图书馆学系教学中资产阶级教学思想展览会[J].图书馆学通讯,1958(3):16-18.

④ 武汉大学图书馆学系.武汉大学图书馆学系课程大检查总结(摘要)[J].图书馆学通讯,1958(6):22-23,54.

⑤ 拔掉白旗,插上红旗——本刊编辑部召开座谈会的综合报导[J].图书馆学通讯,1958(3):7-10.

为"高等学校整风之后,同学们破除了迷信,解放了思想,迸发出青春的火力,对教授专家们的资产阶级教学思想和学术观点,开展了尖锐地批判,并且大写论文大编教材,实在是可喜的盛举!"① 该刊刊登了北京大学图书馆学系同学们集体创作的文章和北大武大两个图书馆学系的思想与学习双跃进的报道,"以上三篇文章,共计批判了四位图书馆学教授和专家论著中的资产阶级观点,开始打破了几年来图书馆界思想斗争中的沉寂状态"②。为了更好地批判资产阶级图书馆学思想,北京大学图书馆学系"破资产阶级的学术观点,立社会主义的图书馆学,总结图书馆事业的成就。于是就组织了四个批判资产阶级图书馆学、目录学小组,批判的对象就是系里的刘国钧先生和"右派分子"王重民的资产阶级学术观点(另外,毕业班同学在实习中还批判了杜定友的资产阶级学术观点)"③。在暑假中编辑了资产阶级图书馆学和目录学批判论文集,其中有对刘国钧编著的《中国图书分类法》及《中国书史简编》的批判,有对王重民目录学中的资本主义和封建主义学术思想的批判④。其中的一些文章在《图书馆学通讯》杂志上发表,影响较广。这一时期大致在该刊物上发表的理论批判文章有:
① 北京大学图书馆学系 1955 年级资产阶级学术思想批判小组撰写的《批判杜定友先生图书馆学资产阶级学术思想》[1958(5)];② 武汉大学图书馆学系通讯小组撰写的《批判皮高品先生和徐家麟先生的资产阶级教学思想》[1958(5)];③ 北京大学图书馆学系 1956 年级"什么是图书馆学"批判小组撰写的《批判刘国钧先生的"什么是图书馆学"》[1958(5)];④ 徐恭时撰写的《对刘国钧编'中国图书分类法'批判的开端》[1958(6)];⑤ 北京大学图书馆学系 1956 年级"中国图书分类法"批判小组撰写的《批判"中国图书分类法"的几个问题》[1958(6)];⑥ 北京大学图书馆学系 1957 年级"图书馆学辞典"批判小组撰写的《"图书馆学辞典"是我国图书馆界的一株毒草》[1959(1)];⑦ 于声撰写的《图书馆学辞典是一部有毒害的书》[1959(1)];⑧ 陈霖生撰写的《一部推销资产阶级学术观点的图书馆学辞典》[1959(1)];⑨ 王勖撰写的《应该彻底检查批判和重新审改这一重要的工具书》[1959(1)];⑩《北京图书馆对刘编"中国

---

①② 本刊评论员. 青春的火力[J]. 图书馆学通讯,1958(5):15,2.

③ 史永元. 苦战四十天,向科学研究大跃进——记北大图书馆学系暑假科学研究工作[J]. 图书馆学通讯,1958(5):13-15.

④ 孟昭晋,纪国祥. 坚决在图书馆学阵地上树起红旗 北大图书馆学系人人动手大搞科学研究[J]. 图书馆学通讯,1958(4):55.

图书分类法"的批判》[1959（3）];⑪武宁生撰写的《就"新图书馆手册"一书批判杜定友先生的资产阶级学术思想》[1959（4）];⑫孟广儒撰写的《对"中国十进分类法"的批判——从皮高品先生对"人大图书分类法"的评介谈起》[1959（4）];⑬《记批判刘编"中图法"座谈会》[1959（5）];⑭武汉大学图书馆学系三年级"中国十进分类法"批判小组撰写的《对于皮高品编"中国十进分类法"的初步批判》[1959（5）];⑮李默、方振球撰写的《对杜定友先生"地方文献的搜集整理与使用讲稿"的几点意见》[1959（5）]等文章,还有1960年《评"图书馆学书籍联合目录"》等余脉。

　　这些文章的大致特点主要有:① 在校学生成为这场学术批判运动的主力,参与的人员较多,主要是北大、武大两校图书馆学系的在校学生,他们承担了排头兵的作用。这一时期,《图书馆学通讯》杂志上最早刊出的三篇学术批判文章,都是学生批判小组撰写的,他们具有"冲天"的革命干劲;② 批判的对象十分集中,主要是全国具有重大影响的图书馆学老专家老教授,针对批判的作品以新中国成立前的论著为主,也兼顾现代的具有较大影响的作品;③ 以批判分类法为主,说明当时解决分类法问题的重要性与迫切性。批判《什么是图书馆学》一文,则表明了该文在图书馆界已形成了广泛的影响,说明当时对于图书馆学基础理论研究已较为重视,在构建图书馆学理论体系过程中,急需形成一个具有中国社会主义特色的图书馆学理论体系的基础;④ 批判过程中违背了学术争鸣的原则,甚至不顾事实,态度粗暴,对学术思想的发展产生了不良影响;⑤ 这一批判的时间段主要在1958年下半年至1959年的上半年。1959年1月,中宣部召开全国宣传工作座谈会,在肯定成绩的基础上,也检查了"大跃进"以来出现的"左"的错误,认为1958年在高校开展的学术思想批判运动,没有很好地将学术批判与政治斗争区别开来,在学术批判中,没有把对资产阶级思想的斗争与关于学术讨论的问题区别开来,由此在一定程度上纠正了当时在学术批判中的"左"的倾向。⑥ 对所谓的"白旗"的态度还是比较温和的,许多文章对批判对象还冠以"先生"等词,"白旗"只是落后的代名词,够不上严重的政治罪名,但是被冠以"白旗"者,在工作中还是受到了较大的影响,"到1962年中共中央为运动中错划为'白旗'的绝大部分人员进行了平反"①。

---

① 王军."拔白旗、插红旗"运动的来龙去脉[J].文史精华,2002（7）:24-28.

中华人民共和国成立后,人民当家做主,通过多次运动的开展,初步清算了帝国主义、封建主义、官僚资本主义的思想,通过对电影《武训传》、对《红楼梦》研究的批判及对胡适唯心论的批判、对胡风集团的批判,开始在思想领域展开了对资产阶级思想的批判。图书馆界全国性地开展对资产阶级思想的大力批判,开始于 1954 年的对《红楼梦》研究的批判运动中,当时主要从政治思想角度,联系实际,批判了杜定友的一些理论思想,被批判的对象极少,批判的人员和文章也很少。图书馆学界较大规模的、全国性的对学术思想的批判,主要产生于 1958 年的下半年和 1959 年的上半年,存在于"插红旗、拔白旗"的全国性运动中。

在高校,批判针对的主要对象是在旧社会已经形成较为稳定的世界观的老教授、老专家,被批判的人员,主要是刘国钧、杜定友、皮高品等,被批判的作品,主要集中在分类法内容上,以及《什么是图书馆学》《图书馆学辞典》等。在批判的过程中,"左"的倾向表现得较为突出,在许多文章中混淆了政治与学术的界限,因此并没有对学术问题进行深入细致的研究、争鸣、商榷,从而在这一阶段中的图书馆学理论难于突破,难于提升到一个较高的层面,导致"什么是图书馆学""图书馆学是一门科学吗"等问题,直到 20 世纪 80 年代还是一个热门话题。对于这些时代的特征、经验和教训,应该深入总结以利于今后学科的发展。

主要参考文献

一、图书

1.《百年清华图书馆》编写委员会. 百年清华图书馆 [M]. 北京:清华大学出版社,
2012.

2. 薄一波. 若干重大决策与事件的回顾:上卷 [M]. 北京:中共中央党校出版社,
1991.

3. 薄一波. 若干重大决策与事件的回顾:下卷 [M]. 北京:中共中央党校出版社,
1993.

4. 北大图书馆学系五六级昌黎实习队. 昌黎县图书馆事业发展简史 [M]. 手刻油
印本. [出版地不详]:[出版者不详],1959.

5. 北京大学图书馆. 书城春秋——北京大学图书馆 110 年纪事 [M]. 北京:北京大
学图书馆,2012.

6. 北京大学图书馆学教研室. 图书馆藏书与目录讲稿:第一部分 [M]. 北京:北京
大学图书馆学系,1957.

7. 北京大学图书馆学系. "图书馆学基础" 讲义（初稿）[M]. 北京:北京大学图书
馆学系,1958.

8. 北京大学图书馆学系 1957 年级图书馆事业史小组. 中国图书馆事业史讲稿(初
稿）[M]. 手刻油印本. 北京:北京大学图书馆学系,1959.

9. 北京大学图书馆学系中国图书馆事业史小组. 中国近代现代图书馆事业史 [M].
北京:北京大学图书馆学系,1960.

10. 北京大学信息管理系,南京大学信息管理系,甘肃省图书馆. 一代宗师:纪念
刘国钧先生百年诞辰学术论文集 [M]. 北京:北京图书馆出版社,1999.

11. 北京大学学报（人文科学）编辑委员会. 北京大学批判资产阶级学术思想论
文集:科学研究大跃进专刊 [M]. 北京:高等教育出版社,1958.

12. 北京师范大学图书馆. 北京师范大学图书馆百年馆庆纪念册 [M]. 北京:北京
师范大学出版社,2002.

13. 北京图书馆. 图书馆目录:上册 [M]. 北京:中华书局,1957.

14. 陈彬龢,查猛济. 中国书史 [M]. 上海:商务印书馆,1931.

15. 陈颂. 普通图书馆学讲稿(武汉大学讲义)[M]. 手刻油印本. 武汉:武汉大学图书馆学系,1958.

16. 陈源蒸,张树华,毕世栋. 中国图书馆百年纪事:1840—2000[M]. 北京:北京图书馆出版社,2004.

17. 杜克. 当代中国的图书馆事业 [M]. 北京:当代中国出版社,1995.

18. 冯友兰. 中国现代哲学史 [M]. 北京:生活·读书·新知三联书店,2009.

19. 关懿娴. 关懿娴旧稿旧文集(图书馆学)[M]. 北京:国家图书馆出版社,2010.

20. 郭德宏,林小波. "四清"运动亲历记 [M]. 北京:人民出版社,2008.

21. 国务院法规编纂委员会. 中华人民共和国法规汇编:1960 年 1 月—6 月 [M]. 北京:法律出版社,1960.

22. 国务院法规编纂委员会. 中华人民共和国法规汇编:1962 年 1 月—1963 年 12 月 [M]. 北京:法律出版社,1964.

23. 国务院法制局,中华人民共和国法规汇编编辑委员会. 中华人民共和国法规汇编:1954 年 9 月—1955 年 6 月 [M]. 北京:法律出版社,1956.

24. 国务院法制局,中华人民共和国法规汇编编辑委员会. 中华人民共和国法规汇编:1956 年 7 月—12 月 [M]. 北京:法律出版社,1957.

25. 国务院法制局,中华人民共和国法规汇编编辑委员会. 中华人民共和国法规汇编:1957 年 1 月—6 月 [M]. 北京:法律出版社,1957.

26. 国务院法制局,中华人民共和国法规汇编编辑委员会. 中华人民共和国法规汇编:1957 年 7 月—12 月 [M]. 北京:法律出版社,1958.

27. 国务院法制局,中华人民共和国法规汇编编辑委员会. 中华人民共和国法规汇编:1958 年 1 月—6 月 [M]. 北京:法律出版社,1958.

28. 国务院法制局,中华人民共和国法规汇编编辑委员会. 中华人民共和国法规汇编:1958 年 7 月—12 月 [M]. 北京:法律出版社,1959.

29. 国务院科学规划委员会. 一九五六——一九六七哲学社会科学规划纲要(修正草案)[Z]. 北京:国务院科学规划委员会办公室,1958.

30. 国务院秘书厅,国务院法规编纂委员会. 中华人民共和国法规汇编:1959 年 7 月—12 月 [M]. 北京:法律出版社,1960.

31. 何东昌. 中华人民共和国重要教育文献:1949—1975[M]. 海口:海南出版社,1997.

32. 洪有丰. 图书馆组织与管理 [M]. 上海:商务印书馆,1926.

33. 户野周二郎. 图书馆教育 [M]. 谢荫昌,译. 奉天(沈阳):图书发行所,1911.

34. 华东师范大学中国当代史研究中心. 中国当代民间史料集刊 2:师院图书馆会

议记录[M].上海:东方出版社,2011.

35. 华西里夫斯卡娅,哥尔法钦斯卡娅,聂姆钦科,等.出版物著录统一条例[M].刘国钧,译.北京:商务印书馆,1958.

36. 黄宗忠.图书馆学导论[M].武汉:武汉大学出版社,1988.

37. 晦庵.书话[M].北京:北京出版社,1962.

38. 基霍米洛娃,费尔索夫.俄文图书编目图例[M].李申,译;刘国钧,校.北京:中华书局,1955.

39. 金沛霖.北京文化史资料选集:首都图书馆馆史[M].北京:北京市文化局,首都图书馆,1995.

40. 李景文.河南大学图书馆史[M].开封:河南大学出版社,2008.

41. 李致忠.中国国家图书馆百年纪事:1909—2009[M].北京:国家图书馆出版社,2009.

42. 李致忠.中国国家图书馆馆史:1909—2009[M].北京:国家图书馆出版社,2009.

43. 李致忠.中国国家图书馆馆史资料长编:1909—2008[M].上.北京:国家图书馆出版社,2009.

44. 刘国钧,陈绍业,王凤翥.图书馆目录[M].北京:高等教育出版社,1957.

45. 刘国钧.可爱的中国书[M].北京:建业书局,1952.

46. 刘国钧.图书馆学要旨[M].上海:中华书局,1934.

47. 刘国钧.图书怎样分类[M].北京:中华书局,1953.

48. 刘国钧.现代西方主要图书分类法评述[M].长春:吉林人民出版社,1980.

49. 刘国钧.中国古代书籍史话[M].北京:中华书局,1962.

50. 刘国钧.中国书的故事[M].北京:中国青年出版社,1955.

51. 刘国钧.中国书史简编[M].北京:高等教育出版社,1958.

52. 刘国钧.中国书史讲稿(初稿):1956年级用[M].北京:北京大学图书馆学系,1956.

53. 刘国钧.中国图书分类法[M].南京:金陵大学图书馆,1929.

54. 刘石.有高楼杂稿[M].北京:商务印书馆,2003.

55. 马费成.世代相传的智慧与服务精神:文华图专八十周年纪念文集[M].北京:北京图书馆出版社,2001.

56. 麦群忠,朱育培.中国图书馆界名人辞典[M].沈阳:沈阳出版社,1991.

57. 毛泽东.建国以来毛泽东文稿:第2册[M].北京:中央文献出版社,1988.

58. 毛泽东.毛泽东选集:第四卷[M].北京:人民出版社,1991.

59. 毛泽东.毛泽东选集:第五卷[M].北京:人民出版社,1977.

60. 毛泽东. 毛泽东选集：一卷本 [M]. 北京：人民出版社，1966.

61. 莫斯科国立莫洛托夫图书馆学院，列宁格勒国立克鲁柏斯卡娅图书馆学院. "图书馆学"教学大纲 [M]. 油印本. 北京大学图书馆学专修科，译. [出版地不详]：[出版者不详]，1951.

62. 南京大学信息管理系，中华图书资讯学教育学会. 第十届海峡两岸图书资讯学学术研讨会论文集 [M]. 南京：南京大学信息管理系，2010.

63. 南京大学信息管理系. 李小缘纪念文集 [M]. 南京：南京大学信息管理系，2008.

64. 倪波，荀昌荣. 理论图书馆学教程 [M]. 天津：南开大学出版社，1986.

65. 丘巴梁. 普通图书馆学 [M]. 徐克敏，郑莉莉，周文骏，译. 北京：书目文献出版社，1983.

66. 石云霞. 新中国成立以来中国共产党思想理论教育历史研究：上 [M]. 北京：中国社会科学出版社，2007.

67. 舒翼翚. 图书馆学引论讲稿：1955—1956 年度第一学期用 [M]. 手刻油印本. 北京：北京大学图书馆学专修科，1955.

68. 苏州图书馆馆史编委会. 苏州图书馆编年纪事：1914—2004[M]. 苏州：苏州大学出版社，2004.

69.《图书馆学基础理论》教学小组. 图书馆学基础理论研究资料选编：上 [M]. 武汉：武汉大学图书馆学系，1980.

70. "图书馆学引论"编写小组. 图书馆学引论（初稿）[M]. [出版地不详]：[出版者不详]，1961.

71. 王振鸣. 图书馆法规文件汇编 [M]. 保定：河北大学图书馆学系，1985.

72. 王重民. 普通目录学（省市图书馆工作人员进修班讲稿）[M]. 武昌：湖北省图书馆翻印，1957:2.

73. 文化学院. 社会主义图书馆学概论 [M]. 北京：文化学院出版社，1960.

74. 武汉大学图书馆学系图书馆学教研室. 中国图书馆事业史（初稿）[M]. 武汉：武汉大学图书馆学系，1962.

75. 夏征农，陈至立. 辞海：2[M]. 6 版. 彩图本. 上海：上海辞书出版社，2009.

76. 肖希明. 中国图书馆史：现当代图书馆卷 [M]. 北京：国家图书馆出版社，2018.

77. 谢灼华. 中国图书和图书馆史 [M]. 3 版. 武汉：武汉大学出版社，2011.

78. 谢灼华. 中国图书史与中国图书馆史 [M]. 武汉：湖北省高等学校图书馆工作委员会，武汉大学图书情报学院，1985.

79. 徐引篪，霍国庆. 现代图书馆学理论 [M]. 北京：北京图书馆出版社，1999.

80. 严怡民. 情报学概论 [M]. 修订版. 武汉：武汉大学出版社，2000.

81. 姚名达 . 中国目录学史 [M]. 严佐之 , 导读 . 上海 : 上海古籍出版社 , 2002.

82. 东北区公共图书馆干部训练班讲义（草稿）[M]. 手刻油印本 . [出版地不详]:[出版者不详], 1951.

83. 俞君立 , 黄葵 , 罗武建 , 等 . 中国当代图书馆界名人成功之路 [M]. 武汉 : 武汉大学出版社 , 1996.

84. 袁翰青 , 曹昌 , 朱耀纲 , 等 . 科学技术情报工作讲义 : 上册 [M] 北京 : 中国科学技术情报研究所 , 1963.

85. 哲学社会科学规划办公室 . 1956—1967 哲学社会科学规划草案（初稿）[Z]. 北京 : 哲学社会科学规划办公室 , 1956.

86. 郑智明 . 福建省图书馆百年纪略 : 1911—2011[M]. 厦门 : 鹭江出版社 , 2011.

87. 中共中央文献研究室 . 关于建国以来党的若干历史问题的决议注释本（修订）[M]. 北京 : 人民出版社 , 1985.

88. 中共中央文献研究室 . 建国以来重要文献选编（第 12—14, 17—18, 20 册）[M]. 北京 : 中央文献出版社 , 2011.

89. 中国大百科全书出版社编辑部 , 中国大百科全书总编辑委员会《本卷》编辑委员会 . 中国大百科全书·图书馆学情报学档案学 [M]. 北京 : 中国大百科全书出版社 , 1993.

90. 中国科学技术大学档案馆 , 中国科学技术大学校长办公室 . 中国科学技术大学大事记 : 1958—1997[M]. 合肥 : 中国科学技术大学 , 1998.

91. 中国科学技术信息研究所 . 中国科技信息事业 55 年 : 综合卷 [M]. 北京 : 科学技术文献出版社 , 2011.

92. 中国科学技术信息研究所 . 中国科学技术信息研究所大事记（1956—1996）[M]. 北京 : 科学技术文献出版社 , 1999.

93. 中国人民政治协商会议 . 中国人民政治协商会议共同纲领 [M]. 北京 : 人民出版社 , 1952.

94. 中国图书馆学会 ,《建筑创作》杂志社 . 百年文萃 : 空谷余音 [M]. 北京 : 中国城市出版社 , 2005.

95. 中央文化部社会文化事业管理局 . 苏联图书馆学专家雷达娅同志关于图书馆工作报告集 [M]. 北京 : 北京图书馆出版社 , 1958.

96. 重庆图书馆 . 重庆图书馆馆史 : 1947—2007[M]. 北京 : 北京图书馆出版社 , 2007.

97. 周文骏 , 王红元 . 中国图书馆学研究史稿（1949 年 10 月至 1979 年 12 月）[M]. 北京 : 北京大学出版社 , 2011.

98. 周文骏 . 图书馆学基础（北京市图书馆中等业余学校讲义）[M]. 手刻油印本 .

北京:北京市图书馆中等业余学校,1958.

99. 周文骏. 周文骏选集[M]. 成都:东方图书馆学研究所,1988.

100. 朱清时. 中国科学技术大学编年史稿[M]. 合肥:中国科学技术大学出版社,2008.

二、论文

101. 白国应.《中国人民大学图书馆图书分类法》的历史、功绩、问题和展望[J]. 图书情报论坛,1998（3）:2-16.

102. 本刊特约评论员. 回顾1955—1965年北京图书馆主编的三个专业刊物[J]. 图书馆学通讯,1982（3）:58-62.

103. 曾孝威. 从"技术革新"到"技术革命"[J]. 西安冶金建筑学院学报,1984(4):9-13.

104. 查启森. 中国书史研究纵览[J]. 图书情报知识,1983（4）:53-59.

105. 陈其泰. 正确评价新中国17年史学道路[J]. 史学理论研究,2013（2）:143-147.

106. 程焕文,王蕾. 影响20世纪中国图书馆史学研究的八位史家及其代表著作——谨以此文恭贺图书馆史学家谢灼华教授70华诞[J]. 图书馆论坛,2005（6）:59-63.

107. 达·阿拉坦巴干. "不锈的乌兰牧骑"——纪念乌兰牧骑成立40周年[J]. 求是,1997（15）:32-33.

108. 党跃武. 拳拳之心报祖国——记图书馆学家孙云畴教授[J]. 图书馆工作与研究,1991（2）:8-12.

109. 党跃武. 世为书香家,行为图林范——著名图书馆学家孙云畴教授传略[J]. 大学图书馆学报,2015（2）:113-122.

110. 邓小昭. 西南师范学院图书博物馆专修科办学述评[J]. 图书馆论坛,2011,31（6）:306-312,356

111. 丁柯（珂）. 检索工作名词及其涵义（第一部分）（草案）[J]. 情报科学,1982（4）:1-25.

112. 杜毅. 新中国图书馆管理的独特道路[J]. 图书情报工作,1987（6）:1-6.

113. 段洁滨. 俄罗斯书刊国际交换的早期形成与发展[J]. 四川图书馆学报,2015（1）:92-96.

114. 段洁滨. 书刊国际交换工作回顾与探索[J]. 图书馆论坛,2002（4）:20-23.

115. 范兴华.《藏书纪事诗》的特点及成就[J]. 商业文化（学术版）,2008（12）:191.

116.高炳礼.我在武昌文华图书馆学专科学校的回忆[J].图书情报知识,2007（2）:105-108.

117.韩淑举.高山仰止景行行止——访武汉大学信息管理学院黄宗忠教授[J].山东图书馆学刊,2012（1）:1-13.

118.韩淑举.老骥伏枥自强不息——访武汉大学信息管理学院谢灼华教授[J].山东图书馆学刊,2011（4）:1-8.

119.何长青."文献"是图书馆学基础理论的逻辑起点[J].图书馆杂志,1992（3）:18-19.

120.黄宗忠,彭斐章,谢灼华.对图书馆学几个问题的初步探讨[J].武汉大学学报（人文科学）,1963（1）:104-120.

121.黄宗忠.关于图书馆学研究对象、定义、功能的新思考（上）[J].图书馆论坛,2003（6）:4-12,25.

122.黄宗忠.关于图书馆学研究对象的再探讨[J].图书与情报,1985（1）:32-37.

123.黄宗忠.加速图书馆队伍的革命化,进一步提高和改进图书馆工作[J].武汉大学学报（人文科学）,1964（3）:73-87.

124.黄宗忠.坚持图书馆事业为无产阶级政治、为生产、为工农兵服务的方针[J].武汉大学人文科学学报,1959（7）:32-43.

125.黄宗忠.试论人民公社图书馆的建立与发展[J].武汉大学人文科学学报,1959（3）:16-19.

126.黄宗忠.为读者服务是图书馆的根本目的[J].图书馆,1984（1）:3-8.

127.黄宗忠.新中国图书馆事业三十年[J].武汉大学学报（哲学社会科学版）,1979（5）:68-76.

128.黄宗忠.为读者服务是根本目的[J].图书馆,1984（1）:3-8.

129.贾艳敏.20世纪50年代末的全民学哲学运动[J].石家庄学院学报,2008(1):93-97.

130.金初升.金天游传[J].图书馆研究与工作,2000（4）:6-7.

131.金恩晖.洋为中用的科学研究成果图书分类理论的重要专著——读刘国钧教授《现代西方主要图书分类法评述》一书有感[J].吉林省图书馆学会会刊,1980(1):13.

132.金敏甫.中国现代图书馆教育述略[J].国立中山大学图书馆周刊,1928,2（4）:1-5.

133.柯拉得金娜.苏联的社会主义型图书馆[J].赵世良,译.图书馆界,1989（4）:45-50.

134.李小缘.藏书楼与公共图书馆[J].图书馆学季刊,1926,1（3）:375-396.

135. 刘国华 . 对矛盾说批评与反批评的综述 [J]. 图书馆界, 2004（3）:1-5.

136. 刘国华 . 评研究对象 "矛盾说" ——兼论目录学研究对象 [J]. 图书情报工作, 1999（3）:22-27.

137. 刘国钧 . 关于《检索工作名词及其涵义》一文致丁珂的信 [J]. 情报科学, 1990（6）:31-34, 39.

138. 刘国钧 . 图书馆学概论 [J]. 王子舟, 整理 . 图书情报工作, 2007（3）:6-10.

139. 刘国钧 . 现代欧美图书分类法的渊源 [J]. 侯汉清, 整理 . 图书情报工作, 1990（6）:1-9.

140. 刘国钧 . 现时中文图书馆学书籍评 [J]. 图书馆学季刊, 1926, 1（2）:346-349.

141. 刘衡如 . 儿童图书馆和儿童文学 [J]. 中华教育界, 1922, 11（6）:1-7.

142. 刘衡如 . 近代图书馆之性质 [N]. 时报·教育周刊·世界教育新思潮（第32号）, 1919-09-29.

143. 罗平汉 . "大跃进" 中几所高等院校的 "拔白旗" 运动 [J]. 文史精华, 2000（1）: 40-46.

144. 马恒通 . 新中国图书馆学的研究对象争鸣综述（1949-1989）[J]. 中国图书馆学报, 1991（4）:31-36.

145. 马清健 . 矛盾学说和系统观点——纪念《矛盾论》发表50周年 [J]. 哲学研究, 1987（9）:3-10, 67.

146. 每文 . 教书育人励精图治——记北京大学图书馆学情报学系周文骏教授 [J]. 晋图学刊, 1992（3）:28-31.

147. 彭斐章, 谢灼华 . 关于我国目录学研究的几个问题 [J]. 武汉大学学报（哲学社会科学版）, 1980（1）:90-96.

148. 彭斐章, 谢灼华 . 七十年历程——从武昌文华大学图书科到武汉大学图书情报知识 [J]. 图书情报知识, 1990（3）:2-10.

149. 皮高品 . "中国人民大学图书馆图书分类法" 评介 [J]. 武汉大学人文科学学报, 1956（1）:281-306.

150. 石父 . 学习 "矛盾论", 推进思想改造 [J]. 文史哲, 1952（3）:1-3.

151. 图书馆事业史小组 . 我国十年来的图书馆事业 [J]. 北京大学学报（人文科学）, 1959（4）.

152. 王军 . "拔白旗、插红旗" 运动的来龙去脉 [J]. 文史精华, 2002（7）:24-28.

153. 王文杰 . 试论目录学的研究对象 [J]. 武汉大学学报（人文科学）, 1964（2）: 57-65.

154. 王余光 . 浅论中国近代书史研究中的几个问题 [J]. 图书情报知识, 1984（2）: 56-59, 64.

155. 王贞一. 怀念父亲王利器 [J]. 红楼梦学刊, 1999（3）:268-274.

156. 王子舟.《图书馆学概论》整理说明 [J]. 图书情报工作, 2007（3）:10-11.

157. 王子舟. 1957 年图书馆界右派的言论及遭遇 [J]. 高校图书馆工作, 2015（2）: 72-83.

158. 王子舟. 学术创新必先从学术史研究入手 [J]. 图书情报工作, 2007（3）:5.

159. 邬旭东, 赵睿. 对毛泽东发动 "1954 年《红楼梦》研究批判运动" 的当代反思 [J]. 蚌埠学院学报, 2012（5）:91-94.

160. 吴珏. 毛泽东发愤之作《实践论》、《矛盾论》诞生始末 [J]. 湘潮（上半月）, 2011（7）:4-7.

161. 吴稌年. 关于 "要素说" 的哲学思考 [J]. 图书馆理论与实践, 2006（6）:9-10,35.

162. 吴稌年. 论 "新图书馆运动" 的高潮期 [J]. 图书馆, 2007（2）: 6-9,16.

163. 吴稌年. 论 "要素说" 的哲学来源 [J]. 图书馆理论与实践, 2006（5）:9-10, 26.

164. 吴稌年. 要素说的 "体用合一观" [J]. 图书情报知识, 2010（5）:60-66.

165. 吴慰慈, 张久珍. 新中国图书馆学研究六十年 [J]. 图书馆杂志, 2009（5）: 3-11,15.

166. 谢欢. 存史观变:图书馆史领域的 "十七年史" 研究 [J]. 图书馆建设, 2015(3): 4-7,12.

167. 谢灼华. 评建国以来中国图书馆史研究 [J]. 图书与情报, 1989（3）:5-14.

168. 谢灼华. 特点和影响:20 世纪上半叶的文华图书馆学专科学校 [J]. 图书情报知识, 2009（1）:125-129.

169. 许欢. 博导系列访谈:周文骏教授 [J]. 高校图书馆工作, 2005（4）:6-10.

170. 姚伯岳. 全球视野下的中国书史研究——由何朝晖译《书史导论》说开去 [J]. 山东图书馆学刊, 2013（4）:109-111,122.

171. 北大考虑增开图博职业专科 [J]. 中华图书馆协会会报, 1947,21（1/2）:20-21.

172. 北大文学院增设两专科 [J]. 中华图书馆协会会报, 1948,21（3/4）:14.

173. 本馆为科学研究基本功训练班服务 [J]. 湖南医学院图书馆简报, 1963（30）: 35.

174. 工具期刊座谈会及展览会纪要 [J]. 湖南医学院图书馆简报, 1963（21）复刊号:2-4.

175. 为了提高工作, 提高服务, 图书馆正在加强业务学习 [J]. 湖南医学院图书馆简报, 1963（24）:15-16.

176. 中国科学院科学图书分类工作进行情形 [J]. 科学通报, 1951（8）:874.

177. 注册部布告 [N]. 北京大学日刊, 1924-11-22（1）.

178. 注册部布告 [N]. 北京大学日刊,1924-11-28（1）.

179. 袁涌进. 金陵大学图书馆系概况 [N]. 世界日报·图书馆周刊,1935-10-30(13).

180. 张锦池.《红楼梦》研究百年回眸 [J]. 文艺理论研究,2003（6）:62-68.

181. 张琪玉. 一部影响深远的图书分类著作——纪念刘国钧教授《图书怎样分类》出版 50 周年 [J]. 图书与情报,2003（1）:75-76.

182. 张树华. 早期的北大图书馆学系 [J]. 黑龙江图书馆,1987（5）:64-66.

183. 张文彬,刘晓华.《矛盾论》:大庆精神特质形成的重要理论渊源 [J]. 知与行,2015（5）:10-14.

184. 赵达雄. 春蚕到死丝方尽——记金天游先生 [J]. 图书馆杂志,1988（2）:59.

185. 中华全国科学技术普及协会. 中华全国科学技术普及协会出版通俗科学小册子 [J]. 科学通讯,1953（7）:102-103.

186. 钟肇鹏. 业精于勤持之以恒——纪念王利器先生 [J]. 中华文化论坛,2000（3）:120-123.

187. 周文骏. 书史研究浅议 [J]. 图书馆杂志,1983（4）:24-27,9.

188. 周文骏. 我国图书馆学的对象和内容管见 [J]. 学术月刊,1957（9）:61-63.

189. 周文骏. 五十年从业感怀 [J]. 图书馆建设,2003（6）:3-5.

190. 朱天俊. 北京大学图书馆学系 1957 年科学讨论会上关于"什么是图书馆学"一文的讨论情况 [J]. 北京大学学报（人文科学）,1957（3）:102-105.

三、期刊与档案

191.《文物参考资料》,1950-1955.

192.《浙江省立图书馆通讯》,1950-1952.

193.《图书馆通讯》(浙江),1953.

194.《浙江图书馆馆刊》,1954.

195.《图书馆工作》,1955-1960.

196.《中国科学院图书馆通讯》,1956-1960.

197.《图书馆学通讯》,1957-1960.

198.《武汉大学人文科学学报:图书馆学专号》,1959（7）,1960（2）.

199.《图书馆》,1961-1964.

200.《图书馆工作参考资料》,1962-1966.

201.《科学情报工作》,1958-1960.

202.《科技情报工作》(北京),1962-1966.

203. 中国科学院文献情报中心馆藏中国科学情报大学（中国科技大学科学情报系）相关档案

人名索引

Z

报刊、文件、全国会议名称索引

后　记

　　本书是 2016 年国家社科基金后期资助项目"'17 年'图书馆事业与学术思想史研究"（16FTQ003）的最终研究成果。我自 2002 年 9 月至 2003 年 3 月在中国科学院文献情报中心访学期间确定图书馆史为最终的研究方向后，曾计划率馆内图书馆史研究兴趣团队分头开展民国图书馆史、20 世纪 50 年代至 70 年代图书馆史和 20 世纪 80 年代至 90 年代图书馆史这三段 20 世纪的中国图书馆史研究。我本人则将主要精力致力于民国图书馆史研究。后由于团队人员兴趣的转移等主客观多种原因，后两段新中国成立后的当代图书馆史研究并未真正开展起来。直到 2014 年下半年起，我和同事顾烨青老师才着手开展"17 年"图书馆史的研究，进一步搜集资料，开始撰写事业史部分的初稿，2015 年又拓展到学术思想史部分。至 2016 年初，我们已经撰写了 30 余万字的内容，已完成预定写作计划的 80%，具备了申报国家社科基金后期资助项目的条件（按当时的规定，退休科研人员申报后期资助项目只需完成计划的 60%），遂于当年 5 月进行了申报，最终得以成功立项。项目课题组共两人，除我作为项目负责人外，顾烨青是主要参加人，他全程参与了项目研究，本研究所涉及的绝大多数史料来自他的精心搜集，其中有相当一部分在数据库中没有电子版全文，另有若干纸质版在各大图书馆中也稀见。

　　立项后，根据评审专家的意见，我们对申报时的书稿进行了全面的修改和大幅扩充，由原稿的共 11 章增加到 16 章，总计 57 万字，其中顾老师参与撰写了本书事业篇内容和思想篇中第七章和第九章等部分的内容（计 20 余万字），并对全书内容和结构提出了细致的修改意见，核对了全书参考文献并进行了格式调整和排序。

　　由于立项通知书要求项目完成时间不超过两年，虽然修改后的书稿已大大超出了原计划的篇幅，但仍留有不少不足和缺憾只能有待今后进一步完善。如对"17 年"中四个不同阶段发展变化的特征及规律的分析还不够深入，搜集与可利用的史料需进一步拓展，直接采访口述的亲历者数量不多、面不广，海外学者对这一历史阶段的相关研究尚未及分析等。

从启动研究,到项目申请,再到鉴定结题和联系出版、签订合同,直至本书最终出版,经历了5年多的时间,其中不乏意想不到的插曲。期间,得到了诸多学界师长同人、领导、同事和朋友的帮助,这里需要向他们表示由衷的感谢! 首先需要感谢《高校图书馆工作》执行主编刘平老师,是她慷慨地拿出宝贵的版面,在将近两年的时间里连续共11期连载我们的前期研究成果,为项目申请奠定了坚实的基础。感谢华东师范大学范并思教授和南京大学李刚教授在项目申请阶段为我们撰写专家推荐意见。范教授长期关注和支持我们的研究,每每与他交流总是受益匪浅。正忙于智库研究的李教授专门抽出时间研读书稿,提出了宝贵的修改建议。两位教授的推荐意见对本课题成功立项发挥了重要作用。非常感谢5位匿名评审专家所给出的宝贵而中肯的修改意见,这使最终的书稿质量有了进一步的保证。

感谢中国科学院文献情报中心初景利教授代为联系专家口述和档案查阅事宜,没有他的帮助,我们的研究将失色不少。感谢中国科学院文献情报中心孟广均教授和辛希孟教授在耄耋之年接受我们的口述采访,聆听他们的回忆令我们有了历史现场感,也补充了文献记载的不足。感谢中国科学院文献情报中心负责档案管理的杨福平老师让我们复制利用了珍贵的历史档案。感谢国家图书馆蔡成普老师、北京大学顾晓光老师和博士生江少莉、天津师范大学周余姣老师、南京大学谢欢老师、泉州师范学院郑锦怀老师等业界的青年才俊为本研究所提供的各种文献帮助。

感谢北京大学王子舟教授给予我在2017年全国图书馆学基础理论研讨会上交流"17年"图书馆学术思想发展的机会。感谢《图书馆论坛》《图书馆》《山东图书馆学刊》《河南科技学院学报》等期刊刊发了部分课题成果。江苏海洋大学王启云老师、河南大学翟桂荣老师、华南师范大学郑永田老师和中山大学肖鹏老师等亦十分关心本人的研究进展,在此一并致谢。

此外,我还要感谢多年来一直支持我研究工作的江南大学张逸新教授、范雪荣教授等图书馆历任领导和诸位同事,尤其是在我退休之后的几年里仍为我提供在馆内研究的便利条件。

感谢我的夫人杨晓勤女士,她一以贯之地关心支持我的研究工作,并一直默默地付出。在成稿的过程中,她也提出了许多好的建议,这些建议也对我的研究有着许多的启发和帮助。

最后衷心感谢国家图书馆出版社编审邓咏秋老师和本书责任编辑高

爽老师、唐澈老师为本书出版所付出的大量心血,她们的仔细认真为本书增色不少。本书的出版经费完全有赖于国家社科基金后期项目的资助,特志于此。

吴稌年

2019 年 9 月 22 日初稿

2020 年 3 月 22 日改定